DAS WÄHRUNGSSYSTEM DES WESTENS

DAS WÄHRUNGSSYSTEM DES WESTENS

von

Dr. Franz E. Aschinger
Privatdozent der Hochschule St. Gallen
für Wirtschafts- und Sozialwissenschaften

FRITZ KNAPP VERLAG   FRANKFURT AM MAIN

Dieses Buch wurde als Band 26 in die Hauptschriftenreihe des Schweizerischen Instituts für Außenwirtschaft- und Marktforschung an der Hochschule St. Gallen für Wirtschafts- und Sozialwissenschaften aufgenommen.

Copyright 1971 by Fritz Knapp Verlag, Frankfurt am Main

Printed in Germany

Satz und Druck: Druckerei Hugo Haßmüller, Frankfurt am Main

Buchbinderische Verarbeitung: C. Fikentscher, Darmstadt

Der Präsident des Verwaltungsrates
und die Generaldirektion des

SCHWEIZERISCHEN BANKVEREINS

beehren sich, Ihnen hiermit ein Werk ihres
Volkswirtschaftlichen Beraters
Privatdozent DR. FRANZ ASCHINGER
zu überreichen.

Mit der umfassenden Darlegung des
internationalen Währungssystems füllt das Buch im
bisherigen Schrifttum eine Lücke aus und
dürfte daher auch Ihr Interesse finden.

Basel/Zürich, Sommer 1971

INHALTSVERZEICHNIS

	Seite
VORWORT	11

EINLEITUNG: DIE ENTSTEHUNG DES WÄHRUNGSSYSTEMS DER NACHKRIEGSZEIT 15

1. Der Goldstandard vor dem Ersten Weltkrieg 15
2. Die Zwischenkriegszeit 16
3. Die Vorbereitungen einer Währungsordnung für die Nachkriegszeit .. 19
   a) Grundsätze des Keynes-Planes 19
   b) Elemente des White-Planes 22
   c) Der Kompromiß der Bretton Woods-Konvention 24

ERSTER TEIL: DIE ORDNUNGSPRINZIPIEN 27

I. Abschnitt: Das Wechselkursregime 27

1. Kapitel: Die Hauptgrundsätze 27
   a) Die Zielsetzung 27
   b) Die Bedeutung des Paritätssystems 28
   c) Das Prinzip der „adjustable pegs" 29
2. Kapitel: Die Paritätsregeln 31
   a) Die Wechselkursstabilität am Kassadevisenmarkt 31
   b) Die Politik gegenüber dem Termindevisenmarkt 33
3. Kapitel: Die Spielregeln der „adjustable pegs" 34
   a) Die Voraussetzungen von Wechselkurskorrekturen 34
   b) Das Verfahren bei Wechselkursänderungen 35
4. Kapitel: Das Wechselkursregime in der Praxis 36
   a) Die Erfahrungen mit dem Paritätssystem 36
   b) Abweichungen vom Paritätssystem 38
   c) Überprüfung des Wechselkursregimes 40

II. Abschnitt: Die Anpassungsgrundsätze 42

1. Kapitel: Keine absoluten Prioritäten 44
2. Kapitel: Die Defizit- und Überschußländer unter dem Anpassungsregime 48
   a) Der Anpassungszwang gegenüber den Defizitländern 49
   b) Die Überschußländer und der Anpassungsprozeß 51
   c) Die unbenützte Knappheitsklausel 52

3. Kapitel: Die Instrumente der Anpassungspolitik 54
    a) Die Geld- und Fiskalpolitik 54
    b) Die Einkommenspolitik 54
    c) Marktkonforme und nichtkonforme Mittel 55

4. Kapitel: Die Anwendung der Anpassungsmittel 56
    a) Bei nachfragebedingten Ungleichgewichten 56
    b) Bei unausgeglichenen Wettbewerbslagen 57
    c) Bei übermäßigen Kapitalbewegungen 58
    d) Bei komplexeren Lagen 58

5. Kapitel: Die internationale Koordination der Anpassungspolitik 59

6. Kapitel: Die währungspolitische Zusammenarbeit in den europäischen Gemeinschaften 62

III. Abschnitt: Die Konvertibilitätsregeln 68

1. Kapitel: Die Hauptgrundsätze 68
    a) Koordination der Handels- und Zahlungspolitik 68
    b) Die Pflicht zur Liberalisierung und Konvertibilität der laufenden Zahlungen 69
    c) Restriktive Einstellung gegenüber dem Kapitalverkehr 71
    d) Das sogenannte Übergangsregime 72

2. Kapitel: Der Zahlungsverkehr in der Praxis 73
    a) Vom Bilateralismus zur Konvertibilität 73
    b) Der Übergang zur Konvertibilität 76
    c) Rückschlag in der Liberalisierung des Kapitalverkehrs 78
    d) Dauercharakter des „Übergangsregimes" 79

ZWEITER TEIL: DIE MATERIELLEN ELEMENTE 81

I. Abschnitt: Das multiple Reservesystem 81

1. Kapitel: Bretton Woods-System und Golddevisenstandard 81
    a) Mangel einer zentralen Reservepolitik 81
    b) Der Golddevisenstandard 82
    c) Die Ausfüllung der Lücke der Reservepolitik 85

2. Kapitel: Die Komponenten der internationalen Liquidität 86
    a) Die eigenen Reserven 86
        1. Das Gold 87
        2. Die Devisenguthaben 87
        3. Die Reservepositionen im IWF 89
        4. Die Sonderziehungsrechte 89
    b) Die Kreditfazilitäten 90
        1. Die Kreditfazilitäten des IWF 91
        2. Die Swapoperationen der Notenbanken 91
        3. Regionale Kreditfazilitäten 92
    c) Die private internationale Liquidität 93

3. Kapitel: Die Entwicklung der Liquiditätskomponenten 94
    a) Die Zusammensetzung der Gesamtliquidität 94
    b) Die Entwicklung der Reserven 95

4. Kapitel: Die länderweise Verteilung der internationalen Liquidität .. 98
    a) Der Stand Ende 1969 98
    b) Die geographische Umlagerung der Reserven 100
    c) Reserven und Importe 101

5. Kapitel: Das Problem der Koexistenz der verschiedenen Reservearten 103

II. *Abschnitt:* Die monetäre Rolle des Goldes 105

1. Kapitel: Die übriggebliebenen Funktionen 105
    a) Verdrängung aus der zentralen Position 105
    b) Das Gold als gemeinsamer Nenner der Paritäten 106
    c) Die Konvertibilität des Dollars in Gold 107
    d) Das Gold als Hauptreserve 110
    e) Vorzüge des Goldes als Währungsreserve 114
    f) Das Gold im IWF 115

2. Kapitel: Die Verknappung des Währungsgoldes 117
    a) Stagnierende Goldproduktion 117
    b) Steigende private Goldnachfrage 119
    c) Die Goldkrise von 1967/68 122

3. Kapitel: Die monetäre Goldpolitik 123
    a) Die Liberalisierung des Goldmarktes in den Fünfzigerjahren 123
    b) Der Goldpool der Notenbanken 124
    c) Die Spaltung des Goldmarktes 126
    d) Das Goldabkommen zwischen IWF und Südafrika 127

4. Kapitel: Das Gold seit den Washingtoner Beschlüssen 130
    a) Die Entwicklung des freien Goldmarktes 130
    b) Der Goldzufluß an den monetären Sektor 133
    c) Die künftige Stellung des Goldes 134

III. *Abschnitt:* Die Rolle des Dollars als internationale Währung 135

A. Die heutigen Funktionen 135

1. Kapitel: Die Rolle des Dollars am Devisenmarkt 135
    a) Der Dollar als Bezugswährung 135
    b) Der Dollar als offizielle Interventionswährung 136
    c) Der Dollar als Hauptmedium am privaten Devisenmarkt 139

2. Kapitel: Der Dollar als Welthandelswährung 140
    a) Die Vehikel-Funktion 140
    b) Der Umfang der privaten kurzfristigen Dollarguthaben des Auslandes 141
    c) Der Dollar im langfristigen internationalen Kapitalverkehr 144
    d) Die Gründe der Entwicklung des Dollars zur internationalen Transaktionswährung 145

3. Kapitel: Der Dollar als Reservewährung 148
   a) Die quantitative Bedeutung 148
   b) Die Hauptmotive des Dollarreservesystems 149
   c) Vor- und Nachteile der Reservewährungsrolle des Dollars 153

B. Die Entwicklung des Dollars als internationale Währung 155

1. Kapitel: Zwischenkriegszeit und Periode der Dollarlücke 155
   a) Die Auswirkungen des Ersten Weltkrieges 155
   b) Nach der Dollarabwertung von 1934 157
   c) Die „Dollarknappheit" nach dem Zweiten Weltkrieg 158

2. Kapitel: Die Periode des Dollarüberflusses 160
   a) Die erste Dollarkrise 1960 160
   b) Zahlungsbilanz und Zahlungsbilanzpolitik 1961—1965 163
   c) Die Rückschläge in der zweiten Hälfte der Sechzigerjahre 166

3. Kapitel: Die heutige Position des Dollars 173

IV. *Abschnitt:* Die internationale Rolle des Pfund Sterling 180

1. Kapitel: Die Bedeutung anfangs der Siebzigerjahre 180

2. Kapitel: Die Entwicklung des Sterlingsystems 183
   a) Die Glanzzeit des Sterling 183
   b) Scheitern des Restituierungsversuches 186
   c) Die Entstehung der Sterlingzone 187
   d) Die Sterlingarea unter der Devisenkontrolle 189

3. Kapitel: Das Sterlingsystem in der Nachkriegszeit 191
   a) Die Auswirkungen des Zweiten Weltkrieges 191
   b) Umschichtungen der Gläubigerpositionen 193

4. Kapitel: Die Krise des Sterlingsystems 196
   a) Die Labilität der Sterlingguthaben 196
   b) Gestörtes Gleichgewicht der Sterlingarea 198
   c) Das Basler „Gruppenabkommen" und die Zukunft des Pfundes .. 205

V. *Abschnitt:* Die ordentlichen Ziehungsrechte des Internationalen Währungsfonds 209

1. Kapitel: Der Mechanismus 209
   a) Die Organe des Fonds 210
   b) Länderquoten und Stimmkraft 211
   c) Die Mittelbeschaffung des IWF 212
   d) Die Benützbarkeit der Fondsmittel 214
   e) Die Rückzahlung von Schulden 219
   f) Die Stellung der Gläubigerländer 220
   g) Das Liquiditätsproblem des Fonds 221

2. Kapitel: Die Entwicklung des Währungsfonds 222
   a) Die Quotenerhöhung 223
   b) Die Allgemeinen Kreditvereinbarungen 224
   c) Die Beanspruchung der Fondsmittel 227
   d) Die Liquiditätspolitik des IWF 233

VI. *Abschnitt:* Die Sonderziehungsrechte 236

1. Kapitel: Die Entstehungsgeschichte 236

   a) Die ersten Studien des Währungsfonds 236
   b) Die Kritik Triffins 237
   c) Die privaten Reformvorschläge 239
   d) Die Initiative des Zehnerclubs 241
   e) Die Vorberatungen im Rahmen des IWF 245

2. Kapitel: Die Technik der Sonderziehungsrechte 247

   a) Organisation und Teilnehmerkreis 247
   b) Die Zuteilung der Sonderziehungsrechte 248
   c) Die Verwendbarkeit der Sonderziehungsrechte 250
   d) Der maximale Ausnützungsgrad 253
   e) Die Stellung des Gläubigerlandes 254
   f) Goldwertgarantie und Verzinsung 257
   g) Austritt und Liquidation 257

3. Kapitel: Die Charakteristika der Sonderziehungsrechte 258

   a) Der Geld- und Kreditcharakter der SZR 258
   b) Inflatorische Aspekte der Sonderziehungsrechte 261
   c) Die Liquiditätsfunktion der Sonderziehungsrechte 262
   d) Sonderziehungsrechte und Entwicklungshilfe 263

4. Kapitel: Die erste Zuteilung 264

   a) Die Begründung der Aktivierung der Sonderziehungsrechte 264
   b) Das Ausmaß der ersten Zuteilung 266
   c) Die erste Zuteilung und der Anpassungsprozeß 268
   d) Die Benützung der Sonderziehungsrechte in der Praxis 269

VII. *Abschnitt:* Die internationale Währungswehr der Notenbanken 271

1. Kapitel: Zielsetzungen und Form der internationalen Notenbankhilfe 271

   a) Die Charakteristika 271
   b) Reformvorschläge für die Notenbankhilfe 273
   c) Die Hauptinstrumente 276

2. Kapitel: Der Umfang der Notenbankhilfe 282

   a) Die Gesamtfazilitäten 282
   b) Das Swapnetz des Federal Reserve Systems 283
   c) Die „Basler Abkommen" zugunsten des Pfundes 288
   d) Andere Gemeinschaftsaktionen 295

VIII. *Abschnitt:* Das Eurogeldsystem 297

1. Kapitel: Begriff und Struktur des Euromarktes 297

   a) Der Begriff des Euromarktes 297
   b) Der Umfang des Marktes 299
   c) Anbieter und Nachfrager 301
   d) Gläubiger und Schuldner nach Regionen 302

2. Kapitel: Historische Ursachen und Quellen des Euromarktes 304

    a) Die historischen Ursachen der Marktentwicklung 304
    a) Die historischen Ursachen der Marktentwicklung 309

3. Kapitel: Auswirkungen des Euromarktes auf Kreditpolitik und Währungssystem 311

    a) Der Euromarkt als Übertragungsmittel der Zinsbewegungen 311
    b) Der Euromarkt und die nationale Kreditpolitik 313
    c) Die Auswirkungen des Euromarktes auf das Währungssystem .. 316
    d) Das Problem einer internationalen Kontrolle des Euromarktes .. 317

SCHLUSSBETRACHTUNGEN: DAS INTERNATIONALE WÄHRUNGSSYSTEM IN KRITISCHER SICHT 320

1. Kapitel: Stärken und Schwächen 320

    A. Positive Seiten 320
    B. Die Hauptschwächen 321
        a) Mangelhaftes Funktionieren des Anpassungsprozesses 321
        b) Die Krise des Reservesystems des Dollars 323
        c) Ungelöstes Liquiditätsproblem 325

2. Kapitel: Notwendige Verbesserungen und Reformen 327

    A. Die Verbesserung des Anpassungsprozesses 327
        a) Die inneren Anpassungsmaßnahmen 327
        b) Einflußnahme auf destabilisierende Kapitalbewegungen 328
        c) Flexiblere Handhabung des Wechselkursregimes? 329
    B. Die Regelung des Dollarproblems 331
        a) Nachteile und Gefahren des Dollarstandards 331
        b) Rückkehr der USA zur Zahlungsbilanzdisziplin 334
        c) Völlige Aufhebung des Reservesystems des Dollars? 337
    C. Die Meisterung des Liquiditätsproblems 339
        a) Das quantitative Problem 339
        b) Das qualitative Problem 340

3. Kapitel: Die Währungskrise vom Mai 1971 343

Literaturverzeichnis 348

Sachverzeichnis 363

Tabellenverzeichnis 369

Diagrammverzeichnis 371

VORWORT

Die Elemente des internationalen Währungssystems darzustellen, ist kein leichtes Unterfangen, *mangelt* doch einerseits dem internationalen Währungsgebäude der Charakter des *Systematischen* und ist es andererseits in *steter Wandlung* begriffen. Das Währungssystem setzt sich teils aus institutionell verankerten Verhaltensweisen und materiellen Elementen, teils aus organisch gewachsenen Regeln und Instrumenten zusammen. Es ist gleichzeitig in der Tradition verwurzelt und nach modernen Gesichtspunkten konzipiert. „Tatsächlich besteht die internationale Währungsordnung", wie Otmar Emminger ausführt, „aus einem Ineinanderwirken von internationalen und nationalen Verhaltensnormen, teilweise in Form vertraglich fixierter Regeln und Vereinbarungen, teilweise als ungeschriebene Spielregeln, wirtschaftspolitische Überzeugungen, Attitüden und Hemmungen." [1]

Daß die nachfolgende Abhandlung anfangs 1971 abgeschlossen worden ist, hat indessen den Vorteil, die grundlegende Umgestaltung, die das internationale Währungssystem anfangs dieses Jahres durch die Aktivierung des neuen Reservemittels der *Sonderziehungsrechte* erfahren hat, miterfassen zu können.

Wenn für die vorliegende Arbeit der Titel *„Das Währungssystem des Westens"* gewählt worden ist, so ist dies dadurch begründet, daß sich die Institutionen und Ordnungsprinzipien des sogenannten „internationalen" Währungssystems ausschließlich auf die westliche Welt und die Entwicklungsländer beziehen, während die *Ostblockländer* nicht darin einbezogen sind. Der Internationale Währungsfonds (IWF) war zwar ursprünglich als eine weltweite, die Länder sowohl mit marktwirtschaftlicher als auch mit sozialistischer Wirtschaftsordnung umfassende Organisation gedacht. Die Sowjetunion nahm an den Vorberatungen der Bretton Woods-Konvention teil und unterzeichnete sogar den Vorentwurf. In der Folge blieb jedoch die russische Ratifikation des Fondsabkommens aus. Der IWF umfaßt heute keine Ostblockländer mehr. Polen, das ursprünglich Mitgliedsstaat war, zog sich 1950 zurück, die Tschechoslowakei trat 1954 aus und Kuba gab nach dem Regimewechsel 1964 seinen Austritt.

Die Ostblockstaaten haben sich 1949 im sogenannten Comecon (Rat der Gegenseitigen Wirtschaftshilfe) zu einem eigenen, auf den Zahlungsver-

---

[1] Emminger, O., „Internationales Währungssystem", Enzyklopädisches Lexikon für das Geld-, Banken- und Börsenwesen, Frankfurt 1967, S. 842.

kehr unter den Mitgliedsstaaten beschränkten Währungssystem zusammengeschlossen.[2]) Im Mittelpunkt des Systems steht die 1963 gegründete „Internationale Bank für Wirtschaftskooperation", deren Hauptaufgabe es sein sollte, das bisherige bilaterale Clearingsystem zu einem plurilateralen Verrechnungssystem zu entwickeln und zur Überbrückung von temporären Salden Kredite zu gewähren. Die Verrechnungsoperationen der Comeconbanken werden in „transferablen" Rubel fakturiert. Es handelt sich dabei um eine Recheneinheit, die auf 0.987412 gr. Feingold lautet. Im Sommer 1970 wurde die Bank für Wirtschaftskooperation durch eine Investitionsbank ergänzt, die mit einem Kapital von 1 Mrd. transferablen Rubel, bestehend aus 30% Devisen und Gold und 70% transferierbarer Rubel, ausgestattet ist und deren Zweck es ist, Investitionsprojekte, hauptsächlich auf Rohstoffbasis, innerhalb des Comeconkreises zu fördern. Die Bank wurde anfangs 1971 eröffnet.

Über die Struktur und das Funktionieren des Währungssystems des Comecon gibt es nur dürftige Angaben.[3]) Da der Handelsaustausch zwischen den Mitgliedsstaaten nach wie vor bilateral organisiert ist und da die Außenhandelspreise innerhalb des Verrechnungskreises für die gleiche Ware oft stark voneinander abweichen, konnte die Zielsetzung eines plurilateralen Ausgleichs bisher nicht erreicht werden. Solange der Verrechnungsrubel des Comecon für jeden Teilnehmerstaat einen unterschiedlichen Wert hat, kann er nicht konvertibel sein. Um ihn auch nur innerhalb des Comeconkreises konvertibel zu machen, müßten zuerst die verzerrten Preisstrukturen zwischen den einzelnen Comecon-Ländern und müßte die unterschiedliche Preispolitik der einzelnen Mitgliedsstaaten korrigiert und miteinander in Übereinstimmung gebracht werden.

Da die Überschüsse in transferablen Rubel nicht konvertierbar sind und außerhalb dem Comecon-Gebiet nicht verwendet werden können, muß jeder Comecon-Staat seinen Zahlungsverkehr innerhalb des Ostblocks ausgleichen. Solange der Rubel nicht konvertierbar ist, sehen sich jedoch die meisten Ostblockländer gezwungen, auch ihren Zahlungsverkehr mit dem Westen bilateral zu ordnen. Zahlungsspitzen mit dem Westen müssen in freien Devisen beglichen werden. Bei Versorgungsengpässen des Ostens stellt die Sowjetunion Gold aus ihrer eigenen Produktion zur Verfügung. Der Saldenausgleich zwischen Rußland und dem Westen ist

---

[2]) Dem Comecon gehören Bulgarien, die DDR, die Äußere Mongolei, Polen, die Sowjetunion, die Tschechoslowakei und Ungarn an; Albanien nimmt, ohne Mitglied zu sein, ebenfalls am System teil. Jugoslawien ist dem Comecon assoziiert.

[3]) Im Verlag der Federal Reserve Bank of New York ist 1966 eine Schrift von George Garvy „Money, Banking and Credit in Eastern Europe" erschienen, die auch ein Kapitel über das Währungssystem enthält.

in der zweiten Hälfte der Sechzigerjahre durch bedeutende Investitionskredite westlicher Länder an Rußland erleichtert worden.

Verglichen mit dem Währungssystem des Westens, das sich schon in den Fünfzigerjahren aus den Fesseln des Bilateralismus zu befreien vermochte, ist das Währungssystem des Ostblocks noch sehr unbeweglich. Auch im Bereich des Comecon streben jedoch zahlreiche Kräfte in der Richtung größerer Liberalität und Flexibilität auf dem Währungsgebiet. Könnten sich diese Tendenzen durchsetzen und würde der Rubel auch nur partiell konvertibel gemacht, so würde die heutige strikte Trennung zwischen dem Währungssystem des Ostblocks und demjenigen des Westens aufhören. Angesichts der grundsätzlichen Verschiedenheit der politischen und wirtschaftlichen Systeme des Ostens und des Westens ist allerdings eine auch nur teilweise Integrierung der beiden Währungssysteme kaum möglich.

Der Verfasser schuldet den Herren Prof. H. Bachmann und Dr. M. Iklé Dank für wertvolle Anregungen, die sie ihm beim Durchlesen des Manuskrips gemacht haben.

Zürich, anfangs 1971

FRANZ E. ASCHINGER

EINLEITUNG

DIE ENTSTEHUNG DES WÄHRUNGSSYSTEMS DER NACHKRIEGSZEIT

1. Der Goldstandard vor dem Ersten Weltkrieg

Das nach dem Zweiten Weltkrieg geschaffene oder entstandene Währungssystem will auf dem Hintergrund der Währungsentwicklung der vergangenen Jahrzehnte verstanden sein. Von 1870 bis 1914 dominierte der *Goldstandard*. Die Grundlage dieser Währungsordnung bildete ein System von festen Wechselkursen, die in Paritäten zum Gold fixiert waren. Der Saldenausgleich in den Zahlungspositionen wurde in Gold beglichen. Den Zahlungen nach und vom Ausland waren keine Beschränkungen auferlegt. Zuflüsse an Währungsreserven hatten eine Geld- und Kreditexpansion zur Folge. Reserveverluste führten umgekehrt zu einer Kontraktion des Geld- und Kreditvolumens. Die Zahlungsbilanz übte auf diese Weise einen entscheidenden Einfluß auf die inländische Geldversorgung aus.

Der Zahlungsbilanzausgleich vollzog sich unter dem Goldstandard in der Weise, daß in den Defizitländern eine Preissenkung eintrat, während es umgekehrt in Überschußländern zu einer Preisanpassung nach oben kam. Diese „natürlichen" Anpassungskräfte wurden noch dadurch verstärkt und beschleunigt, daß die Zentralbanken bei defizitärer Zahlungsbilanz die Diskontraten erhöhten und Offenmarktverkäufe vornahmen, während sie bei Zahlungsbilanzüberschüssen die Zinssätze senkten und den Kredit expandierten. Dadurch wurden Kapitalbewegungen induziert, die der Zahlungsbilanzlage gegenläufig waren, und wurde die Anpassung über Kosten- und Preisveränderungen noch verstärkt. Es gab für diese Spielregeln keine institutionellen Vorschriften. Sie waren ungeschriebenes Gesetz.

Dem Goldstandard vor dem Ersten Weltkrieg war auch eine klare Rangfolge in den *wirtschaftspolitischen Zielsetzungen* zu eigen: die Sicherung des Außenwertes der Währung rangierte vor den binnenwirtschaftlichen Maßstäben der Geldpolitik. Daß der Goldstandard vor dem Ersten Weltkrieg gut funktionierte, war zum Teil der überragenden Stellung Großbritanniens als Geldmarkt und als führendem Währungsland zu verdanken.

Der „orthodoxe" Goldstandard besaß den großen Vorteil, daß er eine stabile und freiheitliche Ordnung auf der Währungsebene sicherte; Auslandszahlungen im laufenden und im Kapitalverkehr waren frei. Er hatte aber auch Nachteile, indem der „automatische" Anpassungsmechanismus, wenn die Anpassung gewisse Proportionen überstieg, auf binnenwirtschaftlichem Gebiet deflatorischen und inflatorischen Charakter haben konnte. Die absolute Priorität des außenwirtschaftlichen Gleichgewichts ließ sich nur in einer beschränkten Anzahl von Ländern mit relativ stabilen wirtschaftlichen Verhältnissen behaupten, und sie war nur aufrecht zu erhalten, solange Kosten und Preise auch nach unten flexibel waren.[4])

2. Die Zwischenkriegszeit

Durch den Ersten Weltkrieg wurden die Voraussetzungen für die Aufrechterhaltung des Goldstandards grundlegend geändert. Die Kriegsinflation führte zur Überwertung vieler Währungen. Die Anpassungsfähigkeit der einzelnen Volkswirtschaften wurde erschwert, indem die Flexibilität der Löhne und Preise abgenommen hatte. Anstatt wie bisher die Auswirkungen der Zahlungsbilanz auf die Geldversorgung passiv hinzunehmen, wurde jetzt die Geld- und Kreditpolitik in vielen Ländern zum Bestandteil bewußter nationaler Wirtschaftspolitik. Auch ging damit die frühere Rangfolge der wirtschaftspolitischen Zielsetzungen verloren. Zudem waren nach dem Krieg die Goldreserven einseitig in den Vereinigten Staaten konzentriert und litten viele Länder unter einem Goldmangel.

Trotzdem versuchten 1919 zahlreiche Länder den alten *Goldstandard wieder herzustellen.* Aus Gründen des Prestige und der Schuldnermoral trachtete man zudem danach, die Goldparität so nahe wie möglich an die Vorkriegsparität zu bringen. So vollzog England 1925 seine Rückkehr zum Goldstandard, ungeachtet der gegenüber der Vorkriegszeit eingetretenen Preissteigerung, zur Vorkriegsparität.

Um Gold zu sparen, gingen die meisten Länder zur Goldkernwährung und zum Golddevisenstandard über. Dies bedeutete, daß die Goldeinlösungspflicht gegenüber Privaten aufhörte und daß die Zentralbanken der betreffenden Länder als Währungsreserven neben Gold auch konver-

---

[4]) Über das Funktionieren des Goldstandards vergl. Bloomfield, A. I., „Monetary Policy Under the International Goldstandard 1890—1914", New York 1959; Cunliff-Committee on Currency and Foreign Exchange After the War, First Interim Report, Cmd. 9182, London 1918; League of Nations, Final Report of the Gold Delegation of the Finance Committee, Economic and Financial Publications 1932 II A 12, Geneva 1932; Committee on Finance & Industry „International Currency Experience, Lessons of the Interwar Period", League of Nations, Economic and Financial Publications 1944 II A.4, Princeton, 1944; Triffin, R., „The Evolution of the International Monetary System: Historical Reappraisal and Future Perspectives", Princeton Studies in International Finance No. 12, Princeton 1964; Hart A. C. und Kenen P. B., „Money, Debts and Economic Activity", New York, 3. Aufl., 1964, S. 343 ff.; Wolff, S., „Gold", Enzyklopädisches Lexikon für das Geld-, Bank- und Börsenwesen", S. 740 ff.

tible Devisen hielten. Obschon auf diese Weise wenigstens die Fassade des Goldstandards Mitte der Zwanzigerjahre wieder weitgehend hergestellt war, war jedoch das Währungsgebäude im ersten Jahrzehnt der Zwischenkriegszeit schon baufällig.

Es war nicht zu verhindern, daß die internationale Finanzkrise von 1929 und die nachfolgende Weltwirtschaftskrise schon auf den ersten Anhieb am Anfang der Dreißigerjahre den *Zusammenbruch des Goldstandards* herbeiführten. Nach verzweifelten Bemühungen, die Vorkriegsparität des Pfundes zu halten, sah sich die britische Regierung 1931 infolge schwerer Währungsverluste gezwungen, das Pfund Sterling vom Gold zu lösen. Bis Ende der Dreißigerjahre blieb darauf das Pfund ohne fixe Parität und wurde sein Kurs am Devisenmarkt von den britischen Behörden manipuliert. Zwei Jahre später, 1933, sah sich die amerikanische Regierung unter starkem deflatorischen Druck trotz hoher Währungsreserven und trotz dem Ausbleiben von Zahlungsbilanzschwierigkeiten ebenfalls veranlaßt, von der bisherigen Parität des Dollars abzugehen; die Parität von bisher 20.67 Dollar die Feinunze sank sukzessive, bis sie anfangs 1934 auf einem Stand von 35 Dollar die Unze, entsprechend einer Abwertung von 41%, wieder stabilisiert wurde. Durch die Erhöhung des Goldpreises wollte Präsident Roosevelt vor allem einen Anreiz schaffen, damit die stark gesunkenen Preise im Inland wieder anstiegen und die Konjunktur dadurch neu belebt würde. Einzelne Länder, namentlich Deutschland, nahmen in den Dreißigerjahren Zuflucht zur Devisenbewirtschaftung.

Am Goldstandard hielt 1933 zunächst nur noch eine Gruppe von sechs kontinental-europäischen Ländern fest, die sich gegenseitig formell versicherten, „in ihren Ländern das freie Funktionieren des Goldstandards zu den bestehenden Paritäten aufrecht zu erhalten".[5] Dieser sogenannte *Goldblock*, umfassend Belgien, die Niederlande, Frankreich, Italien und die Schweiz, fiel jedoch bereits 1936 auseinander. Der Abwertung des französischen Franc im September dieses Jahres folgte auch diejenige des Schweizerfranken. Das war das Ende des Goldstandards.

Um nicht ein Chaos entstehen zu lassen, schlossen die Vereinigten Staaten, Großbritannien und Frankreich am 26. September 1936 ein Abkommen, das sogenannte *Tripartite Agreement*, ab, durch das zwar die Paritäten nicht fixiert wurden, das aber die Partnerländer wenigstens dazu verpflichtete, sich hinsichtlich ihrer Wechselkurspolitik zu konsultieren, kompetitive Abwertungen zu vermeiden und nationale Stabilisierungsfonds zur Glättung der Wechselkursschwankungen einzusetzen. Dem Dreimächte-Abkommen schlossen sich bald nachher auch die Nie-

---

[5] Vergl. Veit, Otto, „Grundriß der Währungspolitik", Knapp, Frankfurt, 1961, S. 413.

derlande, Belgien, die Schweiz und Italien an. Das dadurch geschaffene Bindeglied war aber nur äußerst lose, konnte das Abkommen doch jederzeit auf 24 Stunden gekündigt werden.

Die Weltwirtschaftskrise hatte katastrophale Auswirkungen auf die Wirtschaft der Rohstoff- und Industrieländer. Der generelle Preisindex des Völkerbundes fiel von 1929 bis 1932, in Goldwert gemessen, um nicht weniger als die Hälfte. Mit einem Rückgang auf 44% war der Preiszusammenbruch der Rohstoffe und Halbwaren besonders ausgeprägt. Die Preise der Nahrungsmittel fielen in der gleichen Zeit auf 52%, diejenigen der Fertigwaren auf 63,5%. Infolge der Verschlechterung der „terms of trade" und der hohen Schulden gerieten einerseits viele Entwicklungsländer in Zahlungsschwierigkeiten und sahen sie sich nicht mehr imstande, die für ihre Entwicklung essentiellen Importe zu tätigen. Der Zusammenbruch des Welthandels und der Preise setzte andererseits die Industrieländer einem schweren Deflationsdruck aus. Massen-Arbeitslosigkeit, Zahlungsbilanzungleichgewichte und Reservenverluste veranlaßten zahlreiche Länder zur autonomen Wirtschaftspolitik und zum extremen Protektionismus und — mindestens bis zum Tripartite Agreement von 1936 — zu einem Wettlauf der Wechselkurssenkungen. Es bestand in den Dreißigerjahren unter den einzelnen Ländern keine Übereinstimmung in der monetären Politik; es fehlte an internationaler Währungszusammenarbeit und auch an internationalen Hilfsinstitutionen.

Die Weltwirtschaftskrise und das internationale Währungschaos waren noch nicht völlig überwunden, als im September 1939 der *Zweite Weltkrieg* ausbrach. Infolge des Krieges sahen sich viele Länder, die bis dahin eine Devisenbewirtschaftung noch vermieden hatten, gezwungen, nun ebenfalls zur Devisenkontrolle überzugehen. Zahlreiche Währungen kamen bei Kriegsende infolge von Währungsverlusten und Inflation an den Rand des Abgrundes.[6]

---

[6]) Zur Währungsgeschichte der Zwischenkriegszeit vergl. Brown, Adams, W., „The International Gold Standard Reinterpreted 1914—34", Publications of the National Bureau of Economic Research Nr. 37, New York, 1940; Cassel, Gustav, „Der Zusammenbruch der Goldwährung", Stuttgart, 1937; Committee on the Working of the Monetary System (Radcliffe-Report), London 1959; Friedman, Milton, „A Monetary History of the United States 1867 — 1960", Princeton, 1963; Keynes, John M., „A Treatise on Money", London 1930; Küng, Emil, „Zahlungsbilanzpolitik", Zürich, 1959; Lüke, Rolf E., „Von der Stabilisierung zur Krise", Zürich, 1958; League of Nations, Final Report of the Gold Delegation of the Finance Committee, a. a. O.; Nurske, R., a. a. O.; Veit, Otto, „Grundriß der Währungspolitik", Frankfurt, 1961.

3. Die Vorbereitungen einer Währungsordnung für die Nachkriegszeit

Die nach dem Ersten Weltkrieg bestehende Hilflosigkeit, mit den damaligen Währungsproblemen fertig zu werden, die Währungsanarchie der Dreißigerjahre und die infolge des Zweiten Weltkrieges vollends in Bilateralismus und Devisenbewirtschaftung erstarrten zwischenstaatlichen Beziehungen veranlaßten die kriegführenden Westmächte, schon während des Krieges Vorbereitungen zu treffen, um eine Wiederholung der bitteren Erfahrungen der Zwischenkriegszeit zu vermeiden. Das Ziel war, in der Nachkriegszeit ein freies, multilaterales und stabiles Währungssystem zu schaffen, in dem kompetitive Abwertungen keinen Platz mehr haben und Sperrkonten und bilaterale Clearings überflüssig werden sollten.

Mit diesem Ziel legten die Schatzämter Großbritanniens und der Vereinigten Staaten im Frühjahr 1943 *zwei Pläne* vor, die als Diskussionsgrundlage einer monetären Zukunftsordnung gedacht waren. Die beiden Vorschläge, bekannt nach ihren Autoren als der englische *Keynes-Plan* und der amerikanische *White-Plan,* bildeten die Hauptgrundlage der Beratungen zwischen den wichtigsten Währungsländern, die im Juli 1944 zur „Währungs- und Finanzkonferenz der Vereinten Nationen" in Bretton Woods und zum Abschluß der Konventionen über die Schaffung des Internationalen Währungsfonds und der Weltbank führten.[7]

a) Grundsätze des Keynes-Planes

Der Plan Keynes' für eine internationale Währungsordnung war als Teillösung eines Gesamtplanes gedacht, der neben dem Währungssystem auch die internationale Handelspolitik, eine „vernünftige Lenkung" von Produktion, Verteilung und Rohstoffpreisen sowie die Bereitstellung der Mittel langfristiger Entwicklungshilfe umfassen sollte. Die Gesamtheit dieser Maßnahmen sollte so angelegt sein, daß sie der Welt die Beherrschung des Konjunkturverlaufs zu erleichtern vermöchten.[8]

---

[7] Über die Vorbereitungen der Bretton Woods-Konferenz vergl. insbesondere „The International Monetary Fund, 1945—1965, Twenty Years of International Monetary Cooperation", Band I, herausgegeben vom IWF, Washington 1970; Harrod, F. R., „The Life of John Maynard Keynes", London Mc Millan 1951, S. 525; Horie, Shigeo, „The International Monetary Fund", London 1964, S. 37 bis 96; Gardner, R. W., „Sterling-Dollar Diplomacy", Oxford 1956.

[8] White Paper der englischen Regierung Cmd. 6437, London 1943, deutscher Text reproduziert bei Bachmann, Hans, „Die angelsächsischen Pläne für die neue Ordnung des internationalen Zahlungsverkehrs", St. Gallen, 1943, S. 57 ff. Die Veröffentlichung von Bachmann enthält auch einen eingehenden Kommentar zu den beiden angelsächsischen Plänen. International Monetary Fund, „The International Monetary Fund 1945—1965", Vol. III S. 3 ff., Washington 1970.

Keynes stellte seinem Projekt zur Verbesserung des Währungssystems folgende *Leitsätze* voran: 1. Das System soll alle Länder umfassen und multilateral sein. 2. Die Festsetzung der Wechselkurse soll durch ein ordnungsgemäßes, allgemein anerkanntes Verfahren erfolgen, damit einseitige Aktionen und kumulative Abwertungen verhindert werden. 3. Der Umfang der internationalen Liquidität soll bewußt nach den wirtschaftlichen Bedürfnissen des Welthandels ausgerichtet werden. 4. Es soll ein Anpassungsmechanismus geschaffen werden, durch welchen sowohl auf Defizit- als auch auf Überschußländer ein Druck ausgeübt werden kann. 5. Jedem Land soll eine seiner Bedeutung im Welthandel entsprechende Zahlungsreserve gesichert werden. 6. Mit der Durchführung des Systems soll eine zentrale Institution unpolitischen Charakters betraut werden; diese soll jedoch die Einmischung in die innere Politik der einzelnen Länder auf ein Minimum beschränken.

Das *technische Gerippe* des Keynes-Planes besteht in der Übertragung des Prinzips eines geschlossenen Bankensystems, in welchem Gutschriften und Belastungen sich ausgleichen, auf die internationale Währungsebene. Keynes schlug die Bildung einer Zentralstelle, einer sogenannten *Clearing-Union*, vor, durch welche die Zentralbanken ihre Zahlungssalden in internationalen Recheneinheiten, dem sogenannten *Bancor*, begleichen können. Für Länder mit aktiver Zahlungsbilanz würden sich bei der Union Kreditsalden, für Länder mit passiver Zahlungsbilanz dagegen Debetsalden, ergeben. Für die Union selber würden sich Gutschriften und Belastungen immer ausgleichen. Um ein übermäßiges Ansteigen der Aktiv- und Passivsaldi zu vermeiden, sind aber Verschuldungsgrenzen vorgesehen. Alle Mitgliedstaaten sollen sich bereit erklären, jedem Partnerland innerhalb gewisser Grenzen eigene Zahlungsmittel spesenfrei gegen Bancor-Guthaben zu kreditieren. Den Bancor-Guthaben sollten größtmögliche Verwendbarkeit und Liquidität gesichert sein, indem sie unter Mitgliedsstaaten unbeschränkt übertragbar wären und an Zahlungsstatt angenommen werden müßten.

Bancor sollte in einem bestimmten Goldgewicht definiert werden und die Mitgliedstaaten sollten ihrerseits ihre eigenen Währungsparitäten gegenüber dem Bancor fixieren. Basis des Währungsplanes bildete ein System grundsätzlich fester Wechselkurse; die Paritäten sollten jedoch nicht unveränderlich sein. Wechselkursanpassungen bedürften, abgesehen von einer einmaligen Abwertung bis zu 5%, der Zustimmung der Clearing-Union.

Das Gold sollte nach der Konzeption Keynes' neben dem Bancor seinen Reservecharakter beibehalten; Gold sollte jedoch nur in Bancor, Bancor jedoch nicht in Gold konvertierbar sein.

Die *Verschuldungsgrenzen* innerhalb der Clearing-Union waren durch periodisch festzusetzende Länderquoten demarkiert, die anfänglich auf

³/₄ des Jahresdurchschnitts der Ein- und Ausfuhr der letzten drei Vorkriegsjahre 1936 — 1938 festgesetzt werden sollten. Das wäre einer anfänglichen Gesamtquote von nicht weniger als 25 Mrd. $ gleichgekommen. Die Beanspruchung der Kreditlimiten durch ein einzelnes Land sollte jedoch innert einer Jahresperiode 25% seiner Quote nicht übersteigen.

Bancor-Kreditquoten sollten nur zur Begleichung von Zahlungsbilanzdefiziten, nicht hingegen zum Umtausch in Gold- und Devisenreserven verwendet werden können. Eine Beanspruchung der Bancor-Quote von mehr als einem Viertel sollte einer Abgabe von 1%, eine Benützung von mehr als der Hälfte der Quote einer Abgabe von 2% unterliegen.

Zur Verhinderung extremer Verschuldungen sah Keynes vor, daß Länder, deren Verschuldung gegenüber der Union 25% der Quote übersteigt, ihre Währung abwerten könnten. Überschreitet der Debetsaldo die Hälfte der Quote, so würde die Clearing-Union in den Stand gesetzt, vom Schuldnerstaat nicht nur die Hinterlegung von Devisen, anderen internationalen Zahlungsmitteln oder Staatsschuldverschreibungen zu verlangen, sondern als Voraussetzung für zusätzliche Kredite überdies eine Währungsabwertung, Kontrolle des Kapitalverkehrs sowie weitere Maßnahmen zu fordern. Geht ein Debetsaldo, der 75% der Quote übersteigt, innert zwei Jahren nicht zurück, so könnte das betreffende Land in Verzug gesetzt werden, was zur Folge hätte, daß die Partnerländer Zahlungen, die sie an dieses Land schulden, nur noch über die Zentralstelle leiten dürften.

Während der Keynes-Plan der Verschuldung der einzelnen Defizitländer immerhin direkte Grenzen setzte und den Grad der Beanspruchung der Kreditquoten von konkreten Bedingungen abhängig machte, waren dagegen die *Kreditverpflichtungen der Gläubigerländer* nicht direkt, sondern nur indirekt durch die *Summe der Kreditbeanspruchungen* limitiert. Im Grenzfall hätte somit der Überschuß eines einzigen Gläubigerlandes den Defiziten aller anderen Teilnehmerstaaten gegenüberstehen können.

Dem Einwand, daß ein solches System zu weit gehe, begegnete Keynes mit dem Argument, daß es ein Überschußland in der Hand habe, einer extremen Gläubigerposition gegenüber der Union dadurch abzuhelfen, daß es seine Zahlungsbilanz mittels seiner Wirtschafts- und Handelspolitik ins Gleichgewicht bringe. Um Gläubigerländer vom Auflaufenlassen hoher Bancor-Guthaben abzuhalten, sollten diese auf den Kreditsaldi, wenigstens soweit sie einen Viertel der Länderquote übersteigen, ähnliche Abgaben leisten, wie die Defizitländer auf den Debetsaldi. Übersteigt der Überschuß eines Landes die Hälfte seiner Quote, so sollte das betreffende Gläubigerland zudem gemeinsam mit der Union prüfen, wie mittels Ausweitung des Zahlungsmittelumlaufes, einer Währungsaufwertung, autonomer Zollherabsetzungen oder Entwicklungskrediten an das Ausland ein Zahlungsbilanzausgleich herbeigeführt werden könnte.

Während nach dem Keynes-Plan der laufende Zahlungsverkehr frei sein sollte, vertrat sein Autor den Standpunkt, daß die Kapitalbewegungen einer Kontrolle unterstellt bleiben müßten.

b) *Elemente des White-Planes*

Im Unterschied zum Keynes-Plan, der auf dem Prinzip eines geschlossenen Banksystems basiert und dessen Verschuldungspotential einfach eine Funktion der Salden im internationalen Zahlungsverkehr bildet, baut dagegen der amerikanische White-Plan auf dem Prinzip eines internationalen *Fonds* auf, in den alle Mitgliedstaaten Beiträge einzuzahlen haben und dessen Kreditvolumen durch diese Beiträge sowie durch eventuelle Anleihen beschränkt ist.[9]) Je nach den besonderen Umständen eines Landes sollten 10 bis 25% dieser Einzahlungen in Gold, 25 bis 40% in nationalen Zahlungsmitteln und 50% in Schuldverschreibungen des Mitgliedstaates geleistet werden. Hätte der Keynes-Plan schon von Anfang an ein Verschuldungspotential von 25 Mrd. $ gebracht, so beschränkte sich der von White vorgeschlagene Fonds auf einen Anfangswert von 5 Mrd. $, wovon zudem nur die Hälfte einzuzahlen wäre. Die Beitragsleistungen der einzelnen Mitgliedstaaten sollten auf Länderquoten basieren, die insbesondere nach dem Volkseinkommen, den Währungsreserven und dem Außenhandel zu berechnen wären.

Der White-Plan sah vor, daß Länder, deren Zahlungsbilanz sich im Defizit befindet, beim Fonds um Kredit bis zu einem Betrag, der ihrer Quote entspricht, nachsuchen könnten. Bei der *Kreditnahme* sollte der Fonds Fremdwährung aus seinen Beständen gegen die Hingabe nationaler Währung des kreditsuchenden Landes abgeben. Die Mittel des Fonds sollten aber nur zur Deckung von Zahlungsbilanzdefiziten aus dem laufenden Verkehr verwendet werden. Kapitalübertragungen sollten dadurch grundsätzlich nicht finanziert werden können. Die Verschuldungsgrenze stimmt mit der Quote überein, die einem einzelnen Land als Grundlage der Beitragsleistungen zuerkannt worden ist. Der Fonds kann allerdings über diese Grenze auch hinausgehen, wenn sich ein Defizitland verpflichtet, vom Fonds empfohlene Gegenmaßnahmen zur Herstellung des Zahlungsgleichgewichts anzunehmen und Aussicht besteht, daß die übermäßige Verschuldung bald abgebaut werden kann. Auf den Schuldnerpositionen waren an den Fonds Abgaben von 1% in Gold vorgesehen.

---

[9]) Über den White-Plan vergl. International Monetary Fund, „The International Monetary Fund 1945—1965", Vol. III, S. 37 ff., Washington 1970.

Im Gegensatz zum Keynes-Plan sieht indessen der White-Plan nicht nur direkte Verschuldungsgrenzen für die einzelnen Schuldnerländer, sondern auch direkte *Kreditlimiten* für die Gläubigerländer vor. Diese Grenzen sind durch die Höhe der Bestände bestimmt, die der Fonds in der nationalen Währung des betreffenden Gläubigerlandes aufweist. In der Regel entspricht dies der Höhe seiner Quote, es sei denn, ein Gläubigerstaat stelle dem Fonds durch Darlehen oder gegen Aktiven des Fonds zusätzlich nationale Währung zur Verfügung. Für den Fall, daß die Fondsbestände an der Währung eines Gläubigerlandes unter 15% seiner Quote sinken, sollte der Fonds Maßnahmen zur Erhöhung der Fondsbestände empfehlen. Bei Verknappung einer Währung sollte der Fonds eine „gerechte" Verteilung der betreffenden Bestände anstreben und das Angebot der knappen Devisen durch Ankäufe aus den Beständen der Mitgliederländer zu erhöhen versuchen.

Wie Keynes basierte auch White seinen Währungsplan auf einem System *fester Währungsparitäten,* mit Abänderungsmöglichkeit grundsätzlich nur unter Zustimmung des Stabilisierungsfonds. Autonome Wechselkursänderungen sollten nach beiden Plänen grundsätzlich unzulässig sein.

Ferner anerkannte Keynes wie White dem *Gold* weiterhin die Funktion als internationales Reserve- und Zahlungsmittel zu. Hätte der Keynes-Plan größenmäßig den internationalen Zahlungsverkehr auch ohne Gold bewältigen können, so kam jedoch bei White dem Gold eine langfristige zentrale Stellung im internationalen Zahlungsverkehr zu.

Ein Vergleich des Keynes-Planes mit dem White-Plan zeigt, daß die beiden Pläne, obschon sie in der grundsätzlichen Zielsetzung weitgehend übereinstimmen, die Aufgabe technisch sehr unterschiedlich anpackten. Der Keynes-Plan, der die Finanzierung der Zahlungsbilanzungleichgewichte auf dem Buchungsweg in einem geschlossenen multilateralen Verrechnungssystem durchzuführen versuchte, war *revolutionär* und wäre geeignet gewesen, das bisherige Reservesystem auf die Dauer überflüssig zu machen. Der Vorschlag White's hingegen bewegte sich insofern auf *evolutionären Bahnen,* als er zwar auf einer Poolung eines Teils der bestehenden Reserven aufbaute, aber nur eine Ergänzung des bestehenden, auf Gold und Devisen basierenden Reservesystems durch ein System von Kreditfazilitäten bringen wollte.

Augenfällig sind die Unterschiede der beiden Pläne insbesondere auch hinsichtlich der *Stellung der Gläubigerländer.* Im White-Plan ist die Kreditgewährung grundsätzlich an die verhältnismäßig bescheidenen Fondsanlagen des betreffenden Überschußlandes gebunden. Im Keynes-Plan dagegen bestehen, wie erwähnt, direkte Limiten nur auf der Schuldnerseite, während sich die Limiten für die Kreditverpflichtungen nur aus der Summe der Schuldnerlimiten ableiten.

Die Differenzen spiegeln die interessenmäßigen Unterschiede zwischen einem über große Goldreserven verfügenden Gläubigerland einerseits und einem von Reserven entblößten, währungsarmen Land andererseits wider. Sie dürften aber zum Teil auch Ausdruck theoretisch unterschiedlicher Ausgangspunkte sein.[10]) Ging White vom Gold als Grundlage und Instrument des internationalen Zahlungsverkehrs aus, und war für ihn das internationale Zahlungsvolumen sowohl durch die verfügbare Goldmenge als auch durch den Wirtschaftsverkehr bestimmt, so ist für Keynes der internationale Zahlungsverkehr weniger eine Funktion von Gold und Goldsurrogaten als eine Rechnung des Güter- und Leistungsaustausches. Stellt der Mechanismus des White-Planes eine einfache Verbesserung und Erweiterung des auf dem Gold aufgebauten Zahlungssystems dar, so ist das Bancor-System vor allem ein Verrechnungsmechanismus.

c) *Der Kompromiß der Bretton Woods-Konvention*

Während gegen den amerikanischen White-Plan in England eingewendet wurde, daß sein Kreditvolumen zu klein sei, daß er ferner über ungenügende Druckmittel verfüge, die Gläubigerländer zum Abbau ihrer Überschüsse zu veranlassen, daß er einer expansionistischen Wirtschaftspolitik nicht genügend Rechnung zu tragen vermöge und eine Rückkehr des Goldstandards bringen könnte, stieß umgekehrt der englische Keynes-Plan in den Vereinigten Staaten auf Ablehnung, weil man dort insbesondere befürchtete, daß er den Gläubigerländern „unlimitierte Verpflichtungen" auferlegen könnte und weil man an seinem expansionistischen Charakter Anstoß nahm.[11])

Im Herbst 1943 kam es aufgrund der beiden Pläne zu monatelangen Verhandlungen, an denen Experten von 30 Ländern teilnahmen. Da offensichtlich wurde, daß der amerikanische Kongreß nicht hätte zur Zustimmung zum Keynes-Plan veranlaßt werden können, ließen die Engländer schon zu Beginn der Beratungen wichtige Grundsätze des Keynes-Planes fallen. Vor allem wurde dem amerikanischen Wunsch stattgegeben, die Verpflichtungen der Gläubigerländer direkt zu limitieren. Auch wurde vereinbart, daß der zu schaffende Kreditapparat durch Einzahlungen der einzelnen Länder in Gold und Devisen an eine gemeinsame Stelle ali-

---

[10]) Vergl. Bachmann, Hans, „Die angelsächsischen Pläne für die Neuordnung des internationalen Zahlungsverkehrs", St. Gallen, 1943, S. 49.

[11]) Über die Expertenbesprechungen und Verhandlungen, die der Bretton Woods-Konvention vorausgingen, vergl. „The Monetary Fund 1945—1965: Twenty Years of Monetary Cooperation", a. a. O.; Harrod, Roy, „The Life of John Maynard Keynes", London, 1951, S. 525 ff.; Mordan, B. K., „Echoes of Bretton Woods", in Finance and Development, Vol. 6, Nr. 2, Juni 1969, Washington IWF, S. 30 ff.

mentiert werden sollte. Das bedeutete die *Annahme der Grundkonzeption des White-Planes* und den Verzicht auf eine Clearing-Union.

Hinsichtlich des Wechselkurssystems einigten sich die Sachverständigen auf die Formel, daß grundsätzlich feste Wechselkurse anzustreben seien, daß aber die Mitgliedstaaten bei fundamentalem Ungleichgewicht die Parität ändern könnten, wobei über eine bestimmte Limite hinaus die Zustimmung der Fondsleitung einzuholen wäre.

Hingegen bestanden starke Meinungsverschiedenheiten zwischen Engländern und Amerikanern über den Grad der Einmischung des Fonds in die innere Wirtschaftspolitik der Schuldner- und Gläubigerländer. Während nach amerikanischer Auffassung der zu schaffende Fonds die Kompetenz haben sollte, ein *Schuldnerland* zu Maßnahmen zur Korrektur seiner Zahlungsbilanz aufzufordern, wurde in England nachdrücklich das Prinzip der Nichteinmischung vertreten. Der Gegensatz konnte in den Vorverhandlungen nur dadurch überbrückt werden, daß die Kompetenzen des Fonds gegenüber Schuldnerländern eingeschränkt wurden. Umgekehrt legten die Engländer großes Gewicht auf die Schaffung starker Druckhebel gegenüber den *Gläubigerländern* zum Abbau ihrer Überschüsse. Die Amerikaner trugen diesen Forderungen dadurch Rechnung, daß sie sich bereit erklärten, die Bestimmungen des White-Planes über das Verfahren im Falle des Knapperwerdens einer Währung zu verschärfen. Daß aus diesem Seilziehen die Klausel über die „Knappheitserklärung" einer Währung durch den Fonds hervorging, wurde in England als großer Erfolg gefeiert.

Eine bedeutende weitere Konzession an die Engländer stellte die Schaffung einer Übergangsregelung für die erste Nachkriegszeit dar; währungsgeschwächte Länder sollten während dieser Periode von den Verpflichtungen zur Konvertibilität und zum Abbau der Zahlungsrestriktionen generell dispensiert sein.

Die Ergebnisse der Expertenbesprechungen wurden im April 1944 in einem „Joint Statement by Experts on the Establishment of an International Monetary Fund" niedergelegt.[12] Das Dokument bildete die Basis für die entscheidende Regierungskonferenz, die „United Nations Monetary and Financial Conference", die vom 1. — 22. Juli 1944 in *Bretton Woods* (New Hampshire, USA) unter Teilnahme von 44 alliierten Staaten tagte. Dank der eingehenden Vorarbeiten der Experten gelang es den Regierungsvertretern, innert kurzer Zeit zu einer Einigung zu gelangen. Die von der Konferenz ausgearbeitete Konvention von Bretton Woods umfaßte die „Final Act" der Konferenz sowie zwei Abkommen

---

[12] Vergl. International Monetary Fund, „The International Monetary Fund 1945—1965", Vol. III, S. 128 ff.

über die Schaffung eines Internationalen Währungsfonds (IWF) und der Weltbank. Während der IWF Hilfe bei kurzfristigen Zahlungsbilanzstörungen bringen und über die Wechselkurspolitik wachen sollte, war die Parallelorganisation der Weltbank zur Bereitstellung langfristiger Investitionskapitalien für den Wiederaufbau und die Entwicklung bestimmt.

Die Bretton Woods-Institutionen traten nach Unterzeichnung durch 35 Staaten, darunter den wichtigsten westlichen Währungsländern, im Dezember 1945 in Kraft. Sowjetrußland, das dem Expertenbericht zugestimmt hatte und auch an der Bretton Woods-Konferenz vertreten war, enthielt sich der Unterzeichnung und trat der Konvention nicht bei.

Der Internationale Währungsfonds, wie er aus der Bretton Woods-Konferenz hervorging, wurzelte vor allem im Gedankengut des White-Planes. Die seitherige Entwicklung des Fonds durch Schaffung der Sonderziehungsrechte hat jedoch dem IWF neue Elemente hinzugefügt, die in mancher Beziehung an die Konzeptionen des Keynes-Planes erinnern. Das Abkommen über den IWF stellt, wie Emminger unterstreicht[13], „die erste große Kodifikation von völkerrechtlich vereinbarten Spielregeln des internationalen Währungssystems" dar: Unter dem klassischen Goldstandard gab es ungeschriebene Spielregeln, ohne institutionelle Verankerung. In den Dreißigerjahren herrschte währungspolitische Anarchie. Die Konvention von Bretton Woods über den Internationalen Währungsfonds dagegen war das erste Unternehmen, das bindende Regeln für die äußere Währungspolitik der Mitgliedländer festlegte und das gleichzeitig umfangreiche Mittel bereitstellte, um den Mitgliedstaaten die Einhaltung dieser Regeln zu erleichtern.

---

[13]) Emminger, Otmar, „Das Internationale Währungssystem", Enzyklopädisches Lexikon für das Geld-, Bank- und Börsenwesen, S. 842.

ERSTER TEIL

DIE ORDNUNGSPRINZIPIEN

Das internationale Währungssystem besteht aus Ordnungsprinzipien und materiellen Elementen. Die Ordnungsprinzipien lassen sich in drei große Kategorien unterordnen:

1. das Wechselkursregime,
2. die Anpassungsgrundsätze und
3. die Konvertibilitätsregeln.

In den Grundzügen sind die Ordnungsprinzipien, die ein Ganzes bilden, in den Satzungen des Internationalen Währungsfonds (IWF) niedergelegt. Dies gilt insbesondere für das Wechselkurssystem und die Konvertibilitätsbestimmungen. Die Anpassungsgrundsätze sind aus Ansatzpunkten in den IWF-Statuten pragmatisch weiter entwickelt und verfeinert worden; im Unterschied zu Konvertibilitätsprinzipien und zur Wechselkurspolitik geht es hier aber weniger um konkrete Vorschriften und Grundsätze als um einen Kodex des Wohlverhaltens.

I. Abschnitt: Das Wechselkursregime

1. KAPITEL: DIE HAUPTGRUNDSÄTZE

a) Die Zielsetzung

Das Wechselkurssystem, wie es in der Bretton Woods-Konvention niedergelegt worden ist, stellt insofern eine grundsätzliche Neuerung dar, als es das erste Mal ist, daß sich die einzelnen Länder hinsichtlich der Fixierung ihrer Wechselkurse gemeinsam vertragliche Beschränkungen auferlegten. Nach dem Ersten Weltkrieg war die Festsetzung von Wechselkursen noch als ein Akt der absoluten nationalen Souveränität betrachtet worden. Anfangs der Zwanzigerjahre ließen zahlreiche Länder ihre Wechselkurse frei schwanken und in der Depression der Dreißigerjahre wurden die Wechselkurse als Waffe gebraucht, um gegenüber den Handelspartnern einen Kosten- und Preisvorteil zu erringen. Das führte zu kumulativen Abwertungen und zum Währungschaos.

Demgegenüber lag dem in Bretton Woods geschaffenen Wechselkurssystem die Erkenntnis zugrunde, daß Wechselkursänderungen eine Angelegenheit darstellen, die nicht nur das betreffende Land, sondern auch seine Partnerländer angeht, indem ihre Wirtschaft davon direkt betroffen wird. „Die Schaffung des Währungsfonds", hieß es im Jahresbericht des IWF von 1949, „bedeutet die allgemeine Anerkennung des Prinzips, daß die Wechselkurspolitik eines Landes auch das Wohlergehen der anderen Länder betrifft."[14])

In den Zwecksetzungen des Internationalen Währungsfonds werden folgende *Ziele* des Wechselkursregimes genannt: 1. Förderung der Stabilität der Wechselkurse, 2. Herstellung geordneter Wechselkursverhältnisse zwischen den einzelnen Ländern, 3. Vermeidung von kumulativen Abwertungen (Artikel I [iii]). Es zeigen sich darin zwei Hauptgrundsätze: Stabilität und Ordnung. Der Hauptakzent liegt dabei, worauf auch Ferras hinweist[15]), auf den „geordneten Währungsverhältnissen." Wechselkursstabilität ist zwar ein erstrebenswertes Ziel. Kann sie jedoch nicht eingehalten werden, so sollen Wechselkursanpassungen wenigstens in geordneter Weise vor sich gehen.

b) Die Bedeutung des Paritätssystems

Die Stabilität der Wechselkurse stellt die Grundregel des Wechselkursregimes des Bretton Woods-Systems dar. Die Mitgliedstaaten des IWF haben für ihre Währungen gemäß Statut (Artikel IV/1) im Einvernehmen mit dem Fonds feste Paritäten in Gold oder in Dollars zu einem festen Goldpreis festzulegen. Entsprechend wird das Wechselkursregime der Bretton Woods-Konvention ein Paritätssystem genannt. Von den Mitgliedstaaten wird erwartet, daß sie mit dem Fonds zusammenarbeiten, um die Wechselkurse möglichst stabil halten zu können (Artikel IV/4).

Stabile Wechselkurse waren für die Väter der Bretton Woods-Konvention die beste Gewähr für eine ausgeglichene Expansion der Weltwirtschaft. Sie schrieben dem Grundsatz fester Wechselkurse zudem einen disziplinierenden Einfluß auf die innere Anpassungspolitik zu. Stabile Wechselkurse wurden auch als notwendiges Attribut zur Konvertibilität betrachtet.[16])

Im Unterschied zum Goldstandard, wo der stabile Wechselkurs das oberste Ziel der Wirtschaftspolitik darstellte, ist jedoch im Bretton

---

[14]) Jahresbericht des IWF 1949, S. 21.

[15]) Ferras, G., „La Coopération Monétaire Internationale", Vortrag vom 26. Juni 1964, Basel, S. 6.

[16]) Vergl. Veit, Otto, „Währungspolitik als die Kunst des Unmöglichen", Frankfurt, Knapp 1968, S. 116: „Die Wiederherstellung der Konvertibilität war ein Hauptziel bei der Errichtung des Internationalen Währungsfonds. So mußte man in dem Abkommen von *festen* Wechselkursen ausgehen. Veränderliche Wechselkurse schließen Konvertibilität dem Begriff und der Sache nach aus. Niemals ist Konvertibilität anders ausgelegt worden als ein Umtausch zum voraussehbaren Preis. In den Zielsetzungen des Währungsfonds müssen deshalb feste Paritäten als Normalfall angesehen werden."

Woods-System das Postulat der Stabilität der Wechselkurse *kein absolutes Gebot*. Es kommt ihm unter den wirtschaftspolitischen Zielsetzungen keine grundsätzliche Priorität zu. Die Fondssatzungen anerkennen neben der Wechselkursstabilität eine Reihe von anderen Zielen, wie die Erzielung und Erhaltung eines hohen Beschäftigungsgrades, eines hohen und dauerhaften Wirtschaftswachstums und eines expansiven multilateralen Welthandels, wobei der Vollbeschäftigung und der Wohlstandsförderung sogar die Rollen von „primacy objectives" Artikel I (II) zugebilligt werden.[17] Würde die Durchsetzung der Stabilität der Wechselkurse einen Verzicht auf die anderen Zielsetzungen erfordern, so soll die Stabilität der Wechselkurse geopfert werden.

Feste Wechselkurse bedeuten deshalb unter dem Bretton Woods-System nicht unveränderliche Paritäten. „Das Fondsabkommen macht klar", hieß es schon im Jahresbericht des IWF von 1948, „daß die Bestimmungen über die Wechselkurse dem Fonds nicht die Pflicht auferlegen, im Rahmen der Stabilität Wechselkursraten zu verewigen, welche die Verbindung zu den wirtschaftlichen Realitäten verloren haben ... Stabilität und Starrheit sind grundverschiedene Dinge."[18] Daß Stabilität keine Starrheit bedeutet, ist seither von der Fondsleitung wiederholt unterstrichen worden.[19]

c) Das Prinzip der „adjustable pegs"

Die Bretton Woods-Satzungen enthalten besondere Bestimmungen über die Möglichkeit von *Wechselkursänderungen* (Artikel IV/5). Eine obsolet gewordene Parität soll durch eine neue Parität ersetzt werden können. Wechselkursänderungen dürfen aber nur vorgenommen werden, wenn ein *fundamentales Ungleichgewicht* besteht, das auf anderem Weg nicht beseitigt werden kann. Über den Begriff eines „fundamentalen Ungleichgewichts" gibt es keine allgemein gültige Definition. Sie ist jedoch in denjenigen Fällen zweifellos erfüllt, wo „Defizit- und Überschußländer auf die Dauer nicht im Stande sind, ihr inneres Gleichgewicht aufrecht zu erhalten, ohne der Arbeitslosigkeit oder der Inflation zu verfallen."[20]

Der Währungsfonds selber hat in solchen Fällen allerdings nicht die Kompetenz, *Wechselkursänderungen* zu veranlassen. Die *Initiative* dazu bleibt auf jeden Fall dem betreffenden Land vorbehalten. Um einen Miß-

---

[17] Vergl. hierüber eingehender III, S. 4 ff.

[18] Jahresbericht des IWF 1948, S. 21.

[19] Vergl. z. B. Schweitzer, P.-P., Vortrag vor Queens University Kingston (Ontario) vom 2. Juni 1969.

[20] Vergl. Schweitzer, P.-P., a. a. O.; über die Voraussetzungen eines fundamentalen Ungleichgewichts vergl. eingehender S. 15 dieses Abschnitts.

brauch von Wechselkursänderungen zu vermeiden, dürfen diese jedoch nur nach Konsultation und bei größeren Paritätsänderungen nur mit Zustimmung des IWF vorgenommen werden.

In der Währungsterminologie wird das Wechselkursregime des IWF als ein System der *„adjustable pegs"* (Methode der veränderlichen Fixpunkte) bezeichnet. Grundlinie bleibt stets die Wechselkursstabilität. Sie darf nur verlassen werden, wenn die wirtschaftliche Anpassung eines Landes nicht mehr über die inneren Kosten und Preise vollzogen werden kann. Wie der IWF hervorhebt, sollten derartige Wechselkursanpassungen aber nicht als das Aufgeben der Politik der Wechselkursstabilität betrachtet werden, sondern vielmehr als Weiterverfolgung dieser Politik aufgrund einer neuen Politik, die den neuen Bedingungen besser angepaßt ist.[21]

Das System der „adjustable pegs" ist wegen seines ambivalenten Charakters sehr unterschiedlich ausgelegt worden. Keynes wollte darin „das genaue Gegenteil des automatischen Goldstandards" erblicken, weil hier die übrigen wirtschaftspolitischen Zielsetzungen unter gewissen Umständen der Stabilität der Wechselkurse vorausgehen.[22] Jacobsson vertrat demgegenüber die Ansicht, daß unter dem Wechselkurssystem von Bretton Woods immer noch viele Regeln des Goldstandards ihre Gültigkeit in modifizierter Form nicht verloren hätten, daß aber eine richtige Synthese zwischen den Grundsätzen des alten Goldstandards und des neuen Systems des „managed money" erst noch gefunden werden müsse.[23] Robertson sprach vom Bretton Woods-System als von einem „neuen Goldstandard"[24], und Hexner[25] folgerte aufgrund einer eingehenden Studie, daß das Zahlungssystem des IWF auf einem effektiven „weltumfassenden Goldstandard-Schema" basiere, indem es auf einheitlich festen Wechselkursen aufbaue, die in Gold ausgedrückt sind.

Enthält das Wechselkurssystem des IWF auch verschiedene technische Elemente und Grundsätze, die denjenigen des Goldstandards ähnlich sind, so weist es jedoch in der wirtschaftspolitischen Philosophie, in den

---

[21] Vergl. Jahresbericht des IWF 1949, S. 21/22.

[22] Keynes, John M., Rede vor dem Oberhaus vom 23. Mai 1944, Cmd. 844.

[23] Jacobsson, Per, „Toward a Modern Monetary Standard", The Stamp Memorial Lecture, London, 19. November 1959, S. 8.

[24] Robertson, Dennis H., Lectures on Economic Principles, Vol. III, London 1959, S. 15.

[25] Hexner, Ervin, „The New Gold Standard", Weltwirtschaftliches Archiv, Bd. 85, 1960, Heft 1, S. 31.

Anpassungsregeln und in der wechselkurspolitischen Praxis beträchtliche Unterschiede gegenüber jenen auf.[26])

2. KAPITEL: DIE PARITÄTSREGELN

Nachdem zunächst die Hauptgrundsätze des Wechselkurssystems dargelegt worden sind, sollen im folgenden die Verfahrensregeln des Paritätssystems und der „adjustable pegs" beschrieben werden.

Die Statuten des Währungsfonds (Artikel IV/1 [a]) schreiben den Mitgliedstaaten, wie erwähnt, vor, die Parität ihrer Währung entweder in einer bestimmten Menge Gold oder in U.S. Dollars zum Goldgewicht und zur Feinheit vom 1. Juli 1944 festzusetzen.[27]) Wie unter dem Goldwährungssystem wird also auch unter dem Bretton Woods-System durch die direkte oder indirekte Fixierung der Paritäten gegenüber dem gemeinsamen Nenner Gold ein festes Verhältnis unter den Währungen geschaffen. Bei Eintritt in den IWF soll jedes Land mit dem Fonds eine Anfangsparität vereinbaren; ohne Parität kann ein Land in der Regel von den Fondsmitteln nicht Gebrauch machen (Artikel XX/4).

a) Die Wechselkursstabilisierung am Kassadevisenmarkt

Die Mitgliedstaaten verpflichten sich, die Höchst- und Tiefstkurse im Kassadevisenverkehr innerhalb einer Marge von höchstens 1% von der Parität zu halten (Artikel IV/3). In der Praxis vollzieht sich diese Stabilisierungspflicht durch Intervention der Notenbanken am Devisenmarkt. Ist die Nachfrage nach der eigenen Währung so groß, daß der Wechselkurs die 1%-Grenze zur Parität zu übersteigen droht, so muß die Notenbank des betreffenden Landes fremde Währung ankaufen; wird dagegen die eigene Währung am Devisenmarkt in so starkem Maße angeboten, daß der Wechselkurs die 1%-Grenze unter der Parität zu unterschreiten droht, so muß sie eigene Währung gegen Gold oder Devisen übernehmen. Die Marge von maximal 1% bezieht sich aber nur auf die Leitwährung des Dollars.[28]) Zwischen Nicht-Dollarwährungen dagegen können die

---

[26]) Zum Wechselkurssystem des IWF vergl. IMF „The Montary Fund 1945 bis 1965, Twenty Years of Monetary Cooperation", a. a. O.; Aufricht, H., „The Fund Agreement, Living Law and Emergency Praxis", Princeton Studies in International Finance Nr. 23, Princeton 1969, S. 38 ff.; Fleming J. M., a. a. O., S. 6 ff.

[27]) Dies entspricht dem Dollar, wie er in der Presidental Proclamation Nr. 2072 vom 31. Januar 1934 niedergelegt wurde (15 5/21 grains of gold 9/10 fine = 35 $ die Feinunze).

[28]) Vergl. Beschluß des Exekutivrates des IWF vom 24. Juli 1959, Jahresbericht des IWF 1960, S. 31. Dieser Beschluß stand im Zusammenhang mit der Inkraftsetzung des Europäischen Währungsabkommens.

Kursspannen bis zu 2 % ihrer Parität gehen. Dies hängt damit zusammen, daß sämtliche Länder, außer den USA, am Devisenmarkt zur Kursstabilisierung in U.S. Dollars intervenieren und nur dem Dollar gegenüber die Schwankungen ihrer Währungen innerhalb der vorgeschriebenen Grenzen halten. Infolge der Kumulierung der Kursspannen der Nicht-Dollarwährungen gegenüber dem Dollar können zwischen diesen maximale Spannen von 2 % resp. maximale Schwankungen von 4 % entstehen. Der Exekutivrat des Währungsfonds hat 1959 diesem Tatbestand formell Rechnung getragen.

Die vom IWF zugelassenen Kursspannen von 1 % gegenüber der Dollarparität sind indessen von denjenigen Mitgliedstaaten des IWF, die sich 1960 im Europäischen Währungsabkommen[29]) zusammengeschlossen, nicht voll ausgenützt worden, haben diese doch 1959 ihre Paritätsmargen gegenüber dem Dollar auf ± ³/₄ % festgesetzt. Nur die Schweiz, die sich als Nicht-Mitgliedstaat des IWF nicht an die Margenbestimmungen desselben gebunden fühlt, notifizierte eine größere Bandbreite von 1³/₄ %; faktisch nützte sie diese aber nicht aus.[30]) Schweden meldete umgekehrt zunächst eine Marge unter ± ³/₄ % an, mußte diese aber bald auf den Satz von ± ³/₄ % revidieren.

Im Unterschied zu den übrigen Ländern können die *Vereinigten Staaten* den Dollar nicht selber als Interventionswährung benützen. Auch bestehen keine andern Interventionswährungen, derer sie sich zur Stabilhaltung des Dollars bedienen könnten. Anstelle dessen kommen sie ihrer Stabilhaltungspflicht unter dem IWF-Statut dadurch nach, daß sie den Dollarkurs mittels freien Käufen und Verkäufen von Gold innerhalb der vom IWF zulässig erklärten Margen zur Goldparität halten (Artikel IV/4 [b]). Dadurch, daß die USA von dieser Möglichkeit Gebrauch machen, ist der U.S.-Dollar für ausländische Währungsbehörden in Gold konvertibel. Würden die Vereinigten Staaten die Konvertibilität des Dollars in Gold aufgeben, so müßten sie den Dollar durch Intervention

---

[29]) Über das Europäische Währungsabkommen vergl. S. 76 ff.

[30]) Die theoretische Kursspanne von 1³/₄ % für den Schweizer Franken ergibt sich daraus, daß der Goldankaufspreis loco Bern der Schweizerischen Nationalbank mit 4869,80 Fr. das Kilo Feingold 1 % unter der Paritätspreis für Gold liegt. Dazu kommen die „handling charge" der Federal Reserve Bank of New York von ¹/₄ % zuzüglich ¹/₂ % Transportkosten für die Strecke New York — Bern. Bei einer Parität des Schweizer Frankens gegenüber dem Dollar von 4.3728 Fr. ergäbe dies einen Tiefstkurs des Dollars von 4.2950 Fr. und einen Höchstkurs von 4.45 Fr. In der Praxis hielt die Schweizerische Nationalbank ihre Margen jedoch enger zwischen einem unteren Dollarkurs von 4.2950 — 4.3150 und einem oberen Kurs von 4.34 — 4.35 Fr. Der Schweizer Franken notierte stets über der Dollarparität. (Vergl. Iklé, M., Vorträge in St. Gallen vom 13. Januar 1966 und in Zürich vom 24. Februar 1967).

auf dem Devisenmarkt in ausländischer Währung stabil halten, was jedoch wegen des Fehlens anderer Interventionswährungen schwierig wäre. Die Konvertibilität des Dollars in Gold ist also nicht eine rein nationale Angelegenheit; ihre Aufhebung würde, wenn die USA ihrer Stabilisierungspflicht unter den IWF-Satzungen nicht durch Interventionen in anderen Währungen nachzukommen vermöchten, auch einen Bruch der IWF-Verpflichtungen darstellen.

Die nationale Gesetzesbasis der Goldkonvertibilität des Dollars beruht auf der amerikanischen Gold Reserve Act von 1934, die das Schatzamt zu Goldkäufen und -verkäufen gegen offizielle Dollarguthaben zu einem festen Paritätskurs von 35 $ die Feinunze ermächtigt. Aufgrund dieser fakultativen Möglichkeit hat die U.S. Treasury bisher stets die Praxis geübt, Gold zu diesem festen Preis plus oder minus $1/4^0/0$ handling charge gegen offizielle Dollarguthaben ausländischer Währungsbehörden zu verkaufen, soweit solche Goldkäufe „legitimen Zwecken" dienen. Es war die Ankündigung des amerikanischen Schatzamtes vom 13. Oktober 1936 „über den Verkauf von Gold für den Export", die heute noch immer die Grundlage der amerikanischen Goldpolitik bildet.[31] Sie könnte aber jederzeit durch einen bloßen Akt der Administration geändert werden.

b) Die Politik gegenüber dem Termindevisenmarkt

Während in den IWF-Satzungen für das Kassadevisengeschäft feste Margen vorgeschrieben sind, bestehen dagegen für das *Termindevisengeschäft* in den IWF-Statuten keine maximalen Kursspannen. Der Fonds hat sich zwar vorbehalten, dafür ebenfalls angemessene Margen vorzuschreiben (Artikel IV/3 [ii]), hat jedoch von diesen Möglichkeiten bisher keinen Gebrauch gemacht.

Die Differenz zwischen den Kassakursen und den Terminkursen richtet sich in der Regel nach dem *Zinsgefälle* zwischen zwei Ländern. Besteht im Land A für Dreimonatsvorschüsse ein Zinssatz von $4^0/0$, im Land B jedoch $6^0/0$, so sollte im Gleichgewichtszustand der Terminkurs der Währung des Landes B im Land A um $2^0/0$ per annum niedriger sein als der Kassakurs. Diese Differenz wird im Swapgeschäft (Kauf einer Währung per Kassa und gleichzeitiger Verkauf auf Termin) als Kurssicherungskosten bezeichnet. Sind die Kurssicherungskosten gleich der Zinsdifferenz, so wird dadurch das Zinsgefälle auf kursgesicherten Transaktionen aufgehoben. Ist hingegen die Differenz zwischen Kassa- und Terminkurs kleiner oder größer als der Zinsunterschied, so muß dies zu Bewegungen im internationalen Zahlungsverkehr führen.

Lange Jahre haben die Notenbanken den Terminmarkt sich selber überlassen. Die Erfahrungen seit dem Übergang der wichtigsten Währungen

---

[31] Aufricht, Hans, a. a. O., S. 49.

zur Konvertibilität haben sie jedoch gelehrt, daß dieser Markt nicht mehr außer Acht gelassen werden kann. Verzichtet auch der Internationale Währungsfonds darauf, Kursmargen für den Terminmarkt festzusetzen, so haben sich in den Sechzigerjahren doch verschiedene führende Notenbanken in zunehmendem Maße zu individuellen Interventionen auch auf dem Terminmarkt entschlossen, um dadurch allzu große Kursausschläge auszuschalten und Einfluß auf die kurzfristigen Kapitalströme zu gewinnen.[32]

3. KAPITEL: DIE SPIELREGELN DER „ADJUSTABLE PEGS"

a) Die Voraussetzungen von Wechselkurskorrekturen

Änderungen der mit dem IWF vereinbarten Währungsparitäten dürfen gemäß den IWF-Statuten nur vorgenommen werden, wenn ein „fundamentales" wirtschaftliches Ungleichgewicht besteht (Artikel IV/5 [a]). Über den *Begriff* des grundlegenden Ungleichgewichts enthält das *Fondsstatut* keine nähere Umschreibung. 1946 stellte der Exekutivrat des IWF immerhin fest, daß chronische und anhaltende Arbeitslosigkeit, die sich aus einem Zahlungsbilanzungleichgewicht ergeben kann, unter den Begriff eines fundamentalen Ungleichgewichts falle.[33] Aufgrund einer langjährigen Praxis haben sich seither die Vorstellungen des IWF darüber, was ein grundlegendes Ungleichgewicht ist, einigermaßen geklärt. In einem Bericht versuchte der IWF im Jahre 1969, die Fälle, in denen ein fundamentales Ungleichgewicht vorliegt und entsprechende Wechselkorrekturen fällig sind, herauszuschälen. Es werden darin folgende Arten von Ungleichgewichten unterschieden:

1. kurzfristige und reversible Ungleichgewichte, für die Wechselkursänderungen von vornherein nicht in Betracht kommen.

2. Ungleichgewichte, die durch Unterschiede im Nachfragedruck und in der Preis- und Kostenempfindlichkeit zustande kommen, und aus denen ein höherer Grad der Preissteigerung resultieren kann.

3. Ungleichgewichte, die teils technologisch bedingt sind, teils auf die Angebots- und Nachfragebedingungen zurückgehen und strukturellen Charakter haben.

4. Ungleichgewichte, die einem langfristigen Wechsel der internationalen Kapitalströme zuzuschreiben sind.

---

[32] Vergl. hierüber die eingehendere Darstellung der Notenbankpolitik im Abschnitt „Die internationale Währungswehr der Notenbanken", S. XI, 21 ff.

[33] Entscheid des Exekutivrates des IWF vom 24. September 1946, reproduziert in „First Annual Meetings of the Board of Governors", 1946, Washington, S. 105/6.

Von den unter 2. bis 4. genannten Ungleichgewichten lassen sich, wie der Bericht des IWF feststellt, einige Fälle nur durch Wechselkursanpassungen, andere durch andere Anpassungsmaßnahmen lösen. Wo ein übermäßiger Nachfragedruck noch keinen ernsthaften Einfluß auf den relativen Preisstand eines Landes gehabt hat, dort können Anti-Inflationsmaßnahmen zur Wiederherstellung des Zahlungsbilanzgleichgewichts genügen; ist der Preisspiegel eines Landes bereits stark überhöht, so genügt jedoch die Durchführung interner Restriktionen nicht mehr, um eine Verbesserung der Zahlungsbilanz ohne Gefährdung der Vollbeschäftigung zu erreichen und kann sich eine Wechselkurskorrektur als zusätzliche Maßnahme als notwendig erweisen. Wo Unterschiede in der Wettbewerbskraft einzelner Länder durch eine Umschichtung in den Angebots- und Nachfragebedingungen entstanden sind, können diese nach der Auffassung des IWF durch unterschiedliche Zuwachsraten in der Geldversorgung absorbiert werden; wo dies nicht möglich ist, kann jedoch das Problem in zufriedenstellender Weise nur durch Wechselkursänderungen gelöst werden. Wo Kapitalbewegungen destabilisierenden Charakter haben, kann die Lösung nach den Regeln des IWF entweder in Kontrollen der Kapitalbewegungen oder in der Beeinflussung des Waren- und Dienstleistungsverkehrs gesucht werden; die letztere kann ebenfalls eine Änderung des Wechselkurses erforderlich machen.

Der IWF unterstreicht jedoch, daß Zahlungsbilanzungleichgewichte, die sich aus einer übermäßigen Nachfrage ergeben, auf die Dauer nicht allein durch Wechselkursänderungen überwunden werden könnten, sondern daß sie von Restriktionsmaßnahmen begleitet werden müßten. Wechselkurskorrekturen könnten kein Ersatz für die interne Anpassung sein.

Die Grenzen zwischen einem „fundamentalen" Ungleichgewicht, dessen Beseitigung Wechselkursänderungen verlangt, und einem Ungleichgewicht, das durch innere Anpassungsmaßnahmen korrigiert werden kann, sind in vielen Fällen fließend. Ein Entscheid hierüber ist oft eine Frage des Ermessens und des politischen Willens. Wo strukturelle Faktoren das Ungleichgewicht bestimmen und das Ungleichgewicht bereits ein bestimmtes Ausmaß überschreitet, kann allerdings meist nur noch eine Wechselkursänderung die notwendige Korrektur bringen.

b) *Das Verfahren bei Wechselkursänderungen*

Wechselkursänderungen können nach den IWF-Satzungen, wie bereits erwähnt, allein auf Vorschlag des betreffenden Landes, aber nur nach Beratungen mit dem Währungsfonds vorgenommen werden (Artikel IV/5 [b]). Der IWF kann aber von sich aus kein Land zu einer Wechselkursänderung anhalten oder gar dazu zwingen. Soweit eine Wechselkurskorrektur 10% der Anfangsparität, unter Einrechnung ihrer Korrekturen seit Festsetzung der Anfangsparität, nicht übersteigt, kann der Fonds gegen ein entsprechendes Begehren eines Mitgliedstaates keinen Einwand erheben. Übersteigt die Wechselkurskorrektur diesen Umfang, so ist sie hingegen von der formellen Zustimmung des Fonds abhängig, wobei im Falle einer Abweichung bis zu 20% von der ursprünglichen Parität die positive oder negative Antwort des IWF innert drei Tagen zu erfolgen hat, während sie bei stärkeren Kursanpassungen länger auf sich warten lassen kann (Artikel IV/5 [c]). Der Fonds muß aber auch Vorschlägen auf Paritätsänderungen, die über 20% der Anfangsparität hinausgehen, zustimmen, wenn er feststellt, daß die Änderung nötig ist, um ein fundamentales Ungleichgewicht zu korrigieren. Vor allem darf er einem Vorschlag auf Kursanpassung nicht deswegen Opposition machen, weil soziale oder politische Maßnahmen zum Ungleichgewicht geführt haben (Artikel IV/5 [f]).

Ändert ein Mitgliedstaat seine Parität entgegen dem Einspruch des IWF, so kann er der Benützung seiner Fondsmittel verlustig gehen, sofern der IWF nicht anders entscheidet. Dauert die Meinungsdifferenz längere Zeit an, so kann das Land vom Gouverneurrat des IWF zum Austritt aus dem Fonds aufgefordert werden. Praktisch ist bisher allerdings noch nie ein solcher Fall eingetreten. Dank der Autorität und den Erfahrungen des Fonds besteht heute weitgehend Verlaß darauf, daß, wenn ein Land abwertet, dies aus guten Gründen geschieht, und daß der Abwertungssatz nicht mehr beträgt, als die Umstände erfordern.[34]

Die Fondssatzungen sehen außer individuellen Wechselkurskorrekturen auch die Möglichkeit einer uniformen, proportionalen Änderung der Paritäten der Währungen der Mitgliedstaaten im Sinne einer *generellen Goldpreisveränderung* vor (Artikel IV/7). Ein solcher Beschluß bedürfte der Mehrheit der totalen Stimmkraft des IWF. Er wäre für alle Mitgliedstaaten verbindlich, außer für diejenigen, die innert drei Tagen erklären, daß sie ihre Parität gegenüber dem Gold nicht ändern wollen.

4. KAPITEL: DAS WECHSELKURSREGIME IN DER PRAXIS

a) Die Erfahrungen mit dem Paritätssystem

Das System fester Paritäten ist bis heute die Richtschnur der Wechselkurspolitik des Währungsfonds geblieben. Der IWF hat zwar dieses System elastisch gehandhabt und in zahlreichen Fällen temporäre Abweichungen zugelassen. Aber er hat in allen derartigen Fällen seinen Einfluß im Sinne der baldigen Anstrebung fester Paritäten geltend gemacht.

Als der Fonds 1946 ins Leben gerufen wurde, mangelte es zunächst noch vielen Ländern an rationellen Grundlagen für die Festsetzung einer an-

---

[34]) Horsefild, J. Keith, „Introduction to the Fund", Washington, IWF 1965, S. 12.

gemessenen Parität. Trotzdem ließ es die Fondsleitung zu, daß zahlreiche Anfangsparitäten unter dem Vorbehalt der baldigen Revisionsbedürftigkeit festgelegt wurden.[35] Wenigstens konnten auf diese Weise tentative Paritäten aufgestellt werden.

Das Paritätssystem erfuhr im September 1949 nach der *Abwertung des Pfundes* um 30,5%, dem Abwertungen von 26 weiteren Währungen (darunter aller wichtiger Währungen, mit Ausnahme des Dollars und des Schweizerfrankens) folgten, eine gewisse Konsolidierung. Den Wechselkurskorrekturen von 1949 hafteten allerdings noch die Mängel unzureichender Maßstäbe und zu großer Eile an. Die 1949 „bereinigte" Wechselkursstruktur konnte aber, wenigstens was die Industrieländer anbetrifft, bis 1967 im wesentlichen beibehalten werden. Ausnahmen bildeten der kanadische Dollar, der 1950 bis 1962 einer festen Parität ermangelte, und der französische Franc, der 1958 erneut abgewertet wurde. 1961 kam es ferner zu einer Aufwertung der D-Mark und des holländischen Guldens um 5%.

Eine zweite, *größere Abwertungswelle* trat erst wieder Ende 1967 im Zusammenhang mit der neuen Pfundabwertung um 14,3% ein. Im Unterschied zu 1949 riß diese aber nur noch 14 weitere Währungen mit sich. Wenn sich keine führende Währung darunter befand, ist dies teils dem Umstand zuzuschreiben, daß der Abwertungssatz des Pfundes mit den Notenbanken der wichtigsten Länder abgesprochen wurde. Mitte 1969 folgte dann eine neue Abwertung des französischen Francs um 11,11%, während Ende Oktober 1969 die Deutsche Mark ein zweites Mal innert acht Jahren, und zwar um den substantielleren Satz von 9,3%, aufgewertet wurde.

Zahlreicher und häufiger als bei den Industrieländern waren die Wechselkurskorrekturen bei den *Entwicklungsländern,* allen voran bei den südamerikanischen Staaten, von denen einige ihre Wechselkurse in kurzen Zeitspannen änderten. Seit der Gründung des IWF bis Ende 1969 sind vom IWF über 70 Wechselkurskorrekturen akzeptiert worden, wovon die meisten auf Entwicklungsländer entfallen.

Daß es seit dem Zweiten Weltkrieg im Zusammenhang mit Wechselkursänderungen zu keinen Kettenreaktionen mehr gekommen ist, stellt ein erhebliches Verdienst des IWF dar. War in den Dreißigerjahren allzu häufig zu Wechselkurskorrekturen Zuflucht genommen worden, so muß von der Nachkriegszeit eher das Gegenteil gesagt werden. Es gibt eine Reihe von Fällen, wo wirtschaftlich dringende Wechselkursänderungen aus politischen Gründen von den Regierungen der betreffenden Länder hinausgezögert oder unterlassen wurden. Das elastische Paritätssystem

---

[35] Vergl. erster Jahresbericht des IWF 1946, S. 22.

der Bretton Woods-Konvention ist in diesen Fällen eher zu starr gehandhabt worden.

b) *Abweichungen vom Paritätssystem*

Von den 114 Mitgliedstaaten des IWF waren anfangs 1970 allerdings noch immer zahlreiche Länder ohne feste Paritäten. 22 Länder, vor allem afrikanische und asiatische, hatten bis dahin überhaupt noch *keine Anfangsparität* festgesetzt, was sie in der Regel an der Inanspruchnahme der Fondsmittel hinderte. Verschiedene andere Länder, die zeitweise feste Paritäten besessen hatten, waren wieder zu schwankenden Wechselkursen übergegangen. Eine Reihe von Staaten, insbesondere Entwicklungsländer, praktiziert ferner multiple Wechselkurse, die nach verschiedenen Arten von Transaktionen und Waren differenziert sind.

Multiple, d. h. *gespaltene Wechselkurse* sind eine Begleiterscheinung von Zahlungsrestriktionen. Sie finden sich namentlich bei denjenigen Ländern, die immer noch das „Übergangsregime" des Artikels XIV der Fondsstatuten[36]) in Anspruch nehmen. Formell hat der Fonds die Kompetenz, in Ausnahmefällen auch Länder, die dem Konvertibilitätsartikel VIII unterstehen, temporär zu multiplen Währungspraktiken zu ermächtigen; er hat jedoch davon kaum Gebrauch gemacht. Vielmehr machte der IWF stets seinen Einfluß zur Verhinderung und möglichst raschen Aufhebung mehrfacher Wechselkurse und zur Vereinheitlichung des Wechselkurssystems geltend. Die Gründe für diese Politik bestehen darin, daß multiple Wechselkurse der offiziellen Parität die praktische Bedeutung nehmen können und daß sie sowohl ein Instrument der Devisenpolitik als auch der handelspolitischen Diskriminierung darstellen. Dank der Verbesserung der Währungsverhältnisse und der systematischen Anstrengungen des IWF auf Vereinheitlichung des Wechselkurssystems konnten viele Länder zum Abbau und zur Aufhebung solcher Methoden veranlaßt werden.

Besitzt einerseits der IWF formell die Kompetenz, ausnahmsweise multiple Wechselkurse zuzulassen, so ist andererseits die Frage umstritten, ob und inwieweit der IWF einen Mitgliedstaat ausnahmsweise zu *flexiblen Wechselkursen* ermächtigen darf. Die Vorschrift, den Wechselkurs innerhalb geringer Paritätsmargen zu halten, schließt grundsätzlich schwankende Kurse aus. Der Fonds konnte das Problem jedoch nicht auf schematische Weise lösen. Die Frage, wie er sich in besonderen Fällen zur temporären Zulassung flexibler Kurse stellen sollte, war schon 1951 Gegenstand eingehender Erörterungen im Jahresbericht des IWF. Die damaligen Darlegungen wurden im Jahresbericht 1962 wörtlich wieder-

---

[36]) Vergl. hierüber den Abschnitt: Die Konvertibilitätsbestimmungen, S. IV, 10 ff.

holt, als Bestätigung dafür, daß die Stellungnahme bis dahin ihre volle Gültigkeit bewahrt hatte. Es heißt darin:[37] „Ein System schwankender Wechselkurse ist keine befriedigende Alternative zum Paritätssystem. Aber es kann besondere Ausnahmefälle geben, in denen ein Land zum Schluß kommt, daß es während einer begrenzten Zeit keinerlei Parität aufrecht erhalten kann, oder wo es zögert, die Risiken hinsichtlich der Entscheidung zugunsten einer bestimmten Parität zu übernehmen, besonders wenn große Unsicherheitsfaktoren bestehen. Selbst unter solchen Umständen müssen sich die Mitgliedstaaten des Fonds aber darüber Rechenschaft geben, daß, sollte eines der Partnerländer unter solchen Gesichtspunkten den Kurs schwanken lassen, ein solcher Entschluß auch die übrigen Mitgliedstaaten betrifft ... Wenn man erlauben würde, daß eine größere Anzahl von Wechselkursen schwanken könnte, müßten für alle Länder komplexe Probleme entstehen und könnte es leicht zu einer chaotischen Entwicklung kommen."

Die Stellungnahme fährt aber fort: „Sollte sich ein Fondsmitglied temporär außerstande fühlen, die Pflicht zur Aufrechterhaltung stabiler Wechselkurse einzuhalten und sollte der IWF die dafür geltend gemachten Argumente als überzeugend betrachten, so kann er dies feststellen, obwohl er seine Zustimmung zu diesem Schritt nicht geben kann. Der Fonds müßte in einem solchen Fall unterstreichen, daß die Aufgabe eines festen Wechselkurses nur temporär sein kann." Das Dokument schließt mit der Bemerkung, daß das Paritätssystem auf den Erfahrungen basiert und daß dieses System von den Mitgliedern des IWF nach wie vor unterstützt wird. „Ausnahmen" — heißt es in der Verlautbarung abschließend — „könnten nur unter besonderen Umständen und temporär gewährt werden."

Die Stellungnahme des IWF widerspiegelt einerseits ein klares grundsätzliches Bekenntnis zu festen Wechselkursen und zu einer dieses Ziel verfolgenden generellen Politik. Sie zeigt andererseits aber eine tolerante Haltung in Fällen, wo aus den Umständen heraus die Einhaltung dieser Prinzipien nicht möglich ist. In der *Praxis* zeigte sich der IWF in der Vergangenheit gegenüber Ländern, die sich temporär außerstande sahen, eine feste Parität aufrecht zu erhalten und formell oder faktisch von der Pflicht zur Erhaltung stabiler Wechselkurse abwichen, oft nachgiebig, wobei er diesen den Zugang zu den Fondsmitteln offen ließ. Der Währungsfonds ging dabei sogar soweit, gegenüber lateinamerikanischen Staaten mit hochgradiger Inflation seine Kredithilfe ausdrücklich davon abhängig zu machen, daß die Wechselkurse nicht neu fixiert wurden, bis die Inflation abgebaut war. Ausnahmen vom Prinzip der fixen Wechsel-

---

[37] Jahresbericht des IWF 1951, S. 36 ff., reproduziert in Jahresbericht des IWF 1962, S. 58 ff., übersetzt vom Verfasser.

kurse wurden vom Währungsfonds auch Industrieländern zugestanden. 1949 erlaubte er Belgien die Einpendelung einer neuen Parität mittels eines temporär schwankenden Wechselkurses. Auch tolerierte er es, daß Kanada wegen seinen mit massigen Kapitalimporten verbundenen Schwierigkeiten 1950—1962 und wiederum seit 1970 seinen Wechselkurs schwanken ließ.

Auf der traditionellen Linie der toleranten Haltung hinsichtlich einer temporären Flottantgestaltung des Wechselkurses bewegte sich der IWF auch gegenüber der Mitteilung der deutschen Regierung vom 29. September 1969, daß sie in bezug auf die Deutsche Mark die von den Fondsstatuten vorgeschriebenen Einhaltung der Paritätsmargen am Kassadevisenmarkt vorübergehend aufgeben müsse. Die deutsche Ankündigung wurde zur Kenntnis genommen „in der Erwartung, daß die Mark so bald wie möglich stabilisiert werde". Eine Zustimmung des Fonds zum Schwankenlassen des Wechselkurses der Mark hätte aufgrund der traditionellen Politik nicht erwartet werden können. Entsprechend der vom IWF ausgesprochenen Erwartung wurde die Periode der Flexibilität der Mark bereits am 24. Oktober 1969 durch die Festsetzung einer neuen, um 9,3% erhöhten Parität, abgeschlossen.

c) Überprüfung des Wechselkursregimes

Waren die Regeln des Paritätsystems, wie sie in der Bretton Woods-Konvention konzipiert wurden, jahrzehntelang als unberührbar betrachtet worden, so stellte sich jedoch Ende der Sechzigerjahre in dieser Beziehung eine Änderung des Denkens ein. Das war vor allem auf die Erfahrungen mit Frankreich und Deutschland in den Jahren 1968/69 zurückzuführen, wo fällige Abwertungen resp. Aufwertungen aus politischen Gründen lange verzögert wurden, mit der Folge, daß gewaltige spekulative Kapitalbewegungen und eine starke währungspolitische Unruhe entstanden, was schließlich massivere Wechselkursänderungen erzwang, als sie bei rechtzeitigen Kursanpassungen wirtschaftlich gerechtfertigt gewesen wären.

Diese Entwicklung veranlaßte den Gouverneurrat des IWF im Herbst 1969, anläßlich seiner Jahrestagung, dem Exekutivrat den Auftrag zur Überprüfung des Wechselkurssystems zu geben. Ziel dieser Bestrebungen sollte es sein, den Anpassungsprozeß zu beschleunigen und periodische Währungskrisen zu vermeiden, ohne auf die Vorteile eines stabilen Wechselkursregimes verzichten zu müssen. Das schließt frei schwankende Wechselkurse aus. Die Revision soll sich in der Richtung einer „begrenzten Flexibilität" bewegen.

Dem Auftrag des Gouverneurrates des IWF nachkommend, veröffentlichten die Exekutivdirektoren im September 1970 einen eingehenden

Bericht über den Mechanismus von Wechselkursanpassungen.[38]) Während der erste Teil analytisches Material über die Charakteristika und die Probleme des bestehenden Wechselkurssystems enthält, wird im zweiten Teil versucht, einige Folgerungen für die künftige Gestaltung der Wechselkurspolitik zu ziehen.

Der Exekutivrat kam dabei zum Schluß, daß die Grundprinzipien des bestehenden Wechselkurssystems gesund seien und daß radikale Änderungen auszuschließen seien. Zur Diskussion standen entsprechend nur einige Arten von begrenzten Korrekturen, nämlich 1. der Vorschlag, raschere Wechselkurskorrekturen bei Vorliegen eines fundamentalen Ungleichgewichts durchzuführen, 2. eine Erweiterung der bestehenden Wechselkursspannen von ± 1%/o auf höchstens ± 2—3%/o, 3. die temporäre Suspendierung fixer Paritäten bei Wechselkurskorrekturen und 4. periodische Paritätsänderungen gemäß bestimmten Indices (crawling pegs). Aufgrund eingehender Prüfung der Varianten vermochte sich indessen der Exekutivrat zugunsten keiner dieser Möglichkeiten zu entscheiden. Angesichts der unter den Mitgliedstaaten des IWF hierüber noch bestehenden Meinungsverschiedenheiten konnten die Exekutivdirektoren nur auf die Notwendigkeit weiterer Abklärungen hinweisen.

Ihr Bericht ging von der Feststellung aus, daß das geltende Wechselkurssystem der „adjustable pegs" die beste Gewähr für realistische Wechselkurse biete. Das System habe kompetitive Abwertungen verhindert. Auch habe es dank der Wechselkursstabilität zur starken Expansion des Welthandels beigetragen, ohne Wechselkursanpassungen bei fundamentalem Ungleichgewicht auszuschließen. In der Praxis sei allerdings oft mit *Wechselkurskorrekturen zu lange zugewartet* worden. Bei Wechselkursänderungen müsse zwar auch in Zukunft dem Umstand Rechnung getragen werden, daß die IWF-Statuten das Vorliegen eines fundamentalen Ungleichgewichts voraussetzen; ein Fehlbetrag der Zahlungsbilanz sei aber nicht unbedingt erforderlich, um ein fundamentales Ungleichgewicht nachzuweisen. Alternative innere Maßnahmen müßten in jedem Fall die Priorität vor Wechselkursänderungen bewahren.

Eine *bescheidene Bandbreiten-Erweiterung* der Wechselkurse hätte nach der Auffassung der Exekutivdirektoren einerseits den Vorteil, die Reagibilität kurzfristiger Kapitalbewegungen zu vermindern, den Druck auf die Währungsreserven zu reduzieren und die Gefahr der Währungsspekulation etwas zu verkleinern. Anderseits könnte jedoch eine Erweiterung der Kursspannen auf Handels- und Ertragsbilanz nachteilige Auswirkungen haben; auch seien damit für die Rohstoffländer besondere Schwierigkeiten verbunden. Größere Bandbreiten öffneten zudem die

---

[38]) Vergl. International Monetary Fund, „The Role of Exchange Rates in the Adjustment of International Payments", Washington 1970.

Möglichkeit zu kompetitiven Marktinterventionen und zu ständigen Wechselkursschwankungen. Auch mache selbst eine nur bescheidene Bandbreiten-Erweiterung eine Statutenrevision notwendig.

Eine *temporäre Suspendierung der festen Währungsparität* halten die Exekutivdirektoren des IWF im Normalfall nicht für zulässig; hingegen anerkennen sie, daß gelegentlich ein Bedürfnis nach einem solchen Schritt entstehen könne. Es frage sich indessen, ob ein solcher temporärer Dispens durch eine Statutenrevision ermöglicht werden solle und wie gegebenenfalls der Einbruch in den Grundsatz fixer Wechselkursparitäten verhindert werden könne.

Schließlich befaßte sich der Bericht auch mit den verschiedenen Varianten des Systems der sogenannten *„crawling-"* oder *„movable pegs"*, das darin besteht, daß Paritätsänderungen in festen zeitlichen Abständen aufgrund bestimmter Indices erfolgen sollen. Den Vorteilen dieses Verfahrens, daß kleinere periodische Wechselkursanpassungen einen geringeren Eingriff darstellen als große Währungsänderungen und daß sie weniger spekulative Bewegungen auszulösen vermögen, stehen jedoch nach der Auffassung der Exekutivdirektoren des IWF überwiegende Nachteile gegenüber: Vor allem dürfe die Notwendigkeit von Wechselkursänderungen nicht allein unter dem Gesichtswinkel der Zahlungsbilanz betrachtet werden, sondern es sei dabei auch die Berücksichtigung anderer Faktoren notwendig. Auch sei die Entwicklung der Devisenkurse und die Veränderung der Währungsreserven teils durch zyklische Faktoren bedingt, die keine Kursanpassung verlangen. Eine automatische Anwendung des Systems der „crawling pegs" würde auch dann Paritätsänderungen erfordern, wenn solche wirtschaftlich nicht notwendig wären. Unangemessene Wechselkurskorrekturen könnten zudem protektionistische Maßnahmen zur Folge haben. Schließlich seien von diesem System nachteilige Auswirkungen auf die wirtschaftspolitische Disziplin zu erwarten.

Das geteilte, im ganzen sehr gedämpfte Echo, das der Bericht über den Mechanismus von Wechselkursanpassungen an der Jahrestagung des IWF von 1970 hinterließ, rief den Eindruck hervor, daß auf dem Gebiet des Wechselkurssystems keine grundsätzlichen Änderungen zu erwarten sind und daß, sofern es überhaupt zu Retouchen kommt, diese weitgehend den Charakter der Behandlung von Spezialfällen haben dürften.

II. Abschnitt: Die Anpassungsgrundsätze

Ein System fester Wechselkurse, die nur geändert werden dürfen, wenn ein „fundamentales Ungleichgewicht" vorliegt, setzt voraus, daß die Länder, die Zahlungsbilanzstörungen ausgesetzt sind, sich anstrengen, durch rechtzeitige *innere* Anpassungsmaßnahmen das Zahlungsbilanzgleichgewicht ohne Paritätsänderung herzustellen. Der innere Anpassungsprozeß steht im Mittelpunkt der Anforderungen, die an das gute Funktionieren des bestehenden Währungssystems gestellt werden müssen.[39])

Im Unterschied zu den Grundsätzen über den Zahlungsverkehr und das Wechselkurssystem enthält jedoch die Bretton Woods-Konvention über die Anpassungsgrundsätze keine konkreten Bestimmungen. Die Anpassungspflicht wird in den Zielsetzungen des Fonds nur direkt berührt, indem als Ziel der Zahlungsbilanzhilfe eine Anpassung genannt wird, die von Maßnahmen, die sich destruktiv auf die nationale und internationale Wirtschaft auswirken, frei sein soll (Artikel I/5). Das bedeutet nach einer Definition des früheren englischen Notenbank-Gouverneurs, Lord Cromer[40]), daß jedes Land die Verantwortung hat, seine eigene Wirtschaft in einer Weise zu führen, daß dadurch Gefahren für das Währungssystem als Ganzes infolge von übermäßigen Zahlungsbilanzdefiziten oder -überschüssen vermieden werden und es bedeutet ferner, daß die Wiederherstellung des Gleichgewichts ohne Störung des Wachstums des Welthandels erreicht werden soll.

Seit Beginn der Sechzigerjahre sind vom IWF und von anderen internationalen Organisationen verschiedene Versuche unternommen worden, die Anpassungsregeln, wie sie sich aus dem Bretton Woods-System ablei-

---

[39]) Zum Anpassungsproblem vergl. *OECD*, Working Party 3 of the Economic Policy Committee „The Balance of Payments Adjustment Process", Paris, August 1966; *IWF:* „The International Monetary System and International Liquidity", Jahresbericht 1965, Kapitel 2; „International Liquidity and the Adjustment Process", Jahresbericht 1969, Kapitel 2; *BIZ:* „Der Anpassungsprozeß", Jahresbericht 1964/65, S. 29 ff.; *Lutz, F. A.,* „Internal Policies compatible with external equilibrium at stable exchange rates", in „International Payment Problems", American Entercries Institute for Public Policy Research, Washington 1966, S. 21 ff.; *Fleming, J. M.,* „Guidelines for Balance-of-Payments Adjustment under the Par-Value System", Essays in International Finance No 67, Princeton 1968; *Snider, D. A.,* „Optimum Adjustment Process and Currency Areas", Essays in International Finance No 62, Princeton 1967; *Carli, M. G.,* „Le Processus d'Adjustement des Balances de Paiements", Vortrag in Basel vom 9. Dezember 1968; *Stopper, E.,* Vortrag über Währungsprobleme in Zürich vom 6. Dezember 1968; *Roosa, R. V.,* „Imported Inflation and Monetary Policy", Banca Nazionale del Lavoro, Quarterly Review, Dezember 1964 und Juni 1965, Nr. 71 und Nr. 73; *Scott, I. O., jr. and Schmidt, W. E.,* „Imported Inflation and Monetary Policy", Banca Nazionale del Lavoro, Quarterly Review, Nr. 17, Dezember 1964; *Blessing, K.,* „Probleme der Währung", Vortrag in Stuttgart vom 19. Oktober 1964; *Tew, B.,* „International Monetary Cooperation 1946—1967, Oxford 1967; *Hirsch, F.,* „Money International", London 1967; *Bernstein, E.,* „The Bretton Woods Principles of Balance of Payment Adjustment", Washington, Oktober 1969.

[40]) Vergl. Lord Cromer, Rede vom 21. Oktober 1965.

ten lassen, genauer definieren. Ein erster Anlauf zur Aufstellung eines Anpassungskodex' ist 1960 von der früheren OEEC (Organization for European Economic Cooperation) unternommen worden; er blieb jedoch in der Aufstellung einiger Regeln des Wohlverhaltens stecken. Ein zweiter, diesmal auf Initiative der sogenannten Zehnergruppe im Jahre 1963 eingeleiteter Versuch führte hingegen zu einem differenzierteren Bericht des Arbeitsausschusses Nr. 3 der inzwischen an die Stelle der OEEC getretenen OECD (Organization for Economic Cooperation and Development) über den Anpassungsprozeß.[41])

Auch dieser Bericht beschränkte sich indessen auf die Aufstellung einiger „Rules of Prudence". Wenn dabei von der Erstellung detaillierter Regeln abgesehen wurde, so hängt dies vor allem mit der Auffassung zusammen, daß auf dem Gebiet der Anpassungspolitik schematische Pflichtenhefte den unterschiedlichen Verhältnissen des konkreten Falles nicht gerecht werden könnten und daß man den einzelnen Ländern innerhalb ihrer wirtschaftspolitischen Zielsetzungen in der Auswahl der Anpassungsmittel möglichst weitgehende Entscheidungsfreiheit lassen sollte. Der OECD-Bericht ist bis heute immer noch die eingehendste offizielle Interpretation der Anpassungsregeln. Zusammenfassende offizielle Darlegungen über den Anpassungsprozeß finden sich auch in den Jahresberichten des Internationalen Währungsfonds für 1964 und 1965[42]), und der Bank für Internationalen Zahlungsausgleich für 1964/5.[43])

1. KAPITEL: KEINE ABSOLUTEN PRIORITÄTEN

Während unter dem klassischen Goldstandard der Zahlungsbilanz und der Aufrechterhaltung der Parität die Priorität in der Wirtschaftspolitik zukam und automatische Ausgleichskräfte auf diese Ziele hinstrebten, weist das heutige Währungssystem zahlreiche, miteinander konkurrierende Zielsetzungen der Wirtschaftspolitik auf; auch wird es von keinem automatischen Anpassungsmechanismus mehr beherrscht. Zwar gehen heute von einem Zahlungsbilanzdefizit immer noch kontraktive Kräfte, von einem Überschuß dagegen expansive Einflüsse aus. Die Regierungen sind jedoch nicht mehr bereit, diese automatischen Ausgleichskräfte un-

---

[41]) „The Balance of Payments Adjustment Process", a Report by Working Party No 3 der OECD, August 1966; über die Versuche zur Aufstellung von Anpassungsgrundsätzen vergl. auch Emminger, O., „Währungspolitik im Wandel der Zeit", Frankfurt 1968, S. 211.

[42]) Jahresbericht des IWF 1964, S. 26 ff und 1965, S. 10/11.

[43]) Jahresbericht der BIZ 1964/5, S. 29 ff.

gehemmt sich auswirken zu lassen und der Wiederherstellung des Zahlungsbilanzgleichgewichts in allen Lagen die Priorität zuzugestehen.[44])

Zahlungsbilanz und Währungsparität haben ihre bisherige absolute Prioritätsstellung in der Weltwirtschaftskrise der Dreißigerjahre verloren. Deflation und Massenarbeitslosigkeit haben damals in allen Ländern eine neue Konzeption bewußter Wirtschaftspolitik entstehen lassen, die darauf ausgerichtet ist, eine Rückkehr zu den damaligen Zuständen unter allen Umständen zu verhindern. Die Vollbeschäftigung und das optimale Wirtschaftswachstum sind unter den wirtschaftspolitischen Zielsetzungen sogar grundsätzlich *vor* die innere Preisstabilität und das Zahlungsbilanzgleichgewicht gesetzt worden. Entsprechend sind die „Förderung und Aufrechterhaltung eines hohen Beschäftigungsgrades und Realeinkommens sowie die Entwicklung der Produktivkräfte" unter den Aufgaben des Internationalen Währungsfonds als vorrangige Ziele (primary objectives) der Wirtschaftspolitik bezeichnet worden (Artikel I [ii]).

Für Keynes bedeutete die Umschreibung der wirtschaftspolitischen Zielsetzungen im Fondsstatut eine „vollständige Abkehr vom klassischen Goldstandard". „Anstatt wie bisher am Grundsatz festzuhalten, daß der innere Wert einer nationalen Währung einem de iure vorgeschriebenen äußeren Wert konform sein müsse, sei", so lautete seine These, „fortan umgekehrt der äußere Wert der Währung zu ändern, wenn sich dies als nötig erweise, um diesen an den inneren de facto Wert anzugleichen, wie er sich aus der inneren Wirtschaftspolitik, die gegen die Kritik des Fonds immun sei, ergebe."[45])

Diese Interpretation der Rangfolge der wirtschaftspolitischen Zielsetzungen durch Keynes wird den Tatsachen allerdings nicht gerecht. Zwar hat unter der Bretton Woods-Konvention das äußere Gleichgewicht die absolute Priorität unter den wirtschaftspolitischen Zielen verloren. Hingegen ging Keynes entschieden zu weit, wenn er nun umgekehrt für die beiden wirtschaftlichen Zielsetzungen die absolute Priorität unter allen Umständen beanspruchte. Es ist vielmehr ein wesentliches Charakteristikum des IWF-Systems, daß er *keine absoluten Prioritäten*, weder zugunsten der inneren noch der äußeren Zielsetzungen, kennt. Die Essenz der wirtschaftspolitischen Zielsetzungen des Bretton Woods-Systems

---

[44]) Vergl. dazu den Vortrag von Schweitzer, P.-P., in Los Angeles vom 19. Mai 1966, in welchem er bemerkte (S. 3): „The authorities of national governments, in setting their policies, do not appear willing — and rightly so, in my judgement — to give first priority in all situations to the balance of payments. They will wish to analyze the circumstances of each particular situation and to formulate policies in the light of domestic as well as external factors."

[45]) Rede vor dem Britischen Oberhaus vom 23. Mai 1944, Cmd. 844.

besteht vielmehr darin, daß es eine Wirtschaftspolitik anstrebt, die keine dieser Hauptziele vernachlässigt. Zwar wird in den Zielsetzungen des IWF den binnenwirtschaftlichen Zielen, nämlich der hohen Beschäftigung und einer dauerhaften und hohen Wachstumsrate, eine Vorrangstellung als „primary objectives of economic policy" zugebilligt. Diese Priorität kann aber nicht absolute Geltung beanspruchen. Ist das äußere Gleichgewicht in Gefahr, so haben vielmehr die binnenwirtschaftlichen Zielsetzungen, soweit sie damit in Konflikt kommen, mindestens *innerhalb gewisser Grenzen und temporär, zurückzutreten*. Vorübergehende steigende Arbeitslosigkeit und ein Rückgang der Wachstumsrate müssen unter solchen Umständen mindestens bis zu einem gewissen Grad in Kauf genommen werden. Wie weit dabei die äußeren Zielsetzungen zurückzutreten haben, wird vom IWF durch die Zusicherung gegenüber den Defizitländern klargemacht, daß sie zur Erreichung des Zahlungsbilanzgleichgewichts *keine nachhaltige Arbeitslosigkeit* und *keine wirtschaftliche Stagnation* auf sich nehmen müßten.[46]

Der *Internationale Währungsfonds* hat dieser feinen Balance in der Befolgung der wirtschaftspolitischen Zielsetzungen im Jahresbericht 1965 eine eingehende Darstellung gegeben, die wegen ihres authentischen Charakters im folgenden wiedergegeben werden soll.

„Praktisch gesprochen", so heißt es in dem Dokument,[47] „muß das Ziel darin bestehen, mit möglichst geringen Opfern ein Gleichgewicht der allgemein akzeptierten Regeln der Wirtschaftspolitik, nämlich der Vollbeschäftigung, einer angemessenen und dauerhaften Wachstumsrate, der Aufrechterhaltung einer vernünftigen Preisstabilität und eines maximalen Ausmaßes an Freiheit in den laufenden internationalen Transaktionen zu erreichen. Auch ist es wichtig, daß Verzerrungen in den internationalen Kapitalwanderungen und in der Finanzierung vermieden werden."

„In der Welt von heute", so fährt der Bericht des IWF fort, „messen die nationalen Behörden den spezifischen Zielen in der Wirtschaft größeres Gewicht zu als früher. Sie sind entsprechend bereit, mehr als bisher eine solchen Zwecken dienende Wirtschaftspolitik zu verfolgen. Die Erkenntnis, daß große Arbeitslosigkeit und wirtschaftliche Stagnation nicht zu den Naturerscheinungen gehören, die über die Kontrolle des Menschen hinausgehen, ist einer der stärksten Bestimmungsfaktoren der modernen Welt. Sie entspringt der Entwicklung der Technik zur Beeinflussung der internen monetären Lage und hat diese vice versa auch wieder stimuliert. Das Ergebnis davon ist, daß ein hoher Beschäftigungsgrad und ein dauerhaftes Wirtschaftswachstum unter den sozialen Zielen verankert sind, die die Länder ent-

---

[46] Jahresbericht des IWF 1964, S. 27.

[47] Jahresbericht des IWF 1965, S. 10/11, Übersetzung vom Verfasser.

schlossen verfolgen, und daß auch jede Regierung versucht, sich mit den Werkzeugen der Währungs- und Wirtschaftspolitik auszustatten, die es ihr erlauben, diese Ziele zu erreichen.

Die Länder lehnen das dem Goldstandard eigene Konzept ab, daß Deflation und wirtschaftliche Stagnation oder Inflation und Überhitzung der Wirtschaft automatisch im Interesse des äußeren Gleichgewichts angenommen werden müssen. In vielen Ländern besteht im Gegenteil die dringende Aufgabe der Finanzbehörden darin, die Forderungen der Öffentlichkeit nach hoher Beschäftigung, wirtschaftlichem Wachstum und Preisstabilität bei gleichzeitiger Erhaltung des äußeren Gleichgewichts zu erfüllen. Im Rahmen der Währungspolitik können sich Situationen ergeben, in denen Länder, besonders wenn diese an chronischen Zahlungsbilanzschwierigkeiten leiden, vor die schwierige Wahl zwischen verschiedenen externen und internen wirtschaftspolitischen Zielsetzungen gestellt werden.

Defizitländer, die sich in solchen Umständen befinden, müssen wählen, ob sie die Lösung ihrer Probleme in einem gewissen Ausmaß von Deflation oder mindestens in einer Verlangsamung der Wachstumsrate, in der Annahme von Zahlungsrestriktionen auf sichtbaren oder unsichtbaren Einfuhren oder auf Kapitaltransfers, in der Anpassung des Wechselkurses oder in einer Kombination dieser verschiedenen wirtschaftspolitischen Methoden suchen sollen. Überschußländer können sich in die Zwangslage versetzt sehen, zwischen Inflationsdruck, Restriktionen des Zustroms oder der Förderung des Abflusses von Kapital oder der Aufwertung ihrer Währung zu wählen."

Diese Darlegungen des IWF bringen die Emanzipation der Wirtschaftspolitik von einem passiven zu einem aktiven Konzept deutlich zum Ausdruck. Sie unterstreichen einerseits die prinzipielle Vorrangstellung der binnenwirtschaftlichen Zielsetzungen gegenüber dem Ziel des äußeren Gleichgewichts. Aber sie machen andererseits ebenso klar, daß die binnenwirtschaftlichen Zielsetzungen nicht die absolute Priorität beanspruchen dürfen.

Auch die *Bank für Internationalen Zahlungsausgleich* (BIZ) unterstreicht in einer Darlegung des Anpassungsproblems diesen entscheidenden Punkt: „Die wirtschaftspolitischen Akzente", so heißt es dort, „müssen im Interesse der Beseitigung eines außenwirtschaftlichen Ungleichgewichts erforderlichenfalls verlagert werden können."[48] Geschieht dies rechtzeitig und wird das Ziel der ausgeglichenen Zahlungsbilanz stets neben den üblichen Objekten der Wirtschaftspolitik berücksichtigt, so lassen sich die verschiedenen wirtschaftspolitischen Ziele miteinander vereinbaren. Je länger die außenwirtschaftlichen Zielsetzungen aber gegenüber den binnenwirtschaftlichen vernachlässigt werden, desto

---

[48] Jahresbericht der BIZ 1965, S. 29 ff.

schwerer wird, wie die BIZ ausführt, eine Kombination der beiden und desto mehr nimmt eine Aktion zur Überwindung eines Zahlungsbilanzungleichgewichts den Charakter einer Aufopferung der binnenwirtschaftlichen Ziele an.

Ähnlich äußerte sich über diesen Punkt das *Zahlungsbilanzkomitee* der OECD in seinem Bericht von 1966 über den Anpassungsprozeß: „Ist auch das äußere Gleichgewicht nur eines der wirtschaftspolitischen Ziele, so muß doch jedem Land, das diese Zielsetzung für lange ignoriert, die Erreichung der andern Ziele schwierig fallen."[49]

Wenn in der *Praxis* oft von einer *Problematik der Vereinbarkeit* der wirtschaftspolitischen Ziele die Rede ist, so ist dies dem Umstand zuzuschreiben, daß viele Länder Vollbeschäftigung und Wachstumspolitik ohne Rücksicht auf die innere Preisstabilität und auf das äußere Gleichgewicht durchzusetzen suchen, und daß sie sich der außenwirtschaftlichen Zielsetzungen oft erst erinnern, wenn bereits eine starke Inflation und ein fundamentales Ungleichgewicht in der Außenbilanz entstanden ist, so daß es für ordentliche innere Anpassungsmaßnahmen oft schon zu spät ist.

2. KAPITEL: DIE DEFIZIT- UND ÜBERSCHUSSLÄNDER UNTER DEM ANPASSUNGSREGIME

Das Bretton Woods-System überläßt es grundsätzlich den einzelnen Ländern, den politischen Entscheid über die Priorität der Wirtschaftspolitik zu fällen. Wem im Falle einer Zahlungsbilanzstörung die primäre Verantwortlichkeit für die Wiederherstellung des Gleichgewichts zukommt, den Defizit- oder den Überschußländern, ist ein Streitpunkt. Stellt man auf die Ursachen der Zahlungsbilanzstörungen ab, so wird man feststellen können, daß diese in den meisten Fällen auf der Seite der Defizitländer liegen; unter diesem Gesichtspunkt sollte die Hauptverantwortung für die Beendigung der Zahlungsbilanzstörungen eindeutig bei den Defizitländern liegen. Betrachtet man die Dinge hingegen von der Seite des wirtschaftlichen Effekts der Anpassungsmaßnahmen, so ergeben sich auch andere Gesichtspunkte. „Es ist wünschenswert", heißt es beispielsweise im erwähnten OECD-Bericht über den Anpassungsprozeß, „daß Anpassungen eher mittels Lockerungen der Kontrollen und Beschränkungen des Handels und der Kapitalbewegungen durch die Überschußländer vollzogen werden, als durch neue Restriktionen seitens der Defizitländer."[50]

---

[49] Bericht der Working Party No 3 der OECD, a. a. O., S. 10/11.

[50] a. a. O., S. 25.

a) Der Anpassungszwang gegenüber den Defizitländern

Wenn in der Praxis dennoch die Hauptlast der Anpassungspolitik den *Defizitländern* zufällt, so ist dies das Ergebnis eines materiellen Zwangs: Ein Defizitland verliert Währungsreserven und sieht sich bei einem größeren Fehlbetrag oft gezwungen, beim Internationalen Währungsfonds Kredite aufzunehmen, um einen allzu harten Anpassungszwang oder eine Währungsabwertung zu vermeiden. Überbrückungskredite sind jedoch vom IWF, abgesehen von Krediten innerhalb der Goldtranche, nur zu Bedingungen innerer Anpassungsmaßnahmen erhältlich. Nur solange sich die Ziehungen noch im Rahmen der sogenannten Gold- und Supergoldtranche bewegen, haben sie automatischen Charakter. Nehmen sie größeren Umfang an und entsprechen sie einer echten Nettoverschuldung gegenüber dem IWF, so steigern sich jedoch seine wirtschaftspolitischen Bedingungen: Innerhalb der ersten Kredittranche (25—50 % der Quote) nimmt der IWF noch eine „liberale Haltung" ein, sofern das Schuldnerland angemessene Anstrengungen zur Überwindung der Zahlungsprobleme unternimmt. Wachsen die Ziehungen jedoch in höhere Kredittranchen hinein, so verlangt der Fonds intensivere Anstrengungen des Schuldnerlandes zur Überwindung der Schwierigkeiten, gewöhnlich in der Form detaillierter Sanierungsprogramme oder „letters of intent".[51]

Die wirtschaftspolitischen Bedingungen, die der IWF mit seiner Zahlungsbilanzhilfe verknüpft, halten sich indessen stets innerhalb der Grenzen einer vernünftigen Anpassungspolitik. Die Kreditmittel des Internationalen Währungsfonds sollen gemäß den Zielsetzungen (Artikel I [v]) dazu dienen, Zahlungsbilanzdefizite zu korrigieren, ohne daß die kreditsuchenden Länder zu Anpassungsmaßnahmen Zuflucht nehmen müssen, „die sich für die nationale und internationale Prosperität als destruktiv erweisen".

Die internationalen Kreditfazilitäten, durch die das heutige Währungssystem gekennzeichnet ist, können jedoch ihren Zweck, den Anpassungsprozeß zu erleichtern und allzu harte Maßnahmen unnötig zu machen, nur dann erreichen, wenn sie nicht zu groß sind. Sind sie allzu umfangreich, so droht die monetäre Disziplin in den Defizitländern untergraben zu werden. „Wenn die Finanzen zu leicht verfügbar sind", so heißt es im erwähnten OECD-Bericht über den Anpassungsprozeß, „besteht die Gefahr, daß der Anpassungsprozeß übermäßig verzögert wird."[52] Um den in sie gesetzten Zweck zu erfüllen, müssen die Kreditfazilitäten knapp sein. „Immer wieder hat sich erwiesen", heißt es in dem Zwischenbericht

---

[51] Vergl. dazu den Abschnitt über den Mechanismus des Internationalen Währungsfonds, S. IX, 19 ff.
[52] a. a. O., S. 22/3.

der BIZ über den Anpassungsmechanismus, „daß Defizitländer zuwarteten und mit halben Maßnahmen herumspielten, während die Reserven sich erschöpften und liquide Mittel aus dem Ausland beschafft wurden — nur um politische Schwierigkeiten zu vermeiden. Mit zunehmendem Knappwerden der Finanzierungsmittel und krisenhafter Zuspitzung kam es aber doch dazu, daß die Bedenken in den Hintergrund traten und daß unmögliche und untaugliche Maßnahmen möglich und tauglich wurden.[53]) Ein Beispiel dafür, wie allzu große und allzu lange andauernde Kredithilfen die Anpassung verzögern können, boten die Kreditaktionen der Notenbanken und des Währungsfonds zugunsten Englands in den Jahren 1964—1967.

Bis Ende 1969 beschränkten sich die Fazilitäten des Internationalen Währungsfonds — mit Ausnahme der Ziehungen im Rahmen der Goldtranchen und Supergoldtranchen — auf bedingte Kreditmittel. Mit den *Sonderziehungsrechten,* die 1970 in Kraft traten, sind den an diesem System teilnehmenden Ländern zudem Reservemittel zugeteilt worden, die ihnen im Fall von Zahlungsbilanzdefiziten ohne wirtschaftspolitische Bedingungen zugänglich sind und die auf längere Sicht bis zu 70% der Zuteilungen ohne Rückzahlungspflicht beansprucht werden können.[54])

Die Sonderziehungsrechte haben die Tendenz wesentlich größere Ausmaße anzunehmen als die normalen Ziehungsrechte. Sind die letzteren innert 23 Jahren bis 1970 auf 28,9 Mrd. $ angestiegen, so erreichen die Sonderziehungsrechte schon in den ersten drei Jahren ihrer Existenz (1970—1972) 9,5 Mrd. $. Zusammen machen die dritte Quotenerhöhung des IWF von 7,6 Mrd. $ und die erste Zuteilung der Sonderziehungsrechte ein zusätzliches Potential an internationaler Liquidität von nicht weniger als 17 Mrd. $ aus. Das ist ebenso viel, wie die gesamten Währungsreserven an Gold und Devisen und die Mittel des IWF in der Dekade von 1959—1968 zugenommen haben. Es steht außer Frage, daß die Sonderziehungsrechte auf den Anpassungsprozeß einen grundlegenden Einfluß haben werden. Dank des neuen Systems wird sich der Anpassungsdruck auf Defizitländer vermindern.

Wie Milton Gilbert zu recht bemerkte[55]), kann jedoch internationale Liquidität die Anpassung nicht ersetzen. Es gibt keinen Weg, das System zu reformieren, der um diese harte Wirklichkeit herumkommt. Nur wenn die Liquidität ausgehen kann, kann ein Land zu Korrekturen gezwungen werden.

---

[53]) Jahresbericht 1965 der BIZ, S. 29.

[54]) Über die Sonderziehungsrechte vergl. Zweiter Teil, VI. Abschnitt.

[55]) Gilbert, Milton, Vortrag in San Francisco vom 14. September 1965.

b) Die Überschußländer und der Anpassungsprozeß

Die Defizitländer können, sofern die Kreditfazilitäten und die künstlichen Reserven nicht einen zu großen Umfang annehmen, auf die Dauer den Maßnahmen zur Wiederherstellung des Zahlungsbilanzgleichgewichts nicht ausweichen. Dagegen unterliegen die Länder mit Zahlungsbilanzüberschüssen keinem solchen Anpassungszwang. Ein Druck auf die Währung entsteht bei Überschüssen nicht; im Gegenteil findet hier der Zuwachs der Währungsreserven im Überschußland oft Gefallen, weil dadurch die monetäre Position der eigenen Währung verbessert wird, weil sich ferner das Investitionspotential im Ausland vergrößert und weil ein Reservezuwachs angesichts der Expansion des Welthandels generell als erwünscht angesehen wird.

Allerdings schafft auch ein Zahlungsbilanzüberschuß — wie ein Defizit — automatische Anpassungskräfte, indem der damit verbundene Devisenzufluß eine monetäre Expansion auslöst und dies, zusammen mit den direkten Auswirkungen der Inflation im Ausland, die Tendenz zur Anpassungsinflation auslöst. Ein derartiger Inflationsimport erregt in den Überschußländern oft Widerstand. Wird versucht, die importierte Inflation durch restriktive Maßnahmen abzuwehren, so kann dies jedoch den Überschuß à la longue noch steigern.

Um diesem Dilemma zu entrinnen, stellt der erwähnte OECD-Bericht über die Anpassungspolitik für die Überschußländer folgende Verhaltensregeln auf: Solange ihre Produktionskapazitäten nicht völlig ausgeschöpft sind und die Gesamtnachfrage noch unzulänglich ist, wird von ihnen erwartet, daß sie Maßnahmen zur Expansion der Nachfrage ergreifen und daß sie die Gesamtbilanz durch Förderung des Kapitalexports und andere Maßnahmen ausgleichen. Weist ein Überschußland jedoch bereits Vollbeschäftigung auf, und ist sein Überschuß auf eine starke Wettbewerbsstellung zurückzuführen, so kann dieses Rezept wegen der inflatorischen Folgen nicht mehr angepriesen werden. „Länder, die sich wegen ihrer starken Wettbewerbslage im Zahlungsbilanzüberschuß befinden, können realistischerweise nicht dazu angehalten werden, ihr Preisniveau freiwillig nach oben anzupassen", heißt es im erwähnten Bericht der OECD.[56]

Besitzt der IWF gegenüber Defizitländern im Zusammenhang mit seiner Zahlungsbilanzhilfe die Kompetenz, wirtschaftspolitische Bedingungen zur Sanierung der Zahlungsbilanz zu stellen, so fehlt ihm hingegen gegenüber Überschußländern eine solche Einflußmöglichkeit. Seine Ein-

---

[56] a. a. O., S. 20.

wirkungsmöglichkeiten bleiben hier auf die „moral suasion" im Rahmen seiner periodischen Länderkonsultationen beschränkt. Diese Konsultationen, zusammen mit den periodischen Konfrontationen der nationalen Wirtschaftspolitik innerhalb der OECD, haben auf die Politik von Überschußländern in verschiedenen Fällen einen nicht zu unterschätzenden Einfluß gehabt.

c) Die unbenützte Knappheitsklausel

Um auch die Überschußländer einem Anpassungszwang zu unterstellen, ist in der Bretton Woods-Konvention allerdings ebenfalls ein Druckmittel in Form der sogenannten „Knapperklärung" einer Währung vorgesehen worden (Artikel VII). Wenn der IWF feststellt, daß sich eine generelle Knappheit einer bestimmten Währung entwickelt, kann er die Mitgliedstaaten im Sinne einer Warnung hierüber informieren und unter Teilnahme des betreffenden Überschußlandes einen Bericht verfassen, der die Ursachen der Knappheit auseinandersetzt und Empfehlungen macht, wie dieser Zustand behoben werden könnte. Um seine Bestände in der knapp gewordenen Währung wieder aufzufüllen, kann sich der Fonds von dem betreffenden Land entweder aufgrund einer freiwilligen Vereinbarung die knappe Währung auf dem Kreditwege beschaffen oder er kann das Überschußland auch zum Verkauf seiner Währung gegen Abgabe von Gold verpflichten (Artikel VII/2).

Sollte es sich jedoch zeigen, daß die Nachfrage nach einer Währung die Fähigkeit des IWF, diese Währung anzubieten, ernstlich gefährdet, so kann der Fonds — mit oder ohne Vorbericht — diese Währung formell als „knapp" erklären und die Verteilung der betreffenden Fondsbestände rationieren. Eine solche *formelle Knappheitserklärung* ermächtigt die Fondsmitglieder, nach Konsultierung des Fonds, bei ihren Operationen in der knappen Währung Devisenrestriktionen durchzuführen, mit der Einschränkung, daß diese Maßnahmen nicht restriktiver sein sollen, als für die Angleichung der Nachfrage an das knappe Angebot nötig ist und daß diese, sobald es die Umstände erlauben, gelockert und wieder aufgehoben werden müssen (Artikel VII/3).

Mit der Knappheitsklausel glaubte man 1944 ein Gegengewicht geschaffen zu haben, mit dem auch die Überschußländer zur Anpassung gezwungen werden könnten. Sowohl Keynes als auch White sahen in diesem Mechanismus eine Sicherung für einen zufriedenstellenden Anpassungsprozeß.[57] Keynes war überzeugt, daß kein Land eine Wirtschaftspolitik betreiben würde, die zur Knapperklärung seiner Währung führen könnte.

---

[57] Vergl. Birnbaum, Eugene A., „Gold and the International Monetary System", Essays in International Finance No 65, Princeton 1965, S. 23.

Als diese „scarce-currency clause" geschaffen wurde, waren die Vereinigten Staaten der einzige potentielle Kandidat, der von dieser Bestimmung hätte betroffen werden können, wiesen doch alle übrigen Länder gegenüber den USA beträchtliche Defizite auf. Daß die Klausel während der Periode der „Dollarlücke" nicht auf den Dollar angewendet wurde, war dem Marshallplan und den anderen amerikanischen Hilfsaktionen zuzuschreiben, die den IWF temporär von stärkeren Inanspruchnahmen seiner Dollarbestände entlasteten. Zudem konnte die große Überzahl der Länder, die von den Privilegien des sogenannten Übergangsregimes des IWF (Artikel XIV) Gebrauch machte, die USA zahlungspolitisch ohnehin diskriminieren.

Seit Ende der Fünfzigerjahre verlor die „Knappheitsklausel" infolge der Wende von der Dollarknappheit zur Dollarfülle im Zusammenhang mit den großen amerikanischen Zahlungsbilanzdefiziten auch in bezug auf den Dollar an Aktualität. Anstatt knapp zu werden, waren die Fondsbestände an Dollars von 1964 bis 1967 sogar derart stark angewachsen, daß der Fonds infolge der Überfülle an Dollars bei Rückzahlungen vorübergehend keine weiteren Dollar mehr annehmen konnte.

Die Knappheitsklausel trat in den Sechzigerjahren aber auch deshalb allgemein als Anpassungsinstrument in den Hintergrund, weil seit dem Übergang der wichtigsten Währungen zur Konvertibilität dem Fonds eine ganze Reihe anderer, für den zwischenstaatlichen Verkehr geeigneter Währungen außer dem Dollar als Zahlungsmittel zur Verfügung stand. Überdies hat der IWF seit 1962 der Möglichkeit der Verknappung einer Währung durch Änderung seiner Zuteilungspolitik an Devisen entgegengewirkt, indem er bei Ziehungen fortan die Wahl der gezogenen Währung nicht mehr — wie bisher — den kreditsuchenden Ländern überließ, sondern den Entscheid im Einvernehmen mit den Ländern, auf deren Währung gezogen werden sollte, selber fällte.[58] Eine fühlbare Entlastung von den Tresorerieschwierigkeiten brachten dem IWF auch die wiederholten Quotenerhöhungen, die „Allgemeinen Kreditvereinbarungen" mit der Zehnergruppe über zusätzliche Mittel von 6 Mrd. $ sowie das in den Sechzigerjahren aufgebaute Swapnetz der Notenbanken. Der IWF kann sich auch durch Abgaben aus seinem großen Goldbestand die von ihm benötigte knappe Währung beschaffen.

Die Knappheitsklausel ist als Anpassungsinstrument aber auch deshalb außer Kurs gekommen, weil ihre Anwendung als ein Rückfall in die Diskriminierung betrachtet würde, den man möglichst vermeiden möchte. Wenn trotzdem die Knappheitsklausel im Zuge der generellen Statutenrevision des IWF im Jahre 1969 nicht eliminiert wurde, so ist dies wohl

---

[58] Entscheid des Exekutivrates des IWF vom 20. Juli 1962, reproduziert im Jahresbericht des IWF 1962, S. 36 ff.

darauf zurückzuführen, daß man diese Klausel als Warnzeichen bestehen lassen wollte.

3. KAPITEL: DIE INSTRUMENTE DER ANPASSUNGSPOLITIK

a) Die Geld- und Fiskalpolitik

Die wichtigsten Mittel der Anpassungspolitik, deren sich die Länder unter dem Bretton Woods-System bedienen können, sind im OECD-Bericht von 1966 über den Anpassungsprozeß aufgezählt. An erster Stelle steht hier die Geld- und Fiskalpolitik. Ihre Zielsetzung soll es sein, durch Erweiterung oder Verminderung des Geld- und Kreditvolumens und durch die Politik des öffentlichen Haushalts sowie durch Steuermaßnahmen „die Gesamtnachfrage auf einem Stand zu halten, der im Verhältnis zum Angebot weder übermäßig noch ungenügend ist und der die stetige Ausweitung der Gesamtausgaben im Verhältnis zum Trend der Wachstumsrate des Produktionspotentials fördert".[59])

Der Fiskalpolitik wird in dem OECD-Rapport bei der Nachfragebeeinflussung im allgemeinen die primäre Rolle eingeräumt. Sie soll, wo die Interessen des inneren und des äußeren Gleichgewichts auseinandergehen, vor allem auf die innere Front gerichtet sein. Für die monetäre Politik hingegen, die starke Auswirkungen auch auf die internationalen Zinsrelationen und die Kapitalbewegungen hat, lautet das Rezept der OECD, daß sich diese vorzugsweise auf die Erfordernisse der Zahlungsbilanz einstellen sollte.[60]). Fiskal- und Geldpolitik können, je nach der inneren und äußeren Wirtschaftslage, so eingesetzt werden, daß sie sich entweder ergänzen oder zueinander ein Gegengewicht schaffen.

b) Die Einkommenspolitik

Zum anpassungspolitischen Instrumentarium des Bretton Woods-Systems ist auch die sogenannte Einkommenspolitik (incomes policy) zu zählen, deren Ziel es ist, die Preise und den Zuwachs der Geldeinkommen zu beeinflussen. Eine direkte Lohn- und Preissenkung ist zwar kein politisch realisierbares Anpassungsmittel mehr. Hingegen soll versucht werden, eine Kosten- und Preisdivergenz gegenüber dem Ausland dadurch zu reduzieren und zu beseitigen, daß in Ländern mit erhöhtem Kosten- und Preisniveau die Lohnsteigerung mindestens innerhalb, aber vorzugsweise unterhalb des Produktivitätszuwachses gehalten wird. Steigt die Produktivität stärker als die Löhne, so könnte dadurch sogar

---

[59]) OECD-Bericht von 1966, a. a. O., S. 19.

[60]) Vergl. dazu Emminger, O., „Währungspolitik im Wandel der Zeit", S. 211 ff.

eine Preissenkung ermöglicht werden. Aber auch wenn es lediglich gelingt, die Lohnzuwachsrate im Verhältnis zur Produktivitätssteigerung niedriger zu halten als in anderen Ländern, kann dadurch eine Kosten- und Preisangleichung entstehen. Der Spielraum der Anpassung ist in einem solchen Fall allerdings beschränkt und die nötige Anpassungszeit ist entsprechend lang.

Im Unterschied zur Fiskal- und Kreditpolitik, die als Anpassungsinstrumente überall anerkannt werden, zählt die im OECD-Bericht umschriebene „incomes policy" allerdings nicht überall zum Anpassungsarsenal. Ihre praktischen Erfolgsmöglichkeiten sind beschränkt, läßt sich doch eine direkte Beeinflussung der Preise und Löhne, selbst wo die gesetzlichen Voraussetzungen dafür bestehen, bei Übernachfrage, d. h. dann, wenn sie besonders notwendig wäre, oft nur schwer durchsetzen. Die Kosteninflation ist oft die Folge einer vorausgehenden Nachfrage-Inflation; entscheidend sind entsprechend die gegen die Übernachfrage gerichteten kredit- und finanzpolitischen Maßnahmen. Als komplementäre Maßnahme kann allerdings auch die incomes policy gegebenenfalls einen wichtigen Beitrag zur Erleichterung der Anpassung leisten.

c) Marktkonforme und nichtkonforme Mittel

Der von der OECD aufgestellte Kodex der Anpassungsmittel basiert vor allem auf marktkonformen Mitteln. Direkte Eingriffe in den laufenden Zahlungsverkehr sind mindestens als normale Anpassungsinstrumente nicht zulässig. Wie im Abschnitt über die Liberalisierung des Zahlungsverkehrs noch dargelegt werden wird, sind Beschränkungen der laufenden Zahlungen nur denjenigen Ländern gestattet, die noch vom Ausnahmeregime des Artikels XIV Gebrauch machen; die betreffenden Länder müssen imstande sein, die Beibehaltung solcher Einschränkungen periodisch zu rechtfertigen. Das „Normalregime" des Artikels VIII dagegen schließt restriktive Maßnahmen im laufenden Verkehr aus, es sei denn, der IWF gebe dazu ausdrücklich eine temporäre Ausnahmeerlaubnis.

Auch Zollerhöhungen und Exportsubsidien werden vom GATT als Mittel der Zahlungsbilanzpolitik ausgeschlossen. Importkontingentierungen sind zwar im GATT-Statut als Notmaßnahmen bei schweren Zahlungsbilanzstörungen zugelassen; wegen ihrer protektionistischen Gefahren wirkt jedoch das GATT darauf hin, daß mindestens die entwickelten Länder davon möglichst wenig Gebrauch machen. Kontingentierungen stellen einen Einbruch in den Liberalisierungskodex der OECD dar.

Nur im internationalen Kapitalverkehr läßt das IWF-Statut direkte Einschränkungen als normales Anpassungsinstrument zu (Artikel VI). Jedem Mitgliedstaat des IWF steht das Recht zu, seinen Kapitalverkehr mit der Außenwelt unter direkter Kontrolle zu halten. Überdies kann der Fonds die Benutzung seiner Mittel zur Finanzierung von Kapitalbewegungen verweigern und kann er seine Kreditgewährung sogar von Devisenrestriktionen des Kapitalverkehrs abhängig machen. Seit dem Übergang der wichtigsten Währungen zur Konvertibilität haben sich die Ansichten über die Kontrolle des Kapitalverkehrs allerdings erheblich gewandelt. Die internationalen Kapitalbewegungen sind seit dem Krieg wesentlich liberalisiert worden, jedoch hat diese Liberalisierung in verschiedenen Ländern zeitweise starke Rückschläge erlitten.[61])

4. KAPITEL: DIE ANWENDUNG DER ANPASSUNGSMITTEL

Über die Wahl und die Anwendung der Anpassungsmittel bei verschiedenen Zahlungsbilanzsituationen enthält der erwähnte Bericht der Arbeitsgruppe Nr. 3 der OECD über den Anpassungsprozeß ebenfalls einige Richtlinien.[62]) Der Rapport unterscheidet dabei zwischen drei generellen Typen von Ungleichgewichten, die grundsätzlich verschiedene Anpassungsmittel erfordern.

a) Bei nachfragebedingten Ungleichgewichten

Ein Ungleichgewicht kann erstens rein nachfragebedingt sein. Ein *Zahlungsbilanzdefizit* kann durch Übernachfrage, ein Überschuß durch ungenügende Nachfrage entstehen. In solchen Fällen geht das Interesse der Herstellung des inneren Gleichgewichtes mit jenem der Sicherung des äußeren Gleichgewichtes parallel. Entsprechend ist hier das Anpassungsrezept einfach und unumstritten: Bei D e f i z i t e n drängt sich die Reduzierung der Gesamtnachfrage durch monetäre und fiskalische Mittel als Universalmittel auf, kann doch auf diese Weise nicht nur dem Zahlungsbilanzdefizit, sondern gleichzeitig auch der inflatorischen Lage im Innern entgegengewirkt werden.

Bei *Überschüssen* der Zahlungsbilanz, die mit mangelnder Nachfrage im Innern verbunden sind, ist umgekehrt eine Expansion der Nachfrage durch Ausdehnung des Geld- und Kreditvolumens, durch Steuererleichterungen und vermehrte öffentliche Ausgaben das gegebene Mittel der Anpassung. Dadurch werden gleichzeitig sowohl die Unterbeschäftigung und die ungenügende Nachfrage als auch der Zahlungsbilanzüberschuß bekämpft.

Die Anpassung mittels der Beeinflussung der Nachfrage wird allerdings auch in diesen einfach gelagerten Fällen dadurch kompliziert, daß Löhne

---

[61]) Vergl. darüber S. 78

[62]) Vergl. den OECD-Bericht über den Anpassungsprozeß von 1966, a. a. O., S. 20 ff.

und Preise heute nach unten nicht mehr flexibel sind. Ein Nachfragedruck muß unter solchen Umständen eine stärkere Wirkung als früher auf die Beschäftigungslage haben. Da jedoch eine umfangreiche und andauernde Arbeitslosigkeit als Anpassungsmittel ausschaltet, sind der Anpassungspolitik über die Korrektur der Nachfrage, insbesondere wenn es sich um starke Ungleichgewichte handelt, relativ enge Grenzen gesetzt.

b) Bei unausgeglichenen Wettbewerbslagen

Der OECD-Bericht geht auch auf die Fälle von hartnäckigeren Zahlungsbilanzgleichgewichten ein, deren Ursachen nicht oder nicht allein in Nachfrageüberschüssen oder -defiziten, sondern in einer unausgeglichenen Wettbewerbslage liegen. Es können dafür Strukturänderungen in der Nachfrage, Unterschiede im technischen Fortschritt, im Produktivitätszuwachs und im Anstieg der Lebenskosten usw. maßgebend sein.

In solchen Fällen drängt sich gemäß den Empfehlungen des OECD-Berichts eine Angleichung des Kosten- und Preisniveaus auf. Die Schwierigkeiten einer derartigen Anpassungspolitik sind jedoch viel größer als diejenigen bei rein nachfragebedingten Störungen. Die Starrheit der Löhne und Preise gegen unten verunmöglicht es Defizitländern oft, eine Senkung des absoluten Lohn- und Preisniveaus zu erzielen. Offen steht ihnen in solchen Fällen einzig die Möglichkeit, die Kosten- und Preisdisparität gegenüber anderen Ländern dadurch zu vermindern, daß sie die Produktivität fördern und die Einkommen unterhalb oder mindestens innerhalb des Produktivitätszuwachses halten. Führt eine solche „incomes policy" allein nicht zum Ziel, so sollte sie nach dem Rezept der OECD durch Restriktion der Nachfrage ergänzt werden.

Kein Staat — dies unterstreicht auch der erwähnte Bericht — kann sich indessen erlauben, das Ziel der Kosten- und Preisanpassung durch bewußte Auslösung einer länger andauernden wirtschaftlichen Stagnation anzustreben.[63]) Steht ein *Defizitland* vor diesem Dilemma, so bietet das Bretton Woods-System, wie bereits erwähnt, das Mittel der *Wechselkurssenkung* als Mittel zur Erleichterung und Verkürzung des Anpassungsprozesses an. Eine Paritätsänderung kann unter solchen Umständen aber nur dann zum Erfolg führen, wenn genügend ungenützte Kapazitäten eine Vermehrung des Exportes erlauben und wenn die Preise und Löhne nicht entsprechend der Abwertung ansteigen.

Eine Politik der Preis- und Lohnanpassung stößt umgekehrt aber auch in jenen Ländern, die infolge ihrer erhöhten Wettbewerbskraft in eine

---

[63]) Es heißt dort (a. a. O., S. 20): „It is, however, generally agreed that countries cannot be called on deliberately to sustain prolonged periods of stagnant demand."

Überschußposition geraten sind, auf Schwierigkeiten, da diesen unter dem IWF-Statut keine bewußte Inflationierung der Löhne und Preise zugemutet werden kann. Auch in solchen Fällen suggeriert der OECD-Bericht als angemessenen Ausweg eine Änderung der Parität, und zwar nach oben.

c) Bei übermäßigen Kapitalbewegungen

Als dritte generelle Kategorie von Zahlungsbilanzungleichgewichten nennt der OECD-Bericht Gleichgewichtsstörungen, die auf übermäßige internationale Kapitalbewegungen zurückgehen. Ein Land, das wegen umfangreichen Kapitalabflüssen in ein Zahlungsdefizit gerät, soll nach der gemeinsamen Auffassung der Autoren des Berichts entweder seine monetäre Politik straffen, wodurch die Kapitalbilanz günstig beeinflußt würde, oder es kann direkte Maßnahmen zur Beschränkung des Kapitalabflusses vornehmen. Zudem kann eine Straffung der Fiskalpolitik zur Verbesserung der Kapitalverkehrsbilanz in Betracht fallen.

Denjenigen Ländern dagegen, die wegen großen Kapitalzuflüssen einen Zahlungsbilanzüberschuß aufweisen, werden im OECD-Bericht als probates Anpassungsmittel eine Lockerung der monetären Politik und direkte Maßnahmen zur Abwehr des Kapitalzuflusses und zur Förderung des Kapitalexportes, oder eine Mischung dieser Mittel, empfohlen.

d) Bei komplexeren Lagen

Die drei genannten Modelle von Ungleichgewichten vermögen wohl, einen generellen Rahmen für die Anwendung der Anpassungsmittel zu geben. In Wirklichkeit sind jedoch die Zahlungsbilanzüberschüsse und -defizite in vielen Fällen von komplexerer Natur. Entsprechend ist auch die Wahl der Anpassungsinstrumente und ihre richtige Mischung in der Praxis komplizierter.

So kann ein Land gleichzeitig einen Zahlungsbilanzüberschuß und Vollbeschäftigung aufweisen. Umgekehrt kann ein Land gleichzeitig an einem Zahlungsbilanzdefizit sowie an ungenügendem Wachstum und Unterbeschäftigung leiden. Im ersten wie im zweiten Fall müßte eine ausschließlich auf die Zahlungsbilanz gerichtete Beeinflussung der Nachfrage den Interessen der inneren Wirtschaftslage zuwiderlaufen. Würde ein überbeschäftigtes Überschußland, wie es seiner inneren Wirtschaftslage entsprechen würde, eine restriktive Kreditpolitik betreiben, so würde es infolge des Zinssteigerungseffektes und des stabilisierenden Einflusses auf die Preise Gefahr laufen, den Zahlungsbilanzüberschuß noch zu vergrößern. Würde umgekehrt ein unterbeschäftigtes Defizitland, entsprechend seiner inneren Situation, seine Kredit- und Fiskalpolitik expansiv gestalten, so würde sein äußeres Ungleichgewicht infolge der daraus folgenden Verschlechterung der Handelsbilanz und des größer werdenden Zinsgefälles noch zunehmen.

Defizit- und Überschußländern wird unter solchen Umständen im OECD-Bericht empfohlen, die monetäre Politik vor allem auf das äußere Gleichgewicht, die Fiskalpolitik dagegen vor allem auf das innere Gleichgewicht auszurichten. Für ein unterbeschäftigtes Defizitland heißt das, daß es die Geldpolitik restriktiv gestalten und die Zinsen hochhalten, die Fiskalpolitik aber expansiv ausrichten sollte. In der Praxis hat sich allerdings gezeigt, daß auch eine solche Kombination der Maßnahmen das kontroverse Ziel oft schwer zu erreichen vermag.

5. KAPITEL: DIE INTERNATIONALE KOORDINATION DER ANPASSUNGSPOLITIK

Ob ein Land seine Zahlungsbilanz wieder ins Gleichgewicht zu bringen vermag, hängt indessen nicht allein von seinen eigenen Anpassungsinstrumenten und seiner eigenen Anpassungswilligkeit ab. Der Anpassungsprozeß wird oft auch durch die Wirtschaftspolitik *anderer Länder* bestimmt. Das Defizit des einen Landes spiegelt sich im Überschuß anderer Länder wider, und das Ungenügen eines Landes, seine Zahlungsbilanz in Ordnung zu bringen, kann auch die Partnerländer in der Herstellung ihres Zahlungsbilanzgleichgewichts behindern. Eine Verbesserung des Anpassungsprozesses erfordert deshalb eine *Kooperation* der wichtigsten Währungsländer in ihrer Zahlungsbilanzpolitik.

Die gleichzeitige Rücksichtnahme auf die vielfältigen eigenen wirtschaftspolitischen Zielsetzungen und auf die übrigen Länder ist allerdings nicht immer leicht. Je nach der wirtschaftlichen Struktur und den politischen Institutionen bedarf es dazu von Land zu Land unterschiedlicher Mittel. Oft fehlen dazu auch das politische Vermögen oder die nötigen Anpassungsinstrumente. In manchen Fällen erschwert zudem die Divergenz der wirtschaftspolitischen Prioritäten in den einzelnen Ländern eine kongruente Wirtschaftspolitik.

Um den Anpassungsprozeß zu erleichtern, haben sich verschiedene *internationale Institutionen* in den Dienst *periodischer Konsultationen* und einer vermehrten *Koordination der Wirtschaftspolitik* der Mitgliederländer gestellt. Solche Konsultationen werden unter den Regierungen und Notenbanken vor allem im Rahmen des Internationalen Währungsfonds, des Arbeitsausschusses Nr. 3 und des Wirtschaftskomitees der OECD sowie unter den Notenbanken im Rahmen der Bank für Internationalen Zahlungsausgleich durchgeführt. Der währungspolitischen Kooperation hat sich auch die Zehnergruppe der wichtigsten Industrieländer angenommen, die sich Anfang der Sechzigerjahre im Zusammenhang mit den „Allgemeinen Kreditvereinbarungen" formiert hatte. Eine zusätzliche währungspolitische Kooperation hat sich ferner im engeren Rahmen der EWG-Länder entwickelt.

a) Im Währungsfonds

Waren die regulären jährlichen Konsultationen des *Internationalen Währungsfonds* ursprünglich auf diejenigen Mitgliedstaaten begrenzt, die das Ausnahmeregime des Artikels XIV in Anspruch genommen hatten, so hat der IWF seit dem Übergang der wichtigsten Währungsländer zur Konvertibilität das periodische Konsultationsverfahren auf freiwilliger Basis auch auf diejenigen Länder ausgedehnt, die sich dem Normalregime des Artikels VIII unterstellt haben. Diese Konsultationen sind zu einem der wichtigsten Koordinationsmittel in der Förderung des Anpassungsprozesses geworden. Jedes Mitgliedland des IWF wird auch dann, wenn es keine Kredite anbegehrt, in regelmäßigen Intervallen von einer Mission des IWF-Stabes besucht, die über seine Wirtschaftslage und Wirtschaftspolitik einen Bericht abzugeben hat. Diese Berichte werden jeweils im Exekutivrat des IWF diskutiert, wo die Auffassungen verschiedener Regierungen zum Wort kommen. Die Konsultationen des IWF haben schon oft dazu beigetragen, Defizitprobleme im Anfangsstadium zu überwinden und sie haben auch Überschußländer dazu veranlaßt, Maßnahmen zur Verbesserung des Anpassungsprozesses zu ergreifen. Der Fonds bemüht sich allgemein, die Mitgliederländer zu einer Nachfragepolitik zu bewegen, die sich gegenseitig ergänzt, und sie zu einer monetären Politik zu veranlassen, die einen ausgleichenden Effekt auf die Kapitalbewegung hat.[64])

b) In der OECD

Im Jahre 1961 hat sich ferner die *Organization for Economic Cooperation and Development (OECD)* einen besonderen Zahlungsbilanzausschuß, die sogenannte *Arbeitsgruppe Nr. 3,* zugelegt, der die für die Wirtschafts- und Währungspolitik verantwortlichen Administrationen der wichtigsten Mitgliederländer zusammenführt und der in kurzen Zeitabständen tagt, um die währungspolitische Entwicklung in den einzelnen Ländern zu diskutieren. Der Arbeitsausschuß Nr. 3 der OECD wurde mit dem Ziel der "promotion of better international payments equilibrium" geschaffen. Der Ausschuß, so heißt es im offiziellen Gründungsbeschluß, „will analyse the effect of international payments of monetary, fiscal and other policy measures, and will consult together on policy measures, both national and international, as they relate to international

---

[64]) Vergl. hierzu Schweitzer, P.-P., Stamp Memorial Lecture, London, 2. Dezember 1969.

payments equilibrium". Die Mitglieder des Arbeitsausschusses sind Kanada, Frankreich, Deutschland, Italien, Japan, die Niederlande, Schweden, die Schweiz, Großbritannien und die Vereinigten Staaten. Auch Vertreter des Internationalen Währungsfonds und der BIZ gehören dem Ausschuß an.

Im Rahmen des Arbeitsausschusses Nr. 3 der OECD geben die Teilnehmerstaaten ihre kurzfristigen Zahlungsbilanzprognosen bekannt; auch teilen sie ihre mittelfristigen Zahlungsbilanzziele mit. Durch verbesserte statistische Dokumentierung, nämlich durch den Austausch erweiterter Devisenbilanzen, haben die Partnerländer ferner ein Frühwarnsystem errichtet, das es ihnen ermöglichen soll, frühzeitig nationale Ungleichgewichte entdecken und den Anpassungsprozeß einleiten zu können. Periodisch werden innerhalb des Arbeitsausschusses die nationalen Wirtschaftspolitiken miteinander konfrontiert, werden Ursachen und Charakter von Zahlungsbilanzdefiziten oder -überschüssen analysiert und Empfehlungen für ihre Anpassung erteilt.

Im Jahre 1964 ist der Arbeitsausschuß auf Initiative der Zehnergruppe in den Prozeß der sogenannten *„multilateralen surveillance" der Finanzierung von Zahlungsbilanzdefiziten* eingeschaltet worden. Die dazu benötigten Informationen werden ihm von der BIZ geliefert. Die von den einzelnen Mitgliedstaaten angewandten Finanzierungsmethoden der Zahlungsbilanzsalden werden dabei einer kritischen Würdigung hinsichtlich ihrer Auswirkungen auf die internationale Liquidität und die Zahlungsbilanzstörungen unterzogen. Die Befunde des Arbeitsausschusses Nr. 3 werden dem übergeordneten *Wirtschaftskomitee der OECD* unterbreitet, das sich aus Vertretern der Finanzministerien und der Notenbanken der Mitgliedstaaten zusammensetzt. Im Wirtschaftskomitee der OECD kommt es über wichtige aktuelle wirtschaftspolitische Fragen oft zu kritischen Auseinandersetzungen. Die Folgerungen, die das Wirtschaftskomitee aus solchen Debatten zieht, sind zum Teil in den „Perspectives" enthalten, die von der OECD periodisch veröffentlich werden.[65]

c) In der BIZ

Eine bedeutende Rolle in der Internationalen Koordination der Anpassungspolitik spielen vor allem die monatlichen Zusammenkünfte des *Gouverneurrates* der seit 1931 bestehenden *Bank für Internationalen Zahlungsausgleich* in Basel. Die Kontakte unter den Notenbankleitern des BIZ-Kreises vermittelten den Teilnehmern schon vor dem Krieg, als

---

[65] Über die Koordination der Wirtschaftspolitik durch die OECD, vergl. einen Aufsatz des Verfassers in der NZZ Nr. 5462, Jahrg. 1967 sowie den erwähnten OECD-Bericht, a. a. O., S. 8 und 26 ff.

von internationaler Währungskooperation sonst noch kaum die Rede sein konnte, für die Gestaltung ihrer eigenen Währungspolitik wertvolle Informationen. Der Informations- und Meinungsaustausch an den monatlichen Treffen der in der BIZ zusammengeschlossenen Leiter der wichtigsten Notenbanken ist jedoch in der Folge ungleich intensiver und substantieller geworden. Als Koordinationszentrum der monetären Politik sind die monatlichen Treffen nicht mehr wegzudenken.

Die BIZ ist aber nicht nur Informations- und Koordinationszentrum der monetären Politik. Sie ist auch die Wiege einer Reihe von finanziellen Solidaritätsaktionen geworden, wovon noch im Abschnitt über die finanzielle Kooperation der Notenbanken die Rede sein wird.

Zwischen der BIZ, dem IWF, der OECD und der Zehnergruppe bestehen hinsichtlich der Förderung des Anpassungsprozesses auf internationaler Ebene enge *Verbindungen*. IWF und BIZ sind offiziell oder inoffiziell auch in den meisten anderen Gremien vertreten.

So sehr die Bestrebungen zur Koordination der nationalen Anpassungspolitik Fortschritte gemacht haben, zeigen jedoch die zahlreichen Zahlungsbilanzstörungen und zeigen die Schwierigkeiten, die ihrer Überwindung wegen konträrer Politik der einzelnen Länder entgegenstehen, daß ihr Erfolg in vielen Fällen noch ungenügend ist.

6. KAPITEL: DIE WÄHRUNGSPOLITISCHE ZUSAMMENARBEIT IN DEN EUROPÄISCHEN GEMEINSCHAFTEN

a) *Die Entwicklung bis Ende der Sechzigerjahre*

Einen intensiveren Grad hat die wirtschafts- und währungspolitische Zusammenarbeit im Rahmen der Europäischen Wirtschaftsgemeinschaft (EWG) erlangt. Als 1957 der Vertrag von Rom abgeschlossen wurde, stand vorerst noch die Schaffung einer Zollunion im Vordergrund und wurden die Verpflichtungen zur wirtschafts- und währungspolitischen Zusammenarbeit nur vage formuliert. Im Basis-Artikel 104 wurde jeder Mitgliedstaat zu einer Wirtschaftspolitik verpflichtet, die neben der Vollbeschäftigung und Preisstabilität das Zahlungsbilanzgleichgewicht und das Vertrauen in die Währung anstreben soll. Artikel 105 schreibt ferner vor, daß die Wirtschaftspolitik zu koordinieren ist; er sieht dazu einen permanenten Währungsausschuß vor, der die Währungs- und Finanzlage der Mitgliedstaaten regelmäßig überprüfen und nötigenfalls Maßnahmen zur Verbesserung des Zahlungsbilanzgleichgewichts vorschlagen soll. Artikel 107 stellt die Wechselkurspolitik als eine „Angelegenheit von gemeinsamem Interesse" dar; kompetitive Abwertungen könnten seitens der Partnerländer mit Retorsionsmaßnahmen beantwortet werden. Bei Zahlungsbilanzschwierigkeiten ist gemäß Artikel 108 eine gegenseitige Währungshilfe vorgesehen; genügen eigene Abhilfemaßnahmen des betreffenden Landes nicht, so kann der Rat mit qualifiziertem Mehr gegenseitige Beistandsmaßnahmen beschließen. Der Artikel kam bis 1970 allerdings erst einmal, nämlich 1968 zur Unterstützung Frankreichs, zur Anwendung (Beteiligung der EWG-Partner an der Kredithilfe des IWF, Gewährung kurzfristiger Kredite der Zentralbanken der EWG-Länder und wirtschaftspolitische Richtlinien an die Partner-Staaten zugunsten Frankreichs, Ermächtigung Frankreichs zu Schutzmaßnahmen). Zu generellen institutionellen Maßnahmen des gegenseitigen finanziellen Beistandes kam es erst 1970 im Zuge der fortschreitenden Integrationsbestrebungen. Artikel 109 ermächtigt ein Land, das bei plötzlichen Zahlungsbilanzstörungen keinen unverzüglichen Beistand erhält, zu temporären Schutzmaßnahmen.

In Ergänzung dieser Bestimmungen nahm der EWG-Rat 1964 drei Beschlüsse an, von denen der erste der Verstärkung der Zusammenarbeit der EWG-Zentralbanken mittels Schaffung eines speziellen Ausschusses der Zentralbankpräsidenten gewidmet war. Dieser Ausschuß soll über wichtige nationale Maßnahmen auf dem Gebiet der Geld- und Kreditpolitik vorgängig Konsultationen durchführen. Ein zweiter Entscheid verpflichtet die Mitgliedstaaten zu Konsultationen über die Stellungnahme zu internationalen Währungsfragen. In einer dritten gleichzeitigen Entscheidung werden die Mitgliedstaaten zu Fühlungnahmen vor allfälligen Wechselkursänderungen angehalten, was allerdings nicht verhinderte, daß Frankreich anläßlich seiner Abwertung vom August 1969 seine Partner erst nachträglich konsultierte. Neben dem Währungsausschuß und dem Ausschuß der Zentralbankpräsidenten befaßten sich 1970 auch die Ausschüsse der EWG für Konjunkturpolitik, für Haushaltpolitik, für mittelfristige Wirtschaftspolitik und die Konferenz der Finanzminister der EWG-Länder mit der wirtschafts- und währungspolitischen Koordination.

Gab schon die Vervollständigung der Zollunion den EWG-Behörden Anlaß, ihre Bestrebungen zum Ausbau der Gemeinschaft im Sinne einer Wirtschafts- und Währungsunion fortzusetzen, so wurde diese Entwicklung am Ende der Sechzigerjahre durch die Divergenzen in der Zahlungsbilanzentwicklung zwischen wichtigen Partnerländern und durch die Währungskrisen in Frankreich und Deutschland noch wesentlich verstärkt. Erstmals wurde das Ziel einer Währungsunion offiziell 1963 in einem Memorandum der EWG-Kommission über das Aktionsprogramm für die zweite Stufe der Übergangszeit niedergelegt. In der „Initiative 1964" über die Währungspolitik unterstrich die Kommission die zunehmende Bedeutung einer Währungsunion bei zunehmender Integration. Ein weiteres Memorandum der Kommission über ein währungspolitisches Aktionsprogramm, das in die gleiche Richtung wies, folgte anfangs 1968.

Mit dem sogenannten *Barre-Plan* vom 5. Dezember 1968 „über die Koordinierung der Wirtschaftspolitik und die Zusammenarbeit in Währungsfragen innerhalb der Gemeinschaft" nahmen die Vorbereitungen einer Wirtschafts- und Währungsunion konkretere Formen an. Der Plan, für den der Vize-Präsident der Kommission, Raymond Barre, zeichnete, forderte als vordringliche Maßnahmen eine verstärkte Koordination der kurz- und mittelfristigen Wirtschaftspolitik sowie die Schaffung eines finanziellen Beistandes auf kurze und mittlere Frist. Teilweise wurde diesen Vorschlägen schon Mitte 1969 durch den Ratsbeschluß Folge geleistet, wonach über wichtige konjunkturpolitische Maßnahmen eines Landes vorgängig Konsultationen innerhalb des Währungs-, Konjunktur- und Haushaltausschusses der EWG durchgeführt werden sollen.

b) *Der Stufenplan zu einer Währungsunion*

Der Barre-Plan bildete den Ausgangspunkt zum Postulat im Schlußcommuniqué der *Haager-Konferenz der Staats- und Regierungschefs* der EWG-Länder vom 1./2. Dezember 1969, wonach im Laufe des Jahres 1970 ein Stufenplan für die Errichtung einer *Wirtschafts- und Währungsunion* aufgestellt werden solle. Dem Auftrag der Haager-Konferenz folgend, arbeitete 1970 eine Arbeitsgruppe unter dem Vorsitz des luxemburgischen Ministerpräsidenten Werner ein solches Stufenprogramm aus. Der Schlußbericht des sogenannten *Werner-Ausschusses* vom 8. Oktober 1970 stellt zunächst die Konzeption der anvisierten Wirtschafts- und Währungsunion auf und entwickelt anschließend das Verfahren der stufenweisen Verwirklichung dieser Ziele.

Als *unerläßliche Elemente* einer vollständigen Wirtschafts- und Währungsunion bezeichnet der Bericht die Freigabe des Güter-, Dienstleistungs-, Personen- und Kapitalverkehrs, die vollständige und unwiderrufliche Konvertibilität der Währungen, die Beseitigung der Bandbreiten der Wechselkurse und die irreversible Festsetzung der Paritätsverhältnisse. Eine einheitliche Gemeinschaftswährung sei nicht unbedingte Voraussetzung einer Währungsunion, hingegen sprächen psychologische und politische Gründe für eine Zusammenlegung der EWG-Währungen. Die Wirtschafts- und Währungsunion erfordert nach der Auffassung des Werner-Ausschusses die Übertragung nationaler Kompetenzen auf dem Gebiet der Wirtschafts- und Währungspolitik auf die Gemeinschaftsebene und die Harmonisierung wirtschaftspolitischer Instrumente auf verschiedenen Gebieten.

In Übereinstimmung mit dem Barre-Plan schlug der Werner-Bericht[*] zur Erreichung dieser Ziele zunächst gemeinsame mittelfristige Projektionen über Wachstum, Beschäftigung, Preise und Zahlungsbilanz vor. Ferner soll eine gemeinsame Konjunkturpolitik durch aufeinander abgestimmte

---

[*] Sonderbeilage zum Bulletin 11/1970 der Europäischen Gemeinschaften.

Wirtschaftsbudgets eingeleitet und soll deren Realisierung durch angemessene Maßnahmen überwacht werden. Auf dem Gebiete der Währungspolitik sollen die wichtigsten Entscheidungen zentralisiert werden, wozu es eines ausgebauten gemeinschaftlichen Instrumentariums bedarf. Große Bedeutung mißt der Werner-Ausschuß im Rahmen der Steuerung der Gesamtentwicklung auch der Haushaltpolitik zu. Entsprechend sollen auf nationaler Ebene haushalts- und steuerpolitische Instrumente zur Verfügung gestellt werden, die nach gemeinschaftlichen Richtlinien gehandhabt werden können. Auf der Gemeinschaftsebene sind vor allem die Größe und Änderung des Haushaltvolumens, die Salden, die Defizitfinanzierung oder die Überschußverwendung, gemeinsam festzulegen. Zur Beseitigung der Steuergrenzen soll zudem ein ausreichender Grad der Steuerharmonisierung erreicht werden. Eine weitere Voraussetzung ist die Schaffung eines gemeinsamen Kapitalmarktes, wozu auch eine weitgehende Vereinheitlichung der Kapitalmarktpolitik erforderlich ist. Zur Reduktion struktureller Unterschiede ist überdies eine Zusammenarbeit auch auf dem Gebiete der Struktur- und Regionalpolitik nötig, was finanzielle Ausgleichsmaßnahmen unter den Partnerländern erfordert. Zur Durchführung dieser Gemeinschaftsaufgaben schlägt der Werner-Ausschuß die Schaffung eines gemeinschaftlichen wirtschaftspolitischen Entscheidungsgremiums vor, das dem europäischen Parlament gegenüber politisch verantwortlich sein soll. Ferner postuliert er die Schaffung eines gemeinschaftlichen Zentralbankensystems. Die wirklichung der Wirtschafts- und Währungsunion macht eine Revision des Vertrages von Rom erforderlich.

Für die *erste Stufe* der Verwirklichung dieses Planes, die auf drei Jahre bemessen worden ist, sieht der Werner-Ausschuß insbesondere eine Verstärkung der Koordination der Wirtschaftspolitik vor. Es sollen jährlich drei gemeinsame Untersuchungen durchgeführt werden, bei denen die Wirtschaftslage der Gemeinschaft geprüft und gemeinsame Orientierungen an jeden einzelnen Mitgliedstaat aufgestellt werden. Auch soll in dieser Periode das Konsultationsverfahren über die mittelfristige Wirtschaftspolitik, die kurzfristige Konjunkturpolitik, die Haushalts- und Währungspolitik ausgebaut und verbessert werden.

Im Vordergrund der wirtschaftspolitischen Koordinierung soll in der ersten Stufe die *Haushaltspolitik* stehen (z. B. Fixierung der Orientierungsdaten für die Eckwerte der öffentlichen Gesamthaushalte, Verbesserung der Vergleichbarkeit der nationalen Haushalte, Entwicklung gleichartiger Instrumente, wie Steuerregulatoren und Konjunkturbudgets). Zur schrittweisen und vollständigen Beseitigung der *Steuergrenzen,* bei gleichzeitiger Belassung der erforderlichen Flexibilität, soll schon in der ersten Stufe überall das Mehrwertsteuersystem eingeführt und ein Programm für die Angleichung der Steuersätze aufgestellt werden. Auch für andere Verbrauchssteuern mit direktem Einfluß auf den grenzüberschreitenden Verkehr sollen Maßnahmen zur Angleichung der Steuersätze vorgesehen werden. Ebenso sind verschiedene direkte Steuern zu harmonisieren, die einen direkten Einfluß auf die Kapitalbewegungen innerhalb der Gemeinschaft haben (Besteuerung der Zinserträgnisse auf festverzinslichen Werten und Dividendenbesteuerung). Überdies soll schon in der ersten Stufe die Angleichung der Struktur der Körperschaftssteuern eingeleitet werden.

Der *Kapitalverkehr*, dessen Liberalisierung bisher in einer Reihe von EWG-Ländern zurückgeblieben ist, soll von den noch bestehenden Hindernissen befreit werden. Vor allem sollen Liberalisierungsplafonds für Anleihensemissionen Angehöriger anderer Mitgliedstaaten eingeführt und nachher bis zur vollen Öffnung der Märkte schrittweise erhöht werden und sollen ähnliche Maßnahmen für die Investitionsfinanzierungen mit mittelfristigen und langfristigen Krediten eingeleitet werden. Außerdem soll die Börsenzulassung der Wertpapiere aus anderen Mitgliedstaaten von allen Diskriminierungen befreit werden. Die Kapitalmarktpolitik muß zunehmend koordiniert werden. Auch sollen beispielsweise die Vorschriften über die Tätigkeit der Kreditinstitute und der institutionellen Anleger, die Information und der Schutz der Wertpapierbesitzer, der Börsenhandel, die Sparförderung, usw. harmonisiert werden.

Auf dem Gebiet der internen *Geld- und Kreditpolitik* fordert der Werner-Bericht schon für die erste Stufe eine gemeinsame Festlegung der allgemeinen Orientierungen (insbesondere über das Zinsniveau, die Bankenliquidität und die Kreditgewährung an den privaten und öffentlichen Sektor). Die geld- und kreditpolitischen Instrumente der einzelnen Mitgliedstaaten sollen im Hinblick auf ihre Kohärenz schrittweise aneinander angepaßt werden. Zum Zweck der Koordinierung der Geld- und Kreditpolitik sollen vorherige obligatorische Konsultationen im Ausschuß der Zentralbankpräsidenten stattfinden. Will ein Land von den gemeinsam festgelegten Orientierungen abweichen, so muß es seine Partner zunächst konsultieren. Der Werner-Ausschuß postuliert, daß unverzüglich ein Aktionsprogramm zur Harmonisierung der währungspolitischen Instrumente aufgestellt werde.

Auch auf der Ebene der *externen Währungspolitik* hält der Ausschuß schon in der ersten Stufe eine Intensivierung der Zusammenarbeit für notwendig. Vor allem dränge sich eine Verstärkung des Konsultationsverfahrens bei der Festlegung der *Wechselkursparitäten* auf. Auch die Verwendung und Gewährung von internationalen offiziellen *Krediten* durch einzelne Mitgliedstaaten soll auf der Gemeinschaftsebene besprochen werden; es soll ferner ein erster Schritt in der Richtung der gemeinsamen Vertretung der EWG unternommen werden. In den Währungsbeziehungen gegenüber Drittländern sollen die Mitgliedstaaten schrittweise gemeinsame Standpunkte einnehmen.

Hinsichtlich der *Wechselkursbeziehungen zwischen den Mitgliedern* schlägt der Werner-Ausschuß für die erste Stufe eine Reihe von Maßnahmen vor, die aufgrund der Erfahrungen sukzessive ausgedehnt werden sollen. Durch ein abgestimmtes Verfahren sollen die Zentralbanken schon von Anbeginn der ersten Stufe an die *Wechselkursschwankungen* zwischen ihren Währungen „de facto innerhalb engerer Bandbreiten halten als denen, die sich aus der Anwendung der für den Dollar zulässigen Bandbreiten ergeben". Nach einer Experimentierphase soll die Verringerung der Bandbreiten offiziell angekündigt und verstärkt werden. Es soll aber kein starrer Zeitplan vorgesehen werden. Das damit erreichbare konzertierte Vorgehen gegenüber dem Dollar könnte noch durch Interventionen in Gemeinschaftswährungen ergänzt werden; für die erste Stufe sollen damit aber keine zusätzlichen Kreditfazilitäten geschaffen werden.

In der anschließenden *zweiten Stufe* sollen die bis dahin in Angriff genommenen Aktionen, insbesondere die Festlegung gesamtwirtschaftlicher Orientierungsdaten, die Koordinierung in der Konjunkturpolitik, der Geld- und Kreditpolitik, der Haushaltspolitik und der Steuerpolitik die gemeinschaftliche Strukturpolitik, die Integration der Geld- und Kapitalmärkte und die schrittweise Beseitigung der Kursschwankungen zwischen Gemeinschaftswährungen, in zunehmend verbindlicheren Formen fortgeführt werden. Als Vorläufer des gemeinschaftlichen Zentralbankensystems der Endstufe soll mindestens in der zweiten Stufe ein „Europäischer Fonds für währungspolitische Zusammenarbeit" geschaffen werden, dem der kurz- und mittelfristige Währungsbeistand einzugliedern wäre und der schrittweise die gemeinschaftliche Verwaltung der Reserven zu übernehmen hätte.

Der Werner-Ausschuß kam zur Schlußfolgerung, daß eine Wirtschafts- und Währungsunion im Verlaufe der Siebzigerjahre erreichbar sein sollte, sofern der politische Wille dazu vorhanden sei.

In einem Memorandum vom 29. Oktober 1970 machte sich die EWG-Kommission die im Werner-Bericht geäußerten Ansichten und Vorschläge über die unerläßlichen Elemente einer Wirtschafts- und Währungsunion und ihre wirtschaftspolitischen Konsequenzen weitgehend zu eigen. Ihr Antrag, auf die Zielsetzung und den Stufenplan einzutreten, fand im *Ministerrat der EWG* nach anfänglichen Schwierigkeiten am 9. Februar 1971 Annahme. Der Ministerrat anerkannte dabei, daß das festgelegte Endziel, das die politische Unterstützung der Regierungen habe, zahlreiche Maßnahmen, darunter auch einige, die eine Revision des Romer Vertrages erfordern, notwendig mache. Eine detaillierte Festlegung erfolgte allerdings erst für die Maßnahmen der ersten Stufe, hingegen wurden noch keine langfristigen Verpflichtungen über institutionelle Reformen eingegangen. Um die Parallelität der wirtschafts- und währungspolitischen Vorbedingungen der Währungsunion zu gewährleisten, wurde jedoch eine „Vorsichtsklausel" eingeführt, wonach die angestrebte Reduktion der Wechselkursbandbreiten unter den Partnerländern und der gleichzeitig beschlossene mittelfristige finanzielle Beistand nur dann über fünf Jahre hinaus in Kraft bleiben sollen, wenn inzwischen eine Einigung über den Übergang zur zweiten Stufe erzielt worden ist. Die Verlautbarung des Ministerrates ist von einer gemeinsamen Absichtserklärung begleitet, daß noch vor Ende der ersten Stufe die für die Währungsunion erforderlichen Beschlüsse gefällt werden. Die erste Stufe des Plans, die mit dem Programm des Werner-Berichtes übereinstimmt, stellt kein Ziel an sich, sondern nur ein Übergangsstadium dar. Ob das Endziel erreicht werden kann, hängt vor allem vom politischen Willen der Partnerländer ab.

III. Abschnitt: Die Konvertibilitätsregeln

1. KAPITEL: DIE HAUPTGRUNDSÄTZE

a) Koordination der Handels- und Zahlungspolitik

Die bitteren Erfahrungen der Dreißigerjahre, als der Welthandel infolge protektionistischer Handelsmaßnahmen, Devisenkontrollen und Bilateralismus eine katastrophale Schrumpfung und starke Verzerrung erlitt, waren bestimmend dafür, daß bei der Planung des internationalen Handels- und Zahlungssystems für die Nachkriegszeit ein möglichst freier, multilateraler Handels- und Zahlungsverkehr mit an die Spitze der Zielsetzungen gesetzt wurde. Dem Internationalen Währungsfonds wurde die Aufgabe gestellt, an die „Schaffung eines multilateralen Zahlungssystems in bezug auf die laufenden Transaktionen" und an die „Beseitigung der handelshemmenden Devisenrestriktionen" beizutragen Artikel I [iv]).[66]

Während die Liberalisierung und Multilateralisierung des Zahlungsverkehrs zur Aufgabe des Internationalen Währungsfonds gemacht wurde, sollte die Liberalisierung und Nicht-Diskriminierung auf der Ebene des Warenhandels und des Dienstleistungsverkehrs in das Tätigkeitsfeld der

---

[66] Über die Regeln des IWF betreffend den internationalen Zahlungsverkehr vergl. „The Monetary Fund 1945—1965, Twenty Years of Monetary Cooperation", a. a. O.; Emminger, O., „Der Internationale Währungsfonds", Enzyklopädisches Lexikon, Frankfurt 1968, S. 837 ff.; Fleming, J. M., „The International Monetary Fund, Its Forms and Functions", Washington 1964, S. 13 ff.; Jahresberichte des IWF, die jährlichen Veröffentlichungen des IWF über „Exchange Restrictions"; ferner De Vries, M. G., „Exchange Restrictions: Progress towards Liberalization", Finance and Development 1969/3, Washington 1969.

in Kriegszeit ebenfalls geplanten internationalen Handelsorganisation fallen, die schließlich 1947 im *General Agreement on Tariffs and Trade* (GATT) verwirklicht wurde. Da Zahlungsrestriktionen und Handelsbeschränkungen ähnliche Wirkungen haben und teils substituierbar sind, sollten IWF und GATT eng zusammenarbeiten.

Die Grundregeln dieser Kooperation sind in Artikel XI der GATT-Statuten niedergelegt. Der Internationale Währungsfonds ist für das GATT als Beratungsinstanz für die zahlungsbilanzbedingten Gesuche von Handelsrestriktionen tätig. In allen Fällen, wo das GATT über Probleme zu entscheiden hat, die Währungsreserven, Zahlungsbilanzen und wechselkurspolitische Vereinbarungen betreffen, muß das GATT die Instanzen des IWF konsultieren. Das vom Fonds abgegebene Urteil darüber, ob eine Maßnahme mit seinen Regeln konform ist, hat für das GATT *verbindlichen Charakter*. Das GATT-Statut selber auferlegt den Mitgliedstaaten die Pflicht, keine handelspolitischen Maßnahmen zu ergreifen, die dem Ziel des Währungsfonds entgegengesetzt sind.

b) *Die Pflichten aus dem Artikel VIII*

Das Endziel des Zahlungssystems, wie es von der Bretton Woods-Konvention angestrebt wird, ist in *Artikel VIII* des Statuts niedergelegt. Der Artikel umschreibt das endgültige Regime, dem sich alle Mitgliedstaaten nach Maßgabe ihrer Möglichkeiten unterstellen sollen und das irreversibel ist. Diejenigen Mitgliedstaaten, die die Voraussetzungen für dessen Einhaltung noch nicht erfüllen, können dagegen die sogenannten „Übergangsbestimmungen" des *Artikels XIV* in Anspruch nehmen.

Länder, die das Regime des Artikels VIII annehmen, müssen die folgenden Verpflichtungen eingehen:

1. Verzicht auf Restriktionen auf laufenden Zahlungen und Überweisungen, es sei denn, der IWF gebe in Ausnahmefällen seine Zustimmung zur Abweichung von dieser Pflicht (Artikel VIII/4).

2. Verzicht auf diskriminatorische Währungspraktiken und multiple Wechselkurse, es sei denn, der Fonds gebe dazu seine ausdrückliche Erlaubnis (Artikel VIII/3).

3. Konvertibilität von Guthaben von Mitgliederländern in nationaler Währung entweder in die Währung des betreffenden Landes oder in Gold (Artikel VIII/4), soweit die Guthaben aus laufenden Transaktionen stammen oder ihre Konversion für laufende Zahlungen nötig ist.

Verzicht auf Zahlungsrestriktionen im laufenden Verkehr bedeutet, daß beispielsweise die Importeure im Inland in bezug auf die Bezahlung ihrer Wareneinfuhr keinerlei Beschränkungen ausgesetzt sein sollen und daß umgekehrt die Exporteure, die in einem Mitgliedstaat fremde Währung aus dem laufenden Verkehr erhalten, an keinerlei Verwendungsbeschränkungen gebunden sein sollen. Im Gegensatz zum laufenden Verkehr sind jedoch die Mitgliedstaaten hinsichtlich des Kapitalverkehrs nicht an diese Verpflichtungen gebunden. Länder, die den Artikel VIII akzeptiert haben, können von dessen Pflichten nur in Notfällen und nur zeitlich limitiert entbunden werden.[67]) Um derartige Rückfälle möglichst auszuschließen, soll sich kein Land dem Artikel VIII unterstellen, das sich nicht im Stande fühlt, die Verpflichtungen dauernd einhalten zu können.

Diskriminatorische Währungspraktiken, einschließlich *multiple Wechselkurse,* stehen wegen ihres handelserschwerenden Charakters im Verhaltenskodex des Artikels VII grundsätzlich auf der Verbotsliste. Es gibt dafür allerdings Ausnahmemöglichkeiten. Diskriminatorische Restriktionen auf laufenden Zahlungen dürfen dann gegen ein bestimmtes Land angewendet werden, wenn der Fonds eine rar gewordene Währung formell als „knapp" erklärt (Artikel VII). Die Klausel ist allerdings bisher noch nie angewendet worden und sie dürfte unter den bestehenden Umständen auch kaum mehr benützt werden.[68]) Außerdem kann der IWF einem Land von Fall zu Fall einen Dispens von der Nicht-Diskriminierungspflicht geben. Nach Währungen diskriminierende Zahlungsrestriktionen gehören zum Instrumentarium des Bilateralismus; diejenigen Länder, die zur Konvertibilität übergegangen sind, haben aufgehört solche Mittel anzuwenden. Hingegen ist das System temporärer multipler Wechselkurse, die nach einzelnen Warenkategorien diskriminieren, auch unter den Artikel VIII-Staaten immer noch gelegentlich angewendet worden.[69])

Der Abbau der Devisenbeschränkungen ist Vorbedingung dafür, daß ein Land zur Konvertibilität seiner Währung in Devisen oder Gold gelangen kann. Die *Konvertibilitätspflicht* im Sinne des Artikels VIII erstreckt sich indessen nicht auf die Vollkonvertibilität, sondern sie betrifft in doppeltem Sinne nur eine Teilkonvertibilität: Erstens bezieht sich die vorgeschriebene Konvertierbarkeit nur auf die Ausländerguthaben, nicht hingegen auf die Inländerguthaben in eigener Währung; insofern handelt es sich um *Ausländerkonvertibilität.* Zweitens umfaßt die Konvertibilitätsverpflichtung nur die *laufenden Transaktionen;* Ausländerguthaben in eigener Währung, die aus Kapitaltransaktionen stammen,

---

[67]) Vergl. Beschluß des Exekutivrates des IWF vom 1. Juni 1960, Jahresbericht des IWF 1960, S. 29/30.

[68]) Über die „Knappheitsklausel", vergl. eingehender den Abschnitt „Die Anpassungsgrundsätze", IV, S. 52 ff.

[69]) Vergl. Fleming, J. M., a. a. O., S. 20.

brauchen nicht konvertiert zu werden. Diejenigen Mitgliedstaaten, die sich freiwillig dem Artikel VIII unterstellen, müssen den formellen Übergang zur Konvertibilität vollziehen. Eine Aufhebung der einmal formell verankerten Konvertibilität ist temporär in besonderen Notfällen unter der Voraussetzung möglich, daß ein Land alle Anstrengungen unternimmt, um die Ursachen so rasch wie möglich zu beheben.

c) *Restriktive Einstellung gegenüber dem Kapitalverkehr*

Wie bereits angedeutet, nimmt die Bretton Woods-Konvention die *Kapitaltransaktionen* von der Pflicht zur Befreiung des Zahlungsverkehrs aus. Ob ein Land, das sich dem Artikel VIII unterstellt, die Währungskonvertibilität auch auf den Kapitalverkehr ausdehnen will, wird dem Belieben des betreffenden Mitgliedstaates überlassen, sofern er den Betrag aus den eigenen Währungsreserven finanziert und deswegen keinen großen Gebrauch der Fondsmittel zu machen beabsichtigt. Für die Finanzierung eines „umfangreichen und nachhaltigen Kapitalabflusses" hingegen haben die Mitgliederländer des Fonds gemäß Artikel VI/1 und 2 keinen Ziehungsanspruch, es sei denn, dies geschehe im Rahmen der Benützung ihrer Goldtranche.[70] Der Fonds kann in solchen Fällen von den betreffenden Ländern sogar verlangen, daß sie direkte Kontrollen des internationalen Kapitalverkehrs vornehmen, um seine Inanspruchnahme zu verhindern. Ein Land, das einer derartigen Empfehlung nicht nachkommt, kann seiner Fähigkeit, Ziehungen im Rahmen des Fonds vorzunehmen, verlustig erklärt werden. Den Mitgliedstaaten wird in den IWF-Statuten ausdrücklich die Kompetenz erteilt, *direkte Devisenkontrollen* zur Regulierung von *Kapitalbewegungen* vorzunehmen (Artikel VI/3).

Mit dem Übergang der wichtigsten Währungen zur Konvertibilität am Ende der Fünfzigerjahre kam es in zahlreichen Ländern allerdings auch zur graduellen Liberalisierung des kurz- und langfristigen Kapitalverkehrs mit dem Ausland. Das brachte es mit sich, daß Zahlungsbilanzstörungen in zunehmendem Ausmaß auch durch temporäre kurzfristige Kapitalbewegungen verursacht werden konnten. Die Unterscheidung der Defizitursachen wurde dadurch erschwert. Angesichts dieser Entwicklung entschloss sich der IWF 1961 zu einer *Lockerung* seiner Praxis hinsicht-

---

[70] Diese statutarische Bestimmung wurde 1946 durch einen Beschluß des Exekutivrates des IWF noch bekräftigt, in welchem es heißt: „The Executive Directors of the IMF interprete the Articles of Agreement to mean that authority to use the resources of the Fund is limited to use in accordance with its purpose to give temporary assistance in financing balance of payments deficits on current account for stabilisation." (Entscheid des Exekutivrates No. 71—72 vom 26. September 1946, in „First Annual Meeting of the Board of Governors", Washington, 1946, S. 106).

lich der Finanzierung von durch Kapitalbewegungen bewirkten Defiziten. Die Fondsmittel sollten fortan auch für Kapitaltransaktionen verwendet werden können.[71])

Trotz der largeren Praxis sind indessen die formellen Bestimmungen der Fondsstatuten über den Kapitalverkehr nicht geändert worden. Die Mitgliedsländer, die den Kapitalverkehr liberalisiert haben, haben somit die Möglichkeit, jederzeit ohne besondere Zustimmung des Fonds zu Kapitalrestriktionen zurückkehren zu können.

Während der IWF Restriktionen des Kapitalverkehrs allgemein zuläßt, haben sich dagegen die *OECD-Länder* generell verpflichtet, unter sich die noch bestehenden Beschränkungen auf den Kapitalbewegungen progressiv aufzuheben. Die OECD-Pflichten hinsichtlich des Kapitalverkehrs sind allerdings weniger strikte gefaßt als die Liberalisierungsbestimmungen hinsichtlich des laufenden Zahlungsverkehrs. Noch weiter sind auf diesem Gebiet in ihren Zielsetzungen die *EWG-Länder* in ihrem Bereich gegangen; aber selbst das EWG-Regime sieht Ausnahmen vor. Nach 1962 war es zu verschiedenen Rückfällen gekommen, und am Ende der Sechzigerjahre waren die Zielsetzungen über die Freiheit des Kapitalverkehrs innerhalb der EWG außer in der Bundesrepublik Deutschland in keinem Mitgliedstaat erreicht.

d) Das sogenannte Übergangsregime

Der Konvertibilitäts-Artikel VIII der Fondsstatuten ist nur für diejenigen Länder bestimmt, deren Wirtschafts- und Währungslage stabil genug ist, um die Konvertibilität ihrer Währung aufrecht zu erhalten. Als der Fonds in Kraft gesetzt wurde, steckten jedoch die meisten Länder noch tief in der Devisenkontrolle und im Bilateralismus und wären diese nicht imstande gewesen, ihre Währungen sofort konvertibel zu machen. Um dieser Situation Rechnung zu tragen, sahen die Satzungen des Fonds ein sogenanntes *transitorisches Regime* vor, das es allen diesen Ländern erlauben sollte, Fondsmitglieder zu werden, ohne unmittelbar eine weitgehende Liberalisierung des Zahlungsverkehrs vornehmen zu müssen, und das ihnen einen langsamen Übergang ermöglichen sollte, bis sie den hohen Ansprüchen des Normalregimes gewachsen wären.

Dieses Übergangsregime, das in *Artikel XIV* der Fondsstatuten niedergelegt ist, gibt den Mitgliedstaaten, die sich noch nicht imstande fühlen,

---

[71]) Entscheid des Exekutivrates des IWF vom 28. Juli 1961: „... the Executive Directors decide by way of clarification that decision No. 71 — 72 (vergl. Fußnote Nr. 70) does not preclude the use of the Fund's resources for capital transfers in accordance with the provisions of the Articles, including Article VI" (Jahresbericht des IWF 1962, S. 232).

die Pflichten unter Artikel VIII zu übernehmen, eine zeitlich nicht limitierte Möglichkeit, bestehende Restriktionen auch auf laufenden Zahlungen weiterzuführen und anzupassen, ohne daß der Fonds dazu seine ausdrückliche Zustimmung geben muß. Die betreffenden Länder dürfen bei der Handhabung ihrer Restriktionen allerdings die allgemeinen Zielsetzungen des Fonds nicht außer Acht lassen und sie sollen, sobald es die Umstände erlauben, ihren Zahlungsverkehr liberalisieren. Ein Zulassungsexamen zum Artikel XIV ist in den Fondssatzungen nicht vorgesehen. Jedes Land kann bei seinem Eintritt zum Fonds einfach erklären, ob es vom Übergangs- oder Normalregime Gebrauch machen will und kann; wenn es zuerst für Artikel XIV optiert hat, kann es den Zeitpunkt des späteren Übergangs zu Artikel VIII selber bestimmen.

Wer das Privileg des Artikels XIV in Anspruch nimmt, muß aber den Fonds vom fünften Jahr nach seiner Option jedes Jahr hinsichtlich der Aufrechterhaltung der verbleibenden Zahlungsbeschränkungen konsultieren. Die Beibehaltung der Beschränkungen ist indessen nicht von der Zustimmung des Fonds, sondern in erster Linie vom Entscheid des betreffenden Landes selber abhängig. In Ausnahmefällen kann der IWF bei einem Mitgliedstaat allerdings vorstellig werden, indem er ihm gegenüber bedeutet, daß die Voraussetzungen zur Abschaffung aller oder einzelner Restriktionen günstig seien.[72] Widersetzt sich ein Land, das vom Artikel XIV Gebrauch macht, fortgesetzt diesen Empfehlungen des IWF, so kann es der Ausübung seiner ordentlichen Ziehungsrechte verlustig gehen.

2. KAPITEL: DER ZAHLUNGSVERKEHR IN DER PRAXIS

a) Vom Bilateralismus zur Konvertibilität

Die tatsächliche Liberalisierung des Zahlungsverkehrs vollzog sich langsamer und auf schmalerer Basis, als die Begründer der Bretton Woods-Konvention erwartet hatten. Als die Operationen des Fonds im Jahre 1947 begannen, erklärten sich nur die Vereinigten Staaten, Kanada und verschiedene zentralamerikanische Staaten bereit, sich dem Artikel VIII der Fondsstatuten zu unterstellen. Alle anderen Mitgliederländer aber nahmen das Regime des Artikels XIV in Anspruch, das ihnen die Möglichkeit gibt, ohne Zustimmung des Fonds ihre Zahlungsrestriktionen weiterzuführen.

---

[72] Wenn die Schweiz bei Inkrafttreten des IWF dem Fonds nicht beitrat, so war dies darauf zurückzuführen, daß sie sich als Land mit einer konvertiblen Währung dem Artikel VIII der Fondsstatuten hätte unterstellen müssen, was sie daran gehindert hätte, ihren Import in den Dienst ihres Teils vom Ausland mit Diskriminierung bedrohten „non essential"-Exportes zu stellen.

Ein erster Versuch im Jahre 1947, die *Konvertibilität* in *England* künstlich zu forcieren, scheiterte. Die Vereinigten Staaten hatten Großbritannien 1945/46 ein Anleihen von 4 Mrd. $ unter der Bedingung gegeben, die freie Konvertibilität auf laufenden Transaktionen rasch wieder herzustellen. Als England sich im Sommer 1947 anschickte, dieser Bedingung nachzukommen, verlor es jedoch innert weniger Wochen nicht nur den Großteil der amerikanischen Anleihensbeträge, sondern auch noch einen Teil seiner Währungsreserven, so daß das Experiment nach kaum mehr als einem Monat eingestellt werden mußte. Es zeigte sich eben, daß Konvertibilität nicht dekretiert werden kann, sondern daß es hierfür der Erfüllung wirtschaftlicher Voraussetzungen bedarf.[73] Der *Fehlschlag* des britischen Konvertibilitätsexperimentes von 1947 hatte zur Folge, daß fortan in der Liberalisierung des internationalen Zahlungsverkehrs langsamer und nur im Gleichschritt mit der Konsolidierung der Wirtschaft, dem Anwachsen der Produktion- und Exportkraft und der Liberalisierung des Handels vorgegangen wurde.

Die Inkraftsetzung des *Marshallplans* am 3. April 1948, durch den die Vereinigten Staaten Europa 12 Mrd. $ für den Wiederaufbau zur Verfügung stellten, und die Schaffung der zu seiner Durchführung notwendigen *Organisation für Europäische Wirtschaftszusammenarbeit* (OEEC) verbesserten die Voraussetzungen einer Kooperation auch auf dem Gebiet der Währungspolitik und des Zahlungsverkehrs entscheidend.

Am 16. Oktober 1948 kam es im Rahmen der OEEC zu einem ersten europäischen *Abkommen über den Zahlungs- und Kompensationsverkehr*, das, basierend auf Marshall-Geldern, zwischenstaatliche, allerdings nur bilaterale Ziehungsrechte zur Deckung von Zahlungsbilanzdefiziten schuf. Der *zweite Zahlungsplan* vom 7. September 1949 brachte eine 25%ige Transferabilität der Ziehungsrechte.[74]

Die Fortschritte, die die europäische Wirtschaft in den ersten zwei Jahren des Marshallplanes machte, gaben im September 1950 Anlaß zum Entschluß, durch Schaffung der sogenannten *Europäischen Zahlungsunion* (EZU) den immer noch größtenteils an bilaterale Fesseln gebundenen europäischen Zahlungsverkehr auf eine breitere Basis zu stellen. Durch die EZU wurde der Zahlungsverkehr zwischen 14 europäischen Ländern (einschließlich ihrer Überseeterritorien und der Sterling Area) *(multilateralisiert*; zur Verbesserung des Ausgleichs der Globalsalden wurde eine

---

[73] Vergl. Jacobsson, Per, in „Die Konvertibilität der europäischen Währungen", Erlenbach-Zürich 1954, S. 60.

[74] Über die europäischen Zahlungspläne vergl. 18.—21. Jahresbericht der BIZ, ferner Aschinger, F., „Die europäischen Zahlungspläne und die Schweiz", Außenwirtschaft, Heft I 1949, S. 38 ff., Bern 1949.

besondere Finanzierungsgrundlage geschaffen.[75]) War einerseits das *Nahziel* der EZU auf die Verwirklichung eines multilateralen europäischen Verrechnungsverkehrs und Kreditapparates beschränkt, so war andererseits ihr *Fernziel* schon von Anfang an darauf gerichtet, den Zahlungsverkehr Schritt für Schritt dem Zustand der Konvertibilität näher zu bringen. Die EZU war ausdrücklich als Übergangsorganisation konzipiert. Gleichzeitig mit der EZU wurde von der OEEC ein Kodex zur Liberalisierung des innereuropäischen Handels- und Dienstleistungsverkehrs geschaffen. Die Lockerung des Handels- und Zahlungsverkehrs sollte miteinander Hand in Hand gehen. Ein Betriebsfonds aus der Marshallplan-Hilfe von 350 Mio. $ verschaffte der EZU die nötige Liquidität.

Der *Mechanismus* der Europäischen Zahlungsunion sah in großen Zügen wie folgt aus: Die Mitgliedstaaten verpflichteten sich, die sich zwischen ihnen ergebenden Zahlungsspitzen monatlich vollständig gegeneinander aufzurechnen. Gleichzeitig räumten sie sich gegenseitig automatische Kreditlinien ein. Der multilaterale Saldenausgleich wickelte sich nach Maßgabe bestimmter Länderquoten in abgestuften Proportionen von Gold und Krediten ab. Konnte ein Schuldnerland bis zum ersten Fünftel seiner Quote 100 % Kredit beanspruchen, so nahm der Kreditanteil bei wachsender Beanspruchung der Quote ständig ab. Umgekehrt mußte ein Gläubigerland seinen Überschuß bis zum ersten Fünftel seiner Quote vollständig in Kredit leisten, während sich der Anteil der Kredithingabe mit zunehmender Benützung ebenfalls reduzierte. Überschritt ein Defizit die Quote des Schuldnerlandes, so mußte dieses — sofern es nicht einer Rallonge zustimmte — den Fehlbetrag vollständig in Gold oder konvertiblen Devisen finanzieren; überstieg ein Überschuß diese Proportionen, so konnte das Gläubigerland Anspruch auf 100 %ige Bezahlung in Gold erheben.

Entsprechend dem Übergangscharakter und Endziel der EZU wurde mit den Jahren der Kreditanteil ständig reduziert. Machte anfänglich, von 1950—1955, bei voller Beanspruchung der Quoten der Kreditanteil noch 60 % und der Goldanteil 40 % aus, so veränderte sich von Mitte 1954 bis 1955 das Verhältnis auf je die Hälfte. Von August 1955 bis Ende 1958 wurde der Goldanteil auf 75 % erhöht.

---

[75]) Über die EZU vergl. Aschinger, F., „Die Europäische Zahlungsunion", Außenwirtschaft 1950/IV, Bern 1960; Iklé, Max, „Der Internationale Zahlungsverkehr", Vortrag in St. Gallen vom 13. Januar 1966, S. 12 ff., Mossé, R., „Les Problèmes Monétaires Internationaux", Paris 1967, S. 311 ff.; Tew, Brian, „International Monetary Cooperation 1945—1960", London 1960, S. 115 ff.; Reichert, Johann, „Die Rückkehr zur Konvertibilität der Währungen", Basler Diss, Lörrach 1962, S. 71 ff.; ferner Botschaft des Schweizerischen Bundesrates betreffend den Beitritt der Schweiz zum Abkommen über die Errichtung einer Europäischen Zahlungsunion vom 10. September 1950.

Die Europäische Zahlungsunion vermochte die ihr gesetzten Aufgaben völlig zu erfüllen. Von den der EZU während ihres Funktionierens vom Juli 1950 bis Ende 1958 gemeldeten innereuropäischen Zahlungsbilanzsalden der Mitgliedstaaten in der Höhe von 46 Mrd. $ wurden nicht weniger als zwei Drittel miteinander multilateral verrechnet. Von den Zahlungsspitzen wurden 7 Mrd. $ in Gold bezahlt, während der Rest insbesondere durch EZU-Kredite finanziert wurde. Dank des vielfachen Wechsels zwischen den Schuldner- und Gläubigerpositionen konnten langdauernde extreme Spannungen innerhalb der EZU verhindert werden.

Als die EZU Ende 1958 *liquidiert* werden konnte, wurden die Guthaben gegenüber den Schuldnerländern und die Schulden gegenüber den Gläubigerländern quotenmäßig auf die übrigen Länder verteilt. Es entstand daraus ein Netz von bilateralen Kreditverträgen. Die Abtragung dieser Positionen wurde aufgrund zweiseitiger Verhandlungen innert 3 bis 7 Jahren durchgeführt.

b) Der Übergang zur Konvertibilität

Die EZU trug, zusammen mit der Stärkung der europäischen Volkswirtschaften und Währungen, wesentlich dazu bei, daß die wichtigsten Währungen Ende 1958 den Sprung in die *Konvertibilität* wagen konnten. De facto war mit der „Härtung" der EZU-Zahlungen am Ende bereits die „Dreiviertelkonvertibilität" erreicht worden. Zur Erleichterung des Überganges von der EZU zur Konvertibilität war schon 1955 vorsorglicherweise von den EZU-Ländern das sogenannte *Europäische Währungsabkommen* (EWA) ausgearbeitet worden. Es sollte den institutionellen Rahmen bilden, um die in der Zahlungsunion entstandene Währungskooperation fortzusetzen und ein Klima des Vertrauens zu schaffen. Das EWA trat Ende 1958 gleichzeitig mit der Auflösung der EZU in Kraft. Es setzte sich zusammen aus einem sogenannten „Europäischen Fonds", der im Stande sein sollte, den Mitgliedstaaten von Fall zu Fall Zahlungsbilanzhilfe bei globalem Defizit zu leisten; er wurde aus Aktiven der EZU und aus Geldzahlungen der Mitglieder mit einem Betrag von 600 Mio. $ dotiert. Daneben sah das EWA ein sogenanntes multilaterales Zahlungssystem vor, dessen Hauptrolle in einer *Kursgarantie auf den offiziellen Guthaben der Partnerländer* in der eigenen Währung bestand.

Die Mitgliedstaaten verpflichteten sich, die Wechselkurse ihrer Währungen in engen und stabilen Margen zu halten (Artikel 9 und 11). Zu diesem Zweck mußten alle Partnerländer bei Inkrafttreten des Abkommens die extremen Kauf- und Verkaufskurse ihrer Währung demarkieren. Die gegenüber dem Dollar notifizierten Margen machten im allgemeinen 0,7 — 0,75% beiderseits der Parität aus; eine höhere Marge behielt sich lediglich die Schweiz vor, die als Nicht-Mitglied des IWF eine Bandbreite von ± 1³/₄⁰/₀ beanspruchte.[76]) Die EWA-Partner verpflichteten sich ferner, im Falle einer Abwertung ihrer Währungen untereinander die bestehenden Salden *zum alten Kurs* abzurechnen.[77])

Das multilaterale Zahlungssystem des EWA wurde zunächst für die Abwicklung von noch bestehenden bilateralen Zahlungsabkommen verwendet. In der Folge wurde davon nur noch gelegentlich zwecks Inanspruchnahme der Kursgarantie bei Paritätsänderungen Gebrauch gemacht.

Die Zahlungsbilanzhilfe des „Europäischen Fonds" wurde seit dem Inkrafttreten des EWA vor allem seitens der Türkei und Griechenlands und ausnahmsweise auch durch Island und Spanien in Anspruch genommen. Von den 10 Krediten an die Türkei waren Ende 1969 noch 105 Mio. $, von Griechenland 25 Mio. $ ausstehend.[78])

Der Übergang zur *Währungskonvertibilität* vollzog sich am 27. Dezember 1958 durch die gleichzeitige Ankündigung von 14 europäischen Ländern, „ihre Währungen zu eng beieinander liegenden Kauf- und Verkaufskursen in jede ausländische Währung eintauschbar zu machen".[79])

Das Ausmaß der Konvertibilität war indessen nicht überall dasselbe. Nur Deutschland und Belgien / Luxemburg führten die Vollkonvertibilität für Inländer und Ausländer auf laufenden und Kapitaltransaktionen ein. In Großbritannien, Frankreich, den Niederlanden und drei skandinavischen Staaten dagegen war die Konvertibilität auf Ausländer beschränkt. Wesentliche Einschränkungen galten auch in Italien, Österreich und Portugal.[80])

Dem faktischen Übergang zur Konvertibilität folgte der *formelle Übergang* durch Unterstellung unter *Artikel VIII* der Fondsstatuten. Dieser Schritt wurde anfangs 1961 von den meisten europäischen Ländern vollzogen.

Eine Reihe von Ländern, die Ende der Fünfzigerjahre die Ausländerkonvertibilität einführten, nahm in der Folge de jure oder de facto auch eine

---

[76]) Vergl. Fußnote Nr. 30.

[77]) Über die Rolle des EWA vergl. 1. Jahresbericht des EWA für 1959.

[78]) Über die Tätigkeit des EWA vergl. Jahresberichte des European Monetary Agreement, ferner die Zusammenfassungen in den Jahresberichten der BIZ.

[79]) Ende 1958 vollzogen Österreich, Belgien, Dänemark, Finnland, Frankreich, die Bundesrepublik Deutschland, Irland, Italien, Luxemburg, die Niederlande, Norwegen, Portugal, Schweden und Großbritannien den faktischen Übergang zur Konvertibilität; im März 1959 folgte Griechenland. Der Schweizer Franken war schon immer konvertibel.

[80]) Veit, Otto, „Grundriß der Währungspolitik", Frankfurt, Knapp, 2. Auflage 1961, S. 782.

Liberalisierung des Kapitalverkehrs vor. Dies galt vor allem von den OEEC-Ländern, die untereinander eine generelle Verpflichtung zur Liberalisierung des Kapitalverkehrs eingegangen waren. So konnte Erbe[81]) 1962 feststellen, daß damals die meisten OEEC-Länder ihre Beschränkungen auf Kapitalbewegungen völlig abgeschafft hatten oder sie in einer Weise handhabten, daß von richtiger Kontrolle nicht mehr die Rede sein konnte. Bei dieser Entwicklung spielten teils grundsätzliche Erwägungen, teils die Erkenntnis mit, daß der Kapitalverkehr schwer kontrollierbar ist, wenn die laufenden Transaktionen frei sind.

c) Rückschlag in der Liberalisierung des Kapitalverkehrs

Anfangs der Sechzigerjahre dominierte die Auffassung, daß die Freizügigkeit der Kapitalien an sich wünschenswert sei, da die Mobilität der kurzfristigen Gelder als *Stabilisierungsfaktor* der internationalen Zahlungen und als Mittel der weltwirtschaftlichen Integrierung betrachtet wurde. Entsprechend war die „ligne de conduite" international auf Liberalisierung des Kapitalverkehrs gerichtet. Mit der Lockerung dieser Schranken nahmen jedoch die *kurzfristigen Kapitalbewegungen* zwischen den Industrieländern stark wachsende Proportionen und teils auch spekulativen Charakter an. Anstatt stabilisierend zu wirken, trugen sie auf diese Weise oft zur ernsten Verschärfung von Währungskrisen bei. Nachteilig wirkten sich die großen kurzfristigen Kapitalbewegungen auch auf die innere monetäre Politik der betroffenen Länder aus.

Diese Entwicklung veranlaßte die monetären Behörden zunächst zu *kompensatorischen Maßnahmen*. Durch die Schaffung von Swapnetzen und durch ad hoc-Transaktionen bauten die Zentralbanken der Industrieländer seit anfangs der Sechzigerjahre untereinander eine rasch wirksame, aber kurzfristige Währungshilfe auf. Zur Abwehr größerer Währungskrisen erteilte zudem die sogenannte Zehnergruppe der wichtigsten Industrieländer dem Internationalen Währungsfonds 1961 eine mittelfristige Kreditzusage von insgesamt 6 Mrd. $.

Der rapid anwachsende Umfang der kurzfristigen internationalen Kapitalbewegungen hatte aber auch einen *Rückschlag in der Liberalisierung des Kapitalverkehrs* zur Folge, indem sich verschiedene Länder unter ihrem Druck veranlaßt sahen, die Kapitalbewegungen durch direkte Maßnahmen einzuschränken. Selbst die Vereinigten Staaten, die bisher aus Prinzip den Kapitalverkehr freigelassen hatten, griffen jetzt zu indirekten und direkten Kontrollen der Auslandskredite und Auslandsinvestitionen. 1964 wurde die amerikanische Interest Equalization Tax auf den Käufen ausländischer Wertschriften durch amerikanische Ge-

---

[81]) Vergl. Erbe, René, „Internationale Währungsordnung", Kyklos 1962/3, S. 594 ff.

bietsansässige in Kraft gesetzt, durch die vor allem die Emission europäischer Anleihen in New York und der Erwerb europäischer Aktien und Obligationen durch amerikanische „residents" zum Erliegen kam. 1965 wurde die amerikanische Kapitalkontrolle durch ein Programm freiwilliger Beschränkungen von Bankkrediten an das Ausland erweitert. Anfangs 1968 wurden die „freiwilligen" Restriktionen verschärft und wurden auch die amerikanischen Direktinvestitionen im Ausland einer Begrenzung unterworfen. Die anfangs 1969 eingeführten Lockerungen hatten nur symbolischen Charakter. Auch Großbritannien erließ 1964/65 zusätzliche Einschränkungen des Kapitalverkehrs. 1968 sah sich ferner Frankreich veranlaßt, zu strengen Kontrollen auf dem Kapitalverkehr Zuflucht zu nehmen. Italien ging zu lockerer gehandhabten Maßnahmen über. Belgien beschränkte den Kapitalexport durch wechselkurspolitische Maßnahmen. Kanada führte Richtlinien zur Verminderung des Gelderabflusses ein. Die Bundesrepublik Deutschland sah sich umgekehrt im Winter 1968/69 zu temporären Abwehrmaßnahmen gegen den Geldimport veranlaßt.

Neben dem Kapitalverkehr wurde in einzelnen Industrieländern — Großbritannien und Frankreich — auch der *Reiseverkehr* Restriktionen unterstellt. Vielfach wurden überdies handelspolitische Maßnahmen zur Beeinflussung der laufenden Transaktionen ergriffen.

So mußte man Ende der Sechzigerjahre feststellen, daß die Tendenzen der Befreiung des Kapitalverkehrs und der laufenden Transaktionen, die anfangs des Jahrzehnts einen starken Auftrieb verzeichneten, jetzt einen fühlbaren Rückschlag erlitten hatten.[82]

d) Dauercharakter des „Übergangsregimes"

Eine enttäuschende Bilanz ergibt sich auch in bezug auf die Benutzung des sogenannten *Übergangregimes* des IWF. War der Artikel XIV der Fondsstatuten, der von der Pflicht zur Liberalisierung des Zahlungsverkehrs und zur Konvertibilität dispensiert, zunächst als transitorisches Regime gedacht, das nur wenige Jahre hätte in Anspruch genommen werden sollen, und erwartete man damals, daß sich innert kurzem eine große Zahl von Ländern dem Konvertibilitätsregime von Artikel VIII unterstellen würde, so mußte Ende der Sechzigerjahre festgestellt werden, daß 25 Jahre nach dem Inkrafttreten der Bretton Woods-Konvention immer noch die weitaus größte Zahl der Mitgliedländer den Ausnahmeartikel in Anspruch nahm. Von 111 Mitgliedern des IWF hatten Ende April 1969 erst *34 Länder* den Schritt zum *Artikel VIII* vollzogen; dar-

---

[82] Vergl. dazu auch Haberler, Gottfried, „Internationale Währungsprobleme", Schweizer Monatshefte, Juni 1969.

unter befanden sich allerdings die wichtigsten Handelsländer, machte ihr Handel 1968 doch ³/₄ des gesamten Welthandels aus.[83])

Das Regime des Artikels XIV wird namentlich von den *Entwicklungsländern* in Anspruch genommen. Die meisten unter ihnen stützen sich noch in hohem Maße auf handels- und zahlungspolitische Restriktionen; viele haben in den letzten Jahren ihre Beschränkungen auf laufenden Zahlungen und Kapitalbewegungen sogar noch verschärft und vermehrt. Das Übergangsregime hat für diese Länder offensichtlich *Dauercharakter* angenommen. Anstatt zwischen Übergangsregime und Dauerregime zu unterscheiden, muß man deshalb zweierlei *Mitgliederkategorien* des Fonds auseinanderhalten, von denen die eine an Konvertibilitäts- und Liberalisierungsregeln gebunden ist, während die andere sich permanent auf Zahlungsrestriktionen eingerichtet zu haben scheint.

Der IWF gab Direktiven heraus, in denen er die Entwicklungsländer aufforderte, auf temporäre Notbehelfe, wie Preiskontrollen, Importbeschränkungen, multiple Wechselkurse und protektionistische Kunstgriffe zu verzichten und dafür internen Stabilisierungsprogrammen, Wechselkursanpassungen, freiem Handels- und Zahlungsverkehr und Förderung des Exportes den Vorzug zu geben. Der Fonds ermunterte ferner die Entwicklungsländer, bei Zahlungsschwierigkeiten die IWF-Mittel in vermehrtem Maße in Anspruch zu nehmen, um Restriktionen zu vermeiden. Da die Schwierigkeiten der Entwicklungsländer nur zum Teil finanzieller Art sind, wird die Lösung ihrer Probleme zudem in der Liberalisierung des Handels der Industrieländer gegenüber den wirtschaftlich rückständigen Ländern gesucht. Sowohl die United Nations Conference on Trade and Development (UNCTAD) als auch das GATT und die beiden Bretton Woods-Organisationen arbeiten in dieser Richtung; die erstere vor allem durch Anstrebung genereller Präferenzen der Industrieländer gegenüber den Entwicklungsländern, das GATT durch Abbau der nichttarifarischen Handelsschranken gegenüber den Entwicklungsstaaten und IWF und Weltbank durch die Anstrebung vermehrter Stabilität der Rohstoffpreise und verbesserter Finanzhilfe bei Schwankungen von Rohstoffpreisen.[84])

---

[83]) Die Länder, die am 30. 4. 1969 den Artikel VIII angenommen hatten, waren: Argentinien, Australien, Österreich, Belgien, Bolivien, Kanada, Costa Rica, Dänemark, die Dominikanische Republik, El Salvador, Frankreich, Bundesrepublik Deutschland, Guatemala, Guyana, Haiti, Honduras, Irland, Italien, Jamaika, Japan, Kuwait, Luxemburg, Malaysia, Mexiko, Niederlande, Nicaragua, Norwegen, Panama, Peru, Saudiarabien, Singapur, Schweden, Großbritannien, USA.

[84]) Vergl. de Vries, M. G., a. a. O., S. 43 ff.

ZWEITER TEIL

DIE MATERIELLEN ELEMENTE

Zu den Ordnungsprinzipien gesellen sich die materiellen Elemente des internationalen Währungssystems. Diese werden, wie bereits erwähnt, teils durch internationale Institutionen verkörpert, teils beruhen sie auf organisch gewachsenen oder historisch zu erklärenden Gebräuchen, auf ad-hoc-Aktionen, usw.

Ein erster Abschnitt des zweiten Teils, der dem multiplen Reservesystem gewidmet ist, stellt gewissermaßen einen Überblick über die verschiedenen materiellen Elemente des Währungssystems dar. Der zusammenfassenden Darstellung des Reservesystems folgen in besonderen Abschnitten die detaillierten Darlegungen über die Rolle, die besonderen Aspekte und die Entwicklung der einzelnen materiellen Elemente.

I. Abschnitt: Das multiple Reservesystem

1. KAPITEL:
BRETTON WOODS-SYSTEM UND GOLDDEVISENSTANDARD

a) Mangel einer zentralen Reservepolitik

Kein Währungssystem, selbst dasjenige mit flexiblen Wechselkursen nicht, kann in der Praxis ganz ohne internationale Liquidität auskommen. Liquide Mittel sind jedoch in einem System, das, wie das bestehende, auf festen Wechselkursen beruht, besonders notwendig. Die liquiden Mittel haben hier eine doppelte Aufgabe zu erfüllen: Erstens bilden sie das Instrument, mit dem die Wechselkurse durch Interventionen auf dem Devisenmarkt oder durch Goldkäufe und -verkäufe laufend innerhalb der vorgeschriebenen Margen gehalten werden können. Zweitens dienen sie bei Zahlungsbilanzdefiziten als Überbrückungsmittel, bis eine angemessene innere Anpassungspolitik Ergebnisse erzielt hat, und sollen sie den betreffenden Ländern drakonische Anpassungsmaßnahmen und übereilte Wechselkurssenkungen ersparen.

Trotz der wichtigen Aufgaben, die der internationalen Liqidität für das Funktionieren der internationalen Währungsordnung zukommen, hat sich die Bretton Woods-Konvention des Problems der internationalen Liquidität nur am Rande angenommen, indem sie einen Apparat internationaler *Kreditfazilitäten* schuf. Im Vergleich zur Vorkriegszeit, wo noch kein permanenter internationaler Kreditapparat bestand, bedeutet dies allerdings einen wichtigen Ausbau des Währungssystems. Im Rahmen der internationalen Gesamtliquidität stellten jedoch bis Ende der

Sechzigerjahre die vom IWF geschaffenen Kreditfazilitäten und die als Nebenprodukt seines Kreditapparates in Form von Reservepositionen anfallenden eigenen Reserven nur einen kleinen Bruchteil dar.

Der weitaus größte Teil der internationalen Liquidität und die Hauptkomponenten der eigenen Reserven, nämlich das *Gold und die Devisenguthaben*, hat sich *außerhalb des Abkommens von Bretton Woods* aufgrund nationaler Traditionen und Gesetzgebungen entwickelt. Der sogenannte Golddevisenstandard, der auf dem Gold und den Devisenguthaben als Reserveelemente beruht, hat somit nichts mit dem sogenannten Bretton Woods-System zu tun. Der Internationale Währungsfonds kümmerte sich bis anfangs der Siebzigerjahre, als die Sonderziehungsrechte in Kraft traten, nicht darum, in welcher Weise die Währungsreserven gehalten werden sollten und nach welchen Grundsätzen zusätzliche Liquidität geschaffen werden sollte; die Liquiditätsentwicklung wurde bis dahin sich selbst überlassen. Das zeigt, wie stark das internationale Währungsgebäude in der Nachkriegszeit der Improvisation überlassen wurde.

b) Der Golddevisenstandard

Der Golddevisenstandard stellt keinen institutionellen, sondern abgesehen von einigen Sterlingländern organisch gewachsenen Bestandteil des Währungssystems dar. Der Begriff des Golddevisenstandards wird im Schrifttum nicht eindeutig verwendet. Im weiteren Sinne wird darunter ein Reservesystem verstanden, das neben Gold zu einem erheblichen Teil auch aus Devisenreserven besteht; *Goldbestand plus Devisenbestand* ergeben nach dieser Definition einen Golddevisenstandard. Historisch hat jedoch der Begriff „Golddevisenstandard" einen engeren Sinn: er impliziert eine *Option zwischen Gold und Devisen*. Von Golddevisenstandard kann demnach nur gesprochen werden, wenn die Devisenreserven auf ein Land lauten, in dem die Einlösungspflicht in Gold besteht.[85] Die „Golddevisen" konnten, solange noch Notendeckungspflicht bestand, neben dem Gold in die Notendeckung einbezogen werden. Von einem Golddevisenstandard kann man nur dann reden, wenn wenigstens die Hauptreservewährung, der Dollar, formell zu einem festen Kurs in Gold konvertierbar ist und die anderen Reservewährungen ihrerseits in Dollar konvertierbar sind. Würde der Golddollarstandard das Junktim der Goldkonvertibilität verlieren, so würde der Golddevisenstandard zu einem bloßen Devisenstandard werden.

Erste Ansätze zu einem Golddevisenstandard waren schon *vor dem Ersten Weltkrieg* vorhanden, hielten doch im Jahre 1913 Länder wie

---

[85] Vergl. Veit, O., „Grundriß der Währungspolitik", Frankfurt a. M. 1961, S. 120.

Österreich-Ungarn, Italien, Griechenland, Russland, Indien und Japan ihre Währungsbestände teils in Devisen.[86] *Nach dem Ersten Weltkrieg breitete sich die Golddevisenwährung in den meisten Ländern aus.* Es waren teils die Goldknappheit und die Empfehlung der Genueser Währungskonferenz von 1922, durch die Verwendung von Devisen als Währungsreserven Gold zu sparen, die dazu Anlaß gaben; ebenso sehr waren aber auch andere Motive, wie der Zinsertrag, die Notenbankinterventionen an den Devisenmärkten, das Bestehen usw. für das Halten von offiziellen Devisenbeständen maßgebend.[87]

Der Devisenanteil an den gesamten Währungsreserven in den 25 wichtigsten Währungsländern stieg bis 1927/28 auf durchschnittlich 42%. Als wichtigste Reservewährungen wurden damals das Pfund Sterling und der U.S.-Dollar verwendet. Die internationale Finanzkrise von anfangs der Dreißigerjahre und die Weltwirtschaftsdepression taten jedoch dem universellen Golddevisenstandard jähen Abbruch. Infolge von massiven Konversionen von Devisenguthaben in Gold sank deren Anteil an den Gesamtreserven 1932 in den erwähnten 25 Ländern auf 8%.[88] Der Umtausch von umfangreichen Sterlingreserven der Banque de France in Gold war ein wichtiger Anlaß zur Pfundabwertung von 1931. Soweit der Gold-Sterlingstandard nach der Abwertung noch erhalten blieb, konzentrierte er sich auf den sogenannten Sterlingblock.

Daß der Golddevisenstandard *nach dem Zweiten Weltkrieg* trotz der schlechten Erfahrungen in den Dreißigerjahren nicht nur wieder auferstand, sondern sogar eine beispiellose Entfaltung erlebte, war teils dem Umstand zuzuschreiben, daß die *Sterlingguthaben* von 1939 — 1945 infolge von Kriegslieferungen des Auslands an Großbritannien von 517 Millionen £ auf 3 688 Millionen £ anstiegen, die zu einem großen Teil von den Notenbanken der betreffenden Länder des Sterling-Blocks als Reserve gehalten wurden.[89] Das Pfund Sterling hatte dadurch seine Reservewährungsrolle unfreiwillig wesentlich erhöht. Die kurzfristigen Sterlingguthaben vermochten sich in der Folge gesamthaft allerdings nicht mehr zu erhöhen; angesichts der geschwächten wirtschaftlichen und finanziellen Position Großbritanniens konnte sich das Pfund auch nicht

---

[86] Vergl. Lindert, P. H., „Key Currencies and Gold 1900 — 1913", Princeton Studies on International Finance, Nr. 24, Princeton 1969, S. 76; Lindert schätzt darin den durchschnittlichen Devisenanteil der Währungsreserven für 1910 auf rund 25%.

[87] Vergl. Nurske, R., „International Currency Experience", Lessons of the Inter-War-Period, Genf 1944, S. 42.

[88] Vergl Grubel, H. G., „The International Monetary System", Harmondsworth 1969, S. 132.

[89] Vergl. BIZ, „The Sterling Area", Basel 1953, S. 68.

mehr über den Rahmen einer regionalen Reservewährung hinaus entwickeln.

Wesentlich bedeutender ist die Rolle, die der U.S.-Dollar in der Nachkriegszeit als Reservewährung ausübt. Er ist die einzige Reservewährung, die universell im Gebrauch steht und deren Reservefunktion noch ständig zunimmt. Zahlreiche Länder waren unmittelbar nach dem Krieg bestrebt, ihre im Krieg dezimierten Währungsreserven zu erhöhen, wobei sie neben dem knappen Gold einen großen Teil in verzinslichen, goldkonvertiblen Dollars anlegten. Die in den Fünfzigerjahren einsetzenden amerikanischen Zahlungsbilanzdefizite wurden willkommen geheißen, weil sie die Ansammlung von liquiden Dollarguthaben ermöglichten. Die offiziellen Dollarreserven des Auslandes, die 1947 erst 1,85 Mrd. $ betragen hatten, erhöhten sich bis Ende 1957 auf 8,3 Mrd. $. Bis Ende 1969 stiegen sie als Folge einer langen Kette von großen amerikanischen Zahlungsbilanzdefiziten noch weiter auf über 16 Mrd. $ an. 1970 erfuhren sie eine weitere Erhöhung von 7,6 Mrd. $. Die Zunahme der Dollarreserven ging aber auf Kosten eines sich ständig verschlechternden Verhältnisses zwischen den steigenden kurzfristigen Dollarverpflichtungen und den rückläufigen amerikanischen Goldreserven. Wiederholte Vertrauenskrisen gegenüber dem Dollar in den Sechzigerjahren ließen erkennen, daß auch der Dollar als Reservewährung an einer oberen Grenze angelangt war.

Neben dem Dollar und dem Pfund Sterling üben auch der französische Francs und der portugiesische Escudo in regionalem Raum Reservewährungsfunktionen aus; der erstere in den früheren französischen Territorien in Afrika, der letztere in den portugiesischen Überseeterritorien.

Der Golddevisenstandard begegnet *grundsätzlicher Kritik*. *Jacques Rueff* wirft dem System vor, den Reservewährungsländern eine schmerzlose Finanzierung ihrer Zahlungsbilanzdefizite zu ermöglichen; solange diese Privilegien bestehen, werde es nicht möglich sein, die USA zur Zahlungsbilanzdisziplin zu veranlassen. Zudem schaffe das System eine doppelte Kreditpyramide, indem die Zahlungsbilanzüberschüsse im Gläubigerland expansiv wirken, ohne im Schuldnerland zu einer Verminderung des Kreditvolumens Anlaß zu geben.

Robert Triffin kritisiert an der Golddevisenwährung hauptsächlich, daß die dadurch erzeugte internationale Liquidität von einem Zahlungsbilanzdefizit des Reservewährungslandes abhänge und daß diese willkürliche Reserveschaffung zudem begrenzt sei, weil die damit verbundene Verschlechterung der monetären Position des Reservezentrums unweigerlich zur Krise des Golddevisenstandards führen müsse. Beide Kritiker sagen dem System ein plötzliches dramatisches Ende voraus, das, weil es mit einer Vernichtung von internationaler Liquidität verbunden wäre, die ganze internationale Währungsordnung erschüttern müßte.

Aufgrund ihrer grundsätzlichen Kritik forderten beide eine Aufhebung sowohl des Golddevisenstandards als auch des Reservewährungssystems. Während Triffin das System durch Ausbau des Internationalen Währungsfonds zu einer Superzentralbank ersetzen will, schwebt Rueff eine Rückkehr zum reinen Goldstandard vor, wobei die Reservewährungsguthaben durch eine massive Erhöhung des monetären Goldpreises ersetzt werden sollen.[90])

c) Die Ausfüllung der Lücke der Reservepolitik

Daß anläßlich der Schaffung der Bretton Woods-Konvention auf eine zentrale Reservepolitik verzichtet worden war, daß die Art, in welcher die Währungsreserven gehalten werden, den einzelnen Ländern freigestellt blieb und die Entwicklung der internationalen Liquidität sich selbst überlassen wurde, erwies sich als eine Schwäche des Währungssystems der Nachkriegszeit. Die krisenhafte Entwicklung des Golddevisenstandards und die Verknappung des Goldes veranlaßten die Mitgliedstaaten des Internationalen Währungsfonds in den Sechzigerjahren, sich des Problems anzunehmen und die „große Lücke des Bretton Woods-Systems"[91]) durch die Schaffung der sogenannten Sonderziehungsrechte (SZR) zu schließen.[92]) Die Sonderziehungsrechte haben vornehmlich den Charakter von eigenen, unbedingten Reserven. Im Unterschied zum Gold und zu den Devisenreserven, deren Zuwachs nicht durch monetäre Faktoren bestimmt ist, soll mit den Sonderziehungsrechten die internationale Liquidität nach sachgemäßen Kriterien zentral geschaffen und bewußt gesteuert werden. Sie sind dazu bestimmt, in Zukunft den Großteil der zusätzlichen Reserven bereitzustellen. Mit der Verwaltung des Systems der Sonderziehungsrechte durch den Internationalen Währungsfonds hat dieser nun auch die Verantwortung für die zentrale Reservepolitik übernommen und hat sich seine Stellung im internationalen Währungssystem wesentlich gestärkt.

---

[90]) Vergl. Rueff, J., „Gold exchange standard a danger to the West", „The Times", 27./29. Juni 1963, „Le Lancinant Problème des Balances de Paiements", Paris 1964; Triffin, R., „Gold and the Dollar Crisis", Yale 1959, „The World Money Maze", Yale 1966.

[91]) Vergl. Emminger, O., „Das internationale Währungssystem", Enzyklopädisches Lexikon für das Geld-, Bank- und Börsenwesen, Frankfurt a. M., 3. Auflage 1967/8, S. 845.

[92]) Über die Sonderziehungsrechte vergl. S. 236 ff.

2. KAPITEL:

DIE KOMPONENTEN DER INTERNATIONALEN LIQUIDITÄT

Im Unterschied zum Goldstandard, der nur über *ein* Reserveelement, nämlich über das Gold, verfügt, weist das heutige Währungssystem eine ganze Anzahl von Komponenten der internationalen Liquidität auf. Es wird darum als ein *multiples Reservesystem* bezeichnet.

Die internationale Liquidität läßt sich in zwei Kategorien, die *Reserven* und die *Kreditfazilitäten,* unterteilen. Als Reserven im engeren Sinne werden die eigenen Mittel bezeichnet, die ohne irgendwelche Bindung jederzeit frei verfügbar sind. Sie sind mit der „unbedingten Liquidität" identisch. Kreditfazilitäten sind demgegenüber jene Liquiditätskomponenten, die geborgt werden, deren Verfügbarkeit von Bedingungen des Gläubigers abhängt und die in der Regel rückzahlbar sind („bedingte Liquidität").

Neben den *offiziellen* liquiden Mitteln, die sich in der Hand der Notenbanken oder Regierungen befinden, gibt es auch eine *private internationale Liquidität,* die insbesondere von den Handelsbanken verwaltet wird. Wegen ihrer zum Teil substituierenden Funktion für die offizielle Liquidität stellen die privaten internationalen liquiden Mittel ebenfalls einen mindestens marginalen Bestandteil des internationalen Währungssystems dar.

Die offiziellen Reserven und die institutionell verankerten Kreditfazilitäten beliefen sich Ende 1969 zusammen auf 105,6 Mrd. $.[93] Im Vergleich zum Welthandel (Importe) von 254,4 Mrd. $ machte dies 41% aus. Von der Gesamtliquidität entfielen 74,1 Mrd. $ oder rund 70% *auf die Reserven* im engeren Sinne (Gold 39,1 Mrd. $, Devisen 28,3 Mrd. $, Reservepositionen im IWF 6,7 Mrd. $). Die *Kreditfazilitäten* beliefen sich auf 31,5 Mrd. $ oder rund 30% der globalen liquiden Mittel. 1970 hat das Weltreservesystem einen Zuwachs von nicht weniger als 14 Mrd. auf 92 Mrd. $ erfahren, was teils dem großen amerikanischen Zahlungsbilanzdefizit, teils der erstmaligen Aktivierung von Sonderziehungsrechten zuzuschreiben war. Zugleich erhöhten sich die ordentlichen Ziehungsrechte beim IWF um über 7 Mrd. $.

a) Die eigenen Reserven

Im folgenden Kapitel lassen wir die verschiedenen Reservearten und Kreditfazilitäten kurz Revue passieren, wobei das Hauptgewicht auf ihre begriffliche Abgrenzung gelegt wird. Hernach soll die Entwicklung der Liquiditätsbestandteile und ihre länderweise Verteilung aufgezeigt wer-

---

[93] Vergl. Jahresbericht des IWF 1970, S. 15.

den. Über die besondere Rolle und die speziellen Aspekte der einzelnen Liquiditätskomponenten findet der Leser in den nachfolgenden Abschnitten eingehende Darlegungen.

1. Das Gold

Mit rund 39 Mrd. $ oder 52,6% der gesamten Reserven ist bis Ende 1969 der älteste Reservebestandteil, nämlich das *Gold,* weiterhin die *bedeutendste Reserveart* geblieben. Da die Zusammensetzung der Reserven dem Belieben der einzelnen Länder überlassen ist, variierte der individuelle Goldanteil an den Reserven allerdings stark. Während einzelne Länder danach trachten, alle liquiden Mittel mit eigentlichem Reservecharakter in Gold zu halten, haben andere Länder geringe Goldbestände im Verhältnis zu ihren Reserven.[94] Das Gold ist nur ein Wertaufbewahrungsmittel. Im Unterschied zu den Devisenguthaben wirft es keinen Zins ab. Gold ist ferner die einzige Reserveart, die nicht durch Gewährung oder Inanspruchnahme irgend einer Form von Kredit entsteht.[95]

2. Die Devisenguthaben

Zusammen mit dem Gold stellen die *Devisenguthaben* die beiden traditionellen Komponenten der Reserven dar. Mit 28,3 Mrd. $ oder 38,1% machten die gesamten Devisenreserven der westlichen Länder[96] Ende 1969 ebenfalls ein sehr bedeutendes Reserveelement aus; gegenüber 1948, als sie noch rund 30% der Gesamtreserven betrugen, hat sich ihr Anteil wesentlich vergrößert. 1970 nahmen die Devisenguthaben um 13 Mrd. $ oder nahezu 50 % zu, womit sie 42 Mrd. $ überstiegen.

Im Unterschied zum Gold sind die Devisenguthaben verzinslich. Sie werden in Geldmarktpapieren, in Einlagen bei Geschäftsbanken oder Zentralbanken, investiert. Wie das Gold erfüllen die Devisenreserven ebenfalls die Aufgabe eines Wertaufbewahrungsmittels; außerdem üben sie die Funktion eines Interventionsmittels der Währungsbehörden am Devisenmarkt aus.

Devisenguthaben entstehen meistens aus Zahlungsbilanzdefiziten der Reservezentren. Jedem Devisenguthaben steht eine Devisenverbindlichkeit gegenüber. Daß trotzdem die Entstehung eines Devisenguthabens eine Vermehrung der gesamten Reserven bewirkt, ist der üblichen Anwendung des „Bruttoprinzips" zuzuschreiben: Während die betreffenden Guthaben den Reserven des Besitzers zugerechnet werden, werden die

---

[94] Vergl. Tabelle Nr. 3.
[95] Vergl. Group of Ten, Ossola-Report, August 1965, S. 21.
[96] Abzüglich amerikanische Devisenreserven, die den Gegenwert von benützten Swapvereinbarungen darstellen.

Verbindlichkeiten des Reservewährungslandes von seinen Reserven nicht abgezogen.[97]

Devisenreserven werden nur in den Währungen einiger weniger Länder gehalten, die sich entweder kraft ihrer wirtschaftlichen und finanziellen Stärke oder aus wirtschaftlichen, politischen oder regionalen Bindungen als *Reservewährung* eignen. Von den globalen Devisenreserven von 28,3 Mrd. $ (abzüglich der Devisenreserven der USA) machten Ende 1969 die Dollarguthaben 16,1 Mrd. $ und die Sterlingreserven 8,89 Mrd. $, zusammen also nahezu 90 %/o aus. Mit insgesamt 57 %/o aller Reservewährungsguthaben ist der Dollar die wichtigste Reservewährung.

Zu den offiziellen Devisenreserven zu zählen sind auch die sich im Besitz von ausländischen Notenbanken und Regierungen befindlichen amerikanischen sogenannten *Roosabonds*, obschon diese Schuldverschreibungen des amerikanischen Schatzamtes auf die nationale Währung der Gläubigerländer lauten und mittelfristiger Art sind. Roosabonds sind für bestimmte Gläubigerländer im Austausch gegen offizielle Dollarreserven geschaffen worden, wenn Gefahr bestand, daß die letzteren in Gold konvertiert werden könnten. Um sie notenbankfähig zu machen, sind sie mit einer Klausel ausgestattet, die sie kurzfristig mobilisierbar macht.

Von den traditionellen offiziellen Devisenguthaben, die als Währungsreserven jederzeit einsatzbereit sind, zu unterscheiden, sind diejenigen *Devisenguthaben*, die aus der *Inanspruchnahme von Notenbank-Swaplinien* herrühren. Dieser Typus ist erst in den Sechzigerjahren mit der Einführung der Notenbank-Swapnetze in nennenswertem Umfang in Erscheinung getreten. Ein Devisenswap stellt einen Tausch nationaler Währungen dar, der kurzfristig wieder rückgängig gemacht werden muß. Durch einen Swap kommt jedes Partnerland temporär in den Besitz fremder Währung.

Während der Ziehende üblicherweise den Swapbetrag rasch verwenden muß, bleibt beim Bezogenen der vom Partnerland als Gegenwert der Swapbenützung zur Verfügung gestellte Devisenbetrag unbenützt. Unbenützte Swapdevisen haben für die Vereinigten Staaten nicht den Charakter eigentlicher Devisenreserven, sind ihre aus Swaps herrührenden Devisenbestände im Fall der Beanspruchung doch größtenteils nur in Dollar konvertierbar. Die amerikanischen Devisenreserven, die fast völlig aus Swapbeanspruchungen durch andere Notenbanken stammen, sollten deshalb in der Statistik der Devisenreserven ausgeklammert werden. Zieht man von den für Ende 1969 ausgewiesenen globalen Devisenreserven von 30,91 Mrd. $ die amerikanischen Devisenreserven ab, so resultiert ein Nettobetrag von nur noch 28,28 Mrd. $.

---

[97] Vergl. Group of Ten, Ossola-Report, a. a. O., S. 23.

Falls ein Land außerhalb der USA als Gläubiger im Rahmen einer Swaptransaktion auftritt, ersetzen die Swapdollars die bisher im Kurs nicht gesicherten Dollars; sie sind somit ebenso Devisenreserven wie die übrigen Dollars.

3. Die Reservepositionen im IWF

Zu den beiden traditionellen Hauptarten von Reserven, dem Gold und den Devisenguthaben, sind seit der Schaffung des IWF als dritte Reservekategorie die unbedingten *Forderungen gegenüber dem IWF* oder die sogenannten *Reservepositionen* beim Fonds hinzugetreten. Verglichen mit den beiden ersteren nehmen die letzteren jedoch nur einen geringen Platz ein. Ende 1969 beliefen sie sich auf 6,73 Mrd. $ oder 9,1 % der Gesamtreserven, Ende 1970: 7,70 Mrd. $. Die Reservepositionen beim IWF geben Anspruch auf automatischen Zugang zu den Mitteln des Fonds; Ziehungen im Rahmen der Reservepositionen sind von keinen wirtschaftspolitischen Bedingungen abhängig. Aufgrund dieser Eigenschaften werden sie als Reserven betrachtet, obschon sie, wie die Ziehungen im Rahmen der Kredittranchen, rückzahlbar sind.[98]

Die Reservepositionen im IWF setzen sich zusammen aus den *Goldtranchepositionen*, bestehend aus der *regulären Goldtranche* (Gegenwert der Quoteneinzahlung eines Mitgliedstaats in Gold) und der *Supergoldtranche* (Gegenwert einer Gläubigerposition gegenüber dem IWF infolge von Ziehungen anderer Länder) sowie aus den Gläubigerpositionen infolge von Ziehungen im Rahmen der *„Allgemeinen Kreditvereinbarungen (GAB).*[99]

4. Die Sonderziehungsrechte

Während die Entstehung von Reservepositionen beim IWF ein Nebenprodukt seines Kreditmechanismus ist, das nichts mit einer gezielten Reservepolitik zu tun hat, steht dagegen bei den *Sonderziehungsrechten,* die erstmals 1970 aktiviert wurden, die bewußte Schaffung von Reserven im Vordergrund. Die politisch bedingte Kontroverse darüber, ob die SZR Kredit- oder Reservecharakter haben, ist durch die Fakten überholt worden:[100] die Sonderziehungsrechte werden von allen Notenbanken unter den offiziellen *Reserven* ausgewiesen. Indem sie bedingungslos verwendbar sind, erfüllen sie jedenfalls eine wesentliche Voraussetzung

---

[98] Vergl. Ossola-Report, a. a. O., S. 23/24.

[99] Über die Goldtranche vergl. den Abschnitt „Die ordentlichen Ziehungsrechte des Internationalen Währungsfonds", 2. Teil, Abschnitt V, S. IX, 18, ferner über die „Allgemeinen Kreditvereinbarungen" vergl. S. IX, 34 ff.

[100] Über diese Kontroverse vergl. Machlup, F., „Remaking the International Monetary System", Baltimore 1968, S. 90 ff.

von Reserven. Auch gibt der Umstand, daß die Verwendung der zugeteilten SZR zu 70% nicht rückzahlbar ist, den Teilnehmerländern das Gefühl, mindestens teilweise „echte" Reserven zu besitzen. Daß mindestens 30% im Durchschnitt einer Zuteilungsperiode gewissermaßen als „compensating balance" gehalten werden müssen und daß bei Überziehung dieser minimale SZR-Bestand wieder „rekonstituiert" werden muß, kommt zwar einer teilweisen Rückzahlbarkeit gleich. Die Rückzahlbarkeit ist jedoch noch kein untrüglicher Beweis für den Kreditcharakter; obschon auch die Ausnützung der Goldtrancheposition beim IWF rückzahlbar ist, gehört diese zur Kategorie der Reserven; umgekehrt gehört eine ewige Schuld zur Spezies der Kreditfazilität, obwohl sie faktisch nicht rückzahlbar ist.

Was die juristische Natur der Sonderziehungsrechte als Reserven in Frage stellt, ist jedoch der Umstand, daß zugeteilte Sonderziehungsrechte, die von einem Land verbraucht worden sind, im *Liquidationsfall* als eine *Schuld* mit Goldwertgarantie behandelt werden und in Gold oder Devisen zurückbezahlt werden müssen. Die euphemistische Bezeichnung „credit reserves" für die Sonderziehungsrechte entspricht somit ihrem ambivalenten Charakter.

Im Unterschied zum Gold und den Devisenguthaben sind die SZR kein internationales Zahlungsmittel, sondern geben sie nur Anspruch auf diese: Aufgrund der zugeteilten Sonderziehungsrechte kann sich ein Land bei den Partnerländern Devisen beschaffen, mit denen es internationale Zahlungen ausführen kann.

Mit ersten Jahreszuteilungen von 3,41 Mrd. $ für 1970 und 2,95 Mrd. $ für 1971 haben die Sonderziehungsrechte erst knappe 7% der gesamten Weltwährungsreserven erreicht. Sie werden bis Ende 1972 auf 9,5 Mrd. $ ansteigen und könnten — sofern weiterhin großzügige Zuteilungen vorgenommen werden sollten — Ende der Siebzigerjahre leicht 40 Mrd. $ erreichen, womit sie der heutigen Höhe der monetären Goldbestände gleichkommen würden.

b) *Die Kreditfazilitäten*

Gab es in der Zwischenkriegszeit, abgesehen von einigen ad hoc-Aktionen, noch keine institutionalisierte Zahlungsbilanzhilfe, so stellen die verschiedenen internationalen Institutionen, die zur kurz- oder mittelfristigen Überbrückung von Zahlungsbilanzdefiziten geschaffen worden sind, eines der wichtigsten Merkmale des heutigen Währungssystems dar. Die Tatsache, daß Ende 1969 über dreißig Milliarden Zahlungsbilanzkredite beansprucht waren oder zur Verwendung bereit standen[101]), zeigt, wie groß die Bedeutung dieser „bedingten Liquidität" im

---

[101]) Vergl. Jahresbericht des IWF 1970, S. 17.

Verhältnis zur „unbedingten Liquidität" geworden ist. Eine angemessene Mischung zwischen den eigenen Reserven und den Kreditfazilitäten ist wünschenswert. Müßte sich ein Land ausschließlich auf seine eigenen Reserven verlassen, so müßten diese übermäßig hoch sein; müßte sich umgekehrt ein Land bei der Überbrückung eines Zahlungsbilanzdefizits ausschließlich auf Kreditfazilitäten stützen, so würde es sich allzu stark in die Abhängigkeit des Auslands begeben.

1. Die Kreditfazilitäten des IWF

Der *Internationale Währungsfonds* nimmt im internationalen Kreditsystem eine zentrale und quantitativ bedeutsame Rolle ein. Bis zur dritten Quotenerhöhung machten seine generellen Beiträge an den IWF 21,7 Mrd. $ aus. Mit der neuen Quotenerhöhung, die im Februar 1970 beschlossen wurde, erreichen sie rund 28,9 Mrd. $. Außerdem stehen ihm aus den „Allgemeinen Kreditvereinbarungen" zusätzliche Mittel von 6 Mrd. $ für Zahlungsbilanzkrisen der wichtigsten Industrieländer zur Verfügung.

Von 1947 bis Ende 1970 wurden für insgesamt *22,28 Mrd. $ Bruttoziehungen* auf den IWF vorgenommen. Die Rückzahlungen beliefen sich in dieser Periode auf 11,36 Mrd. $. Ende 1970 waren noch Nettoziehungen von 4,88 Mrd. $ ausstehend, wovon rund 2,33 Mrd. $ auf Großbritannien entfielen.

Wie bereits erwähnt, stellen aber nicht alle Mittel des Fonds Kreditfazilitäten dar; Ende 1970 waren 7,70 Mrd. $ Reservepositionen mit Reservecharakter zu verzeichnen. Während Ziehungen im Rahmen der Reservepositionen ohne jede Bedingung durchgeführt werden können, sind Ziehungen im Rahmen der Kreditfazilitäten von wirtschaftspolitischen Bedingungen abhängig, die sich mit steigender Quotenausnützung verschärfen. Die Kredite des IWF haben eine Lauffrist von 3 bis höchstens 5 Jahren.

2. Die Swapoperationen der Notenbanken

Dem mittelfristigen Kreditapparat des Internationalen Währungsfonds hat sich seit anfangs der Sechzigerjahre ein mächtiger kurzfristiger *Kreditapparat der Notenbanken* in Form verschiedener *Swapnetze* zur Seite gestellt. Allein die bilateralen Swapabkommen der Federal Reserve Bank, die sich auf die europäischen Notenbanken der Zehnergruppe, die Schweizerische Notenbank, die Notenbanken von Dänemark, Norwegen, Japan, Kanada und Mexiko sowie auf die BIZ erstrecken, haben von 1961 bis Ende 1969 einen Umfang von 11,0 Mrd. $ angenommen. Neben dem amerikanischen Swapnetz bestehen weitere Kreditfazilitäten der Notenbanken und Regierungen zugunsten einzelner Länder, die sich

Ende 1969 auf über 9,1 Mrd. $ beliefen.[102]) Die kurzfristige Überbrückungshilfe der Notenbanken hat sich in den Sechzigerjahren als notwendig erwiesen, weil nach dem Übergang der wichtigsten Währungen zur Konvertibilität die kurzfristigen spekulativen Kapitalbewegungen zwischen den einzelnen Staaten immer größere Dimensionen annahmen und sich zur Abwehr des Währungsdrucks rasche, umfassende kompensatorische Maßnahmen aufdrängten. Die Mittel des Internationalen Währungsfonds erwiesen sich dazu nicht als ausreichend. Auch wären sie nicht rasch genug einsatzfähig gewesen.

Zwischen den Notenbankhilfen und der Hilfe des IWF besteht teils eine enge Koordination. Verschiedentlich sind die beiden Mittel kombiniert worden. Die mittelfristige Hilfe des IWF ist zudem oft das Konsolidierungsmittel der kurzfristigen Überbrückungsaktionen der Notenbanken. Ist einesteils die Notenbankhilfe ein notwendiges Vorspann der Hilfe des IWF, so ist andernteils der Rückhalt des IWF hinsichtlich der Konsolidierung eine Voraussetzung für den Einsatz der Notenbanken.

Im Unterschied zu den Krediten des Internationalen Währungsfonds, die an progressive wirtschaftspolitische Bedingungen geknüpft sind, ist die Benützung von kurzfristigen Notenbankswaps mit keinen derartigen Bedingungen verbunden, weil solche Bedingungen schon zeithalber nicht erfüllbar wären und weil sich die Notenbanken zur Auferlegung solcher Bedingungen auch nicht befugt halten.

Trotz ihres unbedingten und sofort greifbaren Charakters stellen *Swaplimiten*, soweit sie *noch nicht in Anspruch* genommen werden, *Kreditfazilitäten* dar; werden sie benützt, so entstehen hingegen daraus, wie bereits erwähnt, formelle, kurzfristig verfügbare „Reserven"[103], die in den Notenbankbilanzen in Erscheinung treten. Die Benützung einer Notenbank-Swapvereinbarung erhöht die globalen Reserven, indem einerseits diejenigen Länder, die auf die Swaplimite ziehen, ihre Reserven vergrößern können, während andererseits diejenigen Länder, auf die gezogen wird und die aus der Swapbenützung indirekt oft einen Verlust an konvertiblen Devisen erleiden, durch die Bereitstellung des Gegenwertes des Swap in nationaler Währung des Schuldnerlandes kompensiert werden.

3. Regionale Kreditfazilitäten

Zu den institutionell verankerten Kreditfazilitäten gehören ferner die von einigen *regionalen Organisationen* zur Verfügung gestellten Zah-

---

[102]) Vergl. Jahresbericht des IWF 1970, S. 24; ein Extrakt dieser Zusammenstellung befindet sich im Abschnitt „Die internationale Währungswehr der Notenbanken".

[103]) Vergl. Abschnitt „Int. Währungswehr der Notenbanken".

lungsbilanzkredite. Zu erwähnen ist in dieser Beziehung zunächst der 1959 entstandene sogenannte *Europäische Fonds* des von der OECD verwalteten *„Europäischen Währungsabkommens"*, der mit einem Kapital von 600 Mio. $ dotiert ist; der Fonds hat bisher allerdings nur eine geringe Aktivität entfaltet; es waren insbesondere die Türkei und Griechenland, die in seinen Genuß kamen.[104]

Neuer, aber potentiell bedeutender, ist der *gegenseitige Beistandsmechanismus* bei Zahlungsbilanzstörungen, der 1969 im Rahmen der *Europäischen Gemeinschaften* geschaffen worden ist. Er umfaßt Kredite von insgesamt 2 Mrd. $, wovon ein erster Fonds von 1 Mrd. $ allen EWG-Ländern automatisch nach Maßgabe ihrer Einzahlungen zugänglich ist.[105] Ein zweiter Kreditplafonds von 1 Mrd. $ ist bei Einstimmigkeit der Zentralbankpräsidenten der EWG verfügbar; er kann theoretisch vollumfänglich einem einzigen Land zur Verfügung gestellt werden. Die Kredite sind kurzfristig (drei, höchstens sechs Monate).

Außer der kurzfristigen Hilfe haben die Europäischen Gemeinschaften anfangs 1971 einer *mittelfristigen Währungshilfe* von 2 Mrd. $ ihre Zustimmung gegeben. Die Zahlungsbilanzhilfe innerhalb der EWG soll mit derjenigen der Notenbanken und des Internationalen Währungsfonds koordiniert werden.[106]

c) Die private internationale Liquidität

Wir haben bisher nur von den offiziellen Reserven der Notenbanken und Regierungen und von den offiziellen Kreditfazilitäten als Bestandteil der internationalen liquiden Mittel gesprochen. Die internationale Liquidität besteht jedoch nicht nur aus offiziellen Medien. Neben diesen spielen auch die privaten Devisenreserven der *Handelsbanken und großen Handelsfirmen* eine bedeutende Rolle. Internationale Liquidität kann zwischen den offiziellen und den privaten Sektoren hin und her gehen: private Devisenreserven können auf Kosten der Devisenbestände der Notenbanken ansteigen und umgekehrt. Umfang und Entwicklung der offiziellen Reserven werden deshalb auch von den Bewegungen der privaten Fremdwährungsbestände beeinflußt. Die private Liquidität ist zudem mobiler als die offizielle und erhöht damit das Potential der internationalen Liquidität.

---

[104] Über das „Europäische Währungsabkommen" vergl. S. 76 ff.

[105] Die nationalen Beiträge machen aus: für Frankreich und Deutschland je 300 Mio. $, Italien 200 Mio. $, Belgien/Luxemburg und die Niederlande je 100 Mio. $.

[106] Vergl. hierüber S. 62 ff.

Der nicht-offizielle Sektor der internationalen Liquidität hat durch die Entstehung des *Eurodevisenmarktes* seit Ende der Fünfzigerjahre eine erhebliche Verstärkung erfahren. Nach den Schätzungen der Bank für Internationalen Zahlungsausgleich erreichte das Nettovolumen dieses internationalen Geldmarktes Ende 1969 nicht weniger als 45 Mrd. $, wovon 37,5 Mrd. $ aus Eurodollars entfielen. Der Euromarkt übt auch auf die Zentralbankreserven teils eine Saugwirkung aus, teils fließen den offiziellen Devisenreserven Mittel vom Euromarkt zu. Als beispielsweise 1969 die amerikanischen Banken aus Gründen der Liquiditätsknappheit große Beträge am Euromarkt aufnahmen, gingen diese teils auf Kosten der offiziellen Devisenbestände ausländischer Notinstitute; umgekehrt nahmen diese 1970 infolge massiver Rückzahlungen amerikanischer Banken an den Euromarkt rekordartig zu.

Verschiedene Notenbanken haben sich den Eurogeldmarkt direkt für den Saldenausgleich dienstbar gemacht, indem sie durch Swappolitik oder direkte Anweisungen der Geschäftsbanken die Kapitalströme vom und nach dem Euromarkt nach zahlungsbilanzpolitischen Gesichtspunkten zu regulieren versuchten. Insofern haben sich die Eurogelder als flexible Komponente der offiziellen Reserven erwiesen. Da durch den Eurogeldmarkt das Potential der spekulativen internationalen Kapitalbewegungen vergrößert worden ist, hat dieser die Aufgabe der Notenbanken teilweise aber auch erschwert.

3. KAPITEL:
DIE ENTWICKLUNG DER LIQUIDITÄTSKOMPONENTEN

a) Die Zusammensetzung der Gesamtliquidität

Über die Entwicklung der Komponenten der offiziellen Mittel der internationalen Liquidität (Reserven und Kreditfazilitäten) gibt die dem Jahresbericht des IWF entnommene Tabelle auf S. 95 Auskunft.

Die Reserven, die 1951 50,8 Mrd. $ oder rund 90% aller liquiden Mittel ausmachten, beliefen sich Ende 1969 auf 74,1 Mrd. $ oder rund 70%. Während sie sich in dieser Periode im Jahresmittel um 2,1% vergrößerten, nahmen jedoch die Kredittranchepositionen im IWF infolge von zwei Quotenerhöhungen rascher um jahresdurchschnittlich 6,9% zu. Seit anfangs der Sechzigerjahre haben die Kreditfazilitäten außerdem durch die rasche Expansion von Swapnetzen der Notenbanken und ähnlichen Vereinbarungen einen starken Auftrieb erfahren. Machte der Gesamtplafonds dieser Swapvereinbarungen Ende 1961 erst 1,7 Mrd. $ aus, so hat er sich bis Ende 1969 bereits auf 19,9 Mrd. $ vergrößert. Durch die Ausnützung der kurzfristigen Kreditlinien der Notenbanken werden zusätzliche Reserven geschaffen; ihre Expansion und die starken Schwan-

Tabelle Nr. 1
Die Komponenten der internationalen Liquidität

Jahres-ende	RESERVEN				DISPONIBLE KREDITFAZILITÄTEN		
	Gold	Devisen-guthaben[1])	Reserve-positionen im IWF[2])	Total der Reserven[1])	Kredit-tranche-positionen im IWF[3])	Andere unbenützte Kreditfazilitäten[4])	Total der unbenützten Kreditfazilitäten
	in Mrd. $				in Mrd. $		
1951	33.9	15.1	1.7	50.8	6.5	—	6.5
1955	35.4	18.4	1.9	55.7	7.9	—	7.9
1960	38.0	20.3	3.6	61.9	13.6	—	13.6
1965	41.9	24.0	5.4	71.2	12.5	3.8	16.3
1966	40.9	24.1	6.3	71.3	17.3	4.5	21.8
1967	39.5	26.3	5.7	71.5	18.3	5.2	23.5
1968	38.9	27.8	6.5	73.2	17.2	13.1	30.3
1969	39.1	28.3	6.7	74.1	17.0	14.5	31.5
Prozentuale Änderung im Jahresdurchschnitt 1952 — 1969:	+ 0.8	+ 3.7	+ 8.5	+ 2.1	+ 6.9	...[5])	...[5])

[1]) abzüglich amerikanische Devisenguthaben, die größtenteils den Gegenwert von durch andere Länder benützten Swaps darstellen und nicht als Reserven verwendet werden können; einschließlich des offiziellen britischen Dollar-Wertschriftenportefeuilles.
[2]) Goldtranchepositionen und Darlehen an den IWF.
[3]) Mitglieder-Quoten beim IWF, abzüglich ausstehende Ziehungen.
[4]) unausgenützte Ziehungsfazilitäten aufgrund von Swapvereinbarungen und ähnlichen Kreditabkommen zwischen Zentralbanken und Schatzämtern.
[5]) der prozentuale Zuwachs kann nicht ausgerechnet werden, da die Ausgangslage gleich Null ist.

Quelle: Jahresbericht des IWF 1970, S. 17.

kungen, denen ihre Ausnützung unterliegt, verändern jedoch den Gesamtumfang der internationalen Liquidität häufig und bewirken ständige Verschiebungen zwischen den Reserven und den unausgenützten Kreditfazilitäten.

Von 1951 bis 1969 hat sich die Gesamtliquidität von 57,3 auf 105,6 Mrd. $ nahezu verdoppelt, während in dieser Zeit der Welthandel um das Dreieinhalbfache angestiegen ist.

b) Die Entwicklung der Reserven

Die Zusammensetzung der nationalen Währungsreserven und ihre langfristige Entwicklung wird aus der Tabelle Nr. 2 sowie aus dem nachfolgenden Diagramm ersichtlich.

Diagramm A
Zusammensetzung der Weltwährungsreserven 1951—1970 (in Mrd. $)

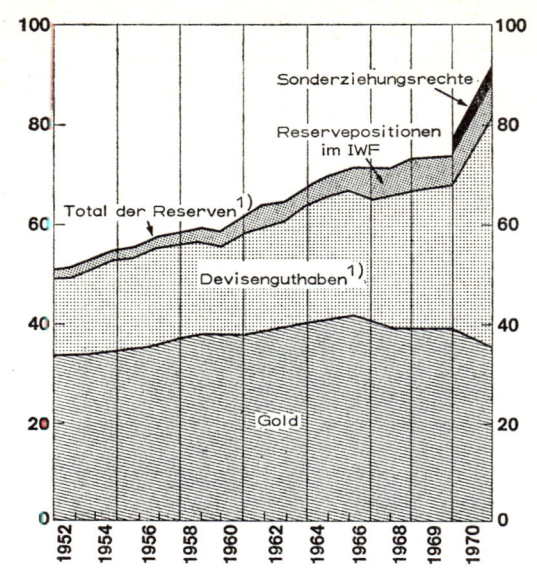

¹) excl. Devisenguthaben der USA, incl. Dollar-Portefeuille Großbritanniens.
Quellen: Für 1951—1968: Jahresbericht des IWF 1969, S. 16,
für 1969—1970: International Financial Statistics.

Das Schaubild bestätigt die überragende Bedeutung, die dem *Gold* immer noch als Reserveelement zukommt; es zeigt aber zugleich, daß die Zuwachskurve des Goldes schon von 1952 — 1965 flacher verlaufen ist, als diejenige der anderen Reservearten, um in den drei folgenden Jahren sogar in einen Rückgang umzuschlagen.

Die Zahlenreihen der Tabelle Nr. 2, die bis zur Zeit vor dem Ersten Weltkrieg zurückgehen, geben den prozentualen Anteil des Goldes an den Gesamtreserven an: Machte dieser 1913 rund 85%, aus, so sank er 1928 vorübergehend auf 76%, um 1937, nach der Dollarabwertung, erneut auf 92% zu steigen. Nach dem Zweiten Weltkrieg, im Jahre 1948, war er infolge der im Krieg angestiegenen Devisenguthaben auf 69% zurückgegangen. Bis 1965 sank er auf 60%. Dann folgte bis Ende 1968 infolge großer monetärer Goldverluste an den Markt ein jäher Fall auf 53%. Vom Zuwachs der Gesamtreserven von Ende 1948 bis Ende 1970 um 43,4 Mrd. $ entfielen auf das nationale Währungsgold nur rund 5 Mrd. $. Hingegen hatte Ende 1970 der IWF einen Goldbestand von 4,34 Mrd. $ angesammelt, der auf Kosten der nationalen Goldreserven ging.

Der Großteil der zusätzlichen Reserven von 1948 bis 1970, nämlich rund 30 Mrd. $ oder rund zwei Drittel, war der Zunahme der *Devisenguthaben* zuzuschreiben. Sie waren schon im Zweiten Weltkrieg infolge von

Tabelle Nr. 2

Weltwährungsreserven 1913 — 1970
(ohne internationale Organisationen)

Jahres-ende	Total[1]	Gold in Mrd. $	Gold in % d. Totals	Devisen-guthaben[1] in Mrd. $	Devisen-guthaben[1] in % d. Totals	Reservepositionen im IWF in Mrd. $	Reservepositionen im IWF in % d. Totals	Sonderziehungsrechte in Mrd. $	Sonderziehungsrechte i. % d. Totals
1913	4.81	4.11	85,45	0.70	14,55	—	—	—	—
1928	13.01	9.85	75,71	3.16	24,29	—	—	—	—
1933[1]	12.53	11.38[2]	90,82	1.15[4]	9,18	—	—	—	—
1933[2]	20.42	19.27[3]	94,37	1.15[4]	5,63	—	—	—	—
1937	27.66	25.29	91,43	2.37	8,57	—	—	—	—
1948	47.99	33.07	68,91	13.37	27,86	1.55	3,23	—	—
1955	54.31	35.41	65,20	17.02	31,34	1.88	3,46	—	—
1960	60.51	38.03	62,85	18.90	31,23	3.58	5,92	—	—
1961	62.48	38.86	62,20	19.46	31,14	4.16	6,66	—	—
1962	63.03	39.28	62,32	19.95	31,65	3.80	6,03	—	—
1963	66.34	40.22	60,63	22.18	33,43	3.94	5,94	—	—
1964	68.42	40.84	59,69	23.42	34,23	4.16	6,08	—	—
1965	69.89	41.86	59,89	22.65	32,41	5.38	7,70	—	—
1966	70.87	40.91	57,73	23.63	33,34	6.33	8,93	—	—
1967	71.50	39.51	55,26	26.24	36,70	5.75	8,04	—	—
1968	73.22	38.93	53,17	27.80	37,97	6.49	8,86	—	—
1969	74.15	39.13	52,77	28.29	38,15	6.73	9,08	—	—
1970	91.35	37.19	40,71	43.34	47,44	7.70	8,43	3.12	3.42

Zuwachs von Ende 1948 bis Ende 1970:

+43.36   +4.12   +29.97   +6.15   +3.12

in % des Zuwachses:

...   9.5   69.1   14.2   7.2

[1] vergl. Anmerkung 1 der Tabelle Nr. 1.
[2] zu einem Goldwert des Dollars von 20,67 $ die Feinunze.
[3] zu einem Goldwert des Dollars von 35 $ die Feinunze.
[4] Schätzung des Völkerbundes.

Quellen: 1931—1937: Triffin, R., „The Evolution of the International Monetary System", Tabelle I (Hektogramm, Yale); 1948—1970: International Financial Statistics.

Kriegslieferungen an England von 2,37 Mrd. $ (Ende 1937) auf 13,37 Mrd. $ (1948) stark angeschwollen. Seither haben sie sich bis Ende 1970 weiter stark auf 43,2 Mrd. $ erhöht.

War der Zuwachs während des Krieges fast ausschließlich den *Sterling-guthaben* zuzuschreiben, so waren diese jedoch seither tendenziell rückläufig. Daß die offiziellen Sterlingbestände des Auslandes in der Statistik in der zweiten Hälfte der Sechzigerjahre eine starke optische Erhöhung von 7,11 Mrd. $ (Ende 1965) auf 9,81 Mrd. $ (Ende 1969) verzeichneten, war lediglich dem Umstand zuzuschreiben, daß Großbritannien für die ihm gewährte internationale Währungshilfe bei den Notenbanken entsprechende Beträge in nationaler Währung hinterlegen mußte. Mit der Schuldenrückzahlung durch Großbritannien sind seither die Sterlingguthaben des Auslands wieder zurückgegangen.

Praktisch die ganze Vergrößerung in der Nachkriegszeit fiel den offiziellen *Dollarguthaben* zu, die von 4,16 Mrd. $ (Ende 1951) auf 17,76 Mrd. $ (Ende September 1970) anstiegen. Die Zunahme der Dollarreserven war von 1958 bis Ende 1968 mit 8,3 % im Jahresmittel besonders ausgeprägt, was mit den hohen amerikanischen Zahlungsbilanzdefiziten und ihrer vorwiegenden Dollarfinanzierung zusammenhing.

Die dritte Komponente der Reserven, die *Reservepositionen* im IWF, haben von Ende 1948 bis Ende 1970 um 6,15 Mrd. $ zugenommen. Mit 18 % trugen sie in diesem Zeitraum an dem Reservezuwachs nahezu soviel bei wie das Gold. Ihre Zunahme ist ein Reflex einerseits der Quotenerhöhung im IWF und den dadurch vergrößerten Goldtranchepositionen und andererseits der schwankenden Beanspruchung des Fonds durch Ziehungen innerhalb der Kredittranchen.

Die *Sonderziehungsrechte*, die erst anfangs 1970 eingeführt wurden, beliefen sich anfangs 1971 auf 6,36 Mrd. $, wovon 6,05 Mrd. auf die nationalen Währungsreserven und der Rest auf SZR-Bestände des Internationalen Währungsfonds entfielen.

4. KAPITEL: DIE LÄNDERWEISE VERTEILUNG DER INTERNATIONALEN LIQUIDITÄT

a) *Der Stand Ende 1969*

Die Weltwährungsreserven von 74,15 Mrd. $ Ende 1969 verteilten sich, wie die Tabelle Nr. 3 zeigt, zu rund zwei Drittel auf die Industrieländer, zu einem Zehntel auf die übrigen entwickelten Gebiete (insbesondere Rohstoffländer) und zu einem Fünftel auf die Entwicklungsländer. Die beiden Reservezentren USA und Großbritannien, die Reservefunktionen für zahlreiche andere Länder erfüllen, vereinigten 22,6 % der Gesamtreserven auf sich.

Da die Zusammensetzung der Reserven von Land zu Land differiert, ergibt sich für die geographische Verteilung der einzelnen Reservekomponenten ein von der Aufgliederung der Gesamtreserven abweichendes Bild: In die Augen springend ist besonders der große *Goldanteil* der Industrieländer: 82 % der monetären Weltgoldbestände wurden Ende 1969 von diesen Ländern gehalten, während die anderen entwickelten Gebiete

Tabelle Nr. 3: *Die geographische Verteilung der Weltwährungsreserven Ende 1969*

	Gold		Devisen [1]		Reservepositionen im IWF		Gesamtreserven	
	in Mrd. $	in % des gesamten Goldbestandes	in Mrd. $	in % der gesamten Devisenreserven	in Mrd. $	in % der gesamten Reservepos.	in Mrd. $	in % der Gesamtreserven
I. Industrieländer	32,14	82,1	14,06	49,7	5,55	82,5	51,75	69,8
a) Reservewährungsländer	13,33	34,1	1,06[1]	3,8	2,32	34,5	16,71[1]	22,6
Vereinigte Staaten	11,86	30,3	—[1]	—	2,32	34,5	14,18	19,1
Großbritannien	1,47	3,8	1,06	3,8	—	—	2,53	3,4
b) Ind.-Länder Kontl.-Europas	17,53	44,8	8,64	30,5	2,12	31,5	28,28	38,1
davon Österreich	0,72	1,8	0,66	2,2	0,17	2,5	1,54	2,1
Belgien	1,52	3,9	0,71	2,5	0,16	2,4	2,39	3,2
Dänemark	0,09	—	0,36	1,3	—	—	0,45	0,6
BR Deutschland	4,08	10,4	2,75	9,7	0,30	4,5	7,13	9,6
Frankreich	3,55	9,1	0,29	1,0	—	—	3,83	5,2
Italien	2,96	7,6	1,19	4,2	0,86	12,8	5,01	6,8
Niederlande	1,72	4,4	0,37	1,3	0,44	6,5	2,53	3,4
Norwegen	0,03	0,1	0,60	2,2	0,09	1,3	0,71	1,0
Schweden	0,23	0,6	0,37	1,3	0,10	1,5	0,70	0,9
Schweiz	2,64	6,8	1,35	4,8	—	—	4,00	5,4
c) Kanada	0,87	2,2	1,76	6,2	0,48	7,1	3,11	4,2
d) Japan	0,41	1,0	2,62	9,2	0,63	9,4	3,65	4,9
II. Andere entwickelte Gebiete[2]	3,53	9,0	3,10	11,0	0,56	8,3	7,19	9,7
davon Portugal	0,88	2,2	0,55	1,9	0,02	0,3	1,44	1,9
Spanien	0,78	2,0	0,05	0,2	—	—	0,83	1,1
Australien	0,26	0,7	0,74	2,6	0,26	3,9	1,26	1,7
Südafrika	1,12	2,9	0,13	0,5	0,15	2,2	1,40	1,9
III. Entwicklungsländer[3]	3,47	8,9	11,12	39,3	0,62	9,2	15,21	20,5
davon Lateinamerika	1,09	2,8	3,05	10,8	0,35	5,2	4,50	6,1
Mittlerer Osten	1,06	2,7	1,82	6,4	0,07	1,0	2,94	4,0
übriges Asien	0,73	1,9	3,88	13,7	0,09	1,3	4,70	6,3
übriges Afrika	0,42	1,1	2,38	8,3	0,11	1,6	2,92	3,9
IV. Total aller Länder	39,13	100	28,28	100	6,73	100	74,15	100

[1]) Bereinigte Zahlen, nach Abzug der amerikanischen Devisenreserven, die zum größten Teil den Gegenwert aus benützten Swaps darstellen.
[2]) Finnland, Griechenland, Island, Irland, Portugal, Spanien, Türkei, Jugoslawien, Australien, Neuseeland, Südafrika (gemäß IWF-Einteilung).
[3]) Gesamtzahlen für die Entwicklungsländer, die höher sind als die Addition der nachfolgenden Zahlen.
Quelle: International Financial Statistics, Juli 1970

und die Entwicklungsländer nur je 9 % der Goldreserven auf sich vereinigten. Hingegen entfielen von den *Devisenreserven* auf die Industrieländer nur 50%, während die anderen entwickelten Gebiete rund 10% und die Entwicklungsländer nur je 9% der Goldreserven auf sich verweisen. Von den Reservepositionen im IWF kamen Ende 1969 83% auf die Industrieländer zu liegen.

Die Tabelle Nr. 3 läßt auch die Verteilung der *Währungsreserven nach einzelnen Währungsländern* erkennen. Mit 14,18 Mrd. $ oder nahezu 20% der globalen Währungsreserven standen Ende 1969 die USA an der Spitze, gefolgt von der Bundesrepublik Deutschland (7,13 Mrd. $ oder nahezu 10%), Italien (5,01 Mrd. $ oder 7%), der Schweiz (4,0 Mrd. $ oder 5,4%), Frankreich (3,83 Mrd. $ oder 5,2%), Japan (3,65 Mrd. $ oder nahezu 5%), Kanada (3,11 Mrd. $ oder 4,2%) sowie Großbritannien und der Niederlande (je 2,53 Mrd. $ oder 3,4%).

Etwas anders liegt die Reihenfolge hinsichtlich der Verteilung des *Weltgoldbestandes:* den Vereinigten Staaten, die Ende 1969 einen Goldstock von 11,86 Mrd. $ oder 30% der globalen Goldreserven auswiesen, folgten die Bundesrepublik Deutschland (4,08 Mrd. $ oder gut 10 %) und mit fast gleichen Beträgen Frankreich (3,55 Mrd. $ oder 9%); es schlossen sich an Italien mit Goldreserven von 2,96 Mrd. $ oder 7,6%, die Schweiz (2,64 Mrd. $ oder 6,8%), die Niederlande (1,72 Mrd. $ oder 4,4%), Belgien (1,52 Mrd. $ oder 3,9%), Großbritannien (1,47 Mrd. $ oder 3,8%) und Südafrika (1,12 Mrd. $ oder 2,9%). Die erwähnten neun Länder konzentrierten nahezu vier Fünftel des Weltgoldbestandes auf sich.

Demgegenüber weisen die *Devisenreserven* eine wesentlich *breitere Streuung* auf; über die größten Devisenbestände verfügten Ende 1969 die Bundesrepublik Deutschland (2,75 Mrd. $ oder nahezu 10% der globalen Devisenreserven) und Japan (2,62 Mrd. $ oder 9,2%). Einen größeren Umfang hatten ferner die Devisenguthaben Kanadas (1,76 Mrd. $), der Schweiz (1,35 Mrd. $), Italiens (1,19 Mrd. $) und Großbritanniens (1,06 Mrd. $).

b) Die geographische Umlagerung der Reserven

Die länderweise Verteilung der Weltwährungsreserven zeigte Ende 1969 ein weit ausgeglicheneres Bild als unmittelbar nach dem Krieg, als sich diese zu mehr als der Hälfte in den Händen der Vereinigten Staaten befanden. Von 1951 — 1968 hat sich nämlich eine grundlegende *Veränderung in der Verteilung* der Reserven vollzogen, indem einerseits die *Reserven der USA* von 25,0 Mrd. $ auf 12,18 Mrd. $ [107] zurückgingen, während andererseits die Reserven der Industriestaaten außerhalb der

---

[107] Unter Abzug der Devisenreserven.

beiden Reserveländer um 27,10 Mrd. $ auf 37,51 Mrd. $ *zunahmen.* Gleichzeitig verzeichneten die übrigen entwickelten Länder eine Vermehrung ihrer Reserven um 3,66 Mrd. $. Auch die Entwicklungsgebiete vermochten ihre Währungsbestände von 1951 — 1968 um 3,42 Mrd. $ zu erhöhen. Der Umschichtungsprozeß der Reserven kam 1969 nach langem infolge eines massiven Kapitalimports und eines Überschusses der „official settlement"-Bilanz der USA zu einem temporären Stillstand, indem die amerikanischen Bruttoreserven (Gold und Reservepositionen im IWF) 2,04 Mrd. $ zuzulegen vermochten (Tabelle Nr. 4, S. 102).

Die Redistribution der Reserven, die sich *zunächst* insbesondere zwischen den Vereinigten Staaten und den übrigen Industrieländern, in geringerem Maße aber auch zwischen unterentwickelten Ländern mit im Krieg akkumulierten hohen Reserven und kontinental-europäischen Ländern, vollzog, hatte vorerst *eindeutig positive Aspekte*. Die amerikanischen Reserven, die 1952 noch 209% der amerikanischen Einfuhr betragen hatten, wurden dadurch bis Ende der Fünfzigerjahre auf 120% und bis 1963 auf unter 90% zurückgebildet, während die übrigen Industrieländer dank des Reservezuwachses ihre Reserverelation zum Importbedarf wenigstens zu halten vermochten (vergl. Tabelle Nr. 5). Daß die Länder außerhalb der USA ihre Reserven von 1951 — 1964 um 26,94 Mrd. $ zu vermehren vermochten, während gleichzeitig die Bruttoreserven der Vereinigten Staaten nur um 8,06 Mrd. $ zurückgingen, war vor allem dem Umstand zu verdanken, daß die Überschußländer in dieser Zeit ihre offiziellen Dollarguthaben um 9,61 Mrd. $ aufstockten.

Die amerikanischen Zahlungsbilanzdefizite, die den Prozeß der Reserveumschichtung bewirkten, wurden bis Ende der Fünfzigerjahre allgemein willkommen geheißen, weil dies die globale Reservelage erleichterte. Mit der Fortsetzung hoher amerikanischer Zahlungsbilanzdefizite und der progressiven Verschlechterung der monetären Position der USA einerseits und der Erreichung eines relativ befriedigenden Reservestandes in Kontinentaleuropa und — Mitte der Sechzigerjahre — auch in den Entwicklungsländern andererseits, verlor jedoch der Redistributionsprozeß der Reserven seine bisherige günstige Wirkung auf die allgemeine Reservelage.

c) Reserven und Importe

Obschon die Weltwährungsreserven von 1952 — 1969 um 24 Mrd. $ zunahmen, verzeichneten sie im Vergleich zum viel rascher ansteigenden Welthandel einen fast ununterbrochenen Rückgang im Verhältnis zu den Weltimporten. Machte diese Verhältniszahl im Durchschnitt der 60 wichtigsten Handelsländer 1952 noch 70,5 % aus, so fiel sie bis 1969 auf 29,2 % (vergleiche Tabelle Nr. 5). Gesamthaft gesehen ist in diesen Jahren, abgesehen von 1952 — 1953 und 1957 — 1958, als ein Rückgang des Welthandels eintrat, die sinkende Kurve der Reserverelation

Tabelle Nr. 4

Veränderung der Reserven 1951 — 1969

	1951-58	1958-64	1964-68	1969	Stand der Reserven Ende 1969 in Mrd. $	in % der Importe
		(in Mrd. $)				
Industrieländer	+ 9,01	+ 7,21	— 1,19	— 0,36	51,76	28,1
Vereinigte Staaten[1]	— 1,76	— 6,30	— 4,06	+ 2,00	14,18	36,8
Großbritannien	+ 0,73	— 0,79	+ 0,10	+ 0,11	2,53	12,7
Andere Ind.-Länder	+10,04	+14,30	+ 2,76	— 2,46	35,05	27,8
And. entwickelte Länder	+ 0,16	+ 2,97	+ 0,53	— 0,03	7,19	32,3
Entwicklungsländer	— 0,82	+ 0,35	+ 3,90	+ 1,31	15,21	31,9
wicht. Ölexportländer	+ 0,97[2]	+ 0,38[3]	+ 0,89	+ 0,35	3,39	....
and. Entwicklungsländer	— 1,79	— 0,04	+ 3,00	+ 0,96	11,82	...
Alle Länder	+ 8,35	+10,53	+ 3,24	+ 0,93	74,15	29,2

[1]) exklusive amerikanische Devisenreserven (vergl. Tab. Nr. 1, Anmerkung 1).
[2]) nicht vollständig.
[3]) teils geschätzt.
Quelle: 1951—1968: Jahresbericht des IWF 1969, S. 24
         1969   : International Financial Statistics

Tabelle Nr. 5

Relation der Reserven zu den Importen 1952 — 1969

	USA	Industrieländer außer USA	andere entwickelte Länder	Entwicklungsländer	Total 60 Länder
			(in Prozenten)		
1952	209,3	35,5	43,0	60,3	70,5
1955	183,3	40,7	43,2	61,1	67,2
1960	124,8	42,0	36,0	39,0	53,7
1963	90,6	42,9	42,8	34,8	48,7
1965	66,6	39,3	35,8	34,5	42,3
1966	49,9	37,3	32,4	34,6	38,6
1967	40,2	35,6	31,3	35,3	36,6
1968	34,2	32,2	32,7	35,6	33,0
1969	36,8	27,9	33,4	32,0	29,2

Quellen:
Jahresbericht des IWF 1969, S. 22; International Financial Statistics, Juli 1970

zu den Importen ziemlich regelmäßig verlaufen. Die erleichternde Wirkung, die auf die Gesamtreservelage von der Redistribution der Reserven ausgegangen war, wurde dadurch wieder aufgehoben, daß die Wachstumsrate der Reserven mit dem Anstieg des Welthandels bei weitem nicht Schritt hielt. Diesem Umstand kommt allerdings nicht die Bedeutung zu, die ihm verschiedentlich zugemessen wird, wird doch der Welthandel nicht mit Währungsreserven, sondern mit Krediten des Bankensystems finanziert. 1970 erhöhte sich die Relation zwischen den Weltwährungsreserven und den Weltimporten auf rund 32 %.

5. KAPITEL: DAS PROBLEM DER KOEXISTENZ DER VERSCHIEDENEN RESERVEARTEN

Ein multiples Reservesystem, dessen Reserven sowohl aus Gold als auch aus Reservewährungsguthaben, Reservepositionen im IWF und Sonderziehungsrechten besteht, kann nur dann gut funktionieren, wenn alle Reservearten einigermaßen gleichmäßig in den internationalen Transaktionen eingesetzt werden. Wird ein Reserveelement dem anderen vorgezogen, so besteht die Gefahr, daß dieses Reserveelement aus den internationalen Transaktionen ausscheidet, und kann es zudem zur Absorbierung anderer Reservearten kommen. Das Funktionieren des internationalen Währungssystems müßte dadurch stark behindert werden.

Diese Gefahren lenken die Aufmerksamkeit auf die zunehmende Tendenz der *Bevorzugung des Goldes* als Währungsreserve. Die steigende Präferenz für das Gold kommt teils darin zum Ausdruck, daß die amerikanischen Zahlungsbilanzdefizite in den Sechzigerjahren in erheblich stärkerem Maße auf Kosten der amerikanischen Goldbestände gingen als im Jahrzehnt zuvor. Sie zeigt sich auch im Trend einer Reihe von Ländern, den Goldanteil ihrer Währungsreserven zu erhöhen.[108] Zwar mag der Umstand, daß der private Goldpreis Ende 1969 auf die Höhe des offiziellen Goldpreises und temporär sogar darunter fiel, den Drang auch der monetären Behörden nach Gold zeitweise vermindert haben. Wenn der Goldanteil der Weltwährungsreserven zurückgeht, muß der Hang jedoch langfristig größer werden, offizielle Goldreserven zu horten. Ein Ersatz des ungenügenden Zuwachses an Währungsgold durch Sonderziehungsrechte (SZR) kann diesen Zustand nicht beheben, im Gegenteil. Je größer der Anteil der Sonderziehungsrechte und je kleiner der Goldanteil wird, desto größer dürfte die Bevorzugung des Goldes und die Tendenz zu seiner Immobilisierung werden.

Um eine Benachteiligung der Sonderziehungsrechte gegenüber den anderen Reservearten zu verhindern, ist zwar in die IWF-Satzungen eine

---

[108] Vergl. den Abschnitt „Die monetäre Rolle des Goldes", S. 105 ff.

Reihe von Bedingungen eingebaut worden, die eine Umlagerung von SZR in Gold und Devisen verhindern sollen. Insbesondere ist die Verwendung der Sonderziehungsrechte zu einer Änderung in der Zusammensetzung der Gesamtreserven eines Landes generell untersagt. Die Regeln über die Rekonstituierungspflicht der SZR weisen die Fondsleitung ferner an, auf lange Sicht ein ausgewogenes Verhältnis zwischen den SZR und den anderen Reservearten anzustreben. Auch wird der Leitung des IWF vorgeschrieben, die Designierung derjenigen Länder, die von einem Defizitland Sonderziehungsrechte gegen Abgabe konvertibler Währung annehmen müssen, nach dem Gesichtspunkt vorzunehmen, daß auf lange Sicht Gleichheit unter den Gläubigerländern in ihren Relationen zwischen ihren SZR-Überschüssen und ihren Gesamtreserven erzielt werden soll. Überdies wollte man durch die Goldwertgarantie der SZR und durch eine wenn auch bescheidene Verzinsung der SZR der Präferenz des Goldes entgegenwirken.

Ob diese mechanischen Sicherungsvorkehren genügen, ist allerdings fraglich. Um die Äquivalenz der verschiedenen Reservearten zu sichern, hält *Edward Bernstein* eine künstliche Amalgamierung der Reservekomponenten für notwendig.[109] Sein Projekt eines „Reserve Settlement Account" basiert auf den Grundsätzen, daß 1. jedes Defizitland seine verschiedenen Reservekomponenten zur Defizitdeckung im gleichen Verhältnis benützen soll, wie dies der Zusammensetzung seiner Gesamtreserven entspricht, und daß 2. sämtliche Überschußländer für ihre Überschüsse in dem durchschnittlichen Verhältnis der Reservearten beglichen werden sollen, in welchen die Defizitländer ihre Defizite begleichen. Diese Grundsätze sollten auf die kumulativen Defizite und Überschüsse angewendet werden. Ein solches System einer nicht-diskriminatorischen Verwendung der Reserven soll über ein gemeinsames Konto abgewickelt werden, auf welchem jedes Land seine verschiedenen Reservearten „eintragen" und sich diese in einer Recheneinheit gutschreiben lassen soll.

Andere, das gleiche Ziel anstrebende Vorschläge, wie derjenige *Prof. Posthumas,* wollten die Gefahr der Präferenz des Goldes durch eine Harmonisierung der Reservekomponenten zwischen den einzelnen Ländern anstreben.[110]

---

[109] Vergl. Bernstein, E., „The Contingency Plan for a New Reserve Facility", Quarterly Bulletin and Investment Survey, Model, Roland & Co., New York, 4. Quartal 1967.

[110] Posthuma, S., „Wandlungen im internationalen Währungssystem", Kieler Vorträge, Neue Folge, Nr. 29, Kiel 1963.

II. Abschnitt: Die monetäre Rolle des Goldes

1. KAPITEL: DIE ÜBRIGGEBLIEBENEN FUNKTIONEN

a) Verdrängung aus der zentralen Position

Das Gold hatte unter dem klassischen Goldstandard in der zweiten Hälfte des 19. Jahrhunderts eine zentrale Stellung inne. Die Goldmünzen waren Kurantgeld (Goldumlaufswährung). Die Banknoten waren unbegrenzt in Gold einlösbar und mußten zu hohen Prozentsätzen durch Gold gedeckt sein. Die Versorgung mit Gold bildete auf diese Weise den letzten Bestimmungsgrund der Geldversorgung.

Unter dem klassischen Goldstandard war das Gold — abgesehen von kleineren Übertragungen von Devisenguthaben — praktisch das einzige internationale Zahlungsmittel. Der Saldenausgleich zwischen den Ländern wickelte sich fast ausschließlich in Gold ab. Die Währungsreserven bestanden zum weitaus überwiegenden Teil in Gold. Das Gold bildete den Maßstab für die unverrückbaren Wechselkursparitäten. Die Wechselkurse konnten sich nur innerhalb der beiden sogenannten Goldpunkte bewegen, bei deren Überschreitung die Erfüllung der Zahlungsverpflichtungen gegenüber dem Ausland durch Empfang oder Versendung von Gold vorteilhaft wurde.

Von den Goldabflüssen und -zuflüssen gingen kontraktive und expansive Einflüsse auf die Wirtschaft eines Landes aus, die das Grundelement des äußeren Ausgleichsmechanismus bildeten. Die Aufrechterhaltung des festen Goldwertes einer Währung war das primäre Orientierungszeichen der Wirtschaftspolitik.[111]

Viele Funktionen des Goldes unter dem klassischen Goldstandard sind seit dem Ersten Weltkrieg und namentlich seit der Weltwirtschaftskrise in den Dreißigerjahren verloren gegangen. Das Gold ist heute nirgends mehr ein Umlaufmittel. Die Einlösungspflicht der Noten in Gold ist mit Ausnahme weniger Länder überall aufgehoben worden.[112] Der Zuwachs an Währungsgold erlitt eine starke Einbuße, weshalb das Gold durch andere Reserveelemente ergänzt werden mußte. Die Goldparitäten haben ihre Funktion als unverrückbares, vorrangiges Richtzeichen der Wirtschaftspolitik verloren, und die Bewegungen der Goldreserven haben ihre regulierende Funktion auf das Geld- und Kreditvolumen eingebüßt.

---

[111] Literaturangaben über den klassischen Goldstandard siehe S. I, 1.

[112] In den USA ist im Februar 1965 die 25%ige Golddeckungspflicht der Mindestreserveeinlagen der Banken beim Federal Reserve System und im März 1968 auch die 25%ige Golddeckungspflicht des Notenumlaufs aufgehoben worden.

„Der Unterschied zum klassischen System liegt darin, daß die Zentralbankenpolitik nicht schlechthin den Goldbewegungen folgt, sondern im Rahmen innerer Bewegungen eine aktive Steuerung betreibt."[113]) An die Stelle des Primates der fixen Währungsparität sind andere konkurrierende wirtschaftspolitische Zielsetzungen getreten. Die Inflationsneigung hat allgemein zugenommen, und die Gleichgewichtsstörungen gegen außen haben sich vermehrt.

Aus der Sorge heraus, die Währungsdisziplin des Goldes wieder herzustellen, ist in den Sechzigerjahren verschiedentlich die Forderung nach einer Rückkehr zum Goldstandard, verbunden mit einer massiven Goldpreiserhöhung, erhoben worden.[114]) Würde das Gold wieder zum einzigen Reserveelement gemacht, so argumentierten die Befürworter dieser These, so würden die Inflationstendenzen verschwinden und würden sich die Zahlungsbilanzen besser anpassen lassen. Ob sich die wirtschaftliche Disziplin und Stabilität einfach durch die technische Wiedereinführung der Goldwährung erreichen ließe, ist allerdings selbst von Anhängern einer Befestigung der Rolle des Währungsgoldes bezweifelt worden. „To attempt to impose such a system on a large scale would be more apt to lead any countries away from gold than to make gold the absolute monarch of the system".[115]) Würde der Goldstandard wieder eingeführt, ohne daß auch ihre wirtschaftspolitischen Zielsetzungen geändert würden, so müßte es wohl in vielen Ländern rasch zu einer Revolte gegen die einseitigen wirtschaftspolitischen Zielsetzungen der Goldwährung kommen.

b) *Das Gold als gemeinsamer Nenner der Paritäten*

Trotz der zahlreichen Einschränkungen in seinen früheren Funktionen sind jedoch dem Gold im internationalen Währungssystem der Nachkriegszeit wichtige Funktionen erhalten geblieben. Einmal stellt das Währungsgold nach wie vor direkt oder indirekt den *Maßstab der Währungsparitäten* dar. Gemäß Artikel IV/1a) der IWF-Statuten hat jeder Mitgliedstaat den Paritätswert seiner Währungseinheit entweder direkt in einer bestimmten Goldmenge für den gemeinsamen Nenner oder indirekt in U.S.-Dollars im Gewicht und der Feinheit, wie sie am 1. Juli 1944 bestanden hat (15 5/21 Gramm 9/10 Feingold = 1 $ resp. 35 $ =

---

[113]) Vergl. Veit, O., „Währungspolitik als Kunst des Unmöglichen", Frankfurt 1968, S. 59.

[114]) Vergl. Rueff, J., „Die Gefahren des Gold-Devisenstandards", Neue Zürcher Zeitung 1961, Nr. 2410, 2421 und 2433; derselbe, „L'Age de l'inflation", Paris 1963; ferner Heilpein, M., „Für eine atlantische Währungsordnung", Neue Zürcher Zeitung, 9. und 10. September 1961.

[115]) Vergl. Gilbert, M., Vortrag in San Francisco vom 14. September 1965.

1 Feinunze Gold), festzulegen. Monetäre Behörden sind verpflichtet, Transaktionen in Gold zu einer vom IWF vorgeschriebenen Marge zur Parität von 1% vorzunehmen (Artikel IV/2 und Verordnung F/4). Diese Verpflichtung ist auch nach der Teilung des Goldpreises im März 1968 beibehalten worden.

Der Wert des Goldes als Maßstab der Parität läßt sich jedoch aufgrund der Bretton Woods-Konvention grundsätzlich ändern: Der monetäre Goldpreis kann gemäß Artikel IV/7 der Fondsstatuten mit 85%iger Mehrheit der gesamten Stimmkraft der Mitgliedstaaten des IWF generell abgeändert werden; es sollte damit eine allgemeine Aufwertung des Goldpreises ermöglicht werden. Davon ist aber bisher trotz der starken Steigerung der übrigen Preise nicht Gebrauch gemacht worden. Infolge der Schaffung der Sonderziehungsrechte im Jahre 1970 ist eine Goldpreiserhöhung als Mittel der Vergrößerung der internationalen Liquidität noch vermehrt in den Hintergrund gedrängt worden. Gegen eine uniforme Heraufsetzung des Goldpreises ist vor allem das Argument angeführt worden, daß diese, um wirksam zu sein, massiv und in geballter Ladung durchgeführt werden müßte, was praktisch mit starken Inflationsgefahren verbunden wäre. Zudem wurde geltend gemacht, daß eine Goldpreiserhöhung zu einer ungleichen Verteilung der neu geschaffenen Liquidität führen müßte. Ein wichtiger Grund, warum die Währungsbehörden auf eine generelle Aufwertung des Goldpreises verzichteten, war ferner, daß sie dem Gold als willkürlicher Liquiditätsquelle nicht wieder ein präponderierendes Gewicht geben, sondern ein System bewußter Liquiditätsschaffung an seine Stelle setzen wollten.

c) Die Konvertibilität des Dollars in Gold

Im Unterschied zum Goldstandard, unter dem die Goldkonvertibilität der Währungen einen integrierenden Bestandteil des Systems darstellte, verpflichtet die Bretton Woods-Konvention keinen Mitgliedstaat, seine Währung in Gold konvertibel zu machen. Hingegen müssen die Mitglieder, wie bereits erwähnt, ihre Wechselkurse im Rahmen einer Marge von 1% zur Parität halten und einander, sofern sie dem Artikel VIII unterstehen, für die laufenden Transaktionen gegenseitige Konvertibilität ihrer Währungen zugestehen. Die Pflicht zur laufenden Stabilhaltung des Wechselkurses kann auch dadurch erfüllt werden, daß „die Währungsbehörden eines Landes zur Abwicklung internationaler Transaktionen *Gold* innerhalb der vorgeschriebenen Margen frei kaufen und verkaufen" (Artikel IV/4[b]) der IWF-Statuten.

Während alle Mitgliedstaaten außerhalb der USA das erstere Verfahren einschlugen, indem sie ihre Wechselkurse durch Interventionen mittels Dollars am Devisenmarkt stabil halten, haben die Vereinigten Staaten als einziges Land freiwillig das letztere Verfahren eingeschlagen.[116]) Die Goldtransaktionen der USA basieren auf einer Parität des Dollars von 35 $ die Feinunze, die dem IWF als „initial parity" des Dollars angemeldet worden ist. Die amerikanischen Goldverkäufe beschränken sich jedoch auf den Verkehr mit monetären Behörden und sind außerdem an den Vorbehalt geknüpft, daß sie für „legitime Zwecke" Verwendung finden. Aufgrund dieser Praxis ist der Dollar bis heute formell zu einem festen Preis in Gold konvertierbar. Indirekt über den Dollar sind auch alle anderen konvertiblen Währungen in Gold konvertibel gemacht worden. Das Gold übt damit die Funktion einer *Basisreserve* aus, in die letztlich alle anderen Reservearten eingetauscht werden können.

Die gegenüber dem IWF bestätigte amerikanische Politik der Goldkonvertibilität des Dollars geht auf die amerikanische *Gold Reserve Act vom 31. Januar 1934* zurück, durch welche die neue Dollarparität von 35 $ die Feinunze Gold festgesetzt wurde. Der amerikanische Schatzsekretär wurde durch dieses Gesetz ermächtigt, unter Zustimmung des Präsidenten „Gold zu einem Preis und zu Bedingungen frei zu kaufen und zu verkaufen, die im besten Interesse der Allgemeinheit liegen."[117]) Aufgrund dieser Ermächtigung kündigte die U.S. Treasury 1934 an, daß sie Gold zur festgesetzten Parität zuzüglich resp. abzüglich einer „handling charge" von $1/4$ %, d. h. zu 35.0875 $ kaufen und 34.9125 $ verkaufen werde.[118]) Im Rahmen des monetären Dreimächteabkommens vom 25. September 1936 gab das amerikanische Schatzamt dementsprechend gegenüber den Notenbanken Frankreichs und Großbritanniens unter Vorbehalt einer 24-stündigen Kündigungsfrist die Zusicherung ab, auf Gegenseitigkeit Gold zu Sätzen und Bedingungen zu kaufen und zu verkaufen, die der amerikanische Schatzsekretär als „vorteilhaft für das öffentliche Wohl erachte."[119])

Die 1934 und 1936 niedergelegten Grundsätze sind seither die Basis der amerikanischen Goldpolitik geblieben.[120]) Eine gesetzliche Pflicht für diese Politik besteht jedoch nicht; sie könnte jederzeit durch bloßen Verwaltungsakt geändert werden.

---

[116]) Schreiben des amerikanischen Secretary of the Treasury an den Leiter des Währungsfonds vom 20. Mai 1949.

[117]) Vergl. Aliber, R. Z., „The Management of the Dollar in International Finance", Princeton Studies No 13, 1964, S. 4.

[118]) Vergl. Aliber, R. Z., a. a. O., S. 4.

[119]) Vergl. Veit, O., „Grundriß der Währungspolitik", Frankfurt a. M., 1961, S. 140/1, ferner Jahresbericht der BIZ 1936/7, S. 23; dem Abkommen traten wenige Wochen später auch Belgien, die Schweiz und die Niederlande bei.

[120]) Vergl. Aufricht, H., „The Fund Agreement: Living Law and Emerging Practice", Princeton Studies in International Finance No 23, S. 49.

Dank der Konvertibilität des Dollars in Gold übte der Dollar lange Zeit eine besondere Anziehungskraft als Reservewährung aus. Solange jederzeit eine unbeschränkte Option zwischen Dollar und Gold bestand, konnten die ausländischen Währungsbehörden ihren Dollarbesitz als ebenso gut wie Gold betrachten.

Der Goldkonvertibilität des Dollars wurde seitens der amerikanischen Behörden lange Zeit anstandslos Folge geleistet. Als infolge hoher und fortgesetzter amerikanischer Zahlungsbilanzdefizite der monetäre Goldbestand der USA seit Ende der Fünfzigerjahre stark zurückging und gleichzeitig die kurzfristigen offiziellen Dollarverbindlichkeiten gegenüber dem Ausland, die jederzeit zur Konversion in Gold präsentiert werden konnten, übermäßig anstiegen, machte sich jedoch seitens der Vereinigten Staaten im Laufe der Sechzigerjahre eine steigende Beunruhigung hinsichtlich der Konversionsgefahren geltend. Nicht nur wurden zur Beschränkung der Konversionsforderungen dem Ausland Währungsgarantien in Form von Roosabonds und Swapdollars zur Verfügung gestellt. Auch war amerikanischerseits eine fühlbare Einflußnahme auf die ausländischen Behörden, mit Konversionsforderungen zurückzuhalten, festzustellen. Bei einem Tiefstand von 10,70 Mrd. $, auf dem die amerikanischen Goldreserven Ende März 1968 angelangt waren, und bei einem gleichzeitigen Rekordstand der offiziellen Dollarguthaben des Auslands von 14,28 Mrd. $ (zusätzlich privater kurzfristiger Dollarguthaben von 16,4 Mrd. $, die ebenfalls ein indirektes Konversionspotential enthielten), mußte man sich fragen, wie lange die USA ihre Konvertibilitätsbereitschaft in Gold noch aufrecht erhalten könnten. Haben sich die amerikanischen Goldreserven auch bis Mitte 1970 wieder etwas erhöhen können, so hat sich die Gesamtlage kaum verändert. Die Nahtstelle der Goldkonvertibilität der Währungen ist damit brüchig geworden.

Würden die Vereinigten Staaten ihre Bereitschaft, im Verkehr mit ausländischen Währungsbehörden Gold frei zu kaufen und zu verkaufen, aufgeben, so würden sie damit die Basis des Artikels IV/4 (b) der Fondsstatuten verlassen. Nach den Satzungen des IWF wären sie in einem solchen Falle verpflichtet, zur laufenden Stabilisierung des Wechselkurses das Alternativverfahren gemäß Artikel IV/3 (i) einzuschlagen, wonach der Wechselkurs durch Intervention am Devisenmarkt innerhalb der vorgeschriebenen Margen zu halten ist; die Vereinigten Staaten müßten dann fremde konvertible Währung kaufen und verkaufen, um ihre Parität innerhalb der zugelassenen Bandbreiten zu halten. Würden die USA dieser Stabilisierungspflicht ihres Wechselkurses nicht mehr nachkommen, so würden sie die IWF-Statuten verletzen.[121]) Die Stabili-

---

[121]) Vergl. Birnbaum, E. A., „Changing the United States Committment to Gold", Essays on International Finance, No 63, November 1967, S. 4.

sierung des Wechselkurses des Dollars mittels Interventionen am Devisenmarkt ließe sich jedoch praktisch kaum durchführen, da eine ebenbürtige Interventionswährung fehlt. Das Korrelat der Dollarinterventionen der übrigen Länder für dasjenige Land, das die Funktion der Schlüsselwährung ausübt, ist die Goldeinlösungspflicht. Deshalb kommt der Konvertibilität des Dollars in Gold für das Währungssystem fundamentale Bedeutung zu.

Wir haben bisher nur von der Konvertibilität des Dollars in Gold gegenüber ausländischen *Währungsbehörden* gesprochen. Tatsächlich bestand jedoch während der Zeit des Goldpools, von 1961 bis zum Frühjahr 1968, faktisch eine Konvertibilität des Dollars und anderer konvertibler Währungen in Gold zu einem kontrollierten festen Preis auch gegenüber ausländischen *Privaten*. Dies war allerdings nur ein Nebenprodukt der Goldpreispolitik der Notenbanken und stellte keine währungspolitische Absicht dar. Tatsache war jedoch, daß infolgedessen auch der private Dollarbesitzer im Ausland in dieser Periode über den Londoner Markt unbegrenzt Dollars in Gold eintauschen konnte, wobei die Notenbanken des Goldpools, unter 50%iger Beteiligung der Federal Reserve Bank, für die Konvertibilität zu einem fixen Preis einstanden. Mit dem Zusammenbruch des Goldpools im Frühjahr 1968 fand dann aber die Konvertierbarkeit des Dollars in Gold für ausländische Private sang- und klanglos wieder ihr Ende.

d) Das Gold als Hauptreserve

Gold ist nicht nur der gemeinsame Nenner der Paritäten und die indirekte Basisreserve geblieben. Es bildete Ende der Sechzigerjahre nach wie vor auch das umfangmäßig bedeutendste Reserveelement. Das kann sich nach dem Hinzukommen der Sonderziehungsrechte (SZR) allerdings in absehbarer Zeit ändern. Gehen die Zuteilungen der SZR im Rhythmus der Jahre 1970/72 weiter, so können sie Ende der Siebzigerjahre den gegenwärtigen Goldbestand überflügeln.

Ende 1970 machte der monetäre Weltgoldbestand (ohne kommunistische Länder) 41,4 Mrd. $ aus, wovon 37,4 Mrd. $ auf die einzelnen Länder und 4,1 Mrd. $ auf internationale Institutionen (insbesondere den IWF) entfielen. Auf die gesamten Währungsreserven der Länder von 91,2 Mrd. $ [122]) bezogen, belief sich der durchschnittliche Goldanteil der nationalen Goldreserven auf 46 %, d. h. auf mehr als die Hälfte. Einschließlich dem Goldbestand der internationalen Organisation entfielen Ende 1970 50 % der Weltwährungsreserven auf das Gold.

Von den gesamten Goldbeständen der Länder von 37,4 Mrd. $ Ende 1970 kamen 11,1 Mrd. $ oder 32 % auf die Vereinigten Staaten und 17,4

---

[122]) Gold, Devisen (ohne die amerikanischen Devisenguthaben aus Swaps) und Reservepositionen im IWF.

Mrd. $ oder 50% auf die Industrieländer Europas.[123]) Gesamthaft machten die Goldbestände der Industrieländer (einschließlich Kanada und Japan) 31,3 Mrd. $ oder 84% aus. Die übrigen entwickelten Gebiete [124]) vereinigten demgegenüber nur Goldreserven von 2,8 Mrd. $ oder 7% der gesamten Goldbestände auf sich. Die vierzig, in die Kategorie der Entwicklungsländer fallenden Staaten Lateinamerikas, des Mittleren Ostens, des übrigen Asiens und Afrikas wiesen zusammen nur einen Goldbestand von 3,3 Mrd. $ oder von 9% der gesamten Goldreserven auf.

Im Vergleich zur unmittelbaren Nachkriegszeit, wo die Vereinigten Staaten von insgesamt 34,36 Mrd. $ Weltgoldreserven allein 24,42 Mrd. $ oder 71% besaßen, hat sich jedoch seither im Rahmen der erwähnten Umverteilung der Währungsreserven zwischen den USA und den übrigen Ländern eine starke Umschichtung auch der Goldbestände vollzogen (vergl. Tabelle Nr. 6 und das nachstehende Diagramm). Nicht nur floß der gesamte globale Zuwachs der Goldreserven von 8,92 Mrd. $ von Ende 1948 bis Ende 1966 — dem letzten Jahr vor ihrer Schrumpfung infolge der Goldkrise von 1967/8 — den Ländern außerhalb den Vereinigten Staaten zu. Infolge der großen amerikanischen Zahlungsbilanzdefizite verloren zudem die *USA* in dieser Periode 11,16 Mrd. $ ihres Goldbestandes an die übrigen Länder (Diagramm B).

Diagramm B *Die Entwicklung der Währungsbestände nach Regionen*

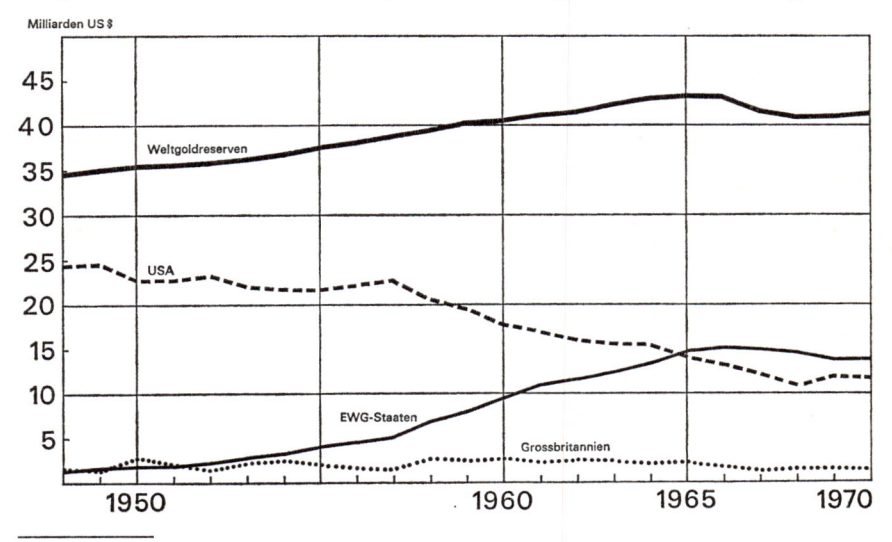

[123]) Belgien, Dänemark, Bundesrepublik Deutschland, Frankreich, Großbritannien, Italien, Niederlande, Norwegen, Österreich, Schweden, Schweiz.
[124]) Nach der Statistik des IWF umfaßt diese Ländergruppe Finnland, Griechenland, Island, Irland, Portugal, Spanien, Türkei, Jugoslawien, Australien, Neuseeland, Südafrika; auf Südafrika entfielen davon allein 0,7 Mrd. $.

Tabelle Nr. 6

Entwicklung der monetären Goldreserven seit 1948

	(in Mrd. U.S. $)			
	Total[1])	USA	Groß-britannien	EWG-Staaten
1948	34,53	24,40	1,61	1,44
1949	34,98	24,56	1,32	1,69
1950	35,30	22,82	2,86	1,82
1951	35,57	22,87	2,17	1,91
1952	35,80	23,25	1,48	2,32
1953	36,25	22,09	2,26	2,80
1954	36,92	21,79	2,53	3,25
1955	37,59	21,75	2,01	4,01
1956	38,08	22,06	1,77	4,53
1957	38,77	22,86	1,56	5,23
1958	39,45	20,58	2,81	6,80
1959	40,23	19,51	2,51	7,94
1960	40,51	17,80	2,80	9,44
1961	41,11	16,95	2,27	10,84
1962	41,48	16,06	2,58	11,46
1963	42,30	15,60	2,48	12,33
1964	43,01	15,47	2,14	13,22
1965	43,23	14,07	2,27	14,83
1966	43,19	13,24	1,94	15,20
1967	41,61	12,07	1,29	15,05
1968	40,91	10,89	1,47	14,56
1969	41,01	11,86	1,47	13,83
1970	41,28	11,07	1,35	13,66

[1]) Umfaßt neben den Beständen der Länder (exkl. Ostblockstaaten) auch diejenigen internationaler Körperschaften (IMF, BIZ, EPU).

Quelle: International Finance Statistics

Demgegenüber vermochten die *EWG-Länder* in der Periode 1948—1966 ihre Goldreserven von anfänglich nur 1,45 Mrd. $ auf 15,21 Mrd. $ stark zu steigern. Allein die Bundesrepublik Deutschland und Italien, die unmittelbar nach dem Krieg über keine Goldreserven mehr verfügt hatten, konnten sich bis Ende 1966 einen Goldvorrat von 4,29 Mrd. $ resp. 2,41 Mrd. $ anlegen; Frankreich erhöhte seine Goldreserven in dieser Zeit von 0,5 auf 5,23 Mrd. $, die Niederlande von rund 200 Mio. auf 1,79 Mrd. $. Auch die Schweiz vermochte ihren Goldbestand von 1948 bis 1966 von 1,38 Mrd. $ auf 2,84 Mrd. $ zu steigern.

Hatte sich der Prozeß der Redistribution der Goldbestände zwischen den USA und den übrigen Ländern von Ende 1948 bis Ende 1956 noch in einem bescheidenen Rahmen von insgesamt 1,54 Mrd. $ gehalten, so nahm er im Jahrzehnt 1957 bis 1966 infolge der hohen amerikanischen Zahlungsbilanzdefizite einen Umfang von nicht weniger als 9,62 Mrd. $

an. Der amerikanische Goldbestand ging damit Ende 1966 auf 13,24 Mrd. $ zurück. Dazu kam im Winter 1967/8 noch die *Goldkrise,* die die Vereinigten Staaten die Hälfte der Verluste des Goldpools von insgesamt 2,72 Mrd. $ kostete. Der amerikanische Goldbestand sank dadurch bis zum Frühjahr auf einen Tiefpunkt von 10,70 Mrd. $. Seither ist der Schrumpfungsprozeß des amerikanischen Goldbestandes zum Stillstand gekommen; 1969 vermochten die USA zu ihrem Goldbestand wieder 970 Mio. $ zuzulegen. 1970 ging jedoch der Goldbestand der USA wieder um 790 Mio. $, derjenige der übrigen Länder um rund 1 Mrd. $ zurück. Dafür

Tabelle Nr. 7

Der Goldanteil an den Gold- und Devisenreserven

Jahresende	1949	1957	1962	1965	1967	1969
			(in Prozenten)			
Durchschnitt aller Länder[1])		74	71	66	64	58	56
Durchschnitt der Industrieländer[1])		92	81	75	75	67	66
Durchschn. der übr. entwickl. Länder		26	34	32	43	49	53
Durchschnitt der Entwicklungsländer		25	31	33	25	24	22
Länder in der Reihenfolge der höchsten Goldanteile Ende 1969:							
Spanien			95	44	64	75	94
Frankreich		99	90	72	86	86	93
Südafrika		28	75	82	79	81	90
Niederlande		49	74	91	85	75	82
Vereinigte Staaten[1])		100	100	99	95	84	81
Italien			33	62	62	52	71
Belgien		66	80	84	78	65	68
Schweiz		84	90	93	94	87	66
Bundesrepublik Deutschland		—	50	57	69	60	60
Großbritannien		80	66	92	75	48	58
Österreich		81	20	43	56	51	52
Türkei		84	54	74	82	82	48
Griechenland		8	7	29	33	50	45
Schweden		35	46	24	24	29	38
Kanada		40	60	28	43	44	33
Mexiko		54	40	25	33	34	31
Australien		7	10	15	17	20	26
Dänemark		38	19	41	18	23	20
Japan			3	16	17	19	14
Norwegen		38	24	11	7	3	4

[1]) einschließlich der Devisenguthaben aus Swaps.

Quelle: International Financial Statistics.

stieg der Goldstock des IWF infolge der Quotenerhöhung und von Goldkäufen von Südafrika um über 2 Mrd. $.

Vom Gold als Hauptreserve war bisher nur im globalen Sinne die Rede. Betrachtet man die Goldbestände der einzelnen Länder und vergleicht man diese mit ihren Gesamtreserven, so zeigt sich, daß der *Goldanteil* von Land zu Land sehr *verschieden* ist (vergl. Tabelle Nr. 7). Eine Gruppe von Industrieländern, insbesondere Frankreich, Belgien, die Niederlande und die Schweiz, die Devisenguthaben nicht als Reserven sondern nur als Betriebsfonds halten, weist hohe Goldanteile von 80 — 90% der Gold- und Devisenbestände auf. Eine andere Gruppe von entwickelten Ländern, wie Japan, die skandinavischen Staaten, Kanada, Australien, verfügt dagegen nur über geringe Goldanteile von $^1/_6$ — $^1/_3$ ihrer traditionellen Währungsreserven, weil sie den verzinslichen Anlagen in Devisenguthaben den Vorzug gibt. Auch die Entwicklungsländer zeigten Ende 1969 als Gesamtheit nur einen Goldanteil von 22% ihrer Reserven. Demgegenüber hielten die Vereinigten Staaten als Reservewährungsland, dem eine generelle Interventionswährung fehlt, bis zum Hinzukommen der Sonderziehungsrechte ihre Währungsreserven praktisch ausschließlich in Gold; daß in der Statistik Ende der Sechzigerjahre eine Rückbildung des Goldanteils eingetreten ist, hängt mit dem Devisenanfall aus Notenbankswaps zusammen und hat keine grundsätzliche Bedeutung. Wie sich aus der Tabelle Nr. 7 weiter ersehen läßt, hat in der Nachkriegszeit in verschiedenen Ländern der Goldanteil an den Reserven eine Änderung erfahren. Verminderte er sich beispielsweise in Großbritannien, Kanada, Mexiko und Dänemark, so verzeichnete er in den Niederlanden, Italien, Spanien, Japan, Australien und Südafrika eine steigende Tendenz.

e) Vorzüge des Goldes als Währungsreserve

Daß zahlreiche Länder trotz der Ertragslosigkeit des Währungsgoldes bestrebt sind, ihre Währungsreserven zum größten Teil in Gold zu halten oder ihren Goldanteil zu steigern, ist darauf zurückzuführen, daß das Gold gegenüber den anderen Reservearten eine Reihe von *Vorzügen* hat. Ein wesentlicher Vorteil des Goldbesitzes besteht darin, daß ihm kein Schuldnerverhältnis zugrunde liegt; im Unterschied zu den Devisenguthaben, deren Bonität von der Situation und vom Verhalten der Behörden des Reservewährungslandes abhängt, impliziert das Währungsgold keine derartigen Risiken. Auch fällt das Währungsrisiko, das mit dem Besitz von Reservewährungsguthaben verbunden ist, beim Währungsgold praktisch weg. Ein Währungsrisiko impliziert das Währungsgold jedenfalls solange nicht, als der monetäre Goldpreis nicht unter 35 $ die Unze fällt. Aufgrund des Abkommens zwischen dem Internationalen Währungsfonds und Südafrika von Ende 1969 über die Goldkaufpolitik der Notenbanken[125]) ist jedoch dieses Risiko praktisch als gering einzuschätzen. Nicht geschützt gegen einen nominellen Verlust auf den Goldbeständen in der eigenen Landeswährung ist der Goldbestand allerdings gegenüber der Aufwertung der eigenen Landeswährung; ein realer Verlust an Währungsreserven entsteht jedoch infolge einer individuellen Aufwertung nicht.

Goldreserven haben ferner, mindestens soweit sie im eigenen Land aufbewahrt werden, gegenüber anderen Reservearten den Vorteil, auch in Not- und Kriegszeiten sicherer verfügbar zu sein, und weder Transferbeschränkungen noch einer Blockierungsgefahr ausgesetzt zu sein. Indem das Gold einen eigenen Substanzwert besitzt, ist es ferner die einzige Reserveart, die zu jeder Zeit universell fungibel und einsatzfähig ist. Es eignet sich deshalb besonders als Schlechtwetter-Reserve. Gegenüber den Devisenreserven besitzt das Währungsgold zudem den Vorteil der Anonymität.

f) Das Gold im IWF

Das Gold spielt auch im Internationalen Währungsfonds eine wesentliche Rolle. Ein *Teil der Quoten*, in der Regel 25%, ist dem Fonds von den Mitgliedstaaten in Gold einzuzahlen. Der IWF kann von Mitgliedern zusätzlich Gold gegen die Abgabe eigener Währungsbestände entgegennehmen. Auch sind die Abgaben für ordentliche Ziehungen auf den Fonds in Gold zu zahlen; Rückkäufe zur Abtragung der Schulden an den Fonds können ebenfalls in Gold geleistet werden. Mit 4,34 Mrd. $ *Goldbestand* Ende 1970 ist der IWF einer der größten Goldbesitzer. Der Goldvorrat bildet für den Fonds ein zentrales Mittel für seinen Liquiditätshaushalt, mit dem er sich beliebige Währungen verschaffen kann.

Seit 1970 ist der Internationale Währungsfonds aufgrund der Vereinbarung mit Südafrika über die monetäre Goldkaufpolitik grundsätzlich die einzige monetäre Instanz, die unter gewissen Voraussetzungen Gold aus dessen Neuproduktion entgegennehmen kann.[126]) Mittels der Goldkäufe von Südafrika besitzt der Fonds ein Liquiditätsinstrument, das ihm ermöglicht, sich jederzeit von ihm benötigte Währungen zu beschaffen. Umgekehrt können die Mitgliedstaaten des IWF durch solche Operationen ihren Goldbestand erhöhen. 1970 übernahm der IWF von Südafrika für 646 Mio. $ Gold, ferner rief er 400 Mio. $ Golddepositen in den USA zurück. Umgekehrt trat er 920 Mio. $ Gold gegen Währungen von Mitgliedstaaten ab.

---

[125]) Über die Goldpolitik der Notenbanken vergl. S. 123 ff.

[126]) Über das Goldabkommen zwischen dem IWF und Südafrika vergl. S. 127 ff.

Gold übt im Fondsmechanismus auch die Rolle eines *Maßstabes* aus. Die Transaktionen des Fonds basieren auf der Goldparität der gehandelten Währungen. Schulden und Guthaben beim Fonds sind goldwertgarantiert: Wertet ein Land seine Währung ab, so muß der betreffende Mitgliedstaat die Bestände des IWF in seiner Währung entsprechend dem früheren Goldwert wieder auffüllen; wertet ein Land seine Währung auf, so muß der IWF umgekehrt dem betreffenden Land einen entsprechenden Betrag zurückerstatten (Artikel IV/8 [a—c]).

Die Erhaltung des Goldwertes der Aktiven des Fonds bezieht sich grundsätzlich auch auf eine uniforme Änderung des Goldpreises. Mit einer 85%igen Mehrheit der Stimmkraft können die Fondsmitglieder im konkreten Fall allerdings bestimmen, daß eine entsprechende Anpassung nicht stattfindet (Artikel IV/d).

Im Gegensatz zur verklausulierten Goldwertgarantie der IWF-Operationen im ordentlichen Konto für den Fall einer generellen Änderung des Goldpreises, sind die *Sonderziehungsrechte* für diese Eventualität mit einer absoluten Goldwertgarantie ausgestattet. Die Werteinheit der SZR ist in einem Goldgewicht von 0.888671 Gramm Feingold ausgedrückt (Artikel XXI/2). Würde eine generelle Goldpreiserhöhung vorgenommen, so würde also der Wert der Sonderziehungsrechte in nationaler Währung entsprechend steigen. Die SZR haben insofern den Charakter von Goldzertifikaten. Das hat ihnen den Namen „Papiergold" eingetragen. Daß sie mit einer absoluten Goldwertgarantie ausgestattet sind und daß sie, soweit die SZR-Bestände eines Landes über die kumulative Zuteilung hinausgehen, verzinslich sind, ist darauf zurückzuführen, daß man sie gegenüber dem Gold konkurrenzfähig machen wollte. Ob damit dieses Ziel erreicht werden kann, ist allerdings fraglich. „Es bleibt", wie im Jahresbericht der BIZ 1968/9 ausgeführt wird, „abzuwarten, ob wieder einmal das Gresham'sche Gesetz zum Zuge kommen wird, und falls ja, welches schlechte Geld welches gute verdrängen wird — Gold, Dollar oder Sonderziehungsrechte."[127]

Die Goldwertgarantie der Sonderziehungsrechte bildet jedoch einen zusätzlichen Hinderungsgrund gegen eine Erhöhung des monetären Goldpreises.

---

[127] Vergl. Jahresbericht der BIZ 1968/9, S. 199.

2. KAPITEL: DIE VERKNAPPUNG DES WÄHRUNGSGOLDES

Die Tatsache, daß der globale monetäre Goldbestand Ende der Sechzigerjahre immer noch rund die Hälfte der Weltwährungsreserven ausmachte, kann nicht darüber hinwegtäuschen, daß die Goldproduktion als Quelle der Reserven mehr und mehr versiegt. Wie aus der Tabelle Nr. 9 hervorgeht, flossen 1950—1968 von dem gesamten Goldangebot aus der westlichen Neuproduktion und den russischen Goldverkäufen im Betrage von 24,40 Mrd. $ (auf der Basis von 35 $ die Unze gerechnet) per Saldo nur 5,69 Mrd. $ oder 23,3 % den Währungsgoldbeständen zu.[128] Der Teil des Goldangebotes, der dem monetären Sektor zufloß, wurde immer geringer. Machte er von 1950 — 1959 noch 59,3 % aus, so verminderte er sich von 1960 — 1965 auf 30,3 %, um von 1966 — 1968 im Zusammenhang mit der Goldmarktkrise sogar in einen beträchtlichen Verlust umzuschlagen. Vermochten sich die montären Goldreserven 1969 und 1970 auch wieder leicht zu erhöhen, so bestand doch keine Aussicht, daß das Gold bei dem bestehenden monetären Goldpreis die Währungsreserven noch in nennenswertem Maße zu alimentieren vermag.

Die langfristige Schrumpfung des Zuwachses an Währungsgold ist darauf zurückzuführen, daß einerseits die Goldproduktion hinter dem früheren Wachstum zurückblieb, während andererseits die private Goldnachfrage (industrieller und gewerblicher Verbrauch, traditionelle Goldhortung) stark zunahm, so daß für die monetäre Goldnachfrage immer weniger übrig blieb.

a) Stagnierende Goldproduktion

Der Zweite Weltkrieg hatte eine starke und nachhaltige Schrumpfung der Goldproduktion zur Folge. Während die Golderzeugung der westlichen Länder 1934 — 1938 im Jahresmittel 1,3 Mrd. $ betragen hatte, blieb die Goldproduktion des Westens 1946 — 1950 auf einem niedrigen Stand von jährlich zwischen 750 und 850 Mio. $ und dauerte es bis 1962, bis die Vorkriegshöhe wieder erreicht wurde. Die stagnierende Goldproduktion in der unmittelbaren Nachkriegszeit hing damit zusammen, daß der in den Dreißigerjahren durch die damalige Goldpreiserhöhung verursachte Kostenvorteil durch die inflationsbedingte Produktionskostensteigerung mehr als aufgewogen wurde. Es war der Entdeckung der reichen Goldvorkommen im Oranje Freistaat und der Entwicklung der dortigen Goldminen in den Fünfzigerjahren, sowie der Verbesserung der Ertragslage der südafrikanischen Goldproduktion infolge der Urange-

---

[128] Von 2,14 Mrd. $ Gold, welches 1962/8 den Währungsreserven zufloß, stammten 1,73 Mrd. $ aus russischen Goldbeständen.

Tabelle Nr. 8

Goldproduktion der Welt[1] (geographische Verteilung)

(in Mio. U.S.-Dollars, die Unze zu 35 $)

	1929	1934	1940	1946	1949	1955	1959	1963	1965	1966	1967	1968	1969	1970
Südafrika[3]	364	367	492	417	410	511	702	961	1069	1081	1062	1088	1091	1138
Kanada	67	104	187	100	144	159	157	139	126	115	104	94	85	82
USA	72	96	170	55	67	66	57	51	59	63	55	54	60	63[4]
Ghana	7	11	31	21	24	24	32	32	27	24	27	25	25	27
Total alle Länder[1]	640	815	1310	750	825	940	1125	1356	1440	1446	1406	1420	1425	1455[2]

[1] mit Ausnahme der kommunistischen Staaten.
[2] „Annual Gold Review" der First National City Bank, Monthly Economic Letter, Januar 1971.
[3] einschließlich der in der Transvaal and Orange Free State Chamber of Mines zusammengeschlossenen Gesellschaften, die ihre Tätigkeit nach 1945 aufnahmen.
[4] Bureau of Mines.

Quellen: — Gilbert, M., „The Gold-Dollar System", Essays in International Finance, Nr. 70, Princeton 1968, Anhang Tab. 1
— Jahresberichte des IWF

winnung und den rationelleren Ausbaumethoden zuzuschreiben, daß die südafrikanische Produktion von wenig mehr als 400 Mio. $ im Jahresdurchschnitt 1946 — 1953 bis Mitte der Sechzigerjahre auf 1 — 1,1 Mrd. $ erhöht werden konnte. Bei stagnierender Goldproduktion in den übrigen westlichen Produzentenländern vermochte Südafrika dadurch seinen Produktionsanteil an der westlichen Golderzeugung von rund der Hälfte in der unmittelbaren Nachkriegszeit auf drei Viertel in den Jahren 1964 bis 1969 zu steigern. Die gesamte Goldproduktion des Westens erreichte damit im Jahresmittel 1,4 Mrd. $. Im Vergleich zur Vorkriegszeit war dies aber praktisch keine Erhöhung (vergl. Tabelle Nr. 8). Für 1970 ergab sich eine leichte Erhöhung der Weltgoldproduktion auf 1,46 Mrd. $ (zum Preis von 35 $ die Unze gerechnet).[129]

Das Angebot an neuem Gold erfuhr in der Nachkriegszeit allerdings zeitweise durch die *russischen Goldverkäufe* eine gewisse Erhöhung. Daß der russische Goldabbau in dieser Periode eine wesentliche Vermehrung erfahren haben muß, geht daraus hervor, daß die russischen Goldverkäufe von 75 Mio. $ im Jahresmittel 1953 — 1955 auf durchschnittlich 250 Mio. $ im Zeitraum 1957 — 1962 und auf 500 Mio. $ im Jahresdurchschnitt 1963 — 1965 anwuchsen. Der Anfall an russischem Gold im Westen ist jedoch sehr unregelmäßig. Rußland verwendet seine Goldproduktion vor allem dafür, in schlechten Erntejahren seinen Importbedarf an Getreide zu decken. Im Gegensatz zu den hohen russischen Goldverkäufen in der Mitte der Sechzigerjahre blieb das russische Goldangebot von 1966 — 1970 praktisch vollständig aus.

Die Unregelmäßigkeit der russischen Goldverkäufe hat ein Element der Unstabilität in das gesamte Goldangebot gebracht. Schnellte dieses von 1962 bis 1963 infolge der zunehmenden russischen Verkäufe von 1,50 auf 1,91 Mrd. $ hinauf, so schrumpfte es umgekehrt von 1965 auf 1966 infolge des Ausbleibens der russischen Verkäufe plötzlich wieder von 1,84 auf 1,37 Mrd. $ zusammen (vergl. Tabelle Nr. 9).

b) Steigende private Goldnachfrage

Während einerseits die westliche Goldproduktion den Rückschlag infolge des Krieges erst Mitte der Sechzigerjahre wieder beheben konnte, zeigte sich andererseits auf der Nachfrageseite eine starke Zunahme des privaten Goldbedarfs. Die private Goldnachfrage läßt sich in drei Kategorien unterteilen: 1. den industriell-gewerblichen Verbrauch für den technischen Bedarf der Industrie und der Juwellerie, 2. die traditionelle private Goldhortung als Form des Sparens vornehmlich in primitiven

---

[129] Vergl. „Annual Gold Review", der First National City Bank, Monthly Economic Letter, Januar 1971.

Tabelle Nr. 9

Goldangebot und Verwendung
(in Mio. $)

		Angebot[1]		Nachfrage		
	Total	westliche Produktion	russische Goldverkäufe	industrielle und gewerbl. Bedarf[2]	private Nachfrage[4]	Zunahme (+) resp. Abnahme (-) der offiz. Goldbestände
1950	846	846	—	98[3]	423[5]	+ 325
1951	828	828	—	70[3]	493[5]	+ 265
1952	853	853	—	96[3]	527[5]	+ 230
1953	923	848	75	75[3]	393[5]	+ 455
1954	972	897	75	44[3]	258[5]	+ 670
1955	1015	940	75	46[3]	304[5]	+ 665
1956	1130	980	150	310	330	+ 490
1957	1279	1020	260	320	269	+ 690
1958	1261	1051	220	360	221	+ 680
1959	1382	1127	300	380	252	+ 750
1960	1378	1178	200	430	668	+ 280
1961	1490	1215	300	470	415	+ 605
1962	1500	1300	200	510	620	+ 370
1963	1906	1356	550	540	546	+ 820
1964	1856	1406	450	600	546	+ 710
1965	1840	1440	550	690	930	+ 220
1966	1371	1446	—	745	671	— 45
1967	1401	1406	15	815	2166	—1580
1968	1388	1420	11	890	1198	— 700
1969	1408	1425	—	930	368	+ 110

[1]) Neuproduktion zusätzlich russische Goldverkäufe, abzüglich Käufe des kommunistischen China.
[2]) Schätzungen der BIZ für 12 Länder (Jahresberichte) sowie des U.S. Bureau of the Mint für weitere 29 Länder, die von den BIZ-Schätzungen nicht erfaßt sind.
[3]) nur Industriebedarf in USA.
[4]) Differenz zwischen Angebot einerseits und industriell-gewerblicher Nachfrage und Zuwachs des monetären Goldes andererseits.
[5]) inkl. Industriebedarf außerhalb der USA.

Quellen: Bis 1955: Kriz, M., „Gold: Barbarous Relic or useful Instrument?", Essay in International Finance No 60, Princeton 1967.
Von 1956—1969: Jahresbericht des IWF 1970, S. 125.

Wirtschaften (insbesondere in Südostasien und dem Mittleren Osten) und 3. die spekulative Nachfrage. Statistisch läßt sich allerdings nur zwischen dem industriellen und gewerblichen Bedarf und der restlichen nichtmonetären Nachfrage unterscheiden.

Wie sich aufgrund von Schätzungen des IWF (vergl. Tabelle Nr. 9) ergibt, nahm der *industriell-gewerbliche Bedarf* von rund 330 Mio. $ im Jahresmittel 1956 — 1958 auf nicht weniger als 930 Mio. $ im Jahre 1969 zu. Die Industrienachfrage wurde insbesondere von den neuen Verwendungsmöglichkeiten des Goldes in der Elektronik und in der Raumschiffahrt beeinflußt. Die erhebliche Zunahme der Goldnachfrage für Schmuckzwecke und die private Goldhortung waren die Folge der weltweiten Inflation und der stark erhöhten Realeinkommen bei auch für die Privaten bis zum Frühjahr 1968 unverändertem Goldpreis.

Eine erhebliche Zunahme weist auch die übrige private Goldnachfrage auf. Daß die *traditionelle Hortungsnachfrage* eine beträchtliche Erhöhung erfahren hat, läßt sich an einem Vergleich der „ruhigen Jahre", in denen die spekulative Nachfragekomponente gering war, ablesen: Wurde die private Goldhortung in den Jahren 1957 — 1959 auf durchschnittlich 244 Mio. $ geschätzt, so belief sich diese in der ebenfalls relativ ruhigen Periode 1963 — 1964 auf 546 Mio. $.

Die traditionelle Goldhortung zeigt eine konstante Entwicklung nach oben. Wenn demgegenüber die Zahlen der gesamten privaten Goldhortung in den Fünfziger- und Sechzigerjahren große Sprünge aufwiesen, so ist dies den wiederholten Wellen *spekulativer Nachfrage* im Zusammenhang mit monetären und politischen Krisen zuzuschreiben. Eine erste, allerdings noch relativ geringe derartige Welle war 1956 anläßlich der Suezkrise zu verzeichnen; zu einer zweiten, wesentlich spektakuläreren Goldhortungswelle kam es 1960 als Folge der großen amerikanischen Zahlungsbilanzdefizite und der Befürchtung einer Dollarabwertung; die private Hortung vermehrfachte sich damals von schätzungsweise 252 Mio. $ (1959) auf nahezu 668 Mio. $ (1960). Ein neuer Goldrush entstand 1962 in der Kubakrise (private Hortung 620 Mio. $), und eine weitere Goldhortungswelle entwickelte sich 1965 im Zusammenhang mit der Verschärfung des Vietnamkrieges und anderer politischer Krisen (private Hortung insgesamt 930 Mio. $).

Die spekulativ bedingten Goldhortungswellen gingen jeweilen auf Kosten des Zuwachses an Währungsgold. So schrumpfte von 1959 bis 1960 die Zunahme des monetären Goldbestandes von 750 auf 280 Mio. $; 1962 fiel sie gegenüber dem Vorjahr neuerdings von 605 auf 370 Mio. $ zurück und auch 1965 blieben für den Zuwachs des Währungsgoldbestandes nur noch 220 Mio. $ gegenüber 710 Mio. $ im Vorjahr übrig.

Es war jedoch nicht allein die schwankende spekulative Goldnachfrage, die die Alimentierung des monetären Goldsektors in den Sechzigerjahren in zunehmendem Maße erschwerte. Da die westliche Goldproduktion von 1963 — 1969 auf einem Niveau von rund 1,4 Mrd. $ stagnierte, während sich zur gleichen Zeit der industriell-gewerbliche Bedarf von schätzungsweise 540 auf 930 Mio. $ fast verdoppelte, bildete sich auch eine *strukturell bedingte Verknappung des Angebotes an Währungsgold*. Solange 1963—1965 hohe russische Goldangebote von jährlich einer halben Milliarde $ zu verzeichnen waren, blieb diese Tatsache allerdings noch verborgen. Die Strukturkrise mußte sich jedoch unvermeidlicherweise zeigen, als 1966 die russischen Goldverkäufe plötzlich ausblieben. Obschon in diesem Jahr die mutmaßliche private Goldhortung von 930 Mio. $ im Vorjahr auf 671 Mio. $ zurückgegangen war, vermochte jetzt die westliche Goldproduktion von 1,44 Mrd. $ die private Nachfrage von 1,42 Mrd. $, deren industriell-gewerbliche Komponente von 690 auf 745 Mio. $ neuerdings zugenommen hatte, kaum mehr zu decken. Erstmals mußte jetzt die Lücke durch *Abgaben aus den monetären Goldbeständen* an den Markt gedeckt werden.

c) *Die Goldkrise von 1967/8*

Ein strukturelles Ungleichgewicht hatte sich also bereits entwickelt, bevor es im Winter 1967/8 zu dem größten bisher erlebten Goldrausch kam. Die Pfundabwertung im November 1967 und die kurz danach offenkundig werdende Verschlechterung der amerikanischen Zahlungsbilanzlage hatten eine starke Beunruhigung auch hinsichtlich des Dollars hervorgerufen und der Spekulation auf eine Erhöhung des monetären Goldpreises einen gewaltigen Auftrieb gegeben. Um den bestehenden Dollarpreis des Goldes zu verteidigen, sah sich der 1961 ins Leben gerufene Goldpool der Notenbanken gezwungen, aus den monetären Beständen seiner Mitglieder große Beträge an den Markt abzugeben; je größer die Goldverluste der Notenbanken wurden, desto mehr wuchs jedoch die spekulative Erwartung auf eine Goldpreiserhöhung und desto größer wurde der Umfang des Goldrushs. Vom Oktober 1967 bis zum März 1968 wurden nicht weniger als 3,1 Mrd. $ nicht-monetäre private Goldkäufe verzeichnet, was dem Vierfachen der gleichzeitigen Goldproduktion entsprach. Rund 2,5 Mrd. davon dürften auf die spekulative Nachfrage entfallen sein. Um die Versorgungslücke zu decken, mußten die Goldpool-Zentralbanken in dieser Periode insgesamt 2,72 Mrd. $ an den Markt abtreten.[130] Das bedeutete einen Verlust an internationaler Liquidität von nicht weniger als einem Siebtel der damaligen Weltgoldreserven.

Dem circulus vitiosus, der einen Zusammenbruch des internationalen Währungssystems hätte zur Folge haben können, mußte Einhalt geboten werden. Vor das Dilemma gestellt, weitere Goldverluste entweder durch die Einstellung der monetären Verkäufe an den Markt oder durch eine Erhöhung des monetären Goldpreises zu unterbinden, entschlossen sich die Notenbanken des *Goldpools* Mitte März 1968 für die *Einstellung ihrer bisherigen Interventionen* am Goldmarkt. Die Preisbildung des privaten Marktes wurde dadurch sich selbst überlassen. Hingegen wurde der be-

---

[130] Vergl. Jahresbericht der BIZ 1968/9, S. 114.

stehende globale monetäre Goldbestand gegenüber Einflüssen der privaten Nachfrage immun gemacht. Für den vom Markt isolierten monetären Sektor blieb der bisherige Goldpreis von 35 $ die Unze erhalten.

Die Aufspaltung des Goldmarktes und das Nebeneinander zweier Goldpreise stellte einen Rückfall in die unmittelbare Nachkriegszeit dar, wo der Goldpreis des freien privaten Marktes ebenfalls frei war und den monetären Preis zeitweise erheblich überstieg. Mit der Aufhebung des Goldpools wurde die seit 1954 praktizierte Politik über Bord geworfen, die in der Einheit des Goldpreises ein wichtiges Requisit eines soliden Währungssystems erblickte.

Der Beschluß, den monetären Goldsektor vom privaten zu isolieren, und die damit verbundene Neuordnung der monetären Goldkaufs- und verkaufspolitik ließ überdies Ansätze einer *grundsätzlichen Neuorientierung* gegenüber der monetären Rolle des Goldes erkennen. Diese Änderung der monetären Goldpolitik stellt neben der strukturellen Marktverknappung einen weiteren entscheidenden Bestimmungsfaktor für die Zukunft des Währungsgoldes dar.

3. KAPITEL: DIE MONETÄRE GOLDPOLITIK

a) Die Liberalisierung des Goldmarktes in den Fünfzigerjahren

Die offizielle Goldpolitik war in den ersten Nachkriegsjahren durch die Tendenz gekennzeichnet, angesichts der bestehenden Knappheit an Währungsgold einen möglichst großen Teil der Goldproduktion für monetäre Zwecke dienstbar zu machen. Um zu verhindern, daß Gold in private Horte floß, forderte der Internationale Währungsfonds 1947 die Mitgliedstaaten auf, monetäre Goldverkäufe an den Markt zu unterlassen und den freien Goldhandel zu Prämienpreisen zu unterbinden.[131]) Die Aufforderung, die von verschiedenen Ländern befolgt wurde, führte jedoch zum Gegenteil des verfolgten Zwecks, indem dadurch der Goldpreis auf dem schwarzen Markt noch anstieg und der Wunsch nach privatem Goldbesitz noch zunahm.

Die Politik des IWF begann sich 1949 zu ändern, als dieser seine Zustimmung dazu gab, daß die südafrikanischen Goldminen einen Teil ihrer Goldproduktion in Form von 22-karätigem „Industriegold" auf dem freien Markt zu Prämienpreisen sollten verkaufen können.[132]) Die südafrikanischen Verkäufe zu solchen Bedingungen erreichten 1950 40%

---

[131]) Vergl. IWF „The International Monetary Fund 1945—1965", Washington 1969, Bd. II, S. 174 ff.

[132]) Vergl. IWF „The International Monetary Fund 1945—1965", a. a. O., Bd. II, S. 188 ff.

der laufenden Produktion. Im September 1951 stellte es der IWF dann seinen Mitgliederländern frei, den Goldmarkt nach ihrem Gutdünken zu regeln. Die Folge der reichlicheren Versorgung der Goldmärkte war, daß sich die Preisdifferenzen gegenüber dem monetären Preis zurückbildeten. Hatte sich der Barren-Goldpreis noch im freien Goldverkehr anfangs 1949 auf 50 $ gestellt, so bewegte er sich von Ende 1953 an auf dem Niveau des offiziellen Goldpreises von 35 $ die Unze Feingold.

Die Preisangleichung veranlaßte die britische Regierung im März 1954, den *Londoner Goldmarkt*, der seit dem Krieg geschlossen war, wieder zu öffnen. Gebietsansässigen im Sterlinggebiet blieb der private Goldbesitz allerdings nach wie vor verwehrt. Durch die Wiederzulassung eines großen internationalen Goldmarktes verfolgte man das Ziel, der privaten Goldhortung den Anreiz zu nehmen und der monetären Goldnachfrage den Zugang zu verbessern. Der Londoner Markt war grundsätzlich in der Preisbildung frei. Tatsächlich wurde die Preisentwicklung jedoch von der Bank von England — bis 1960 auf eigene Rechnung — überwacht.[133] Der Goldpreis konnte sich infolgedessen nur in engen Grenzen bewegen. Während sechs Jahren ließ er sich ohne große Interventionskosten auf dem monetären Goldpreis halten; 1957 fiel er zeitweise sogar unter den offiziellen Preis, mit dem Ergebnis, daß die private Nachfrage nachließ, während der Zugang an Währungsgold von 490 Mio. $ im Vorjahr auf 690 Mio. $ zunahm.

b) Der Goldpool der Notenbanken

Diese ruhige Entwicklung änderte sich jedoch jäh, als es Ende 1960 infolge großer amerikanischer Zahlungsbilanzdefizite und angesichts der bevorstehenden Präsidentenwahl in den USA[134] zu einer ersten Vertrauenskrise gegenüber dem Dollar kam. Die Flucht aus dem Dollar widerspiegelte sich in einem starken Goldrush. Die Folge war, daß der freie Goldpreis am Londoner Markt die Grenzen des monetären Goldpreises von 35.20 $ für die Feinunze sprengte und am 20. Oktober 1960 40 $ erreichte.

Das stellte die Währungsbehörden der Vereinigten Staaten als das für die internationale Goldpolitik maßgebende Land vor das Dilemma, entweder die Diskrepanz zwischen dem freien Marktpreis und dem monetären Goldpreis passiv hinzunehmen oder aber den Markt durch Abgabe aus

---

[133] Vergl. Wolff, S., „Gold", Enzyklopädisches Lexikon für das Geld-, Bank- und Börsenwesen, Frankfurt 1967, S. 671 ff.

[134] Man rechnete mit einem Sieg der Demokraten, wobei man sich daran erinnerte, daß der demokratische Präsident Roosevelt 1933 kurz nach Regierungsantritt den Dollar vom Gold gelöst hatte.

den eigenen monetären Beständen wieder unter Kontrolle zu bekommen. Nach einigem Zögern entschloß sich das amerikanische Schatzamt Ende Oktober 1960 zur *Intervention*, mit der Folge, daß der freie Marktpreis wieder auf den monetären Preis zurückgebracht werden konnte.

Es gelang den amerikanischen Währungsbehörden im Jahr darauf, die von ihnen zunächst allein durchgeführte Preisregulierungspolitik auf eine breitere Basis zu stellen. Ihre Bemühungen führten im Herbst 1961 zur Bildung des sogenannten *Goldpools der Notenbanken*, in dem sich die USA, Großbritannien, Deutschland, Frankreich, Italien, die Schweiz, die Niederlande und Belgien zwecks Kontrollierung des Goldpreises zusammenschlossen. Die Pool-Vereinbarungen bestanden einerseits in einem Abkommen über ein zentrales *Verkaufssyndikat*, in dessen Rahmen sich die Mitglieder verpflichteten, Gold gegen Dollars abzugeben, wenn immer die Bank von England als Agent zur Niederhaltung des Marktpreises Goldverkäufe der Notenbanken als erwünscht ansah. Ein weiteres Abkommen betraf die Bildung eines *Kaufsyndikates*, das Gold vom Markt übernehmen sollte, wenn die Preisentwicklung dies zuließe. Die Mitglieder des Goldpools selber verzichteten auf separate Goldkäufe und -verkäufe am Markt. Für die Beteiligung an den Syndikatsgeschäften waren Länderquoten maßgebend, wobei die USA 50%, Deutschland 11,12%, Großbritannien, Frankreich und Italien je 9,26%, die Schweiz, Belgien und die Niederlande je 3,7% der Gesamtquoten übernahmen.[135]

Es gelang dem Goldpool auf diese Weise, den Goldpreis am Londoner Markt bis zum März 1968 innerhalb enger Margen zum monetären Goldpreis zu halten. Bis Mitte 1967 schlossen die Interventionen mit einem Nettosaldo zugunsten der Poolmitglieder ab.

Als im Spätherbst 1967 das Pfund Sterling abgewertet werden mußte und gleichzeitig das amerikanische Zahlungsbilanzdefizit einen hohen Betrag erreichte, kam es jedoch erneut zu einem *Goldrush*, dem der Goldpool der Notenbanken nicht mehr Stand zu halten vermochte. Die privaten Goldkäufe, die im Vorjahr noch 1,4 Mrd. $ betragen hatten, schnellten im Jahre 1968 auf nicht weniger als 3 Mrd. $ empor, was die verbleibenden Goldpoolmitglieder — Frankreich war am Pool seit dem Juni 1967 nicht mehr beteiligt — allein im 4. Quartal zu *Goldabgaben* aus ihren monetären Beständen von nicht weniger als 1,4 Mrd. $ zwang.

Die Notenbanken des Goldpools versuchten im November zunächst, der Vertrauenskrise durch eine öffentliche Solidaritätserklärung Herr zu werden, worin sie ihrer „absoluten Entschlossenheit zur Verteidigung des bestehenden Goldpreises und der Wechselkursstruktur" Ausdruck gaben. Die Manifestation vermochte aber nicht zu verhindern, daß im

---

[135]) Vergl. Swiss Bank Corporation, Prospects, Dezember 1966, S. 2.

Dezember 1967 das Goldfieber erneut aufflammte. Die Vereinigten Staaten antworteten darauf mit der Ankündigung strengerer Maßnahmen zur Verbesserung der amerikanischen Zahlungsbilanz. Das Zahlungsbilanzprogramm vom 1. Januar 1968 hatte einen temporären Beruhigungseffekt. Die Position des Goldpools war jedoch durch die vorhergehenden Angriffswellen so geschwächt worden, daß das Vertrauen nicht mehr dauernd zurückkehrte und die Spekulation auf eine Erhöhung des monetären Goldpreises schon anfangs März erneut mit Vehemenz ausbrach. Die neuen spekulativen Wellen kosteten den Goldpool innert weniger Tage weitere Goldverluste von 1,7 Mrd. $.

c) *Die Spaltung des Goldmarktes*

Die Reserven der Goldpoolländer waren im März 1968 solchen Belastungen nicht mehr länger gewachsen. Zudem hätte eine weitere Plünderung der offiziellen Goldreserven zugunsten privater Goldspekulanten als sinnlos erscheinen müssen. Die am Goldpool beteiligten Notenbanken faßten deshalb am *16./17. März 1968* in Washington anläßlich einer eilig einberufenen Konferenz den Entschluß, die Interventionen zur Stabilisierung des Goldmarktpreises nicht mehr weiterzuführen. Der Beschluß der Notenbankgouverneure war von der Feststellung begleitet, daß die amerikanische Regierung entschlossen sei, im Verkehr mit den ausländischen Währungsbehörden Gold weiterhin zur bestehenden Parität von 35 $ die Unze zu kaufen und zu verkaufen. Während die Preisentwicklung des privaten Goldmarktes fortan dem Spiel der Marktkräfte überlassen werden sollte, wurde also zugleich die Aufrechterhaltung des bestehenden Dollarpreises für das monetäre Gold bekräftigt.

Das bedeutete die *Spaltung des Goldmarktes* in einen offiziellen und einen privaten Sektor und das Nebeneinander eines fixen monetären und eines schwankenden privaten Goldpreises. Die offiziellen Goldbestände sollten nur noch zu Transfers unter den monetären Behörden verwendet werden. Entsprechend verpflichteten sich die sieben Signatare der *Washingtoner Erklärung*, ihre monetären Goldbestände künftig nicht mehr zur Speisung der privaten Goldmärkte zu verwenden. Auch sollte kein Währungsgold mehr an monetäre Behörden abgegeben werden, um Gold zu ersetzen, das diese an die privaten Märkte verkauft hatten. Wäre es nach dem Willen der Amerikaner gegangen, so hätten sich die Notenbanken des bisherigen Goldpools zudem zum langfristigen Verzicht auch auf weitere Goldkäufe vom Markt verpflichten müssen. Angesichts des Widerstandes gegen eine solche Verpflichtung wählten die Unterzeichner des Washingtoner Communiqués hinsichtlich der Goldkaufpolitik die elastischere, weniger bindende Formel, „daß angesichts der bevorstehenden Aktivierung der Sonderziehungsrechte der bestehende monetäre

Goldvorrat als ausreichend erscheine, weshalb sie es nicht mehr als nötig erachteten, Gold im Markt zu kaufen."[136])

Der Washingtoner Erklärung der Notenbanken vom 17. März 1968 folgte eine Erklärung des Leiters des Internationalen Währungsfonds, in der er die Beschlüsse der bisherigen Goldpool-Notenbanken als ein „Mittel zur Erhaltung des monetären Goldstocks" bezeichnete und alle Mitgliedstaaten zur Mitarbeit aufforderte. In der Folge erklärten sich die meisten Zentralbanken bereit, gemäß den Beschlüssen von Washington zu handeln.

In einem wichtigen Punkt jedoch bestand allerdings nach der Washingtoner Konferenz unter den monetären Behörden noch Uneinigkeit: Während die Vertreter des amerikanischen Schatzamtes die Meinung vertraten, daß die *monetären Behörden* prinzipiell und langfristig nicht nur auf *Goldverkäufe an den Markt*, sondern auch auf Goldkäufe von der Südafrikanischen Notenbank verzichten sollten, konnten verschiedene kontinental-europäische Notenbanken dieser Auffassung nicht zustimmen. Einig war man sich nur darüber, daß, falls der Goldpreis am freien Markt den monetären Preis wesentlich übersteigt, von monetären Goldkäufen abgesehen werden sollte; die Preisdifferenz sollte unter solchen Umständen nicht noch durch Käufe der Notenbanken am Markt vergrößert werden.

d) *Das Goldabkommen zwischen IWF und Südafrika*

Von Mitte März 1968 bis zum Herbst 1969, als der Goldpreis am freien Markt zum Teil erheblich höher lag als der monetäre Preis, bestand dementsprechend hinsichtlich der Abstinenz von Goldkäufen praktische Übereinstimmung. Als dann aber gegen Ende November 1969 die Differenz zwischen dem freien Marktpreis und dem monetären Goldpreis verschwand und der erstere zeitweise sogar unter den letzteren zu liegen

---

[136]) Der englische Originaltext des betreffenden Teils des Washingtoner Communiqués lautet: „They*) noted that the U.S. Government will continue to buy and sell gold at the existing price of 35 $ an ounce in transactions with monetary authorities ... The Governors believe that henceforth officially held gold should be used only to effect transfers among monetary authorities, and, therefore, they decided no longer to supply gold to the London gold market or any other gold market. Moreover, as the existing stock of monetary gold is sufficient in view of the prospective establishment of the facility for Special Drawing Rights, they no longer feel it necessary to buy gold from the market. Finally, they agreed that henceforth they will not sell gold to monetary authorities to replace gold sold in private markets."

*) der Notenbankleiter der bisherigen Goldpoolländer

kam, drängte sich eine *grundsätzliche Regelung der Goldkaufspolitik* auch im Interesse der Notenbanken selber auf. Monetäre Goldkäufe konnten unter solchen Umständen der Aufrechterhaltung des zweigeteilten Goldmarktes nicht mehr gefährlich sein; sie lagen jetzt im Gegenteil im Interesse der Währungsbehörden, hätte doch durch ein Sinken des freien Marktpreises unter den Währungsgoldpreis Beunruhigung hinsichtlich der Wertbeständigkeit der monetären Goldbestände eintreten können.

Das Interesse zahlreicher Notenbanken, eine Regelung über die monetäre Goldkaufspolitik zu finden, koinzidierte mit dem Interesse Südafrikas, die monetäre Goldnachfrage zu erhalten, um für denjenigen Teil seiner Goldproduktion, der nicht von der privaten Nachfrage absorbiert werden kann, Absatz zu finden und sich für den Goldpreis auf jeden Fall eine untere Limite zu sichern. Nachdem bis dahin die Gespräche über die künftige Goldkaufspolitik der monetären Behörden zwischen Südafrika und den Vereinigten Staaten resultatlos verlaufen waren und der Versuch Südafrikas, dem IWF Gold aufgrund von Artikel V/6 der IWF-Statuten gegen konvertible Währung abzugeben, durch die USA blockiert worden war,[137]) kam Ende 1969 unter den geänderten Marktverhältnissen zunächst zwischen den beiden Hauptpartnern und dann zwischen dem Internationalen Währungsfonds und Südafrika eine *Übereinstimmung* zustande, die grundsätzlich *zentralisierte monetäre Goldkäufe* aus der Neuproduktion durch den *Internationalen Währungsfonds* zuließ. Ein Briefwechsel zwischen dem südafrikanischen Finanzminister und dem Leiter des Währungsfonds von Ende Dezember 1969, in welchem das Abkommen niedergelegt wurde, hält die folgenden Grundsätze der künftigen Goldkaufspolitik des IWF und der Goldpolitik Südafrikas fest[138]):

1. Südafrika kann dem IWF Gold zum monetären Preis von 35 $ die Unze, abzüglich ¼ handling charge, offerieren, wenn der Preis am freien Markt auf 35 $ die Feinunze oder darunter fällt, aber nur bis zu einem Betrag, der den laufenden Zahlungsbilanzbedürfnissen Südafrikas in der entsprechenden Periode entspricht.

---

[137]) Artikel V/6 der IWF-Statuten lautet: „Ein Mitglied, das die Währung eines anderen Mitglieds direkt oder indirekt gegen Gold zu erwerben wünscht, hat sie durch Abgabe von Gold an den Fonds zu erwerben, vorausgesetzt, daß dies nicht unvorteilhaft ist ..." Während diese Bestimmung nach südafrikanischer Auffassung das Recht hätte geben müssen, fremde Währung vom Fonds gegen Gold zu erwerben, blieb die Anwendung des Artikels infolge der amerikanischen Forderung, die Bedeutung des Artikels zu überprüfen, suspendiert.

[138]) Press Release des IWF Nrn. 776 vom 30. Dezember 1969 und 780 vom 13. Januar 1970.

2. Außerdem kann Südafrika dem Fonds ohne Rücksicht auf die Preisentwicklung am freien Markt Gold verkaufen, wenn es innert einer Halbjahresperiode einen Devisenbedarf aufweist, der über den Erlös der laufenden Goldproduktion am privaten Goldmarkt oder die Goldverkäufe an den IWF gemäß Punkt 1 hinausgeht.

3. Südafrika beabsichtigt, seine laufende Goldproduktion nach Maßgabe seiner Zahlungsbilanzbedürfnisse in geordneter Weise am privaten Markt im vollen Ausmaß seiner laufenden Zahlungsbedürfnisse abzusetzen. Soweit die Neuproduktion an Gold während einer Halbjahresperiode über diese Bedürfnisse hinausgeht, kann der Überschuß den südafrikanischen Währungsreserven beigefügt werden.

4. Darüber hinaus kann Südafrika dem IWF vom 1. Januar 1970 an vierteljährlich Gold bis zu 35 Mio. $ aus den alten Goldreserven verkaufen, die es schon am 17. März 1968 aufwies (974 Mio. $), unter Abzug der nach diesem Datum an die monetären Behörden einschließlich den IWF gemachten Goldverkäufe und unter Abzug künftiger monetärer Goldverkäufe. Über den Begriff von südafrikanischen Zahlungsbilanzdefiziten oder -überschüssen enthält der Briefwechsel Klarstellungen.

5. Südafrika kann ferner Gold verkaufen an den IWF im Zusammenhang mit normalen Transaktionen mit dem IWF (Zahlung von Zinsen, Rückkäufe von südafrikanischen Rands zur Abtragung von Schulden, Erwerb von konvertibler Währung im Falle der Designierung von Mitgliedstaaten zur Entgegennahme von Sonderziehungsrechten, Zahlung des Goldanteils bei Quotenerhöhungen). Auch hat sich Südafrika bereit erklärt, Rands, die von anderen Fondsmitgliedern beim IWF gekauft werden, auf Verlangen in Gold zu konvertieren. Diese auf den IWF-Statuten basierenden Goldverkäufe an den Fonds sollen nur die Zusammensetzung der südafrikanischen Währungsreserven, nicht aber das Verkaufsvolumen der neuen Produktion an den Markt beeinflussen.

6. Südafrika verpflichtete sich ferner, Gold, falls es solches außerhalb des privaten Marktes verkaufen möchte, in der Regel dem IWF anzubieten. Der Internationale Währungsfonds erklärte sich seinerseits unter den erwähnten Bedingungen zu Goldkäufen von Südafrika bereit in der Erwartung, daß die IWF-Mitglieder im allgemeinen nicht beabsichtigten, Goldkäufe direkt von Südafrika zu tätigen. Zur Erleichterung der Kontrolle der monetären Goldkaufpolitik soll der IWF eine monopolartige Zentralstellung als monetärer Käufer erhalten.

7. Die in dem Briefwechsel niedergelegten Grundsätze können jederzeit bei fundamentaler Änderung der Umstände aufgehoben werden. Sie sollen mindestens innert fünf Jahre überprüft werden.

Der IWF kann von dem von Südafrika erworbenen Gold Gebrauch machen, um seine Bestände an begehrten Währungen wieder aufzustocken. Das vom IWF von Südafrika angekaufte Gold kommt auf diese Weise indirekt wieder den Überschußländern zu und geht in ihre offiziellen Goldreserven ein. Direkte Goldkäufe am Markt dürfen hingegen nationale Währungsbehörden, soweit ihre Länder dem IWF angehören, nicht mehr vornehmen.[139])

Durch die Goldvereinbarung von Ende 1969 ist der Preis, den Südafrika vom monetären Sektor für sein Gold erhält, *nach unten* faktisch auf 35 $ je Feinunze (abzüglich der vom Fonds berechneten Gebühr von $1/4\,\%$) begrenzt.[140]) Eine untere Grenze gibt es jedoch für den Warengoldpreis nicht; indem bei Sinken dieses Preises auf 35 $ die monetäre Nachfrage des IWF wirksam wird, sofern die betreffenden Goldverkäufe Südafrikas den Bedürfnissen der Zahlungsbilanz entsprechen, kann allerdings faktisch auch der Warengoldpreis nicht stark unter die 35-$-Grenze sinken. Größere Preisdifferenzen zwischen dem Währungs- und dem Warengold können nur nach oben entstehen.

4. KAPITEL:
DAS GOLD SEIT DEN WASHINGTONER BESCHLÜSSEN

a) *Die Entwicklung des freien Goldmarktes*

Zum ersten Mal seit der Eröffnung des Londoner Goldmarktes im Jahre 1954 wurde der private Goldmarkt seit dem März 1968 seinem Schicksal überlassen. Da der Londoner Markt zunächst vom 15. März bis zum 1. April geschlossen blieb, haben sich die ersten freien Preise zunächst auf dem Zürcher Markt gebildet. Über den Zürcher Goldmarkt wurde seither ein größeres Volumen abgewickelt als über London; die Zürcher Goldpreise wurden deshalb für die Preisbildung richtunggebend.

Die nachfolgende Preiskurve des Zürcher Goldmarktes zeigt zunächst eine Haussebewegung vom Sommer 1968 bis zum März 1969, als der Gold-

---

[139]) Die Vereinbarung über die Goldankaufspolitik wurde von allen wichtigeren IWF-Mitgliedern gutgeheißen, außer von Frankreich, das schon an den Washingtoner Beschlüssen vom März 1968 nicht teilhatte. Als Nicht-Mitglied des IWF wird auch die *Schweiz* durch die Vereinbarung des IWF mit Südafrika nicht direkt gebunden; indirekt werden jedoch ihre Goldkaufsmöglichkeiten in Südafrika dadurch ebenfalls tangiert, daß sich Südafrika verpflichten mußte, in der Regel Gold außerhalb des privaten Marktes nur über den IWF abzusetzen. Aufgrund einer Absprache ist jedoch die Schweiz in den Stand gesetzt worden, unter bestimmten Bedingungen Gold direkt von Südafrika zu kaufen. Sie darf Goldkäufe nur vornehmen, wenn auch der Fonds von den Produzenten Gold abnimmt. Das genaue Verhältnis zwischen den Goldkäufen des IWF und der Schweiz ist nicht bekannt gegeben worden; der Satz entspricht jedoch ungefähr dem Verhältnis des schweizerischen Außenhandels zum Welthandelsvolumen und der Relation der schweizerischen Währungsreserven zu den Währungsreserven der westlichen Welt sowie dem seinerzeitigen schweizerischen Anteil am Goldpool der Notenbanken. Er dürfte 4 % des Kaufvolumens des IWF betragen.

[140]) Vergl. Jahresbericht der BIZ 1969/70, S. 124.

Diagramm C

Die Preisentwicklung am Zürcher Goldmarkt seit der Freigabe des privaten Marktes

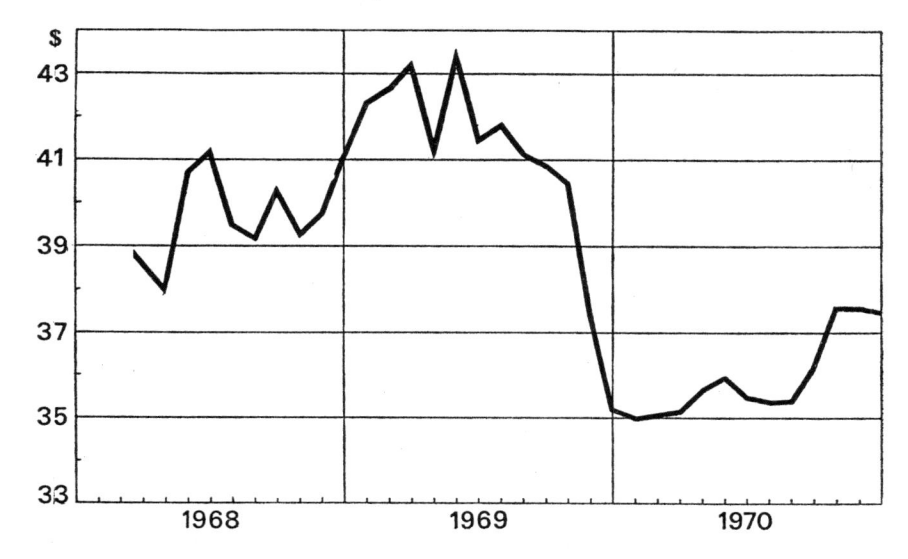

preis einen Höchststand von 43,5 $ erreichte. Hernach trat jedoch eine noch akzentuiertere Baissebewegung ein, die den freien Marktpreis im November 1969 bis auf die Höhe des monetären Goldpreises und zeitweise sogar unter die Grenze von 35 $ die Unze drückte. Es dauerte bis zum Frühjahr 1970, bis der Tiefpunkt überschritten war. Im Oktober 1970 erholte sich der Preis erstmals wieder fühlbar. Ende 1970 bewegte er sich zwischen 37 und 38 $ die Unze, im März 1971 um 39 $.

Zur Erklärung der starken Schwankungen, die der freie Goldpreis in den ersten zwei Jahren nach der Teilung des Marktes durchmachte, muß auf die außerordentlichen Marktbedingungen hingewiesen werden, die diese Periode charakterisieren. Der Zeitabschnitt vom *April 1968 bis zum April 1969*, in welchem der Goldpreis einen ausgeprägt *steigenden Preistrend* aufwies, stand auf der Angebotsseite unter zwei bestimmenden gegenläufigen Einflüssen. Einerseits kam es infolge der nicht erfüllten Erwartungen auf eine massive Erhöhung des monetären Goldpreises und infolge der zunehmenden Zinskosten zu einer teilweisen *Liquidation des spekulativen „Überhangs"* in der Hand Privater von 2,5 Mrd. $, der sich als Folge des Goldrushes im Winter 1967/8 gebildet hatte. Andererseits konnte Südafrika infolge eines hohen Zahlungsbilanzüberschusses einen großen Teil seiner laufenden Goldproduktion, anstatt zu exportieren, in seine offiziellen Reserven legen, die in der Periode um 625 Mio. $ anstiegen. Von der westlichen Goldproduktion von 1,4 Mrd. $ dürften demzufolge auf der Berechnungsbasis von 35 $ die Unze in diesen 12 Monaten weniger als 600 Mio. $ an den Goldmarkt gelangt sein. Um den privaten Goldbedarf zu decken, der allein in bezug auf die industriell-gewerbliche Nachfrage auf über 900 Mio. $ geschätzt wurde, mußte der „Überhang" teilweise abgetragen werden. Daß dies bei ansteigenden Preisen gelang, zeigt, daß der private Bedarf recht bedeutend war. Steigende Preiserwartung führte zu zusätzlicher Nachfrage.

Daß demgegenüber die Preiskurve vom Mai bis Ende 1969 erst langsam und dann steil nach unten tendierte, stand im Zusammenhang mit der Vergrößerung des Angebots aus zwei Quellen: Die rekordmäßige *Steigerung der Zinssätze* — die Dreimonatssätze für Eurodollars erreichten im Juni 1969 12—13%/0 — übte einen starken Einfluß im Sinne der Anlagenumschichtung auf Kosten des Goldbesitzes aus; der sinkende Goldpreis förderte diese Entwicklung noch. Hinzu kam, daß die *südafrikanische Zahlungsbilanz* in ein erhebliches Defizit umschlug, was Südafrika zu großen Goldverkäufen an den Markt zwang.

Nicht nur gelangte vom Mai bis Dezember 1969 die gesamte laufende Goldproduktion von 740 Mio. $ auf den Markt; auch die Goldreserven der südafrikanischen Reservebank zeigten in diesem Zeitraum eine Verminderung von 120 Mio. $. Das südafrikanische Goldangebot von 860 Mio. $, zusammen mit dem erheblichen privaten Goldangebot und dem Ausbleiben monetärer Goldkäufe am Markt mußten einen starken Preisdruck ausüben. Im 4. Quartal 1969 gelangten zwar nur noch 60 %/0 der Neugold-Verkäufe der beiden Vorquartale an den Markt. Preisdrückend wirkte jetzt aber die erstmalige Aktivierung der Sonderziehungsrechte, durch die die Erwartungen auf eine bewußte Erhöhung des monetären Goldpreises, soweit sie noch bestanden, weiter reduziert wurden; auch die D-Markaufwertung, die Verbesserung der Position des Pfundes und die nach wie vor hohen Eurodollarzinssätze ließen die Nettonachfrage am Goldmarkt stark zurückgehen.[141])

Aufgrund der Goldvereinbarung zwischen Südafrika und dem IWF von Ende 1969 öffnete sich den südafrikanischen Goldproduzenten im ersten Quartal 1970, in dem der freie Goldpreis weiterhin die 35-$-Grenze berührte, erstmals wieder ein beträchtlicher *monetärer Absatzkanal*. Vom Januar bis zum März verkaufte die südafrikanische Notenbank an den IWF Gold von nicht weniger als 287 Mio. $, ein Betrag, der die laufende südafrikanische Goldproduktion überstiegen haben dürfte.

---

[141]) Über die Goldmarktbedingungen 1968 und 1969, vergl. Annual Gold Review, Monthly Economic Letter, First National City Bank, Januar 1969 und 1970, ferner Jahresberichte der BIZ 1968/9, S. 115 ff. und 1969/70, S. 123 ff.

b) Der Goldzufluß an den monetären Sektor

Die Aufhebung des Goldpools der Notenbanken im März 1968 hatte nicht nur das Ende weiterer Währungsgoldverluste zur Folge. Die globalen Währungsgoldbestände (Länder und IWF) konnten sogar von einem Tiefstand von 40,13 Mrd. $ Ende März 1968 auf 41,42 Mrd. $ Ende 1970, d. h. um 1,3 Mrd. $ wieder erhöht werden. Im Vergleich zu den Verlusten des Goldpools von 2,72 Mrd. $ im Winter 1967/8 war dies allerdings nur eine teilweise Kompensation. Daß die offiziellen Währungsreserven vom April 1968 bis Ende März 1969 um den außerordentlichen Betrag von 815 Mio. $ gesteigert werden konnten, war — wie bereits erwähnt — nur möglich, weil zur Deckung der privaten Goldnachfrage das private Angebot aus der vorangegangenen Spekulationswelle zur Verfügung stand und weil die südafrikanische Reservebank dank der aktiven Zahlungsbilanz ihren Goldbestand um 625 Mio. $ aufzustocken vermochte. In den folgenden neun Monaten mußte die Südafrikanische Union allerdings infolge der defizitären Gestaltung ihrer Zahlungsbilanz 252 Mio. $ ihrer aufgestockten Goldreserven am Markt wieder verkaufen, was eine neue Verminderung der globalen monetären Reserven verursachte. Im ersten Quartal 1970 kam es dann aber nach Abschluß der Goldvereinbarung zwischen dem IWF und Südafrika erneut zu einer starken Erhöhung der monetären Weltgoldreserven, was mit der Goldpreisbaisse und den dadurch ausgelösten südafrikanischen Goldankäufen an den Währungsfonds im Zusammenhang stand.

Im Jahre 1970 kaufte der Internationale Währungsfonds aufgrund des erwähnten Goldabkommens für 646 Mio. $ Gold. Gleichzeitig holte er von den USA Golddepots von 400 Mio. $ zurück. Umgekehrt verkaufte er Gold gegen nationale Währungen im Gesamtbetrage von 920 Mio. $. Der Goldbestand des IWF vermehrte sich namentlich infolge von Goldeinzahlungen anläßlich der Quotenerhöhung um über 2 Mrd. $, während die monetären Goldreserven der Länder für 1,8 Mrd. $ Gold verloren.

Seit der Teilung des Goldmarktes im März 1968 bis Ende 1970 nahm der monetäre Goldbestand der Länder und der internationalen Organisationen um 1,19 Mrd. $ zu.

Der unregelmäßige Goldzufluß an den monetären Sektor seit der Abspaltung des privaten Goldmarktes im März 1968 kann indessen nicht als Gradmesser für die langfristige künftige Entwicklung der globalen Währungsgoldbestände gelten. Aussagekräftiger ist hier die *strukturelle Marktlage*, die bei stagnierender Goldproduktion eine ständig steigende, das Produktionsvolumen in absehbarer Zeit erreichende, normale private Nachfrage erkennen läßt. Es muß deshalb auf längere Frist damit gerechnet werden, daß der Zuwachs des Währungsgoldes, sofern der Goldpreis unverändert bleibt, progressiv zurückgeht.[142]

c) Die künftige Stellung des Goldes

Die quantitative Bedeutung des Goldes im Währungssystem dürfte weiter abnehmen. Hingegen dürfte das Gold seine Funktion als gemeinsamer Nenner der Währungsparitäten beibehalten, solange das System fester Paritäten fortdauert. Inwieweit das jetzige Nebeneinander zweier Goldpreise, eines mindestens nach oben freien Marktpreises und eines fixierten monetären Preises Bestand hat, hängt einesteils von den Marktverhältnissen ab. Weist auch die *Marktstruktur*, wie gezeigt worden ist, in der Richtung einer graduellen Erhöhung des Warengoldpreises, so brauchte dieser Umstand allein für die nächste Zeit noch nicht zu Befürchtungen hinsichtlich des Weiterbestehens der beiden Goldmärkte Anlaß zu geben. Trotzdem stellt auf die Dauer das Nebeneinander der beiden Goldpreise schon vom Markt her gesehen ein labiles Element des Währungssystems dar, das seitens der monetären Behörden eine Fortsetzung der offiziellen Gold-Kaufs- und Verkaufspolitik erfordert.

Akut könnte die latente Gefahr der beiden Goldmärkte jedoch rasch dann werden, wenn es zu einer *Erschütterung des Vertrauens in den Dollar* käme. Denn das könnte die Privaten veranlassen, die Flucht ins Gold anzutreten, was den freien Marktpreis des Goldes emporschnellen ließe und schließlich auch das bestehende Regime des auf 35 $ fixierten monetären Goldpreises und der Goldkonvertibilität des Dollars in Frage stellen würde.

Eine *Aufwertung des monetären Goldpreises* stößt auf den Widerstand nicht nur der amerikanischen Währungsbehörden, sondern auch aller derjenigen in anderen Ländern, die angesichts der Schaffung der Sonderziehungsrechte eine Erhöhung des Währungsgoldpreises als obsolet und unrationell ansehen.

Andererseits hüten sich jedoch die Währungsbehörden der außeramerikanischen Länder, die große Dollarreserven besitzen, davor, massive Dollarkonversionen in Gold zu fordern, weil sie befürchten, daß dies die USA zur formellen *Einstellung der Goldkonvertibilität des Dollars* veranlassen würde, was die Fundamente des bestehenden Währungssystems in Frage stellen müßte.

Wie lange der bestehende *Schwebezustand* hinsichtlich der Rolle des Währungsgoldes noch dauern und wie er schließlich behoben werden wird, hängt hauptsächlich von der Entwicklung der amerikanischen Zahlungsbilanz und des Dollars ab — Fragen, auf die wir im nächsten Abschnitt eingehen werden.[143]

---

[142] Über die monetären Goldprobleme der Sechzigerjahre vergl. auch Iklé, M., „Das Gold und sein Preis", hrsg. von der Schweiz. Bankgesellschaft, Mai 1970.
[143] Vergl. Abschnitt VII, 3. Kpt.

III. Abschnitt:
Die Rolle des Dollars als internationale Währung

A. DIE HEUTIGEN FUNKTIONEN

Der U.S.-Dollar ist in bezug auf den Mechanismus des internationalen Währungssystems als „the center of the system" bezeichnet worden.[144] Er ist nicht nur die einzige universelle Reservewährung und war in der Nachkriegszeit nicht nur die wichtigste internationale Reservequelle; er stellt für die meisten Währungen auch die Bezugsgröße bei der Paritätsfestsetzung dar. Er steht ferner im Mittelpunkt des internationalen Devisenmarktes sowohl als Interventionsmittel der meisten Notenbanken als auch als täglicher Maßstab der Wechselkurse zwischen Nicht-Dollarwährungen. Der Dollar hat sich darüber hinaus zur überragenden internationalen Transaktionswährung im Handel und den Finanzbeziehungen entwickelt.

Als große internationale Währung, mit einer mächtigen nationalen Wirtschaft und mit starken außenwirtschaftlichen Ausstrahlungen im Hintergrund, stellt der Dollar auch den Angelpunkt für die Stabilität des internationalen Währungssystems dar. Von der Stabilität des Dollars hängt in entscheidendem Maße die Stabilität des internationalen Währungsgebäudes ab. Das rechtfertigt es bisher, von einem Gold-Dollarstandard zu sprechen. Diese zentrale Stellung des Dollars im Währungssystem ist indessen nicht durch internationale Vereinbarungen entstanden, sondern sie hat sich *organisch* mit der Entfaltung der USA zur stärksten Wirtschaftsmacht und zum größten Handelspartner entwickelt.

Bevor wir auf die Entstehung des Dollars als internationale Währung und seine Entwicklung in einem zweiten Unterabschnitt eingehen, sollen hier zunächst die verschiedenen Funktionen, die den Dollar heute als Weltwährung kennzeichnen, näher dargelegt werden.

1. KAPITEL:

DIE ROLLE DES DOLLARS AM DEVISENMARKT

a) Der Dollar als Bezugswährung

Dem U.S.-Dollar wurde in der Bretton Woods-Konvention insofern ausdrücklich eine internationale Funktion zugedacht, als er — wie bereits erwähnt — neben dem Gold, in einem bestimmten Goldgewicht aus-

---

[144] Vergl. Gilbert, M., „The Role of the Dollar in International Monetary Stability", Vortrag vom 22. September 1966 in New York.

gedrückt, als Bezugsgröße der Wechselkursparitäten bezeichnet wurde (Artikel IV/1). Seine Einsetzung als indirekter Paritätsmaßstab ging von der Voraussetzung aus, daß der Goldwert des Dollars vom 1. Juli 1944 von 35 $ stabil bleibe. Eine Währung, deren Goldparität sich wiederholt ändern würde, könnte in einem System, dessen Grundnenner der Goldwert bildet, die Aufgaben eines generellen Paritätsmaßstabes nicht lange versehen.

Unter den wichtigsten Währungsländern außerhalb der Vereinigten Staaten haben alle Mitgliederländer ihre Parität im Verhältnis zum Dollar im Goldwert von 35 $ festgesetzt.[145] Der Dollarkurs bildet für sie — wenigstens solange sein Goldwert unverändert bleibt — das Orientierungszeichen in der Paritätspolitik.

b) Der Dollar als offizielle Interventionswährung

Der Dollar ist aber nicht nur die offizielle Richtschnur für die Einhaltung der Parität, er wird auch in den meisten Ländern von den Währungsbehörden als generelles Interventionsinstrument verwendet, mittels welchem der Wechselkurs laufend innerhalb der vom IWF vorgeschriebenen Margen gehalten wird. Droht der Dollarkurs, ausgedrückt in einer bestimmten Landeswährung, unter die festgelegte Paritätsmarge zu fallen, so nimmt die betreffende Notenbank Dollars zum Kurs des unteren Interventionspunktes aus dem Markt. Droht umgekehrt der Dollarkurs den oberen Interventionspunkt zu überschreiten, so muß die Notenbank Dollars gegen Hereinnahme nationaler Währung abgeben. Mittels der Abgabe oder Hereinnahme von Dollars bei Wechselkursausschlägen werden auch die Zahlungsbilanzschwankungen laufend ausgeglichen.

Die universelle Verwendung des U.S.-Dollars als generelles offizielles Interventionsmittel hat sich aus praktischen Erwägungen ergeben. Sie erlaubt es den Notenbanken, den Wechselkurs nur nach einer Währung zu orientieren und die Betriebsmittel zur Intervention nur in einer Währung zu halten. Diese Praxis wird von allen Ländern außer denjenigen gehandhabt, die, wie die Mitglieder der Sterlingarea oder der äußeren Franc- und Escudozonen, ihre Wechselkurse nach der Währung ihres Reservezentrums orientieren und sich dieser als Interventionswährung bedienen.

Die Wechselkurse zwischen den Nicht-Dollarwährungen werden infolgedessen nicht direkt, sondern nur indirekt über den Dollar bestimmt (crossrates). Wie bereits im Abschnitt über das Wechselkursregime dar-

---

[145] Vergl. Mc Kinnon, R. J., „Private and Official International Money: The Case for the Dollar", Essays in International Finance Nr. 74, Princeton, April 1969, S. 6.

gelegt worden ist,[146]) hat dies zur Folge, daß sich die Wechselkursspannen der Nicht-Dollarwährungen gegenüber dem Dollar im Verhältnis zueinander kumulieren. Wenn von den Mitgliedstaaten des IWF die in den Fondsstatuten zugelassenen maximalen Bandbreiten von 1% nach oben oder nach unten von der Parität gegenüber dem Dollar appliziert werden, ergeben sich daraus zwischen den Nicht-Dollarwährungen summierte Kursspannen von 2%. Steigt beispielsweise der Französische Francs gegenüber dem Dollar von der Parität auf den oberen vom IWF zugelassenen Interventionspunkt (+ 1%), während gleichzeitig die Lira von der Parität auf den unteren Interventionspunkt gegenüber dem Dollar (— 1%) fällt, so macht die Schwankung der crossrate ffr./Lit. 2% aus. Fällt die eine Nichtdollarwährung vom oberen auf den unteren Interventionspunkt, während gleichzeitig die andere Nicht-Dollarwährung vom unteren auf den oberen Interventionspunkt steigt, so ergeben sich zwischen beiden extreme Schwankungen von 4%. Das zeigt, daß sich die Konsequenzen der Verwendung des Dollars als einziger Bezugs-Interventionswährung auch auf die Währungen der EWG-Länder untereinander auswirken. Da die europäischen Länder im Rahmen des „Europäischen Währungsabkommens" ihre Wechselkursspannen gegenüber dem Dollar zum größten Teil auf ³/₄% begrenzt haben, sind die Unterschiede allerdings faktisch geringer.

Der Gebrauch des Dollars als generelle Interventionswährung hat zur Voraussetzung, daß die Notenbanken der betreffenden Länder Betriebsfonds an Dollars für Interventionszwecke unterhalten. Die betreffenden Dollarbestände sind jedoch zu unterscheiden von den offiziellen Dollarguthaben, die als Reserven für den Fall größerer Zahlungsbilanzdefizite bereitstehen. Einzelne Länder wie Holland, Belgien und die Schweiz halten Dollars grundsätzlich nur im Umfang der für die laufenden Interventionen benötigten Betriebsmittel; die traditionelle Reservefunktion wird dort nicht vom Dollar, sondern immer noch vom Gold ausgeübt.

Da der U.S.-Dollar das einzige generelle Interventionsmittel der Notenbanken am Kassadevisenmarkt darstellt, fehlt jedoch den *USA* selber ein solches Interventionsinstrument. Die Interventionspolitik der ausländischen Notenbanken gegenüber dem Dollar sorgt allerdings dafür, daß der Dollar im laufenden Verkehr innerhalb der Paritätsmargen bleibt. Der Dollar kann am Devisenmarkt als offizielles generelles Interventionsmittel nur dann unbeschränkt von den ausländischen Notenbanken verwendet werden, wenn diese die Möglichkeit haben, übermäßige Dollarbeträge, die ihnen im Rahmen ihrer Interventionspolitik zufließen können, gegen *Gold* oder andere Reservearten abzustoßen. Die Vereinigten Staaten haben sich ihrerseits bei der Inkraftsetzung der

---

[146]) Vergl. S. 27 ff.

Bretton Woods - Konvention freiwillig zur alternativen Methode der Wechselkursstabilisierung bereit erklärt, anstatt durch Interventionen am Devisenmarkt Gold zu einem festen Preis im Verkehr mit ausländischen Währungsbehörden zu kaufen und zu verkaufen. Zuzüglich oder abzüglich einer „handling charge" von 1/4% macht der betreffende Preis 35.085 resp. 34.91258 $ aus. Die amerikanischen Goldverkäufe sind nach einer immer wiederkehrenden offiziellen Formel auf „legitimate monetary purposes" beschränkt; was hierunter zu verstehen ist, wurde nie genau interpretiert. Nach der Auffassung der amerikanischen Währungsbehörden wären beispeilsweise Goldverkäufe an Notenbanken, die dieses Gold zu Gewinnzwecken zu einem hohen Preis an den Markt absetzen würden, ausgeschlossen.

Der Dollar ist also für die ausländischen Währungsbehörden formell in Gold konvertibel; er stellt auch für alle andern konvertiblen Währungen ein Bindeglied zum Gold — und zwar faktisch das einzige im Währungssystem — dar.[147]

Entsprechend der besonderen Rolle des Dollars als Interventions- und Reservewährung setzen sich die amerikanischen Währungsbestände praktisch ausschließlich aus Gold zusammen. Daß die Statistik der Währungsreserven der USA seit anfangs der Sechzigerjahre auch Devisenguthaben zeigt, die zeitweise auf nahezu 4 Mrd. $ angestiegen sind,[148] steht zum großen Teil im Zusammenhang mit Swapvereinbarungen der Federal Reserve Bank (FED) mit einer Reihe von Notenbanken und mit der Inanspruchnahme des Swapabkommens insbesondere durch Großbritannien, demzufolge die FED temporär gegen die Abgabe von Dollars hohe Beträge von kursgesicherten Sterling erhalten hat. Die betreffenden Devisenguthaben stellen jedoch, wie bereits erwähnt, keine zur Verteidigung der Währung einsatzfähigen Reserven dar. Im Gefolge der Liquidierung der Swapbeanspruchungen durch England haben sie sich bis Ende 1970 wieder auf 0,63 Mrd. $ zurückgebildet.

Um die Gefahr von Goldabflüssen zu vermindern, haben jedoch 1961 das amerikanische Schatzamt und hernach die Federal Reserve Bank of New York begonnen, selber mit ausländischen Devisen am Markt zu intervenieren, indem sie entweder auf dem Terminmarkt den Dollar stützen oder ausländischen Währungsbehörden eine temporäre Kurssicherung für die ihnen anfallenden zusätzlichen Dollarguthaben verschafften. So haben beispielsweise die amerikanischen Währungsbehörden durch die Inanspruchnahme des Swap-Abkommens mit der Schweizerischen Nationalbank und der BIZ von diesen wiederholt Be-

---

[147] Über die Goldkonvertibilität des Dollars vergl. auch die entsprechenden Darlegungen im Abschnitt „Die monetäre Rolle des Goldes", s. S. 107 ff.

[148] Vergl. Tabelle Nr. 10.

Tabelle Nr. 10

Die Währungsreserven der USA

Jahres-ende	Total	Gold	Konvertible Devisen	Reserve-position gegenüber dem IWF	Sonder-ziehungs-rechte
			(in Mio. $)		
1956	23.666	22.058	—	1.608	—
1957	24.832	22.857	—	1.975	—
1958	22.540	20.582	—	1.958	—
1959	21.504	19.507	—	1.997	—
1960	19.359	17.804	—	1.555	—
1961	18.753	16.947	116	1.690	—
1962	17.220	16.057	99	1.064	—
1963	16.843	15.596	212	1.035	—
1964	16.672	15.471	432	769	—
1965	15.450	13.806	781	863	—
1966	14.882	13.235	1.321	326	—
1967	14.830	12.065	2.345	420	—
1968	15.710	10.892	3.528	1.290	—
1969	16.964	11.859	2.781	2.324	—
1970	14.487	11.072	629	1.935	851

Quellen: Federal Reserve Bulletin; 1970: Int. Financial Statistics.

träge von Schweizerfranken erworben, mit diesen Schweizerfranken der bei der schweizerischen Notenbank übermäßig anfallenden Dollars zurückgekauft und so praktisch in den schweizerischen Währungsreserven vorübergehend ungesicherte Dollars durch *kursgesicherte* ersetzt. Eine Kurssicherung kann im Rahmen einer Swapvereinbarung dadurch erzielt werden, daß die Federal Reserve Bank einer ausländischen Notenbank Dollars gegen nationale Währung des betreffenden Landes verkauft mit der Verpflichtung, diese zum gleichen Kurs nach Ablauf einer bestimmten Frist wieder zurückzukaufen.

c) *Der Dollar als Hauptmedium am privaten Devisenmarkt*

Die zentrale Rolle des Dollars am Devisenmarkt ergibt sich jedoch nicht allein aus seiner Verwendung als offizielle Interventionswährung. Der U.S.-Dollar übt auch im privaten internationalen Devisenhandel unter den Geschäftsbanken die Funktion des Hauptmediums aus, über das sich fast alle Devisentransaktionen abwickeln. Der Austausch von zwei Nicht-Dollarwährungen vollzieht sich in der Regel in zwei Transaktionen: nämlich in einem Kauf von Dollars gegen die erste Währung und einem Verkauf der betreffenden Dollars gegen die zweite Währung. Will beispielsweise ein Gebietsansässiger in Deutschland Pfund Sterling kaufen, so wechselt er zuerst seinen Markbetrag in U.S.-Dollars um, um nachher mit den Dollars die gewünschten Pfund Sterling zu erwerben. Das hängt damit zusammen, daß der Dollar einen großen Markt aufweist und daß man für Dollars im Devisenhandel gegen jede andere Währung stets Gegenkontrahenten findet, während dies für den direkten Tausch zweier Nicht-Dollarwährungen nur selten der Fall ist. Entsprechend werden auch im privaten Devisenhandel die Wechselkurse der Nicht-Dollarwährungen stets in Dollars notiert. Die Devisenkurse beziehen sich dabei, mit Ausnahme des Pfundes, stets auf einen Dollar; einzig der Wechselkurs des Pfund Sterling wird umgekehrt in einem bestimmten Dollarbetrag ausgedrückt.

Der Umstand, daß der U.S.-Dollar auf der ganzen Welt als Transaktionswährung gebraucht wird und daß die Vereinigten Staaten ihre Geschäfte mit dem Ausland größtenteils auf Dollarbasis abwickeln können, hat zur Folge, daß sich der internationale Devisenhandel zum größten Teil außerhalb der USA abspielt. Die Bedeutung New Yorks als Devisenmarkt ist, abgesehen vom Handel in kanadischen Dollars und lateinamerikanischen Währungen, wesentlich geringer als diejenige Londons und verschiedener kontinental-europäischer Devisenhandelsplätze. Der New Yorker Markt in europäischen Devisen wurde erst etwas belebter, als anfangs der Sechzigerjahre das amerikanische Schatzamt und später auch die Federal Reserve Bank mit via Swaps erworbenen Devisen am Devisenmarkt einen beschränkten Einfluß auszuüben begannen.

2. KAPITEL:

DER DOLLAR ALS WELTHANDELSWÄHRUNG

a) *Die Vehikel-Funktion*

Die Stellung des Dollars als Bezugswährung und generelle Interventionswährung der Notenbanken sowie als Bezugsgröße und generelle Transaktionswährung des privaten Devisenhandels steht in engem Zusammenhang mit seiner Funktion als *internationale Handels- und Finanzwährung*. Der U.S.-Dollar wird in internationalen Handels- und Finanztransaktionen auf weltweiter Basis als Fakturierungs- und Zahlungsmittel verwendet. Nicht nur wird der amerikanische Handels- und Zahlungsverkehr mit dem Ausland in Dollars abgewickelt; auch zwischen Drittländern wird ein beträchtlicher Teil der internationalen Transaktionen auf Dollarbasis durchgeführt und in Dollars finanziert. Der Dollar wird entsprechend auch als internationale Fakturierungs- und Transaktionswährung oder als „vehicle currency" bezeichnet.[149]

---

[149] Vergl. Roosa, R. V., „Monetary Reform for the World Economy", New York 1965, S. 8 ff.

Neben dem Dollar übt auch noch immer das Pfund Sterling diese Rolle in allerdings bescheidenerem und regional begrenztem Rahmen aus.

Der Anteil des Welthandels, der in Dollars fakturiert und finanziert wird, dürfte sich Mitte der Sechzigerjahre zwischen einem Drittel und der Hälfte des Marktumsatzes bewegt haben.[150] Seither hat die Rolle des Dollars als Fakturierungs- und Finanzierungswährung im Welthandel noch wesentlich zugenommen, während der Anteil des Pfund Sterling an der Welthandelsfinanzierung rückläufig war. Im Zusammenhang mit der Liberalisierung und starken Entwicklung der internationalen Kapitaltransaktionen hat in den Sechzigerjahren auch die Funktion des Dollars als Träger kurz- und langfristiger *Finanztransaktionen* einen starken Auftrieb erfahren. Nach einer Schätzung von Hayes wurden im Jahre 1967 von den internationalen Finanztransaktionen mehr als die Hälfte auf Dollarbasis abgewickelt.[151] Auch im internationalen Reiseverkehr hat der Dollar als internationales Zahlungsmittel durch den Dollar-Travellerscheck erhebliche Verbreitung erfahren.

b) *Der Umfang der privaten kurzfristigen Dollarguthaben des Auslands*

Die Verwendung des Dollars als Hauptmedium auf dem Devisenmarkt und als Vehikel-Währung im internationalen Zahlungsverkehr erfordert das Halten hoher liquider Dollarguthaben durch ausländische Handelsbanken und große Handels- und Industriefirmen. Von Ende 1950 bis 1969 haben die privaten kurzfristigen Dollarguthaben von 2,11 Mrd. $ auf nicht weniger als 28,36 Mrd. $ zugenommen. Machte der Anteil der privaten Dollarguthaben an den Gesamtguthaben 1950 noch weniger als ein Viertel aus, so war er Ende 1969 auf zwei Drittel gestiegen (vergl. Tabelle Nr. 11.) Das quantitative Gewicht des Dollars als internationale Transaktionswährung machte mehr als das Zweifache seines Gewichts als Reservewährung aus (vergl. auch Diagramm C). Im Jahre 1970 sind die privaten Dollarguthaben des Auslandes im Zusammenhang mit den Rückzahlungen von Eurodollarverpflichtungen durch die U.S.-Banken wieder etwas zurückgegangen.

Von Kriegsende bis Mitte der Sechzigerjahre nahmen die privaten Dollarguthaben des Auslands ziemlich regelmäßig parallel zur Vergrößerung des Welthandels zu.[152] Solange der Dollar die wichtigste

---

[150] Vergl. Aubrey, H. G., „The Dollar in World Affairs", New York 1964, S. 175; er schätzt den Anteil auf gut die Hälfte. „The Economist" (18. — 24. Juni 1966, S. X), veranschlagte den Anteil des Dollars auf einen Drittel.

[151] Vergl. Hayes, A., „The Dollar in the World to-day", Vortrag in New York vom 8. Juni 1967.

[152] Vergl. Roosa, R. V., a. a. O., S. 24, S. 50/1.

Tabelle Nr. 11

Kurzfristige Dollarguthaben des Auslands

Jahresende	1950	1958	1962	1965	1968	1969	Sept. 1970
Gesamte kurzfristige Dollarguthaben des Auslandes	8,89	16,84	24,07	29,12	33,61	41,92	44,21
davon *offizielle*[1])	4,89	9,65	12,71	15,37	12,48	11,99	17,76
private	2,11	3,52	8,36	11,48	19,38	28,24	25,10
davon Guthaben der Banken	2,06	3,46	5,25	7,36	14,30	23,68	20,40
Anteil der privaten Guthaben an den Gesamtguthaben in Prozenten	23,73	20,90	34,73	39,42	57,66	67,37	57,05

[1]) ohne internationale Institutionen, aber inkl. BIZ.

Quelle: International Financial Statistics.

Welthandelswährung bleibt, wird aus dem Zuwachs des Welthandels ein stetiger zusätzlicher Bedarf des Auslands an liquiden Dollarmitteln resultieren. Dieser Umstand stellt einen wichtigen Grund dafür dar, daß die Vereinigten Staaten 1965 neben der traditionellen Berechnungsmethode der Zahlungsbilanz auf Liquiditätsbasis eine weitere Berechnungsart, nämlich diejenige der „official settlements", eingeführt haben, die den Zuwachs der privaten Dollarguthaben des Auslands als autonome Kapitalbewegung und nicht als Ausgleichsposten der Zahlungsbilanz behandelt.[153])

Der sprunghafte Anstieg der privaten Dollarguthaben in der zweiten Hälfte der Sechzigerjahre steht im Zusammenhang mit der gewaltigen Expansion, die der *Eurodollarmarkt* in dieser Zeit durchgemacht hat. Von 8 Mrd. $ (Ende 1964) erhöhte sich sein Nettovolumen (abzüglich Wiederanlagen) Ende 1969 auf 37,5 Mrd. $; das waren vier Fünftel des Gesamtvolumens des Eurogeldmarktes (vergl. Diagramm D).[154]) Die gesamten Fremdwährungskonten der Depositenbanken beliefen sich Ende 1969 auf 54,7 Mrd. $.

Der *Eurodollar* unterscheidet sich vom gewöhnlichen U.S.-Dollar dadurch, daß die betreffenden Dollarguthaben durch die Besitzer aus Zinsgründen bei Banken *außerhalb* der USA deponiert und von diesen Ban-

---

[153]) Über die verschiedenen Berechnungsarten der amerikanischen Zahlungsbilanz siehe die Spezialtabelle Nr. 17, S. VII, 65 a und b mit Kommentar.

[154]) Schätzungen der BIZ, Jahresberichte 1966/7 und 1969/70; über die Entwicklung des Eurogeldmarktes siehe eingehender 2. Teil, VIII. Abschnitt.

Diagramm D
Der Anteil des Dollars am Eurogeldmarkt

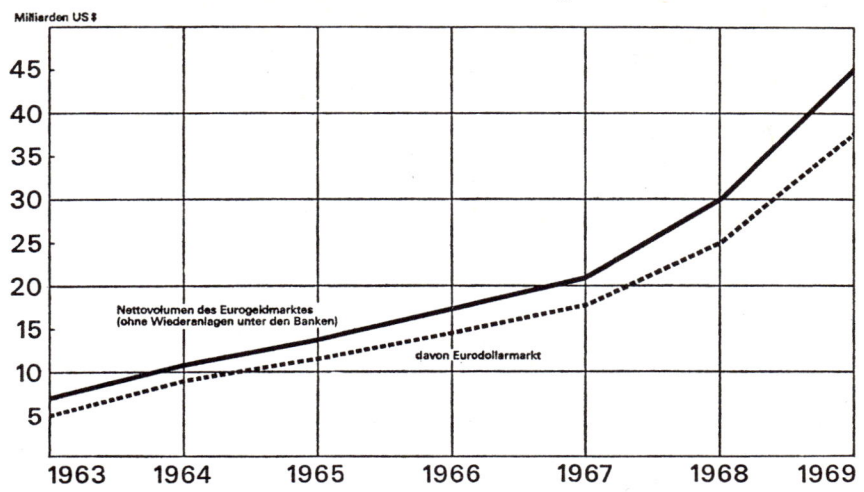

[Diagramm: Milliarden US $, Jahre 1963–1969; Nettovolumen des Eurogeldmarktes (ohne Wiederanlagen unter den Banken); davon Eurodollarmarkt]

ken weiter geliehen werden. Der Dollar hat durch die Entwicklung des Eurodollarmarktes den Status einer Art „exterritorialer Währung" erlangt.[155]) Die Vorteile der Anlagen am Eurodollarmarkt — insbesondere die höheren Zinsen und die zahlreichen erstklassigen Schuldner — haben die Anziehungskraft von privaten Dollarguthaben im Ausland erheblich gesteigert; zeitweise ging die Vermehrung der Dollarguthaben der Privaten im Ausland sogar auf Kosten der offiziellen Dollarguthaben der ausländischen Notenbanken. Entsprechend dem pilzartigen Wachstum des Eurodollarmarktes wiesen auch die Dollarpositionen der europäischen Banken in der zweiten Hälfte der Sechzigerjahre progressiv steigende Zuwachsraten auf (vergl. Tabelle Nr. 12).

Tabelle Nr. 12

Dollarpositionen der berichtenden Banken gegenüber Devisenausländern[1])

Jahresende	1964	1965	1966	1967	1968	1969	1970
				(in Mrd. $)			
Verbindlichkeiten	9,65	11,39	14,76	18,11	26,86	46,06	74,93
Forderungen	9,00	11,59	16,06	19,89	30,42	47,57	77,68
Nettoposition	— 0,65	+ 0,20	+ 1,30	+ 1,78	+ 3,56	+ 1,51	+ 2,75

[1]) Banken Belgiens, der Bundesrepublik Deutschland, Frankreichs, Großbritanniens, Italiens, der Niederlande, Schwedens und der Schweiz.
Quelle: Jahresbericht der BIZ 1969/70, S. 166, 1970/I S. 187.

---

[155]) Vergl. Roosa, R. V., „The American Share in the Stream of International Payments", Vortrag in Philadelphia vom 11. April 1969.

c) Der Dollar im langfristigen internationalen Kapitalverkehr

Die Verwendung des Dollars als internationale Transaktionswährung beschränkt sich indessen nicht allein auf kurzfristige Geschäfte. Auch die *langfristigen internationalen Kapitalbewegungen* werden in großem Umfang auf Dollarbasis abgewickelt. Während bis Ende der Fünfzigerjahre die internationalen Dollaranleihen zum größten Teil in Form von konventionellen, in New York aufgelegten Anleihen placiert wurden, verlagerte sich jedoch in den Sechzigerjahren das Schwergewicht der internationalen Dollaranleihen auf den langfristigen *Eurobondmarkt*. Das war die Folge der Einführung der amerikanischen Zinsausgleichsteuer im Jahre 1963, die den New Yorker Emissionsmarkt für einen Teil der Welt, nämlich für Europa, praktisch unzugänglich machte. Der Ausfall New Yorks als Bezugsquelle für Auslandanleihen und der steigende Kapitalbedarf amerikanischer Firmen im Ausland als Folge der amerikanischen Beschränkungen von Direktinvestitionen im Ausland gaben der Entwicklung des Eurobondmarktes einen starken Auftrieb. Von den im Jahre 1968 außerhalb der USA aufgelegten internationalen Anleihen lauten drei Fünftel, von den 1969 aufgelegten ein Drittel auf

Diagramm E

Internationale Anleihen

Kumulative Bruttoergebnisse seit Ende 1962

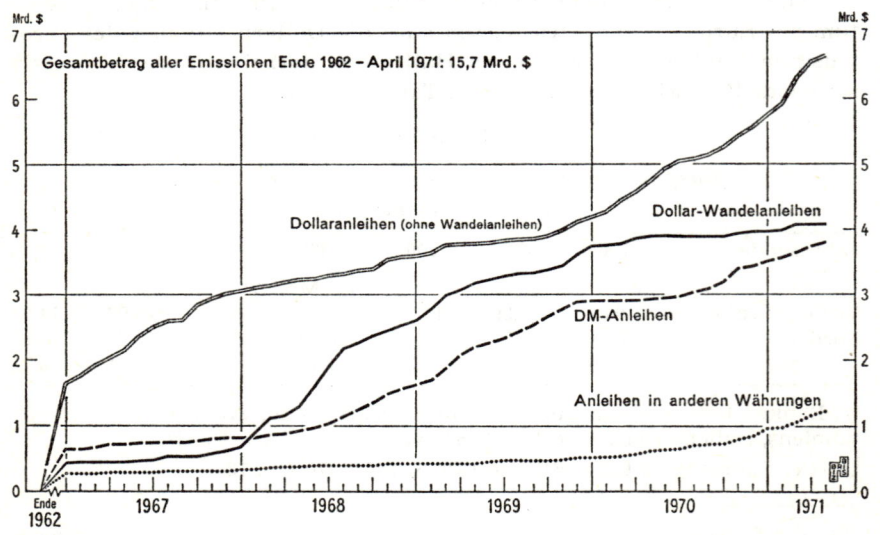

Quelle: Jahresbericht der BIZ 1970/71, S. 61

amerikanische Emittenten. Das nachstehende Diagramm, das die kumulativen Emissionen von internationalen Anleihen wiedergibt, läßt erkennen, daß die Dollaranleihen den Betrag von auf andere Währungen lautenden internationalen Anleihen weit übersteigen; doch haben von 1968 bis zur D-Markaufwertung von Ende 1969 auch die DM-Anleihen auf dem internationalen Markt eine bemerkenswerte Erhöhung erfahren.

Tabelle Nr. 13

Nationale Auslandsanleihen und international begebene Anleihen

	1964	1965	1966	1967	1968	1969	1970
	(in Mrd. $)						
Total der Ausland-Anleihen	2292	2938	3123	4222	6359	5284	4762
a) an nationalen Märkten emittierte Anleihen[1])	1454	1892	2015	2333	2991	2174	1926
davon in New York	1191	1617	1448	1933	1905	1355	1390
b) international begebene Anleihen[2])	838	1046	1107	1889	3368	3110	2836
c) von Emittenten in den USA aufgelegte Ausland-Anleihen	—	341	629	598	2232	1257	840
davon international emittiert	—	331	439	527	2059	1032	742

[1]) Anleihen mit durchschnittlicher Laufzeit von 5 Jahren und mehr.
[2]) Inkl. Anleihen von Gebietsfremden, die vom März 1964 bis Ende 1967 in der Bundesrepublik Deutschland begeben wurden.

Quellen: Jahresberichte der BIZ 1966/7, S. 52, 1968/9, S. 52, 1969/70, S. 49.

Verstärkt wurde die Rolle des Dollars als internationale Währung direkt oder indirekt auch durch den gewaltigen Zuwachs der *amerikanischen Direktinvestitionen* im Ausland, die von 11,79 Mrd. $ (Ende 1950) auf 70,76 Mrd. $ (Ende 1969) anstiegen. Die wachsende Zahl von amerikanischen Firmen mit Niederlassungen im Ausland, die von einer starken Expansion auch der amerikanischen Banken in der Außenwelt begleitet ist, hat die Verwendung des Dollars als internationale Transaktionswährung erheblich gesteigert. Die gleiche Wirkung haben auch die zunehmenden Wertschriften- und Direktinvestitionen des Auslands in den USA.

d) Die Gründe der Entwicklung des Dollars zur internationalen Transaktionswährung

Das Bedürfnis nach Abwicklung der internationalen Handels- und Finanztransaktionen in einer einzigen oder wenigen Hauptwährungen hängt mit den technischen Vorteilen eines einheitlichen Fakturierungs-, Zahlungs- und Finanzierungsinstrumentes zusammen. Wenn jede

Handelsfirma ihre internationalen Transaktionen in Dutzenden von Währungen durchführen und darin Buch halten müßte, würden sich die Dinge sehr komplizieren. Es hat sich deshalb schon vor dem Ersten Weltkrieg der Usus durchgesetzt, den internationalen Zahlungsverkehr vornehmlich auf der Basis einer Währung — damals war es noch in erster Linie das Pfund Sterling — abzuwickeln.

Damit eine Währung der Funktion einer internationalen Transaktionswährung genügen kann, müßen vor allem drei wirtschaftliche Bedingungen erfüllt sein: erstens muß hinter einer solchen Währung ein *starkes Wirtschafts- und Welthandelspotential* stehen. Zweitens muß das Land einen *großen Finanzmarkt* besitzen, auf dem das Ausland seine liquiden Mittel zinstragend anlegen und auf dem es bei Bedarf jederzeit kurz oder langfristig Kredit zu angemessenen Zinsbedingungen erhalten kann. Drittens muß ein Land, das in dieser Weise die Rolle des Weltbankiers spielen muß, eine *starke, stabile und konvertible Währung* besitzen.[156]

Diesen Voraussetzungen vermögen die Vereinigten Staaten wie kein anderes Land zu genügen. Mit 40% der *industriellen Kapazität* des Westens, mit einem Sozialprodukt, das 1970 die Grenze von tausend Milliarden Dollar erreichte, mit einem Außenhandel, der, obwohl im Verhältnis zum Inlandmarkt gering, in den Fünfziger- und Sechzigerjahren ein Sechstel des gesamten Welthandels ausmachte, haben die USA alle anderen Ländern als Wirtschaftsmacht und Handelspartner überflügelt.

Der Dollar war nach dem Krieg die einzige wichtige Währung, die frei konvertibel und stabil war und die auf einer starken monetären Basis beruhte. Seine Stabilität kam darin zum Ausdruck, daß seine *Goldparität* seit 1934 *unverändert* geblieben war und daß die Vereinigten Staaten bis Mitte der Sechzigerjahre eine *geringere Inflationsrate* aufwiesen als die meisten übrigen Länder.

Auch war die unvergleichliche *monetäre Position* der Vereinigten Staaten unmittelbar nach dem Krieg — der Umstand, daß sie einen Goldbestand von nahezu 25 Mrd. $ oder drei Viertel der Weltgoldreserven aufwiesen — ein starker Pfeiler des Vertrauens in den Dollar. Der Dollar war ferner nach dem Krieg die einzige große Währung, die frei transferiert werden konnte und die für Private im Ausland auch stets in andere Währungen konvertibel war. Es kam hinzu, daß gleichzeitig das Pfund, die frühere erste Welthandelswährung, diese Eigenschaften in der Nachkriegszeit verloren hatte.

Bis Ende der Sechzigerjahre hat zwar die *monetäre Netto-Position des Dollars* infolge des *Rückganges* der amerikanischen Goldreserven auf weniger als 12 Mrd. $ Ende 1969 und des Anstiegs der kurzfristigen

---

[156] Vergl. auch Roosa, R. V., a. a. O., S. 22.

Dollarverbindlichkeiten gegenüber dem Ausland von 7 Mrd. $ (Ende 1949) auf 46 Mrd. $ (Ende 1969) eine wesentliche Schwächung erfahren. Auch ist die Konvertibilität des Dollars in Gold nicht mehr über alle Zweifel erhaben und hat die Devisen-Konvertibilität des Dollars für die Inländer durch die Kapitalexportbeschränkungen einen Einbruch erlitten. Zudem wies die Inflationsrate in den Vereinigten Staaten Ende der Sechzigerjahre eine höhere Steigerung als der Durchschnitt der übrigen Industrieländer auf.

Trotz dieser Entwicklung ist jedoch die *Vertrauensgrundlage* des Dollars als Welthandelswährung bis dahin *erhalten* geblieben. Das Währungsrisiko des Dollars wird in vielen Ländern deshalb gering eingeschätzt, weil im Falle einer Dollarabwertung eine gleichzeitige Abwertung der meisten übrigen erwartet werden müßte. Auch hält man am Dollar als Welthandelswährung fest, weil ohne ein generelles Transaktionsmittel nicht auszukommen ist und sich außer dem Dollar keine Währung findet, die ihr in dieser Beziehung ebenbürtig wäre.

Eine starke Anziehungskraft auf den Dollar als internationale Transaktionswährung übt auch der *große Finanzmarkt* aus, der hinter dem Dollar steht. Auf dem New Yorker Geldmarkt können die ausländischen Banken und Handelsfirmen jederzeit umfangreiche Dollarguthaben zinsbringend kurzfristig anlegen und bei Bedarf wieder abdisponieren, ohne daß dadurch Marktstörungen entstehen. In New York oder am Eurodollarmarkt können umgekehrt auch große Dollarbeträge kurzfristig geborgt werden. Daß der New Yorker Geldmarkt seine früheren Funktionen in den Sechzigerjahren zum großen Teil an den Eurodollarmarkt der Banken im Ausland hat abtreten müssen, stand im Zusammenhang mit den marktwidrigen amerikanischen Zinslimiten auf Sicht- und Zeitdepositen und der Beschränkung der amerikanischen Bankkredite an das Ausland. New York hat zudem aus zahlungsbilanzpolitischen Gründen während der Sechzigerjahre in seiner Bedeutung als langfristiges Kapitalexportzentrum eine erhebliche Einbuße erlitten. Trotz dieser Schwächung New Yorks als internationales Finanzzentrum hat jedoch der Dollar dank der teilweisen Substituierung durch den Eurogeldmarkt und den Eurobondmarkt den notwendigen finanztechnischen Hintergrund einer internationalen Transaktionswährung nicht verloren. Zum größeren Teil sind der Eurodollarmarkt und der Eurobondmarkt — um eine Definition Emmingers zu gebrauchen — „lediglich exterritoriale Teile des amerikanischen Geld- und Kapitalmarktes, die nach dem Ausland transferiert worden sind, um die amerikanische Kontrolle auf Zinsen und Kapitalexporten, Mindestreserveverpflichtungen usw. zu vermeiden." [157]

---

[157] Vergl. Emminger, O., „The present and future status of the key currencies", Vortrag in Genf vom 19. Mai 1970.

3. KAPITEL:

DER DOLLAR ALS RESERVEWÄHRUNG

a) Die quantitative Bedeutung

Dollarguthaben werden indessen nicht nur als Betriebsmittel von Privaten und offiziellen Stellen im Ausland gehalten. Eine höhere Form als internationale Währung übt der Dollar dadurch aus, daß er von den meisten *Notenbanken* auch als *Reservewährung, als Bestandteil ihrer offiziellen Währungsreserven* gehalten wird. Daß die kurzfristigen Verbindlichkeiten der USA gegenüber Amtsstellen im Ausland von 3,4 Mrd. $ (Ende 1948) auf 17,76 Mrd. $ (Ende September 1970) angewachsen sind, ist vor allem der Reservewährungsrolle des Dollars zuzuschreiben. Vom gesamten Zuwachs der Weltwährungsreserven in dieser Periode entfiel rund die Hälfte auf die Zunahme der Dollarreserven. Die kurzfristigen Verpflichtungen der USA gegenüber ausländischen Amtsstellen machten Ende September 1970 21,87 Mrd. $ oder 58 % der gesamten Devisenreserven der Welt[158]) aus. Der Dollar stellt somit schon quantitativ bei weitem die *Haupt*reservewährung dar.

Im Unterschied zum Pfund Sterling, das nur noch eine regionale Reservewährung im Rahmen des Sterlingraumes ist, stellt der Dollar zudem die einzige Reservewährung dar, die *universelle* Verwendung findet. Von den marktfähigen offiziellen Dollarguthaben von Notenbanken und Regierungen von 17,76 Mrd. $ Ende September 1970 waren 11,16 Mrd. $ oder 62 % im Besitz Westeuropas, 3,26 Mrd. $ oder ein Fünftel wurden von asiatischen Ländern, 1,72 Mrd. $ oder 9 % von lateinamerikanischen Notenbanken und Regierungen gehalten; Kanada besaß Dollarreserven von 620 Mio. oder 3,5 % aller offiziellen Dollarguthaben.

Die Entwicklung der Reserveguthaben gegenüber den USA und die verschiedenen Formen, in denen diese gehalten werden, geht aus der Zusammenstellung auf der folgenden Seite hervor.

Hatten bis anfangs der Sechzigerjahre alle Reservewährungen gegenüber den USA liquiden Charakter und lauteten alle auf Dollars, so erscheinen seit 1962 unter den Reservewährungsguthaben auch nicht-liquide sowie auf die Währungen von Gläubigerländern lautende ausländische Guthaben, was, wie noch zu zeigen sein wird, mit den Bemühungen der amerikanischen Währungsbehörden zur Aufrechterhaltung der kurzfristigen Guthaben des Auslands zusammenhängt.

---

[158]) Marktfähige und nicht marktfähige Verpflichtungen; Gesamtreserven nach Abzug der amerikanischen Devisenreserven, die hauptsächlich aus Swaps stammen.

Tabelle Nr. 14

Die Komponenten der offiziellen Reserveguthaben des Auslands gegenüber den USA

	1949	1955	1960	1962	1965	1966	1967	1968	1969	Juni 1970
					(in Mrd. $)					
Total der offiz. Guthaben	4,8	9,7	12,5	14,4	17,3	15,5	18,3	17,5	16,0	19,5
davon liquide Guthaben	3,4[1])	8,3	11,1	12,7	15,4	13,7	15,7	12,5	12,0	15,3
gewisse nicht-liquide Guthaben[2])	—	—	—	0,3	0,5	1,3	2,6	5,0	4,1	4,2
Dollar-Wertschriftenportefeuille d. brit. Regierung	..	..	1,4	1,4	1,4	0,5	—	—	—	—
Von den totalen offiziellen Guthaben lauten auf Dollars	4,8	9,7	12,5	13,9	15,9	14,3	15,3	15,0	13,9	—
Nicht-Dollarwährungen[3])	—	—	—	0,5	1,4	1,2	3,0	2,5	2,2	—

[1]) 1949
[2]) nicht-liquide offizielle Guthaben des Auslands gegenüber den USA, die in der amerikanischen Zahlungsbilanzstatistik der zentralen Reservetransaktionen Eingang finden.
[3]) Roosabonds (auf Währungen der Gläubigerländer lautende Schuldverschreibungen des amerikanischen Schatzamtes) sowie ausstehende Swap-Verpflichtungen des Federal Reserve Systems.

Quellen: International Financial Statistics.
Jahresbericht IWF 1970, S. 18 und Angaben des IWF.

b) Die Hauptmotive des Dollarreservesystems

Wie im Abschnitt über das multiple Reservesystem bereits dargelegt wurde,[159]) besteht das Grundmotiv für die Haltung eines Teils der Währungsreserven in Form von Reserveguthaben in der Zinsorientiertheit der Währungsbehörden. Hätten die Reservewährungsguthaben den Zinsvorteil dem Gold nicht voraus, so hätte sich das Reservewährungssystem kaum entwickeln können. Das gilt vom Dollarreservesystem noch in stärkerem Maße als vom Reservesystem des Pfund Ster-

[159]) Vergl. S. 81 ff.

ling. Um die Anlage der Währungsreserven in Dollarguthaben zu fördern, haben die amerikanischen Währungsbehörden die Haltung von Dollarreserven des Auslandes durch fiskalische und zinspolitische Erleichterungen zugunsten der offiziellen ausländischen Stellen in den Sechzigerjahren systematisch begünstigt.[160])

Daß der Dollar zur *Hauptreservewährung* wurde, ist teils den gleichen Gründen zuzuschreiben, die ihn zur internationalen Transaktionswährung machten: der großen amerikanischen Wirtschaftsmacht, der großen Bedeutung der USA als Handelspartner, dem umfangreichen Volumen des amerikanischen Geldmarktes, das auch umfangreiche Zentralbanktransaktionen ohne stärkere Rückwirkungen auf den Markt zu absorbieren vermag und, last not least, einer starken, frei transferierbaren Währung. Reservezentrum kann ein Land nur dann werden, „wenn hinter der betreffenden Währung eine große und angebots-elastische Volkswirtschaft steht, die auch in Spannungszeiten die in ihrer Währung gehaltenen Reserven kurzfristig in begehrte Güter und Dienstleistungen umzuwandeln in der Lage ist."[161]) Eine starke Reservewährung setzt zudem voraus, daß die Kapitalbewegungen, die mit der Reservefunktion verbunden sind, anstandslos von der Zahlungsbilanz getragen zu werden vermögen, was für die Vereinigten Staaten, mindestens bis Mitte der Sechzigerjahre der Fall war.

Gegenüber dem Pfund Sterling, das in der Nachkriegszeit einen Schrumpfungsprozeß als Reservewährung durchmachte, hat der Dollar als Reservewährung überdies zwei wichtige Vorteile: seine Stabilität und seine Konvertibilität in Gold. Eine universelle Reservewährung, die, wie der Dollar, vom freien Entschluß zahlreicher Länder, Dollarreserven zu halten, abhängt, basiert in besonderem Maße auf dem Vertrauen des Auslands darauf, daß seine Parität unverändert bleibt. Würde der Dollar eine Abwertung gegenüber denjenigen Währungen erfahren, deren Reserven großenteils in Dollars angelegt sind, so würde er in seiner Attraktionskraft als Reservewährung einbüßen.

Die Stabilität des Dollars hat hinsichtlich seiner Funktion als Reservewährung, die ein langfristiges Vertrauen der ausländischen Währungsbehörden voraussetzt, noch größere Bedeutung als hinsichtlich seiner Rolle als internationale Transaktionswährung; würde dieses Vertrauen ins Wanken kommen, so bestünde Gefahr, daß offizielle Dollarguthaben abgezogen würden. Diese Erkenntnis und Befürchtung hat die amerikanische Regierung veranlaßt, die Unverrückbarkeit der bestehenden Gold-

---

[160]) Vergl. Roosa, R. V., „The Dollar and World Liquidity", New York 1966, S. 23/4.

[161]) Vergl. Emminger, O., „Der Dollar — Leitwährung der Westlichen Welt", Zeitschrift für das Gesamte Kreditwesen vom 1. Januar 1964, S. 22.

parität des Dollars von 35 $ die Feinunze in den Mittelpunkt ihrer Währungspolitik zu stellen. Wiederholt haben verschiedene Präsidenten der Vereinigten Staaten in den Sechzigerjahren gegenüber dem Ausland die feierliche Verpflichtung abgegeben, daß am Wechselkurs des Dollars nichts geändert werde. Diese Konstante stellt in der offiziellen amerikanischen Doktrin die Grundlage dar, auf der das Dollarreservesystem beruhen muß.

Ihre Durchsetzung bedingt allerdings, daß die Vereinigten Staaten langfristig keine höhere Inflationsrate aufweisen als andere Länder und daß ihre monetäre Netto-Position nicht infolge fortgesetzter großer Zahlungsbilanzdefizite auf einen Stand sinkt, der eine chronische Beunruhigung über die Stabilität des Dollars auslösen müßte. Als große Wirtschaftsmacht und als Reservewährungsland, von dem starke Ausstrahlungen auf andere Volkswirtschaften ausgehen, haben die Vereinigten Staaten in dieser Beziehung eine Verantwortung, die diejenige aller anderen Länder übertrifft. „With regard to the stability of the monetary system, the first thing the United States has to do is to take to heart the fact that the dollar is the center of the system and that the problem of the system is the problem of the dollar."[162]

Als ein essentieller Pfeiler des Dollarreservesystems wurde lange auch die *Konvertibilität der offiziellen Dollarguthaben in Gold* zum Satz von 35 $ die Unze betrachtet.[163] Sie war, solange sie ohne Bedenken auf der amerikanischen Reservelage fußen konnte, zweifellos für viele Länder ein wichtiger Faktor, der ihnen den Entschluß erleichterte, Währungsreserven zu einem großen Teil in Dollars anzulegen. Für den Fall, daß die Dollarbestände zu umfangreich würden, bestand aufgrund der Goldkonvertibilität des Dollars stets die Möglichkeit, diese zugunsten einer Erhöhung des Goldanteils abzubauen. Der Dollar konnte unter diesem Gesichtspunkt als so gut wie Gold betrachtet werden und hatte gegenüber diesem außerdem den Vorteil der Verzinsung. Auch involvierte der Entschluß, Dollarreserven anzulegen, im Hinblick auf seine Konvertierbarkeit in Gold nicht das gleiche Engagement, das er ohne dessen Konvertibilität in Gold bedeutet hätte.

Diese Tatsache veranlaßte die amerikanischen Behörden lange, die Konvertibilität des Dollars in Gold neben der Stabilität der Dollarparität als einen Angelpunkt des Reservewährungssystems des Dollars zu betrachten. Noch 1962 faßte Robert Roosa, der damalige Unterstaatssekretär im amerikanischen Schatzamt für Internationale Währungsfragen, an der

---

[162] Vergl. Gilbert, M., „The Role of the Dollar in International Stability", Vortrag in New York vom 22. September 1966.

[163] Über die Konvertibilität des Dollars in Gold vergl. auch den Abschnitt über „Die monetäre Rolle des Goldes", S. 105 ff.

Römer Tagung der American Bankers Association die offizielle Zielsetzung wie folgt zusammen: „... we must make sure that speculative forces are not fed by uncertainty about either the ability or the determination of the United States to stand firmly behind the interconvertibility of the dollar with gold at a fixed price of $ 35 per fine ounce."[164]

Um größere Konversionen von Dollarguthaben des Auslands zu vermeiden, haben die amerikanischen Währungsbehörden in der Folge ausländischen Notenbanken und Regierungen wiederholt Kursgarantien in Form von kursgesicherten Swapdollars oder von auf die Währung des Gläubigerlandes lautenden Schuldverschreibungen gewährt. Auch wurde seitens der amerikanischen Währungsbehörden mindestens ein sanfter Druck auf die ausländischen Notenbanken ausgeübt, mit Konversionsbegehren ihrer Dollarguthaben in Gold zurückzuhalten. Die Konvertibilität des Dollars in Gold konnte damit bis Ende 1970 wenigstens formell aufrecht erhalten bleiben. Faktisch kommt der heutige Zustand allerdings einem Dollarstandard nahe.

Unter Hinweis auf das Pfund Sterling ist behauptet worden, daß die Existenz einer Reservewährung nicht generell von der Konvertibilität in Gold abhänge. Würde die Goldkonvertibilität des Dollars dahinfallen, so würde dieser vermutlich in einem Teil der westlichen Welt seine Rolle als Reservewährung trotz allem beibehalten. Die Schließung des „Goldfensters" in den Vereinigten Staaten würde jedoch die Notenbanken der übrigen Länder vor die Alternative stellen, im Falle eines Zahlungsbilanzüberschusses entweder Dollars im Übermaß zu einem fixen Kurs anzunehmen oder sich von einem festen Kurs zum Dollar zu befreien. Es wäre zu erwarten, daß mindestens ein Teil der Länder, insbesondere in Europa, versuchen würde, sich vom Dollarstandard zu befreien, indem diese den letzteren Weg beschreiten würden; der Dollar würde damit seine zentrale Rolle als universelle Reserve- und Interventionswährung verlieren. Infolge des Dollarrisikos könnte es zudem zu einer weit um sich greifenden Dollarkrise und zum Versuch der massiven Abstoßung von offiziellen Dollarbeständen kommen.

Die Aufhebung der Goldkonvertibilität des Dollars würde *nicht* bedeuten, das nunmehr dafür der Dollar in *jede beliebige andere Währung* konvertibel wäre. Wenn der Dollar heute auf den freien Devisenmärkten in andere Währungen konvertibel ist, so beruht dies letzten Endes auf der Bereitschaft der übrigen Notenbanken, den Dollar als Interventions- und Reservewährung anzukaufen. Hingegen kann von der Federal Reserve Bank nicht erwartet werden, daß sie offizielle Dollarguthaben in beliebige andere Währungen eintauscht. Keine Notenbank ist verpflichtet, beliebige andere Währungen gegen eigene Währung anzunehmen

---

[164] Roosa, R. V., Rede in Rom vom 17. Mai 1962.

oder umgekehrt eigene Währung gegen Abgabe beliebiger Währungen zu akzeptieren. Alles beruht praktisch auf der Bereitwilligkeit, Dollars anzunehmen oder abzugeben.

Die Schließung des „Goldfensters" der USA würde somit auf eine Einstellung der Konvertibilität des Dollars überhaupt hinauslaufen. Konvertibel wäre der Dollar nur noch in *Sonderziehungsrechte*. Von der schon heute bestehenden Möglichkeit, bei den amerikanischen Währungsbehörden Dollarguthaben gegen Einlösung in Sonderziehungsrechte zu präsentieren, haben schon verschiedene Länder Gebrauch gemacht. So haben beispielsweise Ende 1970 und anfangs 1971 die Niederlande und Belgien größere Beträge von Dollarguthaben gegen Sonderziehungsrechte (SZR) der USA eingetauscht, die Niederlande zusammen mit Gold, Belgien ausschließlich gegen SZR.

c) Vor- und Nachteile der Reservewährungsrolle des Dollars

Die Ausübung der Rolle einer internationalen Währung des Dollars hat für die Vereinigten Staaten ihre Vor- und Nachteile.[165] Der spektakuläre Vorteil liegt zweifellos darin, daß die Ansammlung von Dollarguthaben durch das Ausland gleichzeitig das amerikanische Zahlungsbilanzdefizit finanzieren hilft. Von 1949 bis 1969 beliefen sich die amerikanischen Zahlungsbilanzdefizite, auf Liquiditätsbasis gerechnet, auf insgesamt 37,4 Mrd. $. Davon gingen jedoch nur 13,70 Mrd. $ auf Kosten der amerikanischen Goldreserven. 12,79 Mrd. $ wurden durch die Erhöhung der offiziellen Dollarreserven und anderer liquider Reserveguthaben der ausländischen Notenbanken und Regierungen finanziert, während der Rest vor allem durch die Zunahme der privaten Dollarguthaben sowie durch Rückgriff auf die amerikanische Reserveposition im IWF gedeckt wurde (Vergl. Tabelle Nr. 15). Die USA haben sich dadurch höhere Importe von Waren und Dienstleistungen, größere Wirtschafts- und Militärhilfe an das Ausland und höhere Kapitalexporte leisten können, als dies ohne die Aufstockung von Dollarguthaben im Ausland möglich gewesen wäre.[166] Soweit die Zahlungsbilanzdefizite durch Erhöhung der

---

[165] Über die Vor- und Nachteile vergl. Aliber ,R. Z., „The Costs and Benefits of the U.S. Role as a Reserve Currency Country", Quarterly Journal of Economics, August, 1964; ferner „The International Monetary System", Edited by Officer, L. H. / Willett, T. D., mit Aufsätzen von Roosa, R. V., Grubel, H. G., Goldstein, H. N., Engle Wood Cliffs 1969.

[166] Damit soll allerdings nicht gesagt sein, daß die Vereinigten Staaten auf allen Gebieten auf Kosten des Auslandes gelebt hätten. Fairerweise muß hinzugefügt werden, daß die Defizite der amerikanischen Zahlungsbilanz auf Liquiditätsbasis der Größenordnung der Militärhilfe entsprechen, so daß sich der zivile Sektor der Zahlungsbilanz im Gleichgewicht hält. Während die Stationierung amerikanischer Truppen in Europa zur Schwächung des Dollars beiträgt, profitieren umgekehrt die Währungen derjenigen Länder, in denen diese

Dollarbestände des Auslands finanziert wurden, hatten sie auch nicht den kontraktiven Effekt auf die eigene Wirtschaft, der sonst mit Reserveverlusten verbunden ist. Die mit der Rolle eines Weltbankiers verbundenen Dienstleistungen der amerikanischen Banken und die aus den dauernd wachsenden amerikanischen Auslandinvestitionen resultierende Zunahme des Transfers der Nettozinsen und Gewinne stellen im weiteren Sinne den Nutzen dar, den die Vereinigten Staaten aus der internationalen Rolle des Dollars bisher zu ziehen vermochten.

Die Defizitfinanzierung durch das Ansteigen der Dollarguthaben des Auslandes weist allerdings eine rückläufige Tendenz auf. Waren von 1950 bis 1957, also vor der Periode der großen amerikanischen Zahlungsbilanzdefizite, bei einem kumulativen Defizit von 10 Mrd. $ (Liquiditätsrechnung) die amerikanischen Goldreserven nur zu 1,3 Mrd. $ in Anspruch genommen worden, so mußten 1958—1967 für die Finanzierung eines Gesamtdefizits von 27,5 Mrd. $ Goldreserven von 11 Mrd. $ eingesetzt werden. Die Entwicklung steht im Zusammenhang mit dem großen Dollaranfall jener Jahre und spiegelt die allgemeine Erscheinung wider, daß die Bereitschaft, Reservewährungsguthaben anzunehmen, mit dem Zuwachs der Dollarreserven abnimmt.

Während das Dollarreservesystem von Hahn in einer ersten Phase für die USA etwas überspitzt als ein „glänzendes Geschäft" bezeichnet werden konnte[167]), hat es diesen Aspekt in der Folge zunehmend verloren. Nicht nur nahm die Bereitschaft des Auslandes, zusätzliche Dollarguthaben anzunehmen, ab. In steigendem Maße machten sich auch die hohen, bereits bestehenden offiziellen Dollarreserven des Auslandes als Störfaktor geltend. Durch Konversionsbegehren in Gold könnten diese offiziellen Dollarguthaben jederzeit selbst dann zu großen amerikanischen Goldverlusten führen, wenn die USA kein Zahlungsbilanzdefizit aufwiesen. Auch wurde die Funktion des Dollars als Reservewährung in zunehmendem Maße als Beengung der amerikanischen Wirtschaftspolitik empfunden, weil der Wechselkurs des Dollars als zentrale Währung entweder als sakrosankt betrachtet oder wegen der zu erwartenden Gefolgschaft zahlreicher anderer Länder mindestens als unwirksames Anpassungsmittel angesehen wurde.

Truppen stehen, von den dadurch verursachten zusätzlichen Deviseneinnahmen. Von den rund 4,5 Mrd. $, die von den USA im Finanzjahr 1970/1 für militärische Zwecke im Ausland ausgegeben werden, entfallen 1,6 Mrd. $ auf Europa, davon 0,9 Mrd. auf die Bundesrepublik Deutschland. Die deutschen Kompensationsleistungen, die zu einem großen Teil in der Zeichnung von Roosabonds bestanden, sind nach der D-Mark-Aufwertung von 1967 rasch zur Rückzahlung präsentiert worden.

[167]) Vergl. Hahn, L. A., „Brauchen wir Leitwährungen?", Frankfurter Allgemeine Zeitung, Nr. 284 vom 7. Dezember 1963.

Anstatt daß die Rolle des Dollars als internationale Währung, wie dies in den Fünfzigerjahren der Fall gewesen war, den Vereinigten Staaten größere Unabhängigkeit in ihrer inneren Wirtschaftspolitik sicherte, begann man in Amerika in den Sechzigerjahren das Reservewährungssystem des Dollars in steigendem Maße auch als besonderes Handicap für die innere Wirtschaftspolitik zu empfinden. Das führte beispielsweise das Brookings Institute in Washington 1968 zum negativen Schluß: „Alles in allem ist die Funktion des Dollars als Reservewährung für die USA eher eine Last als ein Vorteil."[168])

In den USA macht sich heute eine Müdigkeit, weiter als Reservezentrum zu fungieren, bemerkbar. Das kommt auch in der Hoffnung Robert Roosas zum Ausdruck „that greater advances will hopefully be made towards further multilateralizing of the currency responsibilities that to-day are still centered so largely upon the dollar.[169])

B. DIE ENTWICKLUNG DES DOLLARS ALS INTERNATIONALE WÄHRUNG

1. KAPITEL: ZWISCHENKRIEGSZEIT UND PERIODE DER DOLLARLÜCKE

a) Die Auswirkungen des Ersten Weltkrieges

Die Entwicklung des Dollars zu einer Währung von internationaler Bedeutung geht auf die Zeit nach dem Ersten Weltkrieg zurück. Die monetäre Nettoposition der USA hatte sich während des Krieges stark verbessert. Die Vereinigten Staaten waren vom Schuldnerland zum Gläubigerland geworden und hatten sich zur dominierenden Wirtschaftsmacht entwickelt.[170]) Wies die Nettoposition der amerikanischen Gesamtinvestitionen gegenüber dem Ausland 1913 noch einen Passivsaldo von 4 Mrd. $ auf (bei 3 Mrd. amerikanischen kurz- und langfristigen Investitionen im Ausland und 7 Mrd. ausländischen Investitionen in den USA), so hatte sich diese 1919 bereits in einen *Aktiv*saldo von 4 Mrd. $ umgekehrt. Die amerikanischen Goldreserven hatten sich im Ersten Weltkrieg ver-

---

[168]) Vergl. Brookings Institute „The U.S. Balance of Payments 1968", Washington, August 1968.

[169]) Vergl. Roosa, R. V., „The United States Balance of Payments and the Dollar", Vortrag in Genf vom 19. Mai 1970.

[170]) Über den Dollar nach dem Ersten Weltkrieg vergl. Aliber, R. Z., „The Future of the Dollar as an International Currency", New York 1966, S. 13 ff., Issing, O., „Leitwährung und internationale Währungsordnung", Berlin 1965, S. 34 ff, Klopstock ,F. H., „The International Status of the Dollar", Essays in International Finance Nr. 68, Princeton, Mai 1957.

doppelt; zudem waren die Vereinigten Staaten in den Besitz von 10 Mrd. $ Guthaben gegenüber den Alliierten gelangt.

Vom Gesichtspunkt sowohl der Reservelage als auch des mächtigen Wirtschaftspotentials der USA konnte der Dollar nach 1918 als eine *stabile Währung* betrachtet werden. Während die monetäre Position des Dollars eine grundlegende Stärkung erfuhr, erlitt dagegen diejenige des Pfund Sterling eine fühlbare Schwächung. Der Dollar war die einzige Währung eines großen Landes, deren *Vorkriegsparität unverändert* geblieben war und die in andere Währungen und in *Gold frei konvertibel* war. Die meisten übrigen kriegsführenden Länder hatten sich demgegenüber im Krieg oder unmittelbar nachher veranlaßt gesehen, ihre Goldeinlösungspflicht aufzuheben und Devisenkontrollen einzuführen und die Vorkriegsparitäten ihrer Währungen mindestens vorübergehend aufzugeben. Als in der unmittelbaren Nachkriegszeit das Pfund Sterling und andere Währungen temporär schwankende Wechselkurse aufwiesen, wurden deshalb zahlreiche internationale Transaktionen, die früher in Pfund abgewickelt worden waren, über den stabilen und freien Dollar vollzogen. Das vergrößerte den internationalen Dollarbedarf als Betriebsmittel. Zudem begannen viele Private liquide Dollarreserven zu halten.

Einen wichtigen Faktor beim Aufstieg des Dollars zur internationalen Währung bildete auch das große *Kapitalbildungspotential* der amerikanischen Wirtschaft. Die Kapitalinvestitionen der USA im Ausland wuchsen in den Zwanzigerjahren doppelt so stark wie die ausländischen Investitionen in den Vereinigten Staaten. Die Entwicklung New Yorks zum internationalen Emissionszentrum wurde dadurch noch begünstigt, daß London als Kapitalexportquelle jahrelang ausfiel.

Trotz der Rückkehr des *Pfund Sterling* zum Goldstandard und zur alten Parität im Jahre 1925 vermochte der Sterling seinen früheren Rang als der fast ausschließlichen Leit- und Reservewährung der Welt nicht wieder zu erlangen. Es gelang dem Pfund immerhin, auf dem Gebiet des kurzfristigen Warenkredits als internationale Handelswährung neuerdings eine führende Rolle zu übernehmen. Ungeachtet der offensichtlichen Überwertung und der schwachen Reservelage vermochte es sogar als Reservewährung den Dollar zeitweise wieder zu überflügeln. Dollar und Pfund rivalisierten jetzt aber als Reservewährungen miteinander. Dieser *Dualismus* gab zwar den Ländern, die ihre Reserven und kurzfristigen Anlagen in Form von Devisenguthaben hielten, die Möglichkeit, ihre Anlagen kurzfristig zu wechseln. Die Option bedeutete aber einen Unsicherheitsfaktor, der, zusammen mit der starken internationalen kurzfristigen Verschuldung Englands bei gleichzeitigen langfristigen Anlagen im Ausland, 1931 an der Preisgabe des Goldstandards in England und damit am Scheitern einer allgemeinen Wiederherstellung des Goldstandards nicht unwesentlich beteiligt war.

b) Nach der Dollarabwertung von 1934

Die Pfundabwertung von 1931 ließ zunächst die Parität des Dollars unverändert. Die Weltwirtschaftskrise, die damit verbundene Schrumpfung des Welthandels und der finanzielle Zusammenbruch auch amerikanischer Banken löste jedoch nach der Pfundabwertung auch eine starke Fluchtbewegung aus dem Dollar aus. Der *feste Goldpreis* des Dollars von 20,67 $ die Feinunze wurde im Frühjahr 1933 *aufgegeben*. Es waren aber nicht in erster Linie die Goldverluste, sondern insbesondere das Motiv, die darniederliegende amerikanische Wirtschaft wieder in Gang zu bringen und die große Arbeitslosigkeit zu bekämpfen, welche Präsident Roosevelt zu diesem Entschluß veranlaßten.

Während sich in der Folge die kontinental-europäischen Länder zu einem *Goldblock* zusammenschlossen, dessen Mitgliederländer die alten Währungsparitäten zum Gold bewahrten, blieb der Kurs des Dollars bis anfangs 1934 flexibel. Die damit entstehende Unstabilität in der Wechselkursgestaltung der beiden Reservewährungen hatte eine wesentliche Beeinträchtigung des universellen Reservewährungssystems zur Folge. Die Welt zerfiel in einen Sterlingblock, einen Goldblock und eine losere Gruppe jener Staaten, die dem Dollar folgten.

Nach der *Stabilisierung des Dollars* auf einer neuen Parität von 35 $ die Feinunze (1 $ = 0,888671 gr. Feingold) Ende Januar 1934 vermochte jedoch der Dollar in den letzten Vorkriegsjahren seine Stellung als Reservewährung dank besonderer Umstände rasch wieder auszubauen. Zunächst kam es in den USA zu starken *Kapitalzuflüssen* aus den Goldblockländern, wo man Abwertungsbefürchtungen hegte. Sodann führte die zunehmende allgemeine Kriegsfurcht zu einer umfangreichen Verlagerung ausländischer privater Kapitalien von Europa nach den Vereinigten Staaten. Als Folge davon konnten die Vereinigten Staaten zwischen 1934 und 1940 Nettogoldeinfuhren von nicht weniger als 16 Mrd. $ verzeichnen. Mit 22 Mrd. $ erreichte der amerikanische Goldbestand im Jahre 1941 volle drei Viertel der gesamten offiziellen Goldreserven der westlichen Welt.[171] Während sich die offiziellen und privaten Dollarguthaben stark erhöhten, waren gleichzeitig die amerikanischen Investitionen im Ausland als Folge der Verluste in der Depression erheblich zurückgegangen.

Der Dollar hatte somit schon vor dem Zweiten Weltkrieg eine sehr bedeutende Stellung als Reservewährung erreicht. Da die vom Ausland in Dollar gehaltenen Reserven großenteils den Charakter von Flucht-

---

[171] Vergl. Aliber, R. Z., „The Future of the Dollar as an International Currency", New York 1966, S. 20.

geldern hatten, handelte es sich allerdings um eine besondere Art der Reservebildung, um eine „Zufluchtswährung".[172]

c) Die „Dollarknappheit" nach dem Zweiten Weltkrieg

Der Zweite Weltkrieg hatte auf die internationale Stellung des Dollars einen noch viel stärkeren Effekt als der Erste Weltkrieg.[173] Waren 1939 bis 1945 einerseits die Währungsreserven der Alliierten der USA dezimiert worden, so hatten andererseits die Vereinigten Staaten ihre *monetäre Position wesentlich verstärken* können. Der amerikanische Goldbestand war von 14,59 Mrd. $ (Ende 1938) auf 25 Mrd. $ (1948) angestiegen. Auch war der Dollar am Kriegsende die einzige wichtige Währung, die noch voll konvertierbar war. Er hatte darin gegenüber den Währungen der übrigen Hauptindustrieländer einen zeitlichen Vorsprung von über einem Jahrzehnt.

Entscheidend fiel zudem ins Gewicht, daß die *Produktionskraft* der amerikanischen Wirtschaft während der Kriegszeit, im Gegensatz zu den kriegsversehrten Gebieten in Europa und Asien, von Kriegszerstörungen verschont geblieben war und sich im Krieg stark ausdehnen konnte. Das amerikanische Wirtschaftspotential war am Kriegsende die wichtigste äußere Quelle, aus der der gewaltige Nachhol- und Wiederaufbaubedarf der kriegsversehrten Länder gedeckt werden konnte.

Dem ungeheuren Warenhunger Europas entsprach ein ebenso großer *Dollarhunger*[174]. Obschon die Vereinigten Staaten in den ersten Nachkriegsjahren nach Ablösung der Leih-Pacht-Hilfe dem Ausland in ausgedehntem Maße Kredithilfe gewährten — bis Ende 1946 schloß die amerikanische Regierung Kreditverträge über rund 8 Mrd. $ ab, wovon nahezu die Hälfte mit Großbritannien[175] —, entwickelte sich eine akute Dollarknappheit, die im Frühjahr 1947 die europäischen Länder zwang, Pläne zur unverzüglichen Drosselung der Einfuhr aufzustellen.[176] Die wachsende Anspannung am Dollarmarkt hing mit dem hohen amerikanischen Ausfuhrüberschuß, mit dem anhaltenden Bedarf der kriegsgeschädigten Länder und mit dem Umstand zusammen, daß ein großer Teil der amerikanischen Kredite im Zusammenhang mit der Kriegsliquidierung stand und keinen Anspruch auf neue Waren schuf.

---

[172] Vergl. Issing, O., a. a. O., S. 197.

[173] Vergl. Hansen, A., „The Dollar and the International Monetary System", New York / London 1965.

[174] Vergl. hierüber Jahresbericht der BIZ 1946/7.

[175] Vergl. Jahresbericht der BIZ 1945/6, S. 132.

[176] Vergl. Jahresbericht der BIZ 1945/6, S. 148 ff.

Angesichts dieser kritischen Situation entschlossen sich die Vereinigten Staaten im Sommer 1947 zur Lancierung des Europäischen Wiederaufbauprogrammes (ERP), des nach seinem Begründer benannten *Marshallplans*. Im Rahmen dieser umfassenden amerikanischen Hilfsaktion an Europa erhielten die europäischen Länder von 1948 — 1951 amerikanische Kredite von nicht weniger als 12,4 Mrd. $. Die Kredite wurden von der eigens dazu geschaffenen Organisation für Europäische Wirtschaftszusammenarbeit (OEEC) selber verwaltet. Die Marshall-Hilfe entsprach rund $3^{1}/_{2}\%$ der Volkseinkommen der Empfängerländer und erhöhte die verfügbaren Ersparnisse in diesen Ländern um fast einen Drittel.[177] Dank der Marshall-Gelder konnten die Empfängerstaaten ihre Kapitalinvestitionen wesentlich ausdehnen, ohne in äußere Insolvenz zu geraten.[178] Dank der Vermehrung der realen Hilfsquellen, die aus der ERP-Hilfe resultierten, gelang es den europäischen Ländern auch, ihre Inflation zu drosseln. Unterstützt durch die Marshall-Hilfe vermochte sich die westeuropäische Industrieproduktion 1946—1950 stark zu erhöhen, und unterstützt durch die simultanen Währungsabwertungen zahlreicher Länder im Jahre 1949 konnten die europäischen Länder bis 1950 auch wieder einen besseren Ausgleich in ihren Handelsbilanzen herstellen. Ihre günstiger werdende Außenhandelslage spiegelte sich darin wider, daß der Überschuß der amerikanischen Handelsbilanz, der 1947 inklusive Marshall-Hilfe noch über 10 Mrd. $ betragen hatte, 1950 auf 1,1 Mrd. $ zurückging.

Rückblickend betrachtet war schon *1949*, als das Pfund und eine große Anzahl anderer Währungen abgewertet wurden, die *Dollarknappheit* an einem *Wendepunkt* angelangt. Zeigte bis 1949 die amerikanische Zahlungsbilanz trotz den hohen amerikanischen Hilfeleistungen und trotz der weit verbreiteten Diskriminierung gegenüber den Dollarimporten stets einen Überschuß und hatte dementsprechend auch der amerikanische Goldbestand noch zugenommen, so hat schon seit anfangs der Fünfzigerjahre die amerikanische Zahlungsbilanz, mit wenigen Ausnahmen, defizitär abgeschlossen.

Zum ersten Mal kam es im Jahre 1950 zu einem erheblichen Fehlbetrag der amerikanischen Zahlungsbilanz auf Liquiditätsbasis von 3,5 Mrd. $, als die amerikanische Ausfuhr schlagartig um 2 Mrd. $ zurückfiel, während die Einfuhr um 2 Mrd. $ emporschnellte. Von 1950 — 1956 ergaben sich im Jahresdurchschnitt Defizite der Liquiditätsbilanz von 1,5 Mrd. $ und der Bilanz der zentralen Reservetransaktionen von 1,2 Mrd. $.[179]

---

[177] Vergl. Jahresbericht der BIZ 1950/51, S. 15.
[178] Vergl. Harrod, R., „The Dollar", London 1953, S. 121.
[179] Vergl. den zusammenfassenden Bericht der BIZ über die amerikanischen Zahlungsbilanzen von 1949-1967 (Jahresbericht der BIZ 1967/8, S. 29 ff.). Vergl. ferner Tabellen Nr. 15 und 17.

Gleichzeitig war im Jahresmittel eine Verminderung des amerikanischen Goldbestandes um 400 Mio. $ zu verzeichnen und dies, obschon im Laufe jener Jahre die Diskriminierung der amerikanischen Einfuhr durch das Ausland abgebaut und die amerikanische Auslandshilfe halbiert wurde.

Die Tatsache und Bedeutung der Wende zu einem *chronischen Defizit* wurde jedoch in diesen Jahren erst von den Wenigsten erkannt.[180] Man war gewohnt, noch immer von der „Dollarlücke" zu sprechen, als 1956 das kumulative amerikanische Defizit bereits über 10 Mrd. $ erreicht hatte. Daß man von der Vorstellung einer Dollarknappheit nicht loskam, hing teils mit der verbreiteten Auffassung zusammen, daß der Dollarmangel angesichts der wirtschaftlichen und technologischen Überlegenheit der USA ein säkulares Problem bleiben müsse. Dazu kam, daß in der ersten Hälfte der Fünfzigerjahre zahlreiche Länder noch sehr geringe Währungsbestände hatten, weshalb ihre Währungsbehörden eifrigst bestrebt waren, Dollarreserven zu äufnen. Devisenkontrollen, Inflation und politische Befürchtungen weckten in vielen Ländern außerhalb der USA auch einen intensiven privaten Reservebedarf nach Dollars. Daß sich dank der amerikanischen Defizite die Dollarguthaben des Auslands im Verlaufe der Fünfzigerjahre stark erhöhten und daß sich infolge der amerikanischen Goldverluste eine bessere Verteilung der Goldreserven ergab, wurde damals überall positiv beurteilt.

2. KAPITEL: DIE PERIODE DES DOLLARÜBERFLUSSES

a) Die erste Dollarkrise 1960

Das kurze Intermezzo eines kleinen amerikanischen Zahlungsbilanzüberschusses im Jahre 1957, das mit der Suezkrise und der temporären rezessiven Entwicklung der amerikanischen Wirtschaft zusammenhing, war bald vergessen, folgten doch schon in den nächsten beiden Jahren hohe Defizite der Liquiditätsbilanz von 3,5 resp. 3,7 Mrd. $ und der Bilanz der offiziellen Reservetransaktionen von 3,0 resp. 2,1 Mrd. $. Hatte der amerikanische Handelsüberschuß 1957 noch 6,1 Mrd. $ betragen, so schrumpfte er 1958 auf 3,3 Mrd. $ und 1959 sogar auf 1 Mrd. $ zusammen. Die Verschlechterung war hauptsächlich auf zyklische Faktoren zurückzuführen: Die expansive Entwicklung in Amerika lief parallel zu einer rezessiven Phase in Europa. Im Vergleich zum Vorjahr waren auch die günstigen Auswirkungen der Suez-Krise auf die amerikanische Zahlungsbilanz weggefallen. Beunruhigung erregte vor allem der Umstand, daß 1958 und 1959 Goldverluste von insgesamt über 3 Mrd. $ entstanden.

---

[180] Vergl. Bachmann, H., „Europa und der Weltdollarstandard", „Außenwirtschaft", 1968 II/III, S. 85; Hansen, A. H., a. a. O., S. 3 ff.

Die Reihe der hohen Defizite setzte sich 1960 mit einem Fehlbetrag von 3,9 Mrd. $ (Liquiditätsbilanz) und 3,4 Mrd. $ (official settlement transactions) fort. Aber die Ursache des Defizits änderte sich: Hatte sich der Handelsbilanzüberschuß, vor allem dank einer expansiven Phase in Europa, auf 4,8 Mrd. $ wieder erhöht, so war jetzt umgekehrt der kurzfristige Kapitalexport, namentlich der Banken, stark angewachsen.

Tabelle Nr. 15

Die Entwicklung der amerikanischen Zahlungsbilanz
(in Mrd. U.S.-$)

	⌀ 1950 bis 1956	1957	⌀ 1958 bis 1960	⌀ 1961 bis 1965	⌀ 1966 bis 1967	1968	1969	1970
1. Handelsbilanz[1])	2,6	6,3	3,2	5,4	3,9	0,6	0,7	2,2
Warenausfuhr	13,6	19,6	17,5	23,0	30,0	33,6	36,5	42,0
Wareneinfuhr	11,0	13,3	14,3	17,6	26,1	33,0	35,8	39,9
2. Dienstleistgs.-Bilanz	— 0,2	— 0,4	— 1,0	+ 1,1	+ 1,3	+ 1,9	+ 1,3	+ 1,5
3. Private Übertragungen und staatl. Pensionszahlungen	— 0,6	— 0,7	— 0,7	— 0,8	— 1,1	— 1,1	— 1,2	— 1,4
4. *Ertragsbilanz*	1,8	5,2	1,5	5,7	4,2	1,4	0,8	2,3
5. Übertragungen und Kredite der Regierung (netto)[2])	— 2,5	— 2,6	— 2,4	— 3,3	— 3,8	— 4,0	— 3,8	— 3,2
6. Private Kapitalleistungen von Inländern (netto)[3])	— 1,4	— 3,6	— 3,0	— 4,5	— 5,0	— 5,4	— 5,2	— 6,4
7. Ausländische Kapitalleistungen (netto)[4])	0,3	0,5	0,4	0,7	2,9	8,7	4,1	3,9
8. Fehler und nichterfaßte Transaktionen	0,3	1,0	— 0,2	— 0,9	— 0,7	— 0,5	— 2,8	— 1,3
9. *Zahlungsbilanzsaldo (Liquiditätsbasis)*	— 1,5	0,6	— 3,7	— 2,3	— 2,5	— 0,1	— 7,0	— 3,8[5])
10. *Zahlungsbilanzsaldo (zentrale Reservetransaktionen)*	—	—	—	— 1,8	— 1,6	1,6	2,7	— 9,8[5])

[1]) exkl. militärische Ausrüstungen.
[2]) Geschenke, Darlehen, Rückzahlung von Krediten.
[3]) Direktinvestitionen, Wertschriftenemissionen von Gebietsfremden in den USA, von den Banken erfaßte Forderungen, usw. (Kapitalexport).
[4]) Direktinvestitionen, U.S.-Wertschriften, von den Banken erfaßte Verpflichtungen (Kapitalimport).
[5]) incl. Sonderziehungsrechte (0,9 Mrd. $).

Quellen: Survey of Current Business, Nr. 6, Juni 1969 (für die Jahre 1950 bis 1968; Survey of Current Business, März 1970 (für 1969), März 1971 (für 1970).

Ein trendmäßiger Vergleich des Zahlungsbilanzdurchschnitts 1958 bis 1960 mit dem Durchschnitt der Periode 1950 — 1957 läßt erkennen, daß einerseits der Handelsbilanzüberschuß und der Erlös der Auslandsinvestitionen um insgesamt 1,3 Mrd. $ im Jahresmittel anstiegen, während andererseits die Aufwendungen für den Tourismus um 300 Mio. $, die Militärausgaben im Ausland um 900 Mio. $ und der private Nettokapitalexport um 1,7 Mrd. $ zunahmen. Eine Analyse dieser Entwicklung führte die Bank für Internationalen Zahlungsausgleich in ihrem Jahresbericht 1967/8 jedoch zur Feststellung, daß bei einem amerikanischen Bruttosozialprodukt von nahezu 500 Mrd. $ ein privater Kapitalexport von 3 Mrd. $ nicht als exzessiv betrachtet werden könne. Es habe in den Fünfzigerjahren vor allem an einer ungenügenden Erhöhung des amerikanischen Handelsbilanzüberschusses gefehlt. Hätten sich 1950—1957 auch die amerikanischen Preise, verglichen mit dem Ausland, im allgemeinen günstiger entwickelt, so habe dies doch nicht genügt, um die amerikanischen Exportpreise konkurrenzfähig genug zu halten; das Kostenniveau im Ausland habe nämlich im Ausgangspunkt wesentlich tiefer gelegen.[181])

Die Zunahme des Goldabflusses in den Vereinigten Staaten im Jahre 1960 und der immer rascher werdende Schrumpfungsprozeß des amerikanischen Goldvorrates gaben zur Besorgnis über die Parität des Dollars Anlaß. Im Oktober 1960, kurz vor den amerikanischen Präsidentenwahlen, kam es erstmals zu einer akuten *Vertrauenskrise gegenüber dem Dollar* und zu einer Fluchtwelle aus dem Dollar ins *Gold,* die den Goldpreis am Markt vorübergehend bis auf 40 $ die Unze hob. Der Kapitalabfluß zeigte sich 1960 in einem Defizit der kurzfristigen Kapitalleistungen von 2,76 Mrd. $ (im Vorjahr Aktivum von 340 Mio. $). Die Goldabgaben erhöhten sich gegenüber dem Vorjahr sprunghaft von 0,7 Mrd. auf 1,7 Mrd. $.[182])

Um den Goldabfluß einzudämmen, errichteten die amerikanischen Währungsbehörden Ende 1960 über die Bank of England eine „Brücke", indem sie dieser die nötigen Mittel zur Stabilisierung des Goldpreises zur Verfügung stellten — eine Entwicklung, die 1961 zur Formierung eines Goldpools der Notenbanken führte.

Anfangs *1961* entschloß sich Präsident Kennedy zu einer ersten Serie von *Zahlungsbilanzmaßnahmen,* worunter die Einschränkung der Devisenkosten der Wirtschafts- und Militärhilfe an das Ausland, die Senkung der zollfreien Karenzen für amerikanische Touristen sowie die Aufhebung der fiskalischen Erleichterungen auf Auslandsinvestitionen die wichtigsten Punkte waren. Durch offizielle Richtlinien für die Preise und Löhne hoffte man ferner, den inflatorischen Tendenzen Einhalt gebieten

---

[181]) Vergl. Jahresbericht der BIZ 1967/8, S. 32.

[182]) Vergl. Jahresbericht der BIZ 1960/1, S. 119.

zu können; von Restriktionsmaßnahmen glaubte die Regierung hingegen wegen der gedrückten Wirtschaftslage und der relativ hohen Arbeitslosigkeit absehen zu müssen. Es war das erste Mal, daß sich die amerikanische Wirtschaftspolitik durch Zahlungsbilanzgesichtspunkte beeinflussen ließ; die binnenwirtschaftlichen Gesichtspunkte behielten allerdings noch die Oberhand.[183])

b) *Zahlungsbilanz und Zahlungsbilanzpolitik 1961—1965*

Die amerikanische Zahlungsbilanz, die 1958—1960 ein durchschnittliches Defizit von 2,9 Mrd. $ gezeigt hatte, konnte im Durchschnitt der Jahre 1961 — 1965 auf 1,8 Mrd. $ reduziert werden.[184]) Die *Verbesserung* war insbesondere auf die Handelsbilanz zurückzuführen, deren Überschuß sich im Mittel der fünf Jahre von 3 auf 5,3 Mrd. $ zu erhöhen vermochte. Dies war die Folge teils der vermehrten Bindung der amerikanischen Entwicklungshilfe an nationale Lieferungen, teils struktureller Faktoren. Vor allem hing die Entwicklung jedoch mit dem inflatorischen Boom in Europa und dem relativ stabilen Preisniveau in den USA zusammen, wodurch sich die amerikanische Wettbewerbslage verbessern konnte. Einen wesentlichen Beitrag an die Verbesserung der Zahlungsbilanz leisteten 1961 — 1965 auch die Erlöse aus steigenden Investitionen im Ausland. Der Nettosaldo der amerikanischen Investitionserträgnisse war 1965 mit 5,1 Mrd. $ bereits höher als der Aktivsaldo der Handelsbilanz von 4,7 Mrd.$. Günstig wirkten sich 1961 — 1965 ferner die Deviseneinsparungen auf den Militäraufwendungen im Ausland und die vorzeitigen Schuldenrückzahlungen des Auslandes auf die Zahlungsbilanzgestaltung aus. Dem stand allerdings ein weiterer Anstieg der privaten langfristigen Kapitalexporte gegenüber, die von einem Jahresmittel (2,7 Mrd. $ [1958—1960]) auf 4,5 Mrd. $ (1961 — 1965) anwuchsen.[185])

Trotz der Reduktion der amerikanischen Defizite gegenüber den drei Vorjahren war jedoch 1961 — 1965 nicht zu verhindern, daß weitere *Goldverluste* von über 4 Mrd. $ entstanden, während sich die kurzfristigen *Dollarverpflichtungen* gegenüber dem Ausland noch um 7.5 Mrd. $ vergrößerten (vergl. Tabelle Nr. 16). Der Goldbestand fiel infolgedessen Ende 1965 auf 14 Mrd. $, d. h. auf einen Stand, der kaum mehr die Gesetzespflicht einer 25%igen Golddeckung der Federal Reserve Bank Depositen zu erfüllen vermochte. Das veranlaßte den amerikanischen

---

[183]) Vergl. die Feststellungen von Heller, W., dem damaligen Vorsitzenden des Council of Economic Advisers des amerikanischen Präsidenten (reproduziert in den Auszügen der Deutschen Bundesbank aus Presseartikeln Nr. 58 vom 2. August 1961).

[184]) Vergl. Tabelle Nr. 15.

[185]) Über die amerikanische Zahlungsbilanzentwicklung von 1950—1965 vergl. Jahresbericht der BIZ 1967/8, S. 30 ff.

Tabelle Nr. 16

Die Finanzierung der amerikanischen Zahlungsbilanzdefizite

(in Mrd. $)

Jahr	Zahlungs-bilanz-saldo [1]	Veränderungen des Gold-bestandes Zunahme (+) Abnahme (−)	Veränderungen der übrigen Reservebe-stände [2] Zunahme (+) Abnahme (−)	Veränderungen der liquiden Verbindlichkeiten gegenüber dem Ausland [3] Zunahme (+) Abnahme (−)
1946	+ 1,0	+ 0,6	—	+ 0,4
1947	+ 4,2	+ 2,2	+ 1,2	+ 0,9
1948	+ 0,8	+ 1,5	+ 0,2	− 0,9
1949	+ 0,1	+ 0,2	+ 0,1	− 0,1
1950	− 3,5	− 1,7	—	− 1,7
1951	—	+ 0,1	—	—
1952	− 1,2	+ 0,4	—	− 1,6
1953	− 2,2	− 1,2	− 0,1	− 0,9
1954	− 1,5	− 0,3	− 0,2	− 1,1
1955	− 1,2	—	− 0,1	− 1,1
1956	− 1,0	+ 0,3	+ 0,6	− 1,8
1957	+ 0,6	+ 0,8	+ 0,4	− 0,6
1958	− 3,4	− 2,3	—	− 1,1
1959	− 3,9	− 1,1	—	− 2,8
1960	− 3,9	− 1,7	− 0,4	− 1,8
1961	− 2,4	− 0,9	+ 0,3	− 1,8
1962	− 2,2	− 0,9	− 0,6	− 0,7
1963	− 2,7	− 0,5	+ 0,1	− 2,3
1964	− 2,8	− 0,1	—	− 2,6
1965	− 1,3	− 1,7	+ 0,4	− 0,1
1966	− 1,4	− 0,6	—	− 0,8
1967	− 3,5	− 1,2	+ 1,1	− 3,5
1968	+ 0,2	− 1,2	+ 2,1	− 0,7
1969	− 7,1	+ 1,0	+ 0,3	− 8,2
1970	− 3,8	− 0,8	− 1,7	− 1,4

[1] Liquiditätsbilanz; für 1970 einschließlich Sonderziehungsrechte (ohne SZR: − 4,7).

[2] Bis 1961 nur Veränderungen innerhalb der Goldtranche, seit 1961 auch Veränderungen des Bestandes an konvertiblen Fremdwährungen (1970: auch Sonderziehungsrechte).

[3] Verbindlichkeiten der amerikanischen Banken gegenüber dem Ausland, marktfähige amerikanische Staatstitel, die vom Ausland gehalten werden sowie Guthaben des Auslandes an kurzfristigen Papieren des amerikanischen Schatzamtes.

Die Summe der einzelnen Liquiditätspositionen stimmt wegen den Rundungsfehlern nicht zwangsläufig mit dem entsprechenden Saldo der Zahlungsbilanz überein.

Quelle: Survey of Current Business, Juni 1970; für 1970: Int. Financial Statistics.

Kongreß, die Bestimmung am 3. März 1965 aufzuheben, wodurch 5 Mrd. $ Gold frei verfügbar wurden; die gesetzlichen Erfordernisse einer 25%igen Golddeckung der Federal Reserve Notes blieb jedoch erhalten.[186]

Die Goldabflüsse wären in der ersten Hälfte der Sechzigerjahre noch beträchtlich größer gewesen, wenn nicht amerikanischerseits eine Reihe von *Maßnahmen zur Verminderung von Konversionen in Gold* eingeleitet worden wären. So begannen die amerikanischen Währungsbehörden anfangs der Sechzigerjahre, in Zeiten eines starken Drucks auf den Dollar am Devisenmarkt zu intervenieren. Um eine neue Goldpreisspekulation und eine Flucht aus dem Dollar zu verhindern, ergriffen ferner die USA 1961, zusammen mit verschiedenen europäischen Ländern, die Initiative zur Schaffung eines Goldpools der Notenbanken, aus dem den Vereinigten Staaten 1961—1965 beträchtliche Goldzuflüsse zukamen. Durch den progressiven Aufbau eines großen reziproken Swap-Netzes des Federal Reserve Systems mit anderen Zentralbanken konnten sich die USA überdies vorübergehend Devisen beschaffen, mittels derer sie bei spekulativen Kapitalbewegungen das starke Dollarangebot aufzufangen vermochten. Um ausländische Notenbanken von Dollarkonversionen in Gold abzuhalten, stellte das amerikanische Schatzamt diesen außerdem nicht-marktfähige, auf die Währungen der Gläubigerländer lautende sogenannte Roosa-Bonds zur Verfügung. Um das Interesse der ausländischen Zentralbanken und Regierungen an Dollarguthaben zu steigern, wurden ferner deren Zeitdepositen von dem sonst in den USA geltenden Zinsplafond befreit. Angesichts der angespannten Lage übten verschiedene Länder auch von sich aus Zurückhaltung bei der Umwandlung von Dollarreserven in Gold aus.

Die *direkten* Maßnahmen zur Wiederherstellung des Zahlungsbilanzgleichgewichts hatten 1961—1965 nur einen *begrenzten Umfang*. Eine drastische Verminderung der Militärausgaben im Ausland ließ die weltpolitische Lage nicht zu. Zinserhöhungen wurden im Interesse einer hohen Wirtschaftstätigkeit nur insofern als zulässig und wünschbar betrachtet, als sie die kurzfristigen Zinsen betrafen. Mittels der sogenannten „operation twist" versuchte man, die Geldmarktsätze steigen zu lassen, ohne die langfristigen Sätze zu tangieren. Anstatt zu wirksamen restriktiven monetären und fiskalischen Maßnahmen zu greifen, nahm die amerikanische Regierung zu Kapitalexportkontrollen Zuflucht. Mitte 1963 wurde die Zinsausgleichssteuer eingeführt, durch die Käufe von ausländischen Wertschriften durch amerikanische Gebietsansässige belastet wurden; diese Maßnahme machte den New Yorker Emissionsmarkt für zahlreiche Länder praktisch unzugänglich. 1965 folgten offizielle Richtlinien zur Einschränkung der Bankkredite an das Ausland

---

[186] Vergl. Jahresbericht des IWF 1965, S. 101/2.

und zur Drosselung der Direktinvestitionen im Ausland, die vorerst allerdings freiwilligen Charakter hatten.

c) *Die Rückschläge in der zweiten Hälfte der sechziger Jahre*

Die anfangs der ersten Hälfte der Sechzigerjahre noch gehegte Hoffnung, daß die Zahlungsbilanzlage durch solche marginale Maßnahmen gemeistert werden könne, wurde jedoch in der zweiten Hälfte des Jahrzehnts durch die Intensivierung des Vietnamkrieges, durch die teils damit verbundene Verstärkung des Inflationsdrucks im Inland und die der Pfundabwertung von 1967 nachfolgenden Spekulation auf eine Erhöhung des Goldpreises erschüttert. Dank der kräftigen Reduktion des Kapitalbilanzdefizits bei gleichzeitiger straffer, inflationsbedingter Kreditpolitik konnte zwar zunächst 1966 trotz importbedingter Verminderung des Handelsbilanzüberschusses eine weitere Erhöhung des Zahlungsbilanzdefizits vermieden werden. Die Bilanz der offiziellen Reservetransaktionen zeigte in diesem Jahr infolge der Kreditrestriktionen und der dadurch ausgelösten kurzfristigen Kapitalimporte sogar einen kleinen Überschuß. Schon im nächsten Jahr, 1967, erlitt die Zahlungsbilanz jedoch einen *schweren Rückschlag*, schlossen doch sowohl die Liquiditätsbilanz als auch die Bilanz der offiziellen Reservetransaktionen mit Defiziten von 3,5 Mrd. resp. 3,4 Mrd. $ ab. Zunehmende Militärausgaben, größere Kapitalexporte und ein erneuter Rückgang des Handelsbilanzüberschusses gaben dafür den Ausschlag.

Die Nachricht über die Verschlechterung der amerikanischen Zahlungsbilanz traf Ende 1967 zusammen mit der allgemeinen Beunruhigung, die von der Pfundabwertung vom 17. November 1967 ausging. Das löste eine *Fluchtwelle aus dem Dollar* ins Gold und in andere Währungen aus. Die Folge war, daß der Goldpool der Notenbanken zur Stabilhaltung des Goldpreises innert kürzester Zeit Goldabgaben von rund 1,7 Mrd. $ an den Markt vornehmen mußte, an die die Vereinigten Staaten die Hälfte beitrugen. Der amerikanische Goldbestand schrumpfte dadurch im Jahre 1967 um nicht weniger als 1,17 Mrd. $ zusammen, um am Jahresende nur noch 12,06 Mrd. $ zu erreichen.

Der starke Goldverlust wirkte alarmierend. Schon am *1. Januar 1968* griff die amerikanische Regierung zu energischen *zusätzlichen Zahlungsbilanzmaßnahmen*. Anstelle der bisherigen freiwilligen Richtlinien hinsichtlich der amerikanischen *Direktinvestitionen* im Ausland trat jetzt eine *zwangsmäßige Kontrolle*. Direktinvestitionen in Europa und Südafrika wurden für 1968, abgesehen von einer Reinvestierung von 35% der Investitionserträgnisse, überhaupt suspendiert. In den übrigen entwickelten Ländern wurden die Direktinvestitionen auf 65% der Basisjahre 1965 — 1966 beschränkt, während für die Entwicklungsländer ein Plafond von 110% eingeführt wurde. Die Direktinvestitionen im Ausland sollten durch diese Maßnahmen um 1 Mrd. $ abgebaut werden. Auch die Begrenzung der Bankkredite an das Ausland wurde verschärft; ihre Kontrolle wurde zwar auf freiwilliger Basis weitergeführt, doch erhielten die Währungsbehörden die Kompetenz, wenn nötig mit Zwangsmitteln vorzugehen. Gegenüber dem Basisjahr 1964 wurde von diesen Maßnahmen eine Verbesserung der Zahlungsbilanz von weiteren 900 Mio. $ erwartet.

Andere einschränkende Maßnahmen betrafen den amerikanischen Tourismus sowie die Regierungsaufwendungen im Ausland. Die amerikanischen Militärausgaben in Europa sollten durch Veranlassung der europäischen Länder, in vermehrtem Maße amerikanische Militärgüter zu kaufen, in stärkerem Maße kompensiert werden. Durch direkte Exportförderungsmaßnahmen und handelspolitisches Vorgehen sollte schließlich die Ausfuhr gesteigert werden. Das Gesamtprogramm sollte 1968 eine Verbesserung der Zahlungsbilanz um 3 Mrd. $ bringen, d. h. das Defizit ausgleichen.

Die drakonischen Zahlungsbilanzmaßnahmen hatten fühlbare Auswirkungen. Aber sie konnten nicht verhindern, daß es angesichts des ramponierten Goldpools der Notenbanken im *März 1968* erneut zu einem *Goldrush* kam, durch den der Goldbestand der Vereinigten Staaten nochmals innert Tagen um 1,2 Mrd. $ dezimiert wurde. Die Vertrauenskrise des Dollars erreichte damit einen kritischen Punkt. Selbst die Annahme von Dollarnoten und Dollar-Travellerschecks stieß im Ausland da und dort auf Schwierigkeiten.[187])

Mit 10,7 Mrd. $ hatte der amerikanische *Goldbestand* im März 1968 einen *Tiefstand* erreicht, der angesichts der Reservewährungsfunktion des Dollars keine weiteren großen Verluste mehr erlaubte. Um den Druck der privaten Goldnachfrage zu brechen, hätten drei Mittel ergriffen werden können: eine generelle Erhöhung des monetären Goldpreises, eine *Einstellung des Goldpools* und weiterer Goldabgaben aus den monetären Beständen an den Markt oder eine Einstellung der Konvertibilität des Dollars in Gold überhaupt, auch gegenüber den ausländischen Währungsbehörden. Die Vereinigten Staaten entschieden sich in der Notlage zusammen mit den anderen Goldpool-Ländern zur zweiten Alternative. Gleichzeitig bekräftigten sie ihre Entschlossenheit, die Goldparität des Dollars unverändert zu lassen und weiterhin Goldkäufe und -verkäufe gegenüber den ausländischen Währungsbehörden zu tätigen. Das hieß mit anderen Worten, daß sie an den Hauptgrundsätzen der bisherigen Reservewährungspolitik festhielten.

Mit der Einstellung des Goldpools der Notenbanken wurde die Konvertibilität des Dollars in Gold für den *Privaten* aufgehoben und wurde die

---

[187]) Vergl. Hayes, A., Vortrag in New York vom 2. Mai 1968.

Gefahr weiterer massiver Goldabgaben an den Markt sofort behoben. Da jedoch die Konvertibilität des Dollars gegenüber den ausländischen Währungsbehörden fortdauerte, blieb die Möglichkeit von Goldverlusten durch Konversion offizieller Dollarguthaben des Auslandes bestehen. Des Zahlungsbilanzproblems vermochten sich die USA dadurch jedenfalls nicht zu entledigen.

Trotz den zusätzlichen Zahlungsbilanzmaßnahmen und dem Wegfall der Verpflichtungen aus dem Goldpool drohte der amerikanischen *Zahlungsbilanz 1968* vom *Wirtschaftsboom* im Innern neue Gefahr. Da die von der Administration angestrebten Steuererhöhungen im Kapitol lange keine Zustimmung fanden und sich eine Kürzung der Bundesausgaben als nicht durchführbar erwies, blieb die Konjunkturpolitik zunächst der Geld- und Kreditpolitik überlassen. Es dauerte bis zum Sommer 1968, bis die Steuervorlage (befristeter 10%iger Zuschlag auf Einkommens- und Körperschaftssteuern, Sonderbelastung auf Immobilien, Vorverlegung des Steuerzahltermins für Gesellschaften) vom Kongreß angenommen und gleichzeitig Ausgabenkürzungen vorgenommen wurden. Das Budgetdefizit, das im Budgetjahr 1967/8 einen Umfang von nicht weniger als 25,2 Mrd. $ angenommen hatte, sollte auf diese Weise im folgenden Finanzjahr eliminiert werden.

Die verspätet angewandten Fiskalmaßnahmen gingen nun aber selbst über die Forderungen der Administration hinaus. Da die Goldbehörden davon inflatorische Wirkungen befürchteten, lockerten sie gleichzeitig wieder die *Kreditpolitik*. Indessen hatten die Steuererhöhungen nicht den erwarteten Erfolg. Die Konjunktur erhitzte sich Ende 1968 noch mehr und ging in ein ausgesprochen inflatorisches Stadium über.

Eine der spektakulärsten Folgen der konjunkturellen Übersteigerung war, daß der amerikanische Leistungsbilanzüberschuß 1968 von 3,5 Mrd. $ im Vorjahr auf nur noch 0,8 Mrd. $ zusammenschrumpfte. Der Überschuß der Handelsbilanz, der im Durchschnitt der Jahre 1961 — 1965 noch 5,3 Mrd. $ und im Jahre 1967 noch wenigstens 3,5 Mrd. $ betragen hatte, verschwand 1968 infolge einer inflationsbedingten 23%igen Einfuhrsteigerung vollständig.

Wenn trotz dieser Entwicklung die Gesamtbilanz 1968 nicht ungünstiger abschloß als im Vorjahr, sondern sogar erstmals einen *Überschuß* und zwar von 168 Mio. $ in der Liquiditätsbilanz und von 1,64 Mrd. $ in der Bilanz der offiziellen Reservetransaktionen aufwies, so war dies ausschließlich auf *außerordentliche Umschichtungen in der Kapitalbilanz* zurückzuführen: Die Kapitalexportbeschränkungen, die Kreditverknappung und das starke Ansteigen der amerikanischen Zinssätze bewirkten, daß der Nettokapitalexport der amerikanischen Firmen von 2,9 Mrd. $ im Jahresmittel 1966 — 1967 auf nahezu 400 Mio. $ 1968 zurückging. Dazu kam, daß die amerikanischen Banken und Finanzinstitute ihre

Brutto-Auslandforderungen abbauten, woraus sich gegenüber dem Vorjahr eine Entlastung der Zahlungsbilanz von weiteren 900 Mio. $ ergab. Stark fiel ferner ins Gewicht, daß sich 1968 die Käufe amerikanischer Wertschriften durch das Ausland infolge der amerikanischen Hochkonjunktur und der politischen Beunruhigung in Europa gegenüber dem Vorjahr um 1,15 Mrd. $ auf nahezu 2 Mrd. $ vergrößerten. Infolgedessen zeigte die Bilanz der privaten Kapitalbewegungen gegenüber dem Vorjahr eine Verbesserung um nicht weniger als 4,6 Mrd. $, womit die Verschlechterung der Leistungsbilanz mehr als wettgemacht wurde.

Die optische Verbesserung der Gesamtbilanz von 1968 konnte jedoch nicht darüber hinwegtäuschen, daß es sich dabei um eine einmalige Konstellation handelte und daß die Fundamente der Zahlungsbilanz in diesem Jahr im Gegenteil eine grundlegende Schwächung erlitten hatten.

Der außergewöhnliche Charakter des Zahlungsbilanzergebnisses von 1968 bestätigte sich denn auch schon im *Jahre 1969*. Hatte die Zahlungsbilanz auf Liquiditätsbasis im Vorjahr mit einem Überschuß von 168 Mio. $ abgeschlossen, so schlug diese jetzt in ein Rekorddefizit von 7,2 Mrd. $ um. Das war selbst nahezu das Doppelte des bisherigen Rekordbetrages von 3,9 Mrd. $ im Jahre 1960. Umgekehrt verlief die Entwicklung hinsichtlich der auf der „official settlement"-Basis errechneten Zahlungsbilanz: Hatte diese 1968 mit einem Überschuß von 1,6 Mrd. $ abgeschlossen, so zeigte sie jetzt einen noch größeren Überschuß von 2,7 Mrd. $.

Die Verschlechterung des Passivsaldos der *Liquiditätsbilanz* im Jahre 1969 war teils die Folge einer verschlechterten Handels- und Leistungsbilanz, teils spielten andere Faktoren mit. Einmal wurden 1969 im Gegensatz zum Vorjahr keine sogenannten „Spezialtransaktionen"[188]) durchgeführt, sondern wurden solche sogar noch abgebaut (Einlösung von Roosabonds von fast 1 Mrd. $); dadurch waren bereits 3,2 Mrd. $ des vergrößerten Defizits zu erklären. Der hohe Passivsaldo bei den „Errors and Omissions" von rund 3 Mrd. $ ging darauf zurück, daß aus Gründen des Zinsvorteils hohe Beträge aus den Vereinigten Staaten am Eurodollarmarkt placiert und über die Auslandfilialen der amerikanischen Banken wieder nach den USA zurückgeschafft wurden, was die Zahlungsbilanz faktisch, obwohl der Kreislauf in der Zahlungsstatistik einseitig in hohen Auslandverbindlichkeiten zum Ausdruck kam, nicht verschlechterte.

Umgekehrt vermittelte jedoch der Aktivsaldo der Bilanz der *zentralen* Reservetransaktionen ein zu günstiges Bild.

---

[188]) Insbesondere die Veranlassung ausländischer Behörden, liquide Dollarguthaben in nicht-liquide Form zu bringen, was einem Kapitalimport und einer Verbesserung der Zahlungsbilanz gleichkam.

Eine *effektive Verschlechterung* der Zahlungsbilanz trat — insbesondere wegen hoher Zinszahlungen an das Ausland — bei den *Dienstleistungen* ein, wo der Überschuß auf 220 Mio. $ fiel. Der *Außenhandelsüberschuß* blieb mit 960 Mio. $ unverändert auf einem niedrigen Stand. Eine starke Verschlechterung von 4,5 Mrd. $ verzeichnete die Kapitalbilanz, was im wesentlichen darauf zurückzuführen war, daß der private Kapitalimport um 1,2 Mrd. $ hinter dem Vorjahr zurückblieb, während der Kapitalexport weiterhin steigende Tendenz aufwies.

Die amerikanischen *Währungsreserven* erhöhten sich 1969 dank einer Verbesserung der Reserveposition im IWF um 1,9 Mrd. $. Infolge des Abbaus von Stützungsaktionen gegenüber Großbritannien und Frankreich gingen die amerikanischen Devisenbestände um 815 Mio. $ zurück, während der Goldbestand um 970 Mio. $ anstieg.[189] Die Zahlungsbilanzen von 1968 und 1969 lassen erkennen, daß sich die Vereinigten Staaten auf erhebliche Kapitalimporte stützen mußten.

Hatte 1969 die monetäre Restriktionspolitik der USA zu einem Zustrom ausländischen Privatkapitals von 8,7 Mrd. $ geführt, so bewirkte umgekehrt *1970* die Lockerung der amerikanischen Gold- und Kreditpolitik einen Abfluß solcher Mittel um 6,2 Mrd. $ in Form von Rückzahlungen von Eurodollar-Verbindlichkeiten der U.S.-Banken. Diese Rückzahlungen hatten einerseits eine Reduktion der kurzfristigen Auslandsverbindlichkeiten der amerikanischen Banken, andererseits aber eine Zunahme der offiziellen Dollarreserven des Auslandes zur Folge. Für die *Liquiditätsbilanz* hatte dies eine Verminderung des Defizits von 7,02 auf 3,87 Mrd. $ zur Folge (vergl. Tabelle Nr. 17), während umgekehrt der Überschuß der *Bilanz der offiziellen Reservetransaktionen* von 2,7 Mrd. $ im Jahre 1969 in einen rekordmäßigen Fehlbetrag von 9,82 Mrd. $ im Jahre 1970 umschlug. Die amerikanischen Auslandsverbindlichkeiten gegenüber ausländischen Amtsstellen nahmen 1970 um 7,6 Mrd. $ zu. Der Handelsbilanzüberschuß erhöhte sich 1970 auf 2,2 Mrd. $.

---

[189] Vergl. Jahresbericht der BIZ 1969/70, S. 91 ff., S. 131 ff.

Tabelle Nr. 17
*Die amerikanische Zahlungsbilanz
nach den beiden offiziellen Berechnungsarten* (in Mio. $)

	1964	1965	1966	1967	1968	1969	1970
I. Liquiditätsbilanz							
1. Zahlungsbilanzsaldo[1]	—2800	—1335	—1357	—3544	171	—7012	—3848[3]
2. Ausgleichsposten[2]							
a) Veränderung d. offiziellen Währungsreserven	171	1222	568	52	— 880	—1187	+2477
b) Veränderung d. liquiden Verbindlichkeiten gegenüber d. Ausland[3]	2629	113	789	3492	709	8199	+1371
II. Bilanz der offiziellen Reservetransaktionen							
1. Zahlungsbilanzsaldo[1]	—1564	—1289	266	—3418	1641	2700	—9819[4]
2. Ausgleichsposten[2]							
a) Veränderung d. offiziellen Währungsreserven	171	1222	568	52	— 880	—1187	+2477
b) Veränderung d. liquiden Verbindlichkeiten gegenüber ausländischen Zentralbanken, Regierungen und IWF	1075	— 18	—1595	2020	—3101	— 517	+7613
c) Veränderung nicht liquider Verbindlichkeiten gegenüber Zentralbanken und Regierungen	318	85	761	1346	2340	— 996	— 271

[1]) einschließlich errors and omissions.
[2]) ohne Vorzeichen: Verminderung der Guthaben resp. Zuwachs der Verbindlichkeiten; Minus-Vorzeichen: Erhöhung der Guthaben resp. Verminderung der Verbindlichkeiten.
[3]) gegenüber Notenbanken, Regierungen, IWF, Geschäftsbanken und anderen privaten Gebietsfremden
[4]) einschließlich Sonderziehungsrechte.

Quellen: Survey of Current Business, bis 1967 reproduziert von Kepper, G., in Artikel „Zahlungsbilanz", Enzyklopädisches Lexikon für das Geld-, Bank- und Börsenwesen, Frankfurt 1967/8, S. 1859. Der nachfolgende Kommentar zur Tabelle basiert teils auf diesem Aufsatz. Ab 1968: Survey of Current Business.

Kommentar zur Tabelle Nr. 17

Die traditionelle Bilanzierungsmethode der sogenannten *Liquiditätsbilanz* (balance on liquidity basis), die der Ermittlung der außenwirtschaftlichen Liquiditätsposition der USA dient, stellt die liquiden Guthaben (Gold, offizieller Bestand an konvertiblen Devisen, Reservepositionen beim IWF und Sonderziehungsrechte) den liquiden *Gesamt*verbindlichkeiten (kurzfristige amerikanische Verbindlichkeiten gegenüber offiziellen Stellen und Privaten im Ausland, ausländischer Besitz an mittel- und langfristigen amerikanischen Regierungs- und Schatzamtspapieren) gegenüber. Nicht in die Rechnung einbezogen sind kurzfristige Forderungen der U.S. Banken gegenüber dem Ausland sowie kurzfristige Forderungen und Verbindlichkeiten der übrigen amerikanischen Wirtschaft gegenüber dem Ausland, weil sie nicht als liquid angesehen werden.

In der sogenannten *Bilanz der offiziellen (oder zentralen) Reservetransaktionen* (balance on official settlements basis), die aufgrund des Berichtes des Bernstein-Ausschusses von 1964 seither neben der Liquiditätsbilanz veröffentlicht wird, werden hingegen die offiziellen amerikanischen Währungsreserven lediglich den Veränderungen der *offiziellen* Dollarreserven ausländischer No-

Diagramm F
*Die amerikanische Zahlungsbilanz
nach den beiden offiziellen Berechnungsarten*

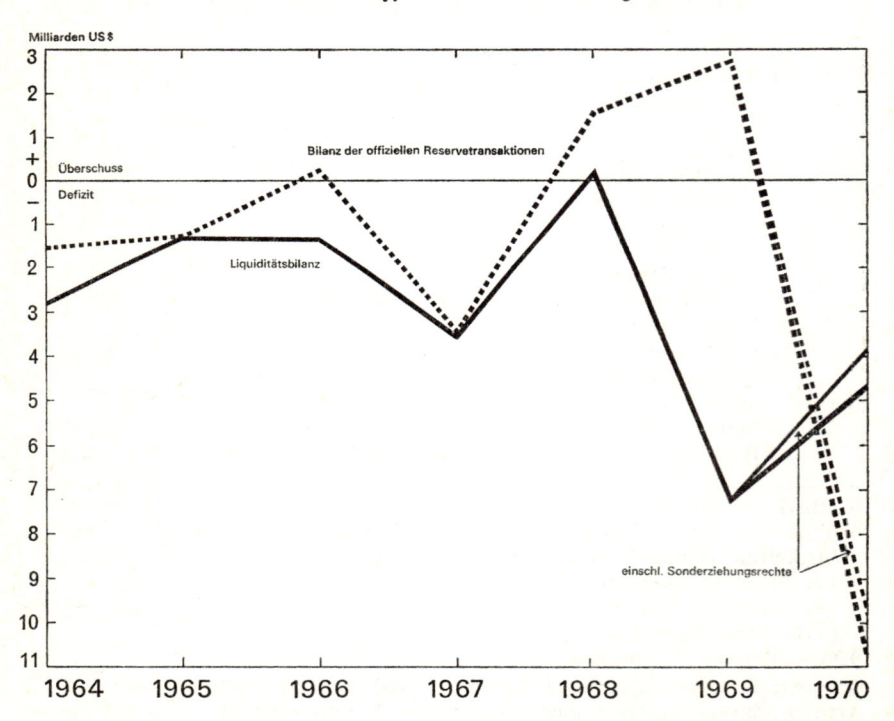

Quelle: Bankers Trust Co., Charts on the Balance of Payments, Gold and the Dollar, März 1970.

tenbanken, Regierungen und des IWF (liquide und nichtliquide Guthaben) gegenübergestellt. Während in der Liquiditätsbilanz die Veränderungen der liquiden Verbindlichkeiten der U.S. Banken gegenüber ausländischen Privaten als Ausgleichsposten der Zahlungsbilanz figurieren, werden diese in der Bilanz der offiziellen Reservetransaktionen als autonome Kapitalströme und damit als Bestimmungsfaktoren der Zahlungsbilanz betrachtet. Bewirkt in der Liquiditätsbilanz eine Zunahme dieser Verbindlichkeiten eine Verschlechterung der Zahlungsbilanz und wird dort ein Zuwachs der privaten Dollarguthaben des Auslandes lediglich als Ausgleichsposten eines bereits bestehenden Zahlungsbilanzergebnisses behandelt, so wird in der Bilanz der offiziellen Reservetransaktionen die Zunahme der liquiden Dollarguthaben der Privaten im Ausland als ein Kapitalimport nach den USA betrachtet, der das Zahlungsbilanzergebnis mitgestaltet und verbessert. Ein weiterer Unterschied der beiden Bilanzierungsmethoden besteht darin, daß in der Liquiditätsbilanz Veränderungen in den nichtliquiden Verbindlichkeiten gegenüber den ausländischen Notenbanken, in denen auch die Beanspruchung von Swap-Transaktionen zum Ausdruck kommt, unter die Bestimmungsfaktoren des Zahlungsbilanzergebnisses eingegliedert werden, während bei der neuen Berechnungsmethode diese Notenbankkredite als Ausgleichsposten der Zahlungsbilanz behandelt werden.

3. KAPITEL: DIE POSITION DES DOLLARS 1969/70

Von *1950 bis 1970* hatten sich infolge einer fast ununterbrochenen Kette von Fehlbeträgen *amerikanische Zahlungsbilanzdefizite* von nicht weniger als insgesamt *48,1 Mrd. $* (auf Liquiditätsbasis) ergeben. Dadurch hat sich die monetäre Position des U.S.-Dollars in den letzten zwei Jahrzehnten grundlegend verändert (vergl. Diagramm G und Tabelle Nr. 18). Der amerikanische *Goldbestand,* der Ende 1949 noch 24,56 Mrd. $ ausmachte, ist bis Ende 1970 auf 11,04 Mrd. $, d. h. um 13,5 Mrd. $ zurückgegangen.[190])

Von den Zahlungsbilanzdefiziten der letzten zwei Jahrzehnte waren allerdings nur *drei Zehntel* auf Kosten der *amerikanischen Goldreserven* finanziert worden. Der große Rest fand seinen Niederschlag in einer starken Vermehrung der *kurzfristigen Dollarverbindlichkeiten gegenüber dem Ausland.* Diese sind von 5,96 Mrd. $ (Ende 1949) auf 33,61 Mrd. $ (Ende 1968) und 42,06 Mrd. $ (Ende 1969) angewachsen. Die kurzfristigen Dollarverbindlichkeiten gegenüber ausländischen Amtsstellen, die formell in Gold konvertierbar sind, haben sich von 2,91 Mrd. $ (Ende 1949)

---

[190]) Neben dem Goldbestand und einer amerikanischen Reserveposition gegenüber dem IWF von 1,94 Mrd. $ zeigten die Währungsreserven der USA Ende 1970 Devisenbestände von 0,63 Mrd. $ auf, die jedoch, wie bereits an anderer Stelle erwähnt, aus der Inanspruchnahme von Swapvereinbarungen des Federal Reserve System durch Partnerländer stammen und nicht als Währungsreserven betrachtet werden können. Anfangs 1970 kam zu den amerikanischen Währungsreserven erstmals eine Zuteilung von Sonderziehungsrechten von 867 Mio. $, anfangs 1971 eine weitere von 717 Mio. $, hinzu.

Tabelle Nr. 18

Die Entwicklung der Nettoreserven und Liquiditätsposition der USA

(in Mrd. $)

	Goldbestand (1)	IWF-Reserveposition (2)	Kurzfristige Verbindlichkeiten gegenüber Amtsstellen im Ausland[1] (3)	Netto-Reserveposition (1+2—3) (4)	Kurzfristige Verbindlichkeiten gegenüber Privaten im Ausland (5)	Total kurzfristige Auslandverbindlichkeiten (6)	Reserven abzüglich gesamte Auslandverbindlichkeiten (1+2—6) (7)
1949	24,56	1,46	3,36	22,66	—	6,94	19,08
1950	22,82	1,45	4,89	19,38	2,11	8,89	15,38
1951	22,87	1,43	4,16	20,14	2,60	8,85	15,45
1952	23,25	1,46	5,56	19,15	2,63	10,43	14,28
1953	22,09	1,37	6,47	16,99	2,57	11,36	12,10
1954	21,79	1,19	7,52	15,46	2,57	12,45	10,53
1955	21,75	1,04	8,26	14,53	2,98	13,52	9,27
1956	22,06	1,61	9,15	14,52	3,41	14,90	8,77
1957	22,86	1,98	9,14	15,70	3,47	15,82	9,02
1958	20,58	1,96	9,65	12,89	3,52	16,84	5,70
1959	19,51	2,00	10,12	11.39	4,68	19,43	2,08
1960	17,80	1,55	11,09	8,26	7,60	21,03	— 1,68
1961	16,95	1,69	11,83	6,81	8,36	22,94	— 4,30
1962	16,06	1,06	12,97	4,15	8,36	24,33	— 7,21
1963	15,60	1,04	14,60	2.04	9,20	26,56	— 9,92
1964	15,47	0,77	15,77	0,47	11,06	29,35	—13,11
1965	14,06	0,60	15,85	— 1,19	11,48	29,59	—14,93
1966	13,23	0,33	14,97	— 1,41	14,21	31,10	—17,54
1967	12,06	0,42	18,28	— 5,80	15,76	35,75	—23,27
1968	10,89	1,29	17,49	— 5,31	19,38	38,62	—26,44
1969	11,86	2,32	16,05	1,87	28,22	45,95	—31,77
1970	11,07	1,94	23,92	—10,91	21,80	47,13	—34,12

[1] Kurzfristige Verbindlichkeiten gegenüber ausländischen Notenbanken und Regierungen sowie gegenüber der BIZ, ferner andere nicht-marktfähige Wertpapiere (Roosa-Bonds, Time Certificates of Deposits).

(5) Von den amerikanischen Banken erfaßte kurzfristige Verbindlichkeiten sowie marktfähige „Bonds" und „Notes" der amerikanischen Regierung im Besitze von Ausländern.

(6) Kolonnen (3) + (5) plus kurzfristige Verbindlichkeiten gegenüber internationalen Organisationen.

Quellen: International Finance Statistics, Federal Reserve Bulletin (A 76 — A 83).

auf 11,98 Mrd. $ (Ende 1969) erhöht; zu den liquiden Verpflichtungen gegenüber den ausländischen Notenbanken und Regierungen sind auch die auf die Gläubigerwährungen lautenden, nicht marktfähigen Roosabonds zu zählen, die, obschon sie mittelfristige Fälligkeiten aufweisen, notfalls jederzeit mobilisierbar sind. Die Roosabonds machten Ende 1969

Diagramm G
Entwicklung der internationalen Liquiditätsposition der USA

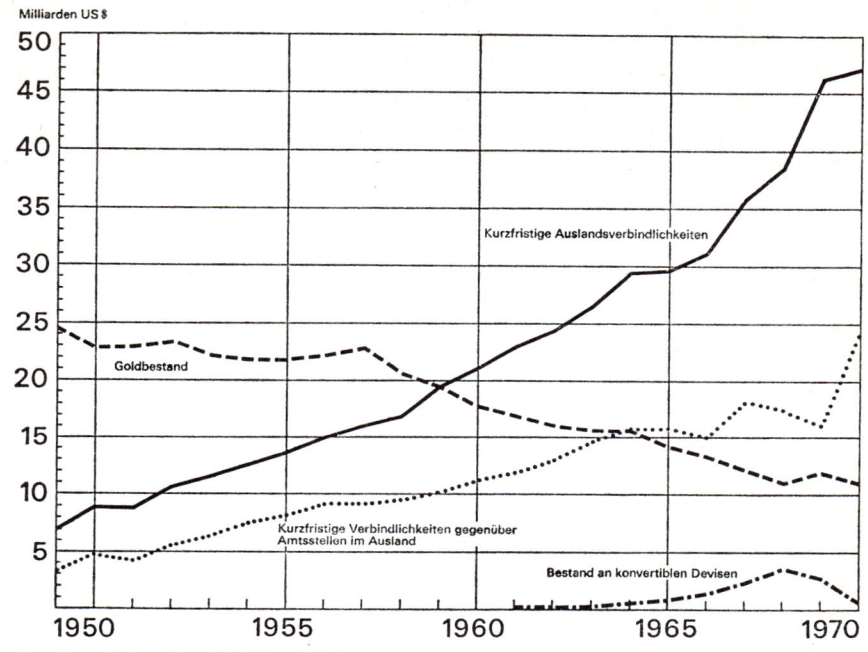

Milliarden US $

[Diagramm: Kurven für Kurzfristige Auslandsverbindlichkeiten, Goldbestand, Kurzfristige Verbindlichkeiten gegenüber Amtsstellen im Ausland, Bestand an konvertiblen Devisen, 1950–1970]

Quelle: Jahresbericht der BIZ 1969/70

2,09 Mrd. $ aus. Zudem sind kurzfristige Verbindlichkeiten gegenüber dem IWF und der Weltbank von 1,68 Mrd. $ (Ende 1969) in Rechnung zu stellen.

Den größten Teil der kurzfristigen Verpflichtungen nahmen die Verbindlichkeiten gegenüber *Privaten* im Ausland ein. Sie sind von 3,05 Mrd. $ (Ende 1949) auf 19,38 Mrd. $ (Ende 1968) und 28,24 Mrd. $ (Ende 1969) angeschwollen, um bis Ende August wieder auf 25.54 Mrd. $ zurückzugehen. In der spektakulären Erhöhung im Jahre 1969 und im starken Rückgang im Jahre 1970 kamen die großen Bezüge der amerikanischen Banken am Eurodollarmarkt, resp. ihre Rückzahlungen an diesen Markt, zum Ausdruck.

Infolge der gegenläufigen Bewegungen der Bruttoreserven und der kurzfristigen Auslandverbindlichkeiten hat sich jedoch die *Nettoreserveposition* des Dollars stark *verschlechtert*. Stellt man den Goldbestand und die amerikanische Reserveposition beim IWF den kurzfristigen Verbindlichkeiten gegenüber Notenbanken und Regierungen (inkl. Roosa-Bonds) gegenüber, so ergibt sich von 1949 bis Ende 1969 eine Verschlechterung von einem ursprünglichen Überschuß der Nettoreserveposition von 22,66 Mrd. $ in ein Defizit von 5,31 Mrd. $. Schließt man die kurzfristigen

Dollarverbindlichkeiten gegenüber Privaten im Ausland ein, die jederzeit an Notenbanken abgetreten und dadurch in Gold konvertierbar gemacht werden können, so zeigt sich von 1950 bis Ende 1969 sogar eine Umkehr des Verhältnisses zwischen Reserven und gesamten kurzfristigen Verbindlichkeiten gegenüber dem Ausland von einem Überschuß von 17,27 Mrd. $ in ein Manko von 31,68 Mrd. $ (vergl. Tabelle Nr. 18).

Das ungünstige Bild hellt allerdings auf, wenn man den Verbindlichkeiten auch die *kurzfristigen Forderungen* gegenüberstellt, die in der amerikanischen Zahlungsbilanz als nicht-liquide Posten betrachtet und nicht eingerechnet werden, und wenn man auch die *langfristige Investitionsbilanz* in Betracht zieht (vergl. Tabelle Nr. 19). Es geht daraus hervor, daß die gesamten amerikanischen Guthaben und Investitionen im Ausland von 16,82 Mrd. $ (Ende 1945) auf nicht weniger als 146,0 Mrd. $ (Ende 1969) zugenommen haben, während die Guthaben und Investitionen des Auslandes in den USA in der gleichen Zeit von 17,59 auf 90,6 Mrd. $ angestiegen sind. Der *Nettosaldo* zugunsten Amerikas hat sich demnach in dieser Periode von einem Passivum von 0,78 Mrd. $ (Ende 1945) in ein *Aktivum von 55,3 Mrd. $* (Ende 1969) zugunsten der USA verwandelt. Schloß Ende 1969 die Bilanz der *kurzfristigen* Investitionen und Forderungen mit einem *Passivum* von 23,8 Mrd. $ ab, so wies dagegen die Bilanz der *langfristigen* Investitionen und Forderungen einen *Überschuß* von 79,2 Mrd. $ (1945 erst 6,78 Mrd. $) auf. Während die amerikanische Zahlungsbilanz seit den Fünfzigerjahren mit chronischen Defiziten abschloß und sich dadurch die Liquiditätsposition des Dollars erheblich verschlechterte, vermochten also die Vereinigten Staaten gleichzeitig dank größerer Kapitalexporte ihre langfristige Investitionsposition stark zu verbessern. Der zunehmenden kurzfristigen Nettoverschuldung steht eine noch stärker gewachsene langfristige Netto-Gläubigerstellung gegenüber.

Indessen hängen das *Vertrauen* in den Dollar als internationale Währung und die Bereitschaft des Auslandes, Dollars als Währungsreserven zu halten und weiter zu äufnen, nicht von der amerikanischen Investitionsbilanz, sondern von der *Liquiditätsposition* des Dollars, das heißt vom Verhältnis der liquiden Aktiven zu den liquiden Verbindlichkeiten gegenüber den ausländischen Notenbanken ab. Es sind die anhaltende defizitäre Zahlungsbilanzlage der USA und die fortgesetzte Verschlechterung der Nettoreserveposition des Dollars, die, zusammen mit der Saturierung vieler Länder mit Dollarreserven, zur Befürchtung Anlaß geben, daß die Vereinigten Staaten hinsichtlich ihrer externen Liquidität in eine Krise geraten könnten.

Die Erkenntnis, daß es einmal zu einem Sättigungsgrad der Dollarreserven des Auslandes kommen müsse und daß die USA ein zunehmendes Liquiditätsrisiko laufen, wenn sie mit hohen Zahlungsbilanzdefiziten fortfahren, war ein Hauptanlaß für die Schaffung der *Sonderziehungs-*

Tabelle Nr. 19

Investitionsbilanz der USA
(Stand vom Jahresende, in Mrd. US-$)

	1945	1950	1955	1960	1965	1966	1967	1968	1969
I. Amerikanische Guthaben und Auslandsinvestitionen	16,8	31,5	43,3	68,9	106,3	111,8	122,7	135,9	146,0
l a n g f r i s t i g e :	15,3	28,3	39,2	59,5	91,3	96,8	105,3	115,5	124,2
priv. Investitionen	13,7	17,5	26,8	45,4	71,0	75,7	81,7	89,5	96,0
— Direktinvestitionen	8,4	11,8	19,4	32,8	49,4	54,7	59,5	65,0	70,8
— Wertschriften	5,3	5,7	7,4	12,6	21,6	21,0	22,2	24,5	25,3
Kredite u. Forderungen d. Regierg.	1,6	10,8	12,4	14,1	20,3	21,1	23,6	25,9	28,2
k u r z f r i s t i g e :	1,5	3,3	4,2	9,4	15,0	15,1	17,3	20,4	21,7
priv. Investitionen	1,0	1,5	2,4	5,0	10,2	10,6	11,9	13,0	14,1
Kredite u. Forderungen d. Regierg.	0,5	1,8	1,8	4,4	4,8	4,5	5,2	7,4	7,6
II. Auslandsguthaben u. -investitionen in d. USA	17,6	17,6	27,8	41,2	58,7	60,4	69,7	81,2	90,6
l a n g f r i s t i g e :	8,5	9,5	15,0	20,7	30,1	29,1	35,0	44,6	45,1
priv. Investitionen	8,0	8,0	13,4	18,4	26,4	27,0	32,0	40,4	41,0
— Direktinvestitionen	2,5	3,4	5,1	6,9	8,8	9,1	9,9	10,8	11,8
— Wertschriften	5,5	4,6	8,3	11,5	17,6	18,0	22,1	29,5	29,2
Kredite u. Forderungen d. Regierg.	0,5	1,5	1,6	2,3	3,7	2,1	3,0	4,3[1]	4,1[1]
k u r z f r i s t i g e :	9,1	8,2	12,8	20,5	28,7	31,3	34,7	36,6	45,6
priv. Investitionen	5,3	6,5	8,4	12,0	18,2	20,8	23,0	27,0	37,9
Kredite u. Forderungen d. Regierg.	3,8	1,7	4,4	8,5	10,5	10,5	11,8	9,6[1]	7,7[1]
Saldo[2]	—0,8	+13,9	+15,5	+27,7	+47,5	+51,4	+53,0	+54,7	+55,3
langfristig	+6,8	+18,8	+24,1	+38,8	+61,2	+67,7	+70,4	+70,9	+79,2
kurzfristig	—7,6	—4,9	—8,6	—11,1	—13,7	—16,2	—17,4	—16,2	—23,8

[1]) Infolge der veränderten Gruppierungen in der Statistik (Survey of Current Business, Oktober 1970, S. 23) mußten diese Posten ausgehend von den Werten für 1967 mit Hilfe der in der Zahlungsbilanzstatistik (Survey of Current Business, Juni 1970) ausgewiesenen jährlichen Veränderungen ermittelt werden.

[2]) Infolge der Rundungsfehler ergeben sich kleine Abweichungen von den oben aufgeführten Werten.

Quellen: — Statistical Abstract 1965, S. 325, 351, 857
— Survey of Current Business („The International Investment Position of the United States" erscheint seit 1968 in der Oktober-Nummer)

rechte (SZR). Die Zielsetzung war, daß das amerikanische Zahlungsbilanzdefizit auf vernünftige Proportionen reduziert und die dadurch ausfallende internationale Liquidität durch die Sonderziehungsrechte ersetzt werden sollte. Indem den Vereinigten Staaten außerdem das Recht eingeräumt wurde, ihre Sonderziehungsrechte zur Rückzahlung ihrer kurzfristigen Dollarverbindlichkeiten gegenüber ausländischen Währungsbehörden zu verwenden, sollten diese ferner in den Stand gesetzt werden, diese Verpflichtungen teilweise anstatt in Gold in SZR konvertieren und auf diese Weise reduzieren zu können.

Die Sonderziehungsrechte sind 1970 erstmals aktiviert worden und die USA haben 1970/71 Zuteilungen von zusammen 1,47 Mrd. $ erhalten. Solange die Zuteilungen von Sonderziehungsrechten von großen amerikanischen Zahlungsbilanzdefiziten begleitet werden, kann jedoch das Reservesystem des Dollars nicht in der vorgesehenen Weise von dem System der Sonderziehungsrechte graduell abgelöst werden. Auch kann die mit den Sonderziehungsrechten angestrebte *bewußte* Schaffung von internationaler Liquidität nicht erreicht werden, solange die willkürliche Schaffung zusätzlicher Dollarreserven als Folge großer amerikanischer Zahlungsbilanzdefizite einhergeht.

Zudem wäre es ein Trugschluß zu glauben, daß das Zahlungsbilanzproblem für die Vereinigten Staaten durch Aufhebung der Konvertibilität des Dollars in Gold ausgeschaltet und das Reservesystem des Dollars auf diese Weise unangreifbar gemacht und konsolidiert werden könnte. Zwar dürfte das Dollarreservesystem die formelle Aufhebung der Konvertibilität des Dollars in Gold mindestens in einem Teil der Welt und für einige Zeit überleben. Auch ein *Dollarstandard* (ohne Goldkonvertibilität des Dollars) könnte jedoch nur dann von Dauer sein, wenn das Reservezentrum sich einer *ausgeglichenen Zahlungsbilanz* und einer *inneren Preisstabilität* befleißen würde. Um dies zu verstehen, muß man sich vergegenwärtigen, daß diejenigen Länder, die sich dem Dollarstandard unterstellen, damit die Verpflichtung übernehmen müßten, Dollarguthaben unter allen Umständen in unlimitiertem Maße zu einem fixen Kurs entgegenzunehmen. Das braucht solange keine Schwierigkeiten zu schaffen, als kein exzessiver Dollaranfall und zwischen dem Wechselkurs des Dollars und seiner inneren Kaufkraft keine spürbare Diskrepanz entsteht. Würden die Vereinigten Staaten aber weiterhin große Zahlungsbilanzdefizite und eine stärkere Preiserhöhung aufweisen als die meisten anderen Länder, so müßten sich in den Überschußländern Abwehrreaktionen gegen die Überschwemmung mit Dollars geltend machen und müßte ihre Bereitwilligkeit, eine unverrückbare Parität zum Dollar zu halten, ins Wanken kommen. „No international monetary system can be devised under which foreign central banks can be induced to acquire unlimited amounts of dollars for an indefinite period of time". Diese Feststellung Edward Bernsteins in einem nicht-veröffentlichten Bericht gilt für den Dollarstandard noch mehr als für den Golddollarstandard. Würden die Vereinigten Staaten glauben, sich unter seinem Schild nicht mehr um die Zahlungsbilanz kümmern zu müssen, so würden Ausbruchversuche der Überschußländer nicht ausbleiben. Das gleiche könnte geschehen, wenn es in den USA für längere Zeit zu starken Preissteigerungen käme. „If inflation in the United States became really bad, other countries would presumably look for a substitute for the dollar as an international reserve and transaction currency."[191])

Zur Abwehr dieser Gefahren stünden den übrigen Ländern grundsätzlich folgende Möglichkeiten zur Verfügung: Erstens könnten sie einen übermäßigen Dollaranfall durch Aufwertung ihrer Währung zu bremsen versuchen; das würde die Beibehaltung eines festen Wechselkurses zum Dollar auf aufgewertetem Niveau erlauben. Eine zweite Ausweichmöglichkeit vom Dollarstandard würde darin bestehen, daß die feste Parität zum Dollar aufgegeben würde. Es bedürfte dazu aber einer Gruppe von Ländern, die ihre Paritäten in Gold fixieren und untereinander stabil halten und gegenüber dem Dollar eine gemeinsame Interventionspolitik verfolgen würden. Eine dritte theoretische Möglichkeit, einen übermäßigen Dollarzufluß einzudämmen, bestünde schließlich in der Beschränkung der Entgegennahme des Dollars zur festen Parität bei Dollars bestimmter Herkunft, indem beispielsweise nur Dollarguthaben, die aus dem Handelsverkehr stammen, zu diesem Kurs übernommen werden. Die Beschleunigung der monetären Integrationsbemühungen innerhalb der EWG seit 1969 wäre ohne das Bestreben, durch Schaffung einer Währungsgemeinschaft dem Dollarstandard ein Gegengewicht gegenüberstellen zu können, kaum denkbar gewesen.

Obwohl bisher (Ende 1970) die seit 1934 bestehende Bereitschaft des amerikanischen Schatzamtes zur Konvertibilität des Dollars in Gold gegenüber monetären Behörden noch untangiert geblieben ist und formell im offiziellen Verkehr weiterhin die Option zwischen Dollars und Gold besteht, befindet sich faktisch die Welt bereits weitgehend in einem Zustand des Dollarstandards, halten sich doch die ausländischen Währungsbehörden mit Konversionsforderungen auf ihren Dollarguthaben in Gold zurück, in der Befürchtung, daß größere Konversionen zur Schließung des amerikanischen „Goldfensters" führen könnten. Dieser Schwebezustand erspart sowohl den USA als auch den übrigen Ländern grundsätzliche Beschlüsse; aber er könnte, wenn die amerikanischen Zahlungsbilanzdefizite und die amerikanische Inflation im Ausmaß der Jahre 1969/70 andauern würden, nur ein Übergangsstadium von kurzer Dauer sein.

---

[191]) Vergl. Haberler, G., „Special Drawing Rights and Inflation", Studie für die Jahrestagung der Mont Pélérin Society im September 1970.

Die internationale Preisstabilität und das internationale Zahlungsbilanzgleichgewicht sind von den Vereinigten Staaten als der größten Wirtschaftsmacht und dem Land mit der führenden internationalen Währung stärker abhängig als von irgend einem anderen Land. Das überbindet den USA auch einen hohen Grad von außenwirtschaftlicher Verantwortung.

Auf lange Sicht gesehen könnte der Dollar durch die Schaffung einer europäischen Währung eine willkommene Entlastung als Schlüsselwährung erfahren. Bis zur Verwirklichung dieses Zieles muß jedoch das jetzige, auf dem Gold, dem Dollar und den Sonderziehungsrechten beruhende internationale Währungssystem Bestand haben und muß der Dollar fähig bleiben, die Rolle der universellen Leitwährung weiter zu erfüllen. Es liegt deshalb im Interesse aller, zum tragbaren Ausgleich der amerikanischen Zahlungsbilanz beizutragen. Angesichts des ständigen Zusatzbedarfes an Dollars als Interventions- und Reservemittel genügt es dabei, das jährliche Defizit auf Liquiditätsbasis auf einen Betrag zwischen 1 und 2 Mrd. $ zu reduzieren.[192] Eine solche Zielsetzung sollte auf längere Sicht nicht unerreichbar sein.[193]

IV. Abschnitt: Die internationale Rolle des Pfund Sterling

1. KAPITEL: DIE BEDEUTUNG ANFANGS DER SIEBZIGERJAHRE

Das Pfund Sterling übte 1970 neben dem Dollar immer noch eine bedeutende Rolle als Welthandels- und Reservewährung aus. Nach der Statistik des Internationalen Währungsfonds machten die gesamten externen Sterlingverbindlichkeiten Großbritanniens Ende 1963 — dem letzten Jahr, bevor die monetären Sterlingbestände des Auslands durch die Hinterlagen für die Pfund-Stützungsaktionen des IWF und ausländischer Notenbanken künstlich erhöht erschienen — einen Gegenwert von 11,85 Mrd. $ (brutto) aus, wovon die Verbindlichkeiten gegenüber offiziellen Stellen 6,54 Mrd. $ und diejenigen gegenüber Privaten im Ausland 5,31 Mrd. $ betrugen.

Versucht man, die traditionellen Sterlingverpflichtungen, die die Rolle des Pfunds als Reserve- und Welthandelswährung widerspiegeln, für Ende 1969 auszusondern, so ergibt sich aufgrund der Statistik der Bank of England folgendes Bild:

---

[192] Vergl. das Statement des Verfassers vor dem Joint Economic Committee des U.S. Congress vom 1. Oktober 1970.

[193] Vergl. dazu Iklé, M., Zukunftsprobleme des Internationalen Währungssystems, Schweizerische Kreditanstalt 1970.

Tabelle Nr. 20

Kurzfristige Sterlingguthaben und -verbindlichkeiten des Auslands gegenüber Großbritannien Ende 1969

	Brutto-guthaben	Verbind-lichkeiten	Nettogut-haben (+) resp. -ver-bindlich-keiten (—)
	(in Mio. £)		
A. *Traditionelle Guthaben*	4.536[1])	1.941	+ 2.595
Offizielle	2.854	35	+ 2.819
davon			
— Sterlinggebiet	2.037	12	+ 2.025
— Nicht-Sterlingländer	817	23	+ 794
Private	1.682	1.906	— 224
davon			
— Sterlinggebiet	1.136	632	+ 504
— Nicht-Sterlingländer	546	1.274	— 728
B. *Nicht-traditionelle Guthaben*	2.823[1])	—	+ 2.823
Internat. Währungsfonds und andere internat. Org.	2.123	—	+ 2.123
Sterlingbestände ausl. Notenbanken aus der Inspruchnahme von Notenbank-Swaps durch GB	700[1])	—	+ 700
C. *Gesamttotal der traditionellen und nicht-traditionellen Guthaben*	7.359	1.941	+ 5.418

[1]) Schätzung. Aufgrund von Angaben des Quarterly Bulletin der Bank of England (Juni 1970) machten per Ende 1969 die Swap-Verpflichtungen der britischen Notenbank gegenüber der Federal Reserve Bank 271 Mio. £ und die Verpflichtungen aus dem 1. Basler „Gruppen-Abkommen" der Notenbanken vom Juni 1966 150 Mio. £ aus. Die Verpflichtungen aus anderen Abmachungen mit ausländischen Notenbanken und anderen offiziellen Stellen dürften Ende 1969 noch rund 700 Mio. £ betragen haben; sie wurden bis Ende März 1970 zu 570 Mio. £ und zum Rest im April 1970 zurückbezahlt.

Die *traditionellen* Bruttoguthaben des Auslands in Sterling beliefen sich Ende 1969 auf schätzungsweise 4,54 Mrd. £ (10,90 Mrd. $); abzüglich 1,94 Mrd. £ Verpflichtungen, verblieben Sterlingguthaben von netto 2,60 Mrd. £ (6,24 Mrd. $). Davon entfielen auf die traditionellen Sterlingreserven von *Notenbanken und Regierungen* 2,85 Mrd. £ (7,24 Mrd. $). Die Bruttoguthaben *Privater* beliefen sich auf 1,68 Mrd. £ (4,03 Mrd. $), denen jedoch größere Sterlingverpflichtungen von 1,91 Mrd. £ (4,58 Mrd. $) gegenüberstanden, so daß per Saldo private Nettoverpflichtungen des Auslands von 224 Mio. £ (538 Mio. $) resultierten.

Von den bereinigten traditionellen Weltwährungsreserven von 74,14 Mrd. $[194]) Ende 1969 machten die traditionellen *Reservewährungsguthaben* ausländischer Notenbanken in Sterling den Gegenwert von 6,24 Mrd. $ oder 8,4%/o aus. Dies stellt gegenüber Ende 1948, wo ihr Anteil an den Weltwährungsreserven noch 23%/o ausmachte, eine eklatante Rückbildung der Rolle des Pfundes als Reservewährung dar.

Rückläufig ist die Rolle des Pfund Sterling aber auch als *Welthandelswährung*. Wurde vor dem Zweiten Weltkrieg noch schätzungsweise die Hälfte des Welthandels in Sterling fakturiert und finanziert und machte der entsprechende Anteil in den Fünfzigerjahren noch rund 30%/o aus, so dürfte er heute auf einen Fünftel des Welthandels gesunken sein.[195]) Während der Dollar seinen Höhepunkt als Reserve- und Welthandelswährung erst nach dem Zweiten Weltkrieg erreicht hat, befindet sich das Pfund Sterling als internationale Währung bereits seit dem Ersten Weltkrieg im Abstieg.

Im Unterschied zum Dollar, der als Reserve- und Transaktionswährung weltweite Bedeutung hat, beschränkt sich ferner das Pfund Sterling in seinen internationalen Funktionen auf einen *engeren regionalen Bereich*. Es war Ende der Sechzigerjahre nur noch die sogenannte *Sterlingarea*, die sich des Sterling als *Reservewährung* bediente. Von insgesamt 2,85 Mrd. £ traditionellen Reservewährungsguthaben des Auslands entfielen Ende 1969, wie aus Tabelle 1 ersichtlich ist, 2,07 Mrd. £ oder nahezu ³/₄ auf die Sterlingländer. Die Sterlingguthaben der Notenbanken außerhalb der Sterlingzone von 817 Mio. £ hatten demgegenüber nicht mehr den Charakter von Devisenreserven, sondern nur noch von Betriebsfonds.

Ähnlich liegen die Verhältnisse in bezug auf die Verwendung des Sterling als *internationaler Handelswährung:* Von den britischen Sterlingguthaben Privater von 1,68 Mrd. £ Ende 1969 (vergl. Tabelle Nr. 20) lauteten 1,14 Mrd. £ oder rund zwei Drittel auf Konteninhaber im *Sterlinggebiet,* während nur 546 Mio. £ auf Bruttoguthaben in Nicht-Sterlingländern entfielen. Zieht man davon die Sterlingverbindlichkeiten ab, so blieb im Sterlinggebiet noch ein Nettoüberschuß von 504 Mio. £, während sich die Sterlingposition Privater in den *Nicht-Sterlingländern* in eine Netto-*Verpflichtung* gegenüber *Großbritannien* von 728 Mio. £ verwandelte. Soweit das Pfund Sterling von der Außenwelt noch verwendet wird, beschränkt sich sein privater Gebrauch auf den Verkehr mit

---

[194]) Brutto 76,93 Mrd. $ gemäß Statistik des IWF, abzüglich 2,78 Mrd. $ Devisenreserven der USA, die größtenteils den Gegenwert von durch das Ausland in Anspruch genommenen Swaps darstellen.

[195]) Vergl. Cohen, B., „The Reform of Sterling", Essays in International Finance Nr. 77, Princeton, Dezember 1969, S. 3.

der Sterlingarea; zwischen Drittländern außerhalb der Sterlingzone findet es dagegen in privaten Transaktionen kaum mehr Verwendung.[196]

Im Vergleich zum Dollar, dessen internationaler Gebrauch als Reserve- und Welthandelswährung jeder Organisation entbehrt, stellt die *Sterlingarea* eine *Währungsgemeinschaft* dar, die ursprünglich — anläßlich der Pfundabwertung von 1931 — aus dem freien Entschluß der unabhängigen Teilnehmerländer entstanden war, eine feste Parität zum Pfund zu halten und ihre Währungsreserven ganz oder größtenteils in Sterling anzulegen. Das schuf in den Dreißigerjahren die Grundlage zu einem *Reservepool der Sterlingländer,* in den die Mitgliedstaaten ihre Devisenerlöse gegen Gutschrift in Sterling einzahlten und aus dem sie ihren Devisenbedarf decken konnten.

Das Poolsystem, das in der Kriegs- und unmittelbaren Nachkriegszeit bei verringerter Mitgliederzahl zeitweise gemeinsam verwaltet wurde, ist seit den Fünfzigerjahren einer gelockerten Kontrolle unterstellt. Die hohen offiziellen Sterlingguthaben sind jedoch gegen Rückzüge anfällig, und die zentralen Währungsreserven des Sterlinggebietes vermögen — zumal sie seit 1964 noch durch eine äußere kurz- und mittelfristige Verschuldung aus den internationalen Pfund Sterling-Aktionen belastet sind — kein genügendes Fundament mehr für die Abwicklung des Poolmechanismus zu bilden. Das Reservewährungssystem des Pfund Sterling wäre funktionsunfähig geworden, wenn es nicht — mindestens auf mittlere Frist — auf die Krücken einer durch ausländische Notenbankhilfe ermöglichten teilweisen Währungsgarantie der offiziellen Sterlingguthaben des Auslandes hätte gestellt werden können.

2. KAPITEL: DIE ENTWICKLUNG DES STERLINGSYSTEMS

a) Die Glanzzeit des Sterling

Verglichen mit der Periode von anfangs des 19. bis anfangs des 20. Jahrhunderts, wo das Pfund Sterling die Weltwährung war, bildet die Stellung, die das Pfund 1970 als internationale Währung einnahm, nur noch einen schwachen Abglanz der Vergangenheit. Daß sich Großbritannien im letzten Jahrhundert zu einem unvergleichlichen Handels- und Finanzzentrum der Welt zu entwickeln vermochte, war neben seiner Stellung als *Weltmacht* und seinem weltweiten Empire vor allem dem

---

[196] „The Economist", Sonderbeilage „British Banking 1966", S. X, stellte Schätzungen an, wonach Mitte 1966 innerhalb der Sterlingzone noch 95 % in Sterling abgewickelt wurden, während im Handel zwischen Sterlingzone und Außenwelt der Sterling zu 70 %, im Handel zwischen Drittländern jedoch nur noch zu 5—10 % Anwendung fand.

Umstand zuzuschreiben, daß es das erste Land war, das die *industrielle Revolution* erlebte. England wurde dadurch zur wichtigsten Industriemacht, was seiner Rohstoff- und Nahrungsmitteleinfuhr und seiner Fertigwarenausfuhr einen starken Anreiz gab und London auch zum kurzfristigen und langfristigen Kapitalexport befähigte. Der Übergang Englands zum Freihandel Mitte des 19. Jahrhunderts verlieh dieser Entwicklung einen zusätzlichen Auftrieb. Das Pfund Sterling hätte jedoch die zentrale internationale Stellung nicht zu erreichen vermocht, wenn es sich nicht dank einer säkulären *monetären Stabilität* das Vertrauen der Welt hätte erringen können. Die im Jahre 1717 festgesetzte Goldparität des Sterling blieb, abgesehen von dem Unterbruch in den napoleonischen Kriegen, bis zum Ersten Weltkrieg erhalten. Inländer und Ausländer, offizielle Stellen und Private, konnten Sterlingguthaben frei in Gold konvertieren und transferieren. Der Sterling galt als gleich gut wie Gold.

Zusammen mit den Londoner Bank- und Diskonthäusern vermochte sich die Bank von England im 19. Jahrhundert eine leitende Stellung in der Durchführung des Goldstandards zu verschaffen. Den von ihr entwickelten Spielregeln folgten auch die ausländischen Notenbanken und Finanzmärkte. Indem sich London zum *internationalen Finanzzentrum* entwickelte, wurde es auch zur Quelle internationaler Liquidität; Länder, die in temporäre Zahlungsbilanzschwierigkeiten gerieten und sich an die Spielregeln hielten, konnten auf Überbrückungshilfe Londons rechnen. Da fast alle wichtigen Goldproduzenten Mitglieder des britischen Empire waren, war der Londoner Goldmarkt auch die zentrale Versorgungsquelle an Gold.

Londons Stellung als *Weltbankier* nahm in der zweiten Hälfte des 19. Jahrhunderts immer größere Dimensionen an. Hier konnten Depositen aus allen Ländern sicher und zinsbringend in jederzeit wieder verfügbarer Form angelegt werden. London war umgekehrt für das Ausland die Hauptquelle der kurz- und langfristigen Kreditversorgung. Von allen in der Welt getätigten Auslandskrediten stammten die Hälfte bis zwei Drittel aus London.[197] Ein von Londoner Banken akzeptierter Handelswechsel wurde als das sicherste internationale Zahlungsmittel betrachtet. Die langfristigen Kapitalinvestitionen im Ausland stiegen von 875 Mio. £ (1870) auf rund 4 Mrd. £ unmittelbar vor dem Ersten Weltkrieg. Dank ihrer starken Gläubigerstellung im kurzfristigen Sektor konnte die Bank von England mit relativ sehr kleinen Goldreserven auskommen. Im Juni 1914 beliefen sich diese nur auf 35 Mio. £, während der Bestand der Bank an Handelswechseln auf das Ausland 135 Mio. £ ausmachte.[198]

---

[197] Vergl. Feavearyear, A., „The Pound Sterling", 2. Auflage, London 1963, S. 317.

[198] Vergl. BIZ, „The Sterling Area", Basel, Januar 1953, S. 9.

Neben den internationalen Bankfazilitäten entstanden in England auch zahlreiche *internationale Dienstleistungen*, die die Verwendung des Sterling als internationale Transaktionswährung noch verstärken. Die *Rohstoffmärkte*, allem voran die Märkte in Metallen (Kupfer, Blei, Zink, Zinn), Getreide, Kautschuk, Kakao und Wolle, die Gold-, Silber- und Diamantenmärkte, die Märkte in Kaffee, Zucker, Kopra, Häuten und Fellen, Pelzen, Tee, Pfeffer usw., die im Laufe des 19. Jahrhunderts in London, Liverpool und Manchester eröffnet wurden und deren Finanzierung über den Sterling abgewickelt wurde, befruchteten nicht nur das internationale Bankgeschäft in London, sondern auch sein internationales Versicherungsgeschäft und die Schiffahrt. London wurde zum größten internationalen *Versicherungszentrum*, auf dem jedes Risiko in der Welt gedeckt werden konnte. In der Baltic Exchange[199] schufen britische Schiffahrtsfirmen den größten *Schiffrachtenmarkt* der Welt.

Die führende Stellung, die das Pfund bis zum Ersten Weltkrieg als Welthandelswährung einnahm, ist von einzelnen Autoren auch als ein „Sterlingstandard"[200] bezeichnet worden. Ein Sterlingstandard in dem Sinne, daß die teilnehmenden Länder ihre offiziellen Reserven in Sterling anlegen und ihre Parität an das Pfund binden, hat indessen vor 1914 nur für die politisch nicht unabhängigen Mitglieder des britischen Empire bestanden. Der zunächst von britischen Auslandbanken in den Kolonien praktizierte Brauch, Sterlingguthaben in London zu halten, nahm die Gestalt eines Sterling-Exchange Standard an, als dort das Währungsregime von staatlichen Currency Boards übernommen wurde.

Um die Jahrhundertwende hat sich dann das Pfund Sterling in immer ausgeprägterem Maße zu einer allgemein verwendeten Reservewährung ausländischer Zentralbanken und Regierungen entwickelt. Die statistisch erfaßbaren offiziellen Sterlingguthaben des Auslands stiegen von 105 Mio. £ (Ende 1899) auf 425 Mio. £ (Ende 1914).[201] Neben den Vorteilen der Verzinsung und Einsparung von Goldtransportkosten spielte dabei auch der Umstand mit, daß Kreditnehmer auf dem Londoner Kapitalmarkt allgemein dazu angehalten wurden, einen Teil ihres Devisen-

---

[199] Die Bezeichnung Baltic Exchange geht auf den ursprünglichen Treffpunkt der Händler und Schiffseigner, die sogenannte „Baltic Tavern" in London zurück; über die internationalen Dienste der City, des internationalen Versicherungsmarktes und der Baltic Exchange siehe Bareau, P., „The City", London, November 1951; Clarke, W. M., „The City in the World Economy", London 1965.

[200] Vergl. Cooper, J., „A Suitable Case for Treatment", Harmondsworth 1968, S. 209.

[201] Vergl. Lindert, P. H., „Key Currencies and Gold 1900—1913", Princeton Studies in International Finance Nr. 24, S. 22, Princeton 1969.

erlöses in Depositen in London zu halten.[202]) Neben England übten vor dem Ersten Weltkrieg aber auch Deutschland und Frankreich in beschränkterem Maße die Funktion von Reservezentren aus. Die Hälfte der bekannten offiziellen Devisenreserven fiel auf Russland, Japan und Indien.[203])

b) *Scheitern des Restituierungsversuches*

Vor dem Ersten Weltkrieg bildete die ganze Welt gewissermaßen ein einziges Sterlinggebiet und hatte die Bank of England die Stelle der führenden Zentralbank inne. Mit dem Ausbruch des Ersten Weltkrieges büßte dann aber das Pfund Sterling seine zentrale Stellung ein. Der Goldstandard blieb in England bis 1925 suspendiert. Infolge der Kriegsinflation stiegen die Preise auf das Dreifache der Vorkriegszeit. Der Pfundkurs, der während des Krieges dank der Hilfe der USA stabil gehalten wurde, mußte 1919 freigegeben werden und sank im Februar 1920 auf einen Tiefpunkt von 3.38 $ (Vorkriegsparität 4.86 $).[204]) Das Pfund verlor damit seine frühere Rolle als internationale Währung an den Dollar, ohne daß dieser allerdings den früheren Platz des Pfundes wieder hätte voll einnehmen können.

Das Prestigebedürfnis, wieder zur führenden Stellung als Weltwährungsland zurückzukehren, veranlaßte jedoch die britische Regierung zum Plan, aufgrund der *Vorkriegsparität* zum Goldstandard zurückzukehren. Unter Inkaufnahme einer deflatorischen Politik konnte dieses Ziel im Frühjahr 1925 wenigstens formell auch kurzfristig erreicht werden. Winston Churchill brachte als Schatzkanzler im Unterhaus die Gold Standard Act ein, durch die für das Pfund erneut die alte Goldparität eingesetzt wurde. An Stelle der früheren Goldumlaufwährung wurde die Goldkernwährung eingeführt. Das Pfund wurde — gefördert von den Empfehlungen der Konferenz von Genua zur Goldsparpolitik und zur Praktizierung des Gold-Exchange-Standards — von einer Reihe von Ländern als Reservewährung gehalten. 15 Länder, die später der Gruppe der Sterlingländer angehören sollten, wiesen 1929 einen Sterlinganteil ihrer gesamten Währungsreserven von durchschnittlich 61% auf.[205])

Die Prestigepolitik mußte jedoch mit einer *Überwertung des Pfundes* und einer Beeinträchtigung der Welthandelslage der britischen Wirtschaft, mit großer Arbeitslosigkeit und mit der Entwicklung zu einer

---

[202]) Vergl. Lindert, P. H., a. a. O., S. 28.

[203]) Vergl. Lindert, P. H., a. a. O., S. 76.

[204]) Vergl. Bachmann, H., und Lütolf, F., „Die britische Sterling- und Devisenkontrolle", Zürich 1954, S. 5.

[205]) Vergl. De Sailly, Jean, „La Zone Sterling", Paris 1957, S. 12.

defizitären Zahlungsbilanzlage erkauft werden. Infolge der labilen Wirtschafts- und Währungslage gelang es England nicht mehr, seine frühere Stellung als Leitwährungsland und internationales Finanzzentrum zurückzugewinnen. Lediglich im Bereich der kurzfristigen Warenkredite und der Warenbörsen vermochte London wieder eine führende Stellung zu erringen; aber es fehlte dem Londoner Geldmarkt die frühere Anziehungskraft.

London unternahm indessen alle Anstrengungen, um gegen die Konkurrenz des New Yorker und Pariser Finanzmarktes wieder hochzukommen. Es borgte international kurzfristig und lieh langfristig ins Ausland aus. Die Gefährlichkeit dieser Politik kündigte sich jedoch schon an, als Frankreich Ende der Zwanzigerjahre seine kurzfristigen Guthaben in England systematisch abzubauen begann. Die *internationale Finanzkrise*, die 1931 von Wien rasch auf London übergriff, brachte das Pfund ins Wanken: Rückzüge von Depositen einerseits und die mangelnde Liquidität der Schuldnerposition andererseits setzten die Bank of England im Herbst 1931 außerstande, die umfangreichen Reserveverluste länger auszuhalten. Das britische Experiment der Wiederherstellung des Goldstandards mußte am 21. September dieses Jahres durch *Aufgabe der Goldparität des Sterling* abgebrochen werden. Der frei schwankende Wechselkurs des Pfundes fiel Ende 1931 auf einen Stand, der einer 30%-igen Abwertung gleichkam und ging bis 1934 auf einen Abwertungssatz von 40% zurück. Auf diesem ungefähren Niveau verharrte das Pfund, obschon es bis 1939 keine feste Parität mehr besaß.

c) Die Entstehung der Sterlingzone

Die Loslösung des Pfund Sterling vom Gold und seine Abwertung sollten als wichtiger Markstein in seine Geschichte als internationale Währung eingehen. Das Sterling-System verlor dadurch zwar seine bisherigen universellen, ungezwungenen Aspekte. Die Zäsur bedeutete jedoch noch keineswegs die Aufgabe der internationalen Rolle des Pfundes. Das Sterling-System nahm jetzt einen *regionalen* Charakter an, aber es wurde zugleich *kohärenter*.

Vor die Alternative gestellt, entweder an der bisherigen Goldparität festzuhalten und damit mit dem Pfund zu brechen, oder die feste Parität zum Pfund zur Richtschnur zu nehmen, die Pfundabwertung mitzumachen und ihre Reserven hauptsächlich in Sterling zu halten, entschieden sich 1931 und in den folgenden Jahren alle Länder des Commonwealth, — mit Ausnahme von Kanada und Neufundland (deren Wirtschaftsbeziehungen mit den USA enger waren als mit dem Mutterland), aber einschließlich Südafrika, das als Goldproduzent einen Teil seiner Reserven in Gold hielt — für den weiteren *Anschluß an das Pfund*. In gleichem Sinne votierten auch einige außerhalb des Commonwealth stehende

Länder, wie die skandinavischen und baltischen Staaten sowie Portugal. Kurzfristig schlossen sich auch Argentinien und Japan dem Pfund an.

Daß sich die angeführten Länder nach der Pfundabwertung dem Pfund zuwandten, war — abgesehen von den politischen Banden, die die Mitgliedstaaten des Empire zusammenhielten — vor allem dem hohen Anteil ihres Außenhandels mit Großbritannien an ihrem gesamten Außenhandel zuzuschreiben. Die entsprechenden Prozentsätze für die Ein- und Ausfuhr machten beispielsweise für Australien 45 resp. 42%, für Indien 21 resp. 32%, für die Südafrikanische Union 66 resp. 43%, für Dänemark 56 resp. 53%, für Portugal 23 resp. 22% und für Lettland 27 resp. 38% aus.[206] Viele dieser Länder wiesen auch einen hohen Sterlinganteil an ihren Reserven und eine beträchtliche Sterlingverschuldung auf. Ihre Bindung an das Pfund bedeutete gegenüber ihrer bisherigen Währungspolitik faktisch kaum eine Abweichung. In der Umgangssprache wurde die Sterlinggruppe, obwohl sie keine organisierte Gemeinschaft war, auch als „Sterlingblock" bezeichnet.

Die so entstandene Sterlinggruppe beruhte lediglich auf dem *freiwilligen* Entschluß jedes einzelnen Staates, eine feste Parität seiner Währung zum Pfund Sterling zu halten und die gesamten Reserven oder den größten Teil der Reserven in Sterling anzulegen. Sie wies dagegen keinerlei gemeinsame formelle Bindung auf. Es gab britischerseits keine Devisenkontrolle und keine zentrale Lenkung. Sterlingguthaben des Auslands in London konnten weiterhin im laufenden wie im Kapitalverkehr frei in Gold oder Devisen eingetauscht werden.

Die Währungsreserven Großbritanniens bildeten für die Sterlingreserven des Sterlinggebiets die zentrale Rücklage. Die unabhängigen Staaten hatten jederzeit das Recht, ihre Sterlingguthaben zurückzuziehen und ihre Parität zum Pfund wieder zu ändern. Da im Innern der Sterlinggruppe die Wechselkurse zum Pfund durch Interventionen in Sterling stabil gehalten wurden, während der Wechselkurs des Pfundes gegen Außen schwankte, wurden die Wechselkurse der Währungen der Mitgliedstaaten gegenüber den Nicht-Sterlingwährungen faktisch ebenfalls von London bestimmt. Der Pfundkurs zeigte jedoch bis zum Ende der Zwischenkriegszeit dank der Interventionen Englands, des Devisenausgleichsfonds und des Dreimächteabkommens von 1936 nur geringe kurzfristige Schwankungen.

Daß die Sterlinggruppe in der Weltwirtschaftsdepression zusammenhielt, war teils dem Umstand zuzuschreiben, daß in England, nicht zuletzt dank der frühen Abwertung, die depressiven Auswirkungen milder

---

[206] Vergl. Société des Nations „L'expérience monétaire internationale", Genf 1944, S. 54.

ausfielen als in anderen Ländern und daß sich der Anteil des Intrazonenhandels, für die Commonwealthländer teilweise auch als Folge der Ottawa-Zollpräferenz, noch weiter vergrößerte. Eine absichtliche Diskriminierung und „intentionelle" Ausdehnung des Handels unter den Mitgliedstaaten der Sterlingländer bestand aber in den Dreißigerjahren nicht.[207])

Außerhalb der Gruppe der Sterlingländer büßte der Sterling nach 1931 seine Rolle als offizielle Reservewährung stark ein. Hingegen blieb er dank seiner Konvertibilität als Transaktionswährung nach wie vor weltweit im Gebrauch und unterhielten zahlreiche Banken einen großen Teil ihrer Betriebsmittel in Sterlingkonten in London. Die Abwertung hatte dem Pfund als internationales Zahlungsmittel wenig Abbruch getan.

Tabelle Nr. 21

Britische Sterlingverbindlichkeiten und Währungsreserven 1931 — 1939

Jahresende	gegenüber d. Sterlinggebiet	gegenüber d. Nicht-Sterlinggebiet	Total	Währungsreserven
	(in Mio. £)			
1931	195	216	411	121
1939	358	159	517	548

Quelle: BIZ, „The Sterlingarea", Basel 1953, S. 68.

d) Die Sterlingarea unter der Devisenkontrolle

Der lose, freizügige Charakter der Sterlingzone, wie er in den Dreißigerjahren bestanden hatte, mußte bei *Ausbruch des Zweiten Weltkrieges* einem engeren, durch die neu eingeführten Devisenkontrollen des Vereinigten Königreichs und der Dominions koordinierten, nach außen als Defensivgemeinschaft auftretenden *diskriminatorischen Währungsblock* Platz machen. Die kontinental-europäischen Länder, die bis dahin der Sterlinggruppe angehört hatten, fielen aus. Die „Sterlingarea", wie sie in den „Defence Financial Regulations" vom 3. September 1939 erstmals offiziell bezeichnet wurde, bestand nur noch aus den britischen Dominions (ausgenommen Kanada und Neufundland), den britischen Kolonien und Protektoraten sowie Ägypten, Sudan, Irak, Island und den Färöer.[208]) Sie wechselte im Verlaufe des Krieges verschiedentlich ihre Zusammensetzung.

---

[207]) Vergl. Erbe, R., „Die ‚Sterling Area' nach dem Zweiten Weltkrieg", Zürich 1955, S. 21.

[208]) Vergl. Tew, B., „International Monetary Cooperation 1946 — 1967", London 1967, S. 129.

Zwischen den Mitgliedstaaten der *Sterlingarea* blieb der Transfer von Sterling sowohl für den laufenden als auch für den *Kapitalverkehr* frei. Hingegen wurden die Zahlungen mit *Drittländern* und wurden die Importe aus diesen Ländern *strengen Kontrollen* unterstellt. Die Devisenerlöse der Sterlingarea mußten einem gemeinsamen Reservepool zugeleitet werden. Devisenzahlungen an das Ausland außerhalb der Sterlingarea wurden nach Maßgabe der Kriegsbedürfnisse einer strengen Kontrolle unterstellt. Dabei wurden Unterschiede zwischen Drittländern, die nur konvertible Währungen annahmen, und solchen, die auch nichtkonvertible Sterling akzeptierten (Special Account Areas), gemacht. Neben den hohen Sterlingguthaben von Mitgliedstaaten der Sterlingarea liefen im Krieg auch hohe Sterling-Balances auf „Special Accounts" von Drittländern auf.

Nach Einstellung der Feindseeligkeiten dauerte es noch lange Jahre, bis die Devisenkontrolle Großbritanniens und des äußeren Sterlinggebiets einigermaßen demobilisiert werden konnte. Ein im Zusammenhang mit einem Darlehen der Vereinigten Staaten auf deren Veranlassung unternommener *Versuch,* das Pfund für die laufenden Transaktionen rasch wieder *konvertibel* zu machen, *scheiterte 1947,* weil die allgemeinen wirtschaftlichen Voraussetzungen dazu noch nicht erfüllt waren.[209]

Um die Anleihensbedingungen erfüllen zu können, hatte Großbritannien die Welt devisenpolitisch in vier Kategorien eingeteilt: In die Länder der Sterlingarea Accounts, der America Accounts, der Transferable Accounts und der übrigen, bilateralen Konten. Das im luftleeren Raum durchgeführte Experiment der Vergrößerung der Transferabilität des Pfundes hatte jedoch derartige Verluste der britischen Währungsreserven zur Folge, daß die Übertragbarkeit der „Transferable Accounts" für laufende Zahlungen auf die konvertiblen „American Accounts" nach wenigen Wochen, am 20. August 1947, wieder eingestellt werden mußte. Die Sterlingarea-Länder führten in der Folge wiederum diskriminatorische Zahlungsrestriktionen gegen die USA ein.

Der Übergang zur Konvertibilität wurde in der Folge graduell angestrebt. Ende 1952 nach die Premierminister-Konferenz des Commonwealth den Plan einer stufenweisen Einführung der Konvertibilität an. Im Frühjahr 1955 führte England als Defensivmaßnahme zur Verteidigung des Pfundes die de facto-Konvertibilität des „non-resident"-Sterling ein. Es dauerte aber bis Ende 1958, bis im Rahmen des kollektiven Übergangs zur Konvertibilität die Sterlingkonten von „Non-residents" der Sterlingzone vereinheitlicht und ihre Konvertibilität für laufende

---

[209] Vergl. hierüber S. 74; eine eingehende Beschreibung der Anleihensverhandlungen befindet sich bei Gardner, R. N., „Sterling-Dollar Diplomacy", New York, 2. Aufl. 1969, S. 188—254; über das Experiment vergl. ferner Tew, B., a. a. O., S. 132 ff.

Transaktionen wiederhergestellt wurde. Die Kapitalbewegungen der „Residents" blieben jedoch einer strengen Kontrolle unterworfen. Auch die Sterlingguthaben der im Sterlinggebiet Ansässigen blieben bis heute den Bestimmungen für die Devisen der Inländer unterstellt.

3. KAPITEL: DAS STERLINGSYSTEM IN DER NACHKRIEGSZEIT

a) Die Auswirkungen des Zweiten Weltkriegs

Der Zweite Weltkrieg hat das Verhältnis der externen Guthaben und Verbindlichkeiten Englands grundlegend verändert (vergl. Tabelle Nr. 22). Unmittelbar vor Kriegsausbruch standen 470 Mio. £ kurzfristiger Verbindlichkeiten noch 806 Mio. £ offizielle Gold- und Dollarreserven zuzüglich kurzfristige Nettoauslandskredite der britischen Banken gegenüber.[210]) Dazu kamen 4 — 5 Mrd. Pfund an langfristigen britischen Auslandsinvestitionen.[211])

Die Kriegführung vom September 1939 bis zum Juni 1945 hatte für Großbritannien *Verluste* in seiner *Investitionsbilanz* von 4149 Mio. £ oder rund 20 Mrd. $ zur Folge: Von den langfristigen Aktiven im Ausland mußten 1118 Mio. £ oder rund ein Viertel realisiert werden, die Währungsreserven nahmen per Saldo um 152 Mio. £ ab und die Auslandverbindlichkeiten stiegen um 2879 Mio. £.[212])

Das zeigt, daß der größte Teil der britischen Kriegführung in Übersee durch *Verschuldung in Sterling* finanziert wurde. Die Leistungen der von Großbritannien abhängigen Länder an die britische Kriegführung wurden in Lokalwährung gegen Gutschrift in Sterling bezahlt. Die *Sterlingguthaben des Auslands* stiegen dadurch bis Ende 1945 auf *3567 Mio. £* oder auf das Siebenfache des Vorkriegsbetrags. Diesen Verbindlichkeiten standen im Juni 1945 nur Währungsreserven von 435 Mio. £ gegenüber. Hatten in der Vorkriegszeit die Währungsreserven die Sterlingverbindlichkeiten überstiegen oder mindestens voll gedeckt, so war jetzt das Deckungsverhältnis grundlegend gestört. Im Gegensatz zu den in der Vorkriegszeit entstandenen äußeren Sterlingschulden standen den in der Kriegszeit aufgelaufenen Schulden keine neuen langfristigen Auslandinvestitionen gegenüber. Das entstandene Mißverhältnis zwischen äuße-

---

[210]) Vergl. Bareau, P., „The Future of the Sterling System", London 1958, S. 7; die kurzfristigen Verpflichtungen hatten 1937 einen vorübergehenden Höchststand von 800 Mio. £ erreicht (Radcliffe-Committee Report, § 617).

[211]) Vergl. Bank of England, Quarterly Bulletin, März 1964.

[212]) Vergl. „Statistical Material presented during the Washington Negociations", Dezember 1945, Cmd. 6707.

Tabelle Nr. 22

Die Entwicklung der ausländischen Sterlingguthaben und der britischen Reserven

Ende	1939[1])[3])	1945[1])[3])	1956[1])[3])	1962[1])[3])	1963[2])[3])	1963[2])[3])	1969[2])[4])
				(in Mio. £)			
Gesamttotal der ausl. Sterlingguthaben (netto)	476	3.567	4.091	4.106	3.769	3.741	5.418
Offizielle (ohne internat. Org.)	..	2.739	2.640	2.431	2.184	2.294	3.519
Private	..	828	782	1.070	979	820	— 224
Internat. Org.	—	—	669	605	606	627	2.123
Sterlinggebiet[5])	200	2.327	2.730	2.675	2.430	2.509	2.529
Offizielle	..	1.906	2.240	2.056	1.751	1.885	2.025
Private	..	421	490	619	679	624	504
Nicht-Sterlingländer	276	1.240	692	826	733	705	766
Offizielle	..	833	400	375	433	409	1.494[6])
Private	..	407	292	451	300	196	— 728
Zentrale Währungsreserven der Sterlingländer	605[7])	610	799	1.002	1.002	949	1.053

[1]) Statistik gemäß alter Serie.
[2]) Statistik gemäß neuer Serie; die beiden Zahlenreihen der alten und neuen Serie sind nur beschränkt miteinander vergleichbar. Die wichtigsten Neuerungen der neuen Serie sind: Erhöhung der Zahl der berichtenden Banken von 150 auf 170; Umlagerung einiger britischer Staatspapiere auf langfristige Investitionen; Änderung der Einteilung zwischen offiziellen und privaten Guthaben insofern, als jetzt auch Sterlingguthaben der monetären Behörden bei Geschäftsbanken als „offizielle" ausgewiesen werden. Vergl. Bank of England, Quarterly Bulletin 1963).
[3]) Ohne Anlagen in Obligationen von Lokalbehörden und Teilzahlungsinstituten.
[4]) Einschließlich Anlagen in Obligationen von Lokalbehörden und Teilzahlungsinstituten.
[5]) Bis Ende 1965 inkl. Rhodesien und bis Ende 1966 inkl. Burma.
[6]) Einschließlich Sterlingbestände von Notenbanken, die von Großbritannien für die Inanspruchnahme von Swaps hinterlegt wurden.
[7]) August 1939.

Quellen: 1939: „Economic Trends", Mai 1958; 1945—1969 Bank of England, Quarterly Bulletin Dezember 1963, Juni 1967, Juni 1970.

ren Verbindlichkeiten und Währungsreserven war ein wichtiger Grund dafür, warum das Sterlingsystem in der Nachkriegszeit in eine krisenhafte Entwicklung geriet.

Hatten sich die 500 Mio. £ Sterlingguthaben des Auslands unmittelbar vor dem Krieg noch zu zwei Fünfteln aus Guthaben des Sterlinggebiets und zu drei Fünfteln aus solchen der Drittländer zusammengesetzt, so entfielen von den 3,5 Mrd. £ Ende 1945 *zwei Drittel auf das Sterlinggebiet* und ein Drittel auf die Nicht-Sterlingländer. Die regionale Konzentration der internationalen Rolle des Pfundes war damit wesentlich ausgeprägter geworden. Hatten sich die sterling-balances der Sterlingarea seit 1939 nahezu verzwölffacht, so waren diejenigen der Nicht-Sterlingländer auf das Sechsfache angestiegen. Die wesentlich stärkere Erhöhung der Guthaben der Sterlingländer war das Resultat der erwähnten Kriegsfinanzierung innerhalb des Sterlinggebietes. Daß auch die Sterlingguthaben der Drittländer im Krieg einen relativ starken Aufstieg von 276 auf 1240 Mio. £ durchmachten, hing vor allem damit zusammen, daß auch Länder wie Argentinien große Erhöhungen ihrer Sterlingförderungen aufwiesen.

War in der Vorkriegszeit statistisch noch keine Unterteilung der Sterlingguthaben nach offiziellen und privaten Guthaben vorgenommen worden, so ließ die Statistik für Ende 1945 erkennen, daß von den Gesamtguthaben nicht weniger als *drei Viertel auf Sterlingreserven von Notenbanken und Regierungen* und nur ein Viertel auf Guthaben Privater entfielen (vergl. Tabelle Nr. 22).

b) *Umschichtungen der Gläubigerpositionen*

Dem großen Sprung der Sterlingguthaben nach oben in der Kriegszeit folgten jedoch in der Nachkriegszeit, gesamthaft gesehen, die Stagnation und eine Rückbildung. Zwar zeigten auch die globalen Zahlen zunächst einen leichten Anstieg der Nettoguthaben von Ende 1945 bis Ende 1963 von 3,57 auf 3,86 Mrd. £, um dann bis Ende 1969 auf 5,42 Mrd. £ hinaufzuschnellen. In diesen Zahlen sind jedoch auch die Sterlingbestände des Internationalen Währungsfonds und ausländischer Notenbanken enthalten, die Großbritannien als Beitrag an den IWF zahlen oder als Hinterlage für internationale Stützungsaktionen zugunsten des Pfundes leisten mußte, und die keinen Reservecharakter haben. Zieht man nur diejenigen Sterlingguthaben in Betracht, die mit der *traditionellen* Funktion des Pfundes als Reserve- und Welthandelswährung zusammenhängen, so läßt sich hingegen für die offiziellen Guthaben gesamthaft in der Nachkriegszeit eine bemerkenswerte *Stabilität* feststellen. Sie verzeichneten Ende 1969 mit schätzungsweise 2,8 Mrd. £ ungefähr den gleichen Betrag wie Ende 1945 (2,74 Mrd. £). (Vergl. Tabellen Nr. 20 und 22.) Im Gegensatz zum U.S.-Dollar, von dem in der Nachkriegszeit eine starke Schöpfung von internationaler Liquidität ausging, vermochte das Pfund Sterling in dieser Zeit gesamthaft keine zusätzliche internationale Liquidität mehr zu schaffen. Bei den privaten sterlingbalances, die hauptsächlich zur Finanzierung des internationalen Handels benützt werden, ist von 1945 bis 1969 sogar eine Umkehr von Nettoguthaben in Nettoverpflichtungen eingetreten.

Hinter den stabilen Globalbeträgen der traditionellen Sterlingguthaben des Auslands verbergen sich jedoch grundlegende *Umschichtungen der Gläubigerpositionen* (vergl. Tabelle Nr. 23). Eine erste Umschichtung trat ein, als vor allem Indien und Ägypten nach der Aufhebung der partiellen Blockierungsmaßnahmen ihre im Krieg entstandenen hohen Sterlingguthaben drastisch reduzierten; die *indischen* Guthaben gingen infolgedessen von 1948 bis 1958 von 700 auf 170 Mio. £, diejenigen *Ägyptens* von 340 auf 110 Mio. £ zurück.[213]) Diese Schuldenrückzahlung war jedoch Großbritannien nur möglich, weil gleichzeitig andere Länder, insbesondere die *afrikanischen* Mitgliedstaaten der Sterlingzone, ferner Australien, Neuseeland, Malaya und Kuwait, dank hoher Rohstoffpreise oder zunehmender Erdölerlöse ihre sterling-balances noch stärker zu erhöhen vermochten.

Als dann in der zweiten Hälfte der Fünfzigerjahre neben der indischen Staatengruppe auch die afrikanischen Staaten der Sterlingzone einen Teil der von ihnen akkumulierten Sterlingkonten für Entwicklungszwecke zu verwenden begannen, kam Großbritannien zugut, daß gleichzeitig die Sterlingguthaben der Länder des *Mittleren und Fernen Ostens* stärker denn je zuvor zunahmen. In den Sechzigerjahren bauten der Mittlere Osten und Australien, Neuseeland und Südafrika ihre Guthaben ab; doch konnte die daraus entstehende Belastung größtenteils durch die Zunahme der anderen Staaten der Sterlingzone aufgefangen werden.

Verfolgt man die Entwicklung der Netto-Sterlingguthaben der Sterlingländer in der gesamten Zeitspanne von *Ende 1945 bis Ende 1969,* so zeigen sich sowohl innerhalb als auch außerhalb der Sterlingzone markante *Änderungen* (vergl. Tabelle Nr. 23). Nahmen einerseits die Pfundreserven Indiens, Pakistans und Ceylons per Saldo um über 1 Milliarde £ ab, so verzeichneten andererseits die fernöstlichen Mitgliedstaaten der Sterlingarea,[214]) aus der Burma und Brunei ausschieden, per Saldo eine Zunahme ihrer Guthaben um rund 650 Mio. £. Einen per Saldo immer noch erheblichen Zuwachs ließen auch die Sterlingguthaben der Mitgliedstaaten der Sterlingzone des Mittleren Ostens (nahezu 400 Mio.) und Afrikas (nahezu 200 Mio.) erkennen. Die Guthaben der „übrigen" Sterlingländer zeigten eine Zunahme von rund 300 Mio. £. Demgegenüber hielten sich die Guthaben Australiens, Neuseelands und Südafrikas gesamthaft per Saldo sozusagen stabil. Zusammengenommen waren die Nettoguthaben der Sterlingzone Ende 1969 nahezu gleich groß wie ein Vierteljahrhundert zuvor.

---

[213]) Vergl. Radcliffe-Committee Report, § 618—625.

[214]) Über die Zusammensetzung der Gruppierung vergl. Fußnote 4 der Tabelle Nr. 23 dieses Abschnitts.

Tabelle Nr. 23

Entwicklung der Netto-Sterlingguthaben der Sterlingländer

	Australien, Neuseeland, Südafrika[1]	Indien, Pakistan, Ceylon	Karibische Inseln[2]	Länder Ost-, Zentral- u. Westafrikas	Länder des Mittleren Ostens[3]	Länder des Fernen Ostens[4]	Andere Sterlingländer[5]	Total Sterling-area
	(in Millionen £)							
Ende 1945-1954a)[6]	+ 191	— 700	+ 48	+ 551		+ 278	+ 26	+ 495
Ende 1954-1962a)[6]	— 33	— 514	+ 47	— 328	+ 540	+ 329	+ 39	— 147
Ende 1962-1966b)[6]	— 69	— 41	+ 51	— 73		+ 91	+123	+ 50
Ende 1966-1969b)[7]	— 127	+ 124	—	+ 39	— 152	+ 65	— 15	— 66
Stand Ende 1945[6]	294	1352	53	204	— 1	142	283	2327
Stand Ende 1969[7]	230	212	184	293	388	794	428	2529

a) Statistik alte Serie
b) Statistik neue Serie
[1]) Südafrika als Goldproduzent hält den größten Teil seiner Reserven in Gold.
[2]) Bahamas, Bermudas, Britisch Honduras, Guyana.
[3]) Kuwait, Libyen, Jordanien, Territorien des Persischen Golfs, Süd-Yemen.
[4]) Malaysia, Singapore, Hongkong, Brunei, bis 1966 Burma.
[5]) Zypern, Island, Eire, Malta und abhängige britische Territorien, sofern sie anderswo nicht aufgeführt sind.
[6]) Von 1945 — 1966 ohne Anlagen in Schuldverschreibungen britischer Lokalbehörden und in Abzahlungs-Kreditgesellschaften, mit Ausnahme des Mittleren Ostens, wo diese Anlagen per Ende 1954 den beträchtlichen Betrag von 154 Mio. £ ausmachten und deshalb hinzugerechnet wurden.
[7]) Von 1966 — 1969 inkl. Anlagen in Schuldverschreibungen britischer Lokalbehörden und in Abzahlungs-Kreditgesellschaften.

Quellen: Für 1945 — 1962 Bank of England, Quarterly Bulletin Dezember 1963, S. 267; für 1962 — 1966: U. K. Balance of Payments 1967, Tabelle C; für 1966 bis 1969: Bank of England, Quarterly Bulletin Dezember 1963, Juni 1970, S. 237, Tabelle 20.

Bei den *Nicht-Sterlingländern,* wo die erwähnten Sterlinghinterlagen für internationale Pfundstützungsaktionen seit 1963 das Bild verfälschten, läßt sich ein Vergleich nur für die Periode von 1945—1963 anstellen.

Die Aktivsalden dieser Länder in Sterling haben in dieser Zeit von 1240 auf 605 Mio. £ abgenommen. Die stärkste Schrumpfung weisen dabei die Guthaben der sogenannten „übrigen" Länder auf (— 566 Mio.), die den radikalen Abbau der ägyptischen und irakischen Guthaben widerspiegeln.[215] Mit 458 Mio. £ machten die Nettoguthaben Westeuropas Ende 1963 über drei Viertel der Gesamtsterlingguthaben außerhalb der Sterlingzone aus.

---

[215]) Vergl. Bank of England, Quarterly Bulletin, Dezember 1963, S. 276/7.

4. KAPITEL: DIE KRISE DES STERLINGSYSTEMS

a) Die Labilität der Sterlingguthaben

Die Umschichtungen, die in der Nachkriegszeit unter den Sterlinggläubigern Platz griffen, haben zwar Großbritannien zur Abtragung der „Kriegsschulden" befähigt, die nach ihrer Deblockierung das unstabilste Element unter den Sterlingverbindlichkeiten darstellten. Sie haben außerdem ermöglicht, daß zahlreiche Länder mit hohen Sterlingreserven einen Teil ihrer Guthaben abdisponieren konnten, ohne daß dadurch die britischen Währungsreserven stark in Mitleidenschaft gezogen worden wären. Trotzdem sind die Sterlingguthaben heute geographisch noch immer einseitig verteilt. Ende 1969 entfielen von $2^{1}/_{2}$ Mrd. £ Guthaben der Sterlingzone nahezu 800 Mio. £ oder ein Viertel auf Malaysia, Singapore und Hongkong. Auch besaßen die Sterlingländer des Mittleren Ostens sowie die Ländergruppe Irland, Island, Zypern und Malta noch immer je rund 400 Mio. £.

Das erklärt die Tendenz der betreffenden Länder, ihre überdimensionierten Sterlingbestände mindestens nicht mehr weiter auflaufen zu lassen oder zu reduzieren. Die Sterlingländer des Mittleren Ostens, deren Nettoguthaben zeitweise auf 540 Mio. £ angestiegen waren, haben ihre Sterlingforderungen bis Ende 1969 bereits auf weniger als 400 Mio. £ abgebaut. Auch haben Australien, Neuseeland und Südafrika ihre Sterlingbestände von einem Rekordbetrag von 640 Mio. £ (Ende 1954) sukzessive auf 230 Mio. £ abgebaut. Die Sterlingländer des Fernen Ostens, die sich 1945 — 1966 im Jahresdurchschnitt zusätzliche Sterlingreserven von 35 Mio. £ zugelegt hatten, haben ihre Sterlingbestände von 1966 bis 1969 nur noch um jährlich 12 Mio. £ vermehrt.

Im Unterschied zur bisherigen Entwicklung, als Sterlingabzüge des einen Landes zufällig immer durch die Akkumulierung von Sterlingbeständen in einem anderen Land aufgefangen wurden, sind jedoch für die Zukunft keine Länder mehr in Sicht, die die Abbautendenzen der anderen durch weitere Erhöhung ihrer Sterlingguthaben wettmachen könnten. Schon aus diesen Gründen hat sich die Gefahr vergrößert, daß künftige Rückgänge von Sterlingguthaben auf Kosten Großbritanniens gehen müßten.

Es kommt hinzu, daß das Pfund Sterling in den letzten Jahren aus Zahlungsbilanzgründen und anderen Motiven zahlreichen *Vertrauenskrisen* ausgesetzt war, und daß sich die sterling-balances des Auslands in zunehmendem Maße gegen solche Vertrauenseinbrüche empfindlich erwiesen. Den stärksten Schwankungen unterlagen die Sterlingkonten der *Nicht-Sterlingländer,* und darunter insbesondere die privaten Guthaben, die zeitweise die offiziellen Guthaben überstiegen. Als Welthandelswährung war das Pfund bei Vertrauenseinbrüchen auch umfangreichen „leads and lags" und starken Schwankungen der kommerziell bedingten sterling-balances ausgeliefert. Demgegenüber wiesen die *Reservewährungsguthaben* des Auslandes, und insbesondere diejenigen der äußeren Sterlingzone, gegenüber Vertrauenseinbrüchen des Pfundes lange Zeit eine bemerkenswerte Resistenz auf, was teils mit den engen politischen Bindungen der betreffenden Länder zu England zusammenhing.

Zu ersten substantiellen Rückzügen von Sterlingguthaben des Auslandes kam es 1956 im Zusammenhang mit der *Suezkrise*. Weit schwerwiegender noch waren jedoch die Auswirkungen der Pfundkrise *nach der ersten DM-Aufwertung* im Frühjahr 1961, fielen doch die britischen Sterlingguthaben der Nicht-Sterlingländer von 906 Mio. £ Ende 1960 bis zum September 1961 vorübergehend auf weniger als die Hälfte, während gleichzeitig die Reservewährungsguthaben leicht anstiegen.

Die *Dauerkrise des Pfundes von 1964 — 1968* hatte sowohl bei den privaten als auch den offiziellen Inhabern von Sterlingguthaben eine zunehmende Beunruhigung zur Folge. Bei den privaten Guthaben kam es von Ende 1963 bis Ende 1968 zu nachhaltigen Rückzügen von Bruttoguthaben von 776 auf 537 Mio. £ und zu einer gleichzeitigen Erhöhung der Sterlingverbindlichkeiten des Auslands von 589 auf 1064 Mio. £, was eine Umkehr der Nettoposition in einen Passivsaldo von 527 Mio. £ zur Folge hatte. Gleichzeitig zeigten die traditionellen offiziellen sterling-balances des Auslandes einen fühlbaren Rückgang. Bei den Konten der Nicht-Sterlingländer trat diese Entwicklung zwar in der Statistik nicht in Erscheinung, weil sie durch die Inanspruchnahme von Notenbankswaps durch Großbritannien und das dadurch verursachte Entstehen von offiziellen Sterlingbeständen überschattet wurde. Hingegen zeigten sich jetzt bei der bisher stabilsten Kategorie, den Reserveguthaben der Sterlingländer, erstmals wiederholt fühlbare Schwankungen, indem sie von 1964—1968 einen nachhaltigen Rückgang von 1.93 Mrd. £ auf 1.63 Mrd. £ durchmachten. Die Vertrauenskrisen des Pfundes in diesen vier Jahren, die insbesondere durch das fortdauernde starke Defizit der britischen Ertragsbilanz verursacht waren, sind durch die Schwankungen und nachhaltigen Rückzüge der sterling-balances noch erheblich verschärft worden. Triffin schätzt, daß von dem zu finanzierenden britischen Gesamtdefizit von 1964 bis September 1968 rund ein Drittel der Liquidation von sterling-balances zuzuschreiben ist.[216])

Dank der Reduzierung der Sterlingguthaben des Auslands sind jedoch die labilsten Guthaben verschwunden. Das gilt besonders hinsichtlich der privaten sterling-balances der Nicht-Sterlingländer, die Ende 1969 einen Passivsaldo von über 700 Mio. £ aufwiesen. Auch die offiziellen Reserve-

---

[216]) Vergl. Triffin, R., „The Fate of the Pound", Paris 1969, S. 15.

guthaben der Nicht-Sterlingländer hatten in diesem Zeitpunkt großenteils nur noch den Charakter von Betriebsfonds. Als potentielle Schwankungsfaktoren bei Pfundkrisen fielen nur noch die Sterlingguthaben der Sterlingzone ins Gewicht.

Tabelle Nr. 24

Schwankungen der ausländischen Netto-Sterlingguthaben gegenüber Großbritannien

	Offizielle Sterlingguthaben			Private Sterlingguthaben		
	Total	äußere Sterlingzone	Nicht-Sterlingländer	Total	äußere Sterlingzone	Nicht-Sterlingländer
	(in Mio. £)					
1951	2.911	2.252	659	666	333	333
1952	2.496	2.019	477	723	463	260
1953	2.677	2.203	474	816	512	304
1954	2.710	2.260	460	983	562	421
1955	2.704	2.266	438	872	498	374
1956	2.640	2.240	400	782	490	292
1957	2.509	2.126	383	764	482	282
1958	2.392	1.993	399	961	526	435
1959	2.490	2.165	325	1.017	539	478
1960	2.528	2.029	499	1.355	449	906
1961	2.537	2.097	440	1.009	534	475
1962[1])	2.431	2.056	375	1.070	619	451
1962[2])	2.184	1.751	433	979	679	300
1963	2.297	1.888	409	965	704	261
1964	2.432	1.931	501	873	660	213
1965	2.485	1.880	605	883	713	170
1966	2.748	1.834	914	732	761	— 29
1967	3.198	1.707	1.491	586	741	— 155
1968	3.780	1.627	2.153	157	684	— 527
1969	3.521	2.027	1.494	— 229	501	— 731

[1]) 1951—1962 aufgrund der Statistik alte Serie.
[2]) Ab 1962 Statistik neue Serie (vergl. Fußnote Tabelle 4).
Quelle: Bank of England, Quarterly Bulletin
U. K. Balance of Payments 1970, S. 39

b) *Gestörtes Gleichgewicht der Sterlingarea*

Die Entstehung der Sterlingarea und die Poolung der Währungsreserven ihrer Mitgliedstaaten basiert auf dem Umstand, daß die *Volkswirtschaft Großbritanniens* und des *äußeren Sterlinggebietes komplementären Charakter* haben. Während die hochentwickelte britische Wirtschaft qualifizierte industrielle Fertigwaren zu exportieren vermag und einen großen Importbedarf an Rohstoffen und Lebensmitteln aufweist, haben umgekehrt die überseeischen Länder der Sterlingzone einen großen Überschuß an Rohmaterial und Nahrungsmitteln und ist ihre wirtschaftliche Entwicklung von starken Kapitalgütereinfuhren abhängig. Steigen die Rohstoffpreise, so verbessert sich die Zahlungsbilanz der äußeren Sterlingzone und verschlechtert sich diejenige Englands. Gehen die Rohstoffpreise im Verhältnis zu den Industriewarenpreisen zurück, so entwickelt sich die umgekehrte Lage. Als hochindustrialisiertes Land wurde ferner Großbritannien als prädestinierter Kapitalexporteur nach der überseeischen Sterlingzone angesehen. Die Voraussetzungen einer engen wirtschaftlichen Verflechtung wurden noch durch die politischen Bande, die zwischen Großbritannien und einem großen Teil der äußeren Sterlingländer bestanden, verstärkt.

Das ideale Kreislaufschema, das einem guten Funktionieren des Reservepool-Systems zugrunde lag, sah wie folgt aus: 1. erzielt Großbritannien einen großen Ertragsbilanzüberschuß gegenüber der äußeren Sterlingzone. 2. verzeichnen umgekehrt die äußeren Sterlingländer einen großen Ertragsbilanzüberschuß gegenüber Drittländern, der dem Reservepool zufließt. 3. haben die äußeren Sterlingländer als Beteiligte am Reservepool das Recht, im Rahmen des laufenden Bedarfs selber an den zentralen Reserven zu partizipieren. 4. Allen Beteiligten am Pool steht ferner der Zugang zum Londoner Finanzmarkt zu denselben Bedingungen wie den Gebietsansässigen offen; die britische Kapitalausfuhr nach den äußeren Sterlinggebieten stellt das innere Gleichgewicht innerhalb der Sterlingarea her.

Das System vermochte gut zu spielen, solange die enge wirtschaftliche Verflechtung Großbritanniens mit der äußeren Sterlingzone und die Musterstruktur der inneren und äußeren Zahlungsbilanz der Sterlingarea erhalten blieben. Der Mechanismus verlor jedoch seine Zuverlässigkeit, als sich die politische, wirtschaftliche und finanzielle Interdependenz der Volkswirtschaften der Teilnehmerstaaten zu lockern begann und sich in den Zahlungsbilanzen des Reservezentrums und der überseeischen Mitgliederländer strukturelle Änderungen vollzogen.

Eine entscheidende Schwächung des Poolsystems trat ein, als die *äußere Sterlingarea* in der *Ertragsbilanz gegenüber Nicht-Sterlingländern*, mit Ausnahme der Korea-Preishausse, begann, defizitär abzuschneiden. „The viability of the sterling system was supposed to rest on the ability of overseas sterling countries to earn a surplus with the non-sterling world: the surplus was to offset the United Kingdom deficit with that sector. This basic assumption is no longer valid, as on current account the overseas sterling area has for years been in deficit.[217] Schon 1950 bis 1959 stand

---

[217] Vergl. Conan, A. R., „Sterling: The Problem of Policy", Westminster Bank Review, November 1967, S. 10.

Tabelle Nr. 25

Die Zahlungsbilanz der Sterlingarea

	1950-59	1960	1961	1962	1963	1964	1965	1966	1967	1968	1969	1960-69
I. Großbritannien: Zahlungsbilanz mit äußerer Sterlingzone und Drittländern (in Mio. £)												
A. *Ertragsbilanz* mit	+1.439	−265	−4	+112	+114	−395	−77	+43	−312	−319	+416	−687
a) - äußerer Sterlingzone	+2.979	+295	+240	+178	+213	+180	+367	+277	+273	+167	+307	+2497
b) - Nicht-Sterlingländ.	−1.540	−560	−244	−66	−99	−575	−444	−234	−585	−486	+109	−3184
B. *Langfrist. Kapitalverkehr*	−1.467	−192	+68	−98	−149	−354	−197	−106	−139	−103	−31	−1301
Langfrist. Kapitalexport nach d. äuß. Sterlingzone	...	−322	−313	−242	−320	−399	−354	−303	−463	−735	−617	−4068
C. *Grundbilanz (A + B)*	+28	−457	+64	+14	−35	−749	−274	−63	−451	−422	+385	−1988
II. Äußere Sterlingarea: Zahlungsbilanz mit Nicht-Sterlingländern												
A. *Ertragsbilanz*	+106	−423	−246	−266	−387	−693	−993	−531	−771	−801	−244	−5255
Handelsbilanz	−120	−480	−312	−314	−329	−551	−734	−244	−405	+32	+705	−2696
Invisibles (netto)	−1.637	−242	−255	−301	−434	−540	−686	−691	−777	−1241	−1465	−6632
Goldverkäufe in London	+1.623	+299	+321	+349	+376	+398	+427	+404	+411	+472	+516	+3973
* 1952 — 1959:	−1889											
B. *Langfrist. Kapitalverkehr*	+2.189	+404	+367	+477	+542	+635	+902	+661	+1047	+1308	+977	+7320
C. *Grundbilanz (A + B)*	+2.301	−19	+121	+211	+155	−58	−91	+130	+276	+507	+733	+1965
II. Gesamte Sterlingzone: Ertragsbilanz mit den Nicht-Sterlingländern												
	−1.434	−983	−490	−332	−486	−1268	−1437	−765	−1356	−1287	−135	−8539

Quellen: U. K. Balance of Payments 1946 — 1957, London 1959, S. 59
U. K. Balance of Payments 1967, Tabelle C, Tabelle 18
U. K. Balance of Payments 1969
Economic Trends, September 1970. Tabelle C, Tabelle D.

einem gesamthaften Leistungsbilanzüberschuß Englands mit den übrigen Sterlingländern von insgesamt 2,98 Mrd. £ nur noch ein geringer Überschuß der Ertragsbilanz der äußeren Sterlingzone zu den Drittländern von 112 Mio. £ gegenüber. Seither haben sich die Verhältnisse noch wesentlich ungünstiger gestaltet. Einerseits erzielte Großbritannien 1960 bis 1966 einen Ertragsbilanzüberschuß gegenüber den Sterlingländern von insgesamt 1,76 Mrd. £, während seine Ertragsbilanz im Verhältnis zu den übrigen Ländern mit 2,17 Mrd. £ defizitär war. Andererseits verzeichneten die überseeischen Sterlingländer außer dem erwähnten Fehlbetrag gegenüber dem Vereinigten Königreich noch ein Leistungsbilanzdefizit im Verkehr mit den Nicht-Sterlingländern von 2,87 Mrd. £. Es fehlten damit die *laufenden* Mittel, mit denen die äußere Sterlingzone ihr Defizit gegenüber Großbritannien hätte begleichen und die zentralen Reserven hätten geäufnet werden können. Das äußere und innere Gleichgewicht der Sterlingarea war damit verloren gegangen.

Das Sterlingsystem hätte unter solchen Umständen für Großbritannien zu einer untragbaren finanziellen Bürde werden müssen, wäre das Ertragsbilanzdefizit der *äußeren Sterlingzone* nicht lange Zeit durch *große langfristige Kapitalimporte aus Nicht-Sterlingländern* erheblich überkompensiert worden. Dank der Kapitaleinfuhr von rund 6 Mrd. £ von 1960 — 1960 (vergl. Tabelle Nr. 25) schloß die äußere Sterlingarea diese Periode mit einem Überschuß der Grundbilanz von 2,83 Mrd. £ ab. Die äußere Sterlingzone mußte infolgedessen die zentralen Reserven des Sterlingsystems nicht in Anspruch nehmen. Die Abhängigkeit der Zahlungsbilanz von Kapitalimporten bildete jedoch einen unstabilen, von Jahr zu Jahr schwankenden Faktor. Die zunehmende äußere Verschuldung war zudem für die Ertragsbilanz infolge der ansteigenden Zinszahlungen eine progressive Belastung.

Das System wäre auch innerlich rascher in einen Auflösungszustand geraten, wenn *Großbritannien* während der Nachkriegszeit die *äußere Sterlingzone* nicht weiterhin ständig mit *Kapital versorgt* hätte. Allein von 1960 — 1966 flossen den überseeischen Sterlingländern aus dem Mutterland langfristige Kapitalien von 2,29 Mrd. £, d. h. 60% der gleichzeitigen Netto-Kapitaleinfuhr aus Drittländern, zu. Dank der hohen britischen Kapitalexporte nach der äußeren Sterlingzone konnte erreicht werden, daß die äußeren Sterlingländer als Ganzes ihre sterling-balances beibehielten. Gleichzeitig konnte England dadurch seine langfristigen Investitionen in diesen Ländern wieder erhöhen und seine Invisibles-Einnahmen erheblich vermehren. Die hohe britische Kapitalausfuhr — der Netto-Kapitalexport belief sich 1950 — 1966 auf rund 2,5 Mrd. £, woran neben der äußeren Sterlingzone vor allem auch Kanada und Erdölländer außerhalb der Sterlingarea partizipierten — stieß allerdings auf zunehmende Kritik, weil dadurch die Investitionsmöglichkeiten innerhalb Großbritannien selber behindert und die britische Zahlungsbilanz belastet wurde.

Wenn trotzdem die britische Regierung den Zugang der Sterlingländer zum *Londoner Finanzmarkt* lange Zeit offen hielt, hing dies mit der bedeutenden Rolle zusammen, die der freie Kapitalverkehr als Bindemittel der Sterlingarea bildete. Nachdem von 1952 ab die externe Konvertibilität des Pfund Sterling für alle offiziellen Sterlingbesitzer des Auslands eingeführt[218]) und die diskriminatorischen Handelsrestriktionen gegenüber der Dollararea aufgehoben worden waren, blieb dieses Privileg für die äußeren Sterlingländer das einzige quid pro quo dafür, daß sie noch Sterlingreserven hielten und teils solche noch aufstockten.

Angesichts der ungünstigen britischen Zahlungsbilanzlage von 1964 bis 1968 vermochte die britische Regierung den Grundsatz der *Kapitalverkehrsfreiheit* innerhalb der Sterlingarea allerdings *nicht mehr länger aufrecht zu erhalten*. Zunächst wurden 1965 Steuermaßnahmen ergriffen, die den Kapitalexport nicht nur nach Drittländern sondern auch nach der äußeren Sterlingzone behinderten. Durch „freiwillige" Maßnahmen wurde 1965 versucht, die britischen Investitionen in den entwickelten Ländern der äußeren Sterlingzone zurückzubinden. Investitionspläne britischer Firmen wurden einer Kontrolle durch die Währungsbehörden nach ihrem Zahlungsbilanzeffekt unterstellt; sie sollten soweit als möglich aufgeschoben und durch lokale Mittel finanziert werden. Gleichzeitig wurden größere Kapitalaufnahmen aller nicht in Großbritannien residierenden Firmen, also auch derjenigen in den äußeren Sterlingländern, nicht mehr bewilligt; im Herbst 1968 wurde aus Zahlungsbilanzgründen auch die Sterlingfinanzierung für den Außenhandel zwischen Drittländern verboten.

Mit der Kontrolle der Kapitalausfuhr des Mutterlandes nach den überseeischen Sterlingländern büßte jedoch die Sterlingzone für die betroffenen Länder die noch verbliebene Attraktionskraft wesentlich ein. Mit je über 300 Mio. £ machten 1965 und 1966 die britischen Kapitalexporte nach der äußeren Sterlingarea allerdings immer noch einen hohen Betrag aus. War Großbritannien früher ihre absolut dominierende Kapitalquelle, so sind diese Länder jetzt in ihrer externen Kapitalversorgung hauptsächlich von den übrigen Ländern abhängig.

Die Sterlingzone hatte auch dadurch für alle Partnerländer an Bedeutung verloren, daß der *Anteil des Intra-Zonenhandels im gesamten Außenhandel* ständig abnahm. Hatten die britischen Exporte nach den über-

---

[218]) Vergl. Cromer, The Earl of, „Das Pfund und der Gemeinsame Markt", in „Europäische Probleme der Wirtschaft und Politik", herausgegeben von F. A. Lutz, Erlenbach-Zürich 1968, S. 37.

seeischen Sterlingländern 1952 noch rund die Hälfte der britischen Gesamtausfuhr ausgemacht, so war der entsprechende Anteil 1965 auf einen Drittel und 1969 auf 28% zurückgegangen. Machten die britischen Exporte für die äußeren Sterlingländer anfangs der Fünfzigerjahre noch einen Drittel ihrer Gesamteinfuhr aus, so dürften sie Ende der Sechzigerjahre nur noch einen Fünftel betragen haben.[219] Die Sterlingarea büßte dadurch ihren früheren Charakter als geschlossener finanzieller Kreislauf ein. Obschon sich der Außenhandel der Sterlingländer untereinander immer noch fast vollständig und derjenige mit der Außenwelt noch vorwiegend in Sterling abwickelt, ist der Anteil ihres außenwirtschaftlichen Verkehrs, der sich in Nicht-Sterlingwährungen abwickelt, wesentlich größer geworden.

Die gesunkene Bedeutung der Sterlingarea hinsichtlich des Außenhandels und der Kapitalversorgung und die mit der politischen Entwicklung einhergehenden währungspolitischen Emanzipierungstendenzen zahlreicher Mitglieder der äußeren Sterlingzone haben in ihrer *Reservepolitik grundlegende Änderungen* zur Folge gehabt. Anstatt ihre Reserven ganz oder mindestens fast vollständig in Sterling zu halten, zeigen zahlreiche Sterlingländer die Tendenz, selber eine Reserve aus Gold und Nicht-Sterlingdevisen zu schaffen. Während zwischen 1961 — 1966 die Sterlingguthaben der überseeischen Sterlingländer stagnierten, stiegen ihre Gold- und Dollarreserven um 800 Mio. £, wovon 600 Mio. £ auf die Reserven außerhalb Südafrikas entfielen.[220] Während beispielsweise Australien 1951 noch 90% seiner Reserven in Sterling unterhielt, war sein Sterlinganteil 1967 auf 60% gefallen. Kuwait, das Ende der Sechzigerjahre immer noch ein großer Sterlinggläubiger war, besaß 1967 daneben ebenso große Währungsreserven in Gold und Dollars.

Diese Diversifizierung in der Reservepolitik stellt jedoch einen entscheidenden Einbruch in das System des Reservepools dar, das auf dem Grundsatz der Zentralisierung der Währungsreserven des Sterlinggebiets basiert. Behalten die einzelnen Länder der äußeren Sterlingzone ihre Deviseneinnahmen für sich, so fehlen dem Pool die nötigen Alimente, um den Devisenbedarf auch der überseeischen Gebiete decken zu können. Diejenigen Sterlingländer, die eigene Reserven in Nicht-Sterlingwährung aufbauen, können natürlich die zentralen Reserven des Sterlinggebietes entsprechend weniger in Anspruch nehmen. Der Reservepool verlor aber dadurch den Charakter als lebendiger Organismus.[221]

---

[219] Vergl. Hirsch, F., „Money International", London 1967, S. 352.
[220] Vergl. Conan, A. R., a. a. O., S. 13.
[221] Vergl. Hirsch, F., a. a. O., S. 348.

War mit der Diversifizierung der Währungsreserven der Sterlingländer ein wichtiger Pfeiler des Sterlingsystems geschwächt worden, so geriet 1967, anläßlich der zweiten Abwertung des Pfund Sterling in der Nachkriegszeit, ein weiterer Hauptpfeiler des Systems, nämlich die Einhaltung einer *festen Parität zum Pfund,* ins Schwanken. Als im *September 1949* das Pfund Sterling um 30% abgewertet wurde, ging noch eine große Zahl von Ländern, die zusammen zwei Drittel des Welthandels ausmachten, mit dem gleichen Abwertungssatz mit. Darunter befanden sich sämtliche Mitglieder der Sterlingzone, außer Pakistan, ferner alle skandinavischen Länder, Holland und Ägypten; neun weitere Länder nahmen gleichzeitig größere oder kleinere Abwertungen vor. Im *November 1967* dagegen, als das Pfund um 14,3% abgewertet wurde, fand die Abwertung im Sterlinggebiet nur noch teilweise Gefolgschaft. Die Mehrheit ihrer Mitglieder hielt an der bisherigen Dollarparität fest und nahm eine Aufwertung gegenüber dem Pfund in Kauf. Selbst ein Land wie Australien schlug jetzt eine autonome Wechselkurspolitik ein. Und diejenigen Länder, die dem Pfund folgten, devaluierten teils nur mit Zögern und um größere Währungsverluste zu vermeiden. Das Auseinanderfallen widerspiegelte den Schrumpfungs- und Lockerungsprozeß, den die wirtschaftlichen, finanziellen und politischen Verbindungen unter den Sterlingländern in der Nachkriegszeit durchgemacht hatten.

Die Pfundabwertung von 1967 erschütterte darüber hinaus die Solidarität der Sterlingzone in den Grundfesten. „The devaluation of 1967 was, of course, a shock to the sterling system."[222]) Für diejenigen Sterlingländer, die sich von der festen Parität zum Pfund unter Inkaufnahme von Währungsverlusten losgesagt hatten, hatte die Beibehaltung von Sterlingguthaben, soweit sie über das Ausmaß von Betriebsfonds hinausgingen, den wirtschaftlichen Sinn verloren. Und in den übrigen Ländern, die an der fixen Parität zum Pfund noch festgehalten hatten, war infolge der erneuten Abwertung die Einschätzung des Pfundrisikos gestiegen und machte sich die Tendenz geltend, durch *Abbau der Sterlingkonten* zur vermehrten wechselkurspolitischen Autonomie zu gelangen.

Waren bis zur Pfundabwertung von 1967 die offiziellen Sterlingreserven der Sterlingländer gegenüber Währungsbefürchtungen noch bemerkenswert immun, so begann sich 1968 unter den Währungsbehörden der Sterlingzone das deutliche Bestreben zu zeigen, durch Pfundkonversionen das Pfundrisiko zu vermindern. Allein im 2. Quartal 1968 reduzierten die Sterlingländer ihre offiziellen Sterlingguthaben um 230 Mio. £.

---

[222]) Vergl. The Basle Facility and the Sterling Area, H. M. Treasury, Cmd. 3787, S. 3, London 1968.

c) Das Basler „Gruppenabkommen" und die Zukunft des Pfundes

Die *Zerfallserscheinungen* des Sterlingsystems, die sich schon seit Jahren hingezogen hatten, drohten *1968* in ein *akutes Stadium* zu treten. Die Lage war um so kritischer, als sich diese Vorgänge vor dem Hintergrund eines großen Defizits der britischen Zahlungsbilanz abspielten und eine zusätzliche Belastung durch große Rückzüge von ausländischen Sterlingguthaben eine schwere Vertrauenskrise gegenüber dem Pfund hätte zeitigen können. Angesichts seiner geringen Währungsreserven und seiner großen kurz- und mittelfristigen Auslandverschuldung, auch als Folge der internationalen Pfundstützungsaktionen, wäre Großbritannien nicht mehr im Stande gewesen, größeren Konversionen von ausländischen Sterlingguthaben stattzugeben. „It no longer seemed likely", so hieß es selbst in einem offiziellen Schriftstück, „that the United Kingdom, acting alone, would be able to contain the situation in traditional ways."[223] Da ein Zusammenbruch des Sterlingsystems eine weltweite Beunruhigung auf der Währungsebene hätte schaffen können, stellte sich die drängende Frage, ob und in welcher Weise England bei der Stabilisierung seiner kurzfristigen Sterlingverbindlichkeiten von *außen* geholfen werden könnte.

Angesichts dieser Gefahren entschlossen sich im *September 1968* eine Gruppe von zwölf Zentralbanken[224] und die Bank für Internationalen Zahlungsausgleich (BIZ), Großbritannien einen *mittelfristigen Kredit* von 2 Mrd. Dollar zur Verfügung zu stellen, mit dem Reserveverluste, die aus einem *Rückzug von offiziellen Sterlingguthaben des Auslands* entstehen, kompensiert werden könnten. Einen ersten Schritt in dieser Richtung hatten die gleichen, in der BIZ zusammengeschlossenen Zentralbanken schon im Juni 1966 unternommen, als sie Großbritannien außerhalb der Kreditaktionen zur Überbrückung des britischen Zahlungsbilanzdefizits einen separaten kurzfristigen Kredit von 1 Mrd. $ zur Wettmachung temporärer Schwankungen der sterling-balances zur Verfügung gestellt hatten; jene Kreditfazilität, die jeweilen nur auf ein Jahr Gültigkeit hatte, war in der Folge zweimal verlängert worden.

Mit dem auf zehn Jahre befristeten Kreditabkommen vom Herbst 1968 wurde jedoch das Problem der Sterlingguthaben des Auslands auf eine viel *breitere Basis* gestellt. Anstelle der nur kurzfristigen Kompensation von Schwankungen wurde damit nicht nur eine langfristige Kompensierung, sondern auch eine Grundlage zur langfristigen *Stabilisierung* der

---

[223] Vergl. The Basle Facility and the Sterling Area, H. M. Treasury, Cmnd. 3787, S. 4, London Oktober 1968.

[224] Nämlich die Notenbanken Österreichs, Belgiens, Dänemarks, der Bundesrepublik Deutschland, Italiens, Japans, Kanadas, Hollands, Norwegens, Schwedens, der Schweiz und der USA.

sterling-balances angestrebt. Auf der Basis der Kreditzusage schloß Großbritannien mit den überseeischen Sterlingländern *bilaterale Abkommen* ab, in denen es diesen für einen Teil ihrer Sterlingguthaben eine *Dollargarantie* zur Verfügung stellte, während diese für einen anderen Teil ihrer Sterlingreserven *Stillhalteversprechungen* eingingen.

Unter dem sogenannten *zweiten Basler Gruppenabkommen der Notenbanken* vom September 1968 konnte die Bank von England von der BIZ bis zu einem Höchstbetrag von 2 Mrd. $ jeweilen in dem Umfang Devisen ziehen, als die offiziellen und privaten sterling-balances der Sterlingländer gesamthaft unter den vereinbarten Ausgangsbetrag fallen.[225] Die Ziehungen mußten innert drei Jahren durchgeführt und sie müssen innert mindestens zehn Jahren zurückbezahlt werden. Die BIZ konnte die Inanspruchnahme der Kreditzusage durch Großbritannien auf verschiedene Weise finanzieren: 1. aus einem Teil der Dollar- oder Goldreserven der Sterlingländer, den diese bei der BIZ zu normalen Bankbedingungen deponieren sollen; 2. durch Kapitalaufnahmen auf den nationalen und internationalen Geld- und Kapitalmärkten; 3. durch direkte Rückgriffe auf die zwölf Notenbanken, die die Kreditzusagen erteilt haben, sofern sich die vorerwähnten Finanzierungsmöglichkeiten als unzureichend erweisen.

Der finanzielle Rückhalt der Kreditlimite der Notenbanken von 2 Mrd. $ setzte Großbritannien in den Stand, den Sterlingländern auf 90 % *ihrer offiziellen Sterlingreserven* eine *Garantie* auf Erhaltung ihres Dollargegenwerts einzuräumen.[226] Die betreffenden Länder mußten sich dafür verpflichten, einen Teil ihrer Währungsreserven, mindestens aber 10 % des Totals, während der Dauer der Vereinbarung in Sterling zu halten. Die konkreten Proportionen zwischen Dollargarantie und der Verpflichtung, Sterlingreserven zu halten, hingen von den bilateralen Vereinbarungen mit den einzelnen Sterlingländern ab und waren von Fall zu Fall verschieden. Verschiedene Länder haben sich bereit erklärt, wesentlich mehr als die minimalen 10 % in Sterling zu halten. Nach Schätzungen des britischen Schatzamtes beliefen sich die garantierten Sterlingguthaben Ende 1968 auf rund 1,75 Mrd. £.[227]

---

[225] Vergl. „The Basle Facility and the Sterling Area", a. a. O., S. 5. Während das erste Gruppenabkommen der Notenbanken vom Juni 1966 den Rückgang der sterling-balances der Sterling- und Nicht-Sterlingländer deckte, beziehen sich die Kreditvereinbarungen vom September 1968 lediglich auf die Guthaben der Sterlingländer, da den Sterlingguthaben der Nicht-Sterlingländer nur noch Betriebsfonds-Charakter geschenkt wurde.

[226] Die Garantie bezieht sich jedoch nicht auf „equities", die sich in den offiziellen Reserven befinden, ebensowenig auf private Sterlingguthaben.

[227] Vergl. Cohen, B. J., „The Benefits and Costs of Sterling", Euromoney, September 1969, S. 12.

Aufgrund solcher Vereinbarungen mit den Ländern der äußeren Sterlingzone konnte das Basler Gruppenabkommen der Notenbanken am 23. September 1968 in Kraft gesetzt werden; es blieb während drei Jahren in Kraft und konnte bei gegenseitigem Einverständnis um weitere zwei Jahre verlängert werden. Die bilateralen Abkommen waren vor Ablauf der Dreijahresfrist zu überprüfen.

Die „Basle Facility" und die entsprechenden Vereinbarungen zwischen dem Vereinigten Königreich und den übrigen Sterlingländern haben einerseits das Pfund temporär gegenüber Konversionen der Sterlingreserven der Länder der äußeren Sterlingarea unverletzlich gemacht und zudem einen Teil der Sterlingreserven konsolidiert. Andererseits haben sie den größten Teil der offiziellen Sterlingreserven der Sterlingländer gegen das Pfundrisiko geschützt und die Gefahr ihres Rückzugs aus Gründen des Mißtrauens gegenüber dem Pfund ausgeschaltet. Das Basler Abkommen und die darauf aufgebaute Dollargarantie und minimale Reserveverpflichtung sowie die seit 1969 einsetzende grundlegende Verbesserung der Zahlungsbilanz Großbritanniens und der äußeren Sterlingzone haben zusammengewirkt, um nicht nur eine Stabilisierung hervorzurufen, sondern auch eine erneute Erhöhung der Sterlingguthaben der überseeischen Sterlingländer herbeizuführen. Nicht nur stiegen 1969 die Pfundguthaben im Sterlingraum um 273 Mio. £, auch der Pfundanteil der Reserven der überseeischen Sterlingländer erhöhte sich wieder. Die zentralen Reserven der Sterlingarea nahmen 1969 um 387 Mio. £ zu, von denen schätzungsweise 290 Mio. £ unter die Währungsgarantie vom September 1968 fallen.[228] Die dafür bereitgestellte Kreditfazilität ist nach ihrer Inkraftsetzung nur vorübergehend beansprucht worden. Im September 1970 erreichten die sterling-balances der äußeren Sterlingzone 4 174 Mio. £ (+ 450 Mio. gegenüber Ende 1969).

Die Vereinbarungen über die sterling-balances des Sterlingraumes sind als „bedeutsamste Reform des Sterlingsystems, als Markstein und Wasserscheide des Sterlingsystems"[229] bezeichnet worden. Da sie aber nur auf 3 resp. 5 Jahre abgeschlossen wurden, stellte sich schon 1971 das Problem, ob und gegebenenfalls wie die Sicherung der sterling-balances auf eine *permanentere* Basis gestellt werden kann.

Dabei geht es um die wichtige Frage, inwieweit und gegebenenfalls in welcher Weise das Pfund Sterling als internationale Währung konserviert werden soll und kann. Außerhalb der Sterlingzone war das Pfund 1971 als Reservewährung und Transaktionswährung entthront. Auch bestand weder auf Seiten der Nicht-Sterlingländer noch auf Seiten Groß-

---

[228] Vergl. Jahresbericht der BIZ für 1969/70, S. 134.
[229] Vergl. Cohen, B. J., „The Reform of Sterling", Essays in International Finance Nr. 77, S. 16 und 17, Princeton, Dezember 1969.

britanniens die Möglichkeit und die Absicht, diesen Zustand rückgängig zu machen. Daß die Währungsgarantie aufgrund des Basler Gruppenabkommens von 1968 nur auf den offiziellen Sterlingreserven des Sterlingraumes, nicht jedoch auf den offiziellen Sterlingguthaben der Nicht-Sterlingländer gegeben wurde, machte dies ebenfalls deutlich. Hingegen war die Frage umstritten, ob das Pfund Sterling wenigstens innerhalb des bestehenden *Sterlingraumes* als Reserve- und internationale Handelswährung erhalten werden könne und solle, oder ob das Reservewährungssystem des Sterling auch in diesen regionalen Räumen von einer anderen Konstruktion abgelöst werden solle.

Während Triffin und andere die Übernahme und dauernde Fundierung der noch bestehenden Reservewährungsguthaben in Sterling durch den Internationalen Währungsfonds oder die Europäischen Gemeinschaften befürworten,[230]) sieht Cohen, der die Fundierungspläne wegen der dadurch entstehenden hohen festen Dollarschuld Großbritanniens als undurchführbar betrachtet, die Lösung in der *Permanentgestaltung* und Weiterentwicklung der im *Basler Abkommen* von 1968 etablierten Währungsgarantie.[231]) Die dafür benötigten Kreditfazilitäten sollten nach seiner Auffassung nicht nur für Rückzüge der Reservewährungsguthaben der Sterlingländer, sondern auch für die *kommerziell* bedingten privaten Sterlingguthaben überhaupt zur Verfügung stehen.

Welche permanenteren Methoden auch immer zur Verminderung der den sterling-balances anhaftenden Gefahren eingeschlagen werden, die Erfahrungen mit dem Basler Gruppenabkommen von 1968 haben gezeigt, daß sich das Problem ohne allzu große Schwierigkeiten durch internationale Kooperation regeln läßt. Infolge der Stagnation der Sterlingreserven bei gleichzeitigem starken Anwachsen der Weltwährungsreserven werden sich die Proportionen des Problems künftig zudem verkleinern. Die 1971 noch bestehenden Überreste der internationalen Rolle des Pfund Sterling können auf der Basis internationaler Zusammenarbeit zum gegenseitigen Vorteil der Partizipanten noch lange andauern. Eine Belastung für den Beitritt Englands zur EWG stellt unter diesen Umständen die noch verbleibende Reservewährungsfunktion des Pfundes nicht dar; das Pfund hat aber allerdings kaum mehr eine Chance, innerhalb der Europäischen Gemeinschaft zur Leit- und Reservewährung aufzusteigen.

---

[230]) Vergl. Triffin, R., „Our International Monetary System: Yesterday, Today and Tomorrow", New York 1968, S. 146 ff.; „The Fate of the Pound", Paris 1969, S. 26; ferner Report on International Exchange and Payments, U. S. Congress September 1968; außerdem Finanzminister Colombo, Rede an der Jahrestagung des IWF 1968; ferner Bachmann, H., „Außenwirtschaft", 1968/I.

[231]) Vergl. Cohen, B. J., a. a. O.

V. Abschnitt: Die ordentlichen Ziehungsrechte des Internationalen Währungsfonds

1. KAPITEL: DER MECHANISMUS

Die in der Bretton Woods-Konvention aufgestellten Zielsetzungen eines Systems fester Paritäten und der Währungskonvertibilität setzen voraus, daß Länder, die in Zahlungsbilanzschwierigkeiten geraten, vorübergehend eigene Reserven oder Kreditfazilitäten in Anspruch nehmen können, um weltwirtschaftlich schädliche Handels- und Zahlungsrestriktionen und übereilte Wechselkurssenkungen vermeiden zu können und Zeit für angemessene innere Anpassungsmaßnahmen zu gewinnen (Artikel I/ [v]). Angesichts der Knappheit vieler Länder an eigenen Währungsreserven beschlossen die Gründer des Bretton Woods-Systems, im Rahmen der Institution des Internationalen Währungsfonds einen internationalen Kreditapparat zu schaffen, der den Ländern mit schwachen Reservepositionen bei Zahlungsbilanzstörungen beistehen soll. Dieser Hilfsfonds stellt einen zentralen Bestandteil des Internationalen Währungsfonds und ein wesentliches Element des heutigen Währungssystems dar. Vor dem Zweiten Weltkrieg hatten — abgesehen von einigen ad hoc gewährten Stabilisierungsanleihen des Völkerbundes — keine internationalen Hilfsmechanismen für Zahlungsbilanzkrisen bestanden.

Unsere Darlegungen über den Mechanismus des Internationalen Währungsfonds beschränken sich auf das sogenannte „Allgemeine Konto" (General Account), über das die allgemeinen Ziehungsrechte abgewickelt werden. Von 1946 bis 1969 hat der IWF ausschließlich aus dem Mechanismus der allgemeinen Ziehungsrechte bestanden. Auf die Sonderziehungsrechte, die erst anfangs 1970 aktiviert wurden, soll im nächsten Kapitel separat eingegangen werden.[232]

---

[232] Über den Mechanismus der allgemeinen Ziehungsrechte des IWF vergl. Aufricht, H., „The International Monetary Fund", London 1964, derselbe: „The Fund Agreement: Living Law and Emerging Practice", Princeton Studies Nr. 23, Princeton 1969; Bank of England, Quarterly Bulletin, „The International Monetary Fund: use and supply of resources", Kol. 9, Nr. 1, London März 1969; Pieske, E., „Die internationale Währungsordnung, das Abkommen über den Internationalen Währungsfonds", Veröffentlichung des Bundesministers für Wirtschaft, Bonn, Januar 1969; Emminger, O., „Der Internationale Währungsfonds", Enzyklopädisches Lexikon für das Bank-, Geld- und Börsenwesen, Frankfurt 1967; Fleming, J. M., „The International Monetary Fund, Its Form and Function", IWF, Washington 1968; Gold, J., „Interpretation by the Fund", Washington 1964; Horsefield, J. K., „Introduction into the Fund", IWF, Washington 1965; Kroc, R., „The Financial Structure of the Fund", IWF, Washington 1965; Horie, S., „International Monetary Fund, Articles of Agreement", Washington 1969; By-Laws, Rules and Regulations, Ausgabe 1969, Annual Reports des IWF; International Financial Statistics, Washington.

a) Die Organe des Fonds

Die Organe des Internationalen Währungsfonds sind für die allgemeinen Ziehungsrechte und die Sonderziehungsrechte grundsätzlich dieselben. Mitgliedstaaten des IWF, die nicht am System der Sonderziehungsrechte teilnehmen, dürfen jedoch nicht mitstimmen, wenn es sich um Beschlüsse über die Sonderziehungsrechte handelt.

Oberstes Organ des IWF ist der Gouverneurrat (Board of Governors). Er besteht aus je zwei Vertretern aller Mitgliedstaaten (meistens den Finanzministern und den Notenbankpräsidenten). Der Gouverneurrat tritt jährlich gewöhnlich nur einmal bei Anlaß der Jahresversammlung zusammen; er kann aber auch in der Zwischenzeit auf schriftlichem oder telegrafischem Wege Beschlüsse durchführen. Mit Ausnahme von Statutenrevisionen, der Aufnahme neuer Mitglieder und der generellen Quotenerhöhungen hat der Gouverneurrat seine Kompetenzen weitgehend an den Exekutivrat delegiert.[233])

Der Exekutivrat (Executive Directors) übt die laufende Geschäftsführung des IWF aus. Er besteht aus insgesamt 20 Mitgliedern. Davon werden fünf Mitglieder durch die fünf Länder mit den höchsten Quoten ernannt (1970 waren es die USA, Großbritannien, Bundesrepublik Deutschland, Frankreich und Japan). Jeder der übrigen 15 Exekutivdirektoren wird alle zwei Jahre durch eine Gruppe von Ländern gewählt und vertritt eine Anzahl von Ländern; gewöhnlich hat dasjenige Land, das von einer Ländergruppe die größte Quote besitzt, den gemeinsamen Exekutivdirektor zu stellen.

Der Exekutivrat wird von einem *geschäftsleitenden Direktoren des IWF* (dem sogenannten managing director) präsidiert, der von den Exekutivdirektoren gewählt wird. Der managing director ist zugleich Chef des technischen Stabes.

Das *Abstimmungssystem* im Gouverneurrat und im Exekutivrat beruht gewöhnlich auf dem Mehrheitsprinzip (gewogene Stimmkraft nach Höhe der Subskription) (Artikel XII/5 [d]). Die qualifizierte Mehrheit von 85% der Gesamtstimmkraft ist erforderlich für generelle Quotenänderungen (Artikel III/2) sowie für den Fall einer uniformen Änderung des Goldpreises (Artikel IV/7). Statutenänderungen verlangen grundsätzlich eine doppelte Mehrheit einerseits von $3/5$ der Mitglieder und andererseits von $4/5$ der totalen Stimmkraft (Artikel XVII [a]). Einstimmigkeit ist erforderlich für Statutenänderungen über den Rücktritt, über das Mitspracherecht des betreffenden Landes bei individuellen Quotenanpassungen, und über das ausschließliche Vorzugsrecht des betroffenen Staates hinsichtlich Änderung seiner Währungsparität.

---

[233]) Vergl. Fleming, M., a. a. O., S. 4.

b) Länderquoten und Stimmkraft

Grundlage der Beitragspflicht, der Ziehungsrechte und der Kreditverpflichtungen sowie des Stimmgewichts des einzelnen Landes bilden die sogenannten *Länderquoten*. Bestimmend für das Ausmaß der Anfangsquoten war einmal die Richtzahl von 8 Mrd. $ für die Gesamtquote und die für die USA in Aussicht genommene Quote. Sodann waren für die Quoten der einzelnen Länder verschiedene wirtschaftliche Schlüsselzahlen, wie Volkseinkommen, Währungsreserven, Außenhandel und dessen Schwankungen[234] bestimmend. Teils waren für die Größe der Länderquoten aber auch politische Überlegungen und Verhandlungen maßgebend.[235]

Die Quoten stellen jedoch keine statischen Größen dar. Einmal muß der Fonds alle fünf Jahre eine generelle Überprüfung der Quoten vornehmen. Die Durchführung einer generellen Erhöhung erfordert eine Mehrheit von 85% der Stimmkraft (Artikel III/2). Bisher sind drei allgemeine Quotenerhöhungen zustandegekommen, nämlich 1959 (+ 50%), 1966 (+ 25%) und 1970 (+ 25%). Neben den allgemeinen Quotenheraufsetzungen können, wenn besondere Gründe vorliegen, jederzeit bei Zustimmung von 80% der gesamten Stimmkraft der Mitgliedstaaten auch individuelle Quotenanpassungen vorgenommen werden. Zahlreiche Länder haben von dieser Möglichkeit bei überproportional gestiegener Wirtschaftskraft Gebrauch gemacht. Insbesondere sind die generellen Erhöhungen benützt worden, um zusätzliche individuelle Quotenanpassungen vorzunehmen. Besonders stark fiel die zusätzliche Quotenerhöhung bei der dritten generellen Heraufsetzung 1970 ins Gewicht; rechnet man die individuellen Anpassungen mit ein, so ergibt sich eine durchschnittliche Quotenerhöhung von 36% (bei 25% genereller Erhöhung). Individuelle Quotenerhöhungen sind zudem seitens zahlreicher Rohstoffländer vorgenommen worden im Zusammenhang mit den 1963 bis 1966 vom IWF zugunsten dieser Länder wegen starken Schwankungen ihrer Ausfuhrerlöse zugestandenen Erleichterungen.

---

[234] Wie Oscar L. Altmann, „Quotas in the International Monetary Fund", (Staff Papers des IWF Vol. V, August 1956) darlegt, wurden die anfänglichen Quoten nach der folgenden Formel kalkuliert:
1. 2% des Nationaleinkommens von 1940, sofern bekannt
2. 5% der Gold- und Dollarreserven vom 1. Juli 1943, sofern bekannt
3. 10% der Durchschnittsimporte 1934—1938
4. 10% der maximalen Schwankungen der Importe 1934—1938
5. Summe der vier ersten Kriterien plus Prozentsatz der Durchschnittsimporte 1934—1938 zum Nationaleinkommen.

Diese Maßstäbe waren aber nur Leitsätze, mit denen man die wirtschaftliche Bedeutung eines Landes messen wollte.

[235] Vergl. Emminger, O., a. a. O., S. 828.

Das Stimmgewicht eines Landes errechnet sich gemäß Artikel XII/5 (a und b) der IWF-Statuten nach einer Grundstimmenzahl von 250 Stimmen plus je eine zusätzliche Stimme pro Quotenbetrag von 100 000 $, zusätzlich je einer Stimme pro 400 000 $ Nettoverkäufe der Währung des betreffenden Landes durch den Fonds im Zeitpunkt einer Abstimmung, resp. einem entsprechenden Abzug auf Nettokäufe des betreffenden Landes von anderen Währungen beim IWF.

Verfügten die Vereinigten Staaten aufgrund dieser Formel anfänglich über ein Gewicht von 37,9%/o der Gesamtstimmenzahl, so verminderte sich seither dieser Prozentsatz trotz Ansteigens der amerikanischen Quoten auf 6,70 Mrd. $ infolge des Mitgliederzuwachses und der zusätzlichen Erhöhung anderer Länderquoten auf 23,2%/o im Rahmen der dritten generellen Quotenerhöhung von 1970. Die EWG-Länder wiesen nach der dritten generellen Quotenerhöhung gesamthaft ein Stimmgewicht von 18,5 %/o auf. Der Anteil Großbritanniens an den Gesamtquoten machte 9,7 %/o aus. Die Gesamtquoten betrugen nach der dritten Quotenerhöhung 28,91 Mrd. $.

c) *Die Mittelbeschaffung des IWF*

Die sogenannten Quoten sind nicht nur maßgebend für das Ausmaß der Ziehungsrechte eines Landes gegenüber dem IWF sowie für sein Stimmgewicht, sie sind auch der Maßstab für die Länderbeiträge an den Fonds. Der Beitrag stimmt mit der Quote eines Landes überein. Quotenerhöhungen bedingen Erhöhungen der Beiträge.

Die Subskriptionen müssen von den Mitgliedstaaten im Zeitpunkt ihres Beitritts und gleichzeitig mit den Quotenerhöhungen teils in *Gold*, teils in nationaler Währung geleistet werden. Als Grundregel für die Leistungen der Anfangsbeiträge gilt, daß entweder 25%/o der Quote oder 10%/o der Gold- und Devisenreserven eines Landes im Herbst 1946 in Gold zu bezahlen sind (Artikel III/3). Eine 25%/oige Goldeinzahlungspflicht gilt grundsätzlich auch für individuelle und generelle Quotenerhöhungen. Ländern, die im Zeitpunkt einer Quotenerhöhung über geringere Währungsreserven verfügen als ihre neue Quote ausmacht, kann der IWF jedoch eine Reduktion des Goldanteils einräumen (Artikel III/4 [a]).

Der IWF sah bei der ersten und zweiten generellen Erhöhung von einer Inanspruchnahme dieser Bestimmung ab. Die Goldeinzahlungspflicht bei Quotenerhöhungen erfuhr jedoch bei den generellen Quotenheraufsetzungen in den Jahren 1959 und 1965 insofern erstmals eine Erleichterung, als eine ratenweise Erhöhung der Quote und der Goldeinzahlung ermöglicht wurde; außerdem wurden Ländern mit geringen Reserven besondere Ziehungen an den Fonds zugestanden, mit denen sie die für die Subskription erforderlichen Goldbeträge indirekt über den Fonds finanzieren konnten. Anläßlich der zweiten Quotenerhöhung von 1965 erklärte sich der IWF ferner gegenüber denjenigen Ländern, die infolge ihrer Goldbeiträge durch andere Länder zu Goldabgaben veranlaßt wurden, zu sogenannten Sichtabgaben in Gold bereit. Zur Kompensation von Ziehungen auf Währungen, die in Gold konvertiert werden konnten, erklärte sich der IWF ferner bereit, diese Währungsbestände gegen Gold bis zu einem bestimmten Betrag zu kompensieren.[236]) Die Reservewährungsländer sollten dadurch für die Sekundäreffekte der Beitragserhöhung an den Internationalen Währungsfonds auf ihre Goldbestände schadlos gehalten werden. Zur Erleichterung der Goldeinzahlungen wurde zudem eine ratenweise Quotenerhöhung ermöglicht. Im Rahmen der Statutenrevision des Fonds von 1969 wurde dann eine Bestimmung eingeführt, wonach bei 85%iger Mehrheit der gesamten Stimmkraft Änderungen in den Zahlungsbedingungen bei Quotenerhöhungen ermöglicht werden, auch wenn sie den einzigen Zweck haben, „zur Milderung ungünstiger Auswirkungen solcher Zahlungen" zu dienen (Artikel III/4 [c]).

Der in der Landeswährung zu zahlende Teil der Subskription kann, solange der Fonds die betreffenden Währungsbestände nicht für seine Transaktionen benötigt, in unverzinslichen, nicht übertragbaren Schuldverschreibungen beim Fonds hinterlegt werden. Die Mittelbeschaffung des Fonds durch Goldeinzahlungen vermehrt die internationale Liquidität nicht, indem eine entsprechende Verminderung in den nationalen Reserven eintritt. Die Mittelbeschaffung durch Landeswährung erhöht dagegen die sogenannte bedingte internationale Liquidität.

Außer den Mitgliederbeiträgen kann der Fonds seine Mittel durch Anleihen bei Mitgliedstaaten erhöhen, sofern die Fondsbestände in der Währung der betreffenden Mitgliedstaaten eine Auffüllung als erwünscht erscheinen lassen (Artikel VII/2). Ein Mitgliedstaat ist jedoch zu solchen Anleihen nicht verpflichtet. Auf einer Vertragsbasis schloß der IWF im Jahre 1961 ein multilaterales Abkommen mit der sogenannten Zehnergruppe ab (Belgien, Bundesrepublik Deutschland, Kanada, Frankreich, Italien, Japan, die Niederlande, Schweden, Großbritannien, die Vereinigten Staaten), durch das er sich Bereitschaftskredite für den Fall größerer Währungskrisen erwarb; über die Umstände und Bedingungen dieser sogenannten *General Agreements to Borrow* (GAB) wird im Kapitel über die Entwicklung des IWF noch eingehender die Rede sein.[237]) Der Fonds machte von der gleichen Klausel auch gegenüber Italien im Jahre 1966 Gebrauch, indem er sich ein Darlehen in Lira im Gegenwert von 250 Mio. $ beschaffte.

---

[236]) Vergl. Jahresbericht des IWF 1965, S. 33.

[237]) Vergl. S. IX, 34.

Zur Mittelbeschaffung des Fonds sind schließlich auch seine *Goldverkäufe* gegen begehrte Währung zu zählen, obschon es sich hier nicht um eine gesamthafte Vermehrung seiner Ressourcen, sondern um eine Verlagerung handelt. Für seine Devisenhilfen bedarf der IWF starker Währungen, die de jure oder de facto konvertibel sind. Um sich solche Währungen zu erwerben, kann er gemäß Artikel VII/2 (ii) auch Gold aus seinen Goldbeständen abgeben. Die Mitgliedstaaten sind verpflichtet, ihre Währungen dem IWF gegen Gold zum Paritätswert zu verkaufen.

d) Die Benützbarkeit der Fondsmittel

Den Mitgliedstaaten erwächst aus der Beitragsleistung das Recht, die Mittel des IWF unter bestimmten Bedingungen in Anspruch zu nehmen, um eine Unausgeglichenheit der Zahlungsbilanz zu korrigieren, ohne zu Maßnahmen Zuflucht nehmen zu müssen, die dem nationalen und internationalen Wohlstand abträglich sind (Artikel I/V). Hilfsmaßnahmen, die den Wiederaufbau oder die Bezahlung von Kriegsschulden betreffen, fallen nicht in die Obliegenheiten des Fonds (Artikel XIV/1).

Nach dem Buchstaben des Artikels VI/1 (a) hat ein Mitgliedstaat keinen Anspruch darauf, die Ressourcen des Fonds für die Kompensation „umfangreicher und nachhaltiger Kapitalabflüsse" zu verwenden. 1961 entschied allerdings der Exekutivrat des IWF, daß fortan die Verwendung der Fondsmittel auch für die Kompensation des Kapitaltransfers zulässig sei. Sie vollzieht sich in der Form der sogenannten Ziehungen im Rahmen der allgemeinen Ziehungsrechte, die den Länderquoten entsprechen. Eine solche Ziehung besteht darin, daß ein Land, das temporäre Kredithilfe benötigt, beim IWF konvertible Währung eines anderen Mitgliedstaates im Austausch gegen seine Währung kauft. Durch einen derartigen *Kauf* von fremden Währungen werden die Fondsbestände in den Währungen, auf die gezogen wird, reduziert; gleichzeitig wachsen jedoch die Fondsbestände der Währung des kreditbegehrenden Landes entsprechend an. Durch eine Ziehung erhöht das kreditsuchende Land seine Währungsreserven; hingegen verschlechtert sich seine Position im IWF. Umgekehrt verliert dasjenige Land, auf dessen Währung gezogen wird, Währungsreserven, wenn das kreditsuchende Land seine vom Fonds erworbene Währung in eine Drittwährung umwechselt; andernfalls erhöhen sich seine kurzfristigen Verbindlichkeiten gegenüber dem Ausland; als Kompensation dafür steigt dagegen seine Reservepositionen im IWF im entsprechenden Betrag. Infolgedessen bleiben die Währungsreserven des Gläubigerlandes gesamthaft unverändert. Hingegen steigen die Kreditfazilitäten des Schuldnerlandes bei gleichzeitiger entsprechender Verschuldung an. Durch eine Ziehung wird also internationale Liquidität geschaffen.

Die allgemeinen Ziehungen beim IWF stellen keine Kreditnahme im Rechtssinne dar; es handelt sich vielmehr, wie gesagt, um Käufe von fremder Währung gegen nationale Währung. Der IWF fungiert dabei als eine Art Wechselstube. Wirtschaftlich kommen die Ziehungen allerdings Kreditnahmen gleich.

Ein Mitgliedstaat kann Ziehungen durchführen, wenn er geltend machen kann, daß die Ziehungen zur Deckung von Bedürfnissen, die im Einklang mit den Fondsstatuten stehen, benötigt werden (Artikel V/3 [a] und [i]); Voraussetzung ist insbesondere das Bestehen eines Zahlungsbilanzdefizits.[238] Der Rooth-Plan von 1952, der eine Aktivierung des IWF bewirkte, basierte auf dem Ausgangspunkt, daß den Mitgliedstaaten in Zahlungsbilanzschwierigkeiten grundsätzlich Unterstützung zukommen soll, sofern die Schwierigkeiten vorübergehender Natur sind und die Sanierungsmaßnahmen als angemessen erscheinen.[239]

Die *Obergrenze,* bis zu der ein Mitgliedstaat Ziehungen auf den Fonds vornehmen kann, wird in der Regel dann erreicht, wenn die Fondsbestände in der Landeswährung eines Schuldnerlandes 200% der Quote ausmachen (Artikel V/3 [a] und [iii]). Da die Fondsbestände normalerweise aufgrund der erstmaligen Beitragsleistung und der Quotenerhöhung 75% der Quote ausmachen (bei 25%iger Goldeinzahlungspflicht) beläuft sich das Ziehungsrecht eines Landes also in der Regel auf 125% seiner kumulativen Quote. Um ein Beispiel zu nennen: Kanada, das nach der dritten Quotenerhöhung über eine Gesamtquote von 1,1 Mrd. $ verfügte, hatte aufgrund dieser Regel ein maximales Ziehungsrecht von 125% von 1,1 Mrd. = 1,375 Mrd. $. Der IWF kann jedoch in besonderen Fällen über diese Limite hinausgehen (Artikel V/4). Er hat von dieser Möglichkeit in verschiedenen Fällen Gebrauch gemacht.

Die Benützbarkeit der Ziehungsrechte ist ferner zeitlich gestaffelt, indem Artikel V/3 (a) und (iii) vorschreibt, daß Mitgliedländer, wenigstens insofern sie keine Supergoldtranche im Fonds aufweisen,[240] innert 12 Monaten nicht mehr als 25% der Quote benützen dürfen (Artikel V/3 a [iii]). Auch diese Regel ist jedoch aufgrund der Waiver-Klausel in zahlreichen Ausnahmefällen überschritten worden.

---

[238] Die Voraussetzung für die Inanspruchnahme der Ziehungsrechte wurde durch einen Entscheid des Exekutivrates des IWF vom September 1946 wie folgt umschrieben: „The Executive Directors of the International Monetary Fund interpret the Articles of Agreement to mean that authority to use the resources of the Fund is limited to use in accordance with the purpose to give temporary assistance in financing balance of payments deficits on current account for monetary stabilization operations." (Bank of England, Quarterly Bulletin, Vol. 9, Nr. 1, März 1969, S. 39.)

[239] Vergl. Emminger, O., a. a. O., S. 832.

[240] Über den Begriff der Supergoldtranche vergl. S. 28/29.

Die Limite, bis zu der Ziehungsrechte in Anspruch genommen werden können, ist 1963 und 1966 durch die Schaffung und den Ausbau der sogenannten *„compensatory financing facility"* zugunsten der Rohstoffländer, die unter Zahlungsbilanzschwierigkeiten infolge von Schwankungen ihrer Exporterlöse leiden, erweitert worden. Zur Überbrückung solcher Zahlungsbilanzstörungen wurden zunächst 1963 außerordentliche Ziehungsrechte von 25 % der Quote außerhalb der normalen Limite zugestanden; die außerordentliche Limite ist 1966 auf 50 % der Quote erhöht worden.[241] Von den zusätzlichen Krediterleichterungen ist jedoch bis Mitte 1969 nur im Umfang von insgesamt 300 Mio. $ Gebrauch gemacht worden. Um die Kredithilfe an die Rohstoffländer wirksamer zu gestalten, legte die IWF-Leitung Mitte 1969 in Ausführung eines Auftrages des Gouverneurrates ein Projekt vor, nach welchem zusätzlich zur „compensatory financing facility" und separat von dieser und von der normalen Limite die Rohstoffländer für die Finanzierung von „bufferstocks" an Rohstoffen weitere 50 % der Quote in Anspruch nehmen können sollen; die zusätzlichen Ziehungen unter beiden Ausnahmeregelungen sollen aber 75 % der Quote nicht übersteigen.[242]

Die allgemeinen Ziehungsrechte haben teils automatischen, teils bedingten Charakter. Automatisch, d. h. bedingungslos können sie insoweit in Anspruch genommen werden, als sie 25 % der Quote nicht übersteigen. Da diese ersten 25 % in der Regel dem Goldanteil der Subskription entsprechen, wird diese erste Ziehungstranche *„Goldtranche"* genannt. Der automatische Charakter der Goldtranche liegt darin begründet, daß sie eigentlich keinen Kredit, sondern nur den Gegenwert einer Goldeinzahlung darstellt. Der automatische Charakter der Goldtranche wurde durch eine Resolution des Exekutivrates des IWF von 1952 begründet.[243] Aufgrund der generellen Statutenrevision von 1969 ist nun der automatische Charakter der Goldtranche auch formell in den IWF-Statuten (Artikel V/3 (d)) niedergelegt worden.

Von eigentlichen *Krediten* des Währungsfonds kann erst gesprochen werden, wenn die Ziehungen eines Landes seine Goldtranche übersteigen und wenn entsprechend die Fondsbestände an seiner Landeswährung 100 % seiner Quote (75 % Einzahlung im Rahmen der Beitragsleistung plus die zusätzliche Hinterlage nationaler Währung gegen den Kauf fremder Währung im Rahmen von Ziehungen) überschreiten. Erst wenn

---

[241] Vergl. Jahresbericht des IWF 1967, S. 131 ff.

[242] Vergl. Jahresbericht des IWF, S. 38 ff.

[243] Der Entscheid lautet: „Each member can count on receiving the overwhelming benefit of the doubt respecting any drawings which would raise the Funds holdings of its currency to not more than its quota." (Jahresbericht des IWF 1952, S. 89).

die Ziehungen die Goldtranche übersteigen, werden die „Kredittranchen" in Anspruch genommen. Die Kredittranchen unterliegen im Gegensatz zur automatischen Goldtranche wirtschaftspolitischen Bedingungen des Internationalen Währungsfonds. Diese wirtschaftspolitischen Bedingungen sind im Jahresbericht des Internationalen Währungsfonds von 1962 in authentischen Grundsätzen festgehalten, die folgendermaßen zusammengefaßt werden können:[244]

Im Rahmen der ersten Kredittranche (kumulative Ziehungen in der Höhe von 25 — 50 % der Quote, was die Fondsbestände in der betreffenden Landeswährung von 100 — 125 % der Quote bringt) übt der IWF eine großzügige „liberale Praxis aus, sofern das betreffende Land angemessene Anstrengungen unternimmt, um sein Problem zu lösen". Die Beanspruchung der höheren Kredittranchen — d. h. der *zweiten* Kredittranche (kumulative Ziehungen in der Höhe zwischen 50 und 75 % der Quote resp. Fondsbestände der betreffenden Währung zwischen 125 und 150 %), der *dritten* Kredittranche (Fondsbestände der betreffenden Währung zwischen 150 — 175 % der Quote) und der letzten, *vierten* Kredittranche (Fondsbestände der betreffenden Währung zwischen 175 — 200 % der Quote) — erfordert dagegen eine „substantielle, stichhaltige Rechtfertigung". Kreditsuchende Länder können bei diesen Ausnützungsgraden ihrer Ziehungsrechte nur dann mit einer günstigen Aufnahme ihrer Gesuche seitens des Fonds rechnen, wenn sie gleichzeitig mit den Ziehungen ein „Programm zur Stabilisierung der Währungslage des betreffenden Landes bei einem realistischen Wechselkurs" verfolgen. Je stärker das Ziehungspotential eines Landes ausgeschöpft wird, desto strenger werden die wirtschaftspolitischen Auflagen des Fonds. Die wirtschaftspolitischen Bedingungen müssen sich indessen in einem Rahmen halten, der mit den Zielsetzungen des Fonds Vollbeschäftigung und dauerhaftes Wachstum, vereinbar sind. Benutzt ein Land die Fondsmittel entgegen den Zwecken des IWF, so kann es des Nutzungsrechtes der Fondsmittel verlustig erklärt werden (Artikel V/5).

Hinsichtlich der Währungen, in denen die Ziehungen ausgeübt werden können, schreibt Artikel V/3 (a) und (i) vor, daß das kreditbegehrende Land die Notwendigkeit geltend machen muß, Zahlungen in einer bestimmten Währung durchzuführen. Die Bestimmung geht noch von einem bilateralen Prinzip des Zahlungsverkehrs aus. Sie zeigt zudem, daß dem kreditsuchenden Land ein wesentlicher Einfluß auf die zu ziehende Währung eingeräumt ist. Anfänglich gab die Klausel zu keinen Schwierigkeiten Anlaß, da praktisch bis anhin nur der Dollar als einzig konvertible Währung zu Ziehungen verwendet werden konnte. Als dann aber Ende 1958 zahlreiche europäische Währungen ebenfalls konvertibel und

---

[244] Vergl. Jahresbericht des IWF 1962, S. 31.

damit zu Ziehungen verwendbar wurden, sah sich der IWF veranlaßt, erweiterte Grundsätze über die Wahl der zu ziehenden Währungen zu entwickeln. Die Grundsätze wurden in einem Entscheid des Exekutivrates von 1962 niedergelegt; danach sollte die Auslese der zu ziehenden Währungen auf die Zahlungsbilanz und Reservelage der betreffenden Länder sowie auf die Höhe der Fondsbestände an diesen Währungen abstellen. Der Fonds sicherte sich damit einen maßgeblichen Einfluß auf die Wahl der zu beziehenden Währungen. Ziehungen sind seither in zahlreichen Währungen ausgeübt worden. Die ziehenden Länder müssen jedoch die ihnen zur Verfügung gestellten Währungen in den meisten Fällen in US-Dollars konvertieren, da diese die einzige Interventionswährung darstellen. Die erweiterte Interpretation des Artikels V/3 [a] und [i] hat es dem IWF ermöglicht, die Ziehungen zur Hauptsache aus seinen eigenen Ressourcen zu finanzieren.[245]

Über die *Dauer der Ausleihungen* des Fonds enthalten die IWF-Statuten keine detaillierten Bestimmungen. Es blieb einem Entscheid des Exekutive Board vom 13. Februar 1952 vorbehalten, hierfür die wichtigsten Regeln niederzulegen.[246] Nach diesen Regeln sollen die vom Fonds ausgeliehenen Währungsbeträge nicht länger als eine „Periode ausstehend sein, die mit dem zu überwindenden Währungsproblem in einem angemessenen Verhältnis steht". Die Rückzahlungsperiode soll höchstens *drei bis fünf Jahre* ausmachen. Um den revolvierenden Charakter des Fonds zu sichern, soll jedes Land, das sich gegenüber dem IWF verschuldet hat, in tunlicher Frist seine originäre Position (die einem Fondsbestand seiner nationalen Währung von 75 % der Quote entspricht) herstellen. Eine Prolongation der Frist über 3 bis 5 Jahre hinaus lehnte der Fonds bisher stets grundsätzlich ab. Als im Jahre 1968 England Schwierigkeiten hatte, die gemachten hohen Ziehungen fristgerecht an den Fonds zurückzuzahlen, wurde die Gefahr eines Schuldenverzugs dadurch überbrückt, daß der IWF England vorgängig des Fälligkeitsdatums des alten Kredits einen neuen Kredit gewährte, unter der Bedingung, daß ein Teil davon zur rechtzeitigen Abzahlung des früheren Kredits benützt werde.

Ziehungen können beim Fonds entweder im *Bedarfsfalle unmittelbar* anbegehrt werden oder sie können aufgrund *vorgängiger* Kreditzusagen in der Form sogenanter *standby-arrangements* vollzogen werden. Die letztere, 1952 erstmals eingeführte Einrichtung der standby-Vereinbarungen hat für einen potentiellen Schuldner den Vorteil, nötigenfalls Ziehungen bis zum festgesetzten Betrag, im Notfall ohne besondere Formalitäten, rasch vornehmen zu können. Um einen Mißbrauch der

---

[245] Vergl. hierüber Bank of England, Quarterly Bulletin, Vol. 9, Nr. 1, März 1969, S. 45.

[246] Vergl. Jahresbericht des IWF 1952, S. 87 ff.

Fondsmittel zu vermeiden, macht der IWF die Inanspruchnahme von im Rahmen der standby-agreements zugesagten Mitteln von wirtschaftspolitischen Bedingungen abhängig; nur wenn diese Voraussetzungen im konkreten Fall erfüllt sind, können die Kreditzusagen ohne weitere Verhandlungen benützt werden.[247] Die standby-Abkommen lauten durchwegs auf 12 Monate. Nach Ablauf dieser Frist müssen sie, wenn die Mittel in der Zwischenzeit nicht in Anspruch genommen worden sind, im Bedarfsfall erneuert werden.

Die Mitgliedstaaten des IWF haben für jede Ziehung eine Transaktionsgebühr von $1/2\%$ bis 1% zu bezahlen (service charge, Artikel V/8 [a]).[248] Übersteigen die Ziehungen die Goldtranche, so muß das Schuldnerland überdies Zinsen zahlen, deren Höhe nach einem sich ändernden Schema des Fonds mit dem Ausmaß der kumulativen Ziehungen und mit der Länge der Inanspruchnahme der Kredite ansteigt (Artikel V/8 [c]). Alle Abgaben, also sowohl die Transaktionsgebühr wie die Zinsen, müssen vollständig in Gold bezahlt werden, es sei denn, die Währungsreserven eines Schuldnerlandes seien geringer als die Hälfte seiner Quote (Artikel V/8 [f]).

e) Die Rückzahlung von Schulden

Während sich die Ziehungen auf den Fonds in Form von *Käufen* fremder Währung gegen Einzahlung in nationaler Währung vollziehen, geschieht die Rückzahlung in Form eines *Rückkaufes* der nationalen Währung gegen Hingabe von Gold oder Devisen, und zwar nach dem neuen Text der revidierten Statuten (Artikel V/7 [b]) in jeder Art von monetären Reserven (unter den alten Statuten nur in Gold oder konvertibler Fremdwährung). Rückkäufe können auch mittels Sonderziehungsrechten getätigt werden.

Ein Rückkauf soll erfolgen, sobald die Schwierigkeiten, die zur Kreditaufnahme Anlaß gaben, überwunden sind, spätestens aber innert 3—5 Jahren nach Inanspruchnahme des Ziehungsrechts. Ein Schuldnerland muß sich bei jeder Ziehung zum Rückkauf der dafür hinterlegten Bestände an Landeswährung innert einer Frist von drei, höchstens aber fünf Jahren unter allen Umständen verpflichten.[249] Ziehungen im Rahmen von Kreditzusagen (standby-Arrangements) sind spätestens innert drei

---

[247] Vergl. Jahresbericht des IWF 1969, S. 145 ff.

[248] Bei Ziehungen im Rahmen der Goldtranche können die Abgaben auf weniger als $1/2\%$ reduziert werden.

[249] Vergl. Hexner, Erwin, E., „Das Problem der Internationalen Liquidität und die Inanspruchnahme der finanziellen Mittel des Internationalen Währungsfonds durch die Vereinigten Staaten", Weltwirtschaftliches Archiv, Bd. 87, 1961, S. 222.

Jahren zurückzuzahlen.²⁵⁰) Darüber hinaus übernimmt ein Schuldnerland die Verpflichtung, unter bestimmten Bedingungen schon dann *vorzeitige* Rückkäufe von Fondsbeständen in seiner Währung zu leisten, wenn es während eines Finanzjahres des Fonds eine Zunahme an seinen Währungsreserven erfahren hat und/oder wenn die Fondsbestände an seiner Währung in dieser Periode angewachsen sind. Das Ausmaß der Pflicht zum vorzeitigen Rückkauf entspricht der Hälfte des Zuwachses der Fondsbestände in der eigenen Währung, plus oder minus der Hälfte des Betrages, um den die Währungsreserven des betreffenden Landes zu- oder abgenommen haben oder, falls die Fondsbestände an der Währung des Mitglieds abgenommen haben, der Hälfte des Zuwachses der Währungsreserven abzüglich der Hälfte der Abnahme der Fondsbestände an der eigenen Währung (Artikel V/7 [i]). Diese Pflicht zur vorzeitigen Rückzahlung gilt aber nur solange, als die Währungsreserven eines Landes mehr als 150 % seiner Quoten ausmachen und als die Fondsbestände in dieser Währung 75 % der Quote übersteigen (Artikel V/7 [c]). Auch soll *ein* Rückkauf 25 % der Quote des zurückzahlenden Landes nicht übersteigen. Durch Bestimmungen über den vorzeitigen Rückkauf soll verhindert werden, daß ein Land mittels Ziehungen Währungsreserven ansammelt und daß es mehr als die Hälfte des Defizits aus eigenen Reserven deckt.²⁵¹)

Rückzahlungen von Ziehungen lassen sich nicht nur durch Rückkäufe der eigenen Währung beim Fonds seitens des Schuldnerlandes erzielen; sie kommen auch dadurch automatisch zustande, daß Drittländer auf die Währung eines Schuldnerlandes ziehen, wodurch der Fondsbestand an seiner Währung zurückgeht und sich seine Position im Fonds entsprechend verbessert.

f) Die Stellung der Gläubigerländer

Die Grenze, bis zu der ein Mitgliedland im IWF auf seine Währung ziehen lassen muß, ist zunächst durch seine Beitragsleistung in Landeswährung (in der Regel 75 % der kumulativen Quote) bestimmt. Verknappen die Fondsbestände an der Währung eines Mitgliedlandes, so kann der IWF die Fondsbestände des betreffenden Landes einmal dadurch erhöhen, daß er sein Gold im Austausch gegen dessen Währung verkauft (Artikel VII/2 [ii]), wobei das Gläubigerland zur Abgabe eigener Währung verpflichtet ist; überdies kann der IWF das betreffende Gläubigerland ersuchen, ihm entweder direkt ein Darlehen in dessen Landeswährung zu geben, oder er kann ein solches Anleihen mit dessen Zu-

---

²⁵⁰) Vergl. Emminger, O., a. a. O., S. 833.

²⁵¹) Vergl. Kroc, Rudolf, „The Financial Structure of the Fund", IWF, Washington 1965, S. 18.

stimmung bei einer anderen Stelle aufnehmen; das Schuldnerland ist aber nicht verpflichtet, einer direkten oder indirekten Kreditnahme des IWF in seiner Landeswährung zuzustimmen (Artikel VII/2 [i]).

Sind solche Wiederauffüllungsaktionen nicht möglich oder ausreichend und vermag der Bestand des IWF in der Währung eines Mitgliedstaats der Nachfrage nicht mehr zu entsprechen, so kann dessen Währung vom IWF formell als knapp erklärt werden, worauf die übrigen Fondsmitglieder diskriminierende Zahlungsrestriktionen gegen das Land mit knapper Währung ergreifen können.[252]

Es gibt somit für die Gläubigerstellung im IWF keine feste Obergrenze; soweit die Ziehungen auf einzelne Währungen deren Fondsbestände übersteigen, muß sich der Fonds solche Währungen entweder durch Abtretung von Gold beschaffen oder hängt es von der Bereitschaft des Gläubigerlandes ab, zusätzliche Kredite in Landeswährung an den IWF zu geben.

Werden die Fondsbestände an der Währung eines Landes durch Ziehungen beansprucht und fallen diese unter die Ausgangshöhe von 75% der Quote, so entsteht zugunsten dieses Landes beim Fonds eine Netto-Gläubigerstellung, eine sogenannte Supergoldtranche. Die Supergoldtranche bildet zusammen mit der Goldtranche die Reserveposition beim IWF. Wie die Goldtranche, so gibt auch die Supergoldtranche Anrecht auf automatische Ziehungen im entsprechenden Umfang. Sind beispielsweise die Fondsbestände an der Währung eines Landes so stark beansprucht worden, daß nur noch Landeswährung von 25% der Quoten übrig bleibt, so machen also die automatischen Ziehungsrechte eines Landes 75% der Quoten (25% Goldtranche und 50% Supergoldtranche) aus. Entsprechend dem automatischen Charakter werden Goldtranche und Supergoldtranche von zahlreichen Notenbanken und vom IWF als „Währungsreserven erster Linie" betrachtet und als solche in Bilanzen und Statistiken unter den Währungsreserven aufgeführt.

Forderungen und Verpflichtungen der Mitgliedländer gegenüber dem Fonds werden in einem *konstanten Goldwert* ausgedrückt. Wird die Währung eines Mitgliedstaates abgewertet, so muß er auf den Verpflichtungen Nachzahlung leisten; im Falle einer Aufwertung muß umgekehrt der IWF dem betreffenden Land entsprechende Rückerstattungen machen (Artikel IV/8).

g) Das Liquiditätsproblem des Fonds

Der Internationale Währungsfonds stellt einen Währungspool dar, der sich aus Gold sowie aus verwendbaren konvertiblen Währungen und

---

[252] Artikel VII/3—5, vergl. über die Knappheitsklausel das Kapitel „Die Anpassungsgrundsätze" S. 52 ff.

größtenteils nicht verwendbaren, nicht-konvertiblen Währungen zusammensetzt. Die zentrale Aufgabe seiner Politik des Liquiditätshaushaltes besteht darin, dafür zu sorgen, daß stets genügend Bestände an den verwendbaren konvertiblen Währungen vorhanden sind. Je größer die Zahl der konvertiblen Mitgliederwährungen wird, desto besser für den Liquiditätshaushalt des IWF.

Die Liquiditätspolitik basiert in erster Linie auf den Rückkaufbestimmungen, mit denen der Zweck verfolgt wird, übermäßige Fondsbestände an einzelnen Währungen abzubauen und knappe Bestände anderer Währungen wieder aufzufüllen.[253] Währungen, deren Bestand beim Fonds über 75 % ihrer Quote ausmacht, sollen von den Schuldnerländern solange zurückgekauft werden, bis ihr Bestand wieder auf die ursprüngliche Höhe von 75 % der betreffenden Länderquote sinkt; Währungen, deren Bestand beim Fonds unter der 75 %-Grenze liegt, sollen seitens der Schuldnerländer solange zu Rückkäufen ihrer eigenen Währungen verwendet werden können, bis ihr „normaler Bestand" wieder erreicht ist. Der Fonds strebt auf diese Weise stets einen langfristigen Ausgleich der Fondspositionen der einzelnen Länder an.[254]

Dadurch, daß der Fonds einen Viertel der Länderbeiträge in Gold erhebt und daß die Gebühren und Zinsen in Gold zu bezahlen sind und auch Rückkäufe in Gold getätigt werden, hat er sich ein flexibles Instrument geschaffen, das seinen Liquiditätshaushalt erleichtert. Durch Goldverkäufe kann er sich beliebige konvertible Währungen erwerben und damit die Bestände einzelner Währungen wieder auffüllen. Auch kann der IWF, wie erwähnt, knapp gewordene Währungsbestände bei Zustimmung der betreffenden Länder durch Kreditaufnahmen in der betreffenden Landeswährung vermehren. Die Mittel des Fonds an konvertibler Währung können zudem gesamthaft durch generelle und individuelle Quotenerhöhungen gesteigert werden. Als Notmaßnahme zur Eindämmung von Liquiditätsschwierigkeiten könnte der IWF eine knapp gewordene Währung auch formell als „knapp" erklären und ihre Zuteilung rationieren.[255]

2. KAPITEL: DIE ENTWICKLUNG DES WÄHRUNGSFONDS

Die Mitgliederzahl des Internationalen Währungsfonds hat sich von den 30 Mitgliedern im Zeitpunkt der Inkraftsetzung auf 117 Länder anfangs 1971 erhöht. Zahlreiche Entwicklungsländer sind von 1946 bis 1971 hinzu-

---

[253] und [254] Über die Rückkaufbestimmungen vergl. 234 ff.

[255] Über die Liquiditätspolitik des IWF in der Praxis vergl. S. 233 ff.

gekommen. Unter den Industrieländern der westlichen Welt fehlt nur die Schweiz, die immerhin durch den Abschluß eines Assoziationsvertrages über die „Allgemeinen Kreditvereinbarungen" eine Annäherung an den IWF vollzogen hat. Hatte ursprünglich die Sowjetunion durch Teilnahme an der Bretton Woods-Konferenz ihr Interesse an einer Beteiligung am Internationalen Währungsfonds bekundet, und waren Polen bis 1950, die Tschechoslowakei bis 1954 und Kuba bis 1964 Mitglieder des Fonds gewesen, so gehört heute kein Mitgliedstaat des Ostblocks mehr dem IWF an. Der Austritt dieser Länder war teils durch den Umstand bedingt, daß die Nicht-Ratifizierung der Bretton Woods-Konvention durch Sowjetrußland eine wichtige Voraussetzung veränderte; der Ausschluß der Tschechoslowakei und Kubas war durch Nichterfüllung der Mitgliedschaftspflicht resp. durch Verstöße gegen dieselbe verursacht worden.[256])

a) Die Quotenerhöhungen

Die starke Vermehrung der Mitgliederzahl, wesentlich mehr noch aber die dreimalige generelle Erhöhung der Quoten sowie die zahlreichen Anpassungen der Länderquoten, hat das Total der Gesamtquote von 7,5 Mrd. $ auf 28,9 Mrd. $ erhöht. Resultierten aus der ersten 50%igen Quotenheraufsetzung vom September 1959 Beitragsvermehrungen von 4,6 Mrd. $, so ergab die zweite Erhöhung im Februar 1966 um 25% einen Mittelzuwachs von 4 Mrd. $. Die dritte generelle Quotenanpassung von 25%, die zwischen dem 30. Oktober 1970 und Ende November 1971 zu vollziehen war, brachte eine Mittelvermehrung um 7,6 Mrd. $, wovon 5,3 Mrd. $ aus der generellen Erhöhung und 2,3 Mrd. $ aus den zusätzlichen Einzelerhöhungen stammten. Während die Quoten der einen Länder entsprechend ihrer raschen wirtschaftlichen Entwicklung starke, individuelle Heraufsetzungen erfuhren, sind einzelne Quoten reduziert worden. So weist bei einem durchschnittlichen Zuwachs von 35,9% beispielsweise die Quote Japans eine Steigerung um 65%, diejenige Großbritanniens aber nur um 14,8% auf. (Vergl. Tabelle Nr. 26.)

Neben der Erhöhung der Beitragsleistungen durch Quotenerhöhungen vermochte sich der IWF weitere Mittel auf dem Kreditweg zu verschaffen. Durch die sogenannten „Allgemeinen Kreditvereinbarungen" (GAB) von 1962 mit der Zehnergruppe erhielt der Fonds Kreditzusagen der Zehnergruppe von insgesamt 6 Mrd. $. Italien stellte dem IWF 1966 ferner einen Lira-Kredit von 250 Mio. $ zur Verfügung. Von diesen Krediten waren Ende März 1970 1,07 Mrd. $ beansprucht, davon 815 Mio. im Rahmen der GAB.

---

[256]) Vergl. Emminger, O., a. a. O., S. 828.

Tabelle Nr. 26

Quotenverteilung im Internationalen Währungsfonds
(wichtigste Länder)

	Quoten 28. 2. 1951		Nach 1. Erhöhung 1959[1])		Nach 2. Erhöhung 1965[2])		Nach 3. Erhöhung 1970		
	in Mio. $	in % d. Ges.-quoten	in Mio. $	in % d. Ges.-quoten	in Mio. $	Gesamtquoten	in Mio. $	in % d. Ges.-quoten	Erhöhung in %
Gesamttotal	7.922	100	14.851	100	21.198	100	28.909	100	+ 36,4
davon:									
Industrie-Länder[3])	5.433[4])	67,6	19.136	61,5	13.547	63,9			
Ver. Staaten	2.750	34,7	4.125	27,8	5.160	24,3	6.700	23,2	+ 29,8
Großbritannien	1.300	16,4	1.950	13,1	2.440	11,5	2.800	9,7	+ 14,8
BRD	—	—	788	5,3	1.200	5,7	1.600	5,5	+ 33,3
Frankreich	525	6,6	788	5,3	985	4,6	1.500	5,2	+ 52,3
Japan	—	—	500	3,4	725	3,4	1.200	4,2	+ 65,5
Kanada	300	3,8	550	3,7	740	3,5	1.100	3,8	+ 48,6
Italien	180	2,3	270	1,8	625	2,9	1.000	3,5	+ 60,0
Indien	400	5,0	600	4,0	750	3,5	940	3,3	+ 25,3
Niederlande	275	3,5	413	2,8	520	2,5	700	2,4	+ 34,6
Australien	200	2,5	400	2,7	500	2,4	665	2,3	+ 33,0
Belgien	225	2,8	338	2,3	422	2,0	650	2,2	+ 54,0
Taiwan	—	—	550	3,7	550	2,6	550	1,9	+ 43,3

[1]) Stand vom 30. April 1961
[2]) Stand vom 30. September 1968
[3]) USA, Großbritannien, Österreich, Belgien, Dänemark, Frankreich, Bundesrepublik Deutschland, Italien, Luxemburg, Niederlande, Norwegen, Schweden
[4]) ohne die Bundesrepublik Deutschland und Schweden

Quelle: International Financial Statistics

b) Die Allgemeinen Kreditvereinbarungen

Den „Allgemeinen Kreditvereinbarungen" (General Agreements to Borrow [GAB]), die der IWF 1961 aufgrund des Artikels VII/2 mit den zehn wichtigsten Industrieländern (USA, Kanada, Großbritannien, der Bundesrepublik Deutschland, Frankreich, Italien, Holland, Belgien, Schweden und Japan) abschloß, lagen zwei Motive zu Grunde: Erstens sollte dadurch dem IWF die Möglichkeit gegeben werden, im Falle hektischer internationaler Kapitalbewegungen, wie sie seit dem Übergang zur Konvertibilität und der Liberalisierung des Kapitalverkehrs unter den Industrieländern entstanden waren, drastische Gegenaktionen zu unternehmen, um der Bedrohung des internationalen Währungssystems wirksam entgegentreten zu können. Zweitens waren die „Allgemeinen Kreditvereinbarungen" vor allem für den Fall von Vertrauenskrisen der beiden Reservewährungen gedacht, wenn der Fonds großer Kreditzusagen der übrigen Industrieländer bedurfte.[257]

Tatsächlich sind denn auch bei der Beanspruchung der Kreditlinien aufgrund der GAB die Vereinigten Staaten und Großbritannien bis 1971 nicht belangt worden.[258]

Die maximalen Beträge, bis zu denen sich die Vertragspartner der GAB gegenseitige Kredite zusicherten, wurden wie folgt auf die Teilnehmerländer verteilt:[259]

Kreditzusagen im Rahmen der „GAB"	in Mio.-Einheiten der Landeswährung	Gegenwert in Mio. $
Vereinigte Staaten	2.000	2.000
Bundesrepublik Deutschland	4.000	1.000
Großbritannien	357	1.000 [260]
Frankreich	2.715	550
Italien	343.750	550
Japan	90.000	250
Kanada	216	200
Niederlande	724	200
Belgien	7.500	150
Schweden	517	100
		6.000 [261]

[257] Die Motive, die für die GAB maßgebend waren, wurden von Harald Joergen und Günther Schleiminger wie folgt umschrieben:
Seit Anfang 1961 waren Zweifel aufgekommen, ob die durch die Subskriptionszahlungen gegebene Zusammensetzung der Fondsmittel der einzelnen Währungen es dem IWF ermöglichen würde, in bestimmten Situationen berechtigte Ziehungsanträge der großen Länder zu erfüllen. Insbesondere die Zahlungsbilanzschwierigkeiten der beiden Reservewährungsländer USA und Großbritannien in den Jahren seit 1960 hatten das Augenmerk auf dieses Problem gelenkt. Da als Folge der Quotenskala ein sehr erheblicher Teil der für Ziehungen verwendbaren Währungsbestände des Fonds aus US-Dollar und Pfund Sterling besteht, die Fondsbestände in Währungen der kontinentaleuropäischen (Überschuß)-Länder jedoch ziemlich bescheiden sind und 1961 die Bereitschaft stark in Anspruch genommen war, war es zweifelhaft geworden, ob der Fonds in der Lage sein würde, einer der beiden Reservewährungen im Notfall durch einen angemessenen Kredit in starken Währungen zu Hilfe zu kommen, insbesondere wenn die andere Reservewährung zur gleichen Zeit nicht stark genug ist, eine Ziehung auf sie als tragbar oder zweckmäßig erscheinen zu lassen." („IWF, Weltbank, IFC, IDA", Frankfurt, 1965, S. 39/40)

[258] Vergl. International Financial Statistics, IWF, Washington.

[259] Vergl. Emminger, O., a. a. O., S. 831.

Da sich die mit den „Allgemeinen Kreditvereinbarungen" anvisierten Hilfsmaßnahmen in erster Linie auf die wichtigsten Industrieländer beschränkten, erschien die Finanzierung solcher Aktionen auf dem Wege einer allgemeinen Quotenerhöhung des IWF als nicht angezeigt. Entsprechend dem beschränkten Kreis der Länder, die in den Genuß der GAB kommen konnten und auf die die Kreditbereitstellungen beschränkt war, wurde die Inanspruchnahme der Kreditlinien durch den IWF von Fall zu Fall der Zustimmung auch der kreditgebenden Länder unterstellt.

Die Bedingungen der Inanspruchnahme der Kreditzusagen und das Verfahren bei der Abwicklung der GAB-Kredite wurden in einer Resolution des Exekutivrates des IWF vom 5. Januar 1962 und in einem Briefwechsel unter den zehn Teilnehmerstaaten niedergelegt.[262]) Die Vertragspartner der GAB erklärten sich darin bereit, ihre Landeswährung bis zu den erwähnten Maximalbeträgen unverzüglich zur Verfügung zu stellen, wenn der IWF und die beteiligten Länder zur Auffassung gelangen, daß bei massiven kurzfristigen Kapitalbewegungen zusätzliche Mittel notwendig sind, „to forestall or cope with an impairment of the international system".[263]) Der IWF soll Kreditgesuche unter den GAB aufgrund seiner allgemeinen Politik und Praxis beurteilen. Eine Kreditaktion aus Mitteln der „Allgemeinen Kreditvereinbarungen" hängt aber von einem einstimmigen oder mindestens mit großer Mehrheit gefällten zustimmenden Beschluß der Kreditgeber ab; die Zehnergruppe hat sich dabei vorbehalten, die Konsultationen hierüber separat, ohne Beisein des IWF, durchzuführen. Für die Rückzahlung der GAB-Kredite gelten dieselben Fristen wie für die übrigen Ziehungen beim IWF (3 bis höchstens 5 Jahre). Die Rückzahlungsansprüche aus den GAB werden vom Fonds mit seinen eigenen Aktiven gedeckt.

GAB-Partner, deren Zahlungsbilanz und Reserveposition bedroht ist, können von der Beteiligung an Kreditaktionen dispensiert werden. Gerät ein Gläubigerland, das GAB-Kredite gewährt hat, später selber einmal in Zahlungsbilanzschwierigkeiten, so hat es einen quasi automatischen Rückforderungsanspruch gegenüber dem IWF, der die Kredite des be-

---

[260]) Da die Kreditzusagen in nationaler Währung ausgedrückt wurden, verminderte sich der Gegenwert der britischen Zusage als Folge der Pfund-Abwertung vom 18. November 1967 auf 857 Mio. $.

[261]) Nach der Pfund-Abwertung noch 5 867 Mio. $.

[262]) Vergl. Jahresbericht des IWF 1963, S. 234 ff.

[263]) Vergl. Jahresbericht des IWF 1963, S. 234.

treffenden Landes auf die andern Partner verteilt. Guthaben im Rahmen der GAB müssen verzinst werden; sie stehen ferner im Genuß einer Goldwertgarantie. Die General Agreements to Borrow wurden erstmals im Oktober 1962 auf eine Dauer von vier Jahren in Kraft gesetzt. 1966 sind sie auf eine weitere Vierjahresperiode bis Oktober 1970, und damals erneut bis Ende Oktober 1975 ohne Änderung verlängert worden.

Da die den GAB zugrunde liegenden Eventualfälle — die Möglichkeit bedrohlicher kurzfristiger Kapitalbewegungen und ernsthafte Krisen der Reservewährungen — die Schweiz als Drehscheibe des internationalen Kapitalverkehrs in besonderem Maße berühren, hat sie, obwohl sie nicht Mitglied des IWF ist, mit diesem 1963 ein Assoziierungsabkommen abgeschlossen, in welchem sie sich bereit erklärte, bis zum Höchstbetrag von 865 Mio. Fr. (entsprechend einem Gegenwert von 200 Mio. $) im Zusammenhang mit GAB-Krediten Kredithilfe zu leisten.[264])

Die „Allgemeinen Kreditvereinbarungen" mußte der IWF vor allem im Zusammenhang mit den wiederholten umfangreichen Störungsaktionen gegenüber dem Pfund Sterling in den Jahren 1964 — 1969 in Anspruch nehmen. 1968 partizipierte auch Frankreich an den GAB-Krediten. Der Fonds finanzierte diese Kredithilfen teils aus seinen ordentlichen Mitteln, teils aus den GAB-Krediten. Insgesamt wurden die GAB-Mittel bis anfangs 1971 siebenmal im Gesamtbetrag von 2,16 Mrd. $ in Anspruch genommen. Davon waren jedoch zu jenem Zeitpunkt 1,67 Mrd. $ wieder zurückbezahlt.[265]) Da Frankreich 1968, die Bundesrepublik Deutschland 1969 und Italien 1970 in ein Zahlungsbilanzdefizit gerieten, mußte eine Umlagerung ihrer Guthaben auf die GAB von 140 resp. 210 Mio. $ resp. 250 Mio. $ auf die anderen GAB-Partner durchgeführt werden.

c) *Die Beanspruchung der Fondsmittel*

Der IWF begann seine Operationen *1947* mit einem aktiven Jahr, indem er acht Ländern einen Gesamtbetrag von 468 Mio. $ (darunter 240 Mio.

---

[264]) Durch *Bundesbeschluß* vom 4. Oktober 1963 wurde der *Schweizerische Bundesrat* ermächtigt, bei Aktionen zur Verhütung oder Behebung ernsthafter Störungen der Währungsstabilität mitzuwirken und zu diesem Zweck bis zu 865 Mio. Fr. (200 Mio. $) einzusetzen. Aus formellen und technischen Gründen wurde zwischen der Schweiz und dem Währungsfonds ein in Form eines Briefwechsels gekleidetes Rahmenabkommen abgeschlossen, das die Bereitschaft der Schweiz zur Mitwirkung festhielt und die Grundzüge einer Koordination mit den Aktionen der Zehnergruppe umschrieb. Da sich der IWF nur in den Währungen seiner Mitgliederländer verschulden darf, wurde vereinbart, daß die schweizerische Hilfe direkt den hilfesuchenden Ländern zur Verfügung gestellt werden sollte. Formelle Voraussetzung für konkrete Hilfeleistungen der Schweiz bilden die bilateralen Abkommen mit einzelnen potentiellen Schuldnerstaaten (sog. implementing agreements); entsprechende Vereinbarungen bestanden anfangs 1970 mit den USA und Großbritannien.

[265]) Vergl. Jahresbericht des IWF 1970, S. 144.

an England und 125 Mio. an Frankreich) zur Verfügung stellte.[266] Mit dem Inkrafttreten des Marshallplanes im Jahre *1948* verfiel der IWF jedoch für einige Jahre in einen Dornröschenschlaf; es galt damals die Richtlinie, daß Mitgliedstaaten, die von den USA direkte Dollarhilfe erhielten, von den Fondsmitteln „nur in außerordentlichen und unvorhergesehenen Fällen Gebrauch machen sollten".[267] 1950 wurde überhaupt keine Ziehung durchgeführt und in den fünf Jahren 1951—1955 waren die Rückzahlungen gesamthaft größer als die neuen Ziehungen.[268]

Zu einem ersten Großeinsatz des IWF kam es erst 1956 im Zusammenhang mit der *Suezkrise* und dem damit verbundenen akuten Druck auf das Pfund. Es war vor allem der Initiative des neuen Leiters des Fonds, Per Jacobsson, zuzuschreiben, daß *Großbritannien* vom IWF ermächtigt wurde, auf einen Anhieb seine ganze Quote von 1,3 Mrd. $ auszunutzen, wovon 561,5 Mio. durch direkte Ziehung und 738,5 Mio. in Form eines standby-Krediets. Der massive Einsatz lohnte sich, konnte doch die Pfundkrise rasch überwunden werden; bis 1960 vermochte England seine Schulden an den Fonds völlig abzutragen. (Vergl. Tabellen Nr. 27/28.)

Tabelle Nr. 27

Operationen mit dem Internationalen Währungsfonds

	Ziehungen	Rückzahlungen (in Mio. $)	Nettoziehungen
1955	28	232	— 205
1956	692	113	579
1957	977	64	913
1958	338	369	— 31
1959	180	608	— 428
1960	280	681	— 401
1961	2.478	770	1.709
1962	584	1.490	— 906
1963	333	267	66
1964	1.950	820	1.130
1965	2.433	702	1.732
1966	1.448	722	727
1967	835	1.329	— 494
1968	3.552	2.157	1.536
1969	2.871	1.591	1.490
1970	1.839	1.394	558

Quelle: International Financial Statistics, Tabelle IV.
Time Series of Principal Fund Data.

---

[266] Vergl. Horsefield, J. Keith, „Introduction into the Fund", IWF, Washington 1965, S. 13.
[267] Vergl. Entscheid der Executive Directors vom 5. April 1948.
[268] Vergl. Horsefield, J. Keith, a. a. O., S. 15.

Tabelle Nr. 28

Ziehungen und Rückzahlungen beim IWF nach Ländern (Mio US $)

	Ziehungen					Rückzahlungen				
	USA	Groß-britannien	übrige[1] entwickelte Länder	Entwick-lungs-länder	Total	USA	Groß-brit-tannien	übrige[1] entwickelte Länder	Entwick-lungs-länder	Total
1947—58	—	862	1.266	1.097	3.224	—	108	747	448	1.304
1959	—	—	50	130	180	—	200	248	125	573
1960	—	—	19	261	280	—	297	185	173	654
1961	—	1.500	291	688	2.479	—	420	64	270	754
1962	—	—	315	269	584	—	852	234	220	1.306
1963	—	—	52	282	333	—	—	108	159	267
1964	525	1.000	244	181	1.950	—	—	277	233	510
1965	435	1.400	112	487	2.434	—	—	30	360	390
1966	680	123	90	556	1.448	—	—	63	418	480
1967	—	—	425	410	835	—	655	31	235	921
1968	200	1.400	1.264	689	3.552	185	185	253	555	1.179
1969	—	850	1.626	395	2.871	—	919	190	472	1.581
1970	150	150	1.213	326	1.839	—	338	395	661	1.394

[1] EWG, EFTA, (exkl. GB), Island, Irland, Spanien, Türkei, Jugoslawien, Australien, Neuseeland, Südafrika, Kanada, Japan.

Quelle: International Financial Statistics, Tab. III, Exchange Transactions.

Die Aktivität des IWF verstärkte sich in der zweiten Hälfte der Fünfzigerjahre auch gegenüber den *Entwicklungsländern*. Die 25 Länder, die 1956 und 1957 standby-Kredite von insgesamt 1,2 Mrd. $ zugesprochen erhielten, waren größtenteils Entwicklungsländer. Von den insgesamt 1,8 Mrd. $ Nettozuteilungen (Ziehungen abzüglich Rückzahlungen) in den Jahren 1957 — 1961 entfiel die Hälfte auf Entwicklungsländer. Die 1960 bestehenden kumulativen Nettoziehungen von 866 Mio. $ bezogen sich zu 90% auf Entwicklungsländer. (Vergl. Tabelle Nr. 29.)

Tabelle Nr. 29

Kumulative Nettoziehungen

	Total aller Mitgliedstaaten	Industrieländer total	USA	Großbritannien	andere entwickelte Länder	Entwicklungsländer
	(in Mio. $)					
1955	234	45	—	—	24	165
1956	831	562	—	562	24	228
1957	1.727	1.102	—	562	22	603
1958	1.696	948	—	545	98	650
1959	1.268	505	—	324	108	655
1960	866	—	—	—	125	742
1961	2.532	1.036	—	1.036	353	1.142
1962	1.601	276	—	—	134	1.191
1963	1.667	196	—	—	158	1.314
1964	2.621	1.229	231	998	130	1.262
1965	4.352	2.754	383	2.370	212	1.388
1966	5.081	3.316	905	2.411	239	1.526
1967	4.484	2.300	792	1.509	514	1.670
1968	5.086	2.977	—	2.724	360	1.749
1969	5.385	3.446	—	2.651	266	1.673
1970	4.914	3.362	—	2.330	214	1.338

Quelle: International Financial Statistics, Tabelle IV.
Time Series of Principal Fund Data.

Nach einigen ruhigen Jahren für den IWF trat 1961 im Zusammenhang mit der ersten *Markaufwertung* und dem davon ausgehenden Druck auf das Pfund Sterling erneut *England* als Großschuldner des IWF in Erscheinung. Neben einer direkten Ziehung im Betrage von 1 Mrd. $ erhielt Großbritannien damals einen Bereitschaftskredit von weiteren 1 Mrd. $, der indessen in der Folge nicht benützt werden mußte. Auch diese zweite Hilfsaktion des IWF an England hatte Erfolg, konnte Großbritannien doch seine Schuld gegenüber dem IWF schon in den nächsten Jahren wieder zurückzahlen. Von den kumulativen Nettoziehungen auf den IWF, die in den Jahren 1962 und 1963 noch übrig blieben, entfielen 3/4 auf Entwicklungsländer.

Die Beanspruchung des IWF durch England im Jahre 1961 war jedoch verebbt, als ihm die Dauerkrise des Pfund Sterling von 1964 bis Mitte 1969 eine nach Ausmaß und Dauer beispiellose Belastung verursachte. Die Nettoziehungen Englands auf den Fonds machten von 1964 bis 1968 nicht weniger als 2,73 Mrd. $ aus. Das waren 60%/o der gesamten Nettoziehungen in dieser Periode. Eine erste Ziehung Großbritanniens von 1 Mrd. $ im Dezember 1964 aufgrund des damaligen standby-Kredites erwies sich als ungenügend. Schon im Mai 1965 kam es zu einer weiteren britischen Ziehung von 1,4 Mrd. $. Bis 1967 gelang es England, vorerst wieder rund 900 Mio. $ an den Fonds zurückzuzahlen. Die Pfundabwertung vom 18. November 1967 machte aber die Aufnahme eines neuen standby-Kredites von 1,4 Mrd. $, den England 1968 in Anspruch nehmen mußte, nötig. Da sich Großbritannien 1969 außerstande sah, die Fälligkeiten gegenüber dem IWF zu decken, beschaffte es sich im Juni 1969 erneut einen standby-Kredit von 1 Mrd. $, der dazu bestimmt sein sollte, die ratenweise Abzahlung der Ziehung vom Mai 1965 zu finanzieren.

Neben Großbritannien traten 1964 auch die *Vereinigten Staaten* erstmals als Borger beim IWF in Erscheinung. Ursache dazu war allerdings nicht die Finanzierung der amerikanischen Zahlungsbilanzdefizite, sondern der Umstand, daß der IWF wegen Auffüllung seiner Dollarbestände keine zusätzlichen U.S.-Dollar mehr annehmen konnte, und daß sich die USA durch Ziehungen gegenüber dem Fonds andere Devisen beschaffen konnten, die sie denjenigen Ländern, die Rückkäufe an den Fonds tätigen mußten, gegen Dollars abtraten. Die amerikanischen Ziehungen von 1,84 Mrd. $ konnten bis 1967 durch Rückkäufe der USA und durch Dollarkäufe anderer Länder beim Fonds wieder abgetragen werden.

In den Jahren 1968 bis anfangs 1970 war der IWF außer den britischen Bezügen auch großen Ziehungen Kanadas (1968 netto 361 Mio. $), Frankreichs (1968 und 1969 insgesamt 1,73 Mrd. $) und der Bundesrepublik Deutschland (1969 880 Mio. $) ausgesetzt. Gesamthaft erreichten die Nettoziehungen der Industrieländer in den Jahren 1968 und 1969 die hohen Beträge von 2,34 Mrd. resp. 1,44 Mrd. $. Überblickt man den Zeitraum seit der Inkraftsetzung des IWF im Jahre 1947 bis Ende 1970, so läßt sich folgende Zwischenbilanz aufstellen:

Mit Krediten von insgesamt 22,61 Mrd. $ von 1947 bis Ende 1970 hat der Internationale Währungsfonds eine wichtige Rolle als „lender in the last resort" ausgeübt. Neben dem IWF haben zwar auch die Zentralbanken mittels ihrer Swap-Abkommen und mittels ad hoc-Krediten seit anfangs der Sechzigerjahre eine bedeutende Kredittätigkeit entfaltet. Im Unterschied zu den mittelfristigen Krediten des Währungsfonds handelt es sich bei den letzteren jedoch um kurzfristige Kredite. Die Notenbankkredite wären ohne den Rückhalt der IWF-Hilfe in vielen Fällen auch nicht möglich gewesen; oft sind die kurzfristigen Notenbankkredite mittels Ziehungen auf den IWF abgelöst worden.

Tabelle Nr. 30

Beanspruchung des Internationalen Währungsfonds 1947 bis Ende 1970

	Brutto-ziehungen	Rückzahlungen		Kumulative Nettozie-hungen per Ende 1970[1])
		durch Rückkäufe	durch Ziehungen von Drittländern	
	(in Mio. $)			
Alle Mitgliedstaaten	22.608	11.312	2.883	4.914
Industrieländer	20.988	5.859		3.362
davon				
Großbritannien	7.284	3.974		2.330
Frankreich	2.250	752		993
USA	1.990	185		—
andere entwickelte Gebiete	1.705	1.124		214
Entwicklungsländer	5.769	4.329		1.338
davon Indien	1.090	1.025		65

Quelle: International Financial Statistics, Februar 1971.

Die Addition der Bruttoziehungen auf den IWF von 1947 bis Ende 1970 zeigt auch, daß sich die Ziehungen zu ²/₃ auf die Industrieländer und zu einem guten Viertel auf die Entwicklungsländer verteilten. Dabei fällt die Beanspruchung des IWF durch Großbritannien besonders ins Gewicht: die britischen Bruttoziehungen von 7,28 Mrd. $ machten nicht weniger als 35 % der Gesamtziehungen aus. England hat damit die gesamten Ziehungen sämtlicher Entwicklungsländer um 1,55 Mrd. $ überstiegen. Hinter Großbritannien war Frankreich mit 2,25 Mrd. $ Ziehungen der wichtigste Borger des IWF, gefolgt von den USA (1,99 Mrd. $) und Indien (1,09 Mrd. $).

Die Zusammenstellung zeigt ferner, daß von den 22,6 Mrd. $ Bruttoziehungen von 1947 bis Ende 1970 rund die Hälfte durch Rückkäufe der Schuldnerländer von Fondsbeständen an ihrer Landeswährung abgetragen worden ist. Ein erheblicher Teil der Verschuldung gegenüber dem IWF ist ferner automatisch durch Ziehungen anderer Länder auf die Währungen von Schuldnerländern reduziert worden. Von den kumulativen Nettoziehungen per Ende 1970 von 4,91 Mrd. $ entfielen 2,33 Mrd. auf die Schuldnerposition Großbritanniens, 0,99 Mrd. auf die Schulden

Frankreichs und 1,34 Mrd. auf die Schulden sämtlicher Entwicklungsländer. (Vergl. auch Tabelle Nr. 30.)

Zu den Engagements des IWF sind neben den benützten Krediten auch die noch nicht in Anspruch genommenen Kreditzusagen in Form von *standby-Krediten* hinzuzuzählen. Ende Dezember 1970 waren siebzehn solche Vereinbarungen in Kraft, die zusammen Kreditlinien von 385 Mio. aufweisen, von denen 171 Mio. $ noch nicht benützt waren.

d) Die Liquiditätspolitik des IWF

Von 1947 bis 1959 haben die Mitgliederländer des IWF bei Ziehungen und Rückkäufen ausschließlich *U.S.-Dollars* verwendet, da diese damals die einzige Währung darstellten, die konvertibel und in größerem Umfang verfügbar war, und da ein allgemeiner Dollarmangel bestand. Die Folge war, daß einerseits die Fondsbestände an Dollars 1957 von der Ausgangslage von 75% bis auf einen Tiefstand von 28% der amerikanischen Quote absanken, während andererseits die Fondsvorräte an Pfund Sterling auf 126%, an Währungen anderer Industrieländer auf 100% und an Währungen der Entwicklungsländer auf 123% der Quoten anstiegen.[269])

Mit dem Ende 1958 erfolgten Übergang der wichtigsten Währungen zur Konvertibilität änderten sich jedoch die Verhältnisse Ende der Fünfzigerjahre, indem neben dem U.S.-Dollar nun auch eine ganze Reihe anderer Währungen für Käufe und Rückkäufe beim IWF verwendbar wurde. Schon 1961 wurde bei den Ziehungen nur noch ein Drittel U.S.-Dollars, jedoch zwei Drittel *Nicht-Dollarwährungen* benützt; bei den Rückzahlungen wurden damals neben 70% Dollars 30% Nicht-Dollarwährungen verwendet. Seither hat der IWF im Rahmen seiner Operationen nicht weniger als 23 verschiedene Währungen zum Einsatz gebracht. Von den gesamten Ziehungen von anfangs 1947 bis Ende 1970 im Gesamtbetrag von 22,01 Mrd $ entfielen 7,90 Mrd. $ auf U.S.-Dollars, 3,78 Mrd. $ auf D-Mark, 1,86 Mrd. $ auf italienische Lira, 1,45 Mrd. $ auf französische Francs, 1,03 Mrd. $ auf Pfund Sterling, usw. Von den Rückkäufen der Schuldnerländer in derselben Periode von insgesamt 11,71 Mrd. $ wurden 4,58 Mrd. in U.S.-Dollars, 1,70 Mrd. $ in D-Mark, 857 Mio. $ in italienischer Lira, 706 Mio. $ in kan. Dollars, 565 Mio. $ in französischen Francs, bezahlt.

War anfänglich die Auswahl der gezogenen Währungen weitgehend den ziehenden Ländern überlassen, so sah sich der IWF 1962 veranlaßt, bei Ziehungen seinen Einfluß auf die Auswahl der zur Verfügung zu stellenden Währungen zu verstärken. Nach einem Entscheid des Exekutivrates

---

[269]) Vergl. International Financial Statistics, IWF, Mai 1970, S. 14.

Tabelle Nr. 31

Ziehungen und Rückkäufe nach Währungen

(in Mio. $)

In	Ziehungen			Rückzahlungen		
	1947-1958	1959-1970	Total	1947-1958	1959-1970	Total
U.S.-Dollar	2.916	4.985	7.901	1.098	3.485	4.583
Deutsche Mark	69	3.715	3.784	—	1.697	1.697
Franz. Franc	—	1.454	1.454	—	565	565
Lira	—	1.856	1.856	—	858	858
Kan. Dollar	15	1.552	1.567	—	706	706
Pfund Sterling	208	820	1.028	—	97	97
Gulden	5	1.067	1.072	—	548	548
Belg. Franc	11	897	908	—	475	475
Yen	—	805	805	—	330	330
Übr. Währungen[1]	—	1.633	1.633	—	500	500
Gold	—	—	—	342	722	1.064
	3.224	18.784	22.008	1.440	9.983	11.423

[1] Öst. Schilling, Dän. Kr., Norw. Kr., Schwed. Kr., Finn. Mark, Ir. Pfund, Peseta, Austr. Dollar, Rand, Argent. Peso, Mex. Peso, Cruzeiro, Bolivar, Malays. Dollar.

Quelle: International Financial Statistics.

vom 20. Juli 1962[270]) mußten die kreditsuchenden Länder den IWF hinsichtlich der zu ziehenden Währungen fortan konsultieren. Die Fondsleitung stellt aufgrund der Liquiditätslage des Fonds vierteljährlich ein „Währungsbudget" über die verwendbaren Fondsbestände auf. Bei Ziehungen macht der IWF konkrete Vorschläge, wobei sich seine Organe aber mit den Ländern, in deren Währungen gezogen werden soll, vorgängig konsultieren. Als Kriterien für die Auswahl der gezogenen Währungen gelten neben der Höhe ihrer Fondsbestände auch die Zahlungsbilanzentwicklung und die Reservepositionen der betreffenden Länder in Währungen, deren Länder sich gleichzeitig im Zahlungsbilanzdefizit und in einer schwachen Reservelage befinden.

Das gleiche Verfahren gilt auch in bezug auf die *Rückkäufe* nationaler Währungen. Es soll dadurch eine Auffüllung der niedrigen Fondsbestände gefördert werden. Artikel V/7 c (ii) der IWF-Satzungen schreibt vor, daß der Fonds bei Rückkäufen nur solche Währungen hereinnehmen

---

[270]) Vergl. Jahresbericht des IWF 1962, S. 36 ff.

dürfe, von denen der Fonds nicht mehr als 75% der betreffenden Länderquoten besitzt. Diese Bestimmung hat es dem IWF von 1965 bis 1968 unmöglich gemacht, weitere U.S.-Dollars anzunehmen, da seine Dollarbestände in dieser Zeit die kritische Limite überstiegen. Daß der Dollar damals für Rückzahlungen an den IWF nicht mehr akzeptiert werden konnte, stellte für die führende Handels- und Reservewährung einen schweren Nachteil dar. Um denjenigen Ländern, die Rückzahlungen an den Fonds zu tätigen hatten, gleichwohl indirekt die Verwendung von U.S.-Dollars zu gestatten, nahmen die USA deshalb in dieser Periode selber Ziehungen auf den IWF vor; dadurch erhielten sie konvertible Nicht-Dollarwährungen, die sie ihrerseits den Schuldnerländern des Fonds zum Zweck ihrer Rückzahlungen gegen U.S.-Dollars zur Verfügung stellten. Die betreffenden Länder hätten sich die vom Fonds angenommenen Nicht-Dollarwährungen technisch allerdings auch über den Devisenmarkt beschaffen können; das ihnen von den USA gemachte Angebot kam ihnen jedoch billiger zu stehen. Dank vor allem von Ziehungen von Drittländern in U.S.-Dollars beim IWF sind die Dollarbestände des IWF seither wieder unter 75% der amerikanischen Quote gesunken, wodurch der Dollar seitens des IWF erneut bei Rückkäufen verwendbar wurde.

Auch hat der IWF zum Zwecke der Liquiditätsverbesserung in der zweiten Hälfte der Sechzigerjahre in vermehrtem Maße von seinem beträchtlichen *Goldbestand* als Mittel zur Devisenbeschaffung Gebrauch gemacht. Hatte er von 1947 bis 1963 nur in Ausnahmefällen Goldverkäufe gegen benötigte Währung getätigt, so setzte er von 1964 bis Ende 1970 Goldreserven im Umfang von 3,5 Mrd. $ zur Auffüllung der von ihm benötigten Währungen ein. Er beschaffte sich damit insbesondere Dollars im Betrage von 1,45 Mrd. $, D-Mark im Gegenwert von 702 Mio. $, Lira im Gegenwert von 267 Mio. $ und französische Francs im Gegenwert von 245 Mio. $. Neben Käufen von Devisen verwendete der IWF in den Fünfzigerjahren 800 Mio. $ seines Goldbestandes zum Erwerb zinstragender amerikanischer Schutzwechsel und kurzfristiger Notes. Dank der Vereinbarung über die monetäre Goldkaufpolitik mit Südafrika von Ende 1969 vermochte der IWF 1970 für 646 Mio. $ Gold anzukaufen. Gold für 400 Mio. $ erhielt der IWF 1970 aus Rückzahlungen von Golddepots in den USA. 1,80 Mrd. $ wurden ihm ferner als Goldanteil der dritten Quotenerhöhung zugeleitet. Demgegenüber trat der IWF 1970 für 920 Mio. $ Gold gegen nationale Währungen an seine Mitgliedstaaten ab. Per Saldo erhöhte sich der Goldbestand des IWF Ende 1970 auf 4,34 Mrd. $ (Ende 1969 2,31 Mrd.).

VI. Abschnitt: Die Sonderziehungsrechte

1. KAPITEL: DIE ENTSTEHUNGSGESCHICHTE

a) Die ersten Studien des Währungsfonds

Die Frage nach dem Genügen der internationalen Liquidität hat seit den ersten Nachkriegsjahren nicht nur zahlreiche Theoretiker, sondern auch die Praktiker beschäftigt. Der *IWF* stellte *1953* in einem *Bericht* über das Liquiditätsproblem[271]) fest, daß zwar die Reserven in der Überzahl der Länder zu gering seien, um von Zahlungsrestriktionen loszukommen; aus der damaligen Dollarknappheit den Tatbestand einer allgemeinen Reserveverknappung abzuleiten, hielt er jedoch nicht für gerechtfertigt. Ob in der Zukunft die allgemeine Versorgung mit internationaler Liquidität gewährleistet sei, wollten die Verfasser des Berichts noch nicht beantworten.

Hingegen gab ein *zweiter Bericht* des IWF-Stabes, der im September *1958* unter dem Titel „International Reserves and Liquidity"[272]) veröffentlicht wurde, Auskunft nicht nur über den damaligen Stand und die Verteilung der Weltliquidität, sondern auch über die Perspektiven von Reserveentwicklung und Reservebedarf. Der Bericht basierte auf der grundlegenden Auffassung, daß die Angemessenheit der Reserven entscheidend von der „Umgebung" abhänge, in der das monetäre System arbeitet — d. h. vom Grad des Gleichgewichts in den Zahlungsbilanzen, vom Grad der Bereitschaft zu Korrekturmaßnahmen, von der Wirksamkeit des gesamten Kreditsystems, usw.[273]) Ein mathematisches Verhältnis zwischen dem Wachstum der Währungsreserven und der Expansion der Produktion und des Welthandels bestehe deshalb nicht. Es könne nicht darum gehen, zusätzliche Reserven zu schaffen, um die Reservepositionen zu verbessern, vielmehr komme es auf den „Willen der Länder an, die nötigen Schritte auf fiskalischem und monetärem Gebiet zu unternehmen und ein angemessenes Gleichgewicht innerhalb und zwischen den einzelnen Volkswirtschaften herzustellen". Unter dieser Voraussetzung könne nichts auf eine generelle Knappheit der Reserven hinweisen.

Bei der Ausarbeitung der Perspektiven der Reserveentwicklung ging der Bericht des IWF von der Annahme eines nur 3%igen Jahreszuwachses des Welthandels in den Jahren 1958 — 1967 aus. Wären die Reserven in

---

[271]) IMF Staff Report „The Adequacy of Monetary Reserves", reproduziert in „Staff Papers", Washington, Oktober 1953.

[272]) „International Reserves and Liquidity", A Study by The Staff of the IMF, Washington, September 1958.

[273]) a. a. O., S. 69.

diesem Maß gewachsen, so hätten sie in dieser Zeit um 19 Mrd. $ ansteigen müssen. Da jedoch 1957 die Währungsreserven noch auf wenige Länder konzentriert waren und diese Länder keinen weiteren Reserveanstieg benötigten, beschränkte sich nach der Auffassung des IWF das Problem auf die übrigen Länder, was den mutmaßlichen Mehrbedarf auf 8 Mrd. $ reduzierte. Der Fonds schätzte, daß davon 7 Mrd. $ durch die Neuproduktion von Gold gedeckt werden könnte. Zudem sei eine weitere Erhöhung der Devisenguthaben zu erwarten. Damit kam der IWF-Bericht 1958 zum Schluß: „Das Reserveproblem, dem die Welt im nächsten Jahrzehnt zu begegnen hat, scheint deshalb nicht unlösbar zu sein."[274]

b) *Die Kritik Triffins*

Diese optimistischen Folgerungen des IWF wurden insbesondere von Robert Triffin scharf kritisiert.[275] Nach seiner Auffassung war die Annahme eines durchschnittlichen Zuwachses des Welthandels von 3% viel zu niedrig; es müßten Varianten von 3 — 6% berücksichtigt werden. Sodann habe der IWF den Mehrbedarf an Reserven stark unterschätzt. Wenn schon einerseits die Länder mit hohen Reserven von einem Mehrbedarf ausgenommen würden, so müsse man andererseits einen zusätzlichen Mehrbedarf von Ländern mit sehr niedrigen Reserven (insbesondere Großbritannien und Frankreich) hinzurechnen. Anstatt eines Mehrbedarfs von 8 Mrd. $ für 1958 — 1967, wie dies der IWF ausgerechnet hatte, kam Triffin schon bei einer Zuwachsrate des Welthandels von 3% im Jahresmittel auf einen solchen von 12,7 Mrd. $; bei einer Zuwachsrate von 6% würden es sogar 24,1 Mrd. $ sein.

Realistischer als die Schätzungen über den Liquiditätsbedarf waren die Schätzungen des IWF nach der Auffassung Triffins hinsichtlich des künftigen Zuwachses an Währungsgold. Ein Zuwachs der monetären Goldbestände von jährlich 700 Mio. $ hätte nach seinen Berechnungen den Reservebedarf von 1958—1967 bei einem jährlichen Zuwachs des Welthandels von 3% allerdings nur zu 55%, bei einer Zunahme von 6% sogar nur zu 29% zu decken vermögen. Triffin folgerte daraus, daß ein akutes strukturelles Problem der *Goldknappheit* bereits bestehe.

Die bestehende Goldlücke war bis dahin, wie die folgende Zusammenstellung zeigt, durch den Zuwachs an Reservewährungsguthaben, insbesondere an Dollarguthaben, gedeckt worden.

---

[274] a. a. O., S. 73.

[275] Vergl. Triffin, R., „Tomorrow's Convertibility: Aims and Means for International Policy", Banca Nazionale del Lavoro, Quarterly Review Nr. 49, Juni 1959, derselbe: „Gold and the Dollar Crisis", Yale University, New Haven, 1960.

Tabelle Nr. 32

Reservenzuwachs der Länder außerhalb der USA 1950 — 1957

	in Mio. $	in %
Totaler Zuwachs	10.936	100
davon		
1. zu Lasten der Nettoreserven der USA	6.851	63
a) amerikanische Goldverluste	1.706	16
b) Erhöhung der US-Dollar-Verpflichtungen	5.145	47
2. aus Zuwachs der Goldproduktion der Welt	3.915	36
3. aus anderen Quellen	170	1
a) Abnahme der sterling-balances	— 1.578	— 14
b) Guthaben gegenüber EZU und BIZ	1.570	14
c) andere und Irrtümer	178	1

Quelle: Triffin, a. a. O., S. 54.

Triffin warnte, daß diese Reserveentwicklung nicht anhalten könne. Schon von 1949—1958 hatte sich der Überschuß der amerikanischen Goldbestände über die kurzfristigen offiziellen Dollarverpflichtungen an das Ausland von 18,2 auf 5 Mrd. $ vermindert. Eine weitere Verschlechterung der monetären Position der USA müsse, so sagte Triffin voraus, das Vertrauen des Auslandes in den Dollar beeinträchtigen. Es sei vorauszusehen, daß ein starkes Anwachsen der Dollarguthaben das Interesse der ausländischen Währungsbehörden an der zusätzlichen Steigerung ihrer Dollarreserven reduzieren werde und daß es zu substantiellen Konversionen bestehender Dollarguthaben in Gold kommen könne. Die Vereinigten Staaten müßten einer solchen Entwicklung durch Reduzierung ihres Zahlungsbilanzdefizits begegnen. Wenn die Vereinigten Staaten ihre Zahlungsbilanzdefizite einstellen müßten, so hieße das aber auch, daß die Schaffung neuer Reserven in Form von Dollarreserven zurückgehen werde. Das Ansteigen der Reservewährungsguthaben könne deshalb keine dauerhafte Lösung für das Ungenügen des Zuwachses an monetärem Gold bilden. Lasse man den Dingen den Lauf, so sei ein Zusammenbruch des Reservewährungssystems unvermeidlich.

Zur Vermeidung einer solchen Entwicklung forderte Triffin die *Aufhebung des Reservewährungssystems* und schlug die Konsolidierung aller Reservewährungsguthaben mittels Übertragung auf den Internationalen Währungsfonds vor. Alle Länder sollten sich zu diesem Zweck verpflichten, anfänglich mindestens 20 % ihrer Bruttoreserven in Fondsdepositen zu halten; der Anteil wäre später auf freiwilligem Weg weiter zu erhöhen. Der Fonds sollte diese Depositen zu Darlehen und zu Offenmarkt-Interventionen an den nationalen Finanzmärkten verwenden können. Um die Liquiditätsschaffung in kontrollierten Bahnen zu halten, sollte der Anstieg der IWF-Kredite, zusammen mit dem Zuwachs an monetärem Gold, auf jährlich 3 — 5% beschränkt werden. Das Reservewährungssystem sollte durch die Umwandlung des IWF in eine Superzentralbank ersetzt werden.

Der Alarmruf Triffins fand starken Widerhall. Dies hing auch damit zusammen, daß sich seit 1957 die monetäre Nettoposition der Vereinigten Staaten infolge der damals stark anwachsenden amerikanischen Zahlungsbilanzdefizite rapid verschlechterte. Erstmals kam es infolgedessen 1960 zu einer Dollarkrise und zu beträchtlichen spekulativ bedingten Goldverlusten der USA. Unter dem Eindruck dieser Ereignisse vollzog sich anfangs der Sechzigerjahre ein rascher Wandel der Einstellung zum internationalen Liquiditätsproblem. War bis dahin die Existenz dieses Problems noch weitherum negiert worden, so wuchs jetzt die Erkenntnis, daß für die Zukunft mit einem Engpaß in der allgemeinen Reservelage gerechnet und hierfür Vorsorge getroffen werden müsse. Während die Triffin'sche Diagnostik der Reservelage weite Beachtung fand, vermochte dagegen die von ihm vorgeschlagene Therapie, der „Triffin-Plan einer Weltzentralbank", nicht die gleiche Unterstützung zu finden. Die um sich greifende Erkenntnis des Bestehens eines internationalen Liquiditätsproblems gab in der ersten Hälfte der Sechzigerjahre zu zahlreichen anderen Reformvorschlägen Anlaß.

c) Die privaten Reformvorschläge

Die privaten Reformpläne, die alle die Lösung der erwarteten internationalen Liquiditätsknappheit zum Ziel hatten, lassen sich in folgende Hauptgruppen einteilen.[276]

Eine erste Gruppe, die weitgehend in den Fußstapfen von Keynes wandelte und deren prominentester Vertreter *Triffin* ist, ging, wie bereits erwähnt, in der Richtung einer Zentralisierung der Währungsreserven und der Schaffung einer *Superzentralbank* unter Aufhebung des Reservewährungssystems.

Einig mit Triffin in der Zielsetzung der Aufhebung des Systems nationaler Reservewährungen, jedoch in der Reformmethode diametral verschieden waren die Autoren derjenigen Vorschläge, die auf eine Rückkehr zu einem modifizierten System des Goldstandards mittels einer substantiellen *Goldpreiserhöhung* hinsteuerten. Unter den akademischen Ver-

---

[276] Eine eingehende Analyse der verschiedenen Reformpläne findet sich in dem unter dem Titel „International Monetary Arrangements: The Problem of Choice" (Princeton University) veröffentlichten Werk einer internationalen Studiengruppe von 32 Nationalökonomen unter dem Vorsitz von Fritz Machlup, ferner bei Machlup, F., „Plans for Reform of the International Monetary System", Special Papers in International Economics Nr. 3, Princeton 1964, sowie bei Issing, O., „Leitwährung und internationale Währungsordnung", Berlin 1965, S. 251 ff.

tretern dieser Richtung sind insbesondere Jacques Rueff,[277]) Sir Roy Harrod[278]) und Michael Heilperin[279]) zu erwähnen.

Eine dritte Art von Reformvorschlägen, die nicht nur das Reservewährungssystem, sondern das Reservesystem überhaupt obsolet machen würden, zielte nach der Abschaffung fester Wechselkurse und nach der *Einführung flexibler Wechselkurse*. Unter den zahlreichen Volkswirtschaftlern, die sich bedingt oder unbedingt für eine solche Lösung ausgesprochen haben, seien hier lediglich Friedman, Lutz, Haberler, Meade, Scammel, Rüstow, Sohmen und Halm genannt.[280]) Manche der Befürworter schwankender Wechselkurse sind zugleich auch Befürworter anderer Alternativvorschläge.

Eine vierte Richtung von Reformern strebte die Stärkung des Reservewährungssystems durch *Erweiterung der Zahl der Leitwährungen* und Errichtung eines Systems reziproker Reservewährungen an. Zu ihnen gehören Lutz, Posthuma, Roosa und Zolotas.[281])

---

[277]) Vergl. Rueff, J., „Gold Exchange Standard, a Danger to the West", abgedruckt in „World Monetary Reform Plans and Issues", a. a. O., S. 320 ff., ferner derselbe: „L'Age de l'Inflation", Payot, Paris 1963.

[278]) Vergl. Harrod, Sir R., „Imbalance of International Payments", International Monetary Fund Staff Papers, Vol. III, April 1953, S. 1.

[279]) Vergl. Heilperin, M. A., „Fundamentale Fragen künftiger Währungspolitik", Frankfurter Gespräche der List Gesellschaft, hrsg. von F. Bochud, Basel 1965, S. 131 ff., ferner derselbe: „The Case for going back to Gold", Fortune, September 1962.

[280]) Vergl. *Friedman, M.*, „The Case for Flexible Exchange Rates", Essays in Positive Economics, University of Chicago Press, Chicago 1953.
Lutz, F. A., „Das Problem der Internationalen Währungsordnung", Ordo, Bd. 10, 1958, derselbe „The Problem of International Economic Equilibrium", De Vries Lecture, North-Holland Publication Co., Amsterdam 1961.
Haberler, C., „Currency Convertibility", American Enterprise Association, Washington 1954.
Meade, J. E., „The Case for Variable Exchange Rates", Three Banks Review Nr. 27, September 1955.
Scammel, W. M., „International Monetary Policy", Mac Millan, London 1957.
Rüstow, H. J., „Die Problematik stabiler Wechselkurse", in „Probleme des Zahlungsbilanzausgleichs", Hefte zur Konjunkturpolitik, Berlin 1959.
Sohmen, E., „Flexible Exchange Rates", University of Chicago Press, Chicago 1961.
Halm, G. N., „Feste oder flexible Wechselkurse", Kyklos, Vol. XVI 1963, S. 24 ff. Bei *Machlup, F.*, „Plans for Reform of the International Monetary System", a. a. O., S. 79 ff., findet sich ein eingehendes Autorenverzeichnis der Anhänger flexibler Wechselkurse.

[281]) Vergl. *Lutz, F. A.*, a. a. O., S. 63, derselbe: „The Problem of International Liquidity and the Multiple Currency Standard", Essays in International Finance, Nr. 41, Princeton 1963, *Posthuma, S.*, „The International Monetary Sy-

Eine fünfte Richtung schlug *Bernstein* mit seinem Plan sogenannter *kollektiver Reserveeinheiten* (Collective Reserve Units [CRU]) ein.[282]
Sein Projekt sollte — im Gegensatz zum Triffin-Plan — nicht anstelle des Golddevisenstandards treten, sondern einfach ein *zusätzliches Reserveelement* zum bestehenden System schaffen. Auch sollte die Regelung nach den ursprünglichen Plänen nicht im weiten Rahmen des IWF durchgeführt werden, sondern auf einen engeren Kreis von Industrieländern beschränkt werden. CRU sind auf eine Recheneinheit lautende Guthaben bei einem gemeinsamen Fonds. Sie sollten aufgrund der Überprüfung des generellen Reservebedarfs geschaffen und periodisch erhöht werden, und zwar durch Hinterlegung eines entsprechenden Betrages an goldwertgarantierten nationalen Währungen seitens der Teilnehmerstaaten aufgrund ihrer IWF-Quoten oder eines anderen gemeinsamen Schlüssels. Die CRU sollten jeweilen anläßlich periodischer Verrechnungen zur Begleichung von Zahlungsbilanzdefiziten innerhalb der Teilnehmerstaaten verwendet werden können. Wirtschaftspolitische Bedingungen wurden dabei nicht gestellt. Hingegen sollten gleichzeitig mit den CRU auch Goldreserven eingesetzt werden. Den CRU's kam der Charakter von „eigenen" Reserven zu; sie sollten den Teilnehmern ohne reale Gegenleistung gutgeschrieben werden. Ihre Zahlkraft sollte auf der Annahmepflicht der Partnerländer beruhen. Der Vorschlag der CRU kam den später geschaffenen Sonderziehungsrechten am nächsten.

d) Die Initiative des Zehnerclubs

Die Besorgnis, daß die internationale Liquidität auf die Dauer nicht ausreiche, gab anfangs der Sechzigerjahre auch den monetären Behörden Anlaß, sich mit dem Problem zu beschäftigen. Die Initiative ging im Sommer 1963 von der sogenannten Zehnergruppe, d. h. von denjenigen Ländern aus, die sich im Jahre 1961 in den multilateralen „Allgemeinen Kreditvereinbarungen" mit dem IWF zusammengeschlossen hatten. Die Minister und Notenbankleiter der Zehn erteilten ihren Stellvertretern im Oktober 1963 den Auftrag,[283] den globalen Liquiditätsbedarf

---

stem", Banca Nazionale del Lavoro, Quarterly Review, Nr. 66, September 1963, *Roosa, R. V.,* „Assuring the World's Liquidity", Business Review Supplement, Federal Reserve Bank of Philadelphia, September 1962, *Zolotas, X.,* „Towards a Reinforced Gold Exchange Standard", Bank of Greece, Papers and Lectures Nr. 7, Athen 1961.

[282] Vergl. Bernstein, E. M., „A Practical Program for International Monetary Reserves", in Quarterly Review and Investment Survey, 1963/IV, New York 1963, ferner derselbe: „Proposed Reforms in the International Monetary System", abgedruckt in „World Monetary Reform, Plans and Issues", hrsg. Stanford 1963, S. 187 ff.

[283] Reproduziert im Bericht des Stellvertreterausschusses der Zehnergruppe vom 15. Juni 1964.

und seine Deckungsmöglichkeiten einer eingehenden Prüfung zu unterziehen. Dabei wurde ausdrücklich vorangestellt, daß sich die Grundstruktur des bestehenden Währungssystems — basierend auf fixen Wechselkursen und einem unveränderten Goldpreis — als Fundament für die gegenwärtigen und die künftigen Währungsvereinbarungen bewährt habe und nicht geändert werden solle. Die in Auftrag gegebene Studie war vorsorglicher Art. Es bestand Übereinstimmung darüber, daß eine globale Liquiditätsknappheit noch nicht bestehe und daß das Problem der Schaffung zusätzlicher Reserven nicht dringlicher Natur sein.

Der *Bericht,* den die Stellvertreter der Zehn auftragsgemäß im Sommer 1964 erstatteten,[284]) enthielt eine Analyse aller denkbaren Methoden zur Deckung eines zukünftigen Liquiditätsbedarfs — außer der Goldpreiserhöhung und der Einführung flexibler Wechselkurse, die als Lösungen ausgeklammert worden waren. Der Bericht ging davon aus, daß kein Verlaß mehr darauf sei, daß das Gold die Liquiditätsbedürfnisse in Zukunft zu decken vermöge und daß es auch unwahrscheinlich sei, daß der Dollar seine bisherige bedeutende Rolle in der Liquiditätsschöpfung noch lange fortsetzen könne. Mit der Zeit, so hieß es einleitend in dem Bericht, müsse damit gerechnet werden, daß „ein Bedürfnis nach zusätzlichen internationalen Reserveguthaben entstehen" werde.[285])

Die Überprüfung der verschiedenen Varianten, wie ein zusätzlicher Liquiditätsbedarf gedeckt werden könne, führte die Stellvertreter der Zehnergruppe zur Feststellung, daß eine Erweiterung der Zahl der Reservewährungen nicht als realisierbar erscheine. Eine Umfrage innerhalb der Zehnergruppe hatte ergeben, daß sich außer den bestehenden Reservezentren kein Land für die Funktion eines Reservewährungslandes zur Verfügung stellen wollte. Zudem hätte eine Vermehrung der Reservewährungen nach der Auffassung der Zehn die Stabilität des Währungssystems auch nicht gestärkt. Ihre Beratungen konzentrierten sich auf zwei Varianten der Schaffung synthetischer Reservemittel: Eine erste, dem Vorschlag der *Collective Reserve Units (CRU)* entspringende Reserveart, die periodisch entsprechend dem jeweiligen globalen Reservebedarf emittiert werden sollte, wurde von Frankreich eingebracht. Im Unterschied zum Vorschlag Bernsteins[286]) befürworteten die Franzosen jedoch einen Schlüssel für die Verteilung des Reservemediums, der auf den Goldbestand der einzelnen Teilnehmerstaaten abstellen sollte; ebenso sollte die Benützung der Reserveart nur mit dem gleichzeitigen Transfer eines bestimmten Prozentsatzes von Gold möglich sein. Der Vorschlag

---

[284]) Vergl. Group of Ten: Ministerial Statement and Annexe, prepared by the Deputies, Paris 10. August.
[285]) Vergl. Group of Ten: August 1964, a. a. O., S. 9.
[286]) Vergl. s. S. 241.

stieß zunächst auf starke Opposition. Eine zweite Variante der Reserveguthaben, die auf dem *Prinzip der automatischen Goldtranche* im IWF basieren sollte, wude anfänglich von den USA befürwortet. Mit der Zeit gewann jedoch der Vorschlag der Collective Reserve Units mehr Anhänger.

Zur weiteren Abklärung der mit den Reserveprojekten zusammenhängenden technischen Fragen wurde im Sommer 1964 von der Zehnergruppe eine *technische Expertenkommission* (der sogenannte Ossola-Ausschuß) eingesetzt. Gleichzeitig wurde von den Ministern der Zehn der *Zahlungsbilanzausschuß* der OECD (die sogenannte Arbeitsgruppe 3) beauftragt, Grundsätze und Regeln zur Verbesserung des Anpassungsprozesses auszuarbeiten. Das Liquiditätsproblem sollte zugleich mit dem Problem des Anpassungsmechanismus anhand genommen werden. Gelang es auch dem Ossola-Ausschuß, über die verschiedenen technischen Aspekte der verschiedenen Vorschläge neuer Reservearten mehr Klarheit zu gewinnen, so konnte er hingegen einer Einigung auf ein bestimmtes Projekt nicht näher kommen. Nach wie vor bestanden insbesondere zwischen Frankreich und den Vereinigten Staaten tiefgreifende Meinungsunterschiede, nicht nur über die Beziehungen der angestrebten Reserveart zum Gold, sondern auch über den Kreis der Mitgliedschaft des neuen Reservesystems, über die Rolle, die dem IWF dabei zukommen sollte, über den Entscheidungsmechanismus bei der Reservebeschaffung und über die Frage, ob das neue Reservemedium die Rolle des Dollars als Reservewährung nur ergänzen oder ersetzen solle.

Bis 1965 hatte die Auseinandersetzung über das Reserveproblem noch vorwiegend akademischen Charakter, da der Anwendungsfall, die Verknappung der globalen Reserven, noch in der Ferne zu liegen schien. Im Sommer jenes Jahres begannen jedoch die Amerikaner — nicht zuletzt unter Hinweis auf ihre temporär verbesserte Zahlungsbilanz — darauf zu drängen, daß die Untersuchungen über das Liquiditätsproblem bald in das Verhandlungsstadium übergeleitet wurden. Auf ihre Veranlassung erhielt der Stellvertreter-Ausschuß der Zehn im Herbst jenes Jahres den Auftrag, innerhalb kurzer Zeit eigentliche *Verhandlungen* einzuleiten, um festzustellen, „welche Grundlage für eine Einigung" sich finden ließe.

Angesichts der nach wie vor festgefahrenen Fronten konnte der *Bericht der Stellvertreter vom Juli 1966*[287]) aber noch keine konkreten Einigungsvorschläge formulieren. Frankreich hatte nach dem Wechsel im Finanzministerium von Giscard d'Estaing zu Debré eine Abkehr vom Projekt der Reserve Units zum Vorschlag eines Ausbaus der Ziehungsrechte im Währungsfonds vollzogen. Die französische Regierung lehnte es zudem

---

[287]) Vergl. Group of Ten: Report of Deputies, Juli 1966.

noch immer ab, in eigentliche Verhandlungen einzutreten. Der Bericht mußte sich deshalb damit begnügen, diejenigen Grundsätze über die neue Reserveart festzuhalten, über die unter den übrigen Mitgliedern der Zehn Einigkeit erzielt worden war:

1. Sollte die bewußte Schaffung zusätzlicher Liquidität aufgrund einer gemeinsamen Beurteilung der langfristigen globalen Reservelage und nicht nach der Zahlungsbilanzlage einzelner Länder vorgenommen werden. 2. Sollte der Betrag der internationalen Liquidität so bemessen werden, daß sowohl ein weltweiter deflatorischer Druck als auch inflatorische Gefahren vermieden werden. 3. Sollte die neue Reserveart aufgrund der IWF-Quoten oder ähnlicher Maßstäbe verteilt werden. 4. Sollten die zusätzlichen Reserven grundsätzlich den Charakter unbedingter Liquidität haben; jedoch sollten ein Mißbrauch der Reservemedien und das Risiko eines „long-term tranfers of real resources" mittels der neuen Reserve vermieden werden.[288]) 5. Wurde festgestellt, daß sämtliche Länder ein legitimes Interesse an der Angemessenheit der internationalen Liquidität haben; hingegen sollten die besonderen Interessen der wichtigsten Währungsländer, die die Hauptverantwortung für den finanziellen Unterbau des neuen Reservesystems tragen, berücksichtigt werden. 6. Schließlich sollte zwischen der Inkraftsetzung und Aktivierung des Plans unterschieden werden; Voraussetzung für die Aktivierung sollte sein, daß die internationale Zahlungsbilanzlage ein besseres Gleichgewicht aufweise und daß auch der Anpassungsprozeß verbessert werde. Eine Mehrheit befürwortete ferner die enge Verbindung des neuen Systems mit dem IWF.

Gleichzeitig mit dem Rapport der Stellvertreter der Zehnergruppe über das Liquiditätsproblem wurde der von den Zehn in Auftrag gegebene Bericht der Arbeitsgruppe 3 der OECD über die Verbesserung des Anpassungsprozesses veröffentlicht, der im Abschnitt „Die Anpassungsregeln" eine eingehende Darstellung findet.[289])

Die *Ministerkonferenz* der Zehn im Haag von Ende Juli 1966 mußte sich angesichts des französischen Widerstands gegen detaillierte Verhandlungen noch auf die Wiederholung einiger gemeinsamer Grundsätze beschränken. Um den Engpaß zu überwinden, wurde jedoch den Stellvertretern — mit Mehrheitsbeschluß und gegen die Stimme Frankreichs — der Auftrag erteilt, die *Gespräche* über das Liquiditätsproblem auf eine breitere Basis zu stellen und mit den *Exekutivdirektoren des IWF* eine Runde gemeinsamer Sitzungen durchzuführen.

---

[288]) Vergl. Group of Ten: Report of Deputies, Juli 1966, S. 18.

[289]) Siehe S. 54 ff.

e) Die Vorberatungen im Rahmen des IWF

Der Umstand, daß die Zehnergruppe, als die Gruppe der am Liquiditätsproblem am stärksten interessierten Länder, die Initiative für die Schaffung einer neuen Reserveart ergriffen hatte, bedeutete nicht, daß der Internationale Währungsfonds in der Sache eine passive Haltung einnahm. Schon 1963 hatte der Leiter des IWF öffentlich angekündigt, daß der Fonds seine Arbeiten auf diesem Gebiet aktivieren werde. Seit 1963 widmeten alle Jahresberichte des Fonds dem internationalen Liquiditätsproblem eingehende Studien über besondere Aspekte desselben.[290] Auch nahm der Leiter des Internationalen Währungsfonds an den Beratungen der Zehnergruppe stets als Beobachter teil und stellte auch der IWF-Stab dieser seine technische Mitarbeit zur Verfügung. 1966 legte der Leiter des Fonds der Zehnergruppe zwei Vorschlagsvarianten vor, von denen die erste eine Ausweitung des quasi-automatischen Goldtranchen-Systems darstellte, während die zweite auf der Ausgabe von „Reserveeinheiten" im Rahmen des IWF basierte.

Im Jahresbericht des IWF von 1968 sind die Beiträge, die der Internationale Währungsfonds von 1963 — 1968 an die Vorarbeiten der neuen Reserveart leistete, zusammengefaßt. Hinsichtlich der Beurteilung der Reservelage bestanden zwischen IWF und Zehnergruppe keine Unterschiede. Während innerhalb der Zehnergruppe verschiedene Länder lange an der Auffassung festhielten, daß die neue Reserveart von einem kleinen Staatenkreis verwaltet werden müsse, um funktionieren zu können, vertrat jedoch der Fondsleiter stets den Standpunkt, daß ein solches Liquiditätssystem alle angehe und in den IWF eingegliedert werden sollte.

Aufgrund der von der Zehnergruppe im Haag über den Kopf Frankreichs hinweg gefaßten Beschlüsse, die Diskussionen über die neue Reserveart in gemeinsamen Sitzungen mit dem Exekutivrat des Internationalen Währungsfonds in erweitertem Rahmen fortzuführen, kam es vom November 1966 bis Juni 1967 zu vier Sitzungen zwischen den beiden Gremien. Es konnte dabei bald Übereinstimmung erzielt werden, daß das *neue Reservesystem in den IWF inkorporiert* und nicht separat durch eine kleinere Zahl von Staaten verwaltet werden sollte.

Die Gespräche über die neue Reserveart kamen jedoch solange nicht vom Fleck, als unter den Zehn noch grundlegende Meinungsverschiedenheiten bestanden und Frankreich sich weigerte, auf Verhandlungen einzutreten. Die erstarrten Fronten konnten erst gelockert werden, als es den Finanzministern der EWG an ihren Konferenzen im April und Juni 1967 gelang,

---

[290] Vergl. Jahresberichte des IWF 1963, S. 39 ff., 1964, S. 25 ff., 1965, S. 9 ff., 1966, S. 9 ff., 1967, S. 11 ff., 1968, S. 8 ff. und 12 ff., 1969, S. 14 ff.

in der Frage mit Frankreich einen Kompromiß zu schließen. Der Schlüssel bestand darin, daß die EWG-Länder gesamthaft für sich eine Sperrminorität hinsichtlich der Schaffung und Zuteilung der neuen Fazilität im Rahmen des IWF forderten, indem sie für diese Beschlüsse ein Mehr von 85% der gewogenen Gesamtstimmkraft verlangten. Das sollte den EWG-Ländern, die zusammen 17% der gesamten Stimmenzahl besaßen, die Möglichkeit geben, die Entwicklung des Reservesystems unter Kontrolle zu halten. Die USA, die bisher als einziges Land eine Sperrminorität im IWF inne hatten, verloren damit diese Monopolstellung. Als Gegenkonzession erklärten sich die EWG-Staaten bereit, die Rückzahlungsbedingungen der in Aussicht genommenen neuen Kreditfazilität großzügiger auszugestalten.

Auf dieser Basis gelang es der gemeinsamen Konferenz zwischen Zehnergruppe und Exekutivrat des IWF im Sommer 1967 rasch, die *Grundzüge eines Reserveplans* niederzulegen. Es bedurfte allerdings auch so noch großer diplomatischer Geschicke, um im September an der Jahrestagung des IWF in Rio de Janeiro die Zustimmung aller Länder, einschließlich Frankreichs, zur „Outline" der neuen Fazilität gewinnen zu können.[291] Um der Abneigung einer Reihe von Ländern gegen die Schaffung eigener Reserven Rechnung zu tragen, wurde dem Projekt mit Absicht die Bezeichnung „Sonderziehungsrechte" gegeben, was die Vorstellung erweckte, daß es sich dabei um ein mit den ordentlichen Ziehungsrechten des IWF verwandten System handle. Sorgsam wurde in allen offiziellen Schriftstücken der Ausdruck „Reserve" für das neue Liquiditätsmittel vermieden. Es wurde nur von einer „Fazilität" gesprochen, wobei man es den einzelnen Mitgliedstaaten überließ, entweder den Kreditcharakter oder den Geldcharakter des neuen Mediums zu betonen. Ironisch-euphemistisch wurden die Sonderziehungsrechte von Otmar Emminger, der als Vorsitzender der Stellvertreter der Zehnergruppe einer der Väter des Projekts war, mit einem Zebra verglichen, das man ein schwarzes Tier mit weißen Streifen oder ein weißes Tier mit schwarzen Streifen bezeichnen könne.[292] Um möglichst jeden Anstoß zu vermeiden, wurde ferner betont, daß die Inkraftsetzung des Schemas mit dessen Aktivierung nicht identisch sei und daß eine erste Zuteilung erst stattfinden solle, wenn der eindeutige Beweis für eine Reserveknappheit vorliege. Zur Absicherung gegen eine vorzeitige Aktivierung der Fazilität war in die

---

[291] Outline of a Facility Based on Special Drawing Rights in the Fund, Annexe/Document Nr. 9 an der IWF-Jahrestagung 1967 vom 25. September 1967; ferner Kommentar zur Outline durch J. J. Polak, Vortrag vor Fund's Economic Seminar vom 15. September 1967.

[292] Vergl. die Symbolik des Währungssystems auf der Buchhülle dieser Veröffentlichung; der zunehmende Zebrastreifen bringt das tendenzielle Wachstum des Anteils der Sonderziehungsrechte zum Ausdruck.

„Outline" außerdem die Bestimmung aufgenommen worden, daß eine erste Zuteilung erst stattfinden dürfe, wenn sich die internationale Zahlungsbilanzlage verbessert habe und wenn Aussicht auf eine Verbesserung des Anpassungsprozesses bestehe.

Aufgrund der Zustimmung des Gouverneurrates des IWF zu den Grundzügen der Sonderziehungsrechte wurden im Winter 1967/68 die zu ihrer Durchführung notwendigen Abänderungen und Ergänzungen der Satzungen des Internationalen Währungsfonds ausgearbeitet. Die *Statutenrevision*, die neben den SZR noch einige weitere untergeordnete Punkte umfaßte, fand im Juli 1969 mit der Ratifizierung durch die Mitgliedstaaten (die gemäß Art. XVII [a] der Fondsstatuten ein Quorum von 60 % der Mitglieder mit vier Fünftel des gesamten Stimmgewichts erfordert) ihren Abschluß.

War den Grundzügen der Sonderziehungsrechte 1967 noch als „vorsorglichem Plan" zugestimmt worden, zwischen dessen Inkraftsetzung und Aktivierung einige Zeit verstreichen könne, so folgte indessen 1970 der Ratifizierung die *erste Zuteilung* auf dem Fuß. An der Jahrestagung des IWF im September 1969 beschloß der Gouverneurrat, bereits für eine erste Basisperiode von 1970—1972 Zuteilungen an Sonderziehungsrechten vorzunehmen.

2. KAPITEL: DIE TECHNIK DER SONDERZIEHUNGSRECHTE

a) *Organisation und Teilnehmerkreis*

Die Einführung der Sonderziehungsrechte (SZR) im Jahre 1970 machte eine grundsätzliche Aufteilung der Aktivitäten des Internationalen Währungsfonds notwendig. Die schon bisher bestehenden allgemeinen Ziehungsrechte und die neuen Sonderziehungsrechte werden über zwei voneinander getrennte Konten, dem „Generellen Konto" (General Account) und dem „Sonderziehungskonto" (Special Drawing Account), abgewickelt. Beide Konten werden jedoch von der gleichen Rechtsperson, dem IWF, verwaltet und beiden stehen auch grundsätzlich dieselben Organe, nämlich der Board of Governors und der Exekutivrat, vor. Die Bestimmungen über das Special Drawing Account sind dem IWF-Statut (Artikel XXI bis XXXII) eingeordnet.

Die volle Teilnahme am System der Sonderziehungsrechte ist nur Mitgliedern des Internationalen Währungsfonds offen; Nichtmitglieder des Fonds können an keinen Zuteilungen von SZR partizipieren.[293] Sie ist jedoch für IWF-Mitglieder nicht obligatorisch. Diejenigen Länder des IWF, die am SZR-System teilnehmen wollen, müssen eine schriftliche

---

[293] Vergl. Proposed Amendment of Articles of Agreement des IWF, S. 5.

Verpflichtung deponieren (Artikel XXIII), wonach sie die Pflichten der Teilnahme am Spezialkonto zu übernehmen bereit sind. Die Inkraftsetzung des SZR-Systems erfordert die Teilnahme von Ländern mit einem Stimmgewicht der IWF-Quoten von mindestens 75%. Diejenigen Mitgliedländer des IWF, die daran nicht teilnehmen, erhalten keine Zuteilungen an Sonderziehungsrechten; sie können bei Entscheidungen der Organe des IWF über die Sonderziehungsrechte auch nicht mitentscheiden.[294] Stimmrecht und länderweise Verteilung der SZR regeln sich nach den IWF-Quoten.

Während die Zuteilungen von Sonderziehungsrechten auf die Teilnehmer am SZR-System beschränkt sind, ist hingegen der Kreis derjenigen, die Sonderziehungsrechte entgegennehmen, halten und benützen können, weiter gezogen. Insbesondere kann der IWF in seinem allgemeinen Konto von seinen Mitgliedern Sonderziehungsrechte zur Rückzahlung von aus normalen Ziehungen resultierenden Schulden sowie zur Bezahlung von Gebühren und Zinsen annehmen und seinerseits die so erhaltenen SZR wieder für seine eigenen Transaktionen verwenden (Art. XXIII/2).

Zur Entgegennahme und Benützung der Sonderziehungsrechte können ferner Mitgliedländer des IWF, die nicht Teilnehmer des SZR-Systems sind, ferner Institutionen, die Zentralbankfunktionen für verschiedene Länder ausüben (z. B. die BIZ) sowie Nichtmitglieder des Währungsfonds zugelassen werden. Für ihre Zulassung bedarf es einer Mehrheit von 85% der gesamten Stimmkraft der Teilnehmerstaaten (Artikel XXIII/3). Die Bedingungen, unter welchen solche Außenstehende SZR übernehmen und verwenden können, sind in besonderen Vereinbarungen niederzulegen. Aufgrund dieser Bestimmung könnte auch die Schweiz, die nicht dem IWF angehört, Sonderziehungsrechte annehmen und benützen, ohne Mitglied des IWF werden zu müssen.

In einem Entwurf war ursprünglich auch die Möglichkeit vorgesehen, internationale Organisationen, wie die Weltbank oder ihre Tochter, die International Development Association, zur Teilnahme am System der Sonderziehungsrechte zuzulassen; sie hätten dadurch auch in den Genuß der Zuteilungen kommen können. An der Stockholmer Tagung der Zehnergruppe vom April 1968 wurde jedoch diese Klausel wieder fallen gelassen.[295]

b) *Die Zuteilung der Sonderziehungsrechte*

Die Kreierung der Sonderziehungsrechte unterscheidet sich grundsätzlich von der Schaffung der allgemeinen Ziehungsrechte. Eine Quoten-

---

[294] Vergl. Gold, J., „Special Drawing Rights", IWF, Washington 1969, S. 12/13.
[295] Vergl. den Paragraphen über „Sonderziehungsrechte und Entwicklungshilfe", S. X, 61.

erhöhung des IWF, durch welche die allgemeinen Ziehungsrechte vergrößert werden, vollzieht sich dadurch, daß die Mitgliedländer des IWF in der Regel einen Viertel in Gold und den Rest in nationaler Währung an den IWF einzubezahlen haben; der Fonds erwirbt dadurch Gold und internationale Zahlungsmittel, die er Defizitländern bei Ausnützung ihrer Ziehungsrechte zur Verfügung stellen kann. Die Inanspruchnahme der Ziehungsrechte erfordert von den Schuldnerländern überdies eine entsprechende zusätzliche Hinterlage in nationaler Währung. Demgegenüber implizieren die speziellen Ziehungsrechte keinerlei Einzahlung der Teilnehmerländer. Sie entstehen einfach durch den Beschluß der Teilnehmerstaaten, einen bestimmten globalen Betrag an Sonderziehungsrechten den Teilnehmern zuzuteilen. Aufgrund eines solchen Beschlusses wird den einzelnen Teilnehmerstaaten unter Benützung des Schlüssels der IWF-Quoten ein individueller Betrag von Sonderziehungsrechten „zugeteilt", der ihnen auf dem Spezialkonto gutgeschrieben wird. Die Gutschrift berechtigt sie, zur Deckung von Zahlungsbilanzbedürfnissen Forderungen auf konvertible Währung geltend zu machen, die durch Vermittlung des IWF von anderen Teilnehmerstaaten honoriert werden müssen. Es handelt sich also um bloße Bucheintragungen beim IWF. Weder die Zuteilung noch die Inanspruchnahme der zugeteilten Sonderziehungsrechte erfordern Einzahlungen der Teilnehmerländer.

Globale Zuteilungen (allocations) werden jeweilen für mehrjährige Perioden, in der Regel für fünf Jahre, vorgenommen; die länderweisen Zuteilungen hingegen sind in Jahresraten aufgeteilt, wobei die einzelnen Raten auf die unmittelbar gültigen IWF-Quoten abstellen. Bei unerwarteten Entwicklungen können die Zuteilungen auch während einer Zuteilungsperiode abgeändert werden. Für die erste Zuteilung ist im Jahre 1969 angesichts der Unüberblickbarkeit der Verhältnisse eine Beschränkng der globalen Zuteilungen auf die drei Jahre 1970 bis 1972 beschlossen worden; die Länderquoten für das erste Jahr basierten auf den IWF-Quoten gemäß der zweiten Quotenerhöhung von 1965, während die individuellen Zuteilungen für die beiden nächsten Jahre aufgrund der dritten Quotenerhöhung im IWF vorgenommen wurden. Die Höhe der globalen Zuteilungen wird in Prozenten der IWF-Quoten ausgedrückt.

Während das System der allgemeinen Ziehungsrechte einen Währungspool darstellt, an den die Mitgliedländer Einzahlungen zu leisten haben, und der Internationale Währungsfonds über diese Mittel verfügt und sie verwaltet, besitzt das Spezialkonto des Fonds dagegen keine eigenen Währungsbestände, und beschränkt sich der IWF lediglich darauf, über die individuellen Zuteilungen an Sonderziehungsrechten und ihre Übertragungen Buch zu führen. Über die Einflußnahme des IWF bei den Übertragungen von SZR wird noch die Rede sein.

Die periodischen globalen Zuteilungen von Sonderziehungsrechten sollen von wirtschaftlichen Kriterien, ob und in welchem Umfang zusätzliche

Reserven notwendig sind, abhängig sein. Entsprechend diesen Kriterien soll es nicht nur möglich sein, neue Zuteilungen in größerem oder kleinerem Umfang vorzunehmen, sondern wenn eine globale Überliquidität bestehen würde, bereits zugeteilte Sonderziehungsrechte wieder teilweise zu annullieren („cancellation", Artikel XXVI). Die Wiederaufhebung von zugeteilten Sonderziehungsrechten dürfte praktisch allerdings unwahrscheinlich sein. Welche wirtschaftlichen Maßstäbe für die Festsetzung des Gesamtumfanges der Sonderziehungsrechte im einzelnen angewendet werden sollen, wird in den IWF-Statuten nicht beschrieben. Mit Absicht ist die vage Formel gewählt worden: „Der Fonds soll in allen seinen Entscheiden über die Zuteilung und die Aufhebung von Sonderziehungsrechten danach trachten, den langfristigen globalen Bedarf zu decken, und wenn dies nötig ist, die bestehenden Reserven zu ergänzen, wie es die Erreichung seiner Zielsetzungen fordert, d. h. in einer Weise, die sowohl wirtschaftliche Stagnation und Deflation als auch übermäßige Nachfrage und Inflation in der Welt vermeidet" (Artikel XXIV/1 [a]).

Zu dieser allgemeinen Bestimmung über den globalen Haushalt der Sonderziehungsrechte ist im Fondsstatut hinsichtlich der ersten Zuteilung die spezielle Bedingung hinzugefügt worden, daß dabei nicht nur der globale Reservebedarf sondern auch die Erreichung einer ausgeglichenen Zahlungsbilanzlage und die Aussicht auf eine Verbesserung des Anpassungsprozesses in Betracht gezogen werden sollen (Artikel XXIV/1 [b]).

Die periodischen Beschlüsse über die Zuteilungen und die Wiederaufhebung von Sonderziehungsrechten erfordern eine 85%ige Mehrheit der Stimmkraft der beteiligten Länder (Artikel XXIV/% [d]). Sowohl die USA als auch die EWG-Länder verfügen danach über eine Sperr-Minderheit. Entsprechende Entscheide des Gouverneurrates des IWF sind aufgrund eines Vorschlags des Managing Director des IWF, der durch den Exekutivrat gebilligt wird, zu fassen. Der Leiter des Währungsfonds soll bei der Ausarbeitung seiner Vorschläge die Teilnehmerländer konsultieren, um sicherzustellen, daß diese die nötige Zustimmung des Board erhalten (Artikel XXIV/4 [b]).

c) Die Verwendbarkeit der Sonderziehungsrechte

Die Inanspruchnahme der Sonderziehungsrechte soll, im Gegensatz zu den Kredittranchen der allgemeinen Ziehungsrechte, an keine eigentlichen Bedingungen gebunden sein. Das entspricht der Zielsetzung, mit den Sonderziehungsrechten unbedingte Liquidität zu schaffen. Ein Teilnehmerland soll jederzeit die Möglichkeit haben, über seine Sonderziehungsrechte zu verfügen, ohne daß der IWF die Benützung von wirtschaftspolitischen Bedingungen abhängig machen kann. Artikel XXV/2 (a) stellt den Grundsatz auf, daß jeder Teilnehmer berechtigt sein soll, seine Sonderziehungsrechte zum Erwerb entsprechender Währungsbeträge bei einem vom Fonds designierten anderen Teilnehmer zu verwenden. Artikel XXV/5 (a) betraut den IWF mit der Aufgabe, durch Designierung derjenigen Länder, die SZR gegen Abgabe von Devisen entgegenzunehmen haben, die Verwendbarkeit der Sonderziehungsrechte zu garantieren. Diese Bestimmung „gewährleistet den Teilnehmerstaaten", wie es im offiziellen Kommentar des Exekutivrates des IWF über die neue Reserveart vom April 1968 heißt,[296] „daß sie die Sonderziehungsrechte jederzeit in einer Weise benützen können, die mit den Fondsstatuten vereinbar ist."

Das will allerdings nicht sagen, daß ein Teilnehmerland in der Verwendung der SZR völlig frei sei. Vielmehr werden an die Benützung der Sonderziehungsrechte bestimmte *Erwartungen* geknüpft. So „wird von einem Teilnehmerland erwartet", daß es „seine Sonderziehungsrechte nur für Zahlungsbilanzerfordernisse oder im Hinblick auf die Entwicklung seiner Bestände an Gold, Devisen, Sonderziehungsrechten und seiner Reserveposition im Fonds verwendet, nicht aber zu dem alleinigen Zweck, die Zusammensetzung der erwähnten Währungsbestände nach Sonderziehungsrechten einerseits und Gesamtbetrag von Gold, Devisen und Reservepositionen im Fonds andererseits zu ändern" (Artikel XXV/3 [a]). Unter den „Zahlungsbilanzbedürfnissen" werden alle derartigen Bedürfnisse verstanden, ob sie aus laufenden Transaktionen oder aus Kapitalbewegungen herrühren.[297] Daß als Richtlinien für die Verwendbarkeit der Sonderziehungsrechte nicht nur Zahlungsbilanzerfordernisse sondern auch die Entwicklung der monetären Gesamtreserven genannt werden, hängt damit zusammen, daß die Reservewährungsländer unter Umständen Zahlungsbilanzbedürfnisse geltend machen können, ohne daß sie ein Zahlungsbilanzdefizit aufweisen, dann nämlich, wenn sie Konversionsforderungen von offiziellen Reservewährungsguthaben des Auslands ausgesetzt sind.[298] Die Verwendung der Sonderziehungsrechte in solchen Fällen soll insbesondere den Vereinigten Staaten ermöglichen, Dollarverpflichtungen gegenüber dem Ausland nicht nur in Gold sondern auch gegen die Dahingabe von SZR einzulösen. Die Verwendung der Sonderziehungsrechte in diesen speziellen Fällen ist jedoch von der ausdrücklichen Zustimmung der Partnerländer abhängig (Artikel XXV/2 [b]).

Die Erwartung, daß die Sonderziehungsrechte nicht zum alleinigen Zweck der Änderung der Zusammensetzung der Währungskomponenten ver-

---

[296] Vergl. IWF, Proposal Amendment of Articles of Agreement. A Report by the Executive Directors, Washington, April 1968, S. 11 (im folgenden „offizieller Kommentar" genannt).
[297] Vergl. Offizieller Kommentar, S. 14.
[298] Vergl. Offizieller Kommentar, S. 14.

wendet werden sollen, bezieht sich auf den Fall, daß der Bestand an Sonderziehungsrechten reduziert würde, während die Gesamtreserven gleichbleiben oder ansteigen. Es soll vermieden werden, daß ein Land die Sonderziehungsrechte abstößt, um damit seine Gold- und Devisenreserven zu erhöhen.

Die erwähnten „Erwartungen" haben nicht den Rang von Bedingungen. Das Recht eines Partizipanten auf Verwendung seiner Sonderziehungsrechte kann nicht wegen seiner Wirtschaftspolitik in Frage gestellt werden. Auch hat der IWF keine Kompetenzen, den Transfer von Sonderziehungsrechten durch Verweigerung der Designierung eines Empfangslandes und der Nichteintragung der Transaktion in das „Special Drawing Account" zu verhindern, mit der Begründung, daß die „Erwartung", wonach der Transfer aus Zahlungsbilanzgründen erfolge, nicht erfüllt sei. Ebensowenig darf ein Teilnehmerland, das vom IWF zur Entgegennahme von SZR gegen konvertible Währung designiert worden ist, die Annahme der Sonderziehungsrechte ablehnen mit der Begründung, daß der Partner die erwähnten Erwartungen nicht erfüllt habe. Diese Feststellung basiert auf einer Interpretation des Abkommens durch den Rechtskonsulenten des IWF, Joseph Gold.[299]. Dieser spricht die Hoffnung aus, daß die Pflicht eines Zedenten, den IWF über die Umstände eines SZR-Transfers und über seine Zahlungsbilanzschwierigkeiten zu orientieren, Mißbräuche verhindern dürfte. Aber auch im unwahrscheinlichen Fall, daß dies nicht geschehe, werde der IWF die Eintragung der Transaktion nicht verhindern können. Die Immunisierung der Verwendbarkeit der SZR gegen die Anfechtung eines Transfers durch den IWF oder den designierten Partner wegen der Nichterfüllung der Erwartungen durch den Zedenten schützt den letzeren und ist ein wichtiges Element in der Gewährleistung der Verwendbarkeit der Sonderziehungsrechte. Das verleiht nach Joseph Gold den Sonderziehungsrechten einen unanfechtbaren (unchallengeable) Charakter. Für den Fall, daß ein Land den Erwartungen nicht nachkommt, kann der Fonds immerhin auf Beschluß des Exekutivrates Vorstellung bei dem betreffenden Mitglied erheben (Artikel XXV/3 [b]). Schließlich steht dem IWF für den Fall der fortgesetzten Mißachtung solcher Vorstellungen die Sanktionierungsmöglichkeit zur Verfügung, einen Mitgliedstaat von seinen Rechten auf Benützung der SZR zu suspendieren (Artikel XXIX/2 [b]).

Die genannten „Erwartungen" sind jedoch ausdrücklich ausgenommen, wenn die Verwendung der SZR dazu dient, 1. einem Partnerland die Rekonstituierung seines Minimalbestandes an Sonderziehungsrechten zu ermöglichen[300]. 2. einen Fehlbetrag an Sonderziehungsrechten zu verhindern oder zu vermindern, 3. die Auswirkungen der Nichterfüllung

---

[299] Vergl. Gold, J., „Special Drawing Rights", IMF, Washington, 1969, S. 27.

der Erwartungen durch ein Partnerland zu beheben und 4. die SZR-Bestände zweier Teilnehmer ihren kumulativen Nettozuteilungen anzunähern (Artikel XXV/3 [c]).

Die Sonderziehungsrechte stellen indessen kein internationales Zahlungsmittel dar. Sie sind lediglich Titel, die auf internationale Zahlungsmittel Anspruch geben, indem mit diesen gegenüber den Partnerländern Devisen erworben werden können. Tatsächlich wird in den meisten Fällen die Ausnützung von SZR auf eine Konversion in US-Dollars als Interventionswährung herauskommen. Die Sonderziehungsrechte können zudem nur unter den offiziellen Währungsstellen verwendet werden und gelangen nicht in die Hände von Privaten.

d) Der maximale Ausnützungsgrad

Ein Teilnehmerland darf die ihm zugeteilten Sonderziehungsrechte zeitweise bis zu 100% in Anspruch nehmen. Auch die Benützungsdauer der SZR ist grundsätzlich nicht limitiert. Hingegen besteht auf längere Frist insofern eine quantitative Obergrenze der Inanspruchnahme der Sonderziehungsrechte, als das Halten eines maximalen Durchschnittbestandes an Sonderziehungsrechten während einer Zuteilungsperiode vorgeschrieben ist. Anhang G stellt für die erste Basisperiode folgende Vorschriften auf:

„Jeder Teilnehmer hat seine Bestände an Sonderziehungsrechten derart zu verwenden und zu rekonstituieren, daß fünf Jahre nach der ersten Zuteilung und danach am Ende jeden Kalendervierteljahrs der Durchschnitt seiner gesamten täglichen Bestände an Sonderziehungsrechten während der zuletzt abgelaufenen Fünfjahresperiode mindestens 30% des Durchschnitts des täglichen Standes seiner kumulativen Nettozuteilungen an SZR im gleichen Zeitraum beträgt."[301])

Die Regel bedeutet, daß ein Teilnehmerland im gleitenden Fünfjahresdurchschnitt höchstens 70% der ihm zugeteilten Sonderziehungsrechte in Anspruch nehmen darf. Verwendet es zeitweise mehr als 70% der ihm zugeteilten Sonderziehungsrechte, so muß es sich nachher rechtzeitig von den Partnerländern Sonderziehungsrechte in einem Betrag erwerben, daß die temporäre Überhöhung wieder ausgeglichen wird und die durchschnittliche Beanspruchung der SZR in der Fünfjahresperiode 70% nicht übersteigt. In der Fondssprache nennt man dies die Rekonstituierungspflicht (Artikel XXV/6); der minimale Durchschnittsbestand von 30% der zugeteilten Sonderziehungsrechten soll rekonstruiert, wiederhergestellt, werden.

---

[300]) Über die Rekonstituierungspflicht vergl. den nachfolgenden Paragraphen.
[301]) Übersetzung in der Veröffentlichung des Bundesministers für Wirtschaft „Das Abkommen über den Internationalen Währungsfonds", Bonn 1969, S. 83.

Um das Rekonstituierungsverfahren an einigen Beispielen zu verdeutlichen: Nützt ein Land in den ersten 3½ Jahren die ihm in Jahresraten von 100 Mio. $ für eine 5jährige Basisperiode zugeteilten Sonderziehungsrechte jeweilen vom ersten Tag der Zuteilungen an vollständig aus, so wird dieses Land nach mindestens 3½ Jahren Sonderziehungsrechte im Ausmaß der von ihm bisher in Anspruch genommenen SZR von 350 Mio. $ von den Partnerländern erwerben müssen und wird es überdies die ihm in den verbleibenden 1½ Jahren neu zugeteilten SZR von 150 Mio. $ untangiert lassen müssen (3,5 Jahre × 100% plus 1,5 Jahre × 0% = 5 Jahre Durchschnittssatz von 70%). Nützt ein anderes Land die ihm zugeteilten Sonderziehungsrechte von je 100 Mio. $ während der ersten 4 Jahre einer Basisperiode durchschnittlich zu 80%, also zu 320 Mio. $, aus, so muß das betreffende Land für einen Betrag von 250 Mio. $ Sonderziehungsrechte von Partnerländern erwerben und außerdem die Zuteilung des fünften Jahres von 100 Mio. $ untangiert lassen (4 Jahre × 80% plus 1 Jahr × 30% = 5-Jahresdurchschnitt von 70%). Der durchschnittliche Höchstsatz der Beanspruchung der Sonderziehungsrechte bezieht sich jedoch nur auf die zugeteilten Sonderziehungsrechte; SZR Bestände, die von Mitgliedländern zusätzlich gegen Abgabe von konvertibler Währung erworben werden, fallen nicht unter diese Beschränkungen.

Die im Anhang G angeführten Rekonstituierungsregeln haben vorerst für die erste Basisperiode Gültigkeit; sie sollen am Ende jeder Basisperiode überprüft werden. Es wäre möglich, die Rekonstituierungspflicht mit 85%iger Mehrheit der Stimmkraft der Teilnehmerländer zu ändern oder gänzlich aufzuheben (Artikel XXV/6 [b]).

Der IWF soll denjenigen Ländern, die ihre Sonderziehungsrechtsbestände durch Zukäufe wieder auf den minimalen Durchschnittsbestand bringen müssen, dadurch beistehen, daß er diese vorrangig zur Abgabe ihrer Währung an Partnerländer designiert, die ihre SZR-Rechte verwenden wollen. Auch kann im gegenseitigen Einverständnis ein Partnerland an einen Rekonstituierungspflichtigen SZR gegen fremde Währung abgeben. Gelingt es einem Teilnehmerland auf dem Wege der Designierung nicht, die nötigen SZR-Bestände zu rekonstituieren, so kann es SZR vom allgemeinen Konto des IWF erwerben (Artikel XXV/2 [b], [ii]) und XXV/5 [a], [ii] und [iii]).

e) Die Stellung des Gläubigerlandes

Die Gewährleistung der jederzeitigen Verwendbarkeit der Sonderziehungsrechte beruht auf dem Annahmezwang. Der IWF designiert von Fall zu Fall diejenigen Teilnehmerländer, die bestimmte Beträge an Sonderziehungsrechten von den Partnerländern gegen Abgabe von Devisen zur Verfügung zu stellen haben (Artikel XXV/5). Wer vom Fonds designiert ist, hat auf Verlangen einem Teilnehmer, der Sonderziehungsrechte im Rahmen der Fondsbestimmungen verwendet, de facto konvertible Währung zur Verfügung zu stellen (Artikel XXV/4). „The acceptance of special drawing rights by designated participants is the rock on which the assurance of use must rest."³⁰²)

Als Währung hat das designierte Land im Tausch gegen Sonderziehungsrechte entweder seine eigene Landeswährung abzugeben oder die Währung eines anderen Landes, soweit die betreffende Währung entweder auf ein Land lautet, das sich dem Konvertibilitätsregime des Artikels VIII des IWF unterstellt hat, oder sonstwie rasch konvertibel ist, oder sich die betreffenden Währungsbeträge durch das Empfängerland konvertieren lassen. Auf den Erwerb von Gold gegen Sonderziehungsrechte hat niemand Anspruch.

Die Designierung derjenigen Partner, die auf Verlangen eines Teilnehmerlandes zur Entgegennahme gegen Abgabe von Devisen verpflichtet werden, liegt in der ausschließlichen Kompetenz des IWF (system of guidance).³⁰³) Die Kriterien der Designierung lassen sich folgendermaßen zusammenfassen:

1. Ein Teilnehmerland kann vor allem dann zur Abgabe von Devisen gegen SZR designiert werden, wenn seine Zahlungsbilanz und Bruttoreserveposition genügend stark sind oder wenn es bei einem bescheidenen Zahlungsbilanzdefizit über starke Währungsreserven verfügt.

2. Die Festsetzung der Höhe der entgegenzunehmenden SZR-Beträge und der entsprechenden Devisenabgabe, die den einzelnen Destinataren vom IWF zugedacht wird, soll danach ausgerichtet werden, unter den Teilnehmerstaaten graduell eine ausgeglichene Verteilung zwischen ihren zusätzlichen Sonderziehungsrechten (über ihre kumulativen Zuteilungen hinaus) und ihren gesamten Währungsreserven zu erzielen (Anhang F). Gläubigerländer mit geringem Anteil an Sonderziehungsrechten sind demnach in besonderem Maße Zielscheibe von Designationen.³⁰⁴) Neben dieser Zielsetzung wird im Anhang

---

³⁰²) Vergl. Gold, J., a. a. O., S. 42.

³⁰³) Vergl. Gold, J., a. a. O., S. 41 ff.; offizieller Kommentar a. a. O., S. 11-13.

³⁰⁴) Vergl. Machlup, F., a. a. O., S. 21 ff. Der Autor kommt zum Schluß, daß die EWG-Länder, die Mitte 1967 36,1% der Brutto-Weltwährungsreserven besaßen, aber deren IWF-Quoten zusammen nur 17,9% ausmachten, bei Anstrebung des „equality criterion" zwischen Sonderziehungsrechten und Währungsreserven die großen „Favoriten" der Empfangsländer von Sonderziehungsrechten wären, während die 96 damaligen IWF-Länder außerhalb der Zehnergruppe, die über 29,8% der Weltwährungsreserven verfügten, aber SZR-Gesamtquoten von 37,8% des Totals aufwiesen, die prädestinierten Verbraucher von Sonderziehungsrechten wären.

G / 1 (b) zudem der Wunsch ausgesprochen, daß die Teilnehmerländer der „Wünschbarkeit Beachtung schenken sollten", auf lange Sicht ein ausgeglichenes Verhältnis zwischen ihren SZR-Beständen einerseits und den übrigen Währungsbeständen andererseits zu halten. Die Partizipanten werden dadurch aufgefordert, beim Saldenausgleich neben den SZR auch die übrigen Reservekomponenten zu benützen.

3. Neben diesen Gesichtspunkten sind für die Designierung, wie bereits erwähnt, auch operative Faktoren, wie die Erleichterung der Rekonstituierungspflicht sowie die Eindeckung mit SZR im Falle der Entziehung von Sonderziehungsrechten usw. maßgebend.

Verletzt ein designiertes Teilnehmerland die Pflicht, einen Transfer von SZR gegen Devisen zu ermöglichen, so verliert es das Recht, über die in seinem Besitz befindlichen Sonderziehungsrechte verfügen zu können (Artikel XXIX/2 [a] und [c]). Um die Zahlkraft der SZR zu gewährleisten, wird der IWF in einem solchen Fall sofort ein anderes Land designieren.

Der Annahmezwang von Sonderziehungsrechten gegen Abgabe von Devisen hat jedoch betragsmäßig seine Grenzen. Artikel XXV/4 beschränkt die Verpflichtung eines Teilnehmerlandes, Währung gegen SZR zur Verfügung zu stellen, auf einen Betrag, der dem Zweifachen der kumulativen Nettozuteilungen entspricht. Weist beispielsweise ein Land kumulative Nettozuteilungen von 500 Mio. $ auf, so muß es also zusätzliche Sonderziehungsrechte von den Partnerländern gegen Abgabe von Währung bis zum Ausmaß von 1000 Mio. $ aufnehmen. Sein Gesamtbestand an Sonderziehungsrechten (kumulative Zuteilungen plus zusätzlich gegen Währung entgegengenommene SZR) würde bei Erreichung der Obergrenze 1,5 Mrd. $ oder das Dreifache der kumulativen Nettozuteilungen von SZR ausmachen. Diese allgemeine Limite, bis zu der ein Land obligatorisch SZR annehmen muß, kann jedoch von einem Gläubigerland durch freiwilligen Entschluß auch überschritten werden.

Eine weitere Grenze hinsichtlich der Annahmepflicht ist durch die „opting out" Klausel gesetzt worden, die ein Teilnehmerland in den Stand setzt, bei einer der periodischen Zuteilungen von SZR an der Verteilung nicht teilzunehmen, indem es gegen diese stimmt oder an der Abstimmung darüber nicht teilnimmt (Artikel XXIV/2 [e]). Die Folgen eines solchen „opting out", d. h. des Beschlusses, nicht an der Zuteilung mitzumachen, bestehen darin, daß das betreffende Land einerseits keinen Anteil an den betreffenden Ziehungsrechten erhält, andererseits aber auch keine Pflicht eingeht, über die bestehenden Limiten hinaus weitere SZR übernehmen zu müssen. Ein Partizipant, der vom Recht der „Ausoptierung" Gebrauch gemacht hat, kann allerdings nachträglich auf seine Teilnahme an den Jahreszuteilungen einer Basisperiode, soweit sie noch nicht stattgefunden haben, zurückkommen (opt back in), sofern der IWF zustimmt.

f) Goldwertgarantie und Verzinsung

Bildet die Annahmepflicht auch den Hauptpfeiler des Systems der Sonderziehungsrechte, so haben sich ihre Autoren doch nicht allein auf den Zwang verlassen wollen. Um die Anziehungskraft der SZR gegenüber den übrigen Reservearten zu verstärken, sind diese außerdem mit einer Goldwertgarantie ausgestattet worden und sind sie, soweit sie die kumulativen Nettozuteilungen übersteigen, überdies verzinslich gestaltet worden.

Die Sonderziehungsrechte lauten auf einen Goldwert von 0,888671 gr Feingold, was dem Goldgehalt des Dollars vom 1. Juli 1944 entspricht. Der einmal festgelegte Goldwert der Sonderziehungsrechte ist jedoch unveränderlich, was ihren Besitzern eine *absolute Goldwertgarantie* gibt. Wird eine Währung abgewertet, so steigt der Wert der SZR entsprechend, gemessen in dieser Währung. Auch eine einheitliche proportionale Änderung des monetären Goldpreises könnte dem Goldwert der Sonderziehungsrechte nichts anhaben. Dies steht in Gegensatz zu den allgemeinen Bestimmungen des Fonds, nach denen bei einer uniformen Erhöhung des Goldpreises der Goldwert bestimmter finanzieller Ansprüche der IWF-Mitglieder reduziert werden kann (Artikel IV/8 [d]).

Die Aktiv- und Passiv*zinsen* (Abgaben), die Gläubiger- und Schuldnerländer im Special Drawing Account erhalten oder zu bezahlen haben, sind gleich hoch. Sie wurden anfänglich auf den bescheidenen Satz von $1^{1}/_{2}\%$ festgesetzt, können jedoch geändert werden. Zinsen und Abgaben sind in SZR zahlbar (Artikel XXVI). Die absolute Goldwertgarantie und die Verzinsung sollen die Sonderziehungsrechte gegenüber dem Gold und den Devisen privilegieren.

g) Austritt und Liquidation

Ein Teilnehmerland hat jederzeit das Recht, aus dem SZR-System auszutreten, ohne seine Mitgliedschaft beim IWF aufzugeben. Der Austritt wird sofort rechtskräftig. Der ausgetretene Partner muß dem Fonds einen seinen kumulativen Nettozuteilungen entsprechenden Betrag in Devisen oder Gold leisten, während der Fonds umgekehrt dem austretenden Mitglied die von ihm im Zeitpunkt des Austritts gehaltenen SZR vergüten muß. Ergibt der Saldo eine Schuld gegenüber dem austretenden Land, so muß diese in Gold, in de facto konvertibler Währung oder in der Währung des austretenden Landes beglichen werden, wobei die Mittel hierzu von Teilnehmerländern, die vom Fonds hierzu aufgefordert werden, gegen SZR aufzubringen sind (Artikel XXX).

Für den Fall der Liquidierung des Systems ist ein Verfahren vorgesehen, das eine möglichst gleichmäßige Verteilung der allfälligen Belastungen ergibt und denjenigen Ländern, die große Beträge von SZR angenommen haben, keinen Nachteil verursacht. Jedes Teilnehmerland muß in diesem Fall dem IWF ratenweise einen seinen kumulativen Nettozuteilungen entsprechenden Betrag in konvertibler Währung oder der Währung der Gläubigerländer gegenüber dem Fonds einzahlen, während der Fonds mit diesen Mitteln die Sonderziehungsrechte, die sich im Besitz der Partizipanten befinden, ablösen muß. Dabei sollen zunächst die Länder mit den höchsten Überschüssen an SZR über ihre kumulativen Nettozuteilungen hinaus abgefunden werden, bis alle Teilnehmer noch den gleichen prozentualen Überschuß aufweisen. Die von den Nicht-Teilnehmerländern gehaltenen Sonderziehungsrechte werden dabei vorrangig abgelöst (Artikel XXXI und Anhang I).

3. KAPITEL:

DIE CHARAKTERISTIKA DER SONDERZIEHUNGSRECHTE

Die Darlegung der Grundzüge des Mechanismus der Sonderziehungsrechte soll ergänzt werden durch eine Charakterisierung der grundsätzlichen Merkmale des neuen Reservemittels.

a) *Der Geld- und Kreditcharakter der SZR*

Die *Sonderziehungsrechte* weisen gegenüber den angeführten bisherigen Reservearten verschiedene prinzipielle Unterschiede auf. Ein erstes wichtiges Merkmal, das sie von den generellen Ziehungsrechten beim IWF unterscheidet, liegt darin, daß sie nur zum kleineren Teil Kreditcharakter, zum überwiegenden Teil jedoch *Geldcharakter* haben. In den Verhandlungen über das neue Reservemedium spielte die Frage, ob die neue Fazilität den Charkter einer eigenen Reserve oder eines Kredites haben sollte, eine erhebliche Rolle. Die Kontroverse hatte zur Folge, daß eine Kompromißlösung gesucht werden mußte, die, mindestens optisch gesehen, sowohl Geld als auch Kredit verkörpert. Als 1967 bei der Jahrestagung des IWF der Grundsatzbeschluß zur Schaffung der Sonderziehungsrechte gefaßt wurde, bezeichnete einerseits der damalige französische Finanzminister Michel Debré die Sonderziehungsrechte als „une forme de crédit, et en aucune façon l'amorce d'une création de monnaie". Andererseits wurde damals namentlich von Vertretern der angelsächsischen Länder die Natur der Sonderziehungsrechte als primäre Reserve hervorgehoben. Der damalige britische Schatzkanzler Callaghan hob dabei hervor, daß die teilweise Rekonstituierungspflicht der Sonderziehungsrechte, die vorläufig erst für die erste Basisperiode festgelegt ist, nur solange aufrecht erhalten werden sollte, als dies im Anfangsstadium zur Stärkung des Vertrauens in die neue Reserveart wünschbar sei. Der australische Schatzkanzler McMahon unterstrich den unbedingten, automatischen und permanenten Charakter der neuen Reserveart.[305]

Tatsächlich haben die Sonderziehungsrechte einen *ausgeprägten Geldcharakter*. Daß aus diplomatischen Gründen die Bezeichnung „Sonderziehungsrechte" gewählt wurde, darf nicht dazu verleiten, sie den allgemeinen Ziehungsrechten des IWF, die Kreditfazilitäten sind, gleichzustellen. Im Gegensatz zu diesen ist die Verwendungsmöglichkeit der SZR an keine Bedingungen gebunden, sondern werden an ihre Inanspruchnahme nur „Erwartungen" geknüpft. Die Sonderziehungsrechte sind auch keine Kreditfazilitäten, die nach einer bestimmten Frist wieder verschwinden, sondern es sind Reserven, deren Zweck es ist, dauernd zu bestehen. Sie können zwar nach den formellen Bestimmungen wieder eingezogen (cancelled) werden. Derartige Operationen zur Verminderung eines globalen Überflusses dürften jedoch wenig wahrscheinlich sein. Am dauernden Charakter der SZR vermag auch die Rekonstituierungspflicht eines Teils der zugeteilten Sonderziehungsrechte nichts zu ändern; die Rekonstituierung bewirkt einfach einen Transfer von Sonderziehungsrechten von einem Land auf das andere, jedoch tritt dadurch keine Verminderung des Globalvolumens der SZR ein. Der permanente Charakter der Sonderziehungsrechte kommt auch darin zum Ausdruck, daß die Überschußländer gegen Sonderziehungsrechte Güter und Leistungen exportieren müssen, deren Rückfluß sie nicht oder nur teilweise erwarten können. Emil Küng folgert daraus, daß die Sonderziehungsrechte insofern ein völlig neues Element in die überlieferte Währungsordnung hineintragen, als sie *Geld* entstehen lassen, das ständig in Existenz bleibt.[306]

Tatsächlich kommen die Sonderziehungsrechte den *„Reserveeinheiten"* (reserve units) nahe, die in den Verhandlungen der Zehnergruppe als Alternative zu den „drawing rights" zur Debatte gestanden haben. Während die allgemeinen Ziehungsrechte Ansprüche darstellen, vom IWF konvertible Währung zu kaufen, werden unter „Reserveeinheiten" Ansprüche verstanden, die direkt unter den Teilnehmerländern transferabel sind. Ein Hauptcharakteristikum des Systems der Sonderziehungsrechte besteht, wie Muchlup betont,[307] darin, daß es nicht Kredite schafft, die von einer internationalen Agentur bereitgestellt werden und daß es auch

---

[305] Vergl. Press Releases des IWF über die Reden an der Jahrestagung des IWF in Rio de Janeiro 1967, ferner Machlup, F., „Remaking the International Monetary System", Baltimore 1968, S. 7 ff.; Machlup kommt in der erwähnten Veröffentlichung zum Schluß, daß die Sonderziehungsrechte für die Teilnehmerstaaten Geld darstellten (vergl. S. 85—95).

[306] Vergl. Küng, E., „Die neuen Sonderziehungsrechte des Internationalen Währungsfonds", Weltwirtschaftsarchiv, Bd. 101 (1968 II), S. 171.

[307] Vergl. Machlup, F., a. a. O., S. 33 ff.

nicht Guthaben gegenüber einer internationalen Institution kreiert, sondern daß es auf das Prinzip eines „Zentralschuldners" verzichtet und die neu geschaffenen Reserven unter den Partnerländern direkt transferierbar macht. Das „Special Drawing Account" des IWF verfügt dementsprechend, wie erwähnt, weder über eigene Guthaben noch über Verpflichtungen; es wird darin einfach Buch geführt über die laufenden Rechnungen der Teilnehmer.

Nun enthalten die Sonderziehungsrechte aber auch eine *Kreditkomponente.* Der Kreditcharakter im wirtschaftlichen Sinne ergibt sich aus der *Rekonstituierungspflicht,* derzufolge diejenigen Länder, die die ihnen zugeteilten Sonderziehungsrechte über die zulässige langfristige Durchschnittslimite von 70 % hinaus beansprucht haben, verpflichtet werden, SZR im entsprechenden Umfang von den Partnerländern oder vom „Allgemeinen Konto" des IWF gegen Abgabe von konvertibler Währung zur Herstellung des mittleren Sollbestandes zu erwerben.[308])

Volkswirtschaftlich besteht, wie Machlup betont,[309]) zwischen der Wiederherstellung einer minimalen durchschnittlichen Kassareserve an Sonderziehungsrechten und der Rückzahlungspflicht ein wesentlicher Unterschied; werden durch Rückzahlungen Reserven zerstört, so tritt nämlich durch die Rekonstituierung lediglich eine Umschichtung zwischen den Sonderziehungsrecht-Konten vom einen Land auf das andere ein. Auch darin zeigt sich der permanente Charakter der Sonderziehungsrechte. Für das Schuldnerland, das seinen unter das Durchschnittssoll gefallenen Bestand an Sonderziehungsrechten wieder auffüllen muß, sind die wirtschaftlichen Unterschiede zwischen Rekonstituierung und Schuldenrückzahlung allerdings nicht groß; im einen wie im anderen Fall kann es die betreffenden Fazilitäten nur vorübergehend in Anspruch nehmen und muß es für die Rückzahlung konvertible Währung aufbringen. Mit einer durchschnittlichen Minimallimite der Barreserven an Sonderziehungsrechten von 30 % ist der Teil der nur vorübergehend verwendbaren Sonderziehungsrechte allerdings gering. Auch kann der Prozentsatz nach der ersten Basisperiode herabgesetzt oder kann die Rekonstituierungspflicht ganz aufgehoben werden.

Durch den überwiegenden Geldcharakter unterscheiden sich die Sonderziehungsrechte aber nicht nur von den Kreditfazilitäten der allgemeinen Ziehungsrechte beim IWF, sondern auch von den *Reservewährungsguthaben,* die stets auf einen Schuldner lauten. Als internationales Geld ohne Schuldnerverhältnis an der Basis haben die Sonderziehungsrechte mit dem Gold etwas gemeinsam. Während die Akzeptierbarkeit des

---

[358]) Über die Rekonstruktionspflicht vergl. 253 ff.

[309]) Vergl. Machlup, F., a. a. O., S. 88.

Goldes auf dem Substanzwert des gelben Metalls aufbaut, stützen sich jedoch die fiduziären Sonderziehungsrechte auf die Annahmepflicht der Teilnehmerstaaten.

b) *Inflatorische Aspekte der Sonderziehungsrechte*

Die Verwendung der periodischen Zuteilungen von Sonderziehungsrechten stellt eine Kaufkraft-Einspritzung dar, die bei Vollbeschäftigung einen preissteigernden Effekt haben muß. Unter den Gesichtspunkt der Preisstabilität sollten die Zuteilungen der SZR entsprechend der Weltkonjunktur variiert werden. Der Vorschlag, die Sonderziehungsrechte in den Dienst einer Weltkonjunkturpolitik zu stellen, wie er von Küng gemacht worden ist,[310] stößt sich jedoch an dem Umstand, daß die Zielsetzung der Schaffung zusätzlicher Liquidität langfristiger Natur ist. Zudem wird sich kaum ein Land aus Gründen der Inflationsbekämpfung vom Gebrauch der ihm zugeteilten SZR zurückhalten lassen; im Gegenteil dürften besonders diejenigen Länder, die an einer inflatorischen Lage und an einem Zahlungsbilanzdefizit leiden, geneigt sein, ihre SZR zu benützen. Die Sonderziehungsrechte sind somit geeignet, die Zahlungsdisziplin zu schwächen. Mit Recht hat Küng deshalb von einer „inflatorischen Schlagseite" der Sonderziehungsrechte gesprochen.[311]

Inflatorische Aspekte der Sonderziehungsrechte ergeben sich auch aus ihrer inneren Struktur. Ein wichtiges Unterscheidungsmerkmal der Sonderziehungsrechte gegenüber den anderen Reservearten besteht darin, daß ihre originären Zuteilungen den Charakter von „unearned reserves" haben, indem sie durch bloße Bucheintragung ohne irgendwelche Gegenleistungen erworben werden können. Nicht durch Gegenleistung verdiente Liquidität sind sonst nur die Kreditfazilitäten, die aber mit der Eingehung von in einer gewissen Frist rückzahlbarer Schulden verbunden sind. Die Sonderziehungsrechte dagegen sind Gratiszuteilungen, die weder durch reale Gegenleistungen haben verdient werden müssen noch — ausgenommen von der 30%igen compensating balance — rückzahlbar sind. Die SZR sind damit die einzigen Primärreserven, die unentgeltlich zur Verfügung gestellt werden. Da an ihre Benützung die Erwartung geknüpft wird, daß die betreffenden Teilnehmerländer damit ein Zahlungsbilanzdefizit decken, können Zuteilungen an SZR als Einladung zu einem Defizit wirken und zur Lockerung der monetären Disziplin führen.

„Unearned reserves" sind allerdings nur die Grundzuteilungen der Sonderziehungsrechte. Diejenigen SZR, die darüber hinaus durch Überschuß-

---

[310] Vergl. Küng, E., „Über die güterwirtschaftlichen Aspekte der Sonderziehungsrechte", Weltwirtschaftliches Archiv 1967, S. 168 ff.

[311] Vergl. Küng, E., a. a. O., S. 177.

länder von Schuldnerländern übernommen werden müssen, haben dagegen keinen unentgeltlichen Charakter mehr, müssen doch die zu ihrer Entgegennahme designierten Länder SZR bis zu einer bestimmten Limite gegen Abgabe von konvertibler Währung akzeptieren.

c) Die Liquiditätsfunktion der Sonderziehungsrechte

Die Funktion der Sonderziehungsrechte im internationalen Handels- und Zahlungsverkehr ist mit derjenigen des Schmieröls im Räderwerk einer Maschine zu vergleichen. Durch periodische Zuteilungen von SZR sollen auf globaler Ebene genügend liquide Mittel zur Verfügung gestellt werden, um den Saldenausgleich in geordneter Weise durchführen zu können. Das bedingt jedoch, daß die Liquidität der Sonderziehungsrechte im Getriebe der einzelnen Länder bleibt. Das System der SZR könnte nicht richtig funktionieren, wenn die Ziehungsrechte von chronischen Defizitländern aufgebraucht und in die teils schon übervollen Reservebestände chronischer Gläubigerländer wandern würden. Die Sonderziehungsrechte sollten mit anderen Worten ein revolvierendes System sein; Zahlungsbilanzdefizite und -überschüsse sollten innerhalb einzelner Länder abwechseln und der Bestand der SZR eines Landes sollte sich auf lange Frist seinen kumulativen Zuteilungen annähern. Entsprechend sollten die Sonderziehungsrechte dem Ausgleich temporärer Zahlungsbilanzdefizite dienen. „Wir sind uns darin einig", hieß es in einem vorbereitenden Bericht der Zehnergruppe, „daß eine bewußte Schaffung von Reserven keine dauerhafte Übertragung von Gütern und Dienstleistungen von den einen Partnerländern auf die anderen bewirken soll."[312])

Um zu vermeiden, daß die Zuteilungen der Sonderziehungsrechte unbegrenzt die Hand wechseln zwischen extremen Defizit- und Überschußländern, sind im System verschiedene Sicherungen vorgesehen, wie die Pflicht, einen minimalen Durchschnittsbestand der SZR-Zuteilungen aufrecht zu erhalten, die opting-out-Klausel für Gläubigerländer sowie die obere Begrenzung der Annahmepflicht.

Ein Schuldnerland, das seine Zuteilungen an Sonderziehungsrechten im Übermaß in Anspruch genommen hat, muß den minimalen Durchschnittsbestand an SZR wieder durch Käufe von anderen Teilnehmerländern herstellen. Umgekehrt kann ein Gläubigerland, das keine weiteren Verpflichtungen aus einer neuen Zuteilung mehr annehmen will, einer weiteren Zuteilung fernbleiben. Ob diese Vorkehren in der Praxis ausreichend sein werden, um den revolvierenden Charakter des Systems zu sichern, ist allerdings eine offene Frage. Jedenfalls haben die ersten Erfahrungen mit der Verwendung der ersten Zuteilung gezeigt, daß verschiedene Länder die ihnen zugeteilten SZR sofort für allerhand Zwecke in vollem Umfang gegen konvertible Währung eintauschten, was

---

[312]) Vergl. Gruppe der Zehn, Bericht der Stellvertreter vom Juli 1966, S. 40.

nicht ihrer Liquiditätsfunktion entspricht. Auch ist fraglich, ob und in welchem Umfang ein Land gegebenenfalls von der opting-out-Klausel Gebrauch machen kann, wäre doch jedenfalls mit einem schweren politischen Druck auf solche Partnerländer zu rechnen.

d) Sonderziehungsrechte und Entwicklungshilfe

Der Gesichtspunkt, daß die Sonderziehungsrechte ein revolvierendes System bilden sollten, war maßgebend dafür, daß man bei der Projektierung den Teilnehmerkreis zunächst auf die wichtigsten Industrieländer beschränken und die Entwicklungsländer als direkte Partizipanten ausschließen wollte. Daß die SZR schließlich doch auf universeller Ebene organisiert wurden, war ein politisch bedingter Entschluß. Die Entwicklungsländer erhalten dadurch zusammen rund einen Viertel der Zuteilungen. Man nahm damit von vornherein in Kauf, daß ein Teil der SZR von den Entwicklungsländern zum einseitigen Bezug von Gütern und Dienstleistungen und nicht bloß zum temporären Saldenausgleich benützt würde. Das anfänglich aufgestellte Prinzip, daß die SZR zu keiner dauerhaften Übertragung von realen Leistungen verwendet werden sollten, wurde damit teilweise aufgehoben.

Hingegen haben sich die Industrieländer bisher den weitergehenden Bestrebungen der Entwicklungsländer, die Sonderziehungsrechte direkt in den Dienst der Entwicklungshilfe zu stellen, nicht zugänglich gezeigt. Die zunächst im Entwurf des Projekts zur Schaffung der SZR enthaltene Bestimmung, wonach die Sonderziehungsrechte neben den Teilnehmerländern auch internationalen Institutionen hätten zugeteilt werden können, wurde an der Stockholmer Konferenz der Zehn im April 1968 fallen gelassen. Die Bestrebungen der Entwicklungsländer, zwischen den SZR und der Entwicklungshilfe ein direktes Verbindungsglied herzustellen, sind jedoch seither nicht zur Ruhe gekommen. Von der UNCTAD wurden in dieser Richtung drei Vorschläge gemacht: Eine erste Variante sah die Möglichkeit vor, einen Teil der SZR-Zuteilungen an die Industrieländer an die Entwicklungsländer abzuspalten. Eine zweite Variante schlug vor, daß die International Development Association, die auf „weiche" Kredite spezialisierte Tochter der Weltbank, an den Zuteilungen direkt partizipieren sollte. Eine dritte Variante proponierte die zusätzliche Alimentierung der Entwicklungshilfe aufgrund eines Schlüssels, der auf den SZR-Zuteilungen der Industrieländer basieren würde. Daß diese Vorschläge bisher auf Seiten der Industrieländer kein positives Echo fanden, hängt damit zusammen, daß Sonderziehungsrechte und Entwicklungshilfe zwei grundsätzlich verschiedene Ziele anvisieren und daß die Finanzierungsmethoden dieser Zielsetzungen auch verschieden strukturiert sein sollten. Sind die Sonderziehungsrechte dazu bestimmt, internationale Liquidität zu schaffen, so dient die Entwicklungshilfe der Investitionsfinanzierung. Während die ersteren auf dem Prinzip der

Geldschaffung beruhen, sollte die letztere grundsätzlich aus Ersparnissen finanziert werden. Anstatt die „weiche" Entwicklungshilfe indirekt über die SZR zu finanzieren, sollten Anstrengungen unternommen werden, ihr auf direktem Wege zusätzliche Mittel zuzuführen.[313])

4. KAPITEL: DIE ERSTE ZUTEILUNG

a) Die Begründung der Aktivierung der Sonderziehungsrechte

Im Unterschied zum Währungsgold und zu den Reservewährungsguthaben, deren Zuwachs von willkürlichen und artfremden Bestimmungsfaktoren — das Währungsgold von der Goldproduktion und der privaten Goldnachfrage, die Reservewährungsguthaben von den Zahlungsbilanzdefiziten der Reservezentren — abhängt, soll die Zuteilung der Sonderziehungsrechte bewußt nach objektiven wirtschaftspolitischen Maßstäben vorgenommen werden. Über den Begriff eines normalen Reservebedarfs bestehen allerdings nur vage Vorstellungen. Welche Kriterien hierfür im einzelnen maßgebend sein sollen, wird in den IWF-Statuten nicht näher ausgeführt. Es heißt in Artikel XXIV/1 (a) lediglich, daß die Höhe der Zuteilungen auf „den langfristigen globalen Bedarf nach Ergänzung der bestehenden Reserven abstellen soll und zwar in einer Weise, daß damit die Verwirklichung der Ziele des Fonds gefördert sowie die wirtschaftliche Stagnation und Deflation als auch die Übernachfrage und Inflation in der Welt vermieden werden können". Unter den hier relevanten Zielsetzungen des Fonds sind insbesondere die Expansion des Welthandels und der Wirtschaftstätigkeit, die Förderung des multilateralen Zahlungsverkehrs, die Sicherung der Wechselkursstabilität und die geordnete Durchführung notwendiger Wechselkurskorrekturen sowie die Korrektur von Zahlungsbilanzstörungen ohne Zuflucht zu destruktiven Maßnahmen zu nennen.[314])

Der Internationale Währungsfonds hatte die Frage, ob ein globaler Bedarf nach zusätzlichen Währungsreserven bestehe und wie hoch die Zuteilung von SZR ausfallen soll, erstmals im Herbst 1969 zu entscheiden. Die Überlegungen, die zum Beschluß führten, für die Jahre 1970 bis 1972 eine erste Zuteilung von insgesamt 9,5 Mrd. $ vorzunehmen, sind teils im Jahresbericht des IWF 1969, teils im Bericht des geschäftsführen-

---

[313]) Über die verschiedenen Aspekte der Verwendung der Sonderziehungsrechte zur Entwicklungshilfe vergl. den Aufsatz des Verfassers: „Probleme einer Kopplung zwischen Sonderziehungsrechten und Entwicklungshilfe" im Bulletin des Schweizerischen Bankvereins Nr. 5/1970.

[314]) Vergl. Bericht des Managing Director an den Gouverneurrat vom 23. September 1969, Press Release des IWF, Nr. 758, S. 4.

den Direktors des IWF an den Gouverneurrat vom 23. September 1969 enthalten.[315]) Es zeigte sich dabei, daß keine befriedigenden Maßstäbe bestehen, um die globalen Reservebedürfnisse zu veranschlagen. Das hängt teils mit der Vagheit des Begriffs des globalen Reservebedarfs zusammen.

Rückblickend wird in den beiden Berichten festgestellt, daß das Verhältnis von Währungsreserven zum Welthandel seit anfangs der Fünfzigerjahre um über 50% abgenommen habe und daß sich dieser Prozeß seit 1964 wesentlich verschärft habe. Während der jahresdurchschnittliche Gesamtreservezuwachs von Ende 1959 bis Ende 1969 2,9% ausmachte, fiel er 1964 bis 1969 auf 2,2%, bei einem Anstieg des Welthandels um 9,7%. Die Rückläufigkeit der Wachstumsrate der Reserven war in den OECD-Ländern besonders ausgeprägt (+ 0,9% 1965 bis 1969 gegenüber 2,5% 1959 bis 1969), während in den Ländern außerhalb der OECD der Anstieg sich von 4,5% (1959 bis 1969) auf 7,6% (1964 bis 1969) erhöhte.[316]) Wären nicht kurzfristige Reserven als Nebenprodukt der Benützung von Swap-Vereinbarungen entstanden, so wären die Währungsreserven gesamthaft von 1964 bis 1969 sogar geschrumpft; auch haben die Verlagerungen der Währungsreserven zwischen Defizit- und Überschußländern in dieser letzteren Periode nicht mehr die ausgleichende Wirkung wie früher gehabt.

Trotzdem war, gemessen an der globalen Nachfrage in den Jahren 1965 bis 1969, wie der Leiter des IWF in seinem Bericht betonte, noch keine weltweite Reserveverknappung festzustellen. Die Weltproduktion und der internationale Handel stiegen in diesen Jahren rapid an und der Nachfragedruck intensivierte sich. Ebenso wenig ließ in dieser Periode das Kriterium der Wechselkursstabilität auf eine generelle Reserveverknappung schließen; die in dieser Zeit durchgeführten Währungsabwertungen waren jedenfalls nicht auf eine allgemeine Reserveknappheit zurückzuführen. Hingegen glaubte der Bericht des Managing Director des IWF erstmals darin ein wichtiges Anzeichen einer globalen Reserveverknappung entdecken zu können, daß seit 1965 in den internationalen Transaktionen eine vermehrte Zuflucht zu Restriktionen festzustellen gewesen sei und daß überdies in vermehrtem Maße zur Finanzierung von Zahlungsbilanzdefiziten und zur Erhaltung der Reserven durch bilaterale und multilaterale Kredithilfe gegriffen worden sei. Die Schwungkraft der Handelsliberalisierung habe in dieser Zeit abgenommen, Warenhandel und Tourismus seien in verschiedenen größeren Ländern

---

[315]) Vergl. Jahresbericht des IWF 1969, Kapitel 2, betitelt „International Liquidity and the Adjustment Process" S. 14—32, ferner Bericht des Managing Director vom 23. 9. 1969, Press Release des IWF Nr. 758.

[316]) Vergl. Jahresbericht der Deutschen Bundesbank 1970, S. 41.

temporären Restriktionen unterstellt worden, vor allem sei in vielen Ländern der Kapitalverkehr beschränkt worden. Die Bindung der Entwicklungshilfe an nationale Lieferungen sei noch verstärkt worden; gleichzeitig seien die Mittel des IWF und seien die Swapfazilitäten der Notenbanken vermehrt in Anspruch genommen worden. Sei auch diese Entwicklung zum Teil Zahlungsbilanzstörungen zuzuschreiben, die korrigiert werden könnten und sollten, so sei sie doch „fast mit Sicherheit" auch durch eine wachsende weltweite Reserveverknappung und den zunehmenden Wunsch nach Reserven verschlimmert worden.[317]) Der Leiter des IWF folgerte daraus, daß dem Kriterium der Restriktionen im internationalen Verkehr und der Inanspruchnahme von Zahlungsbilanzkrediten bei der Einschätzung der globalen Reserveversorgung mehr Gewicht beigemessen werden müsse als dem Kriterium der Nachfragesituation.

b) Das Ausmaß der ersten Zuteilung

Kam der IWF zum Schluß, daß sich schon für 1969 eine globale Reserveverknappung abzeichnete, so sah er für die kommenden Jahre erst recht bedeutende Fehlbeträge des zu deckenden Reservebedarfs voraus. Jedenfalls könne höchstens mit einem Reservezuwachs im Jahresmittel von 1 bis 1½ Mrd. $ (davon 500 Mio. in neuem Währungsgold und vermehrten Reservepositionen beim IWF sowie ½ bis 1 Mrd. $ in zusätzlichen Dollarreserven) gerechnet werden.

Die Einschätzung der Gesamthöhe des mutmaßlichen Bedarfs an zusätzlichen Reserven basierte der Leiter des Währungsfonds auf verschiedenen Maßstäben: Würde man dem globalen Reservebedarf die durchschnittliche Steigerung der Gesamtimporte während den Jahren 1952 bis 1963 zugrunde legen, so müßte das Wachstum jährlich 7% betragen. Ein anderer Maßstab, nämlich der Durchschnitt des Verhältnisses zwischen Reservezuwachs und Importen im Zeitraum 1954 bis 1968, würde einem Zuwachs von jährlich 5% entsprechen. Eine Extrapolierung des Trend im Zuwachs der Zahlungsbilanzgleichgewichte von 1959 bis 1968 schließlich würde einen wünschbaren Zuwachs der Reserven von 4% pro Jahr ergeben. Aufgrund solcher und anderer in hohem Maße behelfsmäßigen Bestimmungsfaktoren gelangte der Bericht 1969 zur Folgerung, daß in den kommenden 3 bis 5 Jahren mit einem globalen Reservebedarf von jährlich 3,5 bis 6 Mrd. $ gerechnet werden könne. Abzüglich eines geschätzten Anfalls anderer Reservearten von durchschnittlich 1 bis 1,5 Mrd. $ kam er zu einem Bedarf an Sonderziehungsrechten von jährlich 3 bis 3,5 Mrd. $.

---

[317]) Vergl. Bericht des Managing Director des IWF vom 23. September 1969, S. 11/12.

Entsprechend faßte der Gouverneurrat an der Jahrestagung 1969 des IWF den Beschluß, für die Periode 1970 bis 1972 eine erste Gesamtzuteilung von 9,5 Mrd. $ vorzunehmen, wovon 3,5 Mrd. $ auf das erste Jahr und je 3 Mrd. $ auf die beiden folgenden Jahre entfallen sollten. Die Summe machte das Mehrfache von dem aus, was 1967 anläßlich des Grundsatzbeschlusses über die Schaffung der Sonderziehungsrechte von den meisten Mitgliedern der Zehnergruppe noch als Obergrenze für die erste Zuteilung betrachtet worden war. Zusammen mit der kurz nachher beschlossenen Erhöhung der IWF-Quoten um 7,6 Mrd. $ ergab sich innert 3 Jahren eine Vergrößerung der direkten und indirekten IWF-Mittel um 17 Mrd. $.

Die Zuteilung der SZR für das erste Jahr 1970 entsprach 16,8 % der damaligen IWF-Quoten. Da sich von den 114 Mitgliedstaaten des Fonds im Zeitpunkt der Zuteilung nur 104 Mitglieder zur Teilnahme am SZR-System bereit erklärt hatten, machte der Gesamtbetrag mit 3,4 Mrd. $ dafür weniger als die Richtzahl von 3,5 Mrd. $ aus. Die länderweisen Zuteilungen für 1970 machten, gegliedert nach der Größe, folgende Beträge aus:

USA	886,88	Malaysia	21,00
Großbritannien	409,92	Chile	21,00
BRD	201,60	Kolumbien	21,00
Frankreich	165,48	Finnland	21,00
Indien	126,00	Iran	21,00
Kanada	124,32	Phillipinen	18,48
Japan	121,80	Türkei	18,14
Italien	105,00	Nigeria	16,80
Niederlande	87,36	Griechenland	16,80
Australien	84,00	Kongo Dem. Rep.	15,12
Belgien	70,90	Marokko	15,12
Argentinien	58,80	Israel	15,12
Brasilien	58,80	Peru	14,28
Mexiko	45,36	Irland	13,44
Spanien	42,00	Ceylon	13,10
Venezuela	42,00	Argentinien	12,60
Schweden	37,80	Ghana	11,59
Indonesien	34,78	Sudan	9,58
Südafrika	33,60	Uruguay	9,24
Pakistan	31,58	Korea	8,40
Österreich	29,40	Zambia	8,40
Dänemark	27,38	Burma	8,06
Neuseeland	26,38	Trinidad	7,39
Norwegen	25,20	Vietnam	6,55
VAR	25,20	Syrien	6,38
Jugoslawien	25,20	Jamaika	6,38

Tunesien	5,88	Mauritius	2,69
Dominik. Rep.	5,38	Burundi	2,52
Kenya	5,38	Island	2,52
Uganda	5,38	Guyana	2,52
Tansania	5,38	Haiti	2,52
Bolivien	4,87	Paraguay	2,52
Afghanistan	4,87	Ruanda	2,52
Panama	4,70	Sierra Leone	2,52
Senegal	4,20	Somali	2,52
Costa Rica	4,20	Malawi	1,89
Ecuador	4,20	Togo	1,89
El Salvador	4,20	Ober Volta	1,68
Guatemala	4,20	Niger	1,68
Süd. Yemen	3,70	Malta	1,68
Liberia	3,36	Mauretanien	1,68
Zypern	3,36	Kongo (BR)	1,68
Kambodscha	3,19	Tschad	1,68
Nicaragua	3,19	Dahomey	1,68
Guinea	3,19	Laos	1,68
Honduras	3,19	Zentralafrikan. Rep.	1,60
Elfenbeinküste	3,19	Gabun	1,60
Luxemburg	3,19	Swaziland	1,01
Malagasy	3,19	Guinea	1,01
Kamerun	3,06	Sambia	0,84
Mali	2,86	Botswana	0,50
Jordanien	2,69	Lesotho	0,50

Daß die erste Basisperiode auf 3 anstatt auf 5 Jahre, wie es die Regel vorsieht, verkürzt wurde, war der mangelnden Übersichtlichkeit der Entwicklung zuzuschreiben. Das rudimentäre Verfahren, das 1969 bei der Eruierung des längerfristigen globalen Reservebedarfs und bei der quantitativen Veranschlagung des Bedarfs an Sonderziehungsrechten eingeschlagen werden mußte, zeigt, daß das Problem der bewußten Schaffung von Währungsreserven nach objektiven wirtschaftlichen Kriterien noch nicht gelöst ist. Es ist zu hoffen, daß aufgrund der Erfahrungen die Diagnostik verbessert werden kann. Im heutigen Zustand können jedenfalls die Sonderziehungsrechte noch nicht beanspruchen, ein nach Maß geschneidertes Reservemittel zu sein, sondern haften der Höhe der Zuteilungen noch zahlreiche willkürliche Elemente an und ist diese auch erheblichen politischen Einflüssen der Teilnehmerstaaten ausgesetzt.

c) *Die erste Zuteilung und der Anpassungsprozeß*

Von der Höhe der Zuteilungen der Sonderziehungsrechte wird auch der sog. Anpassungsprozeß beeinflußt. Übermäßige Zuteilungen, die einen allzu hohen Zuwachs der Gesamtreserven verursachen, bergen die Gefahr in sich, daß die Defizitländer ihre inneren monetären und wirtschaftspolitischen Anpassungsmaßnahmen vernachlässigen und daß sich die monetäre Disziplin lockert; zu geringe SZR-Zuteilungen und eine zu geringe globale Reserveversorgung hätten umgekehrt den Nachteil, daß sich die Schuldnerländer gezwungen sehen könnten, zu Roßkuren Zuflucht zu nehmen, die auch die Partnerländer schädigen. Ziel der SZR soll es sein, den Anpassungsprozeß zu verbessern, indem die weltweite Reservelage so gemanaged wird, daß die destruktiven Auswirkungen sowohl eines Zuwenig als auch eines Zuviel an Reserven vermieden werden. Die Schaffung zusätzlicher Reserven soll mit der Verbesserung des Anpassungsmechanismus einhergehen. Für die erste Zuteilung wurde die ausdrückliche Bedingung aufgestellt, daß bis dahin neben einem globalen zusätzlichen Reservebedarf auch eine Verbesserung der Zahlungsbilanzlage in den wichtigen Ländern eintreten und daß Aussicht auf ein verbessertes Funktionieren des Anpassungsprozesses bestehen müßten (Artikel XXIV/1 [b]). Angesichts des Umstandes, daß die USA trotz temporärer Überschüsse in der Bilanz der offiziellen Reservetransaktionen von einem dauerhaften Gleichgewicht noch weit entfernt waren, und daß auch in einer Reihe anderer Länder mit Zahlungsbilanzstörungen der Anpassungsprozeß ins Stocken geriet, konnte das Vorliegen der genannten Bedingung nicht leicht geltend gemacht werden. Wenn der IWF trotzdem zum Schluß gelangte, daß die Durchführung einer ersten Zuteilung mit den erwähnten speziellen Bedingungen vereinbar sei, so tat er dies vor allem mit der Begründung, die USA und Großbritannien stünden unter einem so starken Druck zur Korrigierung ihrer Zahlungsbilanzdefizite, daß Zuteilungen von SZR auf diese Länder keinen ungünstigen Einfluß haben würden. Wohl aber könnten ihre Stabilisierungsbemühungen die Überschußländer zu defensiven Maßnahmen gegen die auf ihrer Seite zu erwartenden Reserveverluste führen; der Neigung zu solchen Maßnahmen würde ein Reservezuwachs aus SZR entgegenwirken. Auch habe sich der Anpassungsprozeß in verschiedenen Ländern verbessert.[318] Mit den gleichen Argumenten war auch der Arbeitsausschuß III der OECD zu einem positiven Schluß gekommen.[319]

d) Die Benützung der Sonderziehungsrechte im Jahre 1970

Ein Überblick über die ersten zwölf Monate der Sonderziehungsrechte (1. 1. — 31. 12. 70) läßt folgende Feststellungen zu:
Von der ersten Jahreszuteilung von 3,41 Mrd. $ ist unterschiedlich Gebrauch gemacht worden. Am stärksten sind 1970 die Zuteilungen von den

---

[318] Bericht des Managing Director des IWF vom 23. September 1969, a. a. O., S. 8/9.

[319] Vergl. Jahresbericht der Deutschen Bundesbank 1970, S. 42/43.

Ländern des Mittleren Ostens in Anspruch genommen worden, die ihre SZR von insgesamt 77,4 auf 9,3 Mio. $ oder auf 12 % der Zuteilungen abbauten. Ins Gewicht fallen dabei insbesondere die VAR, Iran und Israel. Eine erhebliche Beanspruchung von rund 60 %, das heißt von insgesamt 277,7 auf 98,7 Mio. $, hatte auch die Gruppe der anderen asiatischen Länder zu verzeichnen, wobei Indonesien mit der völligen Verwendung seiner Quote von 34,8 Mio. $ und Indien mit einem Abbau von 126,0 auf 44,2 Mio. $ an der Spitze standen. Lateinamerika dagegen hatte Ende 1970 seine SZR-Quoten insgesamt nur zu 18 %, d. h. von 330,0 auf 272,2 Mio. $ benützt. Die afrikanischen Staaten, außer Südafrika, denen für 1970 zusammen für 168 Mio. SZR zugeteilt worden sind, haben davon bis Ende 1970 66,7 Mio. $ aufgebraucht. Die Gruppe der sogenannten „anderen entwickelten Gebiete" (Randstaaten Europas sowie Australien, Neuseeland und Südafrika) hatte von ihren Zuteilungen von 284,8 Mio. $ gesamthaft 66,1 Mio. $ beansprucht, was ausschließlich auf das Konto Griechenlands, der Türkei, Jugoslawiens und Neuseelands ging.

Demgegenüber haben die Industrieländer insgesamt 147,1 Mio. $ an SZR von Partnerländern übernommen, womit ihr Bestand an Sonderziehungsrechten von 2,28 Mrd. $ auf 2,42 Mrd. $ anstieg. Innerhalb dieser Gruppe standen jedoch Gläubigerländer auch Schuldnerländern gegenüber. Mit 850,7 Mio. $ vorzeichneten die USA am Jahresende, nach temporärem Anstieg bis auf 991,2 Mio., einen der ursprünglichen Zuteilung von 867 Mio. ähnlichen Bestand. Einen Zuwachs ihrer Sonderziehungsrechte von ursprünglich 201,6 auf 257,6 Mio. $ verzeichnete die Bundesrepublik Deutschland. Die Bestände erhöhten sich von 70,9 auf 204,9 Mio., diejenigen der Niederlande von 87,4 auf 144,1 Mio. $. Dagegen stieß Großbritannien 1970 im Rahmen seiner Schuldenrückzahlungen nicht weniger als 144,2 Mio. $ oder 28 % seiner ersten Zuteilungen an SZR ab. Auch Italien und Dänemark machten von ihren SZR-Zuteilungen Gebrauch. Kanada nahm hingegen Sonderziehungsrechte im Umfang von einem Drittel seiner originären Zuteilungen (124,2 Mio. $) von anderen Ländern herein. Auch Japan erhöhte seinen anfänglichen SDR-Bestand von 121,8 auf 146,3 Mio.

Obschon die Entwicklungsländer 1970 ihre Sonderziehungsrechts-Bestände zu 43 % in Anspruch nahmen, gibt es doch auch unter ihnen verschiedene Länder, die vom IWF zur Entgegennahme gewisser Bestände von SZR designiert wurden (z. B. Brasilien + 3,5 Mio. $, Chile 0,8 Mio. $, Mexiko 2,4 Mio. $, Venezuela 5,5 Mio. $).

Bei weitem den größten Zuwachs an SZR, nämlich 292,3 Mio. $, erhielt 1970 der Internationale Währungsfonds selber im Rahmen von Rückzahlungen aus normalen Ziehungen auf den Fonds. Zur Äufnung bestimmter Währungsbestände veräußerte er im Verlaufe des Jahres einen Teil seiner Bestände an verschiedene Mitgliederländer.

VII. Abschnitt:
Die internationale Währungswehr der Notenbanken

1. KAPITEL: ZIELSETZUNGEN UND FORM DER INTERNATIONALEN NOTENBANKHILFE

a) Die Charakteristika

Seit dem Übergang vieler Länder zur Währungskonvertibilität Ende 1958 und der damit verbundenen teilweisen Liberalisierung auch des Kapitalverkehrs haben die Bewegungen privater Kapitalien von Land zu Land stark zugenommen und sind die Bewegungen besonders der *kurzfristigen Gelder* gegen Konjunkturschwankungen sowie gegen politische und Währungskrisen empfindlicher geworden. Die Entwicklung hat durch die Entstehung großer internationaler Geld- und Kapitalmärkte einen gewaltigen Auftrieb erfahren. Daß allein das Nettovolumen des Eurogeldmarktes Ende 1969 auf 45 Mrd. $ geschätzt worden ist [320] und Ende 1970 auf 55 Mrd. $ stieg, zeigt, welch riesenhafte Dimensionen die flexiblen internationalen Gelder angenommen haben.

Kommt den zwischenstaatlichen Kapitalwanderungen einerseits eine wichtige Ausgleichswirkung in der internationalen Zahlungsbilanzlage zu, so können sie andererseits bei Währungskrisen aber auch *destabilisierend* wirken und die Gleichgewichtsstörungen noch wesentlich vergrößern.

Um dieser Entwicklung und ihren Gefahren für das internationale Währungssystem zu begegnen, sahen sich die Währungsbehörden der wichtigsten Länder seit anfangs der Sechzigerjahre veranlaßt, in wachsendem Umfang gemeinsame Maßnahmen zu treffen, die zum Ziel haben, destabilisierende internationale *Kapitalbewegungen* soweit wie möglich zu *vermeiden* oder durch Gegenbewegungen internationaler Notenbanktransaktionen zu *kompensieren*. Ist beispielsweise der normale internationale Kapitalfluß durch spekulative Faktoren gestört und stehen die Kurssicherungskosten einer Währung in einem Mißverhältnis zu den Zinsrelationen, so kann schon die Intervention der Notenbanken am Terminmarkt oft den Kanal wieder öffnen. Ist eine Währung einem starken temporären Druck ausgesetzt, so können die Währungsverluste des bedrängten Landes durch internationale Notenbankkredite rasch ausgeglichen werden und können durch geschicktes Zusammenspiel der Notenbanken die Fluchtgelder zurückgeschleust werden. Die Notenbanken der wichtigsten Währungsländer haben durch die Entwicklung entsprechender Techniken im Laufe der Sechzigerjahre eine starke erste

---
[320] Vergl. Jahresbericht der BIZ 1969/70, S. 159.

Verteidigungslinie an der internationalen Währungsfront errichtet, der es zu verdanken ist, daß wiederholt gefährliche akute Währungskrisen eingedämmt werden konnten.

Die Funktion, die die Notenbanken in dieser Beziehung ausüben, ist mit der Feuerwehr oder mit der Ersten Hilfe zu vergleichen. Die internationale Währungswehr der Notenbanken hat zum Ziel, einen Währungsbrand, der durch spekulative Kapitalbewegungen ausgebreitet zu werden droht, rasch unter Kontrolle zu bringen. Sie muß dazu *jederzeit einsatzbereit* sein. Denn nur wenn es gelingt, durch sofortige Gegenaktionen Reserveverluste, die sonst einen spekulativen Druck auf eine Währung ausüben könnten, zu verhindern, können die psychologischen Sekundäreffekte, die aus Währungsverlusten entstehen, ausgeschaltet werden.

Die Wirkung der Raschheit der Notenbankhilfe wird oft noch durch die *Diskretion* ihrer Verwendung erhöht. Während einerseits die öffentliche Bekanntgabe der Bereitstellung großer Notenbankmittel die Wirkung einer monetären Machtdemonstration haben kann, hängt andererseits der Effekt ihrer Inanspruchnahme wesentlich von ihrem unsichtbaren Einsatz ab. Es sollen damit sichtbare Reserveverluste verhindert und psychologische Sekundäreffekte von Währungskrisen vermieden werden. Im Unterschied zu den übrigen, sichtbaren Mitteln der internationalen Liquidität handelt es sich bei den Notenbankfazilitäten also gewissermaßen um „Invisibles".

Entsprechend den hohen Liquiditätsbedürfnissen der Notenbanken kann ihre Währungswehr jedoch *nur* von *kurzfristiger Wirkung* sein. Sie kann zwar den Brand bekämpfen, aber sie kann nicht solange andauern, bis die Schäden wieder repariert sind. Sie ist besonders in jenen Fällen ein geeignetes Mittel, wo der Druck auf eine Währung von „hot money" und von den „leads and lags" erzeugt wird und temporärer Art ist. Hier kann schon oft dadurch, daß gegen die spekulativen Geldbewegungen Gegendampf erzeugt wird, am Devisenmarkt wieder Ruhe hergestellt werden. Wo die Attacken des „hot money" auf tiefere und langfristige Gleichgewichtsstörungen zurückgehen, dort kann der Einsatz der Währungswehr der Notenbanken wohl temporär abkühlend wirken, indem er eine Währungspsychose bricht und Panik verhindert; hingegen kann er in solchen Fällen das Übel nicht korrigieren, sondern muß dies anderen Mitteln überlassen werden.

„Swaps und andere Kreditfazilitäten der Zentralbank sind", wie es in einem Bericht von vier Notenbanksachverständigen heißt, „ihrer Natur nach im wesentlichen kurzfristig; die Inanspruchnahme solcher Fazilitäten sollte sich daher auf Situationen beschränken, in denen anzunehmen ist, daß sich der Abfluß von Mitteln in verhältnismäßig kurzer Zeit wieder umkehren wird ... Es ist aber ganz klar, daß eine Zentralbank nicht immer in der Lage ist, den Trend des Zahlungsverkehrs genau zu diagnostizieren. Was anfangs als vorübergehender ungünstiger Ausschlag erscheint, kann sich als Zustand herausstellen, der in einem tiefen, zeitraubende Abhilfemaßnahmen erfordernden Ungleichgewicht wurzelt ... Unter solchen Umständen sollte an die Stelle von Zentralbankswaps eine mittelfristige Finanzierung treten."[321]) Die Notenbankhilfe muß in solchen Fällen durch *mittelfristige Kredite des IWF* oder durch andere mittelfristige Kredite *abgelöst* werden. Ohne Rückendeckung der zweiten, mittelfristigen Verteidigungslinie des Internationalen Währungsfonds wäre die Notenbankhilfe in vielen Fällen gar nicht möglich. Die wiederholten Pfund-Stützungsaktionen der Notenbanken von 1964 bis 1969 hätten beispielsweise nicht fortgeführt werden können, wenn sie nicht immer wieder wenigstens temporär durch IWF-Kredite an Großbritannien hätten abgelöst und damit zurückbezahlt werden können. Die Währungswehr der Notenbanken und die Kredithilfe des IWF müssen in solchen Fällen eng miteinander *koordiniert* werden.

Die rasche Mobilisierbarkeit und die Kurzfristigkeit der internationalen Notenbankkredite bringen es mit sich, daß ihre Bereitstellung, im Gegensatz zu den Krediten des IWF, an *keine wirtschaftspolitischen Bedingungen* geknüpft werden kann. Der Entscheid entspricht der unterschiedlichen Zielsetzung: Haben die mittelfristigen Kredite des IWF zum Ziel, einem Land Zeit zur Durchführung angemessener Anpassungsmaßnahmen zu geben, und muß ihre Gewährung entsprechend von der Durchführung eines Sanierungsprogramms abhängig gemacht werden, so ist die Notenbankhilfe in erster Linie auf Störungen temporären Charakters eingestellt, die sich rasch wieder verflüchtigen können, und muß sie dort, wo sie sich nicht als genügend erweist, durch andere Mittel ersetzt werden. Das Fehlen wirtschaftspolitischer Bedingungen macht jedoch den internationalen Notenbankkredit nicht zum leichten Kredit, übt doch andererseits gerade seine Kurzfristigkeit einen starken Druck auf das Schuldnerland aus.

b) *Reformvorschläge für die Notenbankhilfe*

Die Notenbankhilfe basiert auf dem Prinzip der Freiwilligkeit. Der Abschluß von bilateralen Swapvereinbarungen, die ein permanentes Instrument der Notenbankhilfe darstellen, geht auf den freien Entschluß der Partnerländer zurück. Im Rahmen der Swapabkommen sind allerdings die Kredite bis zum festgesetzten Betrag automatisch erhältlich. Wo sich im Fall einer Währungskrise kollektive Aktionen mehrerer

---

[321]) Bericht von C. A. Coombs, Vizepräsident der Federal Reserve Bank of New York, M. Iklé, Generaldirektor der Schweizerischen Nationalbank, E. Ranalli, Direktor der Italienischen Nationalbank und J. Tüngeler, Mitglied des Direktoriums der Deutschen Bundesbank, S. 12. Reproduziert in den Auszügen der Deutschen Bundesbank aus Presseartikeln Nr. 63, 1963, 16. August.

Notenbanken als notwendig erweisen, werden Umfang und Zusammensetzung der monetären Kooperation *von Fall zu Fall* nach den gegebenen Umständen beschlossen.

Es besteht für solche Fälle keine zentrale Organisation, von der die Initiative ausgeht. Wenn in der Bank für Internationalen Zahlungsausgleich in Basel schon verschiedentlich gemeinsame Aktionen dieser Art beschlossen worden sind, so geht dies darauf zurück, daß sich die Notenbankleiter des BIZ-Kreises monatlich zur Besprechung der internationalen Währungs- und Finanzlage und der nationalen Entwicklungen treffen. Kollektive Abwehraktionen der Notenbanken können jedoch nicht immer die Monatssitzungen der BIZ abwarten, und sie betreffen oft auch nur einzelne Länderpaare. Ihr Zustandekommen ist deshalb oft der spontanen Initiative einzelner Notenbankleiter überlassen.

Hat die Spontaneität und Formlosigkeit der Notenbankkooperation einerseits den Vorteil der *Anpassungsfähigkeit* an die besonderen Verhältnisse einer Situation, so hängt jedoch andererseits der Verlaß auf sie nur vom Verantwortungsbewußtsein und der *Solidarität* der einzelnen Notenbank, nicht aber von formellen Verpflichtungen ab. Dies hat Ende der Sechzigerjahre zur Forderung Anlaß gegeben, die Währungswehr der Notenbanken *institutionell* zu verankern und ihr einen automatischen Charakter zu geben. So präsentierte 1968 der italienische Notenbankleiter Carli ein Projekt, wonach im Falle massiver spekulativer Kapitalabflüsse aus einem Land diejenigen Länder, denen diese Gelder zuströmen, die betreffenden Kapitalien *automatisch* nach dem devisenverlierenden Land zurückzuschleusen hätten. In ähnlicher Richtung ging auch der Auftrag der Finanzminister der Zehnergruppe anläßlich der DM-Krise vom November 1968 an die Leiter ihrer Notenbanken, „zu prüfen, ob neue Absprachen unter den Zentralbanken die Auswirkungen spekulativer Bewegungen auf die Währungsreserven mildern könnten."

Die Notenbankleiter der Zehn kamen jedoch 1969 in ihren Besprechungen über das Problem noch zu einem im wesentlichen negativen Entscheid. Einmal stand der Idee des *automatischen recycling* von spekulativen Geldbewegungen schon die technische Schwierigkeit entgegen, einen spekulationsbedingten Devisenstrom von einem zahlungsbilanzbedingten zu unterscheiden. Vor allem stand jedoch einer automatischen Zurückschleusung dieser Gelder von den Zufluchtländern zu den Fluchtländern das Bedenken entgegen, daß sich dadurch die *Defizitländer in falsche Sicherheit* gehüllt fühlen könnten und daß dadurch ihr Interesse, die Ursachen solcher Krisen zu beseitigen, nachlassen könnte. Die Bedenken wurden noch dadurch verstärkt, daß mit dem Postulat des automatischen „recycling" auch die Zumutung an die Zufluchtländer verbunden worden wäre, die zurückgeschleusten Gelder den Schuldnerländern so lange zu kreditieren, bis sie wieder einen Zahlungsbilanzüberschuß aufweisen würden — eine Zumutung, die die Notenbanken mit ihrer kurzfristigen Kreditmöglichkeit ohnehin nicht hätten erfüllen können und die die Ablösung durch mittelfristige Regierungskredite notwendig gemacht hätte. Die obligatorische Zurückschleusung spekulativer Gelder nach den Verliererländern hätte zudem denjenigen Ländern, die Zufluchtstätten des „hot money" sind, ein unlimitiertes *Kreditrisiko* auferlegt. Aber es waren nicht nur die potentiellen Gläubigerländer, bei denen die Idee der Automatik der Währungswehr der Notenbanken keinen Gefallen finden konnte; auch unter den potentiellen Schuldnerländern gab es solche, die der obligatorischen temporären Zurückschleusung von „hot money" keinen Sinn abgewinnen konnten.

Die Schlußfolgerungen der Aussprachen der *Notenbankleiter* der Zehn wurden Mitte *Februar 1969* in einer *Verlautbarung* veröffentlicht. In einem ersten Punkt dieser Erklärung wurde vorweggesagt, daß bei künftigen Währungskrisen wie bisher eine gegenseitige Währungshilfe von Fall zu Fall *ad hoc* vereinbart werden solle. Dies war eine deutliche Absage an das postulierte Prinzip der Automatik. Um die Einsatzbereitschaft der Währungswehr der Notenbanken zu steigern, wurde jedoch in einem zweiten Punkt statuiert, daß bei spekulativen Geldbewegungen von außerordentlichem Umfang die Notenbankleiter *sofort* zusammenkommen sollten, um gemeinsam etwa erforderliche Kreditfazilitäten zu veranlassen. Die *BIZ* wurde dadurch offiziell zur *Zentralstelle* der Abwehrorganisation erklärt und ständig auf Pikett gestellt.

Ein weiterer Punkt der Erklärung der Notenbankleiter ist dem Postulat der *Zurückschleusung* des „hot money" gewidmet. Grundsätzlich stimmen die Notenbankleiter der Zehn dem Prinzip zu. Die Aufteilung der Kredithilfe unter den einzelnen der beteiligten Notenbanken und die Reihenfolge der Inanspruchnahme der Kreditzusagen soll, wie es in ihrer Verlautbarung heißt, „möglichst in einer Richtung gehen, die die zu kompensierenden Geldbewegungen widerspiegeln soll". Dies jedoch mit der Einschränkung, daß zwischen der unmittelbaren Kreditgewährung an das Defizitland und der definitiven Aufbringung der Finanzierungsmittel unterschieden werden müsse und daß vermieden werden müsse, daß denjenigen Notenbanken, denen in Währungskrisen große Beträge zufließen, in einseitiger Weise das Kreditrisiko gegenüber dem Defizitland zufalle. Der unmittelbaren Zurückschleusung der Gelder aus einem Zufluchtland soll deshalb hernach eine *Redistribution der Notenbankkredite* auf mehrere Schuldner folgen. Bei der Zurückschleusung der Gelder soll die BIZ in verstärktem Maße als Zwischenstelle eingeschaltet werden, indem sie sich entweder bei den Notenbanken oder auf den nationalen oder internationalen *Geldmärkten* die Mittel beschaffen soll, die sie an das devisenverlierende Land weiterleitet.[322]

---

[322] Vergl. Jahresbericht der Deutschen Bundesbank 1968, S. 41.

Die *Zurückschleusung* von „hot money" nach dem Defizitland stellt keine Neuerung dar, kennzeichnete sie doch schon die ersten Abwehrmaßnahmen der Notenbanken gegen spekulative Kapitalwellen und ist auch seither bei bilateralen oder kollektiven Notenbankaktionen dem Prinzip, daß die Zufluchtländer einen besonderen Beitrag leisten sollen, vielfach Rechnung getragen worden. Eine Zurückschleusung von Fluchtgeldern ist allerdings in akuten Krisen gar nicht immer leicht, dies besonders dann nicht, wenn das „hot money" vom Euromarkt stammt. Schon 1961 und wiederum 1968 und 1969 mußte die Deutsche Bundesbank erleben, daß der Versuch, die aus dem Euromarkt zugeströmten Gelder mitten in einer Krise zurückzuschleusen, einen *Bumerangeffekt* hatte, indem dadurch nur wieder ein neuer Geldzufluß in die D-Mark alimentiert wurde. Zurückschleusen lassen sich Fluchtgelder via Euromarkt erst *nach* einer Krise.

c) Die Hauptinstrumente

Unter den Instrumenten, die die Notenbanken in der Nachkriegszeit im Rahmen ihrer gegenseitigen Währungswehr entwickelt haben, nimmt der *Devisenswap* eine erste Stelle ein. Die Technik des Swapgeschäfts der Notenbanken ist dem Kurssicherungsgeschäft am Devisenmarkt entnommen. Ein Devisenswap zwischen zwei Zentralbanken ist ein gegenseitiger Kassakauf eines bestimmten Betrages an konvertibler nationaler Währung der beiden Partnerländer, verkoppelt mit einem gleichzeitigen Terminverkauf der beiden Währungen zu dem meist gleichen Wechselkurs, wie er für den Kassakauf gültig war. Durch die Ausübung eines Swaps stellen sich zwei Notenbanken also gegenseitig kursgesicherte Devisen zur Verfügung. Während dasjenige Land, das die Initiative zu einer Swapoperation ergreift, den Swapbetrag meistens zur Abwehr eines Drucks auf seine Währung verwenden muß, legt das Partnerland den kursgesicherten Gegenwert gewöhnlich kurzfristig verzinslich im Partnerland an, oder kann es diesen, falls es selber in Zahlungsbilanzschwierigkeiten kommt, während der Laufzeit des Swap teils selber konvertieren oder transferieren.

Swapoperationen sind in der Regel auf drei Monate befristet. Sie können grundsätzlich verlängert werden, jedoch ist ihre Verlängerungsmöglichkeit angesichts des kurzfristigen Charakters der Notenbankgeschäfte limitiert; einen Swap über ein Jahr hinaus zu verlängern würde gegen seine kurzfristige Natur verstoßen.

Swapoperationen besitzen bilateralen Charakter. Jedoch können — wie besonders das Beispiel der Swaps des FED mit der Schweizerischen Nationalbank und der BIZ zeigt — verschiedene Swaptransaktionen miteinander *kombiniert* werden, so daß sich daraus Dreiecksgeschäfte ergeben.

Die Notenbankswaps lassen sich entweder als improvisierte Aktionen *ad hoc* durchführen oder sie können aufgrund bilateraler Vereinbarungen über die *Errichtung bestimmter Swaplimiten* zu vorsorglichen permanenten Instrumenten gemacht werden, die dann bis zum vereinbarten Betrag innert der Laufzeit des Abkommens im Bedarfsfalle jederzeit ohne weitere Formalitäten von einer der beiden Parteien in Anspruch genommen werden können. In der Praxis haben sich beide Methoden nebeneinander entwickelt.

Systematisch zu einem vorsorglichen permanenten Instrument ist der Notenbankswap durch das *Swapnetz des amerikanischen Federal Reserve System* mit 14 anderen Notenbanken und der BIZ ausgebaut worden. Mit einem gesamten Swapbetrag, der bis zum September 1970 auf über 11 Mrd. $ angestiegen war, ist dadurch ein starkes Bollwerk der ersten monetären Verteidigungsfront geschaffen worden, das sowohl den USA als auch zahlreichen Partnerländern ein starkes Rückgriffsrecht auf kurzfristige Notenbankkredite gewährleistet. Die Vereinigten Staaten haben ihr Swapsystem zu einem Instrument entwickelt, das es ihnen jederzeit ermöglicht, durch kurzfristige Geldbewegungen hervorgerufene Störungen temporär auszuglätten. Umgekehrt wird das Swapsystem mit Amerika seitens vieler Partnerländer Amerikas immer wieder in Anspruch genommen, um kleinere Belastungen der Devisenbilanz temporär auszugleichen, und gibt ihnen die automatische Ziehungsmöglichkeit auf zum Teil hohe Beträge von Swapdollars einen starken potentiellen ersten Schutz im Falle von Währungskrisen. „Indem das Swapsystem des FED bilateral aufgegliedert ist, hat es den Vorteil, daß sich die einzelnen Vereinbarungen fest auf die Realitäten der Märkte und Institutionen in jedem Land stützen und neuen und unvorhergesehenen Bedürfnissen angepaßt werden können." [323])

Neben dem amerikanischen Federal Reserve System hat bis 1970 keine andere Zentralbank die Initiative zur Schaffung eines eigenen Swapnetzes ergriffen. Einerseits lassen sich die Bedürfnisse der Länder außerhalb der USA durch das Swapnetz mit den USA und — im Notfall — auch durch ad-hoc-Abkommen mit anderen Ländern decken; andererseits sind die Sachverständigen zum Schluß gekommen, daß Swap-Netze zwischen Ländern außerhalb der Vereinigten Staaten den Nachteil hätten, daß die Währungen, die man sich gegenseitig zur Verfügung stellt, nicht benötigt werden bzw. meist in Dollars umgewandelt werden müßten.

Neben den vorsorglichen, systematisch angelegten bilateralen Swapvereinbarungen, die den Swap zu einem normalen Abwehrinstrument der Notenbanken gegen hektische Geldbewegungen gemacht haben, hat der Notenbankswap aber auch im Rahmen *improvisierter gemeinsamer*

---

[323]) Bericht der vier Notenbankexperten von 1963, vergl. Fußnote S. 273

Notenbankaktionen große Bedeutung erlangt. Die spontane, elastische Einräumung von Swaplimiten bildete beispielsweise die Grundlage der zahlreichen Stützungsaktionen, die eine Anzahl Notenbanken und die BIZ 1964 bis 1969 zur *Stützung des Pfundes* durchführten. Diese kollektiven Swapzusagen, die vielfach anläßlich der monatlichen Zusammenkünfte der Notenbankleiter des BIZ-Kreises beschlossen wurden, sind unter der Bezeichnung „Basler Abkommen" bekannt geworden. In die „Basler Abkommen" brachte jeweilen auch das Federal Reserve System seine bestehenden Swapabmachungen mit Großbritannien ein, wobei deren Limite oft gleichzeitig mit der Einräumung von Swaplimiten durch andere Notenbanken erhöht wurde. Zu ähnlichen kollektiven und kombinierten, allerdings wesentlich kleineren Aktionen kam es auch gelegentlich zugunsten anderer Währungen, wie des kanadischen Dollars, der Lira und des französischen Francs.

In Fällen, wo sich die fristgerechte Liquidierung von Swaps als schwierig erwies oder wo der Swap wegen des längerfristigen Charakters einer Geldbewegung als zu kurzfristig empfunden wurde, entwickelte das amerikanische Schatzamt mit den sogenannten *Roosabonds*[324]) ein mittelfristiges Kreditinstrument mit notenbankfähigem Charakter. Es handelte sich dabei um nichtmarktfähige, auf die Währung des jeweiligen Gläubigerlandes lautende Schuldverschreibungen der U.S. Treasury, die bis zu zwei Jahren terminiert sind und die, wie die Swapdollars, das Währungsrisiko decken; diese Schuldverschreibungen können trotz ihrer Mittelfristigkeit von den Notenbanken der Gläubigerländer ins Portefeuille genommen werden, weil sie für Bedarfsfälle mit einer Klausel ausgestattet sind, die sie jederzeit mobilisierbar macht. Mit Ausnahme einer kleineren mitelfristigen Emission an deutsche Banken sind Roosabonds nur an Notenbanken und Regierungen abgegeben worden. Für die Vereinigten Staaten hat diese Form des Notenbankkredits den Vorteil, Verbindlichkeiten gegenüber ausländischen Amtsstellen längerfristig zu binden und von einer Konversion in Gold abzuhalten. Indem die Guthaben des Auslands dadurch mittelfristig werden, erhalten sie statistisch den Charakter von Kapitalimporten, womit sie die Zahlungsbilanz formell günstig beeinflussen. Schuldverschreibungen dieser Art sind seitens der amerikanischen Treasury in einer Reihe von Währungen (D-Mark, Schweizerfranken, italienischen Lira, belgischen Francs, österreichischen Schilling usw.) ausgestellt worden. Die Roosa-Bonds haben sich in verschiedenen Fällen, wo die Gläubigerländer einen Dollarbedarf aufwiesen, als rasch liquidierbar erwiesen.[325])

---

[324]) Benannt nach dem damaligen Unterstaatssekretär im amerikanischen Schatzamt für internationale Währungsfragen, Robert Roosa.

[325]) Über die Entstehung der Roosa-Bonds und verschiedener Operationen in diesem Kreditinstrument vergl. den Bericht der 4 Notenbankexperten, a. a. O., S. XI, 5.

Als ein weiteres, gelegentlich angewandtes Mittel der Währungswehr der Notenbanken gegen spekulative Geldbewegungen ist das *kurzfristige Devisen- oder Golddepot* zu nennen. Aufgrund solcher Depots können Länder, die große Reserveverluste erleiden, diese Verluste teils statistisch temporär wettmachen. Diese Depots erscheinen in der Notenbankbilanz sowohl der Schuldnerländer als auch der Gläubigerländer als Reserven, bei den letzteren als Devisen oder Goldzertifikate. Ein Beispiel dieser Art war das schweizerische Dollardepot von 200 Mio. $ bei der Bank von England anläßlich der Pfundkrise im Frühjahr 1961. Schon in der Zwischenkriegszeit ist gelegentlich zu diesem Mittel gegriffen worden, so seitens der USA anläßlich der Stabilisierung des Pfundes im Jahre 1925, wo England zur Festigung seiner Währungslage ein Depot von 100 Mio. $ zur Verfügung gestellt wurde. Das Instrument hat jedoch in der Nachkriegszeit keine große Verbreitung mehr gefunden, haben sich doch die Swapvereinbarungen als vorteilhafter erwiesen.

Als Teil der Währungswehr der Notenbanken ist auch der *Goldpool* zu erwähnen, in dem sich die wichtigsten Notenbanken von 1961 bis 1968 zusammengeschlossen haben, um den Marktpreis des Goldes auf der Höhe des montären Preises zu halten. Über den Goldpool der Notenbanken findet der Leser nähere Angaben im Abschnitt über die Rolle des Goldes.[326])

Abgesehen von gegenseitigen Swapoperationen haben die Notenbanken im Laufe der Sechzigerjahre auch *einseitige Interventionen am Termindevisenmarkt* zu einem wirkamen Instrument der Beeinflussung der kurzfristigen internationalen Bewegungen von privaten Geldern entwickelt. Wie schon im Kapitel über das Wechselkursregime des Bretton Woods-Systems dargelegt wurde, hat der IWF von seiner Ermächtigung, auch für Termin-Devisenkurse „angemessene Margen" vorzuschreiben, im Gegensatz zu den Kassa-Devisenkursen, nicht Gebrauch gemacht. Ebenso haben sich die nationalen Notenbanken von Interventionen am Terminmarkt lange Zeit fern gehalten. Die umfangreichen internationalen Kapitalbewegungen in den Sechzigerjahren und der Einfluß, den die Termin-Devisenkurse auf diese Geldströme ausübten, haben dann aber die Notenbanken der wichtigsten Währungsländer veranlaßt, aus ihrer Passivität am Terminmarkt herauszutreten.

Gerät eine Währung unter Druck und fällt ihr Terminkurs so stark unter den Kassakurs, daß die Kurssicherungskosten den Zinsvorteil aufheben, so hört der Geldzufluß aus den Überschußländern nach diesem Land auf. Dadurch verschärft sich der Währungsdruck. Ist umgekehrt ein Land wegen Aufwertungserwartungen Zielscheibe von spekulativen Kursbewegungen, so kann die Terminnachfrage nach dieser Währung so stark

---

[326]) Vergl. S. 124 ff.

ansteigen, daß die Steigerung der Prämie auf dem Terminkurs die spekulativen Erwartungen noch ansteigen läßt und den Geldzufluß noch steigert. In solchen Fällen kann die separate oder koordinierte Intervention der Notenbanken auf dem Terminmarkt, durch die die Terminkurse künstlich erhöht oder verbilligt werden und die Swapkosten beeinflußt werden, den internationalen Geldstrom wieder in andere Richtungen lenken.

Der erste Entschluß der Notenbanken, am *Terminmarkt gemeinsam zu intervenieren,* kam während der währungspolitischen Unruhen nach der ersten D-Markaufwertung im Frühjahr 1961 zustande, als die Aufwertungsspekulation nicht nur in bezug auf die D-Mark weiterging, sondern sich auch auf andere Währungen ausbreitete, während gleichzeitig insbesondere das Pfund unter starken Druck geriet. Die Prämie auf der Termin-D-Mark stieg damals auf eine Höhe, die eine Termindeckung kaum mehr zuließ. Die Importeure deutscher Waren mußten zur Absicherung künftiger Markverpflichtungen Mark per Kassa kaufen. Andererseits waren die ausländischen Abnehmer deutscher Exporte nicht mehr bereit, gegen D-Mark deutsche Waren zu kaufen, sondern verlangten Fakturierung in ihrer eigenen Währung oder in Dollar. Da die deutschen Exporteure die fremden Valuten vorzugsweise auf Termin verkauften, entstand am deutschen Termindevisenmarkt ein zusätzliches Angebot.

Angesichts der gefährlichen Lage entschlossen sich die amerikanischen Währungsbehörden in Zusammenarbeit mit der *Deutschen Bundesbank* Mitte März 1961 erstmals zu umfangreichen Terminverkäufen von D-Mark gegen Dollar, um das Agio der D-Mark, resp. das Disagio des Dollars zu verringern.[327] Infolge dieser Terminverkäufe liefen den USA Mitte 1961 Engagements bis zu einer Milliarde D-Mark auf, die aber bis Ende des Jahres alle abgewickelt werden konnten. Umfangreiche Terminverkäufe wurden von den amerikanischen Währungsbehörden 1961 auch in *Schweizerfranken* getätigt, um den Dollarterminkurs wieder anzuheben und den Geldexport wieder in Gang zu setzen. Da die Schweizerische Nationalbank keine rechtliche Handhabe zu Terminoperationen hatte, mußten die Terminkäufe von Dollars auf Rechnung des amerika-

---

[327] Vergl. J. Tüngeler, Mitglied des Direktoriums der Deutschen Bundesbank, beschrieb diese erste Intervention am Terminmarkt wie folgt: „To the surprise of all speculators, they (FED and Bundesbank) announced their readiness to buy against Deutschemark not only all the dollars available on the market, but also those not yet on hand, i. e. due to be delivered at a later date. In total we bought $ 350 million forward. This intervention in the forward market frustrated all hopes of a near revaluation of the Deutschemark against the dollar. Order was soon restored and at some cost to the speculators in the bargain". (in "International Central Banking, a Symposium", Federal Reserve Bank of Boston, Oktober 1964, S. 17.)

nischen Schatzamtes durchgeführt werden.[328]) Die amerikanische Treasury-Behörden, die durch ihre Interventionen zum potentiellen Schuldner von Schweizerfranken geworden waren, wollten sich gegen dieses Risiko absichern; zwecks Beschaffung von Schweizerfranken wurde zur Kreierung von amerikanischen Schuldscheinen, die auf Schweizerfranken lauteten, gegriffen. Die Terminoperationen ließen sich in der Folge allerdings liquidieren, ohne daß erneut auf den Schweizerfranken-Kredit gezogen werden mußte. Der Kredit wurde später in eigentliche Roosa-Bonds umgewandelt.

Auch mit anderen europäischen Ländern trafen die USA gleichzeitig Abmachungen über gemeinsame Interventionen am Terminmarkt.

Wenn es in der Folge am Devisenmarkt zu Störungen kam, wurde seitens der Notenbanken immer wieder zum Mittel der Intervention gegriffen. Wiederholt sahen sich die amerikanischen Währungsbehörden insbesondere zu Terminverkäufen von Schweizerfranken und Gulden veranlaßt, um den gedrückten Dollarkurs in diesen Märkten zu stützen und den einseitigen Geldabfluß nach diesen Ländern zu verhindern. Vor allem aber mußten die britischen Behörden während der mehrfachen Pfundkrisen von 1964 bis 1969, als für das Terminpfund wegen hoher Kapitalabzüge der termingesicherte Zinsvorteil zugunsten Londons zeitweise verschwand, wiederholt durch sehr massive Dollarverkäufe am Terminmarkt intervenieren.

Eine erhebliche Rolle spielte die *koordinierte Intervention* der Notenbanken am Devisenmarkt auch nach der *Pfundabwertung von 1967,* als der Dollar unter schweren Druck geriet und zugleich Konversionen anderer Währungen in Gold vorgenommen wurden. Der Devisenhandel und die Zinsarbitrage gerieten unter diesen Umständen in Gefahr, von den spekulativen Erwartungen des Marktes überspielt zu werden. Dank aufeinander abgestimmter amtlicher Interventionen gelang es, zusammen mit der wiederholten Versicherung, daß die Parität des Dollars aufrechterhalten werde, bis Ende 1967 wieder geordnete Verhältnisse herzustellen.[329])

In verschiedenen Ländern wurden die Interventionen am Terminmarkt und die Beeinflussung der Kurssicherungskosten zu einem *aktiven Instrument der Zahlungsbilanzpolitik* entwickelt. Dies gilt besonders für die *Bundesrepublik Deutschland.* Kam es in der Bundesrepublik zu einem starken Geldzustrom, so bot die Bundesbank oft Dollarbeträge auf der Basis von Swapgeschäften zu Swapsätzen an, die erheblich unter den

---

[328]) Vergl. Iklé, M., „Die Schweiz als internationaler Bank- und Finanzplatz", Zürich 1970, S. 67.

[329]) Vergl. Jahresbericht der BIZ 1967/8, S. 150.

Marktsätzen lagen. Dadurch wurden Dollaranlagen angeregt und der Geldexport gefördert. Änderte sich die Lage und wollte man den Geldabfluß eindämmen, so stellte die Bundesbank ihre Intervention zu günstigen Kursen wieder ein, womit sich die Swapkosten erhöhten und die Geldausfuhr gebremst wurde. Die Deutsche Bundesbank bediente sich dieses Mittels schon seit Jahren. In besonders massivem Umfang, allerdings mit bescheidenem Erfolg, hat sie davon in den Jahren 1968 und 1969 Gebrauch gemacht, als die D-Mark als Aufwertungskandidatin starken spekulativen Attacken ausgesetzt war. Auch die *Banca d'Italia* betrieb eine ähnliche Swappolitik, indem sie durch Manipulierung der Swapkosten den Gelderzustrom oder -abfluß zu lenken suchte.[330]

Im Jahre 1970 nahm die Diskussion darüber, ob ein störendes internationales Zinsgefälle durch eine besser aufeinander abgestimmte Politik reduziert werden könne und ob die internationalen Geldströme soweit eingedämmt werden können, daß sie die monetäre Autonomie nicht stören, ihren Fortgang. Im *Frühjahr 1971*, als es infolge der Umkehr der Zinsrelationen zwischen Euro-Markt und nationalen Geldmärkten zu umfangreichen Geldströmen kam, die sich noch durch Währungsspekulationen vergrößerten, führten die Zentralbanken zahlreicher Industrieländer außerhalb der USA Diskontsenkungen durch, während auf die Zinssätze des Eurogeldmarktes durch Verzicht auf weitere Euro-Anlagen von Zentralbanken, durch Abbau bestehender Zentralbankplacements am Euromarkt und durch wiederholte Abschöpfungsoperationen der USA am Euromarkt in umgekehrter Richtung Einfluß genommen wurde. Das verhinderte allerdings nicht, daß anfangs Mai eine schwere internationale Währungskrise eintrat.

2. KAPITEL: DER UMFANG DER NOTENBANKHILFE

a) Die Gesamtfazilitäten

Das rasche Wachstum und die zunehmende Inanspruchnahme der internationalen Notenbankfazilitäten lassen sich aus einer Zusammenstellung des Internationalen Währungsfonds ablesen, die in etwas gekürzter Form in Tabelle Nr. 33 reproduziert ist. Sowohl das Swapnetz des Federal Reserve Systems als auch die kollektiven ad-hoc-Aktionen zugunsten einzelner Währungen nahmen 1961 ihren Anfang. Ende 1969 machten die Gesamtplafonds der Swapvereinbarungen und ähnliche Fazilitäten

---

[330] Über die Terminoperationen der Notenbanken vergl. die periodischen Berichte von Charles Coombs, die seit 1962 unter dem Titel „Treasury and Federal Reserve Foreign Exchange Operations" in der Monthly Review der Federal Reserve Bank of New York erscheinen; ferner die Jahresberichte der BIZ und des IWF.

nahezu 20 Mrd. $ aus, wovon mehr als die Hälfte auf das Swapnetz des FED und der Rest auf die kollektiven Stützungsaktionen namentlich zugunsten des Pfund Sterling und des französischen Francs entfiel. Das nordische Swapnetz und die Devisenvereinbarungen der USA mit lateinamerikanischen Staaten fielen demgegenüber praktisch nicht ins Gewicht. Die Tabelle zeigt auch die steigende Inanspruchnahme der Fazilitäten. Hielten sich die gesamten Ziehungen auf diese Kredite 1962 noch im Rahmen von rund 1 Mrd. $, so erreichten sie 1969 einen Rekordbetrag von über 8,3 Mrd. $, um 1969 wieder auf 5,8 Mrd. $ zurückzugehen. Für die ganze Periode 1961 bis 1969 wurden Bruttoziehungen auf diese Kredite von 32,8 Mrd. $ registriert. Ende 1969 machten die noch ausstehenden Ziehungen 5,4 Mrd. $ oder einen guten Viertel des Gesamtplafonds aus; davon bestanden nahezu 70 % in Swapverbindlichkeiten Großbritanniens. (Tabelle siehe Seite 284/285)

b) *Das Swapnetz des Federal Reserve Systems*

Die erste Swaptransaktion zwischen zwei Notenbanken entstand während der Pfundkrise von 1961, als die Schweizerische Nationalbank und die Bank of England einen Gold/Sterling-Swap abschlossen, durch den die *Schweiz* einen Teil der ihr von *England zugeströmten spekulativen Gelder* wieder zurückschleuste.[331] Die Bewährung dieses Mittels während der Sterlingkrise gab Anlaß zu dessen weiterer Verbreitung. Aus den Besprechungen der Notenbanken bezüglich der Nutzbarmachung des Swapinstrumentes als Mittel der Währungswehr ging 1962 der Plan eines *Swapnetzes des Federal Reserve Systems mit anderen Notenbanken* hervor. Amerikanischerseits bestand das Ziel des Planes darin, übermäßige, reversible Dollarzuflüsse zu Zentralbanken außerhalb der USA durch Swapoperationen im Kurs abzusichern, um dadurch die Konversion von Dollarguthaben in Gold nach Möglichkeit zu beschränken oder zeitlich hinauszuzögern.[332] Auf Seiten der nicht-amerikanischen

---

[331] Über die Entstehung des Notenbankswaps vergl. Iklé, M., „Die Schweiz als internationaler Bank- und Finanzplatz", a. a. O., S. 65 ff.; ferner derselbe „Formen der Währungskooperation der Nachkriegszeit", Vortrag in Zürich vom 18. Dezember 1968.

[332] Vergl. dazu Coombs, Ch., in „International Central Banking, a Symposium", Federal Reserve Bank of Boston, Oktober 1964, S. 6: „By drawing from time to time upon the swap lines we have been able to avoid sudden and heavy concentrations of calls upon our gold reserve — which could have had speculative reactions — and to spread such gold sales over a longer period. Secondly, many of the inflows of dollars into foreign central banks are reversible in nature, being rooted in speculation, seasonal pressures or temporary shifts in money market conditions. By financing such reversible flows of funds through central bank credit facilities, we have avoided a shuttling back and forth of gold between the United States and foreign central banks and thereby brought about important economies in the use of gold."

Tabelle Nr. 33

Swapvereinbarungen und andere Kreditfazilitäten der Notenbanken und Schatzämter 1961 bis Ende 1969

(in Mio. $)

	1961	1962	1963	1964	1965	1966	1967	1968	1969
I. Plafond[1]									
a) Swapnetz des Federal Reserve Systems[2]	575	900	2050	2350	2800	4500	7080	10505	10980
b) Andere Fazilitäten:									
— kurzfristiger Unterstützungsfonds der EWG zugunsten des Pfundes	900	(500)	(250)	(3330)	1710	1980	3455	5775	5500
— zugunsten des kanadischen Dollars								(900)	
— zugunsten der italienischen Lira				925				90	260
— zugunsten des französischen Francs								2300	2250
— zugunsten des belgischen Francs									(100)
— zugunsten der dänischen Krone									(200)
— zugunsten der spanischen Peseta									300
— ad hoc U.S. Swap mit der Nederlandsche Bank							126		
— Swapnetz unter den nordischen Staaten (Dänemark, Finnland, Norwegen, Schweden)		40	40	40	40	40	81	81	81
— Devisenvereinbarungen des U.S. Schatzamtes mit lateinamerikanischen Ländern und den Philippinen	232	220	85	96	141	188	225	230	225
Total	1707	1660	2425	6741	4691	6708	10967	19881	19869

(in Mio. $)

	1961	1962	1963	1964	1965	1966	1967	1968	1969	1961–1969
II. Benützung der Fazilitäten										
a) Swapnetz des FED:[2]										
— Ziehungen durch FED	46	570	767	475	690	710	2046	1207	695	7206

— Rückzahlungen durch FED	— 46	— 340	— 613	— 564	— 653	— 565	— 2391	— 797	— 6616
— Ziehungen durch England			25	1370	1765	625	1350	2045	795	7975
— Rückzahlungen durch England			— 25	—1170	—1490	— 750	— 650	—1945	—1295	—7325
— Ziehungen durch andere Länder		250	95	180		302	571	1949	1612	4959
— Rückzahlungen durch andere Länder		— 250	— 45	— 230		— 102	— 425	—1777	—2130	—4959
— Totale Ziehungen	46	670	887	2025	2455	1637	3967	5201	3102	19944
— Totale Rückzahlungen	— 46	— 440	— 683	—1964	—2325	—1417	—1640	—6273	—4222	—18964
Nettoziehungen	—	230	204	61	130	220	2327	—1072	—1120	980
b) Andere Fazilitäten:										
— zugunsten des Pfundes:[3]										
Ziehungen	904	—	250	905	837	1433	2015	2510	566	9420
Rückzahlungen	—904	—	— 250	— 500	— 957	— 330	—1000	— 715	—1670	—6326
Nettoziehungen	—	—	—	405	— 120	1103	1015	1795	—1104	3094
— zugunsten anderer Währungen:										
Ziehungen	—	100	—	250	—	—	126	603	2125	3204
Rückzahlungen	—	— 100	—	— 250	—	—	—	— 276	—1293	—1919
Nettoziehungen	—	—	—	—	—	—	126	327	832	1285
c) Alle Fazilitäten[4]										
(FED Swapnetz und andere Fazilitäten)										
— Ziehungen	950	920	1137	3180	3292	3070	6108	8314	5793	32764
Rückzahlungen	—950	— 690	— 933	—2714	—3282	—1747	—2640	—7264	—7185	—27405
Nettoziehungen	—	230	204	466	10	1323	3468	1050	—1392	5359
davon Nettoziehungen Englands	—	—	605	155	978	1715	1895	—1604	3744
Nettoziehungen der USA	—	230	154	— 89	— 145	145	1607	—1470	— 102	330

[1]) Zahlen in Klammern bedeuten, daß ein Teil des Plafonds vor Ablauf der betreffenden Periode aufgehoben worden ist; im Total sind die ganzen Beträge inbegriffen.

[2]) 1961 und 1962 inkl. Swapnetz des U.S. Schatzamtes.

[3]) Ohne Beanspruchung des Swapnetzes des FED; Schätzungen des IWF-Stabs.

[4]) Ohne Transaktionen zwischen den USA einerseits und den lateinamerikanischen Ländern und den Philippinen andererseits.

Quelle: Jahresbericht des IWF 1970, S. 24.

Notenbanken war man an den Swapvereinbarungen interessiert, weil sie ihnen kursgesicherte Dollars verschafften, weil sie ihnen ferner im Bedarfsfall ebenfalls die Möglichkeit gaben, Ziehungen auf die Swapzusagen vorzunehmen, und weil ihnen mit den Swapdollars auch ein Offenmarktinstrument in die Hand gegeben wurde.

Das Swapnetz des Federal Reserve Systems nahm am 1. März 1962 seinen Anfang mit einem Swapabkommen auf standby-Basis mit der Banque de France über einen zunächst bescheidenen Betrag von 50 Mio. $ / 245 Mio. ffr. Ähnliche Swapzusagen über einen gleichen Betrag folgten im gleichen Jahre mit der Bank of England, der Nederlandsche Bank und der Banque Nationale de Belgique.

Daß demgegenüber das Swapabkommen mit *Kanada* gleich Ziehungsmöglichkeiten bis zu 250 Mio. $ vorsah, hing mit einer kollektiven Stützungsaktion zugunsten des kanadischen Dollars im Jahre 1962 zusammen. Eine besondere Bedeutung im Rahmen der Swapvereinbarungen wurde der *Schweiz* wegen ihrer wichtigen Rolle als Umschlagplatz kurzfristiger Geldbewegungen zugemessen. Um den Swapmöglichkeiten von Dollar / Schweizerfranken von Anfang an einen größeren Umfang zu sichern und um den Gepflogenheiten der Schweiz, ihre Währungsreserven zum größten Teil in Gold zu halten, Rechnung zu tragen, wurde nicht nur die Schweizerische Nationalbank sondern auch die Bank für Internationalen Zahlungsausgleich in Basel (BIZ) als Swappartner herangezogen. Ein erstes Abkommen mit der schweizerischen Notenbank von Mitte 1962 lautete auf 100 Mio. $; eine gleichzeitige Swapvereinbarung über 100 Mio. $ / 431 Mio. Schweizerfranken wurde mit der BIZ abgeschlossen. Die *BIZ* ihrerseits sicherte sich die Versorgung von Schweizerfranken durch ein Swapabkommen mit der Schweizerischen Nationalbank, welches die Abgabe von Gold gegen Schweizerfranken im Gegenwert von ebenfalls 100 Mio. $ vorsah. Dank der Mittlerrolle der BIZ konnte sich das Federal Reserve System Schweizerfranken auf Swapbasis bis zu 200 Mio. $ sichern, während die Schweizerische Nationalbank bei voller Ausnützung des Swap 100 Mio. in kursgesicherten Dollars und 100 Mio. $ in Gold erhielt. Die Dreieck-Swapvereinbarung des FED mit der schweizerischen Notenbank und der BIZ ermöglichte es den USA, bei starken Dollarzuflüssen nach der Schweiz der schweizerischen Notenbank überschüssige *ungesicherte* Dollars gegen geswapte Schweizerfranken abzunehmen, wofür die schweizerische Notenbank *kursgesicherte* Dollars und Gold von der BIZ erhielt; das FED wurde damit vor Konversionen von Dollars in Gold bewahrt. Die Operationen hatten insofern auch für die Schweizerische Nationalbank ihren Vorteil, als sie mit den kursgesicherten Dollars ein Offenmarktinstrument in die Hand bekam und durch deren Weitergabe an die Geschäftsbanken inländische Kaufkraft abschöpfen konnte.

Tabelle Nr. 34

Entwicklung des Swap-Netzes der Federal Reserve Banken 1962 — 1970

mit den Zentralbanken von:	1962	1963	1964	1965	1966	1967	1968	1969	1970
Österreich	—	50	50	50	100	100	100	100	200
Belgien	50	50	50	100	150	150	225	500	500
Kanada	250	250	250	250	500	500	1000	1000	1000
Dänemark	—	—	—	—	—	100	100	100	200
England	50	500	500	750	1350	1350	2000	2000	2000
Frankreich	50	100	100	100	100	100	700	1000	1000
Deutschland	50	150	250	250	400	400	1000	1000	1000
Italien	—	150	250	450	600	600	750	1000	1250
Japan	—	—	150	250	450	450	1000	1000	1000
Mexiko	—	—	—	—	—	130	130	130	130
Niederlande	50	50	100	100	150	150	400	300	300
Norwegen	—	—	—	—	—	100	100	100	200
Schweden	—	50	50	50	100	100	250	250	250
Schweiz	100	100	150	150	200	250	600	600	600
Bank für Internationalen Zahlungsausgleich									
— Schweizerfranken/Dollar	100	100	150	300	200	250	600	600	600
— andere europäische Währungen/Dollar	—	—	—	—	200	300	1000	1000	1000
Total	700	1550	2050	2800	4500	5030	9955	10680	11230

Quellen: Federal Reserve Bulletin; Federal Reserve Bank of New York; Monthly Review.

Die Zahlen beziehen sich für die Jahre 1962—1965 sowie für 1967 auf den 31. August, für 1966 auf den 15. September, für 1968—1970 auf den 10. September.

Das *Swapnetz des Federal Reserve Systems,* das im Entstehungsjahr 1962 sieben Partnerländer und die BIZ umfaßte, hat sich bis 1967 auf einen Kreis von 14 Ländern *ausgedehnt,* der bis 1970 nicht mehr erweitert wurde. Gleichzeitig hat sich der Gesamtplafond der Swapzusagen durch sukzessive Erhöhung der einzelnen Limiten von 700 Mio. $ (Ende 1962) auf nahezu 11 Mrd. $ (Ende 1969) in außerordentlichem Maße erhöht. Davon besaß *Großbritannien* mit 2 Mrd. $ die größte Swaplimite. Mit Kanada, Frankreich, Deutschland, Italien und Japan bestanden Swaplimiten von je 1 Mrd. $ (vergl. Tabelle Nr. 34). Die Swapvereinbarungen auf Schweizerfrankenbasis mit der Schweizerischen Nationalbank und der BIZ wurden sukzessive erhöht, bis sie Ende der Sechzigerjahre je 600 Mio. $ erreichten, was Ziehungsmöglichkeiten in Schweizerfranken von insgesamt 1,2 Mrd. $ gleichkam. Die BIZ hat sich außerdem mit Swapzusagen von 1 Mrd. $ in anderen europäischen Währungen als selbständiger Partner in das Swapnetz des FED eingeschaltet.

Das Swapnetz des FED wies, wie die Tabelle Nr. 33 zeigt, eine rege *Benützung* auf, sind doch von 1961 bis 1968 in seinem Rahmen 16,8 Mrd. $ Ziehungen und 14,7 Mrd. $ Rückzahlungen durchgeführt worden. Die stärkste Beanspruchung, nämlich Ziehungen von 7,2 Mrd. $ und Rückzahlungen von 6,0 Mrd. $, geht auf das Konto Großbritanniens, das in den Pfundkrisen von 1964 bis 1968 von der Swaplimite beim FED starken Gebrauch machte. Intensiv war die Beanspruchung der Swaplimiten mit insgesamt 7,0 Mrd. $ Ziehungen und 6,7 Mrd. $ Rückzahlungen von 1961 bis 1969 auch seitens des Federal Reserve Systems selbst; doch wies seine Benützung je nach den kurzfristigen Geldbewegungen große temporäre *Schwankungen* auf. Die Partnerländer Amerikas außerhalb England machten 1961 bis 1968 von den Swapfazilitäten durch Ziehungen von 3,3 Mrd. $ und Rückzahlungen von 2,8 Mrd. $ Gebrauch.

c) *Die „Basler Abkommen" zugunsten des Pfundes*

Das permanente Swapnetz des Federal Reserve Systems ermöglicht nur bilaterale Transaktionen entweder seitens der Vereinigten Staaten zugunsten eines anderen Landes oder seitens eines nicht-amerikanischen Landes zugunsten der USA. In größeren Währungskrisen ist jedoch ein bilaterales Instrument nicht ausreichend, sondern bedarf es der Unterstützung durch andere Notenbanken. So kam es in den Sechzigerjahren wiederholt zu *gemeinsamen Aktionen* einer Anzahl von Notenbanken und der BIZ zugunsten einzelner Währungen. Es handelte sich um zahlreiche *ad hoc* geschaffene, nicht permanente *Swapabkommen* zwischen dem bedrängten Land und anderen Staaten, an denen das Swapsystem des FED zum Teil ebenfalls beteiligt war.

Die weitaus wichtigsten Kollektivaktionen dieser Art waren die Maßnahmen zur *Stützung des Pfundes*. Zu einer ersten Gemeinschaftsaktion war es schon *1961* gekommen, als das Pfund Sterling nach der Markaufwertung unter Beschuß geriet. Aus dem Angebot der Schweiz, die ihr zugeströmten Gelder nach England durch ein Dollardepot von 200 Mio. $ und einen Gold/Sterlingswap von 40 Mio. £ zurückzuschleusen, entstand an der März-Tagung der Notenbankleiter des BIZ-Kreises eine *gemeinschaftliche Hilfe* von 916 Mio. $, die in der Öffentlichkeit unter der Bezeichnung „Basle Agreement" Eingang fand. Es handelte sich dabei allerdings nicht um eine formelle kollektive Vereinbarung, sondern um gleichzeitige „impromptu Swap"[333]) verschiedener Länder mit dem gleichen Ziel.

Konnte die erste gemeinschaftliche Hilfe der Notenbanken zugunsten des Pfundes rasch abgewickelt werden, so war dies jedoch bei ihren wei-

---

[333]) Vergl. Roosa, R. V., „The Dollar and World Liquidity", New York 1967, S. 22.

teren Hilfsaktionen gegenüber England, die sich von *1964 bis 1969* hinzogen, nicht mehr der Fall. Von Intervallen abgesehen, in denen zum Teil erhebliche Rückzahlungen vorgenommen wurden, mußte die internationale Notenbankhilfe in dieser Periode seitens Großbritanniens jahrelang in Anspruch genommen werden. Daß die wichtigsten Notenbanken England in dieser Zeit unentwegt mit gewaltigen finanziellen Einsätzen beisprangen, war der Position des Pfundes als internationale Währung und der Befürchtung zuzuschreiben, daß ein Zusammenbruch des Pfundes eine allgemeine Erschütterung des Währungssystems zur Folge haben müsse. Für die internationale Notenbankkooperation bedeutete dies aber eine *Zerreißprobe,* die erst überstanden war, als England 1969/70 seine Notenbankschulden dank der Wende in der Zahlungsbilanz ohne Ablösung durch andere Kredite zurückzahlen konnte.

Die *Kette der Pfundkrisen* begann im Herbst 1964 mit der Defizitärentwicklung der Grundbilanz.[334] Nach dem Wahlsieg Labours und infolge der Befürchtung einer Pfundabwertung kam es im November zur ersten krisenhaften Zuspitzung der Lage. Schon im September 1964 hatten mehrere Notenbanken der Bank of England kurzfristige Devisenhilfen von insgesamt 500 Mio. $ zur Verfügung gestellt. Zwecks Rückzahlung der eingegangenen Notenbankschulden sah sich die neue Regierung unmittelbar nach den Wahlen genötigt, beim *IWF* um eine *Ziehung von 1 Mrd. $* nachzusuchen. Die Ziehung, die anfangs Dezember zustande kam, wurde vom IWF erstmals teilweise mit Hilfe der „Allgemeinen Kreditvereinbarungen" (GAB) finanziert; sie wurde von einem parallelen direkten Kredit der Schweiz an Großbritannien von 80 Mio. $ begleitet.

Die Kredittransaktion seitens des IWF zugunsten Großbritanniens war jedoch noch nicht unter Dach, als es Ende November 1964 zu einer noch schwereren Vertrauenskrise gegenüber dem Pfund kam, die mit einer beispiellosen Kapitalflucht aus dem Pfund verbunden war. Um die britischen Währungsbehörden in den Stand zu setzen, gegen diese Spekulationswelle anzukämpfen, kam es am 25. November 1964 zu einer *monetären Machtdemonstration* der Währungsbehörden, indem die Notenbanken der Zehnergruppe, der Schweiz und Österreichs sowie die BIZ und die amerikanische Export-Import-Bank auf einen Schlag Devisenhilfen von 3 Mrd. $ zur Verfügung stellten. Gleichzeitig erhöhte das FED seine Swapzusage von 500 auf 750 Mio. $. Die in ihrer Größenordnung beispiellose internationale Hilfsaktion gab da und dort zur Kritik Anlaß, daß das Instrument der kurzfristigen Notenbankhilfe in übertriebenem Maße angewendet werde. Welche Gesichtspunkte für die Aktion bei den

---

[334] Über die Stützungsaktionen zugunsten des Pfundes von 1964 — 1969 vergl. die Jahresberichte der BIZ 1964/5—1969/70 sowie die Jahresberichte der Deutschen Bundesbank 1964—1969.

Währungsbehörden maßgebend waren, kommt im Jahresbericht der Deutschen Bundesbank von 1964 zum Ausdruck, wo es heißt:

„Die Notenbankaktion von Ende November 1964 kam zustande, um in einer spekulativ übersteigerten Devisenkrise die Ordnung auf den Devisenmärkten der Welt aufrecht zu erhalten und den englischen Behörden überhaupt erst einmal genügend Zeit und Luft zu schaffen, einen Vorschlag zur Lösung der fundamentalen Probleme auszuarbeiten und zur Wirkung zu bringen, was unter anderem auch die Voraussetzung für das Herantreten an den IWF wegen einer mittelfristigen Überbrückung darstellt."[335])

Um die kurzfristigen Notenbankkredite, die anfangs 1965 verlängert worden waren, abdecken und um die britische Reservelage stärken zu können, sah sich Großbritannien im *Mai 1965* genötigt, eine *neue Ziehung auf den IWF* im Ausmaß von *1,4 Mrd. $* durchzuführen, die — weil teilweise aufgrund der GAB finanziert — wiederum durch einen Parallelkredit der Schweiz von 40 Mio. $ ergänzt wurde. Mit einer Gesamtbeanspruchung des IWF von 2,4 Mrd. $ hatte England damit jedoch seine Ziehungsmöglichkeiten praktisch erschöpft.

Die Notenbankkredite waren mittels der Ziehung auf den IWF kaum zurückbezahlt, als im Sommer 1965 ein Schwächeanfall des Pfundes eine *dritte Notenbankaktion* notwendig machte. Anfangs September räumten die Notenbanken der Zehnergruppe (außer Frankreich) und Österreich sowie die BIZ der Bank von England neue Kreditlinien ein, deren Gesamtbetrag *rund 1 Mrd. $* betragen haben dürfte. Ihre Bereitstellung hatte eine rasche Beruhigung der Lage auf dem Devisenmarkt zur Folge, so daß die betreffenden Mittel in den nächsten Monaten nicht in Anspruch genommen werden mußten.

Um dem Pfund als internationale Reservewährung eine Rückendeckung zu geben, wurden die Kreditlinien im Frühjahr 1966 jedoch vorsorglicherweise verlängert. Schon im Sommer 1966 nahmen jedoch die britischen Devisenverluste wieder einen derartigen Umfang an, daß neu konzertierte Kreditaktionen der Zentralbanken notwendig wurden. Die von ihnen unternommenen Stützungsoperationen dienten unterschiedlichen Zielsetzungen und hatten entsprechend auch verschiedenartigen Charakter. Eine erste, im *Juni 1966* von einer Anzahl europäischer Notenbanken mit der Bank of England abgeschlossene Vereinbarung über eine Kreditzusage *von 1 Mrd. $*, die unter der Bezeichnung „Group Arrangement" segelte, galt der Absicherung der britischen Währungsreserven *gegen Rückzüge der Sterlingguthaben des Auslands*. Sie durfte nicht zur Deckung des nationalen britischen Zahlungsdefizits, sondern sollte allein zur Kompensation von Belastungen, die mit der Rolle des Pfundes als

---

[335]) Vergl. Jahresbericht der Deutschen Bundesbank 1964, S. 31.

Reservewährung zusammenhängen, angewendet werden. Während die meisten Notenbanken ihre Hilfe indirekt über die BIZ zur Verfügung stellten, gewährten das Federal Reserve System (FED) und die Bank von Frankreich ihre Hilfe im Rahmen der Gruppenvereinbarung auf direktem Wege. Die kurzfristige Vereinbarung wurde im März 1967 verlängert und im September 1968 durch ein längerfristiges Übereinkommen ersetzt.

Die *zweite*, im September 1966 unternommene kollektive Stützungsaktion der Notenbanken, deren Umfang nicht bekannt gegeben wurde, war hingegen eine allgemeine Zahlungsbilanzhilfe an Großbritannien. Hauptbeteiligt daran war das Federal Reserve System durch die *Erhöhung des bilateralen* Swap-Standby von 750 auf 1 350 Mio. $. Die Bereitstellung dieser Mittel vermochte die Lage wiederum temporär zu beruhigen. Die Festigung des Vertrauens in das Pfund, die von den inzwischen ergriffenen Stabilisierungsmaßnahmen ausging, und die geldmarktbedingten Kapitalrückflüsse nach England ermöglichten es den britischen Währungsbehörden, bis zum Frühjahr 1967 die vorübergehend in Anspruch genommenen Notenbankkredite vollständig zurückzuzahlen. Auch die erste im Dezember fällige Rückzahlung der Ziehung beim IWF von 1 Mrd. $ konnte teilweise vorzeitig getilgt werden.

Die Besserung der Devisenlage erfuhr jedoch durch die Nahostkrise im *Juni 1967* eine Wende. Zugleich begann der britische Außenhandel zu stagnieren. Die restriktive Wirtschaftspolitik in England stieß auf zunehmende Schwierigkeiten. So kam es schon im Sommer 1967 erneut zu Vertrauenseinbrüchen gegenüber dem Pfund, die die britischen Währungsbehörden in zunehmendem Maße zu Rückgriffen auf ausländische Kredithilfen veranlaßten. Dazu kam noch ein monatelanger Dockerstreik im Herbst 1967, der große Exportverluste verursachte. Die britischen Währungsbehörden waren dem Druck, der von der Vertrauenskrise des Pfund Sterling ausging, nicht mehr gewachsen. Die bisherigen Kreditmittel des Auslands erschöpften sich innert Tagen. Die Labour-Partei lehnte sich gegen die weitere Aufnahme von ausländischen Notenbankkrediten auf. So blieb schließlich im November nur noch die Möglichkeit einer *Paritätsänderung*. Das Pfund Sterling wurde am 18. November 1967 um 14,3% abgewertet. Das Ziel der großzügigen Stützungsaktionen der Notenbanken und des IWF, eine Abwertung des Pfundes als internationale Währung zu vermeiden, hatte nicht erreicht werden können.

Die Pfundabwertung bedeutete aber noch kein Ende der Notenbankhilfe an Großbritannien. Schon kurz vor der Abwertung hatte eine Gruppe von Notenbanken England einen Kredit von 250 Mio. $ zur Verfügung gestellt, um es zur Rückzahlung einer fälligen Ziehung beim IWF zu befähigen; auch hatte Großbritannien im Oktober 1967 von den drei schweizerischen Großbanken einen Konsortialkredit von 450 Mio. SFr.

erhalten. Unmittelbar *nach* der Abwertung kam es zu einer weiteren umfangreichen *Kollektivaktion von nahezu 3 Mrd. $*, woran sich die zwölf Notenbanken des Basler Kreises mit kurzfristigen Standby-Swaps von 1,6 Mrd. $ und der IWF mit einem Bereitschaftskredit von 1,4 Mrd. $ beteiligten. Die Kredithilfe sollte das Vertrauen in das Pfund auf der neuen Paritätsgrundlage festigen und so die Ausgangsposition verbessern. Als aber im Zusammenhang mit der Goldkrise und als Folge der ungenügenden Restriktionspolitik im Innern Englands das Pfund im Frühjahr 1968 erneut unter Druck geriet, sahen die ausländischen Notenbanken keinen anderen Ausweg, als Großbritannien nochmals zusätzliche *kurzfristige Kredite von 1,2 Mrd. $* bereitzustellen. Der Gesamtbetrag der unmittelbar zur Verfügung stehenden Kreditzusagen (Notenbanken und IWF) erreichte damit den Rekordstand von 4 Mrd. $.[336])

Als Folge der Pfundabwertung begannen verschiedene Länder des Sterlingraumes im Jahre 1968 ihre Sterlingguthaben zur Sicherung gegen mögliche weitere Währungsverluste abzubauen. Um diesen zusätzlichen Belastungen der prekären britischen Reservelage entgegenzutreten, sahen sich die Zentralbanken des BIZ-Kreises überdies zu einer Konsolidierungs- und Erweiterungsaktion ihrer bisherigen Kreditzusagen zur Kompensation von Schwankungen von sterling balances gedrängt. So kam es im September 1968 zum bereits erwähnten sogenannten *zweiten Basler Gruppenabkommen*, in dessen Rahmen zwölf Zentralbanken und die BIZ Großbritannien mittelfristige Kreditlimiten von *2 Mrd. $* einräumten. England wurde damit ermöglicht, den Sterlingländern auf ihren offiziellen Sterlingguthaben Währungsgarantien zu geben und diese mittelfristig zu konsolidieren.[337])

Da das Pfund im Sommer und Herbst 1968 zeitweise starken Kapitalabflüssen ausgesetzt war, mußte die Bank von England in großem Umfang die Kreditlimiten beim IWF und den ausländischen Zentralbanken in Anspruch nehmen. Die kurzfristige Währungsverschuldung Großbritanniens erreichte Ende 1968 ihren Höhepunkt. Es waren für die Jahre 1969—1971 Rückzahlungsverpflichtungen von nicht weniger als 4 Mrd. $ aufgelaufen, wovon allein 2,7 Mrd. gegenüber dem IWF. Um den hohen Fälligkeiten gegenüber dem IWF nachkommen zu können, mußte England im *Juni 1969* einen neuen Standby-Kredit von *1 Mrd. $* in Anspruch nehmen. Im Zusammenhang mit der Spekulation auf eine DM-Aufwertung kam es im Frühjahr 1969 erneut zu einem Druck auf das Pfund,

---

[336]) Vergl. Jahresbericht der Deutschen Bundesbank 1968, S. 33 und 43; Jahresbericht der BIZ 1967/8, S. 19 ff.

[337]) Über die Details dieses Abkommens und seine grundsätzliche Bedeutung vergl. S. 205 ff.

was die Deutsche Bundesbank zu einem vorübergehenden „Recycling-Kredit" an Großbritannien veranlaßte.

Obwohl die Pfundabwertung die britische Wettbewerbslage verbessert hatte, dauerte es mehr als ein Jahr, bis die Entwicklung endlich einen günstigeren Verlauf nahm. Insbesondere dank eines hohen Überschusses des Staatsbudgets und einer straffen Kreditpolitik kam es 1969 zu einer starken Aktivierung der Grundbilanz. Hatte diese 1968 noch einen Passivsaldo von 955 Mrd. $ aufgewiesen, so zeigte sie 1969 einen Aktivsaldo von 930 Mio. $. [338]) Angezogen durch das neue Vertrauen in das Pfund kehrte sich nun auch der internationale *Kapitalstrom zugunsten Großbritanniens,* so daß sich die gesamte Zahlungsbilanz gegenüber dem Vorjahr um nicht weniger als 2,7 Mrd. $ verbesserte. Das erlaubte Großbritannien Rückzahlungen der kurz- und mittelfristigen Schulden von 1,68 Mrd. $[339]). Im Jahre 1970 konnten dank weiterhin günstiger Zahlungsbilanzlage (631 Mill. £ Überschuß der laufenden Bilanz, 1,42 Mrd. £ Überschuß des „currency flow") weitere Rückzahlungen von 3,06 Mrd. $ vorgenommen werden, davon 2,79 Mrd. $ gegenüber ausländischen Währungsbehörden und 321 Mio. $ gegenüber dem Internationalen Währungsfonds. Die gesamte kurz- und mittelfristige äußere Verschuldung machte Ende 1970 noch 3,29 Mrd. $ aus, wovon 2,39 Mrd. $ auf Schulden an den IWF fielen.[340]) Ende März 1971 waren die Schulden an die ausländischen Notenbanken vollständig abgetragen, während gegenüber dem IWF noch Verpflichtungen von 1,74 Mrd. $ übrigblieben.

Das „Basler Gruppenabkommen" von 1968, das als Auffangmittel bei stärkeren Schwankungen der „sterling balances" der Sterlingländer gedacht war, mußte seit 1969 nicht mehr benutzt werden. Es wurde 1971 vereinbart, das Abkommen unverändert um weitere zwei Jahre zu verlängern.

Die verschiedenen Stützungsaktionen der Notenbanken und des IWF zugunsten des Pfund Sterling von 1964 bis 1969 sind in folgender Liste zusammengefaßt:

Die Operationen der Notenbanken und des IWF zur Stützung des Pfundes

September 1964	Multilaterale Devisenhilfe europäischer Notenbanken von 500 Mio. $; Swaplimite des Federal Reserve System (FED) von 500 Mio. $.
25. November 1964	Kurzfristige Überbrückungshilfe der Zentralbanken der Zehnergruppe, der Schweiz, Österreichs,

---

[338]) Vergl. Jahresbericht der BIZ 1969/70, S. 99.
[339]) Vergl. Bank of England, Quarterly Bulletin, März 1970.
[340]) Vergl. Bank of England, Quarterly Bulletin, März 1971.

	der BIZ und der amerikanischen Export-Import-Bank von insgesamt 3 Mrd. $; Erhöhung des Swap-Standbykredits des FED auf 750 Mio. $.
2. Dezember 1964	Ziehung auf den IWF von 1 Mrd. $, wovon 405 Mio. $ zulasten der „Allgemeinen Kreditvereinbarungen" (GAB) der Zehnergruppe in Anspruch genommen wurden. 80 Mio. $ Parallelkredit der Schweiz zur GAB-Finanzierung. Rückzahlung der Notenbankkredite vom November 1964 durch Großbritannien.
12. Mai 1965	Ziehung auf den IWF von 1,4 Mrd. $, wovon 525 Mio. $ aus den Mitteln der GAB. Schweizerischer Parallelkredit von 40 Mio. $. Die Mittel wurden teilweise zur Rückzahlung von 1,1 Mrd. $ Notenbankkredite verwendet.
Anfangs September 1965	Notenbankkredite von schätzungsweise 1 Mrd. $; Erhöhung der Swaplimite der USA.
Juni 1966	Erstes Basler Gruppenabkommen von 1 Mrd. $: Kurzfristiger multilateraler Kredit von zwölf Notenbanken und der BIZ an die Bank von England zur Absicherung der britischen Währungsreserven gegen Verluste aus Schwankungen der Sterlingguthaben des Auslandes. Bilaterale Swap-Kreditlinien des FED und der Bank von Frankreich zur Ergänzung des Abkommens.
13. September 1966	Kurzfristige Kredite der Notenbanken des BIZ-Kreises. Erhöhung des Swaps des FED auf 1 350 Mio. $. Verstärkung des Swapnetzes der Bank von England mit anderen Notenbanken.
Mitte März 1967	Verlängerung des ersten Basler Gruppenabkommens.
10. Oktober 1967	Konsortialkredite der schweizerischen Großbanken von 103 Mio. $ (450 Mio. Sfr.).
15. November 1967	Kredit der BIZ von 250 Mio. $, für den sich die BIZ ihrerseits bei ausländischen Notenbanken refinanzierte.
November 1967 (nach Pfundabwertung)	Bereitschaftskredite von 3 Mrd. $, davon Standby-Swaps ausländischer Notenbanken von 1,6 Mrd. $ und Bereitschaftskredit der IWF von 1,4 Mrd. $.

17. März 1968	Erhöhung der Notenbank-Kreditzusagen um 1,2 Mrd. $. Erhöhung des Swaps des FED auf 2 Mrd. $.
April 1968	Kredit der Deutschen Bundesbank von 50 Mio. $.
Juni 1968	Ziehung auf den Bereitschaftskredit des IWF im Betrage von 1,4 Mrd. $.
September 1968	Zweites Basler Gruppenabkommen: Mittelfristige Kreditzusage von zwölf Notenbanken an die Bank von England im Betrage von 2 Mrd. $ zur Absicherung der britischen Währungsreserven gegen Verluste aus der Verminderung der „sterling balances".
Juni 1969	Standby-Kredit des IWF von 1 Mrd. $.
August 1969	Recycling-Kredit der Deutschen Bundesbank von 125 Mio. $.

d) Andere Gemeinschaftsaktionen

Die Kollektivhilfe der Notenbanken hat sich jedoch in den Sechzigerjahren nicht allein auf das Pfund konzentriert, sondern ist, in allerdings bescheidenerem Umfang, bei akuten Krisen auch anderen wichtigen Währungen zugute gekommen.

Zu einer ersten gemeinsamen Aktion mehrerer Notenbanken, des IWF und von einzelnen Regierungen zugunsten des *kanadischen Dollars* kam es im *Juni 1962*. Kanada hatte im Mai seine Währung, die während Jahren einen schwankenden Wechselkurs aufgewiesen hatte, auf der Grundlage einer reduzierten Parität von 92 U. S. Cents wieder stabilisiert. Da Befürchtungen entstanden, daß der kanadische Dollar nochmals abgewertet werden könnte, kam es zu einer starken Kapitalflucht und Schrumpfung der kanadischen Währungsreserven. Um der akuten Gefahr zu begegnen, erklärten sich die Notenbanken der USA und Großbritanniens, der IWF und die amerikanische Export-Import-Bank bereit, Kanada kurzfristige Kredite von insgesamt 1 Mrd. $ zur Verfügung zu stellen; davon entfielen 250 Mio. $ auf Swapzusagen des FED und 100 Mio. $ auf eine ad-hoc-Swaplimite der Bank of England. Die prompte Währungswehr hatte Erfolg, und Kanada konnte die in Anspruch genommene Währungshilfe bis Ende des Jahres zurückzahlen.

Eine *weitere Gruppenaktion* von einzelnen Notenbanken, des IWF und der Export-Import-Bank zugunsten *Kanadas* im Gesamtbetrag von 1 Mrd. $ wurde im *April 1968* notwendig, als Befürchtungen wegen der Rückwirkungen der amerikanischen Zahlungsbilanzmaßnahmen beträchtliche Geldabzüge aus Kanada zur Folge hatten. Wie 1962, konnte auch diese Währungskrise rasch überwunden und auf die in Anspruch genommene Währungshilfe innert weniger Monate verzichtet werden.

Eine erfolgreiche gemeinsame Stützungsaktion war im *Frühjahr 1964* auch zugunsten der *italienischen Lira* durchgeführt worden, die damals unter spekulativen Druck geraten war. Die Banca d'Italia erhielt insgesamt 700 Mio. $ kurzfristige Kredite seitens des Federal Reserve System, der Deutschen Bundesbank und der Bank von England. Die Schweiz beteiligte sich nachträglich an der gemeinsamen Notenbankhilfe, indem sie mit Italien einen Schweizerfranken/Lira-Swap im Gegenwert von 100 Mio. $ vornahm. Die über den Swap an Italien gelangenden Schweizerfranken fanden ihren Weg im Umtausch gegen Dollar zum Federal Reserve System, während dieses die betreffenden Schweizerfrankenbeträge zum Abbau seiner eigenen Swap-Verpflichtungen gegenüber der Schweiz verwendete. Die Dreiecksaktion zeigte, daß sich die bilateralen Swapabkommen auch kombiniert anwenden lassen.

Auch seitens *Frankreichs* wurde die kollektive Währungshilfe der Notenbanken in Anspruch genommen, als es nach den sozialen Unruhen im Mai und Juni 1968 zu einer starken Kapitalflucht und zu schweren Reserveverlusten kam. Angesichts dieser Notlage entschloß sich eine Gruppe von Notenbanken im *Juli 1968*, Frankreich Kreditlimiten von insgesamt *1,3 Mrd. $* zur Verfügung zu stellen. Je 600 Mio. $ wurden vom Federal Reserve System und von den Partnerländern Frankreichs in der EWG bereitgestellt, 100 Mio. $ stammten von der BIZ. Da der französische Franc angesichts der weiterhin andauernden sozialen Unsicherheit, der Abwertungserwartungen und der gleichzeitigen Spekulation auf eine DM-Aufwertung fortgesetzt unter starkem Druck stand, kam es im November 1968 zu einer ersten kollektiven Notenbankaktion zugunsten Frankreichs, wobei eine Anzahl von Notenbanken und die BIZ zugunsten der Banque de France eine zusätzliche Kreditlimite von 2 Mrd. $ aussetzten. Die Franc-Abwertung, die im August 1969 im Ausmaß von 11,1 % durchgeführt wurde, stand zunächst noch im Schatten der erneut aufflammenden spekulativen Geldbewegungen in die D-Mark. Als dann die D-Markaufwertung im Herbst 1969 Tatsache wurde und sich die französischen Stabilisierungsbemühungen stärker abzeichneten, setzten aber in Frankreich ungewöhnlich hohe *Devisenzuflüsse* ein, die die französischen Währungsbehörden instand setzten, bis zum Frühjahr 1970 einen beträchtlichen Teil der kurzfristigen Währungsschulden gegenüber den Notenbanken zu tilgen. Ende 1970 verblieb aus der Zeit der Währungskrise nur noch eine Restschuld von 1 Mrd. $ gegenüber dem IWF.

Die internationale Währungswehr der Notenbanken hat sich also, im Verein mit anderen Maßnahmen, schon in zahlreichen Währungskrisen als ein *sehr nützliches Mittel* erwiesen, momentane Vertrauenskrisen zu überwinden. Als kurzfristiges Mittel sind ihr jedoch enge Grenzen gesteckt. Das wird in einem Jahresbericht der BIZ unterstrichen, wo es heißt: „So sehr nun die Arbeit der Zentralbanken, erforderlichenfalls mit Unterstützung durch andere Maßnahmen, als brauchbare Grundlage der Abwehr einer spekulativ bedingten Gefährdung von Währungen zu werten ist, so sehr muß man sich darüber im klaren sein, was von solchen Maßnahmen überhaupt erwartet werden darf und was nicht. Sie können ein Ungleichgewicht vorübergehend mildern, aber es nicht endgültig beseitigen. Sie entlasten die Devisenmärkte bei Störungen, aber sie machen schwache Währungen nicht stark. Sie verschaffen Zeit für die Vorbereitung wirtschaftspolitischer Gegenmaßnahmen, aber sie ersetzen sie nicht."[342]

VIII. Abschnitt: Das Eurogeldsystem

1. KAPITEL: BEGRIFF UND STRUKTUR DES EUROMARKTES

a) Der Begriff des Euromarktes

Die Darstellung der Elemente des internationalen Währungssystems wäre nicht vollständig, wenn abschließend nicht noch das Eurogeldsystem zur Behandlung käme, stellte es doch mit seinem Kreditvolumen von 45 Mrd. $ (Ende 1969) und 57 Mrd. $ (Ende 1970) einen wichtigen Teil der internationalen Liquidität dar, das den Zentralbanken teils Ausgleichsfunktionen abnahm, teils jedoch ihre Aufgaben auch stark erschwerte.

Spielten in den Fünfzigerjahren die international mobilen kurzfristigen Gelder noch eine geringe Rolle, so hat sich seit Ende jenes Jahrzehnts im Gefolge des Übergangs der wichtigsten Währungen zur Konvertibilität und der Liberalisierung des Kapitalverkehrs ein sehr umfangreicher internationaler Geldmarkt zu entwickeln vermocht. Der Markt wird als Eurogeldmarkt bezeichnet, weil er sich insbesondere zwischen einer Anzahl von Banken in Europa abwickelt. Angebot und Nachfrage auf diesem Markt bestehen aus sogenannten Eurodevisen, insbesondere aus Eurodollars, aber auch aus anderen Devisen.

Gewöhnliche Dollars werden dadurch zu „Eurodollars", daß Banken, deren Sitze sich außerhalb der Vereinigten Staaten befinden (einschließlich Filialen amerikanischer Banken im Ausland) Dollars erwerben und an nicht-amerikanische Adressen weiterleihen. Die betreffenden Dollars erhalten sie meistens in der Form von Dollardepositen, teils aber auch durch Umtausch lokaler oder anderer Nicht-Dollarwährungen. Charakteristisch für ein Euromarktgeschäft ist demnach, daß sich die Trans-

---

[342] Vergl. Jahresbericht der BIZ 1960/61, S. 163.

aktion außerhalb des Gebiets der Ursprungswährung abwickelt. Die Dollardepositen, die mittels der Weiterverleihung durch Banken außerhalb der USA zu Eurodollars werden, können von „non-residents" oder von Gebietsangehörigen der Vereinigten Staaten stammen, auch können sie an Kreditnehmer außerhalb oder innerhalb der USA gehen; im letzteren Fall werden sie dann allerdings wieder zu gewöhnlichen Dollars und scheiden aus dem System aus.

Nicht zum Eurodollarmarkt gehören Dollarkredite, die von Banken in den USA an das Ausland gewährt werden. Ebensowenig sind die traditionellen Fremdwährungspositionen, beispielsweise die Dollarkonten von Auslandbanken zur Abwicklung des täglichen Geschäfts oder zur Anlage am New Yorker Geldmarkt, ferner die kommerziellen Dollarkredite der Banken usw., Bestandteil des Euromarktes. Die traditionellen Fremdwährungsoperationen sind jedoch von den Euromarktgeschäften nicht leicht zu trennen, weshalb eine Schätzung des Volumens des Euromarktes mit Schwierigkeiten verbunden ist.

Die Eurodevisen unterscheiden sich hinsichtlich Wechselkurs und Verwendungsmöglichkeiten in nichts von den entsprechenden gewöhnlichen Devisen. Der einzige Unterschied besteht darin, daß sie von Banken außerhalb des Gebiets der Ursprungswährung ausgeliehen werden und daß die Zinssätze, zu denen die Eurodevisen ausgeliehen werden, von denjenigen in den betreffenden nationalen Märkten meistens differieren. Die Zinssätze am Euromarkt für die gleiche Eurodevise sind überall dieselben; die Zinsdifferenzen zwischen den einzelnen Eurodevisen entsprechen den Unterschieden zwischen ihren Kassa- und Terminkursen, und die Zinssätze sind somit einschließlich der Kurssicherungskosten oder Prämien aneinander angeglichen.

Von den Ende 1969 ausstehenden Gesamtkrediten, abzüglich Interbankkrediten, von schätzungsweise 45 Mrd. $ entfielen 37,5 Mrd. $ oder 83% auf Eurodollars. Vom Rest lauteten 8,3% auf D-Mark und rund 6% auf Schweizerfranken.[343]) Ende 1970 machte der Dollaranteil 46 Mrd. $ oder 81% des Gesamtvolumens aus.

Der Eurogeldmarkt beschränkt sich auf kurzfristige Kredite, die Laufzeiten von einem Tag bis zu höchstens fünf Jahren aufweisen. Der weitaus größte Teil lautet auf Fristen von 1—3 Monaten. Ende Juni 1969 waren beispielsweise von den Eurodepositen bei den Auslandbranchen der amerikanischen Bankfilialen in London 10% Tagesgelder und Overnight-Depositen, während 38% nach einem, 15% nach zwei und 13% nach drei Monaten fällig waren. Die langfristigen Eurodevisenkredite bilden einen

---

[343]) Vergl. Machlup, F., „Euro-Dollar Creation: A Mystery Story", Banca Nazionale del Lavoro, Dept. 1970, S. 260.

eigenen Markt, den sogenannten Eurobondmarkt, der sich seit Mitte der Sechzigerjahre stark entwickelt hat.

Eurogeldmarktgeschäfte werden in großen Einheiten von minimal 100.000 $, meistens aber von 1 Mio. $ getätigt. Entsprechend finden am Markt in der Regel nur große Klienten Zugang. Man hat insofern den Euromarkt einen Großhandelsmarkt genannt. Euromarktoperationen werden meistens von den Devisenabteilungen der Banken getätigt, wobei sich ihr Abschluß ohne weitere Formalitäten oft innert Minuten vollzieht. Via Ausgabe von „Certificates of Deposits" von Banken, die auf Minimalbeträge von 25.000 $ (in Ausnahmefällen sogar 10.000 $) lauten und die zur Anlage am Euromarkt bestimmt sind, wurde auch einem größeren Kreis von privaten Investoren indirekt der Eingang zum Euromarkt ermöglicht.

Hauptzentrum des Eurogeldmarktes ist London, auf das rund drei Fünftel der gesamten Eurodollarverpflichtungen entfallen, davon drei Fünftel auf die dort ansässigen Zweigstellen amerikanischer Banken.[344] Eine bedeutende Rolle als Zentrum des Euromarktes spielen auch Zürich und Paris; als Nettoanbieter am Euromarkt stehen die Schweizerbanken sogar an erster Stelle.[345] Das Prädikat „Euro" für den internationalen Geldmarkt ist allerdings insofern ungenau, als auch nicht-europäische Banken, insbesondere in Kanada und Japan, am Euromarkt tätig sind und der Radius der Euromarktgeschäfte sich über Europa hinaus erstreckt.

b) *Der Umfang des Marktes*

Der Umfang des Eurodollarmarktes läßt sich nicht leicht erfassen, sind doch die Eurodevisengeschäfte von den generellen Fremdwährungsgeschäften der Banken nicht ohne weiteres auszusondern. Auch bestehen die Euromarktgeschäfte zu einem beträchtlichen Teil aus Interbankkrediten, die zur Vermeidung von Doppelzählungen ausgeklammert werden müssen, über deren Ausmaß jedoch keine genauen Angaben bestehen.

Unter Zuhilfenahme verschiedener Hypothesen hat die BIZ trotz dieser Schwierigkeiten versucht, das Kreditvolumen des Euromarktes zu messen. Es ergaben sich aus dieser Rechnung, nach Abzug des schätzungsweisen Betrages der Interbanktransaktionen, folgende Zahlen für das Nettokreditvolumen des Marktes:

---

[344] Vergl. Hirsch, F., „Some Implications on the Euro-Market", Vortrag in London vom 11. 12. 1969.

[345] Vergl. Jahresbericht BIZ 1969/70, S. 167.

Tabelle Nr. 35

Das Nettokreditvolumen des Eurogeldmarktes[1]) (in Mrd. $)

Jahresende	1963	1964	1965	1966	1967	1968	1969	1970
alle Eurowährungen	7,0[2])	10,8	13,8	17,4	21,0	30,0	45,0	57,0
Eurodollars	5,0[2])	9,0	11,5	14,5	17,5	25,0	37,5	46,0

[1]) Über den Eurogeldmarkt gewährte Kredite der Banken der EWG-Länder, Großbritannien, der Schweiz (inkl. BIZ) und Schwedens. Die Rechnung enthält die Positionen gegenüber Deviseninländern und berücksichtigt auf der Herkunftseite die von den Banken zum Umtausch in Dollar verwendeten Einlagen in Landes- und Drittwährung und auf der Verwendungsseite die von den Banken aus Eurogeldmitteln gewährten Kredite in Landes- und Drittwährung.
[2]) Ende September.

Quellen: Jahresberichte der BIZ 1963/4, 1966/7, 1968/9, 1969/70, 1970/1.

Die Zahlen lassen drastisch das pilzartige Anwachsen des Euromarktes erkennen. War der Markt, der erst Ende der Fünfzigerjahre entstanden war, bis 1963 auf 7 Mrd. $ angestiegen, so verdoppelte er sich bis Ende 1965 auf 14 Mrd. $, um in den drei darauffolgenden Jahren gar auf das Dreifache, nämlich auf 45 Mrd. $ hinaufzuschnellen. Der Eurodollarmarkt, der den wirtschaftlich größten Anteil des internationalen Geldmarktes ausmacht, bestimmte diese Entwicklung, indem er von 5 Mrd. $ (September 1963) auf 11,5 Mrd. $ (Ende 1965) und 37,5 Mrd. $ (Ende 1969) anstieg. Für Ende 1970 lauten die Schätzungen der BIZ für das Nettokreditvolumen des Eurogeldmarktes auf 55 Mrd. $. Trotz umfangreicher Rückzahlungen der Banken in den USA hat sich das Volumen des Euromarktes noch vergrößert, was namentlich auf die hohen Eurogeld-Anleihen von Nicht-Banken in der Bundesrepublik Deutschland zurückzuführen war.

Die Wachstumskurve ist, wie aus dem nachfolgenden Diagramm H ersichtlich ist, allerdings nicht immer gerade verlaufen. Trat in einzelnen Quartalen der Jahre 1965 bis 1967 ein Stillstand ein, so machte der Zuwachs im zweiten Quartal 1969 umgekehrt einen mächtigen Sprung nach oben. Die begleitende Kurve im Diagramm über die Veränderungen der Kreditaufnahme von U. S. - Banken bei ihren Auslandsniederlassungen zeigt, wo der bestimmende Faktor für die bisherigen Schwankungen des Marktvolumens liegt.

Über das Umsatzvolumen des Marktes bestehen keine zahlenmäßigen Angaben, doch dürfte sich dieses täglich auf mehrere Milliarden Dollar belaufen.

c) Anbieter und Nachfrager

Der Eurogeldmarkt ist zu einem großen Teil ein Interbankmarkt. Eurogelder wechseln zu minimalen Margen zwischen Banken die Hand, bis sie zum Endverbraucher gelangen. Die wirtschaftliche Bedeutung des Marktes liegt aber nicht in diesem Zwischen-Bankverkehr, sondern in dem Umstand, daß die Eurogelder letztlich zwischen Anbietern und Endverbrauchern außerhalb der Banken die Hand wechseln. Nach einer Statistik der BIZ entfiel rund je die Hälfte des Angebots und der Nachfrage des Euromarktes der acht wichtigsten europäischen Länder auf die Banken und Nicht-Banken.[346]

Die *Anbieter* am Eurogeldmarkt setzen sich aus Geschäftsbanken, Zentralbanken, Nicht-Banken und internationalen Institutionen zusammen. Die *Handelsbanken* legen ihre kurzfristig disponiblen Gelder dann auf dem Euromarkt an, wenn dieser einen Zinsvorteil bietet oder wenn ihnen auf dem nationalen Markt die Verwendungsmöglichkeit mangelt. Die Banken haben es dabei allerdings nicht immer in der Hand, den Umfang ihrer Anlagen am Euromarkt selber zu bestimmen, können sie doch bei starkem Zinsgefälle zugunsten des Euromarktes von den Kunden gezwungen werden, diesen ähnliche Zinse zu gewähren wie der Euromarkt, was ihnen keine andere Wahl läßt, als die betreffenden Depositen am Euromarkt zu placieren. Ein Teil der Euromarktgeschäfte der Banken wickelt sich auch in Form von Treuhandgeschäften auf Rechnung von Privaten ab. Aus Gründen der Konvenienz und der Rentabilität sind auch zahlreiche *Industrie- und Handelsfirmen* dazu übergegangen, disponible Mittel anstatt in lokaler Währung oder in Dollarguthaben am New Yorker Markt am Euromarkt zu halten. Die letzteren Mittel, die am Euromarkt als Angebot von Nicht-Bankenseite in Erscheinung treten, machen den größten Teil des Angebots aus, wenn man die Interbanktransaktionen außer acht läßt.

Ein beträchtlicher Teil des Angebots stammt zudem direkt oder indirekt von *Zentralbanken*.[347] Entweder legen sie ihre Dollarguthaben wegen Zinsvorteilen am Euromarkt an, oder sie führen dem Euromarkt indirekt durch verbilligte Swapoperationen mit Handelsbanken Dollars aus offiziellen Reserven zu, um damit bei wirtschaftlicher Überhitzung Kaufkraft im Innern abzuschöpfen oder einen übermäßigen Zuwachs der Währungsreserven zu verhindern (Beispiele: Deutschland, Italien, die Schweiz). Auch gelangen Notenbankreserven durch Depositen von Zentralbanken bei der BIZ an den Euromarkt. Die BIZ ist auf diese Weise zum wohl bedeutendsten Anleger am Eurogeldmarkt geworden. Außer

---

[346] Vergl. Jahresbericht der BIZ 1969/70, S. 173.
[347] Im Frühjahr 1971 wurden die Eurogeldanlagen von Zentralbanken von der BIZ auf 6 Mrd. $ geschätzt.

der Placierung ihrer Depositen am Euromarkt intervenierte sie auf diesem Markt gelegentlich auch zwecks Marktpflege mit den Mitteln aus ihrer Swapvereinbarung mit der Federal Reserve Bank. Euromarktanlagen durch Notenbanken haben allerdings eine problematische Seite, indem die betreffenden Gelder in die eigene Wirtschaft zurückfließen können.

Die *Nachfragerseite* am Euromarkt besteht demgegenüber vornehmlich aus Handelsbanken und Nicht-Bankfirmen. *Handelsbanken* gelangen an den Euromarkt, wenn sie knapp an liquiden Mitteln sind. So haben beispielsweise im ersten Halbjahr 1969 die amerikanischen Handelsbanken und im Herbst 1970 zunächst die deutschen Handelsbanken und dann deutsche Handels- und Industrieunternehmungen infolge der Kreditverknappung auf ihren nationalen Märkten ihren Kreditbedarf am Euromarkt vorübergehend stark erhöht. Banken treten, wie erwähnt, als Nachfrager auch als Zwischenglieder in langen Kreditketten auf, bis die betreffenden Eurogelder an einen *Endverbraucher* außerhalb der Banken gelangen. Die Endverbraucher konvertieren die Eurodollars, wenn sie sie nicht für Devisenzahlungen benötigen, oft in lokale Währung. Den wichtigsten Platz unter den Endverbrauchern nehmen die *internationalen Unternehmungen,* namentlich die großen Erdölgesellschaften, die chemischen Fabriken, Bergbauunternehmungen, usw. ein. Infolge der Zahlungsbilanzrestriktionen auf den amerikanischen Auslandinvestitionen sind Ende der Sechzigerjahre namentlich die amerikanischen Unternehmungen als Nachfrager am Euromarkt in den Vordergrund getreten. Da der Eurogeldmarkt grundsätzlich nur großen und bekannten Firmen offen steht, wird sein Nachteil der mangelnden Transparenz reduziert.

Über die *Verwendungszwecke* der Eurogelder beim Endverbraucher bestehen keine verläßlichen Angaben. Befürchtungen, daß kurzfristige Eurokredite in größerem Umfang zu langfristigen Zwecken Verwendung finden, sind jedoch gerechtfertigt. Die von zahlreichen Banken am Euromarkt angewandte Praxis sogenannter „Rollover"-Kredite (mittelfristige Kredite mit variablen Zinssätzen, entsprechend den jeweiligen Geldmarktsätzen) begünstigt diese Entwicklung.

Seitens der Zentralbanken dürfte der Euromarkt bisher kaum in Anspruch genommen worden sein; hingegen können Notenbanken im Bedarfsfall die Handelsbanken veranlassen, deren Anlagen am Euromarkt von diesem Markt zurückzuziehen.

d) *Gläubiger und Schuldner nach Regionen*

Wie die nachfolgende Statistik der BIZ über die geographische Aufgliederung des Eurodollarmarktes zeigt, waren die Länder des sogenannten Berichtsgebietes (EWG-Staaten, Großbritannien, Schweden und die

Schweiz) traditionelle Gläubigerländer. Ihr Überschuß am Euromarkt stieg seit Ende 1965 fortgesetzt, bis er Ende 1969 einen Höchstbetrag von 6,9 Mrd. $ erreichte. Demgegenüber waren die Vereinigten Staaten ein permanenter Nettoschuldner am Euromarkt, stieg doch ihr Passivsaldo seit Mitte der Sechzigerjahre ununterbrochen auf 12,7 Mrd. $ (Ende 1969). Während Kanada in den letzten drei Jahren des abgelaufenen Jahrzehnts am Euromarkt eine leichte Nettogläubigerstellung aufwies, war Japan Ende der Sechzigerjahre in der Höhe von 1 bis 1¹/₂ Mrd. $ am Markt ver-

Tabelle Nr. 36

Die geographische Struktur des Eurodollarmarktes[1]

(in Mrd. $)

Jahresende	1964	1965	1966	1967	1968	1969
1. *Herkunft*:						
a) EWG, Großbritannien, Schweiz u. Schweden	4,4	6,6	8,4	9,6	13,2	18,6
b) USA	1,5	1,3	1,1	1,7	3,2	3,8
c) Kanada	1,5	1,3	0,6	0,9	1,3	2,9
d) Japan	—	—	—	0,1	0,1	0,4
e) Osteuropa	0,3	0,3	0,4	0,4	0,6	1,0
f) übrige Länder	2,8	3,3	4,0	4,8	6,6	10,8
Total	9,0	11,5	14,5	17,5	25,0	37,5
2. *Beanspruchung*:						
a) EWG, Großbritannien, Schweiz u. Schweden	5,0	6,3	6,3	6,9	7,9	11,7
b) USA	2,2	2,7	4,4	5,2	9,5	16,5
c) Kanada	2,2	2,7	0,6	0,7	0,9	1,3
d) Japan	0,4	0,5	0,6	1,0	1,7	1,5
e) Osteuropa	0,5	0,5	0,7	0,8	0,9	1,0
f) übrige Länder	0,9	1,5	1,9	2,9	4,1	5,5
Total	9,0	11,5	14,5	17,5	25,0	37,5
3. *Nettogläubiger (+) bzw. -Schuldner (—)*:						
a) EWG, Großbritannien, Schweiz und Schweden	— 0,6	+ 0,3	+ 2,1	+ 2,7	+ 5,2	+ 6,9
b) USA	— 0,7	— 1,4	— 3,3	— 3,5	— 6,3	— 12,7
c) Kanada	— 0,7	— 1,4	—	+ 0,2	+ 0,4	+ 1,6
d) Japan	— 0,4	— 0,5	— 0,6	— 0,9	— 1,6	— 1,1
e) Osteuropa	— 0,2	— 0,2	— 0,3	— 0,4	— 0,3	—
f) übrige Länder	+ 1,9	+ 1,8	+ 2,1	+ 1,9	+ 2,5	+ 5,3

[1] Die geographische Aufteilung ist nur für den *Eurodollar*markt durchgeführt worden. Die Tabelle wurde im Bericht der BIZ für 1970/1 nicht weitergeführt.

Quellen: Jahresbericht der BIZ 1968/9, S. 163, für die Jahre 1964/1965;
Jahresbericht der BIZ 1969/70, S. 173, für die Jahre 1966—1969.

schuldet; das hat sich allerdings inzwischen geändert, wies doch Japan im Herbst 1970 eine Gläubigerposition am Euromarkt auf. Die osteuropäischen Staaten waren am Euromarkt bis Ende 1968 stets leicht verschuldet, hingegen zeigten sie Ende 1969 erstmals eine ausgeglichene Position. Bemerkenswert ist ferner die gesamthaft genommen stetige Gläubigerstellung der sogenannten „übrigen" Länder (übriges Europa und übrige Länder außerhalb Europas): mit 5,3 Mrd. $ zählten diese Ende 1969 zu den wichtigsten Lieferanten des Euromarktes.

Je nach der Konjunkturlage und dem Zinsgefälle können jedoch einzelne Länder ihre Positionen am Euromarkt ändern. Kommt es in bestimmten Ländern zur Kreditverknappung oder ändern sich die Zinsrelationen zuungunsten des Euromarktes, so kann es auch am Euromarkt spontan, oder veranlaßt durch behördliche Richtlinien, zu Änderungen der Positionen des Marktpartners kommen.

Typische Beispiele dafür, daß sich die Positionen am Euromarkt je nach dem Zinsgefälle ändern können, bieten die Vereinigten Staaten und die Bundesrepublik Deutschland. Machte der Dreimonats-Eurodollarsatz im Juni 1969 im Monatsdurchschnitt 11 %, während gleichzeitig der Satz für Dreimonatsgeld in der Bundesrepublik Deutschland $5 1/2$ % betrug, so kehrte sich das Zinsgefälle 1971 um, indem bis Ende März 1971 der entsprechende Eurogeldsatz auf $5 1/4$ % zurückging, während in der Bundesrepublik der Dreimonatssatz auf $7 1/2$ % anstieg. Infolge der veränderten Zinsdifferenzen zahlten die Banken in den U. S. 1970 6 Mrd. $ und im ersten Quartal 1971 weitere 3,5 Mrd. $ an den Euromarkt zurück. Umgekehrt nahmen 1970 in der Bundesrepublik Deutschland Geschäftsbanken und Wirtschaftsunternehmen 24 Mrd. DM am Eurodollarmarkt auf (davon 16 Mrd. DM durch Nichtbanken); im ersten Quartal 1971 beschleunigte sich der Zuwachs der deutschen Kreditnahmen am Euromarkt noch.

2. KAPITEL:

HISTORISCHE URSACHEN UND QUELLEN DES EUROMARKTES

a) *Die historischen Ursachen der Marktentwicklung*

Die Ursachen dafür, daß der Euromarkt in den Sechzigerjahren ein so phänomenales Wachstum erreichte, liegen vor allem in zwei Faktoren: erstens übt einerseits die *Freiheit* des Euromarktes, der durch keinerlei direkte behördliche Eingriffe behindert wird, und üben andererseits die Restriktionen und Regelungen der nationalen Geld- und Kapitalmärkte eine starke Anziehungskraft auf den internationalen Geldmarkt aus. Zweitens hat sich der freie internationale Markt, auf dem Hunderte von Banken in ungehindertem Wettbewerb stehen, als in hohem Maße *kompetitiv* erwiesen, so daß die Zinsbedingungen und die Einfachheit der Operationen oft für Kreditgeber oder für Kreditnehmer oder für beide zugleich von Vorteil sein können. Das stellt für den Euromarkt ein Fundament dar, welches ihm große Resistenzkraft verleiht.

Der Markt hat sich dank dieser Vorteile derart eingelebt, daß er selbst dann fortdauern dürfte, wenn nationale Regelungen, deren abschreckende Wirkung ihm zum Aufstieg verhalfen, aufgehoben würden.

Ein erster Impuls für die Entstehung des Eurodollarmarktes bestand Ende der Fünfzigerjahre darin, daß verschiedene *Banken in Osteuropa* ihre Dollarguthaben aus Angst vor einer allfälligen Blockierung der Konten durch die USA bei Bankkorrespondenten in anderen Ländern stehen ließen, die diese Dollars ihrerseits zu günstigeren Bedingungen, als in den USA dafür hätte bezahlt werden müssen, weiter verliehen. Ein weiterer Anreiz für die Schaffung eines Marktes von Dollardepositen außerhalb der USA kam 1957 von den *britischen Zahlungsbilanzmaßnahmen* gegen die weitere Benützung von Pfund Sterling für Außenhandelskredite außerhalb der Sterlingzone, was die britischen Banken zur Verwendung von Dollardepositen des Auslands für diese Zwecke bewog.

Einen entscheidenden Impetus erfuhr der Euromarkt aber erst Ende 1958, als sich zwischen den *amerikanischen Zinssätzen*, die der *gesetzlichen Zinslimitierung* unterstellt waren, und dem Eurodollarmarkt ein erhebliches Zinsgefälle zugunsten des letzteren öffnete. Die amerikanische Zinsplafondierung, die sogenannte „Regulation Q", die bereits 1937 im Rahmen der Federal Reserve Act eingeführt worden war, verbietet den U.S.-Banken eine Verzinsung auf den Sichteinlagen unter 30 Tagen und sieht außerdem für Zinsen auf Festgeldern die Fixierung von Höchstsätzen vor. Die durch diese Zinslimitierung künstlich geschaffene große Zinsdifferenz zuungunsten des New Yorker Marktes veranlaßte zahlreiche Anleger, die ihre disponiblen Gelder sonst in den USA investiert hätten, zur Placierung via Banken im Ausland. Die Attraktionskraft des Euromarktes war damals um so größer, als gleichzeitig der Übergang der wichtigsten Währungen zur Konvertibilität und die Liberalisierung des Kapitalverkehrs die Mobilität der Fremdwährungsdepositen erhöhten.

Im Jahre 1959 zog der Euromarkt in bedeutendem Umfang erstmals Gelder auch holländischer, schweizerischer, skandinavischer und — zeitweise — deutscher Banken an. Zudem wurde die Reihe der Anbieter durch verschiedene Zentralbanken, durch den Mittleren Osten und durch zahlreiche private Firmen, einschließlich amerikanischer Unternehmungen, erweitert. Der Markt weitete sich dadurch über Europa hinaus aus.

Bis Ende 1963 stand der Zufluß zum Euromarkt namentlich im Zeichen der amerikanischen Billiggeldpolitik und der dadurch hervorgerufenen

Zinsdifferenzen zwischen dem New Yorker Geldmarkt und dem Eurodollarmarkt. Auch trugen die zeitweisen Swapoperationen der deutschen und italienischen Notenbanken zur temporären Förderung des Geldexportes zur Alimentierung des Euromarktes bei.

Nach einer vorübergehenden Stagnation des internationalen Marktes im Zusammenhang mit den Konkursen der Stinnes Bank und der Crudo Oil Corp. setzte 1964 eine neue Wachstumsphase des Euromarktes ein, die vor allem durch die gesteigerte Nachfrage als Folge der Kreditverknappung in einigen europäischen Ländern beeinflußt war. Ein entscheidendes Ereignis für die weitere Entwicklung des Euromarktes waren die anfangs 1965 von der *amerikanischen* Regierung ergriffenen zahlungsbilanzbedingten *Maßnahmen gegen den Kapitalexport* sowie die gleichzeitige Anspannung der *amerikanischen Kreditlage*. Dadurch wurde die amerikanische Nachfrage am Euromarkt wesentlich gesteigert. Infolge der angespannten Marktlage kam es 1965 zu einem fühlbaren Anstieg der Eurozinsen, was zusätzliche Mittel anzog. Auch führten 1965 und 1966 die stark gesteigerten amerikanischen Emissionen am Eurobondmarkt und die daraus temporär anfallenden Mittel zu vorübergehend vermehrten amerikanischen Anlagen am Euromarkt. Erhebliche Zuflüsse zum Euromarkt entstanden auch durch die Umlagerung von Sterlingguthaben auf Dollarguthaben als Folge der Pfundkrise.

Seit Ende 1967 kam es infolge kreditpolitischer Einschränkungen und Zahlungsbilanzrestriktionen in Großbritannien und den Vereinigten Staaten sowie infolge der Zunahme der Dollarnachfrage für Goldkäufe zu erneuten Anspannungen des Euromarktes. Sein Wachstum beschleunigte sich in den nächsten zwei Jahren in atemraubendem Tempo. Nahm das Nettovolumen des Euromarktes 1968 von 21 auf 30 Mrd. $ zu, so vergrößerte es sich *1969* geradezu explosionsartig weiter auf 45 Mrd. $. Das war vor allem den energischen amerikanischen Kreditrestriktionen und dem Ausweichen der amerikanischen Handelsbanken nach dem Euromarkt zuzuschreiben: Von Ende 1968 bis Ende Juli 1969 erhöhten diese via Auslandbranchen ihre Kreditnahmen am Euromarkt von 7 Mrd. $ auf nicht weniger als 14,4 Mrd. $. Die außerordentliche amerikanische Beanspruchung des Euromarktes war hauptsächlich die Folge davon, daß trotz Verschärfung der amerikanischen Geldpolitik und der Steigerung des inneren Zinsniveaus die durch die „*Regulation Q*" festgelegten Zinsobergrenzen für Zeitdepositen unverändert gelassen wurden. Gleichzeitig machte sich auch in der übrigen Welt ein konjunkturbedingter Anstieg des Bedarfs nach Eurodollars geltend.

Die eklatante Nachfragesteigerung hatte eine *beispiellose Erhöhung der Zinssätze* auf dem Euromarkt zur Folge. Die Zinshausse übte einen starken Sog auf umfangreiche Gelder nach dem internationalen Markt aus. Dadurch wurde zahlreichen Ländern innere Liquidität entzogen und

Diagramm J
Die Zinsentwicklung auf auf dem Eurodollarmarkt

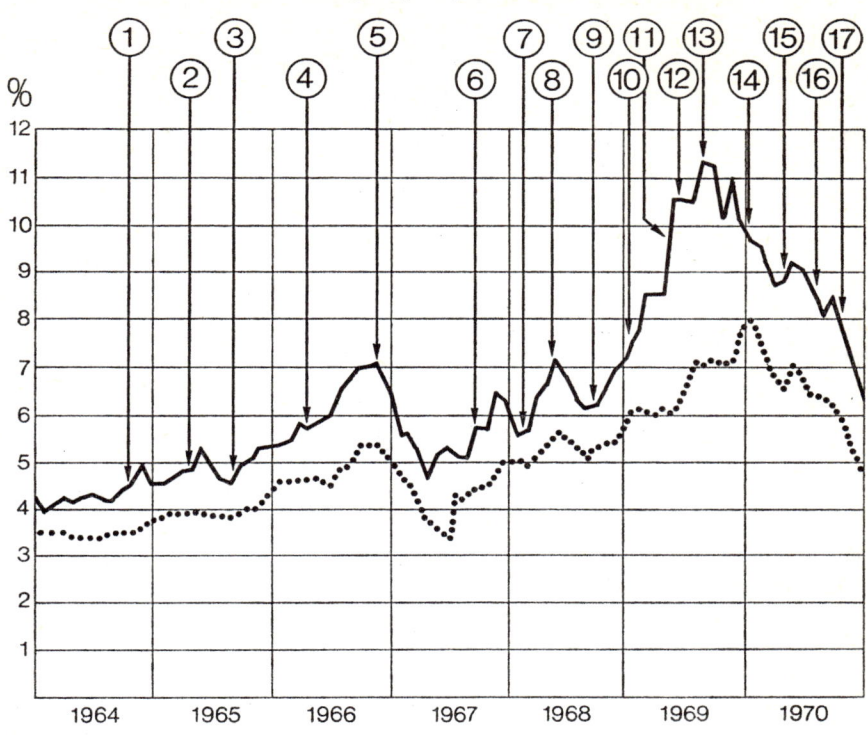

——————— U.S.-Schatzwechsel (3 Monate)

············· Euro-Dollar — 3-Monatsdepositen in London

1) Kreditverknappung in den USA
2) Maßnahmen gegen den Kapitalexport in den USA
3) Kreditverknappung in den USA
4) Kreditrestriktionen in den USA und Europa
5) Lockerung der amerikanischen Kreditrestriktionen
6) Kreditrestriktionen in den USA und Großbritannien
7) Goldspekulation
8) Spaltung des Goldpreises
9) Kreditrestriktionen in Frankreich, Aufwertungsspekulation gegenüber der D-Mark
10) Kreditrestriktionen in den USA
11) Kreditaufnahmen am Euromarkt durch amerikanische Banken
12) Aufwertungsspekulationen gegenüber der D-Mark
13) D-Mark-Aufwertung
14) Lockerung der amerikanischen Kreditpolitik
15) Kreditverknappung in Deutschland, Kreditaufnahmen am Euromarkt durch deutsche Banken.
16) Weitere Lockerung der amerikanischen Kreditpolitik
17) Rückzahlung von Eurodollarkrediten durch amerikanische Banken

Zinssätze Tabelle Nr. 37

Jahr und Monat 1970	Euro-Dollar (3 Monatsdepositen in London) %	U.S. Schatzwechsel (3 Monate) %
J	9,59	7,91
F	9,44	7,16
M	8,63	6,71
A	8,69	6,48
M	9,19	7,04
J	9,06	6,74
J	8,50	6,47
A	8,00	6,41
S	8,50	6,24
O	7,72	5,93
N	7,25	5,29
N	6,50	4,86

schnellten auch dort die Zinsen in die Höhe. Das veranlaßte eine Reihe von europäischen Notenbanken zu temporären Abschirmungsmaßnahmen gegenüber dem Euromarkt, was aber die Anspannung an diesem Markt noch vergrößerte. Am 11. Juni 1969 erreichten die Dreimonatssätze auf Eurodollars eine Rekordhöhe von $12^{5/8}$%!

Die ungestüme amerikanische Nachfrage am Euromarkt begann erst im Herbst 1969 nachzulassen, als die amerikanischen Behörden auf der Kreditnahme ihrer Banken am Euromarkt Pflichtreserven von 10% einführten, wodurch für diese die Bezüge am Euromarkt verteuert und die Nachfrage entmutigt wurden. Die seit anfangs 1970 einsetzende Lockerung der amerikanischen Kreditpolitik, die Mitte 1970 dekretierte teilweise Suspendierung der „Regulation Q" und die daraus resultierende, bereits dargelegte Umkehr der Zinsrelationen[348]) führten in der Folge wieder zu massiven Rückzahlungen der amerikanischen Banken an den Euromarkt. Von einem Schuldenhöchststand von 14,8 Mrd. $ (Mitte 1969) schrumpfte die Verschuldung amerikanischer Banken am Euromarkt bis Ende März 1971 auf 3,1 Mrd. $ zusammen.

Das Diagramm J zeigt die *äußeren Einflüsse auf die Zinsentwicklung am Euromarkt* in den Jahren 1964 bis Mitte 1970. Es bestätigt, wie sehr die Bewegungen der Eurozinsen von der kredit- und zinspolitischen Entwicklung in wichtigen Ländern und teils auch von der Spekulation gegenüber bestimmten Währungen beeinflußt waren. Eine überragende Rolle spielte dabei die Kredit- und Zinspolitik der *Vereinigten Staaten*. War einerseits die beispiellose Zinshausse am Euromarkt im Jahre 1969 maßgebend durch die Verknappung des amerikanischen Kreditvolumens bei gleichzeitigem Festhalten an den unveränderten Zinslimiten bestimmt, so war die umgekehrte Zinsentwicklung der Eurozinssätze im

---

[348]) Vergl. S. 305

Jahre 1970 die Folge der Lockerung der amerikanischen Kreditpolitik und der Suspendierung der Zinsobergrenzen.

Angesichts der Größe der amerikanischen Wirtschaft und des amerikanischen Kreditvolumens haben die internationalen Auswirkungen, die von der amerikanischen Kreditpolitik ausgehen, Proportionen, die für die übrigen, viel kleineren Länder, stark ins Gewicht fallen können. Im Vergleich zum Einfluß der USA sind die Auswirkungen der kreditpolitischen Entwicklung in anderen Ländern auf den Euromarkt geringer; jedoch sind auch von wichtigen Währungsländern außerhalb der USA gelegentlich fühlbare Auswirkungen auf den internationalen Geldmarkt ausgegangen.

b) *Die Quellen des Euromarktes*

Welches aber sind die wirtschaftlichen Quellen, aus denen bisher das phänomenale Wachstum des Eurogeldmarktes alimentiert werden konnte?

Eine erste, allerdings „primäre" Quelle bildete die Umschichtung von *bereits bestehenden Dollaranlagen des Auslands* in New York auf Anlagen am Euromarkt. Als der Euromarkt mit seinen Vorteilen in Erscheinung trat, legten sowohl private Banken und Nicht-Banken als auch Notenbanken kurzfristige dollar-balances, die sie bisher am New Yorker Markt untergebracht hatten, auf zinsgünstigere Anlagen am Euromarkt um.

Wesentlich stärker als Aliment des Euromarktes wirkten sich jedoch die großen, kontinuierlichen *Zahlungsbilanzdefizite der Vereinigten Staaten* aus. Allein von 1960 bis 1969 hatten sich Fehlbeträge auf Liquiditätsbasis von über 27 Mrd. $ angesammelt. Es war zu einem erheblichen Teil den Vorteilen des Euromarktes zuzuschreiben, daß die daraus anfallenden neuen Dollarguthaben des Auslandes in hohem Maße in privaten Dollarguthaben Eingang fanden. Die privaten Dollarguthaben, die die wichtigsten Ressourcen des Euromarktes bilden, nahmen in der genannten Periode um 20 Mrd. $ zu.

Ein Teil dieser Zunahme entspringt allerdings nicht direkt den amerikanischen Zahlungsbilanzdefiziten, sondern der *Umschichtung von öffentlichen in private Dollarguthaben*. Die Dollarnachfrage der Privaten überstieg 1968 und 1969 die Höhe der amerikanischen Fehlbeträge, so daß über 3 Mrd. $ den Dollarreserven der Notenbanken entzogen wurden, um mindestens temporär am Euromarkt untergebracht zu werden. Damit ist auch schon die dritte Quelle des Eurodollarmarktes genannt.

Der Eurogeldmarkt wurde aber nicht nur aus Quellen außerhalb der Vereinigten Staaten, sondern bisweilen aus Zinsgründen auch *aus den USA selber alimentiert*. 1969 vermochten die Zinsvorteile des Euromarktes auch private amerikanische Gelder von rund 2 Mrd. $ anzuziehen. Die dem Eurodollarmarkt Mitte 1969 zur Verfügung stehenden amerikanischen Mittel erreichten 4,4 Mrd. $ oder 13% des Nettokreditvolumens.

Aus den erwähnten Quellen dürfte sich tatsächlich ein wesentlicher Teil des Angebotes am Eurodollarmarkt rekrutiert haben. Die Expansion der Eurogelder ist aber auch durch den Kreditschöpfungsprozeß noch erhöht worden. Welcher Umfang diesem sogenannten Multiplikator in der Praxis zukommt, ist allerdings Gegenstand einer Kontroverse. Während beispielsweise Milton Friedman die pointierte Auffassung vertritt, daß die Eurodollars zum größten Teil das Produkt der Geldschöpfung seien, ist Fred Klopstock der gegenteiligen Ansicht, daß der Geldschöpfungseffekt der Eurodepositen sehr gering sei. Machlup bejaht zwar unter verschiedenen Hypothesen bei den Eurogeldern die Möglichkeit eines Multiplikators, hält jedoch mit seinem Urteil über das praktische Ausmaß dieses Effektes zurück. Stopper weist darauf hin, daß die Eurobanken Kreditschöpfung auf den ihnen anvertrauten Beständen von Eurodevisen betätigen können, wobei das System für einen allfälligen Ausgleich von Kreditverwendung und Mittelzufluß auf substantielle Forderungen gegenüber amerikanischen Banken zurückgreifen kann und die einzelne Eurobank zudem die Dollardisponibilitäten anderer Eurobanken beanspruchen kann.

Grundsätzlich kann beim Eurogeldsystem die Möglichkeit der Geldschöpfung ebenso wenig bestritten werden wie beim nationalen Bankensystem. Verwendet eine Euro-Bank Dollardepositen zu Dollardarlehen und bleibt deren Erlös im Eurogeldsystem, so erhöhen sich die totalen Depositen der Bankengruppe als Ganzes. Ob eine solche Wirkung tatsächlich eintritt und wie groß der Multiplikator in einem konkreten Fall ist, hängt jedoch vor allem davon ab, ob und in welchem Umfang die Depositen im System bleiben. Während in einem nationalen Bankensystem, wo die Sichtdepositen das Hauptzahlungsmittel darstellen und der Checkverkehr verbreitet ist, die Erlöse von Krediten zum größten Teil im System bleiben, weist jedoch das Eurogeldsystem zahlreiche *Lecks* auf, die den Geldschöpfungseffekt von Eurodarlehen einschränken. Die Erlöse von Eurodollardarlehen können vom Borger oder demjenigen, an den dieser bezahlt, dem Eurogeldsystem beispielsweise dadurch entzogen werden, daß sie zu Zahlungen in den USA verwendet werden; die

---

[349]) Vergl. Friedman, M., „The Euro-Dollar Market: Some First Principles" in The Morgan Guaranty Survey, Oktober 1969.

[350]) Vergl. Klopstock, F., „Money Creation in the Euro-Market", A Note on York, Januar 1970; Machlup, F., „Euro-Dollar Creation: A Mystery Story", Banca Nazionale del Lavoro, Quarterly Review, September 1970; Stopper, E., Vortrag Schweiz. Nationalbank vom 2. 4. 1971.

Eurodollars werden dadurch zu normalen Dollars. Oder sie werden vom Endverbraucher in lokale Währung konvertiert, wobei sie den betreffenden Notenbanken zufließen, die sie entweder an den Euromarkt zurückführen (womit die Gelder im Euromarkt bleiben) oder aber direkt in Geldmarktpapieren in den USA investieren oder in Gold konvertieren können (womit sie aus dem Eurosystem ausscheiden). Die Euro-Banken als Gruppe können somit nur in einem Teil aller Fälle damit rechnen, daß die von ihnen gewährten Eurokredite als Depositen wieder zu ihnen zurückkehren. Klopstock geht sogar soweit zu sagen, daß die Euro-Banken als Ganzes die meisten dollar-balances, die sie als Euro-Kredit weiter verleihen, verlieren.[351])

Es ist allerdings zu berücksichtigen, daß den Eurogeldern auch einige Faktoren zu eigen sind, die in der Richtung eines höheren Multiplikatoreffektes gehen: Einmal sind viele europäische Banken auf den Eurogelddepositen nicht an gesetzliche Minimalreserven gehalten; außerdem lautet ein beträchtlicher Teil der Eurogelder auf Zeitdepositen, die die Haltung geringerer Liquiditätsreserven verlangen. Trotzdem dürfte angesichts der erwähnten Lecks ihr Kreditmultiplikator im Endeffekt praktisch relativ gering sein.

3. KAPITEL: AUSWIRKUNGEN DES EUROMARKTES AUF KREDITPOLITIK UND WÄHRUNGSSYSTEM

a) Der Euromarkt als Übertragungsmittel der Zinsbewegungen

Die Zinssätze der Eurogelder bilden sich frei von direkten behördlichen Eingriffen aufgrund von Angebot und Nachfrage. Da zwischen dem internationalen Markt und den nationalen Geldmärkten, besonders jenen, deren Währungen am Euromarkt gehandelt werden, eine enge *Interdependenz* besteht, hat jedoch das Zinsgefälle zwischen diesen Märkten seine natürlichen Grenzen. Besteht in einem Land ein negatives Zinsgefälle zum Euromarkt, so fließen in der Regel Gelder aus dem nationalen Markt nach dem internationalen Markt, was die Zinsen im betreffenden Land steigert, die Aufwärtsbewegung der Eurogeldzinsen hingegen bremst. Ist das Zinsniveau dagegen in einem Land höher als am Euromarkt, so strömt Geld nach dem betreffenden nationalen Markt, womit sich das Zinsgefälle wieder vermindert.

Der Euromarkt spielt für die Zinssätze die Rolle eines Leitkörpers. Zinsbewegungen an wichtigen nationalen Märkten übertragen sich heute rasch auf den internationalen Markt und werden von diesem ebenso rasch auf andere nationale Märkte weitergeleitet. Der Euro-Markt wirkt

---

[351]) Vergl. Klopstock, F., a. a. O., S. 13.

auf diese Weise im Sinne des *Ausgleichs der nationalen Zinsniveaus*. Wenn trotzdem zeitweise zwischen manchen Ländern und dem Euromarkt größere Zinsdifferenzen entstanden sind, so ist dies die Folge nationaler Abschirmungsmaßnahmen gegenüber dem Euromarkt.

Tabelle Nr. 38

Zinssätze auf Dreimonatsgeldern

	Jahresende 1967	Jahresende 1968	Ende März 1969	Ende Juni 1969	Ende Dez. 1969	Ende Dez. 1970
Eurodollar-Depositen	6,31	7,13	8,53	10,56	10,06	6,56
Deutschland: Dreimonatsgeld	4,07	4,22	4,21	5,50	8,83	7,52
Schweiz: Dreimonatsdepots	4,00	4,25	4,75	5,00	5,00	5,25
Großbritannien: Kommunalkredite	7,81	7,75	8,88	9,38	8,94	7,19
Kanada: Schatzwechsel	5,95	6,24	6,58	7,13	7,81	4,44
Report (+) bzw. Deport (—) auf 3-monatigen Termindollars gegen:						
Deutsche Mark	— 3,45	— 4,15	— 3,95	— 5,58	— 1,40	— 0,88
Schweizerfranken	— 2,45	— 2,09	— 1,97	— 2,31	— 2,08	— 1,08
Pfund Sterling	+ 2,80	+ 3,98	+ 2,82	+ 3,14	+ 0,52	+ 0,94
Kanad. Dollar	— 0,56	+ 0,37	— 0,71	— 1,44	+ 0,04	+ 0,14
Nettozinsdifferenz (inkl. Kurssicherung) zwischen Eurodollar-Depositen und nationalen Geldmarktsätzen (+) zugunsten (—) zuungunsten des Euromarktes						
Deutschland: Dreimonatsgeld	— 1,21	— 1,24	+ 0,37	— 0,52	— 0,17	— 1,84
Schweiz: Dreimonatsdepots	— 10,4	0,79	1,81	3,25	2,98	0,23
Großbritannien: Kommunalkredite	1,30	3,36	2,47	4,32	1,64	0,31
Kanada: Schatzwechsel	— 0,20	1,26	1,24	1,99	2,29	2,28

Quellen: — Notenbankstatistiken
— International Finance Statistics („End of Month Forward Rates")

Man muß beim Zinsgefälle zwischen der *Bruttodifferenz,* ohne Berücksichtigung der Kurssicherungskosten, und der *Nettodifferenz,* einschließlich der Terminsicherungskosten, unterscheiden. Besteht am Terminmarkt ein Abschlag des Dollarkurses im Verhältnis zu einer bestimmten Währung, so ist die Nettozinsdifferenz kleiner als die Bruttodifferenz (Beispiel: Schweiz, Bundesrepublik Deutschland; Tabelle Nr. 38); verzeichnet umgekehrt der Dollar eine Prämie gegenüber einer bestimmten Währung, so ist dagegen die Nettozinsdifferenz größer als die Bruttozinsdifferenz (Beispiel: Großbritannien; Tabelle Nr. 38). Die Nettozinsdifferenz wirkt auf die Geldbewegungen nach oder vom Euromarkt induzierend, vorausgesetzt, daß der internationale Kapitalverkehr in einem Lande frei ist. Während in der Bundesrepublik Deutschland die Nettozinsdifferenz zum Euromarkt von 1964 bis 1969 stets relativ eng war und — teils behördlich manipuliert — zeitweise zu gunsten oder zu ungunsten des Euromarktes ausschlug, ergaben sich für das Pfund Sterling infolge britischer Restriktionen des internationalen Kapitalverkehrs wesentlich größere Differenzen; bei spekulativen Abwertungserwartungen gegenüber dem Pfund kam es zeitweise sogar zu sehr großen Nettodiskrepanzen zwischen den britischen Geldmarkt- und den Euromarktsätzen inkl. Terminprämie auf den Dollar. Die Schweiz zeigte demgegenüber von 1968 bis Mitte 1970 ein ständiges Nettozinsgefälle zu gunsten des Euromarktes. Die Nettozinsdifferenz zu gunsten des Euromarktes wirkt hier erfahrungsgemäß jedoch erst im Sinne eines größeren Geldabstroms, wenn diese rund $1^{1}/_{2}\%$ übersteigt (vergl. Tabelle Nr. 38).

b) *Der Euromarkt und die nationale Kreditpolitik*

Während einerseits der Euromarkt unter dem Einfluß der wirtschaftlichen Entwicklung und Wirtschaftspolitik in den bedeutendsten Währungsländern, allen voran der Vereinigten Staaten, steht, gehen andererseits vom Eurogeldmarkt auch starke Wirkungen auf die nationalen Wirtschaften aus. Durch das Zinsgefälle zum Euromarkt wird nicht nur die Zinsentwicklung an den nationalen Märkten, sondern werden auch die Geldversorgung und die Zahlungsbilanzen der betreffenden Länder beeinflußt: Wirkt der Euromarkt infolge eines höheren Zinsniveaus als Sog auf die kurzfristigen Gelder in einem bestimmten Land, so wird die innere Liquidität dieses Landes vermindert und seine Zahlungsbilanz beeinträchtigt; fließt hingegen infolge eines umgekehrten Zinsgefälles Kapital vom Euromarkt einem Land zu, so expandiert dessen innere Liquidität und aktiviert sich seine Zahlungsbilanz.

Das kann die nationale *Kreditpolitik* in ihrer Wirkung und ihren Möglichkeiten *beeinträchtigen.* Stets muß bei der Durchführung kreditpolitischer Maßnahmen auch auf ihren Effekt hinsichtlich der Zinsdifferenz zum Euromarkt und auf die dadurch ausgelösten *äußeren Impulse* auf die Geldversorgung und die Zahlungsbilanz Rücksicht genommen werden. Führen restriktive Kreditmaßnahmen zur Zinssteigerung im Innern, so kann sich dadurch das Zinsgefälle gegenüber dem Euromarkt ändern mit der Folge, daß der Geldzustrom von außen die angestrebte Kreditverknappung einschränkt oder aufhebt. Bei gleichzeitigem Zahlungsbilanzüberschuß läuft zudem der Zufluß von Geldern den zahlungsbilanzpolitischen Zielsetzungen zuwider. Wird umgekehrt in einem Land eine expansive Kreditpolitik angestrebt und wird dadurch ein Druck auf die Zinssätze ausgeübt, so kann ein Geldabfluß nach dem höher verzinslichen Euromarkt ausgelöst werden, der den angestrebten expansiven Effekt beeinträchtigt und im Falle eines Zahlungsbilanzdefizits zudem das externe Ungleichgewicht noch vergrößert.

Infolge dieser Gegenläufigkeit zwischen dem internen und externen Effekt der Kreditpolitik stellt sich einem Land im konkreten Fall die Alternative, entweder die monetäre Politik vornehmlich nach den *äußeren Gesichtspunkten* zu orientieren, in welchem Fall die Hauptlast der inneren Gleichgewichtspolitik von der *Fiskalpolitik* getragen werden muß, oder aber die innere Kreditpolitik durch Behinderung des internationalen Kapitalverkehrs gegen die unerwünschten Wirkungen abzuschirmen. Die erstere Möglichkeit ist praktisch nicht leicht durchzuführen: Eine nach ihrem äußeren Effekt zu orientierende Politik kann kaum so gestaltet werden, daß ihre konträren inneren Wirkungen ausgeschaltet werden können. Die sogenannte „operation twist", die Mitte der Sechzigerjahre in den USA durchgeführt wurde — darin bestehend, daß die international bedeutsamen kurzfristigen Geldmarktsätze erhöht wurden, während versucht wurde, die langfristigen Zinssätze niedrig zu halten — wurde bald wieder aufgegeben. Zudem hat sich die Fiskalpolitik in zahlreichen Ländern nicht so beweglich erwiesen, daß sie eine mangelnde innere Kreditpolitik als konjunkturpolitisches Instrument ersetzen könnte.

Um sich gegen unerwünschte Einflüsse des Euromarktes auf die innere Wirtschaftspolitik und die Zahlungsbilanz zu schützen, haben deshalb zahlreiche Länder *zu Schutzmaßnahmen gegenüber dem Euromarkt* gegriffen. Das Hauptmittel dieser Politik besteht in der *behördlichen Kontrolle der Fremdwährungspositionen der einheimischen Banken.* Unter einem solchen Regime können die Banken einheimische Gelder am Euromarkt temporär anlegen, wenn dies die innere Wirtschaftslage und die Zahlungsbilanz erlauben und als willkommen erscheinen lassen. Ist hingegen ein Gelderabfluß nach dem Euromarkt unter dem Gesichtspunkt der Zahlungsbilanz und der inneren Liquidität unerwünscht, so werden die weiteren Kredithingaben der Banken an den Euromarkt untersagt und werden sie zur Ausgleichung ihrer Positionen und zum Rückzug von Krediten veranlaßt. Italien hat von diesem System wiederholt spektakulär Gebrauch gemacht. Ähnliche Kontrollen bestehen beispielsweise in Frankreich, den Niederlanden, Belgien, Großbritannien und Kanada.

In der Bundesrepublik Deutschland wurde die Hereinnahme von Euro-Depositen der Banken zeitweise hohen, prohibitiv wirkenden Pflichtreservebestimmungen unterstellt. Hingegen blieb der Nichtbankensektor bis zum Frühjahr 1971 von diesen Maßnahmen befreit, so daß sich 1970/71 umfangreiche Kreditnahmen der deutschen Nichtbanken am Euromarkt entwickeln konnten.

Keinerlei Beschränkungen unterlag bis anfangs der Siebzigerjahre der Zugang zum Eurogeldmarkt für „Non-residents" in Großbritannien. In der Schweiz war der Zugang zum Euromarkt sowohl für Gebietsansässige als auch für Gebietsfremde völlig frei; die Plafondierung der inländischen Bankenkredite bildete hier allerdings einen Schirm gegen schädliche Rückwirkungen eines Geldeinstroms im Innern.

Da der Euromarkt einen wichtigen Faktor der Geldversorgung eines Landes darstellen kann, ist gegen eine nationale Kontrolle des Geldstroms nach und zum internationalen Geldmarkt grundsätzlich nichts einzuwenden. Auf die nationalen Grenzen beschränkte Kontrollen gegenüber dem internationalen Markt sind jedoch von begrenzter Wirksamkeit. Es kann sich kein Land gegenüber den Auswirkungen des Zinsgefälles zum Euromarkt völlig isolieren.

Die Einflüsse, die vom Euromarkt ausgehen, brauchen indessen der nationalen Wirtschaftspolitik nicht immer entgegengesetzt zu sein, sondern können gelegentlich der Wirtschaftslage und den wirtschaftspolitischen Zielsetzungen auch entsprechen. Das ist zum Beispiel dann der Fall, wenn in einem Land eine überhitze Wirtschaft mit einem Zahlungsbilanzüberschuß zusammenfällt. Läßt sich unter solchen Umständen ein Zinsgefälle zu gunsten des Euromarktes erzielen, so wirkt der daraus resultierende Geldabfluß gleichzeitig kaufkraftabschöpfend und reservevermindernd. In einer solchen Lage befand sich beispielsweise die Schweiz in den Jahren 1969 bis Mitte 1970; dank der Zinsdifferenz zu gunsten des Euromarktes und seiner monetären Sogwirkung spielte der Eurogeldmarkt hier lange Zeit die Rolle eines Alliierten der Restriktionspolitik der schweizerischen Geldbehörden.

Auch in anderen europäischen Ländern mit überhitzter Wirtschafts- und überschüssiger Zahlungsbilanzlage übte das Zinsgefälle zu gunsten des Euromarktes zuweilen eine willkommene restriktive Wirkung im Innern aus. Im Unterschied zur Schweiz, die ein strukturelles Zinsgefälle zu gunsten des Euromarktes aufweist, ist in diesen Ländern das Zinsgefälle jedoch zu gunsten des Euromarktes künstlich durch Swapoperationen oder durch Interventionen am Terminmarkt zu Vorzugskursen erzeugt worden. Wiederholt hat namentlich die Bundesrepublik Deutschland bei überhitzter Wirtschaftslage und Zahlungsbilanzüberschüssen zu diesem Mittel der Kaufkraftschöpfung und der Verminderung des Zahlungsbilanzüberschusses Zuflucht genommen.

c) Die Auswirkungen des Euromarktes auf das Währungssystem

Eine Masse von internationaler Liquidität wie sie der Euromarkt darstellt, hat zahlreiche Auswirkungen auch auf das internationale Währungssystem. Die kurzfristigen Eurogelder fallen nicht nur durch ihr Quantum für die internationale Liquidität ins Gewicht. Auch die im Verhältnis zu den offiziellen Währungsbeständen größere Umlaufgeschwindigkeit der Eurogelder hat das Potential der internationalen Liquidität zusätzlich erhöht.

Zwischen den offiziellen Reserven der Notenbanken und der internationalen Liquidität am Eurogeldmarkt besteht eine enge Interdependenz. Teils finden Devisen, die sonst den Zentralbanken zuströmen würden, am Euromarkt Anlage. Auch geht die Saugkraft des Euromarktes zuweilen auf Kosten der offiziellen Reserven einzelner Länder. Umgekehrt fließen Eurogelder zeitweise wieder den offiziellen Reserven zu. Teils sind diese Umschichtungen der internationalen Liquidität den Marktfaktoren, teils behördlichen Lenkungsmaßnahmen zuzuschreiben. „Kurzfristige Kapitalabflüsse in Form der Erhöhung der Netto-Fremdwährungspositionen der Handelsbanken", heißt es hierzu im Jahresbericht des IWF 1969, „können auf Kosten der offiziellen Reserven gehen. Wo derartige Fremdwährungspositionen den betreffenden Bankbehörden leicht zugänglich sind, können sie als potentielle Ergänzung der offiziellen Reserven betrachtet werden ... Umgekehrt ist eine gewisse Umschichtung der Devisenguthaben von den Zentralbanken zu den Handelsbanken verschiedentlich aktiv angestrebt worden."[352]

Die Auswirkungen des Eurogeldmarktes auf das Währungssystem können stabilisierender oder destabilisierender Natur sein. Indem der internationale Geldmarkt als *Ausgleichsbecken* internationaler Liquidität wirkt, lenkt er einerseits kurzfristige Kapitalien nach denjenigen Orten, wo sie am wirtschaftlichsten eingesetzt werden können. Dank dieser Ausgleichsfunktion sind die Zinsdifferenzen zwischen den nationalen Geldmärkten gegenüber früher vermindert worden. Die Geldströme vom und zum Eurodollarmarkt können, wenn sie im richtigen Zeitpunkt eintreten, auch ausgleichend auf die Zahlungsbilanzen wirken. In solchen Fällen vermag der Eurodollarmarkt den Zentralbanken Ausgleichsfunktionen abzunehmen. Die Schwankungen der offiziellen Währungsreserven fallen dann weniger stark aus, als angesichts der Zahlungsbilanzschwankungen zu erwarten wäre.

Der Eurogeldmarkt kann aber auch Zahlungsbilanzungleichgewichte hervorrufen oder bereits bestehende Fehlbeträge noch erhöhen. Bei Währungskrisen ist die Existenz eines immensen internationalen Reser-

---

[352] Vergl. Jahresbericht des IWF 1969, S. 18/19.

voirs von kurzfristigen Geldern geeignet, spekulative Bewegungen noch zu fördern und die Ausgleichsaufgabe der Währungsbehörden erheblich zu erschweren. Der Euromarkt ist allerdings auch in solchen Fällen nicht die Ursache von Währungskrisen, sondern er stellt lediglich ein Aliment für die Spekulation und eine willkommene Zufluchtstätte für das Fluchtkapital dar.

Für den U.S.-Dollar als internationale Währung hat sich der Euromarkt 1969 als eine Stärkung erwiesen, indem die Vorteile des Euromarktes und seine Anziehungskraft eine vermehrte Bereitschaft des Auslandes, Dollars zu halten, zur Folge gehabt haben. Dank der durch den Euromarkt verstärkten Dollarnachfrage im Ausland wurde die Finanzierung der amerikanischen Zahlungsbilanzdefizite mittels der Akkumulierung von ausländischen Dollarguthaben erleichtert und wurden zahlreiche Notenbanken von einem sonst übermäßigen Dollarzufluß bewahrt. Die private Dollarnachfrage für Euromarkt-Anlagen auf Kosten der Dollarreserven ausländischer Notenbanken hat zudem die amerikanische Zahlungsbilanz auf „official settlement"-Basis entlastet. Die Auswirkungen des Euromarktes auf den Dollar haben sich jedoch in der Folge geändert. Infolge der Lockerung der Kreditlage in den USA wurde es wieder vorteilhafter für die U.S.-Banken, Geld in New York aufzunehmen. Dies führte zu Rückzahlungen von Eurogeldern durch die amerikanischen Banken, wodurch die Zahlungsbilanz der USA belastet wurde.

d) *Das Problem einer internationalen Kontrolle des Euromarktes*

Die Bank für Internationalen Zahlungsausgleich (BIZ) nahm schon in den Sechzigerjahren in beschränktem Maße sporadisch Einfluß auf den Euromarkt im Sinne der Marktpflege. Mit Dollarbeträgen, die sie sich aufgrund ihres Swapabkommens mit der Federal Reserve Bank of New York beschaffte, intervenierte sie wiederholt am Euromarkt, um unerwünschte Marktschwankungen zu verhindern. Sie wurde dabei verschiedentlich durch die Schweizerische Nationalbank unterstützt, die mit den schweizerischen Geschäftsbanken Swapoperationen zur Kompensation ihrer ultimobedingten Geldabzüge vom Euromarkt durchführte, wobei sie die entsprechenden Swapdollars jeweilen direkt oder indirekt über die BIZ an den Markt zurückfließen ließ.

Die großen Dimensionen, die der Eurogeldmarkt anfangs der Siebzigerjahre annahm, der steigende Einfluß, der von ihm auf die nationalen Zinssätze ausging und der die nationale Kreditpolitik oft durchkreuzte, sowie die starke Zunahme spekulativer, destabilisierend wirkender internationaler Kapitalbewegungen, die durch das wachsende Potential des Euromarktes genährt wurden, ließ in offiziellen Kreisen den Ruf nach einer permanenten *gemeinsamen Kontrolle* dieses internationalen Geldmarktes immer lauter werden. Anläßlich der Jahrestagung 1970 der

Jacobsson Foundation befürwortete Mc. Chesnay Martin, der vormalige Vorsitzende des Federal Reserve Board, eine internationale Überwachung des Euromarktes, und an der darauffolgenden Jahreskonferenz des IWF in Kopenhagen fand das Postulat von verschiedener Seite, so auch durch den französischen Finanzminister, Unterstützung. In der Folge sprach sich eine Reihe weiterer Notenbankleiter zugunsten einer Überwachung des Euromarktes aus.[353])

Hatte 1969 die Zinshausse in den USA und die dadurch bewirkte Zinsdifferenz zugunsten der Euroanlagen die Anziehungskraft des Dollars als private Anlage so stark erhöht, daß dadurch nicht nur die aus dem amerikanischen Zahlungsdefizit anfallenden neuen Dollarguthaben absorbiert wurden, sondern die ausländischen Notenbanken auch von ihren bestehenden Dollarreserven an Private abtreten mußten, so kehrte sich 1970/71 die Lage um, indem jetzt die Zinsbaisse in den USA sowie die daraus resultierende Veränderung der Zinsrelationen einen Geldabfluß aus dem Euromarkt nach der Bundesrepublik Deutschland und anderen Ländern auslöste. Die dort damit verursachte Dollarschwemme, die durch das fortdauernde amerikanische Zahlungsbilanzdefizit noch vergrößert wurde, wirkte inflatorisch und behinderte die nationale Konjunkturpolitik in den betreffenden Ländern. Die prekäre Lage gab den Notenbankleitern des BIZ-Kreises im Frühjahr 1971 Anlaß, erstmals auf der Stufe der Gouverneure einen *Ausschuß* zur Ausarbeitung einer *Strategie der Überwachung* des Euromarktes zu bestellen.

Noch während der Ausschuß tagte, sah sich anfangs April 1971 infolge des wachsenden Kapitalzustroms eine Reihe europäischer Notenbanken entgegen ihrer inneren konjunkturpolitischen Zielsetzung gezwungen, Diskontsenkungen durchzuführen, um die Zinsdifferenz gegenüber den USA und dem Euromarkt zu reduzieren und den Geldzustrom zu bremsen.

Gleichzeitig kündigte die amerikanische Regierung ihre Absicht an, ähnlich einer schon im Januar durchgeführten Abschöpfungsoperation, einen weiteren Kredit von 1,5 Mrd. $ am Euromarkt aufzunehmen.

Mitte April 1971 einigten sich die Notenbankgouverneure des BIZ-Kreises auf temporäre gemeinsame *Richtlinien* ihrer Politik gegenüber dem Euromarkt. Sie stimmten darin überein, daß die Notenbanken einen künftigen Zustrom von Dollars vorläufig nicht mehr am Eurodollar in-

---

[353]) Vergl. die Rede des schweizerischen Nationalbankpräsidenten E. Stopper vom 2. 4. 1971, der für eine Reduzierung der Liquiditätsbasis des Euromarktes durch Abschöpfungsoperationen und Rückzüge von Euroanlagen der Notenbanken plädierte; ferner den Vortrag von G. Carli vom 24. 3. 1971, in welchem er u. a. eine Reglementierung des internationalen Kapitalverkehrs befürwortete.

vestieren, sondern direkt in den USA anlegen und bestehende offizielle Euroanlagen graduell abbauen sollten. Überdies befürworteten sie weitere Abschöpfungsoperationen am Euromarkt durch Kreditaufnahmen offizieller Stellen.

Angesichts der starken Stellung der Notenbanken und der BIZ am Euromarkt hätte erwartet werden dürfen, daß durch solche Maßnahmen der Euromarkt empfindlich verknappt und die Zinsrelationen, beeinflußt auch durch die Diskontsatzsenkungen in Europa und der Stabilisierung der Geldmarktsätze in den USA, verändert und der Geldzustrom nach Europa gebremst werden könnte. Die eingeschlagene Politik war jedoch noch nicht über die Anfänge einer Reduktion der Zinsdifferenzen hinausgekommen, als in der Folge der bis dahin nur zinsbedingte internationale Geldstrom den Charakter einer wilden Währungsspekulation annahm, der die Bundesrepublik Deutschland, Holland und Belgien zur temporären Freigabe der Wechselkurse und die Schweiz und Österreich zur Aufwertung zwangen. Gleichzeitig beschlossen jedoch die EWG-Länder, Maßnahmen zur Bekämpfung übermäßiger Kapitalzuflüsse und zur Neutralisierung ihrer Wirkungen auszuarbeiten.

Schlußbetrachtungen

Das internationale Währungssystem in kritischer Sicht

1. KAPITEL: STÄRKEN UND SCHWÄCHEN

A. POSITIVE SEITEN

Eine Bilanz des Funktionierens des bestehenden internationalen Währungssystems führt zum Schluß, daß das System trotz zahlreicher Unzulänglichkeiten und wiederholten Krisen seine Bewährungsprobe bis 1970 bestanden hat. Ausschlaggebend für dieses Urteil ist, daß sich auf der Grundlage der bestehenden Währungsordnung der *Welthandel* und die *Weltproduktion* beispiellos entwickelten und daß sich auch eine intensive *internationale Kapitalverflechtung* durchzusetzen vermochte. Wer sich an die engen bilateralen Fesseln des internationalen Handels- und Zahlungsverkehrs erinnert, die die unmittelbare Nachkriegszeit charakterisieren, der wird den seitherigen Übergang der wichtigsten Länder zur *Währungskonvertibilität* und zum multilateralen Güter- und Zahlungsverkehr als eine grandiose Entwicklung empfinden. Und wer das Währungschaos der Vorkriegszeit in Vergleich zieht, der wird zugeben müssen, daß die gegenwärtige *internationale Kooperation* der führenden Länder in der Wirtschafts- und Währungspolitik einen gewaltigen Fortschritt bedeutet.

Das Regime *fester,* nur in Notfällen revidierbarer *Wechselkurse* hat sich gesamthaft gesehen bewährt. Sofern es zu Wechselkurskorrekturen kam, wurden diese in geordneter Weise durchgeführt und sind Kettenreaktionen ausgeblieben.

Krisen einzelner Währungen sind zwar seit Kriegsende nicht ausgeblieben. Sie haben in den Sechzigerjahren infolge der wachsenden internationalen Kapitalbewegungen an Umfang sogar wesentlich zugenommen. Ihre Ursachen waren aber weniger auf das Währungssystem, als vielmehr auf die Nichtbeachtung seiner *Spielregeln* zurückzuführen. Daß diese Krisen trotz ihres steigenden Ausmaßes immer wieder überwunden werden konnten, zeigte, daß das Währungssystem über eine große Resistenzkraft verfügte.

Seine hohe Widerstandsfähigkeit war nicht zuletzt auch den bedeutenden *Verbesserungen* zuzuschreiben, die seit den Sechzigerjahren am internationalen Währungssystem vorgenommen wurden. Eine wesentliche Stärkung brachte vor allem der Aufbau der *Währungswehr* der Notenbanken sowie die Erhöhung der *Kreditmittel des Internationalen Währungsfonds.*

Eine mindestens vorläufige Stütze des Währungssystems schuf ferner die *Spaltung des Goldmarktes* im Jahre 1968, durch welche die monetären Goldbestände gegen Verluste auf dem Markt abgeschirmt wurden.

Als eine Untermauerung der Währungsordnung war auch die Schaffung der *Sonderziehungsrechte (SZR)* gedacht, sollte doch dadurch eine generelle Verknappung der internationalen Liquidität vermieden und der Zuwachs der Währungsreserven von willkürlichen Schwankungen befreit werden. Ob dieses Ziel mit den SZR erreicht werden kann, hängt allerdings von der Art ihrer Anwendung ab.

Von entscheidendem Einfluß auf die Stärkung der internationalen Währungsordnung seit dem Zweiten Weltkrieg war jedoch die wachsende Erkenntnis der Währungsbehörden der führenden Industrieländer für ihre *gemeinsame Verantwortung* zur Erhaltung des Währungssystems, wie sie in den zunehmenden Anstrengungen zur Koordination der Wirtschafts- und Zahlungsbilanzpolitik sowie in verschiedenen monetären Kollektivaktionen zum Ausdruck kam.

B. DIE HAUPTSCHWÄCHEN

Neben den positiven Seiten und den verschiedenen Verbesserungen weist das internationale Währungsgebäude aber auch eine Reihe von schwachen Punkten und Zerfallserscheinungen auf, die den Ausblick unsicher gestalten.

Die Hauptschwächen liegen in erster Linie im *Anpassungsprozeß*, im *Reservesystem des Dollars* und im *internationalen Liquiditätssystem.* Daß auf allen drei Gebieten das chronisch gewordene *amerikanische Zahlungsbilanzdefizit* eine maßgebende Rolle spielt, läßt erkennen, wo der wichtigste Unruheherd liegt.

a) *Mangelhaftes Funktionieren des Anpassungsprozesses*

Die Anpassungsgrundsätze zur möglichsten Vermeidung und raschen Überwindung von Zahlungsbilanzschwierigkeiten beruhen auf der ambitiösen wirtschaftspolitischen Zielsetzung, gleichzeitig Vollbeschäftigung, dauerhaftes Wirtschaftswachstum, Preisstabilität und Zahlungsgleichgewicht verwirklichen zu wollen. In den Satzungen des IWF sind die ersten beiden Ziele zu „primary objectives" erklärt worden; Preisstabilität und Zahlungsbilanzgleichgewicht sollen danach nicht auf Kosten von hoher Arbeitslosigkeit oder Stagnation des Wachstums gehen. Andererseits stellt das Regime der „adjustable pegs" die Anforderung an die Mitgliedstaaten des IWF, nach Aufrechterhaltung ihrer Währungsparitäten zu trachten und diese nur dann zu ändern, wenn eine Anpassung nur noch durch das unzumutbare Mittel der Inflation oder Deflation erreicht werden könnte.

Hatte bis anfangs der Sechzigerjahre der Anpassungsprozeß auf dieser Grundlage noch einigermaßen zufriedenstellend funktioniert, so verschlechterten sich jedoch in der Folge die Verhältnisse. Das hing in erster Linie mit den großen Dauerdefiziten der *amerikanischen Zahlungsbilanz* und ihren Wirkungen auf andere Länder zusammen; diese bildeten insofern, als sie nur aufgrund des Reservewährungssystems möglich waren, einen *Sonderfall* des Anpassungsprozesses, der im folgenden noch eine gesonderte Darlegung erfahren soll. In vielen Ländern war aber das mangelnde Funktionieren des Anpassungsmechanismus auch die Folge wachsender *innerer* politischer Widerstände oder sachlich bedingter Erschwernisse. Der Hauptfehler lag darin, daß vielerorts die *Preisstabilität und die Zahlungsbilanz* gegenüber einer übertriebenen Vollbeschäftigung und Wachstumspolitik *vernachlässigt* wurden.

Die inflatorische Entwicklung verschärfte sich anfangs der Siebzigerjahre in zahlreichen Industrieländern, einschließlich den USA, und nahm immer hartnäckigere Formen an. Das war teils die Folge des *Nachlassens der Zahlungsbilanzdisziplin*. Teils war der zunehmende Inflationsgrad den *zu wenig umfassenden oder widersprüchlichen Anpassungsmaßnahmen* zuzuschreiben. Auch erwiesen sich monetäre und fiskalische Anti-Inflationsmaßnahmen in vielen Fällen deshalb als *weniger wirksam* als früher, weil in der Bevölkerung die Inflationspsychose zunahm und weil politisch inspirierte inflationäre Triebkräfte entstanden, wie sie in der Lohninflation zum Ausdruck kamen.

Die *Ausgangslage* für den Anpassungsprozeß wurde dadurch vielfach *komplizierter*. Während im klassischen Fall von Zahlungsbilanzdefiziten mit gleichzeitiger konjunktureller Überhitzung die Restriktionspolitik im Interesse sowohl des inneren als auch des äußeren Gleichgewichts liegt, sind im Falle von Zahlungsbilanzdefiziten, die von Unterbeschäftigung bei gleichzeitiger Inflation (Stagflation) begleitet sind, den orthodoxen Anpassungsmaßnahmen engere Grenzen gesetzt und müssen hier oft komplizierte Mischungen von Maßnahmen gesucht werden.

Konjunkturüberhitzung und Inflation werden in einem System fester Paritäten via Preise und Zahlungsbilanzungleichgewichte von den Defizitländern auf die Überschußländer übertragen. Die Ansteckungsgefahr wurde in den Sechzigerjahren um so größer, je mehr der Waren- und Zahlungsverkehr liberalisiert wurde. Die Inflation nahm infolgedessen *einen weltweiten Charakter* an.

Behindert wurde die Anpassungspolitik in den Sechzigerjahren in zunehmendem Maße auch durch das Entstehen umfangreicher internationaler *kurzfristiger Kapitalströme*. Die pilzartige Entwicklung des *Eurogeldmarktes*, der teils durch die amerikanischen Zahlungsdefizite, teils aus bestehenden Zentralbankreserven und teils aus der Kreditschöpfung gespiesen wurde, vergrößerte das Potential dieser mobilen Mittel erheblich. Der Euromarkt wurde für viele Länder zu einer Beeinträchtigung ihrer Wirtschafts- und Anpassungspolitik. Ging von der restriktiven Kreditpolitik eines Landes eine Zinserhöhung aus, die die Zinsdifferenz zu seinen Gunsten erhöhte, so wurden dadurch Gelder des Euromarktes nach diesem Land angezogen, was seine Restriktionspolitik durchkreuzte. Umgekehrt konnte bei expansiven Kreditmaßnahmen ein Kapitalabfluß nach dem Euromarkt eine solche Politik beeinträchtigen. Destabilisierend wirkten sich die kurzfristigen internationalen Kapitalbewegungen insbesondere in den Zeiten von spekulativen Erwartungen auf die Auf- oder Abwertung einer Währung aus. Internationale Kapitalwanderungen übten in solchen Fällen zusammen mit den sogenannten „leads and lags" einen Lawineneffekt auf Währungskrisen aus. Ihre Kontrolle machte den Währungsbehörden seit anfangs der Sechzigerjahre zunehmend zu schaffen.

Das mangelhafte Funktionieren des Anpassungsprozesses äußerte sich aber nicht nur in der zögernden und erschwerten Handhabung der inneren Anpassungsmaßnahmen. Es ließ sich auch an jenen Fällen feststellen, wo ein Zahlungsbilanzausgleichgewicht *fundamentalen Charakter* annahm und wo entsprechend den Regeln des Bretton Woods-Regimes *Wechselkurskorrekturen* fällig gewesen wären. Sowohl im Falle des Pfund Sterling, dessen Abwertung durch allzugroße und andauernde Kredithilfen der Notenbanken und des IWF bis 1967 hinausgezögert wurde, als auch im Falle der Deutsch-Mark und des französischen Francs im Jahre 1969 kamen die Wechselkurskorrekturen reichlich spät, was zu großen Spekulationswellen und entsprechend zu schweren Belastungsproben des Währungssystems Anlaß gab. Es konnte nicht bestritten werden, daß in den erwähnten Fällen, die sowohl Defizitländer als Überschußländer betreffen, das Bretton Woods-System zu starr gehandhabt wurde.

Es wäre jedoch falsch, die Mängel des Anpassungsprozesses vor allem in der Verzögerung von Wechselkurskorrekturen zun suchen. Die Hauptursachen des mangelhaften Funktionierens des Anpassungsmechanismus lagen tiefer und gründeten, wie bereits erwähnt, vielfach in unzureichenden und verzögerten *inneren* Anpassungsmaßnahmen.

b) Die Krise des Reservesystems des Dollars

Während die Defizitländer normalerweise einem Anpassungsdruck durch Reserveverluste und durch Kreditbedingungen unterliegen, sind die Vereinigten Staaten als Reservewährungsland in dieser Hinsicht besser gestellt. Das hängt damit zusammen, daß das Ausland, solange der *Dollar* international als *Interventions-, Reserve- und Transaktionswährung* benützt wird, einen steten Zusatzbedarf nach offiziellen und privaten Dollarguthaben aufweist und daß die ausländischen Notenbanken nach den IWF-Satzungen gehalten sind, anfallende private Dollarguthaben in ihre offiziellen Bestände zu übernehmen, sobald der Dollarkurs an ihren Devisenmärkten an der unteren Interventionslimite anlangt.

Die ständige Aufstockung von Dollarbeständen durch das Ausland stellt für die Vereinigten Staaten eine *schmerzlose Finanzierung ihres Zahlungsbilanzdefizites* dar. Sie konnten es sich auf diese Weise 1949—1970 leisten, kumulative Zahlungsbilanzdefizite (auf Liquiditätsbasis gerechnet) von rund 42 Mrd. $ auflaufen zu lassen, wobei ihre Währungsreserven lediglich um 13.3 Mrd. $ abnahmen. Ohne dieses Finanzierungssystem hätten sie ihre Zahlungsbilanz schon lange durch eigene Anpassungsmaßnahmen in Ordnung bringen müssen.

Solange die amerikanischen Defizite den übrigen Ländern dazu dienten, ihre im Krieg dezimierten Währungsbestände wieder aufzubauen, und solange die offiziellen Dollarguthaben ohne weiteres in Gold konvertierbar waren, gab das Gold-Dollarsystem im Ausland zu wenig Beanstandungen Anlaß. Seitdem anfangs der Sechzigerjahre der Dollaranfall im Ausland infolge der großen amerikanischen Defizite im Übermaß zunahm und die Goldkonvertibilität des Dollars schwieriger durchzusetzen war, geriet jedoch das Reservesystem des Dollars ins Kreuzfeuer *zunehmender Kritik*. Der Hauptgrund zu dieser Kritik bestand darin, daß die Fehlbeträge der amerikanischen Zahlungsbilanz die Währungsbehörden der Überschußländer zur Hereinnahme großer Dollarbestände und zur entsprechenden Schaffung von Liquidität veranlaßten und damit dort einen erheblichen *Inflationsimport* verursachten. Es kam hinzu, daß infolge der andauernden defizitären Lage der amerikanischen Zahlungsbilanz und der Verschlechterung der monetären Nettoposition des Dollars das Vertrauen in die Stabilität des Dollars zu leiden begann. Besaßen früher die offiziellen Dollarbesitzer eine tatsächliche Option in Gold, so stieß ferner die Konvertierbarkeit des Dollars auf zunehmende Schwierigkeiten, als der amerikanische Goldstock anfangs der Siebzigerjahre auf eine kritische Höhe von zwischen 10 und 11 Mrd. $ zurückging.

Das rief bei den ausländischen monetären Behörden wachsenden *Widerstand* gegen die weitere *unbegrenzte Ansammlung von Dollarbeständen* hervor. Diese Abneigung wurde noch gesteigert, als die Vereinigten Staaten Ende der Sechzigerjahre zeitweise in eine höhergradige Inflationsentwicklung hineingerieten. Eine Reservewährung vermag ihre Rolle auf die Dauer nur zu spielen, wenn ihre Kaufkraft auf längere Sicht nicht stärker abnimmt als diejenige der übrigen Währungen.

Wäre es 1969 infolge der monetären Restriktionspolitik in den USA nicht zu großen Kreditaufnahmen amerikanischer Banken am Eurodollarmarkt gekommen und hätte damals nicht die Zinshausse am Euromarkt die Nachfrage nach Dollarguthaben vorübergehend stark erhöht, so hätte sich die Lage des Reservesystems des Dollars schon früher zuspitzen müssen. Die Situation wurde jedoch kritisch, als 1970/71 die amerikanischen Banken im Zusammenhang mit der Lockerung der amerikanischen Kreditpolitik, der Änderung der Zinsdifferenz zum Euromarkt und der rückläufigen Konjunkturlage in den USA einen großen Teil ihrer Verschuldung am Euromarkt zurückzahlten, und als demzufolge den ausländischen Zentralbanken zusätzlich zum Dollaranfall aus den großen amerikanischen Zahlungsbilanzdefiziten auch noch umfangreiche Dollarbestände als Folge der Rückzüge von Dollarguthaben aus dem Eurodollarmarkt zuflossen. Die offiziellen Dollarguthaben des Auslandes, die im Sommer 1969 auf rund 10 Mrd. $ gefallen waren, erreichten infolgedessen Ende 1970 einen Stand von 21.5 Mrd. $.

Die Überschwemmung mit Dollars führte in den Überschußländern zu einer vielerorts inflatorisch wirkenden Geldschöpfung. Angesichts des starken Zuwachses der Währungsreserven in Deutschland und anderen Ländern kam es im Frühjahr 1971, obschon die wirtschaftlichen Voraussetzungen dazu nicht bestanden, erneut zu Gerüchten über bevorstehende Währungsaufwertungen und zu umfangreichen Spekulationswellen.

Das Reservesystem des Dollars war damit an einem Punkt der Entwicklung angelangt, von dem ab eine weitere Finanzierung der amerikanischen Zahlungsbilanzdefizite durch Aufstockung ausländischer Dollarguthaben im bisherigen unlimitierten Ausmaß auf längere Dauer nicht mehr möglich erschien. Solange dieses Problem nicht gelöst ist, hängt ein Damoklesschwert über dem internationalen Währungssystem.

c) Ungelöstes Liquiditätsproblem

Auch das Problem der internationalen Liquidität, das mit der Schaffung der *Sonderziehungsrechte* (SRZ) vielfach schon als gelöst betrachtet wurde, war 1971 immer noch eine der Hauptschwächen des Währungssystems. Die Begleitumstände, unter denen die ersten Zuteilungen der Sonderziehungsrechte durchgeführt wurden, sowie das Nebeneinander von Sonderziehungsrechten, Gold und Devisenreserven ließen ein neues quantitatives und qualitatives Liquiditätsproblem entstehen.

Das System der SZR war Ende der Sechzigerjahre geschaffen worden, um den ungenügenden Zuwachs an Währungsgold und die wünschbare Reduktion der amerikanischen Zahlungsbilanzdefizite und die Zunahme der Dollarguthaben auszugleichen. Im Unterschied zum Gold und den Devisenguthaben, deren Zuwachs durch willkürliche Faktoren bestimmt war, sollte die Verlagerung des Hauptgewichtes der Reserveschaffung auf die Sonderziehungsrechte zudem ermöglichen, daß der Zuwachs der internationalen Liquidität hinfort bewußt nach wirtschaftlichen Maßstäben global gesteuert würde.

Tatsächlich wurden jedoch diese *ursprünglichen Zielsetzungen* der Sonderziehungsrechte bei ihrer ersten Zuteilung *mißachtet*. Anstatt den SZR-Plan zu schubladisieren, bis die amerikanische Zahlungsbilanz ein vernünftiges Gleichgewicht erreichte, wurden 1970 trotz eines rekordmäßigen amerikanischen Zahlungsbilanzdefizites von 10,7 Mill. (auf Grundlage der offiziellen Reservetransaktionen) erstmals Zuteilungen von Sonderziehungsrechten im Ausmaß von 3,4 Mrd. $ vorgenommen. Anstelle einer geplanten globalen Zunahme der Reserven um insgesamt 5 Mrd. $ ergab sich infolgedessen 1970 eine Zunahme der Gesamtreserven um 14 Mrd. $, was dem Siebenfachen der jahresdurchschnittlichen Zunahme der Sechzigerjahre entsprach. Solange ein großes amerikanisches Zahlungsbilanzdefizit bestand, war es jedoch nicht möglich, mittels der SZR einen wirtschaftlich angemessenen Zuwachs der internationalen Liquidität zu erreichen. Der übermäßige Reservezuwachs, verbunden mit der Unentgeltlichkeit der Zuteilung von Sonderziehungsrechten, barg auch die Gefahr vermehrter Inflationstendenzen und einer Lockerung der Zahlungsbilanzdisziplin in sich.

Das Nebeneinander verschiedener Reservearten, wie des Goldes, der Sonderziehungsrechte, der Devisenreserven und der Reservepositionen beim IMF, brachte neben einem quantitativen Liquiditätsproblem zudem ein qualitatives Problem der Bevorzugung einzelner Reservearten mit sich. Vergrößerte sich einerseits der *Dollarüberfluß* bei den Währungsbehörden des Auslandes, so verschärfte sich andererseits die *Knappheit des Währungsgoldes* und verstärkte sich die *Bevorzugung des Goldes* als Reservemedium. Das führte dazu, daß das Währungsgold beim Saldenausgleich in steigendem Maße zurückgehalten wurde und daß die Währungsbehörden die Neigung verspürten, Dollarbestände soweit möglich gegen Gold oder Sonderziehungsrechte abzustoßen.

Im Rahmen des qualitativen Liquiditätsproblems stellte sich auch die Frage, wie lange das *Nebeneinander zweier Goldpreise,* eines fixierten Währungsgoldpreises und eines frei schwankenden Barrengoldpreises, bestehen könne. Angesichts der auf längere Frist strukturell bedingten Verknappung des Goldmarktes und der generellen inflationären Entwicklung muß mit einem ansteigenden Trend des Warengoldpreises und damit gerechnet werden, daß seine Spanne zum unveränderten Währungsgoldpreis einmal einen Grad erreichen könnte, der eine allgemeine Beunruhigung auf der Währungsebene auslösen müßte. Auch muß einkalkuliert werden, daß dieser Fall bei einer Dollarkrise rascher eintreten könnte. Der gespaltene Goldmarkt ist also ein *labiles* Element des internationalen Währungssystems.

2. KAPITEL: NOTWENDIGE VERBESSERUNGEN UND REFORMEN

A. DIE VERBESSERUNG DES ANPASSUNGSPROZESSES

a) Die inneren Anpassungsmaßnahmen

Obschon bei der Ausarbeitung des Planes der Sonderziehungsrechte der Verbesserung des Anpassungsprozesses die gleiche Priorität zugemessen wurde wie der Reform des internationalen Liquiditätssystems, erhöhten und häuften sich in der Folge die inneren Schwierigkeiten der Anpassung noch. Das gab der Tendenz Auftrieb, angesichts der behinderten inneren Anpassungsmaßnahmen die Lösung in einer *flexiblen Gestaltung des Wechselkurssystems* zu suchen.

Demgegenüber muß jedoch vorangestellt werden, daß das gute Funktionieren *jedes* Währungssystems davon abhängt, daß sich die einzelnen Länder einer Wirtschaftspolitik befleißigen, die auf das *innere und äußere Gleichgewicht* ausgerichtet ist. Mißachten in einem System fester Wechselkurse wichtige Länder Preisstabilität und Zahlungsbilanz, so übertragen sich die davon ausgehende Inflation und die defizitäre Gestaltung der Zahlungsbilanz auf andere Länder, wodurch das System *fester Paritäten selber* diskreditiert und auf die Dauer *gefährdet* wird. Aber selbst bei *schwankenden Wechselkursen* müßte das Fehlen monetärer Disziplin das System auf die Dauer *funktionsunfähig* machen, da dies zu einem ständigen inneren und äußeren Zerfall der betreffenden Währungen führen würde. Auch im letzteren Fall ginge es also nicht ohne ein gewisses Maß von inneren Anpassungsmaßnahmen.

Haupterfordernis der Verbesserung des Anpassungsprozesses ist die *vermehrte Berücksichtigung der Preisstabilität und des externen Gleichgewichts auf Kosten einer übertriebenen Vollbeschäftigungs- und Wachstumspolitik.* Ein dauerhaft hoher Grad der Beschäftigung und des Wachstums ist nur zu erreichen, wenn gleichzeitig ein vernünftiges Maß an Preisstabilität und ein langfristiges Zahlungsbilanzgleichgewicht angestrebt werden.

Angesichts der steigenden wirtschaftlichen Interdependenz und der Übertragbarkeit wirtschaftlicher Störungen erfordert die Verbesserung des Anpassungsprozesses eine vermehrte *internationale Koordination der Wirtschaftspolitik* der wichtigsten Währungsländer. Der besseren gegenseitigen Ausrichtung der wirtschaftspolitischen Zielsetzung im Sinne vermehrter Beachtung der Preisstabilität und des äußeren Gleichgewichtes sollte auch eine verstärkte Koordination der Konjunkturpolitik entsprechen. Das verlangt nicht nur verbesserte wirtschaftliche Diagnosen und bessere konjunkturpolitische Instrumente, sondern auch intensivere Konsultationen und festere Bindungen an die kollektiv aufgestellten Richtlinien.

Die internationale Zusammenarbeit in der Anpassungspolitik impliziert eine Zusammenarbeit der *Defizit- und Überschußländer*. Gehen auch die Ungleichgewichte meistens von den *Defizitländern* aus und obliegt diesen in der Regel die *primäre Verantwortung* für die Wiederherstellung des Gleichgewichts, so haben die *Überschußländer* doch auch in solchen Fällen die Pflicht, durch eine komplementäre Wirtschaftspolitik den Defizitländern den Ausgleich zu erleichtern. Das Umgekehrte gilt um so mehr für die Defizitländer: Kein Defizitland, auch die Vereinigten Staaten nicht, darf die Bürde der Anpassung einfach den Überschußländern überlassen.

Daß die orthodoxen inneren Anpassungsmittel gegen Ende der Sechzigerjahre in verschiedenen Ländern nicht die erwartete Wirkung hatten oder erst mit Verspätung wirksam wurden, sollte Anlaß geben, mit der inneren Anpassung *frühzeitig* einzusetzen. Je länger die Sanierungspolitik hinausgezögert wird, um so schwieriger wird die Bekämpfung der Ursachen eines Ungleichgewichtes. Auch verheißt nur eine *umfassende* Anpassungspolitik, die sich auf Maßnahmen sowohl der *monetären* als auch der *fiskalischen Ebene* erstreckt, Aussicht auf Erfolg.

Der Anpassungsprozeß könnte zudem wirksam gestaltet werden, wenn *Defizitländer* den *automatischen Kräften* des Anpassungsprozesses, die in der Regel (das Reservewährungssystem bildet eine Ausnahme) durch die deflatorische Wirkung eines Zahlungsbilanz-Fehlbetrages erzeugt werden, vermehrten Spielraum geben und diese nicht durch innere Geldschöpfung durchkreuzen würden.

Das häufigere Auftreten atypischer, komplizierterer Fälle von Ungleichgewichten, wo sich beispielsweise Defizite zugleich mit Unterbeschäftigung und Inflation oder Überschüsse mit Überbeschäftigung paaren, geben der Anpassungspolitik schwierigere Aufgaben auf, die eine *kluge Dosierung* der einzelnen Anpassungsinstrumente und teils sogar kompensatorisch wirkende Maßnahmen verlangen.

Auch stellte anfangs der Siebzigerjahre in zahlreichen Ländern die umsichgreifende Lohninflation, die nicht durch einen Nachfrageüberhang, sondern durch andere Faktoren angetrieben wird, die Anpassungspolitik vor neue Probleme. Auf eine *„incomes policy"* konnte unter solchen Umständen, obschon die bisherigen Erfahrungen damit nicht sehr ermutigend waren, nicht mehr prinzipiell verzichtet werden.

b) Einflußnahme auf destabilisierende Kapitalbewegungen

Da die Anpassungspolitik zahlreicher Länder seit den Sechzigerjahren in zunehmendem Maße durch zinsreagible oder spekulativ beeinflußte kurzfristige internationale Kapitalbewegungen behindert und durchkreuzt wurde, stellte sich den nationalen und internationalen Währungsbehörden auch die Aufgabe, auf destabilisierend wirkende kurzfristige Kapitalwanderungen vermehrten Einfluß zu gewinnen. Ihre individuellen und kollektiven Bemühungen verzeichneten in den Sechzigerjahren auf diesem Gebiet erhebliche Fortschritte. Nicht nur haben die Währungsbehörden durch nationale Maßnahmen, wie Zinspolitik, Swapoperationen, Steuerung der Fremdwährungspositionen der Geschäftsbanken usw., versucht, die kurzfristigen Kapitalbewegungen zwischen dem Eurogeldmarkt und ihren Ländern zu beeinflussen. Auch ihre gemeinsamen internationalen Aktionen zur Beeinflussung der kurzfristigen Geldströme haben sie namentlich in Krisenzeiten ständig verstärkt. So sind den spekulativ beeinflußten privaten Kapitalströmen wiederholt offizielle kompensatorische Maßnahmen entgegengestellt worden. Erst im Frühjahr 1971 entschlossen sich jedoch die in der BIZ vereinigten Zentralbanken zur Ausarbeitung einer *systematischen Strategie gegenüber dem Euromarkt*. Im April 1971 unternahmen die wichtigsten Währungsländer den gemeinsamen Versuch, durch aufeinander abgestimmte Diskontsatzsenkungen sowie durch die Abschöpfung von Mitteln am Euromarkt (Verpflichtungen, keine neuen Anlagen am Euromarkt mehr vorzunehmen, sowie Kreditaufnahmen am Euromarkt durch amerikanische Amtsstellen) die Zinsdifferenzen umzugestalten und dadurch die unerwünschten Kapitalbewegungen aufzuhalten und umzulenken. Eine systematische Überwachung des Eurogeldmarktes erfordert jedoch nicht nur eine bessere Koordination nationaler Abschirmungs- und Interventionsmaßnahmen sowie die aktive Mitwirkung der BIZ; sie stellt an die wichtigsten Länder, namentlich die USA, auch die Anforderung, eine nationale Wirtschafts- und Kreditpolitik zu betreiben, die auf die Auswirkungen auf dem internationalen Geldmarkt vermehrt Rücksicht nimmt.[354]

c) *Flexiblere Handhabung des Wechselkursregimes?*

Für die Einhaltung der monetären Disziplin im Innern gibt es keinen Ersatz. Selbst flexible Wechselkurse können, wie bereits erwähnt, keinen Freibrief für die Zahlungsbilanzdisziplin darstellen. *Feste Wechselkurse* und die Gefahr von Reserveverlusten stellen indessen immer noch den wirksamsten *Mahnpfahl* für die Aufrechterhaltung der Zahlungsbilanzdisziplin dar. Ein Übergang von festen zu frei schwankenden Wechselkursen käme hinsichtlich der Anpassungspolitik einer Resignationslösung gleich.

Flexible Wechselkurse hätten zudem den Nachteil, daß die damit verbundenen erhöhten Risiken, die durch zeitlich begrenzte höhere Sicherungskosten nur teilweise gedeckt werden könnten, auch desinte-

---

[354] vgl. hierzu Aschinger, F., „Der Eurogeldmarkt und die nationale Kreditpolitik", Zeitschrift für das Gesamte Kreditwesen, März 1971 S. 172 ff.

grierende Folgen auf Außenhandel und Kapitalverkehr hätten. Desintegrierend würde auch ein Rückfall in eine autonome Wirtschaftspolitik wirken, der von flexiblen Wechselkursen befürchtet werden müßte.

Mit Recht ist der Exekutivrat des Internationalen Währungsfonds in seinem Bericht von 1970 über das Wechselkursregime[355]) zum Schluß gelangt, daß *grundsätzlich am bestehenden System* fester, aber bei fundamentalem Ungleichgewicht abänderbarer Paritäten festzuhalten sei. Dieses System hat den Vorzug, daß es einerseits die Staaten zur Aufrechterhaltung fester Wechselkurse und zu einer entsprechenden inneren Anpassungspolitik anhält, andererseits jedoch im Falle eines fundamentalen Ungleichgewichtes eine Wechselkurskorrektur nicht nur zuläßt, sondern auch als wirksamstes Anpassungsmittel befürwortet.

Wenn dem bestehenden Wechselkursregime gelegentlich Starrheit vorgeworfen wird, so kann dieser Einwand nicht das System selber treffen, sondern richtet sich gegen dessen mangelhafte Anwendung. Verschiedentlich sind fällige Wechselkurskorrekturen nach unten oder oben hinausgezögert worden, mit der Folge, daß es in der Zwischenzeit zu umfangreichen Spekulationen und zu einer sonst vermeidbaren Zuspitzung der Währungskrisen kam. Es bestand im Exekutivrat des IWF 1970 weitgehend Übereinstimmung darin, daß Defizitländer und Überschußländer beim Vorliegen fundamentaler Ungleichgewichte vom Anpassungsmittel der Wechselkursänderung künftig *rascher Gebrauch* machen sollten.

Um diese Forderung gegen die wirtschaftlichen Interessen oder politischen Prestigeerwägungen, die oft gegen Währungsaufwertungen oder -abwertungen militieren, besser durchsetzen zu können, ist von *Triffin* der erwägenswerte Vorschlag gemacht worden, daß Überschuß- und Defizitländer im Falle umfangreicher und langdauernder Reserveerhöhung oder -verminderung zu *Konsultationen* mit dem IWF über die notwendig erscheinenden inneren Anpassungsmaßnahmen und allfällige *Wechselkursänderungen* veranlaßt werden sollten, und daß das betreffende Land, falls keine Einigung zustande kommt, temporär zur Freigabe seines Wechselkurses veranlaßt werden sollte. Für jedes Land sollte nach dem Vorschlag Triffins durch internationale Vereinbarung ein „normaler" Reservebestand festgesetzt werden, dessen Überschreitung oder Unterschreitung von einer gewissen Grenze an die erwähnte Konsultationsprozedur in Gang bringen würde.[356])

Um im Falle von hektischen Kapitalbewegungen die Verlustrisiken der Währungsspekulation zu vergrößern und den Zentralbanken mehr Spiel-

---

[355]) vergl. S. 41/2
[356]) Triffin, R., „Hearings des Joint Economic Comittee des U.S. Congress vom 30. 9. 1970", S. 1032 ff.

raum für ihre Interventionen am Devisenmarkt zu geben, ist ferner der Vorschlag auf eine begrenzte Erweiterung der Wechselkursspannen von ³/₄% bis 1% auf z. B. 2—3% gemacht worden. Eine spürbare Erleichterung bei der Überwindung eines Zahlungsbilanzgleichgewichtes ließe sich dadurch allerdings nicht erzielen. Hingegen ließe sich eine Vergrößerung der Bandbreiten gegenüber dem Dollar und Drittwährungen mit den Bestrebungen der EWG-Länder auf progressive Reduktion und Eliminierung der Kursspannen untereinander durchaus vereinbaren.

Dem bestehenden System der „adjustable pegs", das Wechselkurskorrekturen erst dann zuläßt, wenn ein „fundamentales" Ungleichgewicht vorliegt, welches sich durch innere Anpassungsmaßnahmen ohne unzumutbare deflatorische oder inflatorische Folgen nicht überwinden läßt, ist zu eigen, daß Wechselkurskorrekturen erst dann stattfinden können, wenn die Überbewertung oder Unterbewertung einer Währung offensichtlich ist, was oft Zeit in Anspruch nimmt, zu spekulativen Bewegungen führt und den nachfolgenden Paritätsänderungen einen abrupten Charakter gibt. Der Vorschlag der sogenannten *„crawling pegs"*, der kurzfristigere Wechselkursänderungen in kleineren Stufen zuließe, würde diese Nachteile vermeiden. Das System der „crawling pegs" hätte aber den Nachteil, daß das Kriterium des „fundamentalen" Ungleichgewichtes für Wechselkurskorrekturen dahinfallen müßte, da bei periodischen kurzfristigen wechselkurspolitischen Entscheiden meistens nicht beurteilt werden könnte, ob ein Ungleichgewicht der Zahlungsbilanz „fundamentalen Charakter" hat oder nicht. Es bestünde unter diesen Umständen die Gefahr, daß Wechselkursänderungen an die Stelle der normalen, primären Anpassungsmittel treten und daß dadurch die inneren Anpassungsmaßnahmen und die monetäre Disziplin vernachlässigt würden. Auch müßten periodische Wechselkurskorrekturen, deren Richtung in zahlreichen Fällen vorauszusehen wäre, die Währungsspekulation — trotz den bei den „crawling pegs" auf die Zinspolitik gesetzten, die Spekulation neutralisierenden Erwartungen — anregen. Für die Abwehr akuter Spekulationswellen kann sich jedoch das *temporäre* Flottierenlassen des Wechselkurses aufdrängen.

B. DIE REGELUNG DES DOLLARPROBLEMS

a) *Nachteile und Gefahren des Dollarstandards*

Die vorangegangenen allgemeinen Bemerkungen zur Verbesserung des Anpassungsprozesses geben indessen noch keine Antwort auf das wichtigste noch ungelöste Anpassungsproblem, dasjenige der Vereinigten Staaten. Die seit zwei Jahrzehnten andauernden umfangreichen chronischen *Zahlungsbilanzdefizite der USA* stellen tatsächlich den *zentralen Stör-*

faktor des internationalen Währungssystems dar. Durch keine andere Maßnahme könnte die internationale Währungsordnung besser gefestigt werden, als durch die Herstellung eines vernünftigen amerikanischen Zahlungsbilanzgleichgewichtes. „Ein starker Dollar bedeutet ein starkes, ein schwacher Dollar ein schwaches Währungssystem".[357])

Nahm in Europa die Beunruhigung und Ungeduld darüber zu, daß der hochgradige defizitäre Zustand der amerikanischen Zahlungsbilanz noch immer anhielt, so war umgekehrt amerikanischerseits eine zunehmende Indifferenz dem Zahlungsbilanzproblem gegenüber festzustellen, was teils mit der Stagnation der amerikanischen Wirtschaftslage und der Priorität ihrer Überwindung zusammenhing, teils aber auch auf die grundsätzliche Auffassung zurückzuführen war, daß das amerikanische Zahlungsbilanzdefizit faktisch kein Problem für die Vereinigten Staaten, sondern ausschließlich ein Problem für das Ausland bilde, das, wenn nötig, von den andern Ländern gelöst werden müsse.[358]) Diese Auffassung wurde noch durch den Umstand genährt, daß die Aufhebung des Goldpools der Notenbanken anfangs 1968 und die erstmalige Aktivierung der Sonderziehungsrechte 1970 die Reserveposition der USA günstig beeinflußten, daß der Dollar seit der Spaltung des Goldmarktes anfangs 1968 bis anfangs 1971 trotz rekordartiger Zahlungsbilanzdefizite dank der Absorbierung der Dollarguthaben durch den Eurodollarmarkt von keinen Währungskrisen mehr betroffen wurde und daß die ausländischen Notenbanken selbst dann, wenn ihnen beträchtliche Dollarbestände zuflossen, hinsichtlich der Forderung, Dollarreserven in Gold zu konvertieren, große Zurückhaltung zeigten.

Das verleitete in den USA viele Leute zur Ansicht, daß sich die Welt faktisch bereits mit dem *Dollarstandard* abgefunden habe und daß die Fortdauer dieses Zustandes entweder durch die bloße Existenz des Damoklesschwertes der Aufhebung der Goldkonvertibilität des Dollars oder wenn nötig durch Schließung des „Goldschalters" gesichert werden könne. Es sei an den Ländern außerhalb der USA zu entscheiden, ob sie entweder an der bisherigen Dollarparität festhalten wollen und entsprechend unlimitierte Dollarbeträge zu einem festen Kurs in ihre Reserven aufzunehmen bereit sind, oder ob sie einen übermäßigen Dollarzufluß durch Aufwertung oder Schwankenlassen ihrer Wechselkurse gegenüber dem Dollar eindämmen und sich dadurch vom Dollarstandard befreien wollen.

---

[357]) Blessing, K., „Votum anläßlich der Jahrestagung der Jacobsson-Foundation", Basel, Sept. 1970.

[358]) vgl. Friedman, M., Vortrag in Genf, Nov. 1969, ferner Haberler, G./Willet, Th., "A strategy for U.S. Balance of Payments Policy", American Enterprise Institute, Washington 1971.

Ein Dollarstandard wäre jedoch ein ungesundes System. Es würde für diejenigen Länder, die sich ihm unterstellen, die Verpflichtung mit sich bringen, allfällige amerikanische Zahlungsbilanzdefizite unbegrenzt durch Aufstockung von Dollarguthaben zu finanzieren und den USA unlimitiert reale Ressourcen auf Kredit zur Verfügung zu stellen. Dadurch, daß diese entsprechend ihren Zahlungsüberschüssen gegenüber den USA Dollars zu einer festen Parität in ihre Reserven aufnehmen müßten, würden sie, wie bereits dargelegt wurde, in eine *starke wirtschaftliche Abhängigkeit* von Amerika geraten.

Es läßt sich jedoch kein Währungssystem ausdenken, das es einem Reservewährungsland ermöglichen würde, ausländische Notenbanken in unbegrenztem Ausmaß und auf unbegrenzte Frist zur Finanzierung seiner Zahlungsbilanzdefizite zu veranlassen. Ein Dollarstandard, der mit hohen Fehlbeträgen der amerikanischen Zahlungsbilanz und mit einer hohen amerikanischen Inflationsrate verbunden wäre, müßte unweigerlich früher oder später zu monetären *Sezessionstendenzen* führen, indem einzelne Länder oder Ländergruppen entweder ihre Währungsparitäten im Verhältnis zum Dollar aufwerten oder den Kurs gegenüber dem Dollar schwanken lassen würden, was bei einem amerikanischen Zahlungsbilanzdefizit ebenfalls auf einen Kursanstieg gegenüber dem Dollar hinauskäme. Im Falle der Aufhebung der Goldkonvertibilität und der festen Goldparität des Dollars könnte es zu einem schwankenden Dollarkurs kommen, wenn sich eine Gruppe von Ländern für feste Goldparitäten entscheiden würde, die zueinander ein stabiles Verhältnis aufweisen würden. Hielte der Dollar hingegen an der Goldparität fest, so könnte ein flottanter Kurs gegenüber dem Dollar durch das Abgehen anderer Währungen von der festen Parität zustandekommen.

Eine Wechselkurspolitik, die die *Initiative* völlig auf die *Überschußländer* legen und den USA eine passive Rolle zudenken würde, wäre auch nicht leicht zu verwirklichen. Da eine Aufwertung die Wettbewerbsfähigkeit und Wirtschaftsaktivität eines Landes beeinträchtigt, stößt sie auf den Widerstand wichtiger Wirtschaftsinteressen. Sie wäre dann besonders schwer durchzusetzen, wenn sie nur der Reduktion eines Überschusses gegenüber den USA dienen, gegenüber andern Währungen jedoch zu einer Überwertung führen würde. Zudem wäre die Auswirkung der Aufwertung eines einzelnen Landes auf die amerikanische Zahlungsbilanz gering.

Um das Mittel der Aufwertung gegenüber dem Dollar leichter durchführbar zu machen und wirksamer zu gestalten, müßte es *kollektiv* von eine *Ländergruppe* gehandhabt werden. Das gilt auch vom Abgehen von einer festen Parität gegenüber dem Dollar; es bedürfte dazu einer Reihe von Ländern, die gegenüber dem Dollar auch eine gemeinsame Interventionspolitik betreiben müßten. Für solche kollektive Schritte ist jedoch die Zeit noch nicht reif.

Derartige kollektive Abwehraktionen gegen einen Dollarüberfluß würden indessen zum Entstehen *zweier Währungsblöcke* im westlichen Währungssystem führen, zwischen denen die Währungsparitäten entweder wiederholt geändert oder die Wechselkurse schwanken würden. Damit würde ein stabiles, zentrales Bindeglied des internationalen Währungssystems verschwinden. Ein Dollar, der flottieren oder periodisch durch kollektive Aufwertungen ausländischer Währungen faktisch devalviert würde, müßte zudem in seinen Funktionen als internationale Interventions-, Reserve und Transaktionswährung stark beeinträchtigt werden. Zahlreiche private Dollarbesitzer würden sich unter solchen Umständen veranlaßt sehen, aus dem Dollar in andere Währungen umzusteigen, mit der Folge, daß die offiziellen Dollarbestände der Notenbanken noch weiter stärker anwachsen würden. Würden die Währungen des Nicht-Dollarblocks wiederholt aufwerten, oder würde ein schwankender Dollarkurs infolge großer amerikanischer Zahlungsbilanzdefizite einem steten Druck ausgesetzt sein, so müßte dies überdies die internationale Währungsspekulation ständig anregen.

Die Aufspaltung der westlichen Welt in zwei Währungsblöcke könnte außerdem zu einem monetären Antagonismus führen und würde dadurch die universelle monetäre Währungskooperation ernstlich gefährden. Die monetäre Zweiteilung wäre dann besonders gefährlich, wenn diese eintreten würde, bevor noch in Europa durch Schaffung einer europäischen Währungsunion ein stabileres Gegengewicht zum Dollar geschaffen würde. Wäre einmal die Währungsunion der Europäischen Wirtschaftsgemeinschaft erreicht, so könnte eher erwartet werden, daß sich die Beziehungen zwischen den beiden Währungsblöcken geordnet vollziehen würden. Bis dahin dürfte jedoch noch viel Zeit vergehen, weshalb zuvor mit einer gefährlichen Interimsperiode gerechnet werden müßte.

b) Rückkehr der USA zur Zahlungsbilanzdisziplin

Die Währungskrise vom Frühjahr 1971, als umfangreiche private ausländische Dollarguthaben in andere Währungen eingetauscht wurden und die offiziellen Dollarbestände des Auslandes Rekordhöhen erreichten, machte einerseits deutlich, daß der bisherige Zustand, wonach die ausländischen Notenbanken unlimitiert Dollarguthaben anhäuften und freiwillig auf Konversionsforderungen verzichteten, nicht mehr unbegrenzt anhalten konnte. Andererseits dürften die vorangehenden Darlegungen gezeigt haben, daß auch eine Zuflucht der USA zum formellen Dollarstandard für die westliche Welt eine keineswegs befriedigende Lösung wäre, weil sie die diesem Regime unterstellten Länder zu monetären Satelliten der USA machen würde, was diese zu monetären Sezessionsbewegungen veranlassen und zu einer Aufspaltung des westlichen Währungssystems in verschiedene Währungsblöcke führen müßte.

Eine wirkliche Gesundung des Währungssystems ließe sich nur erreichen, wenn das *Reservesystem des Dollars abgebaut würde,* indem auch die Vereinigten Staaten ihre Zahlungsbilanzdefizite im vermehrten Maße aus ihren *Währungsreserven decken* würden. Das würde bedeuten, daß das System der automatischen Finanzierung der Fehlbeträge der amerikanischen Zahlungsbilanz durch unlimitierte Akkumulierung von Dollarguthaben des Auslandes aufhören würde. Anstatt sich von der Golddisziplin ganz loszusagen, wie dies beim Übergang zum formellen Dollarbestand der Fall wäre, sollten sich die Vereinigten Staaten im Gegenteil wieder vermehrt der Zahlungsdisziplin unterwerfen.

Es war kein Geringerer als der Leiter des Internationalen Währungsfonds, der anläßlich der Jahrestagung des IWF von 1970 die USA öffentlich zur Einschlagung dieses Kurses aufforderte.[359] In gleicher Richtung ging der Appell des Vizepräsidenten der EWG-Kommission, die Vereinigten Staaten sollten eine „Mischung zwischen Anpassung und Finanzierung des Zahlungsbilanzdefizits" einschlagen.[360] Diese Marschroute wurde in den USA zuerst vielfach als Herausforderung empfunden. Sie fand jedoch bemerkenswerterweise auch im Bericht des Joint Economic Comittees des U.S.-Congresses für 1971 ihren Niederschlag[361]: "We should perhaps cooperate in developing a guideline improving gradually increasing discipline in the financing of U.S. payment deficits. Under such a guideline, the proportion of annual deficits financed by Dollar accumulation abroad would decline and the proportion financed by U.S. losses of gold, SDR's or exchange reserves would increase over time. Since the United States is under any circumstances unlikely to be able to retain over the long-run its position of predominance in effectively determining the global supply of reserves, little would be lost by voluntary self-discipline of this type. Moreover, important gains could be derived from an orderly transition that avoids the danger of international monetary disruption."

Wenn die amerikanischen Zahlungsbilanzdefizite wieder in vermehrtem Maße aus den eigenen Reserven gedeckt würden, erforderte dies aber eine *Reduktion des Fehlbetrages.* Denn eine substantielle weitere Verminderung der amerikanischen Goldbestände, die im Frühjahr 1971 auf unter 11 Mrd. $ fielen, wäre nicht tragbar, weil sie zweifellos mindestens auf den Widerstand der für die amerikanischen Kriegsvorsorgepolitik

---

[359] vgl. Schweitzer, P. P., Vortrag vom 20. 9. 1970 in Kopenhagen.

[360] vgl. Barre, R., Vortrag vom 10. 11. 1970 in New York.

[361] vgl. 1971 Joint Economic Report, S. 13.

Verantwortlichen stoßen und zudem das Vertrauen in den Dollar stark beeinträchtigen müßte.

Die entscheidende Frage war anfangs der Siebzigerjahre unter solchen Umständen, ob es den USA in absehbarer Zeit gelingen würde, ein dauerhaftes *„vernünftiges"* Zahlungsbilanzgleichgewicht herzustellen, „vernünftig" in dem Sinne, daß angesichts des voraussichtlichen andauernden zusätzlichen Dollarbedarfs für offizielle Interventionszwecke und für den Gebrauch des Dollars als Transaktionswährung und unter Berücksichtigung jährlicher Zuteilungen von Sonderziehungsrechten an die USA im Betrage von 800 bis 1000 Mill. $ ein Defizit von rund 2 Mrd. $ auf Liquiditätsbasis (1969 und 1970 noch je 4,5 Mrd. $) als tragbar angesehen werden könnte.

Die wichtigste Voraussetzung dafür, daß dieses Ziel erreicht werden könnte, wäre die *Rückdämmung* der amerikanischen *Inflation*. Gelänge es, die Inflationsrate in den USA zu senken und auf längere Sicht wieder unter derjenigen der übrigen wichtigen Währungsländer zu halten, so sollte daraus eine fühlbare Verbesserung der amerikanischen Ertragsbilanz resultieren. Auch sollten der Abbau der amerikanischen Militärausgaben im Ausland und eine erhöhte Mitfinanzierung der Stationierungskosten der amerikanischen Truppen im Ausland durch andere Länder Erleichterung für die Zahlungsbilanz bringen. Eine vermehrte Ausrichtung der monetären Politik auf die Zahlungsbilanz könnte diese darüberhinaus gegen negativ wirkende kurzfristige Kapitalbewegungen besser abschirmen. In einer Atmosphäre des Vertrauens gegenüber dem Dollar und bei günstiger amerikanischer Wirtschaftslage wäre ferner eine Verbesserung der Kapitalverkehrsbilanz durch vermehrte langfristige Kapitalinvestitionen des Auslandes in den USA zu erwarten. Unter günstigen Bedingungen hätte sich die amerikanische Zahlungsbilanz auch anfangs der Siebzigerjahre noch innert absehbarer Zeit ohne Wechselkursänderung in ein vernünftiges Gleichgewicht bringen lassen sollen.

Die Aussichten, dieses Ziel zu erreichen, waren jedoch anfangs 1971 durch den Umstand getrübt, daß sich die amerikanische Wirtschaft in einer Stagnationsphase mit relativ hoher Arbeitslosigkeit befand und daß die amerikanische Wirtschaftspolitik aus diesem Grunde auf Expansionskurs eingestellt war, der wenig Rücksicht auf die Zahlungsbilanz zuließ. Es mußte befürchtet werden, daß die großen amerikanischen Zahlungsbilanzdefizite andauern und endgültig den Charakter eines *fundamentalen Ungleichgewichts* annehmen könnten.

Normalerweise müßte in solchen Fällen das Defizitland, dessen Währung überwertet ist, abwerten. Gegen eine Dollarabwertung wird jedoch ins Feld geführt, daß der Dollar als universelle Interventionswährung, an der sich die übrigen Währungen am Devisenmarkt orientieren, gegenüber anderen Währungen nicht devalviert werden könne, und daß seine Abwertung nur durch Heraufsetzung des Goldpreises des Dollars möglich wäre. Eine Heraufsetzung des Goldpreises des Dollars, so geht die Argumentation weiter, würde jedoch den wiederholten offiziellen amerikanischen Versprechungen, diese Parität nicht ändern zu wollen, widersprechen und die Stellung des Dollars als internationale Währung schwer beeinträchtigen. Würde der Dollar im Verhältnis zum Gold abgewertet, so lautet ein weiterer Einwand gegen eine Dollarabwertung, so würde auch die große Mehrheit der Währungen dem Dollar folgen, mit dem Effekt, daß die außenwirtschaftlichen Vorteile einer Währungsabwertung für die USA ausbleiben würden.[362])

Die These ist jedoch allzu apodiktisch. Vor die Alternative gestellt, sich entweder dem Dollarstand unterwerfen zu müssen, ohne ihre Währungen gegenüber dem Dollar aufzuwerten oder flottieren zu lassen oder eine Abwertung des Dollars gegenüber der eigenen Währung in Kauf zu nehmen, dürften eine Reihe von wichtigen Währungsländern die letztere Lösung vorziehen. Es sollte durchaus möglich sein, eine *Abwertung des Dollars aufgrund eines gemeinsamen Abkommens* durchzuführen, indem sich wichtige Währungsländer verpflichten würden, eine bestimmte in Aussicht genommene Abwertung des Dollars nicht mitzumachen. Überdies könnte eine Devalvierung des Dollars mit der gleichzeitigen Aufwertung anderer Währungen kombiniert werden, wodurch die Währungskorrektur multilateralen Charakter erhielte.

Der Effekt einer solchen kombinierten Anpassungsaktion, an der die Vereinigten Staaten aktiv teilzunehmen hätten, wäre zweifellos rascher und größer, als wenn die Zahlungsbilanzanpassung der USA einseitig der Revalvierung anderer Währungen überlassen bliebe. Auch wäre voraussichtlich der Vertrauenseffekt eines wiederhergestellten amerikanischen Zahlungsbilanzgleichgewichtes auf den Dollar so groß, daß dadurch die übrigen Einwände und Bedenken, die gegen eine Dollarabwertung erhoben werden können, bei weitem aufgewogen würden.

c) *Völlige Aufhebung des Reservesystems des Dollars?*

Fand anfangs der Siebzigerjahre einerseits die Auffassung zunehmende Verbreitung, daß die Schöpfung neuer Reserven durch den Dollar (mit Ausnahme der Äufnung von Betriebsfonds für Interventionszwecke der Notenbanken) nicht mehr lange fortdauern könnte, so war andererseits die Beurteilung der Gefahren, die von den *bestehenden großen Dollarverpflichtungen* gegenüber dem Ausland auf den Dollar ausgehen könn-

---

[362]) vgl. Haberler, G./Willet, Th., a. a. O., S. 13.

ten, umstrittener. Es wurden Zweifel darüber laut, ob das Vertrauen in den Dollar je wieder hergestellt werden könne, solange das Damoklesschwert der hohen kurzfristigen, in Gold konvertiblen offiziellen Dollarguthaben (die jederzeit durch Abstoßung privater Guthaben noch erhöht werden könnten) über dem Dollar hänge. Entsprechend wurde die Auffassung vertreten, daß das internationale Währungssystem nur saniert werden könne, *wenn das Reservewährungssystem als Ganzes beseitigt* werde, d. h. wenn auch die bestehenden offiziellen Dollar- und Sterlingguthaben eliminiert würden. Während Jacques Rueff dieses Ziel durch eine massive Goldpreiserhöhung und Rückzahlung der bestehenden kurzfristigen Dollarverpflichtungen gegenüber ausländischen Amtsstellen aus dem amerikanischen Goldpreisgewinn erreichen wollte, schwebte Triffin eine Übertragung der offiziellen Dollarguthaben auf ein *internationales Konversionskonto* beim IWF im Austausch gegen Sonderziehungsrechte vor. Ein ähnliches Ziel verfolgte Bernstein mit seinem Plan, die offiziellen Währungsreserven der einzelnen Länder in ein sogenanntes *Reserve Settlement Account* beim IWF einzutragen und den Reservetransfer über dieses Gemeinschaftskonto abzuwickeln. Für die USA würde das Projekt Bernsteins zur Folge haben, daß sie einerseits von der Verpflichtung zur Einlösung der offiziellen Dollarguthaben des Auslandes in Gold entbunden würden, ohne einen einseitigen Akt vornehmen zu müssen; andererseits hätten sie jedoch künftige Defizite aus ihren Reserven zu decken.

Die Kassandrarufe, daß die Existenz der ausländischen Dollarguthaben eine akute Gefahr für den Zusammenbruch des Währungssystems bilde, fanden allerdings bei den Währungsbehörden lange Zeit nicht die von ihren Auguren gewünschte Beachtung. Bestimmend für diese Haltung war die Auffassung, daß alles eine Frage des Vertrauens in den Dollar sei, das seinerseits von der Wiederherstellung eines dauerhaften amerikanischen Zahlungsbilanzgleichgewichtes abhänge; sei dieses einmal erreicht, so werde auch die potentielle Gefahr großer Konversionsbegehren den offiziellen Dollarguthaben des Auslandes in Gold von selber aufhören.

Die Tatsache, daß der vorausgesagte baldige Zusammenbruch des Reservewährungssystems bis anfangs der Siebzigerjahre nicht eintrat, hat diese Auffassung einerseits bestärkt. Jedoch steigerten die enttäuschenden Erfahrungen mit den Bemühungen um einen Ausgleich der amerikanischen Zahlungsbilanz sowie die damit verbundene starke Erhöhung der offiziellen Dollarreserven und der zunehmende Unmut der ausländischen Behörden gegen das weitere Ansteigen der Dollarguthaben die Gefahr von Kurzschlußhandlungen. Das war der Grund, warum anfangs der Siebzigerjahre die vorsorglichen Pläne, die offiziellen Dollarguthaben in Guthaben im IWF einzutauschen, erneut und mit vermehrtem Nachdruck propagiert wurden. Sollte es nicht gelingen, die USA innert nützlicher Frist einer vermehrten Zahlungsbilanzdisziplin zu unterstellen und ihr Defizit zu reduzieren, so wäre vorauszusehen, daß die Pläne einer Umwandlung der offiziellen Dollarguthaben in Guthaben beim IWF an Aktualität gewinnen würden.

C. DIE MEISTERUNG DES LIQUIDITÄTSPROBLEMS

a) Das quantitative Problem

Daß die mit den *Sonderziehungsrechten* angestrebte Globalsteuerung des Reservezuwachses in den ersten Jahren ihrer Inkraftsetzung scheiterte, ist nicht ein Fehler des Sonderziehungsrecht-Systems an sich, sondern hängt mit seiner vorzeitigen Aktivierung und insbesondere mit dem Umstand zusammen, daß die erste Zuteilung der SZR von rekordmäßigen amerikanischen Zahlungsbilanzdefiziten und einem entsprechenden beispiellosen Zuwachs an Dollarreserven begleitet wurde. Von der gesamthaften Zunahme der internationalen Liquidität im Jahre 1970 um 14,1 Mrd. $ entfielen mehr als die Hälfte auf den Zuwachs kurzfristiger amerikanischer Dollarverbindlichkeiten gegenüber ausländischen Amtsstellen, während die Zuteilung an Sonderziehungsrechten 3,4 Mrd. $ ausmachte.

Die Liquiditätsschwemme im Jahre 1970 hat der Abneigung gegen die SZR starken Antrieb gegeben. Die Wiederholung einer solchen Entwicklung sollte unbedingt vermieden werden. Es wäre jedoch nicht gerechtfertigt oder mindestens übereilt, aus den ersten Erfahrungen mit den Sonderziehungsrechten bereits den Schluß zu ziehen, daß auf dieses System überhaupt verzichtet werden sollte. Da das Postulat, das Liquiditätsproblem durch eine massive Erhöhung des monetären Goldpreises zu lösen, von den Währungsbehörden abgelehnt wurde und da auch eine weitere unlimitierte Schaffung von Dollarguthaben aus den amerikanischen Zahlungsbilanzdefiziten allgemein als unerwünscht betrachtet wurde, drängte sich die Schaffung eines synthetischen Reservemediums, dem die Hauptfunktion der Reserveschaffung zukommen sollte, auf.

Erfolg oder Mißerfolg des Experimentes der SZR werden davon abhängen, ob alle ursprünglichen Voraussetzungen und Zielsetzungen des Systems eingehalten werden. Solange große amerikanische Zahlungsbilanzdefizite fortdauern und daraus ein starker zusätzlicher Zuwachs an Dollarguthaben des Auslandes entsteht, hat jedenfalls die Aktivierung von SZR keine Berechtigung. Würde sie trotzdem vorgenommen, so müßte dies *zum Gegenteil* der angestrebten Verbesserung des Liquiditätsproblems führen. Werden die Zuteilungen der SDR nicht unter Berücksichtigung der gesamten Liquiditätslage vorsichtig dosiert und mit Disziplin angewandt, so müßte dies zu einer noch steuerlosen Liquiditätsschöpfung führen und auf ein Ausweichen vom Anpassungsprozeß hinauslaufen. Die Festsetzung der SZR-Zuteilungen sollte stets unter Berücksichtigung des Zuwachses der anderen Reservearten vorgenommen werden.

b) *Das qualitative Problem*

Neben dem quantitativen Liquiditätsproblem stellt sich auch ein solches qualitativer Art: Das Problem nämlich, wie die *Koexistenz der verschiedenen Reservearten,* insbesondere des Goldes, der Devisenguthaben und der Sonderziehungsrechte gesichert und wie ihre gleichmäßige Benützung beim Saldenausgleich erreicht werden kann.

Die Entstehung dieses Problems ist hauptsächlich die Folge der ungenügenden Zunahme des monetären Goldes einerseits und des übermäßigen Zuwachses der Dollarreserven andererseits. *Das Gold hat dadurch eine bevorzugte Stellung* erhalten, die sich sowohl in der offenen oder verkappten Tendenz der Währungsbehörden, Dollars gegen Gold konvertieren zu wollen, als auch in ihrer Zurückhaltung, beim Saldenausgleich Gold zu benützen, äußert.

Das erzeugt Beunruhigung am Devisenmarkt. Auch droht der Goldbestand dadurch als Liquiditätselement weitgehend immobilisiert zu werden.

Die Währungsbehörden haben zwar Ende der Sechzigerjahre versucht, dieser Gefahr einerseits durch die *Einstellung weiterer Goldverkäufe* der Notenbanken an den Markt und andererseits durch die Schaffung der *Sonderziehungsrechte* zu begegnen. Der Kern des Problems wurde jedoch damit nicht getroffen; denn Goldknappheit kann nicht einfach dadurch reduziert werden, daß der bestehende monetäre Goldbestand global gegen weitere Verluste abgeschirmt und daß anstelle des mangelnden Goldzuflusses eine andere Reserveart geschaffen wird. Die Goldknappheit und die Bevorzugung des Goldes müßten sich im Gegenteil noch vergrößern, wenn der Goldanteil an den Gesamtreserven ständig abnehmen würde.

Das Problem wird deshalb früher oder später eine *grundsätzliche Lösung* verlangen. Die eine Möglichkeit, die selbst von den Währungsbehörden verschiedener Länder befürwortet wird, bestünde in der völligen *Demonetisierung des Goldes.* Das würde einerseits die Einstellung der Goldkonvertibilität des Dollars implizieren. Andererseits müßte nach dieser Konzeption das Verbot des Washingtoner Abkommens von 1968, Währungsgold an den Markt zu verkaufen, aufgehoben werden, falls sich der Goldpreis am freien Markt gegenüber dem monetären Goldpreis einmal so stark erhöhen würde, daß daraus Spekulationen auf eine Heraufsetzung des Währungsgoldpreises und ein Druck auf den Devisenmarkt entstehen würde. Die Zentralbanken sollten dann ihre Goldbestände graduell an den Markt verkaufen, und die monetäre Rolle des Goldes sollte später völlig eliminiert werden.[363]

Eine entgegengesetzte Konzeption der Lösung des qualitativen Liquiditätsproblems besteht darin, daß der Verknappung an Währungsgold und seiner daraus resultierenden Vorzugsstellung unter den Währungsreserven am besten auf dem Wege einer Erhöhung des *monetären Goldpreises* begegnet werden könne. Um zwischen dem Gold und den übrigen Reservearten eine diskriminatorische Behandlung zu vermeiden, müßte gemäß dieser These ein genügender Zufluß von Neugold gesichert werden und müßte auch eine vernünftige Relation zwischen Gold und den anderen Reservekomponenten bestehen. Wären diese Bedingungen erfüllt und erhielten auch die Vereinigten Staaten wieder einen konstanten Goldzuwachs, so würde jedenfalls von dieser Seite kein Drang nach Goldkonversion von Dollarguthaben mehr bestehen und würde auch der Druck auf den Dollar abnehmen. Das würde allerdings eine substanzielle Erhöhung des Währungsgoldpreises erfordern. Auf diese Weise könnte gleichzeitig der Unsicherheitsfaktor des zweigeteilten Goldmarktes beseitigt werden.[364]

Eine dritte Lösungsmöglichkeit des qualitativen Reserveproblems bestünde darin, die verschiedenen *Reservearten* dadurch faktisch *zusammenzulegen*, daß die nationalen Währungsreserven in einem Konto des Internationalen Währungsfonds eingetragen würden und daß künftig grundsätzlich alle Reservetransaktionen über dieses Konto in einer gleichen Einheit abgewickelt würden. Der bereits erwähnte Plan Bernsteins eines sogenannten *Reserve Settlement Account* (RSA), der gleichzeitig eine Lösung des Dollarreserveproblems und des Liquiditätsproblems anstrebt, beruht auf diesem Prinzip. Es wird dabei keine physische Übertragung der Reserven, sondern nur ein „earmarking", d. h. eine Registrierung im gemeinsamen Konto verlangt. Die Reservetransaktionen würden in einer gemeinsamen Einheit (Composite Reserve Unit [CRU]) durchgeführt, wobei jedoch gleichzeitig auch eine Verbuchung in den verschiedenen Reservearten vorgenommen würde. Das Verfahren würde darauf hinauslaufen, daß die einzelnen Länder für ihre Defizitdeckung in Gold, Devisen und Sonderziehungsrechten belastet würden, und zwar in denjenigen Proportionen, in denen sie im RSA für das betreffende Land registriert sind. Auch die Überschußländer würden neben der Gutschrift

---

[363] vgl. Ossola, R., Vortrag vom 1. 2. 1971 in Washington.

[364] vgl. Gilbert, M., "The Gold-Dollar-System" Essays in International Finance No. 70, Princeton Okt. 1968; derselbe: "The future of the international monetary system" in 'Euromoney', Nov. 1969

in CRU Gutschrift in den verschiedenen Reservearten erhalten, und zwar im Durchschnittsverhältnis der von allen Defizitländern im RSA registrierten Reservemedien.

Das System des Reserve Settlement Account ist so angelegt, daß es die Gefahr der störenden Bevorzugung der einen Reserveart gegenüber der anderen ausschalten würde, ohne daß jedoch die individuelle Zusammensetzung der nationalen Währungsreserven harmonisiert werden müßte.

Jedes Land würde seinen Anspruch auf seine registrierten Reservekomponenten behalten; im Falle des Austritts eines Landes aus dem RSA-System wäre dementsprechend sein kumulativer Saldo in verschiedenen Reservearten zu regeln. Die künftige Erhöhung der Gesamtreserven würde ausschließlich durch Zuteilungen an Sonderziehungsrechten vorgenommen.

Eine vierte Möglichkeit, das Liquiditätsproblem zu lösen, bestünde schließlich im Übergang zu *frei schwankenden Wechselkursen*, die den Einsatz von Reserven unnötig machen würden. Die Variante spielt jedoch in der praktischen Erörterung nur eine geringe Rolle.

Eine Regelung des noch ungelösten qualitativen Liquiditätsproblems wird in dieser oder jener Weise einmal gefunden werden müssen. Eine *Demonetisierung* des Goldes im Sinne seiner völligen Ausschaltung als Währungsreserve würde allerdings eine *Kurzschlußlösung* darstellen, die den großen Vorzügen, die dem Gold immer noch als Währungsreserve anhaften, und seiner Unentbehrlichkeit in einer unsicheren Welt nicht Rechnung tragen würde. Das Gold stellt die einzige Reserveart dar, der kein Schuldnerverhältnis zugrundeliegt und die einen realen Wert verkörpert; es ist auch diejenige Reserve, die eine gewisse Währungsautonomie gewährleistet und die im Kriegsfalle "the last resort" zu bilden vermag. Nicht zuletzt übt das Währungsgold, wenn es zur Defizitdeckung herangezogen wird, stärker als andere Reservearten einen Zwang zur Zahlungsbilanzdisziplin aus. Diese *Golddisziplin* sollte nicht aufgegeben werden, sondern sie sollte, wie dargelegt, im Gegenteil künftig auch wieder auf die *Vereinigten Staaten* angewendet werden. Daß diesem Erfordernis auch im Rahmen des Planes eines Reserve Settlement Account Nachachtung verschafft würde, stellt einen positiven Punkt dieses Projektes dar.

Die Erhaltung des Goldes als Währungsreserve würde aber auch den *Sonderziehungsrechten* zugute kommen. Die SZR sind bei ihrer Schaffung ausdrücklich als Reservebestandteil bezeichnet worden, der die übrigen Reservekomponenten *ergänzen*, nicht ersetzen soll. Eine Monopolisierung der künftigen Reserveschaffung durch die Sonderziehungsrechte würde gegen diesen Grundsatz verstoßen und die Gefahr eines Mißbrauchs des SZR-Systems erheblich steigern. Bleibt das Gold neben den Sonderziehungsrechten ein substantielles Element der künftigen Reserveschaffung und wird zwischen beiden eine vernünftige Proportion gewahrt, so würde dies dagegen auch als *Bremse gegen übermäßige Zuteilungen von SZR* wirken. Ein Liquiditätssystem, das ausschließlich "man-managed" wäre, wie es die Konzentration der Reserveschöpfung auf die Sonderziehungsrechte darstellen würde, könnte keine vertrauenserweckenden Perspektiven schaffen.

Die Beibehaltung des *Goldes* als substanzielles Reserveelement und die Sicherung eines weiteren Zuflusses an Währungsgold würde freilich über kurz oder lang eine angemessene Erhöhung des monetären Goldpreises erfordern. Das Problem des Währungsgoldpreises müßte sich jedenfalls dann stellen, wenn infolge der strukturellen Verknappung am Goldmarkt die Spanne zwischen Waren- und Währungsgoldpreis zu groß würde. Dann müßte die „Stunde der Wahrheit" kommen, in der sich entscheiden würde, ob der monetäre Goldpreis heraufgesetzt werden soll oder ob umgekehrt die Zentralbanken bereit sind, ihre monetären Goldbestände durch Verkäufe an den freien Markt willentlich abzubauen.

3. KAPITEL: DIE WÄHRUNGSKRISE VOM MAI 1971

Hatten 1969 die amerikanischen Kreditrestriktionen und die starke *Zinshausse* am Eurodollarmarkt die Anziehungskraft von Dollaranlagen dermaßen erhöht, daß der Dollarbedarf am Euromarkt nicht nur die aus dem amerikanischen Zahlungsbilanzdefizit neu anfallenden Dollarguthaben, sondern auch einen Teil der bestehenden offiziellen Dollarreserven ausländischer Notenbanken absorbierte, so trat *1970 und 1971*, als die USA ihre Kreditrestriktionen wieder lockerten und in Amerika und am Euromarkt das *Zinsniveau* rapid unter dasjenige in anderen Ländern *fiel*, die *gegenteilige Entwicklung* ein: Infolge der umgekehrten Zinsrelationen zahlten jetzt die amerikanischen Banken ihre Schulden am Euromarkt von 14 Mrd. $ im Höchstpunkt zu Beginn 1970 auf 1,5 Mrd. anfangs Mai 1971 wieder zurück, während andere Industrieländer mit höherem Zinsniveau einen starken Geldzufluß aus dem Euromarkt verzeichneten.

Der Dollarabfluß aus den Vereinigten Staaten und das daraus resultierende hohe Kreditangebot am Euromarkt überfluteten insbesondere die *Bundesrepublik Deutschland,* wo das Zinsniveau aus Gründen der konjunkturellen Überhitzung hochgehalten wurde. Infolgedessen stiegen die zentralen Währungsreserven der Bundesrepublik schon 1970 um 6 Mrd. $. In den ersten vier Monaten 1971 verstärkte sich der Zuwachs der offiziellen deutschen Währungsbestände um weitere 3 Mrd. $ (ohne Sonderziehungsrechte).

Zu den bis dahin ausschließlich zinsorientierten Kapitalbewegungen kamen im Frühjahr 1971 in steigendem Maße auch *spekulative* Anlagen in D-Mark hinzu. Obschon die Deutsche Mark im Frühjahr 1971 — im Gegensatz zu 1969 — nicht unterwertet war, entstanden spekulative Erwartungen auf eine Erhöhung des Mark-Kurses gegenüber dem Dollar, was teils dem fortdauernden Anstieg der deutschen Währungsreserven, teils der in der Bundesrepublik öffentlich propagierten Abwehr des Dollarzustroms durch den Übergang zu einem flexiblen Wechselkurs zuzuschreiben war. Die Krise spitzte sich zu, als am 3. Mai fünf deutsche wirtschaftswissenschaftliche Institute ihre gemeinsame Empfehlung auf Schwankenlassen des Mark-Kurses publik machten. Allein vom 3. Mai bis 5. Mai morgens strömten in der Folge der Bundesbank mehr als 2 Mrd. $ zu. Die spekulative Entwicklung griff nunmehr auch auf andere Länder über. So mußte insbesondere die Schweizerische Nationalbank anfangs Mai innert wenigen Tagen Dollars im Gegenwert von 3 Mrd. Schweizerfranken vom Markt hereinnehmen.

Angesichts dieser Geldinvasion sahen sich die meistbetroffenen Zentralbanken am 5. Mai 1971 zur vorübergehenden *Schließung ihrer Devisenmärkte* gezwungen. Am 9. Mai entschlossen sich dann die Bundesrepublik Deutschland und Holland zur temporären *Aufhebung* der bisherigen *Interventionslimiten* gegenüber dem Dollar, während die Schweiz und Österreich ihre Paritäten um 7,04 % resp. 5,05 % *heraufsetzten*. Zusätzlich zu den Wechselkursmaßnahmen führten die betreffenden Länder flankierende Maßnahmen auf dem Gebiet der inneren Inflationsbekämpfung durch.

Trotz zahlreicher Bemühungen, eine gemeinsame Wechselkurspolitik gegenüber dem Dollar einzuschlagen, gelang es den *EWG-Ländern* anfangs Mai 1971 nicht, sich zu einigen. Frankreich und Italien ließen ihre Dollarparität unverändert, während Belgien an seinem bisherigen System eines reglementierten Dollarkurses im Handelsverkehr und eines freien Dollarkurses im Finanzverkehr festhielt. Das hatte zur Folge, daß selbst unter den Partnerländern des Gemeinsamen Marktes teilweise schwankende Wechselkurse entstanden, was desintegrierend wirkte und die geplanten ersten Ansätze zu einer Europäischen Währungsunion zurückwarf.

Obschon der *Yen* deutliche Anzeichen einer Unterwertung aufwies, behielt Japan seine bisherige Dollarparität bei.

Auch die *Vereinigten Staaten* nahmen in der Maikrise 1971 eine *passive Haltung* ein. Die Goldparität des Dollars blieb unverändert. Dies, obwohl der Dollar, wie im folgenden noch gezeigt werden soll, im Hintergrund der Krise stand.

Bemerkenswert ist, daß die Währungskrise ausbrach, obwohl die von der Dollarflut betroffenen ausländischen Notenbanken in der Krisenperiode *keine Konversionsbegehren in Gold* geltend machten und obwohl der amerikanische „Goldschalter" formell offen blieb.[365] Wenn die Länder, die Zielscheibe der Kapitalinvasion waren, zeitweise ihre „Dollarschalter" schließen und hernach ihre Wechselkurse gegenüber dem Dollar ansteigen lassen mußten, so stand dies damit im Zusammenhang, daß der Dollarzufluß dort eine gewaltige Liquiditätsschöpfung zur Folge hatte und daß der daraus resultierenden inflatorischen Gefahr mit allen Mitteln entgegengetreten werden mußte.

Die ergriffenen wechselkurspolitischen Maßnahmen ermöglichten es den betreffenden Ländern, den reißenden Kapitalzufluß aufzuhalten und einen Teil der zugeströmten Gelder wieder zum Abfluß zu bewegen.

Das temporäre Schwankenlassen des Wechselkurses der D-Mark und des Guldens sowie die Aufwertungen des Schweizerfrankens und des österreichischen Schillings reichten aber nicht aus, um die der Währungskrise zugrundeliegenden hauptsächlichen Störungsfaktoren zu beseitigen.

Die unmittelbare Ursache der Krise lag, wie eingangs bemerkt, in der Veränderung der *amerikanischen Kreditpolitik* und der Umkehr der Zinsrelationen. Die Zinsunterschiede waren dadurch noch vergrößert worden, daß die Wirtschaftslage in den USA einerseits und in Kontinentaleuropa und Japan andererseits differierte und daß der monetären Politik — hier in expansionistischer, dort in restriktiver Richtung — übergroßes Gewicht zukam. Die Zinsreagibilität der internationalen kurzfristigen Kapitalbewegungen und das große Ausmaß dieser Geldströme wurden überdies durch die Existenz des Eurogeldmarktes, dessen Umfang von 57 Mrd. $ (Ende 1970) nicht nur durch die amerikanischen Zahlungsbilanzdefizite, sondern auch durch die ihm immanente Geldschöpfung ständig erhöht wurde, noch erheblich vergrößert.

Die ursprünglich ausschließlich zinsbedingten Kapitalbewegungen hätten indessen nicht zum reißenden *spekulativen* Kapitalstrom anwachsen, und die Entwicklung hätte nicht zur schweren Währungskrise werden können, wäre nicht durch das fortgesetzt hohe amerikanische Zahlungsbilanzdefizit und die ausgeprägte inflatorische Entwicklung in den USA das *Vertrauen in den Dollar* beeinträchtigt worden, und wäre nicht angesichts der strikte ablehnenden Haltung der USA gegen eine Dollarabwertung die Erwartung genährt worden, daß *andere* Länder ihre Währungen gegenüber dem Dollar *aufwerten* müßten. Solange dieser Zustand andauert, kann auf der internationalen Währungsebene keine Beruhigung einkehren.

Die Maikrise offenbarte, daß die Theorie des „benign neglect" der amerikanischen Zahlungsbilanz, die die Lösung des Problems des amerikani-

---

[365] Die Konversionsbegehren Frankreichs und Hollands folgten erst nach der Krise.

schen Zahlungsdefizits vor allem den übrigen Ländern überlassen wollte, unrealistisch war. Einerseits stellte sich die Annahme, daß die übrigen Länder bereit seien, den Dollarstandard passiv zu akzeptieren, als eine Utopie heraus. Andererseits zeigte sich aber auch, daß die Vorstellung, wonach die Lösung des amerikanischen Zahlungsbilanzproblems dem Ausland überlassen werden könne, illusorisch ist. Die Aufwertung des Schweizerfrankens und des österreichischen Schillings — die Freigabe des D-Mark-Kurses kommt noch keiner definitiven Aufwertung gleich — vermochten die externe Bilanz der USA nicht fühlbar zu verbessern. Auch erwies sich, daß eine gemeinsame Wechselkurspolitik der wichtigsten Währungsländer außerhalb der USA noch weit davon entfernt ist, verwirklicht werden zu können.

Das bestärkt die Auffassung, daß die Wiederherstellung eines vernünftigen amerikanischen Zahlungsbilanzgleichgewichts *ohne aktive Mithilfe der Vereinigten Staaten nicht möglich ist*. Falls dieses Gleichgewicht ohne Wechselkursänderungen nicht mehr erreichbar wäre, würde eine Dollarabwertung, verbunden mit einer internationalen Vereinbarung, wonach die wichtigsten Industrieländer die Paritätänderung des Dollars nicht mitmachen würden, das wirksamere Anpassungsmittel bilden. Ohne die Wiederherstellung des amerikanischen Zahlungsgleichgewichtes ist eine Stabilisierung des internationalen Währungssystems nicht möglich und müßte stets mit der Wiederkehr zunehmender Krisen gerechnet werden.

Demgegenüber sind die übrigen Maßnahmen zur Beruhigung der Atmosphäre, so notwendig sie sind, eher von sekundärer Bedeutung. Die Maikrise 1971 hat insbesondere der Forderung nach einer systematischen *Politik der Zentralbanken gegenüber dem Eurogeldmarkt* erhöhte Dringlichkeit verliehen. Vor allem wurde der Ruf erhoben, daß die von den Zentralbanken des BIZ-Kreises schon Mitte April 1971, also noch vor der Krise, beschlossenen, aber bis dahin noch kaum in Wirklichkeit umgesetzten *kollektiven Richtlinien* (Verzicht auf Wiederanlage neuer Dollarzuflüsse bei den Zentralbanken am Euromarkt, graduelle Reduktion der bestehenden Zentralbankanlagen am Euromarkt) voll realisiert werden sollten. Auch wurden zahlreiche Möglichkeiten erwogen, wie durch individuelle oder koordinierte Maßnahmen die nationalen Volkswirtschaften in vermehrtem Maße gegen unerwünschte kurzfristige Geldbewegungen vom und zum Eurogeldmarkt abgeschirmt und wie spekulative Kapitalströme entmutigt werden könnten. Die *EWG-Kommission* legte dem Ministerrat anfangs Juli 1971 einen *Richtlinienentwurf* vor, der insbesondere folgende Maßnahmen vorsah: Für die wirksame Regulierung der internationalen Finanzströme sollen Vorschriften für die Geldmarktanlagen und die Verzinsung der Einlagen von Gebietsfremden erlassen werden. Die Kreditaufnahme von Gebietsansässigen im Ausland, deren Tätigkeit nicht mit Handelsgeschäften oder Dienstleistungen zusammenhängt, soll kontrolliert werden. Zur Neutralisierung der unerwünschten Wirkungen internationaler Finanzströme auf die binnenwirtschaftliche Liquidität sollen die Netto-Auslandpositionen der Kreditinstitute reguliert und sollen namentlich für Guthaben von Gebietsfremden Mindestreservesätze festgelegt werden. Von den angeführten Maßnahmen soll im Bedarfsfalle teilweise oder gesamthaft Gebrauch gemacht werden, und zwar aufgrund einer engen Koordination unter den Partnerländern.

Auch die Arbeitsgruppe 3 der OECD befaßte sich im Juli 1971 mit dem Problem der Bekämpfung unerwünschter spekulativer Kapitalströme, wobei sie einen umfassenden Katalog möglicher Maßnahmen aufstellte, der von den direkten, administrativen Kontrollen bis zur Marktbeeinflussung durch die Notenbanken und zur erhöhten Flexibilität der Wechselkurse ging.

Ob das *Wechselkurssystem* als Folge der Maikrise 1971 eine grundsätzliche Änderung erfahren wird, ist eine noch offene Frage. Einerseits hat die Krise der Tendenz Auftrieb gegeben, die Bandbreiten generell zu erweitern, um dadurch die Spekulation zu entmutigen, und hat die Auffassung an Einfluß gewonnen, daß ein wenigstens temporäres Ausweichen in flexible Wechselkurse zu einem Bestandteil des Arsenals gegen massive Kapitalbewegungen werden müsse. Andererseits haben jedoch gerade die wiederholten Wechselkurserhöhungen in Deutschland nicht wenig dazu beigetragen, die Spekulation auf eine neue Aufwertung zu fördern. Auch hat der Übergang der Mark und des Guldens zu schwankenden Kursen und haben ihre schädlichen Folgen auf den Gemeinsamen Markt die Erkenntnis gestärkt, daß für eine hohe Form der wirtschaftlichen Integration stabile Wechselkurse ein essentielles Erfordernis bilden. Dem Entschluß der schweizerischen Regierung, den Kurs des Schweizerfrankens nicht schwanken zu lassen, sondern eine neue feste Parität zu wählen, liegt ferner die grundsätzliche Erkenntnis zugrunde, daß ein erhöhter fester Wechselkurs einen Ansatzpunkt zu Anti-Inflationsmaßnahmen auch im Innern zu bilden vermöge, während schwankende Wechselkurse die monetäre Disziplin zu lockern drohen.

Die Frage einer Reform des Wechselkursregimes, die nach der Jahrestagung des IWF von 1970 in einen Dornröschenschlaf gefallen zu sein schien, ist durch die krisenhafte Entwicklung im Mai 1971 wieder neu belebt worden. Eine grundlegende Änderung des Systems ist jedoch nach wie vor nicht zu erwarten.

LITERATURVERZEICHNIS

1. WÄHRUNGSSYSTEM / Allgemeines

American Enterprise Institute for Public Policy Research, „International Payment Problems", Symposium Washington, März 1966

Aschinger, Franz E., „Die internationale Währungsreform aus schweizerischer Sicht", Vortrag Zürich vom Jan. 1969

Derselbe: „Probleme einer Internationalen Währungsreform", Vortrag Zürich vom 19. Jan. 1966

Derselbe: „Wandlungen des Internationalen Währungssystems", Schweiz. Bankverein, Bulletin No. 3/1970

Derselbe: „Die Probleme einer internationalen Währungsreform", Broschüre SKA „Aktuelles aus der Wirtschaft", Zürich 1962

Aubrey, Henry G., „Behind the veil of international money", Essays in Int. Finance No. 71, Princeton 1969

Bernstein, E. M., „Proposed reforms in the Int. Monetary System", Joint Ec. Committee U.S. Congress Washington 1963

Blessing, Karl, „Die heutige internationale Währungsordnung, ihre Stärken und ihre Schwächen", Kieler Vorträge, No. 28, Kiel 1963

Bosshardt, Alfred, „Betrachtungen zur internationalen Währungsdiskussion", Außenwirtschaft Heft III/IV, St. Gallen 1965

O'Brien, Leslie, „The Future of the International Monetary System", Rede San Francisco, 19. Sept. 1969

Büchner, Richard, „Währungssysteme", Festgabe E. Grossmann für Zürich 1949

Clarke, William M. / Pulay George „The World's Money — How it works", London 1970

Dillon, Douglas C., „International Monetary Problems and the Monetary System", Model, Roland-Symposium, New York, Sept. 1969

Emminger, Otmar, „Währungspolitik im Wandel der Zeit", Frankfurt 1966

Derselbe: „Grundprobleme der Internationalen Währungsordnung", Vortrag Travemünde, 22. Sept. 1964

Derselbe: „Internationales Währungssystem" im Enzykl. Lexikon für das Geld-, Bank- und Börsenwesen, Frankfurt 1968

Erbe, René, „Die internationale Währungsordnung", Kyklos, Heft 3, Basel 1962

Gardner, Richard N., „Sterling-Dollar Diplomacy", New York 1969

Gilbert, Milton, „The Future of the International Monetary System", Model, Roland-Symposium, New York 1969

Derselbe: „The Gold-Dollar System: Conditions of Equilibrium and the Price of Gold, Essays in Intl. Finance No. 70, Princeton, Oct. 1968

Derselbe: „Problems of the International Monetary System", Essays in Intl. Finance No. 53, Princeton, April 1966

Grubel, H. G., „International Monetary Reform: Plans and Issues", Oxford 1963

Derselbe: „The International Monetary System", Harmondsworth 1969

Guggenheim, Thomas, „La Réforme Monétaire", Genf 1965

Guindey, M. G., „La Réforme du Système Monétaire International", Vortrag, Paris, Mai 1966

Guitton, Henri, „La Monnaie", Paris 1969

Haberler, Gottfried, „The International Payments System: Postwar Trends and Prospects" in „International Payment Problems", American Enterprise Institute, Washington 1966

Derselbe: „Money in the International Economy", Hobart Paper No. 31, London 1965

Derselbe: „Geld in der int. Wirtschaft", Hamburg 1965

Derselbe: „Internationale Währungsprobleme", Schweizer Monatshefte, Mai 1969

Hahn, L. Albert, „Ein Traktat über die Währungsreform", Kyklos, Basel 1964

Harrod, R. F., „The Life of John Maynard Keynes", London 1951

Derselbe: „Reforming the World's Money", London 1965

Derselbe: „Money", London 1969

Hart, Albert G. / Kennen, Peter B., „Money, Debt and Economic Activity", Englewoods Cliffs N. J. 1961

Heuss, Ernst, „Fiktive und wirkliche Probleme der internationalen Währungsordnung", „Außenwirtschaft" III/IV, St. Gallen 1965

Hirsch, Fred, „Money International", London 1967

Holtrop, M. W., „Der Geldwert und das Internationale Währungssystem", Vortrag Frankfurt, November 1965

Hudeczek, Carl, „Das Internationale Währungssystem, Mängel und Reformen", Frankfurt 1969

Hunold, A., Hrsg. von „Inflation und Weltwährungsordnung", Beiträge von Rueff, Röpke, Heilperin, Lutz, Schmöllers, Triffin, Zürich 1963

Iklé, Max, „Zukunftsprobleme des Westlichen Währungssystems", Schweiz. Kreditanstalt, Bd. 8, 1970

Derselbe: „Probleme der Internationalen Währungspolitik", Vortrag Zürich vom März 1969

Issing, Otmar, „Leitwährung und internationale Währungsordnung", Berlin 1965

Internationaler Währungsfonds, „International Reserves, Needs and Availability", Washington 1971

Jacobsson, Per, „The two functions of an international monetary standard: stability and liquidity", Banque Nationale de Belgique, Bulletin April 1962

Derselbe: „Towards a Modern Monetary Standard", Stamp Memorial Lecture, London 1959

Derselbe: „The Role of Money in a Dynamic Economy", Salomon Lecture, New York, 19. Febr. 1963

Derselbe: „International Monetary Problems 1957 — 1963", Selected Speeches, Washington 1964

Joint Ec. Committee U.S. Congress, „Next Steps in Int. Monetary Reform", Hearing Sept. 1968 mit Beiträgen von Mundell, Bernstein, Machlup, Kenen, Triffin, Washington 1968, ferner: Hearings über „Guidelines for improving the International Monetary System", Washington 1965

Kastrinakis, D. G., „Die Diskussion um die Reform des Internationalen Währungssystems", Düsseldorf 1970

Lipfert, Helmut, „Einführung in die Währungspolitik", München 1964

List - Gesellschaft, „Fundamentale Fragen künftiger Währungspolitik", Frankfurter Gespräche, Basel 1965

Lutz, Friedrich A., „Geld und Währung", Gesammelte Abhandlungen, Tübingen 1962

Derselbe: „International Payments and Monetary Policy in the World Today", Wicksel Lecture, Stockholm 1961

Machlup, Fritz, „International Monetary Economics", London 1966

Derselbe: „International Monetary Systems and the Free Market Economy", Reprints in Finance No. 3, Princeton, Febr. 1966

Meade, J. E., „The International Monetary Mechanism" in „The Three Banks Review", Edinburgh, Sept. 1964

Mossé, Robert, „Les Problèmes Monétaires Internationaux", Paris 1967

Mundell, R. A., „World Monetary Reform", Chicago 1968

Officer, Lawrence H., Willett, Thomas D., „The International Monetary System — Problems and Proposals", Englewood Cliff. N. Y. 1969

Pfleiderer, Otto, „Die Zukunft der Internationalen Währungsordnung", Kyklos, I, 1967

Posthuma, S., „Wandlungen im Internationalen Währungssystem", Kiel 1963

Derselbe: „Fundamentale Fragen künftiger Währungspolitik", Basel/Tübingen 1965

Derselbe: „The international monetary system", Banca Naz. d. Lavoro, Quart. Review, No. 66, Sept. 1963

Roosa, Robert V., „Monetary Reform for the World Economy", New York 1965

Röpke, Wilhelm, „Frontlinien der Währungsdiskussion", „Außenwirtschaft", St. Gallen, Heft III/IV, 1965

Derselbe: „A World without a Monetary Order", Vortrag Johannesburg 1963

Rueff, Jacques, „L'Age de l'Inflation", Paris 1963

Derselbe: „Le Péché Monétaire de l'Occident", Paris 1971

Sardá, Juan, „La Crisis Monetaria Internacional", Barcelona 1968

Scammel, W. M., „International Monetary Policy", New York 1964

Schweitzer, Pierre-Paul, „The Changing International Monetary System", Rede Genf, Mai 1970

Snider, Delbert A., „International Monetary Relations", New York 1960

Sohmen, Egon, „Internationale Währungsprobleme", Frankfurt 1964

Stamp, Maxwell, „The Reform of the International Monetary System", Moorgate and Wall Street, London 1965

Triffin, Robert, „Gold and the Dollar Crisis", New Haven, 1960

Derselbe: „The World Money Maze", London 1966

Derselbe: „The International Monetary System", Bulletin Moorgate and Wall Street, 1965

Derselbe: „The International Monetary Crisis: Diagnosis, Palliatives and Solutions", Model, Roland, Review, 1. Q. 1961

Derselbe: „Our International Monetary System: Yesterday, Today and Tomorrow", New York 1968

Derselbe: „Die Währungsordnung des 20. Jahrhunderts", Sammelband „Inflation und Weltwährungsordnung", Zürich 1963

Derselbe: „The Evolution of the International Monetary System: Historical Reappraisal and Future Perspectives", Princeton Studies, Finance No. 12, Princeton 1964

Veit, Otto, „Grundriß der Währungspolitik", Frankfurt 1961

Derselbe: „Währungspolitik als Kunst des Unmöglichen", Frankfurt 1968

Zolotas, Xenophon, „International Monetary Order, Problems and Policies", Bank of Greece, Athen 1962

Derselbe: „Toward a reinforced gold exchange standard", Bank of Greece, Papers No. 7 + 12, 1961, 1962

2. WECHSELKURSREGIME

Ammon, Alfred, „Abwertung und Aufwertung oder flexible Wechselkursbildung?", Festschrift für Ludwig Erhard, Frankfurt 1957

Binswanger, Hans Christoph, „Fixe Wechselkurse, Flexible Wechselkurse oder Gemeinsame Währung? — Die Auswirkung der Internationalen Währungsordnung auf Markt- und Arbeitsteilung", „Außenwirtschaft" St. Gallen, März 1970

Bosshardt, Alfred, „Von der Stabilität zur Flexibilität der Wechselkurse", Festschrift für Alfred Ammon, Bern 1953

Fellner, W., „Specific Proposal for Limited Exchange-Rate Flexibility", Weltw. Archiv Heft 1, 1970

Friedmann, Milton, „The Case for flexible Exchange Rates", Chicago 1953

Hahn, G. N., „Feste und flexible Wechselkurse", Kyklos, Bd. 16, Basel 1963

Halm, George N., „The ‚Band' Proposal: The Limits of Permissible Exchange Rate Variations", Special Papers No. 6, Princeton, Jan. 1965

Internationaler Währungsfonds, „Bericht über „The Role of Exchange Rates in the Adjustment of international Payments", Washington 1970

International Study Group of 32 Economists, „International Monetary Arrangements: The Problem of Choice", Int. Finance Section, Princeton 1964

Kasper, W., „Zur Frage größerer Wechselkursflexibilität", Tübingen 1970

Lanyi, Anthony, „The Case for Floating Exchange Rates Reconsidered", Essays Finance No. 72, Princeton, Febr. 1969

Lutz, Friedrich A., „The Case for Flexible Exchange Rates", Banca Naz. d. Lavoro, Quart. Review, Dez. 1954

Machlup, Fritz, „On Terms, Concepts, Theories and Strategies in the Discussion of Greater Flexibility of Exchange Rates", Banca Naz. d. Lavoro, Quart. Bulletin März 1970

Meimberg, Rudolf, „Zur Problematik des flexiblen Wechselkurses der Währung eines relativ preisstabilen Landes", Berlin 1966

Marris, Stephen, „The Bürgenstock Communiqué: A critical Examination of the Case for Limited Flexibility of Exchange Rates", Essays Finance No. 80, Princeton, Mai 1970

Plumptre, Wynne A. F., „Exchange-Rate Policy: Experience with Canada's Floating Rate", Essays Finance No. 81, Princeton, Juni 1970

Sohmen, Egon, „Flexible Exchange Rates, Theory and Controversy", Chicago 1961

Willett, Thomas D., Katz, Samuel I., Branson William H., „Exchange-Rate System, Interest Rates and Capital Flows", Essays Finance No. 78, Jan. 1970

Williamson, John H., „The Crawling Peg", Essays Finance No. 50, Princeton, Dez. 1965

3. ANPASSUNGSPROZESS

Brunner, Karl, „The Role of Money and Monetary Policy", Review of the Federal Reserve Bank of St. Louis, Juli 1968

Carli, Guido, „Le Processus d'Ajustement des Balances de Paiements", Vortrag Basel, Dez. 1968

Cohen, Benjamin J., „Adjustment Costs and the Distribution of New Reserves", Princeton Studies in Finance No. 18, Princeton 1966

Cooper, R. N., Hrsg. v. „International Finance", Aufsätze von R. Triffin, H. G. Johnson, J. C. Ingram, G. Haberler, B. Balassa, W. Fellner, F. Machlup, R. Nurske u. a.), Harmondsworth 1969

Emminger, Otmar, „Practical Difficulties of Balance of Payments Adjustment", Festschrift für Thorkil Kristensen OECD, Paris 1970

Fellner, Machlup, Triffin and eleven others, „Maintaining and Restoring Balance in International Payments", Princeton 1966

Friedman, Milton, „Fiscal and Monetary Policy", Vortrag Genf, Ende 1969

Derselbe: „Dollars and Deficits, Inflation, Monetary Policy and the Balance of Payments", London 1968

Derselbe + Roosa, Robert V., „The Balance of Payments: Free Versus fixed Exchange Rates", Hrsg. von American Enterprise Institute for Public Policy Research, 1967

Gilbert, Milton, "The Discipline of the Balance of Payments and the Design of the International Monetary System", Vortrag New York 1969

Haberler, Gottfried, "The U.S. Balance of Payments: Freedom or Controls", Banca Naz. d. Lavoro, Quart. Review No. 92, März 1970

Hahn, L. Albert, "Die Amerikanische Konjunkturpolitik, der Dollar und die D-Mark", Tübingen 1963

Heilperin, Michael A., "Fixed Parities and International Order", Banca Naz. d. Lavoro, Quart. Review No. 33, Juni 1955

Holtrop, M. W., "The Balance of Payments Adjustment Process", Model, Roland-Symposium, New York, Sept. 1969

Derselbe: "Monetary Policy in an open Economy: Its Objectives, Instruments, Limitations and Dilemmas", Essays in Int. Finance No. 43, Princeton, Sept. 1963

Internationaler Währungsfonds, "International Liquidity and the Adjustment Process", in Jahresbericht 1969

Jacobsson Foundation, "The Balance Between Monetary Policy and other Instruments of Economic Policy in a modern Society", Beiträge von Deshmukh u. Roosa, Okt. 1965

Johnson, Harry G., "Towards a general theory of the balance of payments", London 1958

Derselbe: "Alternative Guiding Principles for the Use of Monetary Policy", Essays Finance No. 44, Princeton, Nov. 1963

Kenen, Peter B., "Déséquilibres des Paiements et Etalon Monétaire International", Bulletin Banque Nationale de Belgique, Jan. 1965

Derselbe: "International Liquidity and the Balance of Payment of a Reserve currency country", Quart. Journal of Ec., Nov. 1960

Mc Kinnon, Roland J., Oates, Wallace E., "The Implications of International Economic Integration for Monetary, Fiscal and Exchange-Rate Policy", Princeton Studies in Finance No. 16, Princeton 1966

Küng, Emil, "Zahlungsbilanzpolitik", Zürich 1959

Lutz, F. A., "International Policies Compatible with External Equilibrium at Stable Exchange Rates", in "Int. Payments Problems", Hrsg. v. American Enterprise Institute for Public Policy Research, Washington 1966

Machlup, Fritz, "Real Adjustment, Compensatory Corrections and Foreign Financing of Imbalances in International Payments", Reprints Finance No. 2, Princeton, Sept. 1965

Mundell, Robert A., "The Monetary Mechanism of International Adjustment", London 1967

Derselbe: "The crisis problem, monetary problems in int. ec.", Chicago 1968

Derselbe: "The proper division of the burden of international adjustment", Nat. Bank Rev., No. 3, 1965

Derselbe: "Appropriate use of monetary and fiscal policy for international and external stability, IMF-Staff Papers No. 9, 1962

Nurkse, Ragnar, "Conditions of International Monetary Equilibrium", Essays Finance No. 4, Princeton 1945

Organisation of Economic Cooperation and Development (OECD), "The Balance of Payments Adjustment Process", Report by Working Party No. 3 of the Ec. Policy Committee, Paris, Aug. 1966

Rueff, Jacques, "Balance of payments. Proposals for resolving the critical world economic problem of our time", New York 1967

Snider, Delbert A., "Optimum Adjustment Processes and Currency Areas", Essays Finance No. 62, Princeton, Okt. 1967

Schweitzer, Pierre-Paul, „International Aspects of the Full Employment Economy", Rede Los Angeles, 19. Mai 1966

4. KONVERTIBILITÄT

Heilperin, Micheal A., „Currency Convertibility — Now", Fortune, Sept. 1953

Hunold, A., Hrsg. von „Die Konvertibilität der europäischen Währungen", Beiträge von Haberler, Jacobsson, Roepke, Carli, Meade, Lutz u. a., Zürich 1954

Lutz, Friedrich A., „Das Problem der Konvertibilität europäischer Währungen", Ordo, Band 6, 1954

von Mangoldt, H. K., „De l'Union Européenne des Paiements à la Convertibilité et à l'Accord Monétaire Européen", Sonder-No. der „Revue d'Economie politique", Paris 1960

Reichert, Johann E., „Die Rückkehr zur Konvertibilität der Währungen", Basler Diss., Lörrach 1962

Röpke, Wilhelm, „Wege zur Konvertibilität der europäischen Währungen", Zürich 1954

Schleiminger, Günther, „Von der Europäischen Zahlungsunion zur Währungskonvertibilität", Europa-Archiv, 1959

4a. MONETÄRE INTEGRATION IN DER EWG

Balassa, Bela, „The Theory of Ec. Integration", London 1962

Barre, Raymond, „Monetary Co-operation in the Common Market", Vortrag London, Okt. 1969

Emminger, Otmar, „Die Rolle der Währungspolitik in der europäischen Integration", Vortrag Godesberg, April 1970

Europäische Gemeinschaften, „Bericht über die Wirtschafts- und Währungsunion" (Werner-Bericht), Sonderbeilage Bulletin der EWG No. 11, 1970

Gardner, Richard, „European Monetary Union and International Cooperation", Vortrag London, Okt. 1969

Holtrop, M. W., „Central Banking and Economic Integration", Per Jacobsson Foundation, Mai 1968

Hudeczek, Carl, „Geldprobleme der Europäischen Wirtschaft", Düsseldorf 1961

Krämer, Hans R., „Wirtschaftlich-rechtliche Probleme der monetären Integration in der Europäischen Wirtschaftsgemeinschaft", Tübingen 1966

Meade, J. E., „Probleme der Wirtschaftsunion souveräner Staaten", in „Probleme Nationaler und Internationaler Wirtschaftsordnung", Zürich 1965

Roll, Sir Eric, „Europe and World Monetary Organisation", Federal Trust Report, London, Okt. 1969

Rometsch, Sieghardt, „Monetäre Integration: Das Problem einer Währungsunion im Gemeinsamen Markt", Frankfurt 1968

Sannwald, R. Stohler, „Wirtschaftliche Integration", Tübingen 1956

Uri, Pierre M., „Steps Towards Monetary Union and International Cooperation", Federal Trust Report, London, Okt. 1969

Veit, Otto, „Die Güterwirtschaftlichen Probleme der Währungordnung in Europa", Frankfurt 1954

5. RESERVESYSTEM

Altmann, Oscar L., „The Management of International Liquidity", IMF-Staff Papers, Washington, Juli 1964

Derselbe: „Foreign Markets for Dollars, Sterling and other Currencies", IMF-Staff-Papers, Washington, Dez. 1961

Aschinger, Franz E., „The Problem of International Liquidity", Vortrag Nottingham, April 1964

„Außenwirtschaft", Sondernummer, „Der Gold-Devisen-Standard im Kreuzfeuer der Kritik", Heft III/IV, St. Gallen 1965

Balogh, T., „International reserves and liquidity", Ec. Journal, Vol. 70, 1960

Bernstein, Edward M., „A practical Program for International Monetary Reserves", Model, Roland, Quart. Review, New York, 4. Quart., 1963

Clark, Russell J., „International Liquidity", Vortrag, London, Dezember 1969

Conan, A. R., „The Status of the Key-Currencies: A Comparative Study", Westminster Bank Review, Quart., Mai 1962

Emminger, Otmar, „The Present and Future Status of the Key-Currencies" Euromoney, Juni 1970

Fleming, J. Marcus, „Toward assessing the need for international reserves", Essays, Finance No. 58, Princeton 1967

Derselbe: „International Liquidity: end and means", IMF-Staff Papers, No. 8, 1961

Gold, Joseph, „The next Stage in the Development of International Monetary Law: The Deliberate Control of Liquidity", American Journal of Int. Law, April 1968

Group of Ten, „Report of the Study Group on the Creation of Reserve Assets", 31. Mai 1965

Haberler, Gottfried, „Currency Convertibility", American Enterprise Ass., New York 1954

Hahn, L. Albert, „Bemerkungen zum Ossola-Bericht", Außenwirtschaft, Heft III/IV, St. Gallen 1965

Heilperin, Michael A., „Trois Etudes sur le Problème des Liquidités Internationales", Banque Nationale de Belgique, Bulletin, April 1962

Internationaler Währungsfonds, „The Adequacy of Monetary Reserves", IMF-Staff Papers, Okt. 1953

Derselbe: „International Reserves and Liquidity", Staff-Study, Washington, August 1958

Derselbe: „International Liquidity: The Issues", Jahresbericht, 1964

Derselbe: „The International Monetary System and International Liquidity", Jahresbericht, 1965

Derselbe: Int. Reserves, Needs and Availability, Washington 1971

Jucker-Fleetwood, Erin E., „International Liquidity in Perspective", Basle Centre for Ec. and Financial Research, A No. 46, 1964

Küng, Emil, „Braucht die Weltwirtschaft zusätzliche Liquidität?", „Außenwirtschaft" St. Gallen, Heft III/IV, 1965

Lindert, Peter H., „Key-Currencies and Gold 1900 — 1913", Princeton Studies in Int. Finance No. 24, Princeton 1969

Lutz, F. A., „The problem of international liquidity and the multiple-currency standard", Essays Finance No. 41, Princeton, März 1963

Machlup, Fritz, „The Need for Monetary Reserves", Banca Naz. d. Lavoro, Quart. Review, No. 78, Sept. 1966

Derselbe: „Liquidité Internationale et Nationale", Banque Nat. de Belgique, Bulletin Febr. 1962

Derselbe: „Plans for Reforms of the International Monetary System", Special Papers No. 3, Princeton, März 1964

Derselbe: „From Dormant Liabilities to Dormant Assets", „The Banker", Sept. 1967

Murphy, Henry, „The Adequacy of Monetary Reserves", IMF - Staff Papers, Washington 1953

Niehans, Jürg, „The Flexibility of the Gold Exchange Standard and its Limits", Vortrag Madrid, März 1970

Paillard, Georges, „Kritik der Golddevisenwährung und Reformvorschläge", „Außenwirtschaft" St. Gallen, Heft III/IV, 1965

Reierson, Roy L., „Is there a Shortage of International Liquidity?", Symposium des American Enterprise Institute, Washington, Sept. 1965

Roosa, Robert V., „Assuring the Free World's Liquidity", Bus. Review Suppl. Fed. Res. Bank of Philadelphia, Sept. 1962

Derselbe + Hirsch, Fred, „Reserves, Reserves Currencies and Vehicle Currencies: An Argument", Essays Int. Finance No. 54, Princeton, Mai 1966

Rueff, Jacques, „Die Gefahren des Gold-Devisen-Standards", NZZ 26-28. Juni 1961

Schweizer, Samuel, „Probleme der internationalen Liquidität", Bulletin des Schweiz. Bankverein, No. 4, 1967

Scitovsky, Tibor, „Requirements of an International Reserve System", Essays Int. Finance No. 49, Princeton, Nov. 1965

Stamp, Maxwell, „The Stamp Plan — 1962 Version", Bulletin Moorgate and Wall Street, London 1962

Zolotas, Xenophon, „The Multicurrency Standard and the International Monetary Fund", Papers der Bank of Greece No. 14, Athen 1963

Derselbe: „The Problem of the International Monetary Liquidity", Papers der Bank of Greece No. 6, Athen 1961

6. GOLD

Aschinger, Franz E., „The Future of Gold in the Monetary System", Vortrag vor Swiss Society, New York, Okt. 1968

Derselbe: „Das Problem des Währungsgoldes", Sep. NZZ, 16. Aug. 1968

Derselbe: „Die Zukunft des Dollars und des Goldes", Bulletin 2/1968 d. Schweiz. Bankvereins

Bernstein, Edward M., „The Gold Crisis and the New Gold Standard", Model, Roland, Quart. Review, New York. 1. Sem. 1968

Birnbaum, Eugene A., „Gold and the International Monetary System: An orderly Reform", Essays Int. Finance No. 66, Princeton, April 1968

Bloomfield, Arthur I., „Short-Term Capital Movements Under The Pre 1914 Gold Standard", Princeton Studies Int. Finance No. 11, Princeton 1963

Derselbe: „Monetary Policy under the International Gold Standard: 1800—1914", Fed. Res. Bank of New York, 1959

Brown, W. A., jr., „The International Gold Standard Reinterpreted 1914 — 34", New York 1940

Busschau, W. J., „Gold and International Liquidity", Johannesburg 1961

Cassell, Francis, „Gold or Credit?", London 1965

Cassel, Gustav, „Der Zusammenbruch der Goldwährung", Stuttgart 1937

Davies, Jack L., „Gold: A forward Strategy", Essays Int. Finance No. 75, Princeton, Mai 1969

Emminger, Otmar, „Die Spaltung des Goldpreises — Übergangs- oder Dauerlösung?", „Wirtschaftsdienst", Heft VIII, Hamburg 1968

First National City Bank, Annual Gold Review, in Jan.-Nrn. der „Monthly Ec. Letters"

Ford, A. G., „The Gold Standard 1880 — 1914", Oxford 1962

Frei, Rudolf, „The Price of Gold", Sonderreihe der List-Ges. Basel 1966

Green, Timothy, „The World of Gold", London 1968

Hahn, L. A., „Gold und Kredit", Frankfurt 1960

Derselbe: „Goldaufwertung und Dollarabwertung?", Kyklos No. 4, Basel 1960

Heilperin, M. A., „Zurück zum Goldstandard", in „Inflation und Weltwährungsordnung", Zürich 1963

Derselbe: „The case for going back to gold", Fortune 1962

Hexner, Ervin P., „The New Gold Standard", Weltw. Archiv, Heft 1, 1960

Hinshaw, Randall, „Monetary Reform and the Price of Gold", Baltimore 1967

Hirsch, Fred, „Influences on Gold Production", IMF-Staff-Papers, Washington, Nov. 1968

Iklé, Max, „Das Gold und sein Preis", Schweiz. Bankgesellschaft, Zürich, Mai 1970

Jacobsson, Per, „Gold and Balance of Payments Problems", Rede Washington, 17. Nov. 1960

Jacobsson Foundation, „The Monetary Role of Gold in the next ten years", Beiträge von Lamfallussy, Baumgartner, Carli, Jha, Sept. 1969

Kriz, Miroslav A., „Gold: Barbarous Relic or Useful Instrument?", Essays Int. Finance No. 60, Princeton, Juni 1967

Derselbe: „The Price of Gold", Essays Int. Finance No. 15, Princeton, Juli 1952

Derselbe: „L'or et les liquidités internationales", Banque Nat. de Belgique, Bulletin Jan. 1964

Lecerf, Jean, „L'or et les Monnaies, histoire d'une crise", Paris 1969

Lloyd-Jacob, David O., „Gold 1969", London, Sept. 1969

Lutz, F. A., „Goldwährung und Wirtschaftsordnung", Weltw. Archiv I, 1935

Márquez, Javier, „Problemas del Oro", Mexico 1969

Mertens, Jacques E., „La Naissance et le Développement de l'Etalon-Or", Paris 1944

Mitzakis, M. G., „A Fiction: The Inflationary Dangers of a Gold Price Increase", Paris 1967

National Industrial Conference Board, „Gold and World Monetary Problems", New York 1966

Pfleiderer, Otto, „Gold Revaluation without Tears", The Banker, Jan. 1963

Rist, Charles, „The Triumph of Gold", New York 1961

Rolfe, Sydney E., „Gold and World Power", New York 1966

Rueff, Jacques, „Le Lancinant Problème des Balances de Paiements", Paris 1965

Derselbe: „L'Hégémonie du Dollar", Le Monde, 13-16. Febr. 1970

Shannon, Ian, „Gold and the American Balance of Payments", Chicago 1966

Derselbe: „International Liquidity — A Study in the Economic Functions of Gold", Chicago 1966

Wolf, Salomon, „Gold", Enzykl. Lexikon für das Geld-, Bank- und Börsenwesen, Frankfurt 1968

7. DOLLAR

Aliber, Robert Z., „The Management of the Dollar in International Finance", Princeton Studies in Int. Finance No. 13, Princeton 1964

Derselbe: „The Future of the Dollar as an International Currency", New York 1966

Derselbe: „The Costs and Benefits of the U.S. Role as a Reserve Currency Country", Quart. Journal of Ec., August 1964

Aschinger, Franz E., „Ist Dollarpessimismus noch berechtigt?", NZZ Jhrg. 1962, Nrn. 3225 und 3233

Aubrey, Henry G., „The Dollar in World Affairs", Essay in Int. Financial Policy, New York 1964

Bachmann, Hans, „Europa und der Welt-Dollar-Standard", „Außenwirtschaft"- St. Gallen, Heft II/III, 1968

Balogh, T., „The Dollar Crisis", London 1949

Birnbaum, Eugene A., „Changing the United States Commitment to Gold", Essays Int. Finance No. 63, Princeton, Nov. 1967

Bryant, Ralph C. / Hendershott, Patric H., „Financial Flows in the Balance of Payments of the U.S.", Princeton Studies Int. Finance No. 25, Princeton 1970

Emminger, Otmar, „Der Dollar-Leitwährung der westlichen Welt", Zeitschrift für d. ges. Kreditwesen, Frankfurt, Heft 1, 1964

Friedman, Milton, „A Monetary History of the United States 1867 - 1960", Princeton 1963

Gilbert, Milton, „The Role of the Dollar in Int. Monetary Stability", Model, Roland - Symposium, Sept. 1966

Haberler, Gottfried, „Das Dollarproblem", Weltw. Archiv, Bd. 87, 1961

Derselbe + Willett, Thomas D., „A Strategy for U.S. Balance of Payments Policy", American Enterprise Institute, Washington 1971

Hahn, L. Albert, „Nationale und internationale Aspekte der amerikanischen Währungspolitik", Tübingen 1966

Hansen, Alvin H., „The Dollar and the International Monetary System", New York 1965

Harris, Seymour E., „The Dollar in Crisis", New York 1961

Hayes, Alfred, „Dollar, Gold and the U.S. Payments Deficit", Vortrag Basel, 10. Juni 1968

Iklé, Max, „Die Inflation in den USA und ihre Auswirkungen auf den Dollar als Weltwährung", Bulletin, Schweiz. Bankverein I/1970

Kindleberger, Charles P., „Europe and the Dollar", Cambridge (Mass.) 1966

Mc. Kinnon, Roland I., „Private and Official Int. Money, The Case for the Dollar", Essays Int. Finance No. 74, Princeton 1966

Klopstock, Fred H., „The international status of the dollar", Essays Int. Finance No. 28, Princeton 1957

Lary, H., „Problems of the United States as World Trader and Banker", National Bureau of Ec. Research, New York 1963

Lederer, Walther, „The Balance on Foreign Transactions: Problems of Definition and Measurement", Special Papers in Int. Ec. No. 5, Princeton 1963

Machlup, Fritz, „The Transfer Gap of the United States", Reprints Int. Finance No. 11, Princeton 1968

Nussbaum, Arthur, „A History of the Dollar", New York 1957

Roosa, Robert V., „The American Share in the Stream of International Payments", Rede Philadelphia, vom 11. April 1969

Derselbe: „The Dollar and World Liquidity", New York 1967

Ruff, Gunther, „A Dollar-Reserve System as a Transitional Solution", Essays Int. Finance No. 57, Princeton 1967

Salant, William A., "The Reserve Currency Role of the Dollar: Blessing or Burden to the United States?", in Review of Ec. and Statistics, Mai 1964

Schelbert, Heidi, "Einige Gedanken zum amerikanischen Zahlungsbilanzdefizit", Schweiz. Zeitschrift für Volkswirtschaft und Statistik, Dez. 1969

Triffin, Robert, "The Balance of Payments and the Foreign Investment Position of the United States", Essays Int. Finance No. 55, Princeton 1966

Volcker, Paul A., "U.S. Payments Problems and the Dollar", Model, Roland-Symposium, New York, Sept. 1969

Young, John P., "United States Gold Policy: The Case for a Change", Essays Int. Finance No. 56, Princeton, Okt. 1968

8. PFUND STERLING

Bareau, Paul, "The Future of the Sterling System", London 1958

Bachmann, Hans / Lütolf, Franz, "Die Britischen Sterling- und Devisenkontrollen, Auswirkung und Technik", St. Gallen 1954

Bell, Philip W., "The Sterling Area in the Postwar World", Oxford 1956

Breddaway, W. B., "Effects of U. K. Direct Investment Overseas — Final Report", Cambridge 1968

Clarke, William, "The City in the World Economy", London 1965

Derselbe: "The City's Invisible Earnings", London 1958

Cohen, Benjamin J., "The Benefits and Costs of Sterling", Reprints Int. Finance No. 15, Princeton, Juni 1970

Derselbe: "Sterling and the City", The Banker, Febr. 1970

Derselbe: "The Reform of Sterling", Essays Int. Finance No. 77, Princeton, Dez. 1969

Conan, A. R., "Sterling: The Problem of Diagnosis", Westm. Bank Review, Quart., Aug. 1967

Derselbe: "Sterling: The Problem of Policy", Westm. Bank Review, Quart., Nov. 1967

Derselbe: "The Rationale of the Sterling Area", London 1961

Cooper, John, "A Suitable Case for Treatment", Harmondsworth 1968

Day, A. C. L., "The Future of the Sterling", Oxford 1954

Einzig, Paul, "The Declining Use of Sterling as a Trading Currency", Westm. Bank Review, Mai 1968

Erbe, René, "Die Sterling-Area nach dem Zweiten Weltkrieg", Zürich 1955

Feavearyear, Albert, "The Pound Sterling — A History of English Money", Oxford 1963

Harrod, Roy F., "The Pound Sterling", Essays in Int. Finance No. 13, Princeton, Febr. 1952

Mc. Mahon, Christopher, "Sterling in the Sixties", Oxford 1964

Perkins, J. O. N., "The Sterling Area, the Commonwealth and World Economic Growth", Cambridge 1967

Polk, Judd, "Sterling — Its Meaning in World Finance", New York 1956

Robertson, Sir Dennis, "Britain in the World Economy", London 1954

Rosman, H. W. J., "Das Pfund Sterling und die monetäre Integration in Westeuropa", Tübingen 1969

de Sailly, Jean, "La Zone Sterling", Paris 1957

Strange, Susan, "The Sterling Problem and the Six", London, Juni 1967

Dieselbe: "Sterling and british policy", London 1970

Dieselbe: "Politics and the Pound", Oxford 1971

9. INTERNATIONALER WÄHRUNGSFONDS

Aschinger, Franz E., „The general revision of the IMF", „The Banker", Januar 1968

Derselbe: „Probleme einer Kopplung zwischen Sonderziehungsrechten und Entwicklungshilfe", Schweiz. Bankverein, Bulletin No. 5/1970

Aufricht, Hans, „The Fund Agreement: Living Law and Emerging Practice", Princeton Studies Int. Finance No. 23, Princeton 1969

Derselbe: „The International Monetary Fund, Legal Bases, Structure Functions", London 1964

Bachmann, Hans, „Die angelsächsischen Pläne für die Neuordnung des internationalen Zahlungsverkehrs", St. Gallen 1943

Derselbe: „Angelsächsische Vorbereitungen und Pläne für die Nachkriegswirtschaft", St. Gallen 1944

Derselbe + Aschinger, Franz E., „Neue Reservemittel im internationalen Zahlungsverkehr", „Außenwirtschaft", Heft IV, St. Gallen 1967

Barrett, Martin, „Activation of the Special Drawing Rights Facility in the IMF", Fed. Reserve Bank of New York, Monthly Review, Febr. 1970

Bernstein, Edward M., „The Contingency Plan for a New Reserve Facility", Model, Roland Quart. Review, New York, 4. Quart. 1967

Emminger, Otmar, „Internationaler Währungsfonds", in Enzykl. Lexikon für das Geld-, Bank- und Börsenwesen, Frankfurt 1968

Derselbe: „Special Drawing Rights and the Future", Model, Roland-Symposium, New York, Sept. 1969

Fleming, J. Marcus, „The International Monetary Fund, Its Form and Functions", Washington 1964

Derselbe: „Guidelines for Balance-of-Payments, Adjustment under the Par-Value System", Essays Int. Finance No. 67, Princeton, Mai 1968

Gold, Joseph, „Interpretation by the Fund", IMF, Washington 1968

Derselbe: „The Reform of the Fund", IMF, Washington 1969

Derselbe: „The International Monetary Fund and private Business Transactions", Washington 1965

Derselbe: „The International Monetary Fund and International Law", IMF, Washington 1965

Derselbe: „Maintenance of the Gold Value of the Fund Assets", IMF, Washington 1965

Derselbe: „Le Fonds et les Etats Non-Members", IMF, Washington 1967

Derselbe: „Special Drawing Rights", IMF, Washington 1969

Derselbe: „The Stand-By Arrangements of the International Monetary Fund", Washington 1970

Hexner, Ervin P., „Das Verfassungs- und Rechtssystem des Internationalen Währungsfonds", Frankfurt 1960

Horie, Shigeo, „The International Monetary Fund, Retrospect and Prospect", New York 1964

Horsefield, J. K., „Introduction to the Fund", Washington 1965

Internationaler Währungsfonds, „The International Monetary Fund 1945—1965", offiz. Jubiläumsschrift des IWF, Washington 1969

Derselbe: „Fonds-Quoten", in Finance and Development, No. 3, Washington 1970

Derselbe: Introduction to the Fund", Washington 1965

Internationaler Währungsfonds, „Articles of Agreements, By-Laws, Rules and Regulations, Washington 1969

Derselbe: „Selected Decisions of the Executive Directors and Selected Documents", Washington 1965

Derselbe: „Schedules of Par Values"

Joerges, Harald / Schleiminger, Günther, „Internationaler Währungsfonds", Frankfurt 1965

Kroc, Rudolf, „La Structure Financière du Fonds", Washington 1967

Küng, Emil, „Die neuen Sonderziehungsrechte des Internationalen Währungsfonds", Weltw. Archiv, II, 1968

Künzle, Heinrich, „Gold und Sonderziehungsrechte — ein Vergleich", „Außenwirtschaft", St. Gallen, Heft IV/1969

Machlup, Fritz, „Remaking the International Monetary System. The Rio Agreement and beyond", Baltimore, Juni 1968

Derselbe: „Credit Facilities or Reserve Allotments?", Banca Naz. d. Lavoro, Quart. Review No. 81, Juni 1967

Madan, B. K., „Echoes of Bretton Woods", „Finance and Development", Washington, Juni 1969

Mossé, Robert, „Le système monétaire de Bretton Woods", Paris 1948

Polak, J. J., „The New Special Facility in the IMF", „The Banker", London 1967

Derselbe: „The Outline of a New Facility in the Fund", Sept. 1967

Schleiminger, Günther / Joerges, Harald, „Internationaler Währungsfonds, Weltbank, IFC, IDA", Frankfurt 1965

Schweitzer, Pierre-Paul, „Bretton Woods, Twenty-Five Years after", Rede Kingston/Kanada, 2. Juni 1969

Derselbe: „The International Monetary Fund and its Role", Stamp Memorial Lecture, London 1969

Schweizer, Samuel, „Die Sonderziehungsrechte — Silberstreifen oder Gewitterwolken am Währungshorizont?", Sonder-No. Schweiz. Handelszeitung, 27. Sept. 1969

Tew, Brian, „The International Monetary Fund, its present Role and future Prospects", Essays on Int. Finance No. 36, Princeton 1961

Theler, René, „Die Institutionen von Bretton Woods in schweizerischer Sicht", Diss., Basel 1965

Thompson — Mc. Causland, L. P., „The place of Special Drawing Rights in the Int. Monetary System", Bank of England, Quart. Bulletin, Juni 1968

Turot, Paul, „Le Fonds monétaire international", Paris 1967

United Nations Conference on Trade and Development (Unctad), „International Monetary Issues and the Development Countries", New York 1965

Dieselbe: „Int. monetary reform and co-operation for development", Report, New York 1969

10. KOOPERATION DER NOTENBANKEN

Auboin, Roger, „20 Jahre Internationale Zusammenarbeit im Bereich der Währungspolitik 1938 — 1958", Vortrag, Basel, Sept. 1958

Derselbe: „Die Bank für Internationalen Zahlungsausgleich 1930 — 1955", BIZ, Basel, Mai 1955

Bank für Internationalen Zahlungsausgleich, „Acht Europäische Zentralbanken", Frankfurt 1963

Martin, Mc Chesney, „Toward a World Central Bank?", Vortrag, Jacobsson Foundation, Basel, Sept. 1970

Clarke, Stephan V. O., „Central Bank Cooperation" 1924 — 31, FED, New York 1967

Coombs, Charles A., „Treasury and Federal Reserve Foreign Exchange Operations", Berichte in den März- und Septemberausgaben des Fed. Res. Bulletins und der Month. Review of the Fed. Res. Bank of New York

Federal Reserve Bank of Boston, „Symposium on International Central Banking", Oktober 1964

Ferras, Gabriel, „Les Arrangements Monétaires Internationaux", Vortrag, Algarve, Herbst 1969

Guindey, Guillaume, „La Banque des Réglements Internationaux hier et aujourd'hui", in Revue d'Economie politique, Paris 1960

Iklé, Max, „Die Devisenoperationen der Schweizerischen Nationalbank", Vortrag, Zürich, 24. Februar 1960

Derselbe: „Der Internationale Zahlungsverkehr", Vortrag St. Gallen, 13. Jan. 1966

Jacobsson-Foundation, „The actual role of central banks", Beiträge von Rasminsky, Wallenberg, Aschinger, Sept. 1966

Janocha, Peter, „Interventionen und Kooperationen der Zentralbanken auf den Devisenmärkten nach dem Zweiten Weltkrieg", Tübingen 1966

Lever, „International Monetary Cooperation", Fed. Trust Report, London, Okt. 1969

Lipfert, Helmut, „Devisenhandel", Frankfurt 1968

Rittershausen, H., „Die Zentral-Notenbanken", Frankfurt 1962

Schloss, Henry H., „The Bank for International Settlements", Amsterdam 1958

Schmölders, Günther, „Vom Goldautomatismus zur freiwilligen Zusammenarbeit der Notenbanken", in „Inflation und Währungsordnung", Zürich 1963

Schweizerischer Bankverein, „Möglichkeiten und Grenzen der Internationalen Währungszusammenarbeit", Bulletin Nr. 4, 1963

Tew, Brian, „International Monetary Cooperation 1945 — 1960", London 1960

11. EUROMARKT

Altmann, Oscar L., „Euro-Dollars", „Finance and Development", Washington, Dez. 1966

Aschinger, Franz E., „Marché des Euro-Devises et Politique Nationale du Crédit", „Banque", Paris, Febr. 1971

Derselbe: „Der Eurogeldmarkt und die Währungszusammenarbeit", Schweiz. Bankverein, Bulletin No. 4/1969

Banque Nationale de Paris, „L'Euro-Dollar et ses Deux Marchés", Juli 1968

Bell, Geoffrey L., „Credit Creation through Euro-Dollars?", „The Banker", Aug. 1964

Bernard, Dallas, „The Eurobond market — Factors affecting demand", Vortrag, London, 11. Dez. 1969

Blancpain, J. P., „Die Eurogeldmärkte an einem Wendepunkt", NZZ Jhrg. 1966 Nrn. 739, 772, 806, 869 + 906

Bolton, Sir George, „The International Money Market 1958-1966", London 1967

Brandes, Henning, „Der Euro-Dollarmarkt", Wiesbaden 1968

Brimmer, Andrew F., „Euro-Dollar Flows and the Efficiency of U. S. Monetary Policy", Vortrag, New York, 8. März 1969

Derselbe: „Eurodollars and U.S. Payments", Euromoney, Dez. 1969

Mc. Dermot, Niall, „Changing Trends in the European Capital Market", London 1967

Einzig, Paul, „The Euro-Dollar System", London 1967

Federal Reserve Bulletin, „Euro-Dollars: A Changing Market", Washington, Okt. 1969

Ferras, Gabriel, „Le Marché Européen du Dollar", Vortrag, Paris, 10. Dez. 1969

Friedman, Milton, „The Euro-Dollar Market: Some First Principles", Morgan Guaranty Survey, Okt. 1969

Genillard, Robert L., „The Euro-bond Market", „Fed. Trust Report", London 1967

Gilbert, Milton, „The Euro-Currency Market", „Fed. Trust Report", London, Nov. 1966

Gleske, Leonhard, „Conditions for European Monetary Union", Euromoney, April 1970

Harrod, Roy F., „The Eurodollar market and the balance of payments", Euromoney, Okt. 1969

Hirsch, Fred, „Some Wider Implications of the Euro-Dollar Market", Vortrag, London, 11. Dez. 1969

Holmes, Alan R. / Klopstock, Fred H., „The Market for Dollar Deposits in Europe", Fed. Reserve Bank of New York, Monthly Review, Nov. 1960

Kindleberger, C. P., „The Euro-Dollar and the Internationalization of United States Monetary Policy", Banca Naz. d. Lavoro, Review No. 88, März 1969

Klopstock, Fred H., „Money Creation in the Euro-Dollar Market — a Note on Professor Friedman's View", Fed. Res. Bank of New York, Month. Review, Jan. 1970

Derselbe: „The Euro-Dollar Market: Some Unresolved Issues", Essays Int. Finance No. 65, Princeton, März 1968

Leutwiler, Fritz, „Der Euromarkt und die Schweizerische Zinsentwicklung", Vortrag, Heiden, 8. Mai 1970

Little, Jane Sneddon, „The Euro-Dollar Market: Its Nature and Impact", Review Fed. Res. Bank of Boston, Mai/Juni 1969

Machlup, Fritz, „Euro-Dollar Creation: A Mystery Story", Banca Naz. d. Lavoro, Quart. Review, Sept. 1970

Prochnov, Herbert V., „The Euro-Dollar", Chicago 1970

Richebächer, Kurt, „The Eurobond market - Factors affecting supply", Vortrag, London, 11. Dez. 1969

Schweizerischer Bankverein, „Grundzüge des Eurogeldmarktes", Bulletin No. 4, 1969

Segré, Claudio, „The Future of the European Capital Market", Fed. Trust Report, London 1967

Stopper, E., „Probleme des Eurogeldmarktes", Referat GV Schweiz. Nationalbank, 20. März 1970

Derselbe: „Der Einfluß des Eurogeldmarktes auf die Entwicklung im Geld- und Währungsbereich", Referat GV Schweiz. Nationalbank, März 1969

Swoboda, Alexander K., „The Euro-Dollar Market: An Interpretation", Essays Int. Finance No. 64, Princeton, Febr. 1968

12. QUELLENWERKE

Bank für Internationalen Zahlungsausgleich, Basel, „Jahresberichte"

Deutsche Bundesbank, „Jahresberichte"

Europäisches Währungsabkommen (European Monetary Agreement), „Jahresberichte"

Europäisches Zahlungsabkommen, „Jahresberichte 1950—1959, OECD"

Federal Reserve Bank of New York, „Monthly Reviews"

Dieselbe: „Federal Reserve Bulletin", Washington

Internationaler Währungsfond (International Monetary Fund), „Jahresberichte"

Derselbe: „International Financial Statistics"

International Monetary Fund, „Staff Papers"

Organisation of Economic Cooperation and Development (OECD), „Jahresberichte"

Währungsausschuß der EWG, „Jahresberichte"

SACHVERZEICHNIS

adjustable pegs, 29 ff., 34 ff., 41
Anpassung, Instrumente, 54 ff.
—, internat. Koordination, 59 ff.
Anpassungsgrundsätze, Bretton Woods-System, 27, 42—59, 243
—, Defizitländer, 49 ff.
—, Keynes-Plan, 20 ff.
—, Überschußländer, 51 ff.
—, White-Plan, 22 ff.
Anpassungsmaßnahmen, 327 ff.
Anpassungsprozeß, 321 ff., 327 ff.

Bachmann, Hans, 19, 24
Bancor (Keynes-Plan), 20 ff.
Bandbreiten, Erweiterung, 41
—, Verringerung, 67
Bank für Internationalen Zahlungsausgleich (BIZ), 47, 61 ff., 116
Barre-Plan, 64
Basler Gruppenabkommen, vergl. Sterling
Bernstein, Edward, 104, 338, 341
Bretton Woods-Konvention, 24 ff., 27 ff., 38, 43, 44 ff., 68 ff., 209—270

Clearing-Union (Keynes-Plan), 19 ff.
Collective Reserve Unit, 242
Comecon, 11 ff.
crawling pegs, 41 ff.
Cromer, Earl of, 43

Defizitländer, Anpassung, 49 ff.
Deutsche Bundesbank, Terminoperationen, 280
Deutsche Mark, Aufwertungen 1961 und 1969: 40, 197
—, Flottanterklärung 1971: 343 ff.
Devisenguthaben, 87 ff., 100
Devisenmarkt, Kassa, 31
—, Termin, 279 ff.
Dollar, allg., 28, 32, 135 ff., 155 ff.
—, als Bezugswährung, 135 ff.
—, als Interventionswährung, 136 ff.
—, als Reservewährung, 84, 148 ff., 323 ff., 337 ff.
—, als Welthandelswährung, 140 ff., 145 ff.
—, am Devisenmarkt 139 ff.
—, Goldkonvertibilität, 107 ff., 138, 151, 165, 179
—, im internat. Kapitalverkehr, 144
—, Parität, 150
Dollarabwertung 1934: 17, 157 ff.
Dollarguthaben des Auslands, 98, 141 ff., 153 ff.
Dollarknappheit, 155, 158 ff.
Dollarkrise 1960: 162, 239
Dollarkrise 1968: 166 ff.
Dollarposition, 173 ff.
Dollarstandard, 178 ff., 331 ff.
Dollarüberfluß, 160 ff.
(Dollar vgl. auch Vereinigte Staaten)
Dreimächteabkommen 1936: 17

Einkommenspolitik, 54
Emminger, Otmar, 11, 26, 44, 147, 150, 220
Entwicklungshilfe und Sonderziehungsrechte, 263
Entwicklungsländer, 80
Eurodollar, 142, 297 ff.
Eurogeldmarkt, allg., 94, 143, 297 ff., 304 ff., 322
—, Angebot und Nachfrage, 301
—, Begriff 297/8
—, Entstehung, 304 ff.
—, Geldschöpfung, 310
—, geogr. Struktur, 303 ff.
—, Kontrolle des, 314, 317 ff., 346
—, Quellen, 309
—, Schuldner und Gläubiger, 302 ff.
—, Umfang, 299 ff.
—, und nationale Kreditpolitik, 313 ff.
—, und Währungssystem, 316 ff.
—, Zinssätze, 306 ff.
Europäisches Währungsabkommen, 31 ff., 76, 91
Europäische Wirtschaftsgemeinschaft (EWG), Barre-Plan, 64
—, Fonds für Währungspolit. Zusammenarbeit, 67

—, Währungsunion, 17 f., 62 ff.
—, Werner-Bericht, 64 ff.
Europäische Zahlungsunion, 74 ff.

Federal Reserve System, Swapnetz, 138, 165, 273, 283 ff.
Ferras, Gabriel, 28
Finanzkrise 1931, internationale, 187
Fiskalpolitik, 54, 65
Frankreich, Währungshilfe an, 296
Französischer Franc, 17, 37

Geldpolitik, 54, 66, 165
General Agreement on Tariffs and Trade (GATT), 55, 69, 80
Gilbert, Milton, 106, 151
Gold, als Währungsreserve, 108, 110 ff., 114 ff.
—, Demonetisierung, 340, 342
—, im IWF, 115 ff.
—, Keynes/White-Plan, 23
—, monetäres, allg., 23, 28, 31, 87, 100, 103, 105—134
Goldabkommen zwischen IWF und Südafrika, 127 ff.
Goldanteil der Reserven, länderweise, 113/4
Goldblock, 17
Golddepot, 279
Golddevisenstandard, 82 ff.
Goldhortung, 121
Goldkernwährung, 186
Goldkonvertibilität des Dollars, 33, 107 ff., 134
Goldknappheit, 117 ff.
Goldkrise 1967/8: 122 ff., 166 ff.
Goldmarkt, Entwicklung 1968—1970: 130 ff.
—, freier, 130 ff.
—, Londoner, 124
—, Spaltung 1968: 123, 126 ff., 320
Goldnachfrage, 119 ff.
Goldparität, 106 ff.
Goldpolitik, monetäre, 123 ff.
Goldpool der Notenbanken, 124 ff., 162, 165 ff., 279
—, Auflösung, 1968: 126 ff., 167
Goldpreiserhöhung, monetäre, 36, 106, 116, 134, 340 ff.

Goldproduktion, 117 ff.
Gold Reserve Act, amerikanische, 108
Goldreserven, 102, 110 ff.
Goldstandard, 15 ff., 45, 47, 105, 186
Gold- und Supergoldtranche, 49, 89
Goldwertgarantie, im IWF, 116 ff.
Goldzufluß, monetärer Sektor, 133 ff.
Großbritannien, Reserveposition, 188 ff., 192, 193 (vergl. Sterling)
Gulden, holländischer, 37

Haberler, Gottfried, 79, 179
Hayes, Alfred, 167

Inflation, 322 ff.
Internationaler Währungsfonds, siehe Währungsfonds
Interventionswährung, 32 ff., 136 ff.
Italien, Währungshilfe an, 296

Jacobsson, Per, 30, 74

Kanada, Währungshilfe an, 295
Kapitalbewegungen, 35, 71, 317, 328 ff., 343
Kapitalverkehrspolitik, 56, 66, 70, 71 ff., 78 ff.
Kassadevisenmarkt, 31 ff.
Keynes, John M., 19 ff., 30, 45
Keynes-Plan, 19 ff.
Knappheitsklausel, 52, 70
Konsultationen, IWF, 60
—, OECD, 60
—, BIZ, 61
Konvertibilitätsartikel des IWF, 69 ff., 80
Konvertibilitätsregeln, 27 ff., 38, 53, 68 ff., 73, 76 ff.
Konvertibilität, Übergangsregime, 38, 72 ff.
Konvertibilität, Übergang zur, 76 ff.
Koordination, int., der Wirtschaftspolitik, 59 ff.
—, der Handels- und Zahlungspolitik, 68/9
Kreditfazilitäten, 49, 81, 86, 90 ff.
Kreditpolitik, 54, 56, 66, 168, 313
—, amerikanische, 305 ff., 345

Kreditvereinbarungen, Allgemeine, 89, 213, 224 ff.
Küng, Emil, 259
Kurssicherungskosten, 313

Liberalisierung, des Zahlungsverkehrs, 69 ff.
Liquidität, internationale, 86 ff., 94 ff., 98 ff.
—, offizielle, 81 ff.
—, private, 93 ff.
—, Gesamtliquidität, 94/5
Liquiditätsproblem, internationales, 236 ff., 339 ff.
London, Finanzzentrum, 184, 202

Machlup, Fritz, 259, 298
Marshallplan, 74, 159
multiple Wechselkurse, 38

Nicht-Sterlingländer, 195 ff.
Notenbanken, Basler Gruppenabkommen, 288 ff.
—, Kollektivaktionen, 295 ff.
—, Pfundhilfe, 280 ff., 293 ff.
—, Währungswehr, 271 ff.
Notenbankhilfe, internationale, 271 ff., 282 ff.
—, Hauptinstrumente, 276 ff.
—, Reformvorschläge, 273 ff.
—, Swapvereinbarungen, 283 ff., 284/5, 287
Notenbankoperationen, recycling, 274 ff.
—, Swaps, 272, 276 ff.
—, Terminoperationen, 279 ff.

Operation „twist", 165
Organization for Economic Cooperation and Development (OECD), 44, 48, 60/1
—, Arbeitsausschuß 3: 56 ff., 60 ff.
Ossola-Bericht, 243
Ostblock, Währungssystem, 12 ff.

Paritätssystem, 28, 31, 35 ff., 38 ff.
Pfund Sterling, siehe Sterling
Preisstabilität, 45

„Regulation Q", 305 ff.
Reservekomponenten, 81 ff., 86 ff.
—, Koexistenz, 103 ff.

Reserven, eigene, 86 ff.
—, geographische Verteilung, 98/9, 100 ff.
—, Gesamtentwicklung, 95 ff., 97
Reserven und Importe, 101, 102
Reservepolitik, 81/2
Reserve Settlement Account, 104, 338, 341
Reservepositionen im IWF, 89
Reservesystem, multiples, 81 ff., 86 ff.
Reservewährung, Dollar, 84, 148 ff.
—, Sterling, 180 ff., 183 ff., 191 ff., 196 ff.
Reservewährungssystem, allg., 81 ff., 238 ff.
Roosa, Robert, 150, 152
Roosa-Bonds, 88, 149, 165, 278
Rubel, 12
Rueff, Jacques, 84, 106, 337

Sonderziehungsrechte, allg., 50, 85, 89 ff., 236—270, 342
—, Anwendung, 339 ff.
—, Austritt und Liquidation, 257 ff.
—, Entstehung, 236 ff.
—, erste Zuteilung, 266 ff.
—, Geld- und Kreditcharakter, 258 ff.
—, Goldwertgarantie, 257
—, inflatorische Aspekte, 261 ff.
—, Liquiditätsfunktion, 262
—, Rekonstituierung, 254, 260
—, Stellung der Gläubigerländer, 254 ff.
—, Stellung der Schuldnerländer, 254 ff.
—, Technik, 247 ff.
—, und Entwicklungshilfe, 263
—, Verwendbarkeit, 250 ff.
—, Verzinsung, 257
—, Vorgeschichte, 236
—, Zuteilungen, 248 ff.
Suez-Krise 1956: 197, 228
Surveillance multilaterale, 61
Swapnetz der Notenbanken, 283 ff.
Swap-Operationen der Notenbanken, 88, 91, 276 ff.

Schilling, öst., 344, 346
Schweitzer, Pierre Paul, 29, 45
Schweiz, und IWF, 73

Schweiz, und Notenbankhilfe, 286
Schweizerfranken, 17, 32, 37, 344/5
—, Aufwertung, 1971: 344, 346
Sterling, als internationale Währung, 156, 180 ff., 191 ff., 196 ff.
—, als Handelswährung, 182 ff.
—, als Reservewährung, 182
Sterling area, vergl. Sterlingzone
Sterling, Abwertung, 1931: 187
—, — 1949: 37
—, — 1967: 37, 204, 281, 291
—, Basler Gruppenabkommen der Notenbanken, 205, 288 ff., 290, 292
—, Konvertibilitätsexperiment 1947: 74, 190
—, Kredithilfe der Notenbanken an, 278 ff., 288 ff., 293 ff.
—, Reservepool der Sterlingländer, 183, 199, 203
—, Stabilisierung 1925: 186
Sterlingguthaben des Auslands, 181, 191 ff.
Sterlingkrise 1964—68: 196 ff., 289 ff.
Sterlingreserven, Dollargarantie, 205 ff.
Sterlingstandard, 185
Sterlingsystem, 181 ff., 191 ff.
—, Krise, 196 ff.
Sterlingverpflichtungen des Auslandes, 181
Sterlingzone, 182, 183, 187 ff., 195 ff., 198 ff.
—, Zahlungsbilanz, 200

Termindevisenmarkt, 33 ff.
—, Interventionen der Notenbanken, 279 ff.
Triffin, Robert, 84, 208, 237 ff., 330, 338

Übergangsregime des Art. XIV des IWF, 38, 72 ff., 79
Überschußländer, Anpassung, 51 ff.
Ungleichgewicht, fundamentales, 29, 34 ff., 42, 323
United Nations Conference on Trade and Development (UNCTAD), 80

Veit, Otto, 17, 28, 106
Vertrag von Rom, 62

Vereinigte Staaten, Bilanz der offiziellen Reservetransaktionen, 171 ff.
—, Goldverluste, 161 ff.
—, Handelsbilanzüberschuß, 161
—, Investitionsbilanz, 177
—, Kapitalexportkontrollen, 165
—, Kreditpolitik, 345
—, Liquiditätsbilanz, 169 ff.
—, Liquiditätsposition, 174 ff.
—, monetäre Position, 146
—, Theorie des „benign neglect", 345 ff.
—, Zahlungsbilanz, 159, 161, 164 ff., 168, 171 ff., 335 ff.
—, Zahlungsbilanzdisziplin, 334 ff.
—, Zahlungsbilanzmaßnahmen, 162, 166
—, Zahlungsbilanzpolitik, 159 ff., 162, 163 ff., 323 ff., 334 ff., 346
—, Zinspolitik, 165
(Vereinigte Staaten, vergl. Dollar)

Währungsblöcke, 334
Währungsfonds Internationaler (IWF), allg., 26, 27, 60, 206 ff.
—, „Allgemeines Konto", 209
—, Allg. Kreditvereinbarungen, 89, 213, 224 ff.
—, Beanspruchung, 227 ff., 232
—, compensatory financing facility, 216
—, Goldeinzahlungspflicht, 212
—, Goldpolitik, 127 ff.
—, Goldtranche, 216
—, Goldwertgarantie, 116, 221
—, Kredittranchen, 216 ff.
—, Liquiditätsproblem, 221 ff., 233
—, Mittelbeschaffung, 212
—, Organe, 210
—, Quoten, 211, 223 ff.
—, Reservepositionen im IWF, 89, 98
—, Rooth-Plan, 215
—, Rückkäufe, 218 ff., 234
—, Rückzahlungen, 218 ff., 228, 229
—, Sonderziehungsrechte, 236—270, 325 ff., 342; im Detail siehe unter Sonderziehungsrechte
—, Standby-Abkommen, 218, 233
—, Supergoldtranche, 89, 215
—, Verwendbarkeit der Mittel, 214 ff.
—, Ziehungen, 214 ff., 228, 230, 234
—, Ziehungsrechte, 91, 209 ff.

Währungsklauseln, 62
Währungskrisen, 122 ff., 160 ff., 166 ff., 196 ff., 239, 320 ff.
—, Mai 1971: 343 ff.
Währungsparitäten, 106
Währungspolitische Kooperation, 62 ff.
Währungspraktiken, diskriminatorische, 70
Währungsreform, Vorschläge, 239 ff.
Währungssystem, Stärken und Schwächen, 320 ff.
Währungsunion EWG, 64 ff.
Währungswehr der Notenbanken, 271 ff.
Wechselkurse, feste, 39, 42, 320
—, flexible, 38 ff., 240 ff.
—, multiple, 38
—, stabile, 28
Wechselkursänderungen, 29 ff., 34 ff., 37, 41, 323
Wechselkurs-Bandbreiten, 31, 35 ff., 41, 137
Wechselkurspolitik des IWF, 36 ff., 41 ff.
Wechselkursregime, allg., 27 ff.
—, adjustable pegs, 29 ff., 41
—, crawling pegs, 41 ff., 346
—, Knappheitsklausel, 52, 70
—, Überprüfung, 40 ff., 329 ff., 347
Weltwirtschaftskrise, Dreißigerjahre, 17 ff.
Werner-Bericht, 64

White-Plan, 19, 22 ff.
Wirtschaftspolitik, Zielsetzungen, 15, 29, 44 ff.

Yen, 344

Zahlungsbilanz, allg., 34 ff., 44 ff., 48 ff.
Zahlungsbilanzdefizit, 49 ff., 56 ff.
Zahlungsbilanzgleichgewicht, 45, 62
Zahlungsbilanzhilfe, 43, 209 ff., 236 ff., 271 ff.
Zahlungsbilanzpolitik, allg., 42 ff., 59 ff.
Zahlungsbilanzüberschuß, 51 ff.
Zahlungsbilanzungleichgewicht, fundamentales, 29, 34 ff., 42, 323
—, typen, 34 ff., 56 ff.
Zahlungsverkehr, 68 ff., 73 ff.
Zehnergruppe, 89, 213, 224 ff., 241 ff.
Zentralbanken, siehe Notenbanken
Ziehungen im IWF, 214 ff., 228, 230, 234
Ziehungsrechte, ordentliche des IWF, 91, 209 ff.
Zielsetzungen der Wirtschaftspolitik, 44 ff.
Zinsentwicklung, 306 ff., 312, 343
Zinsgefälle, 33, 311 ff., 318, 343
Zinshausse, 306 ff.
Zinslimitierung, in USA, 305, 306
Zinssätze, Euromarkt, 306 ff.

TABELLENVERZEICHNIS

Tab. Nr.		Seite
1	Internationale Liquidität 1951 — 1969	95
2	Weltwährungsreserven 1913 — 1970	97
3	Die geographische Verteilung der Weltwährungsreserven Ende 1969	99
4	Geographische Umschichtungen der Reserven 1951 — 1969	102
5	Relation der Reserven zu den Importen 1952 — 1969	102
6	Entwicklung der monetären Goldreserven seit 1948	112
7	Der Goldanteil an den Gold- und Devisenreserven	113
8	Die Goldproduktion der Welt (geogr. Verteilung)	118
9	Goldangebot und Verwendung	120
10	Die Währungsreserven der USA	139
11	Kurzfristige Dollarguthaben des Auslandes	142
12	Dollarpositionen europäischer Banken gegenüber Devisenausländern	143
13	Nationale Auslandanleihen und international begebene Anleihen	145
14	Die Komponenten der offiziellen Reserveguthaben des Auslands gegenüber den USA	149
15	Die Entwicklung der amerikanischen Zahlungsbilanz	161
16	Die Finanzierung der amerikanischen Zahlungsbilanzdefizite	164
17	Die amerikanische Zahlungsbilanz nach den offiziellen Berechnungsarten	171
18	Die Entwicklung der Nettoreserven und Liquiditätspositionen der USA	174
19	Investitionsbilanz der USA	177
20	Kurzfristige Sterlingguthaben und -verbindlichkeiten des Auslands gegenüber Großbritannien Ende 1969	181

		Seite
Tab. Nr. 21	Britische Sterlingverbindlichkeiten und Währungsreserven 1931—1939	189
22	Die Entwicklung der ausländischen Sterlingguthaben und der britischen Reserven	192
23	Entwicklung der Netto-Sterlingguthaben der Sterlingländer	195
24	Schwankungen der ausländischen Netto-Sterlingguthaben gegenüber Großbritannien	198
25	Die Zahlungsbilanz der Sterlingarea	200
26	Die Quotenverteilung im Internationalen Währungsfonds	224
27	Operationen mit dem Internationalen Währungsfonds	228
28	Ziehungen und Rückzahlungen beim Internationalen Währungsfonds nach Ländern	229
29	Kumulative Nettoziehungen	230
30	Beanspruchung des Internationalen Währungsfonds 1947—1970	232
31	Ziehungen und Rückläufe beim Internationalen Währungsfonds nach Währungen	234
32	Reservenzuwachs der Länder außerhalb der USA	238
33	Swapvereinbarungen und andere Kreditfazilitäten der Notenbanken und Schatzämter 1961—1969	284
34	Entwicklung des Swap-Netzes der Federal Reserve Banken 1962—1970	287
35	Das Nettokreditvolumen des Eurogeldmarktes 1963—1970	300
36	Die geographische Struktur des Eurodollarmarktes	303
37	Eurodollar-Zinssätze 1970	308
38	Zinssätze auf Dreimonatsgeldern 1967 und 1970	312

DIAGRAMMVERZEICHNIS

Diagramm A Zusammensetzung der Weltwährungsreserven
1951—1970 96

B Entwicklung der monetären Goldreserven seit 1948 111

C Goldpreis in Zürich seit Entstehung des freien Marktes .. 131

D Die Entwicklung des Eurodollarmarktes 143

E Internationale Anleihen
Kumulative Bruttoergebnisse seit Ende 1962 144

F Die amerikanische Zahlungsbilanz nach den beiden
Berechnungsarten 172

G Entwicklung der internationalen Liquiditätspositionen
der USA 175

J Die Zinsentwicklung auf dem Eurodollarmarkt 307